> Les tables de multiplication

6

1	×	6	=	6
2	×	6	=	12
3	×	6	=	18
4	×	6	=	24
5	×	6	=	30
6	×	6	=	36
7	×	6	=	42
8	×	6	=	48
9	×	6	=	54
10	×	6	=	60

7

1	×	7	=	7
2	×	7	=	14
3	×	7	=	21
4	×	7	=	28
5	×	7	=	35
6	×	7	=	42
7	×	7	=	49
8	×	7	=	56
9	×	7	=	63
10	×	7	=	70

8

1	×	8	=	8
2	×	8	=	16
3	×	8	=	24
4	×	8	=	32
5	×	8	=	40
6	×	8	=	48
7	×	8	=	56
8	×	8	=	64
9	×	8	=	72
10	×	8	=	80

9

1	×	9	=	9
2	×	9	=	18
3	×	9	=	27
4	×	9	=	36
5	×	9	=	45
6	×	9	=	54
7	×	9	=	63
8	×	9	=	72
9	×	9	=	81
10	×	9	=	90

10

1	×	10	=	10
2	×	10	=	20
3	×	10	=	30
4	×	10	=	40
5	×	10	=	50
6	×	10	=	60
7	×	10	=	70
8	×	10	=	80
9	×	10	=	90
10	×	10	=	100

11

1	×	11	=	11
2	×	11	=	22
3	×	11	=	33
4	×	11	=	44
5	×	11	=	55
6	×	11	=	66
7	×	11	=	77
8	×	11	=	88
9	×	11	=	99
10	×	11	=	110

Collection

PHARE

Mathématiques 6e

Roger Brault
Professeur au Lycée Maréchal Soult à Mazamet (81)

isabelle Daro
Professeur au Collège Jean-Auguste Ingres à Montauban (82)

Christine Ferrero
Professeur au Collège Bellevue à Toulouse (31)

Dominique Perbos-Raimbourg
Professeur au Collège Pierre de Fermat à Toulouse (31)

Christophe Telmon
Professeur au Collège Grand Selve à Grenade-sur-Garonne (31)

hachette
ÉDUCATION

Crédits photographiques :

Couverture :

Phare de Krossnes, Islande : © Jean Guichard.

p. 13 : J. Kosuth, « Ex-libris J.-F. Champollion », 1991, Musée Champollion, Figeac. © Adagp, Paris 2009 – © C. Boivieux / Corbis. **p. 15** : © jlMan. **p. 20** : © Blanche-Shone/Gamma/Eyedea. **p. 22** : © jlMan. **p. 27** : © A. Béguerie. **p. 28** : (Mains) © Fabio Cardoso / Age Fotostock / Hoa-Qui ; (Colonne de Trajan) © Hervé Champollion / Akg-images ; (Inscription) © DR ; (Cadran solaire) © Bringard Denis / Sunset. **p. 29** : © Pablo Galàn Cela / Age Fotostock / Hoa-Qui. **p. 30** : © jlMan. **p. 37** : © P. Giraud / Goodlook Pictures / Corbis. **p. 41** : (*Chicago Spire*) © Santiago Calatrava SA ; (Fromages) © jlMan. **p. 44** : (*Fay*) © NASA / Corbis ; (*Chris*) © NASA / Corbis. **p. 45** : (*Sagrada Familia*) © Baret Eric / Sunset ; (carré) © DR. **p. 47** : © jlMan. **p. 50** : © jlMan. **p. 56** : © jlMan. **p. 57** : © Collection Kharbine-Tapabor. **p. 58** : © Eurasia Press / Photononstop. **p. 59** : © A. Béguerie. **p. 60** : (Gravure) © Burstein Collection / Corbis ; (Plaque métallique) © DR. **p. 61** : © M. Weston / CMG / Uma Press. **p. 67** : © jlMan. **p. 69** : © Biosphoto / Visions Pictures. **p. 70** : © jlMan. **p. 72** : (Pyramide) © Hugh Sitton / Stone / Getty Images ; (Lémurien) © Pete Oxford / NPL / Jacana ; (Vignette BD) Astérix www.asterix.com © 2008 LES EDITIONS ALBERT RENE / GOSCINNY-UDERZO © 2008 GOSCINNY-UDERZO. **p. 73** : © www.la-maison-daltair.com - Tous droits réservés. **p. 75** : © A. Béguerie. **p. 76** : (Lac) © Bringard Denis / Sunset ; (Athlète) © Christophe Simon / Afp Photo. **p. 77** : © Akg-images / Erich Lessing. **p. 78** : © jlMan. **p. 90** : © Werner Bollmann / Age Fotostock / Hoa-Qui. **p. 91** : (Le Petit Poucet) Félix Lorioux « Le petit poucet chaussé des bottes de sept lieues ». © Photothèque Hachette. © ADAGP, Paris 2009 ; (S. Wanjiru) © Giuliano Bevilacqua / UMA Press. **p. 92** : © ARNDT Ingo / Jacana. **p. 93** : © A. Béguerie. **p. 94** : (Franc à cheval Jean II le Bon et La semeuse de Roty) © Monnaie de Paris ; (Les pièces d'euros et de centimes d'euros) © Banque Centrale Européenne. **p. 95** : © Benoît Decout / Réa. **p. 106** : © Crosnier / DPPI-Sipa. **p. 109** : © Thierry Larret / Uma Press. **p. 112** : (Tablette) (c) RMN / Droits réservés ; (Montres) © jlMan. **p. 113** : © Zaha Hadid Architects – All Rights Reserved. **p. 114** : (Collège) © Stéphane Derathé, Professeur certifié de Mathématiques au Collège Léo Othily, Mana, Guyane Française ; (Voitures) © RexInterstock / Sunset. **p. 118** : (Peinture) © Abad / Photononstop ; (Poules) © jlMan. **p. 122** : (Échasse) © Juniors Bildarchiv / Sunset ; (Fourmi) © Lorne Patrick / Jacana. **p. 124** : © Jaubert / Sipa. **p. 125** : © Lucky Comics. **p. 126** : Jeff Koons, *Puppy*, 1992, acier inoxydable – sol et plantes à fleurs, 1240 × 830 × 910 cm. © FMGB Guggenheim Bilbao Museoa / © jlMan. **p. 128** : (Viaduc) © Spila Riccardo / Sime / Photononstop ; (Détail du viaduc) © « Le Temps de Claude », www.claude.dupras.com. **p. 129** : © Benjamin Loyseau. **p. 140** : (Chouette) © Michel Poinsignon / BiosPhoto ; (Bébé) © Voisin / Phanie. **p. 144** : © Mark Ralston / Afp Photo. **p. 145** : Paul Klee, « Conquérant », 1930,129, aquarelle et plume sur coton sur carton 40,5 × 34,2 cm © Zentrum Paul Klee, Bern. © ADAGP, Paris 2009. **p. 159** : © William Whitehurst / Corbis. **p. 162** : Vassily Kandinsky, « Weiches Hart » (« Mollesse Dure »), Huile sur toile, 1927, Collection particulière. © La Collection / Artothek © ADAGP, Paris 2009. / Vassily Kandinsky, « Quelques cercles » (Einige Kreise), Janvier - Février 1926. Huile sur toile 140,3 × 140,7 cm © Solomon R. Guggenheim Museum, New York – Solomon R. Guggenheim Founding Collection, By Gift 41.283. © ADAGP, Paris 2009 / Kasimir Malevitch, « Cercle Noir », 1923, Saint-Petersbourg. The State Russian Museum. Huile sur toile 105 × 105 cm © 2008 – Photo Scala, Florence. **p. 163** : © « Satellite Image courtesy of GeoEye. Copyright 2008. All rights reserved. » **p. 164** : © A. Béguerie. **176** : © Sagel & Kranefeld / zefa / Corbis. **p. 178** : © « Satellite Image courtesy of GeoEye. Copyright 2008. All rights reserved. » **p. 181** : © Archives Alinari, Florence, Dist RMN / Fratelli Alinari. **p. 194** : (Tortue) © Wolfgang Kaehler / Corbis ; (Etoile) © Juniors Bildarchiv / Sunset ; (Alvéole) © TIPS / Photononstop ; (Flocon) © Kenneth Libbrecht / SPL / Cosmos. **p. 196** : © Catherine Bibollet / Top. **p. 198** : (Maison) © Valentin Emmanuel / Hoa-Qui ; (Lambrequin) © Tréal Cécile / Ruiz Jean-Michel / Hoa-Qui. **p. 199** : « Décalcomanie », 1966, Collection privée. © Photothèque R. Magritte – ADAGP, Paris 2009. **p. 212** : © Philippe Desmazes / Afp Photo. **p. 216** : (Fleur) © Antonio Lopez Roman / Age Fotostock / Hoa-Qui ; (Papillon) © Martin Gilles / Sunset ; (Etoile) © Amos Nachoum / Corbis ; (Voiture) © Citroën Communication / P. Legros ; (Corps humain) 3D4Medical. com / Getty Images ; (D. Radcliffe) © MJ Kim / Getty Images / Afp Photo. **p. 217** : © Greg baker / AP / Sipa press. **p. 218, 219 et 224** : © jlMan. **p. 230** : © Ph. Bréard / ville du Havre. © Hôtel de ville du Havre, Auguste Perret, UFSE, SAIF, 2009. **p. 224** : © V. Vasarely, « Exposition, 1970 – Pittsburgh International – Museum of Art Carnegie Institute – Pittsburgh Pennsylvania – October 30, 1970 – January 10, 1971 » affiche originale. © ADAGP, Paris 2009. **p. 233** : © Archives Départementales de la Gironde – 2 Fi 3634. **p. 234** : (a à f) © Brad Simmons / Beatworks / Corbis ; © A&G Reporter / Tips / Photononstop ; © BOTANICA / Jupiterimages ; © Dietrich Rose / Zefa / Corbis ; © John Edward Linden / Arcaid / Corbis ; © Michel Viard / Photononstop. **p. 235** : © A. Béguerie. **p. 238 à 241** : © jlMan. **p. 246** : (a et b) © Jon Arnold / JAI / Corbis ; © Bruno Perousse / Age Fotostock / Hoa-Qui. **p. 247** : © Collection Dagli Orti / Collection Privée Paris / Gianni Dagli Orti. **p. 250** : (Les 3 constellations ensemble) © A. Fujii / David Malin Images / Novapix ; (Céphée, petite ourse et Cassiopée) © Mary Evans / Keystone / Eyedea. **p. 251** : © Valinco / Sipa. **p. 252** : (Usain Bolt) © Liao Yujie /xh / Xinhua Press / Corbis ; (Bébé) © jlMan. **p. 262** : © STScI /Nasa / Corbis. **p. 263** : © NASA / GSFC / NOAA / Ciel et Espace Photos. **p. 264** : © Airbus-image exm company-H. GOUSSE. **p. 265** : © A. Béguerie. **p. 266** : (Statue de la liberté) © A & L Sinibaldi / Stone / Getty Images ; (Tablette) © Tatiner / Sipa ; (Portrait) © Archives Charmet / The Bridgeman Art Library. **p. 267** : (Institut du monde arabe) © Georges Fessy – Ateliers Jean Nouvel ; (Moucharabiehs) © DR. **p. 280** : © DR. **p. 281** : © jlMan. **p. 284** : (Champ de blé et champagnes) © jlMan ; (Bois) © www.allo-bois.com

Maquette de couverture : N. Piroux
Maquette intérieure : F. Jély
Mise en page : C*MB* Graphic
Relecture : C. Agier et M. Bourdais
Dessinateurs : J.-L. Maniouloux (*chapitres* 1 à 6) et G. Poing (*chapitres* 7 à 16)
Illustratrice de personnages : F. Vayssières
Cartographie : Hachette Éducation (page 160)
Recherche inconographique : V. Louart

Cet ouvrage est imprimé sur du papier composé de fibres naturelles, renouvelables, recyclables, et fabriqué à partir de bois issu de forêts gérées de façon durable conformément à l'article 206 de la loi n° 2010-788 du 12 juillet 2010.

www.hachette-education.com

ISBN : 978-2-01-125585-3

Bonjour,
J'ai onze ans et je m'appelle ***Maréva****.*
Comme toi, je rentre en classe de Sixième.
En juin, j'ai visité mon collège
et j'ai interrogé un professeur de mathématiques.
Voici une partie de notre discussion.

Maréva : Allons-nous apprendre de nouvelles choses ?
Le professeur : Bien sûr ! Tu reverras certaines notions, mais tu en découvriras aussi de nouvelles.

> Activités

Maréva : Comment allons-nous travailler ?
Le professeur : Tu auras un cours précis que tu devras apprendre.
Il faudra connaître les définitions, les notations, les propriétés…

> Cours

Maréva : Allons-nous encore faire des exercices ?
Le professeur : Oui, mais il faudra rédiger autrement !
Tu devras justifier tes résultats par écrit.
Ne t'inquiète pas, certains exercices te serviront de modèle.

> Je rédige

> Savoir-faire

Maréva : J'aime bien les exercices…
Le professeur : Certains exercices seront des applications du cours, d'autres seront des approfondissements.

> Je m'entraine

> J'approfondis

Maréva : Finalement, il y a beaucoup de choses nouvelles.
Le professeur : Oui, d'ailleurs tu pourras vérifier régulièrement que tu as compris ton cours.
Il te faudra aussi travailler à la maison.

> Je fais le point

DEVOIRS À LA MAISON

Maréva : C'est passionnant de faire des mathématiques !
Le professeur : Tu auras aussi des exercices plus difficiles, des explications sur les calculatrices et des activités informatiques.
Tu trouveras aussi des pages qui te feront découvrir l'usage des mathématiques dans l'art, les sciences, le sport…

JE CHERCHE…

> J'utilise la calculatrice

> J'utilise un logiciel

> Découverte

Bonjour,
je m'appelle ***Teihotu****.*
Tu retrouveras aussi
mes conseils.

Utilise le cédérom
donné en fin de manuel.
Tu y trouveras des choses
étonnantes !

Sommaire

> Programme officiel de la classe de Sixième

Note : les points du programme (connaissances, capacités et exemples) qui ne sont pas exigibles pour le socle sont écrits en italique. Si la phrase en italique est précédée d'un astérisque*, l'item sera exigible pour le socle dans une année ultérieure.
Dire que l'exigibilité pour le socle est différée ne veut pas dire que la capacité ne doit pas être travaillée (bien au contraire !), mais que les élèves pourront bénéficier de plus de temps pour la maîtriser.

1. Organisation et gestion de données. Fonctions

Connaissances		Capacités	Chapitres
Proportionnalité	Propriété de linéarité Tableau de proportionnalité	• Reconnaître les situations qui relèvent de la proportionnalité et les traiter en choisissant un moyen adapté : – utilisation d'un rapport de linéarité, entier ou décimal, – utilisation du coefficient de proportionnalité, entier ou décimal, – passage par l'image de l'unité (ou « règle de trois »), – * *utilisation d'un rapport de linéarité, d'un coefficient de proportionnalité exprimé sous forme de quotient.*	7
	Pourcentages	• Appliquer un taux de pourcentage.	
Organisation et représentation de données	Représentations usuelles	• Lire, utiliser et interpréter des données à partir d'un tableau. • Lire, interpréter et compléter un tableau à double entrée. • * *Organiser des données en choisissant un mode de présentation adapté :* – *tableaux en deux ou plusieurs colonnes,* – *tableaux à double entrée.* • Lire, utiliser et interpréter des informations à partir d'une représentation graphique simple : diagrammes en bâtons, * *diagrammes circulaires ou demi-circulaires*, graphiques cartésiens.	8
	Repérage sur un axe	• Lire et compléter une graduation sur une demi-droite graduée, à l'aide d'entiers naturels, de décimaux, de fractions simples $\frac{1}{2}, \frac{1}{10}, \frac{1}{4}, \frac{1}{5}$ * *ou de quotients (placement exact ou approché).*	2 et 6

2. Nombres et Calculs

Connaissances		Capacités	Chapitres
Nombres entiers et décimaux	Désignations	• Connaître et utiliser la valeur des chiffres en fonction de leur rang dans l'écriture d'un entier ou d'un décimal. • Associer diverses désignations d'un nombre décimal : écriture à virgule, fractions décimales.	1
	Ordre	• Comparer deux nombres entiers ou décimaux, ranger une liste de nombres. • Encadrer un nombre, intercaler un nombre entre deux autres. • Placer un nombre sur une demi-droite graduée. • Lire l'abscisse d'un point ou en donner un encadrement.	2
	* ***Valeur approchée décimale***	• * *Donner une valeur approchée décimale (par excès ou par défaut) d'un décimal à l'unité, au dixième, au centième près.*	2
Opérations	Addition, soustraction, multiplication et division	• Connaître les tables d'addition et de multiplication et les résultats qui en dérivent. • Multiplier ou diviser un nombre par 10, 100, 1 000. • * *Multiplier un nombre par 0,1 ; 0,01 ; 0,001.*	3
	Multiples et diviseurs	• Connaître et utiliser les critères de divisibilité par 2, 5 et 10. • *Connaître et utiliser les critères de divisibilité par 3, 4 et 9.*	
	Sens des opérations	• Choisir les opérations qui conviennent au traitement de la situation étudiée.	4
	Techniques élémentaires de calcul	• Savoir effectuer ces opérations sous les diverses formes de calcul : mental, à la main ou instrumenté. • Connaître la signification du vocabulaire associé : somme, différence, produit, *terme, facteur, dividende, diviseur, quotient, reste.*	5
	Ordre de grandeur	• Établir un ordre de grandeur d'une somme, * *d'une différence*, d'un produit.	
Nombres en écriture fractionnaire	Écriture fractionnaire * ***Quotient exact***	• * *Interpréter $\frac{a}{b}$ comme quotient de l'entier a par l'entier b, c'est-à-dire comme le nombre qui multiplié par b donne a.*	5
		• * *Placer le quotient de deux entiers sur une demi-droite graduée dans des cas simples.* • Prendre une fraction d'une quantité.	6
	* ***Quotients égaux***	• * *Reconnaître dans des cas simples que deux écritures fractionnaires différentes sont celles d'un même nombre.*	

3. Géométrie

Connaissances		Capacités	Chapitres
Figures planes	Notions de parallèle, de perpendiculaire	• Tracer, par un point donné, la perpendiculaire ou la parallèle à une droite donnée. • *Utiliser différentes méthodes.*	10
		• Reporter une longueur.	9
	Cercle	• Savoir que, pour un cercle : – tout point qui appartient au cercle est à une même distance du centre ; – tout point situé à cette distance du centre appartient au cercle. • Construire, à la règle et au compas, un triangle connaissant les longueurs de ses côtés.	
	Propriétés des quadrilatères usuels	• Connaître les propriétés relatives aux côtés, aux * *angles*, aux diagonales pour le rectangle, le carré et le losange.	12
	Propriétés et construction des triangles usuels	• Connaître les propriétés relatives aux côtés et aux * *angles* des triangles suivants : triangle isocèle, triangle équilatéral, triangle rectangle. • Utiliser ces propriétés pour reproduire ou construire des figures simples.	12
	* ***Médiatrice d'un segment***	• * *Connaître et utiliser la définition de la médiatrice ainsi que la caractérisation de ses points par la propriété d'équidistance.*	11
	* ***Bissectrice d'un angle***	• * *Connaître et utiliser la définition de la bissectrice.* • *Utiliser différentes méthodes pour tracer : la médiatrice d'un segment, la bissectrice d'un angle.*	12
	Constructions géométriques	• Reproduire, construire une figure complexe. • Construire une figure simple à l'aide d'un logiciel de géométrie dynamique.	9 à 12
Symétrie axiale	Symétrie orthogonale par rapport à une droite	• Construire le symétrique d'un point, d'une droite, d'un segment, d'un cercle. • Construire ou compléter la figure symétrique d'une figure donnée ou de figures possédant un axe de symétrie à l'aide de la règle (graduée ou non), de l'équerre, du compas, * *du rapporteur.* • Effectuer les tracés de l'image d'une figure par symétrie axiale à l'aide des instruments usuels (règle, équerre, compas).	11
Parallélépipède rectangle	Patrons, représentation en perspective	• Fabriquer un parallélépipède rectangle de dimensions données, à partir de la donnée du dessin de l'un de ses patrons. • Reconnaître un parallélépipède rectangle de dimensions données à partir : – du dessin d'un de ses patrons, – d'un dessin le représentant en perspective cavalière. • Reconnaître dans une représentation en perspective cavalière du parallélépipède rectangle les arêtes de même longueur, les angles droits, les arêtes, les faces parallèles ou perpendiculaires. • *Dessiner ou compléter un patron d'un parallélépipède rectangle.*	13

4. Grandeurs et mesures

Connaissances		Capacités	Chapitres
Longueurs, masses, durées		• Effectuer, pour les longueurs et les masses, des changements d'unités de mesure. • Comparer géométriquement des périmètres. • Calculer le périmètre d'un polygone. • Connaître et utiliser la formule donnant la longueur d'un cercle. • Calculer des durées, calculer des horaires.	15
Angles		• Comparer des angles sans avoir recours à leur mesure. • * *Utiliser un rapporteur pour :* *– déterminer la mesure en degré d'un angle,* *– construire un angle de mesure donnée en degré.*	14
Aires	Mesure, comparaison et calcul d'aires	• Comparer géométriquement des aires. • Déterminer l'aire d'une surface à partir d'un pavage simple. • Différencier périmètre et aire. • Calculer l'aire d'un rectangle dont les dimensions sont données. • Connaître et utiliser la formule donnant l'aire d'un rectangle. • Calculer l'aire d'un triangle rectangle, * *d'un triangle quelconque dont une hauteur est tracée.* • Connaître et utiliser la formule donnant l'aire d'un disque. • Effectuer pour les aires des changements d'unités de mesure.	16
Volumes		• Déterminer le volume d'un parallélépipède rectangle en se rapportant à un dénombrement d'unités,* *en utilisant une formule.* • Connaître et utiliser les unités de volume et les relier aux unités de contenance. • Savoir que 1 L = 1 dm^3. • *Effectuer pour les volumes des changements d'unités de mesure.*	16

Proposition de progression

Ordre	Titre du chapitre	Domaine	Numéro du chapitre
	J'apprends le vocabulaire		
1	Les nombres décimaux	Nombres et calculs	1
2	Introduction à la géométrie	Géométrie	9
3	Comparaison des nombres décimaux	Nombres et calculs	2
4	Droites perpendiculaires et droites parallèles	Géométrie	10
5	Addition et soustraction	Nombres et calculs	3
6	Angles	Grandeurs et mesures	14
7	Multiplication	Nombres et calculs	4
8	Longueurs, masses, durées	Grandeurs et mesures	15
9	Symétrie axiale	Géométrie	11
10	Division	Nombres et calculs	5
11	Axes de symétrie et figures usuelles	Géométrie	12
12	Fractions	Nombres et calculs	6
13	Proportionnalité	Organisation et gestion de données	7
14	Parallélépipède rectangle	Géométrie	13
15	Aires et volumes	Grandeurs et mesures	16
16	Organisation et représentation de données	Organisation et gestion de données	8

Le cédérom élève

- Des animations sur les notions difficiles du programme (fraction, angles).
- Des parcours d'exercices interactifs pour s'entraîner.
- Des tests interactifs pour s'auto-évaluer.
- Des corrigés interactifs des activités « logicielles » du livre (*GeoGebra*, *Cabri-Géomètre*).
- Des ressources supplémentaires (corrigés des pages « Je fais le point » du manuel et exercices de soutien pour chacun des chapitres du livre).

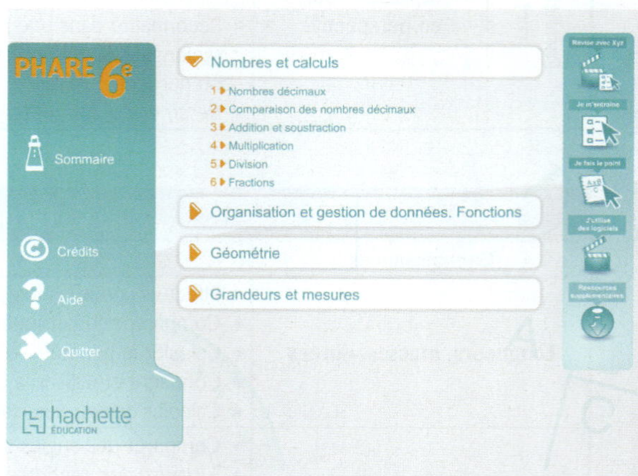

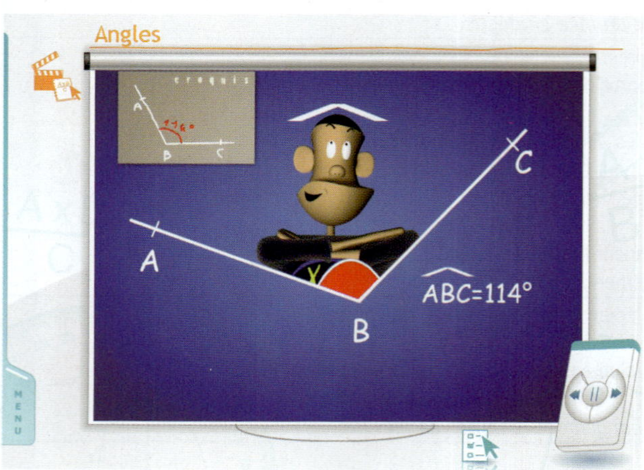

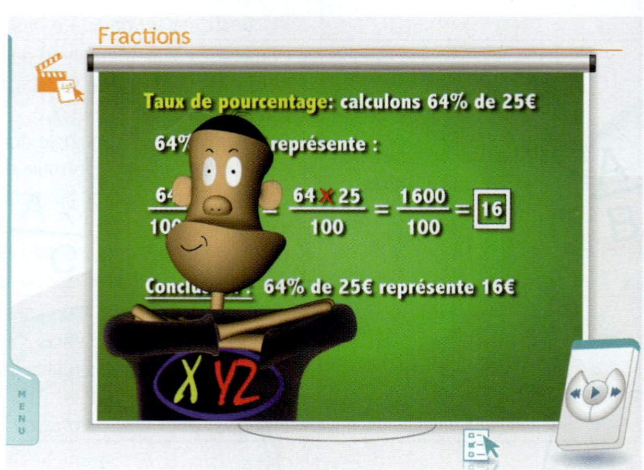

> J'apprends le vocabulaire

1 Je ne confonds pas le mot « et » avec le mot « ou »

Le mot « **et** » signifie « **à la fois** ».

EXEMPLE :

J'ai cours de piano le mardi **et** le samedi.

Signification :

J'ai **à la fois** cours de piano le mardi et le samedi.

1 Donner deux exemples de la vie courante utilisant le mot « **et** ».

EXEMPLE :

Justifier que le nombre 24 est dans la table de multiplication de 3 **et** dans celle de 4.

Solution :

- $24 = \mathbf{3} \times 8$, donc le nombre 24 est dans la table de multiplication de 3.
- $24 = \mathbf{4} \times 6$, donc le nombre 24 est dans la table de multiplication de 4.
- Ainsi, le nombre 24 est dans la table de multiplication de 3 **et** dans celle de 4.

2 **1)** Justifier que le nombre 40 est dans la table de multiplication de 4 **et** dans celle de 5.

2) Choisir un nombre qui est dans la table de multiplication de 5 **et** dans celle de 7.

EXEMPLE :

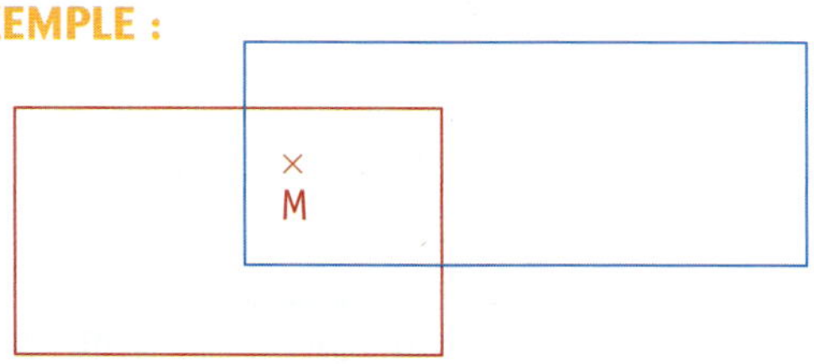

Le point M est à l'intérieur du rectangle rouge.
Le point M est à l'intérieur du rectangle bleu.
Donc, le point M est à l'intérieur du rectangle rouge **et** du rectangle bleu.

3 **1)** Reproduire la figure de l'exemple ci-dessus.

2) Colorier en violet les points situés à l'intérieur du rectangle rouge **et** du rectangle bleu.

Le mot « **ou** » indique un choix : soit l'un, soit l'autre, soit l'un et l'autre.

EXEMPLE :

Je joue au tennis le mercredi **ou** le samedi.

Signification :

- Je peux jouer au tennis le mercredi sans jouer le samedi.
- Je peux aussi jouer au tennis le samedi sans jouer le mercredi.
- Mais encore, je peux jouer au tennis le mercredi et le samedi.

4 Donner deux exemples de la vie courante utilisant le mot « **ou** ».

EXEMPLE :

Choisir un nombre dans la table de multiplication de 2 **ou** dans celle de 3.

Explication : Par exemple, je peux choisir :

- le nombre 8 car il est dans la table de 2 ;
- le nombre 9 car il est dans la table de 3 ;
- le nombre 12 car il est dans la table de 2 et dans celle de 3.

Par contre, je ne peux pas choisir le nombre 5 car il est ni dans la table de 2, ni dans celle de 3.

5 Voici une annonce d'emploi :

```
Cherche secrétaire parlant
anglais ou italien.
```

Quatre secrétaires se présentent pour ce poste.
Chloé parle anglais. Léo parle italien et espagnol.
Kad parle espagnol. Zoé parle italien et anglais.

1) Lequel de ces candidats ne peut pas être choisi pour le poste ? Expliquer pourquoi.

2) Expliquer pourquoi chacun des autres candidats peut être choisi comme secrétaire.

Le mot « et » donne une précision,
le mot « ou » donne un choix.

6 Recopier et compléter les phrases ci-dessous en utilisant le mot « **et** » ou le mot « **ou** ».

a) « Je suis une fille **...** un garçon. »

b) « J'ai trois frères **...** deux sœurs. »

c) « Un quadrilatère ayant les quatre côtés de même longueur est un losange **...** un carré. »

d) « Le triangle ABC est équilatéral. On a $AB = AC$ **...** $AB = BC$. »

2 Je comprends les consignes mathématiques

Calculer : Déterminer un résultat à l'aide d'une ou de plusieurs opérations.

EXEMPLE :

Calculer le nombre de minutes contenues dans une heure.

Solution : 1 h = 60 min et 1 min = 60 s

$60 \times 60 = 3600$

Donc, une heure contient 3 600 secondes.

7 1) **Calculer** le nombre de minutes contenues dans un jour.

2) **Calculer** $(8 \times 7) - 25$.

Choisir : Prendre un objet parmi d'autres.

EXEMPLE :

Choisir un nombre entier compris entre 12 et 18.

Solution : On doit faire le choix parmi les nombres 13, 14, 15, 16 et 17.

On peut par exemple choisir le nombre 16.

8 1) **Choisir** une lettre de l'alphabet.

2) **Choisir** un nombre décimal compris entre 5 et 6.

EXEMPLE :

Choisir une couleur.

Solution :

Difficile de faire la liste des couleurs.

On peut par exemple choisir le violet.

Comparer *deux nombres* : Préciser lequel est le plus grand, lequel est le plus petit, ou s'ils sont égaux.

EXEMPLE :

- **Comparer** les nombres 3 et 7.
- **Comparer** les nombres $5 + 7$ et $8 + 4$.

Solution :

- Le nombre 3 est inférieur au nombre 7.
- $5 + 7 = 12$ et $8 + 4 = 12$

Donc, les nombres $5 + 7$ et $8 + 4$ sont égaux.

9 1) **Comparer** les nombres $12 + 4$ et $8 + 7$.

2) **Comparer** les nombres $18 - 7$ et $15 - 4$.

3) **Comparer** les nombres 5×7 et 6×6.

(Faire une) conjecture : Faire une remarque qui semble être vraie.

EXEMPLE :

Choisir un nombre entier. Le multiplier par 2.

Ajouter 4. Diviser par 2. Soustraire 2.

Faire une conjecture concernant le résultat final.

Solution : Par exemple, on choisit le nombre 7 :

$7 \times \mathbf{2} = 14$ $14 + \mathbf{4} = 18$ $18 : \mathbf{2} = 9$ $9 - \mathbf{2} = 7$

Il semble que le résultat obtenu soit égal au nombre choisi au début.

10 Choisir un nombre entier supérieur à 10.
Le multiplier par 3. Soustraire 9. Diviser par 3. Additionner 3.

Faire une conjecture concernant le résultat final.

Construire : Dessiner en utilisant des instruments ou des méthodes vues en cours.

EXEMPLE :

Construire un triangle ayant deux côtés de même longueur.

Solution :

11 **Construire** un triangle ayant trois côtés de même longueur.

(En) déduire : Répondre à une question en utilisant les réponses des questions précédentes.

EXEMPLE :

Jean a 2 ans de plus que Nelson.

Donia a 3 ans de moins que Nelson.

En déduire qui est le plus jeune des trois.

Solution : Donia est plus jeune que Nelson qui est plus jeune que Jean.

On en déduit que Donia est la plus jeune.

12 Chloé mesure 12 cm de moins que Zoé.
Samir mesure 8 cm de plus que Zoé.

En déduire qui est le plus petit des trois.

Déterminer : Trouver de manière précise, mais pas forcément par un calcul.

EXEMPLE :

Déterminer le nombre de voyelles de l'alphabet.
Solution : Les voyelles sont A, E, I, O, U et Y.
Il y a donc 6 voyelles.

13 **Déterminer** le nombre de lettres ayant servi à écrire cette phrase.

Justifier ***la réponse*** **:** Expliquer la réponse à l'aide d'un calcul ou d'une propriété vue en cours.

EXEMPLE :

La somme de deux nombres inférieurs à 10 est-elle toujours inférieure à 10 ? **Justifier la réponse.**
Solution : Non. Par exemple, si on choisit 6 et 7 :
$6 < 10$; $7 < 10$ et $6 + 7 > 10$.

14 La somme de deux nombres inférieurs à 10 est-elle toujours inférieure à 15 ? **Justifier la réponse.**

Mesurer : Utiliser un instrument de mesure pour évaluer une grandeur.

EXEMPLE :

Mesurer le segment ci-dessous.

Solution : À l'aide d'une règle graduée, j'ai trouvé que la longueur de ce segment est environ 5 cm.

15 **Mesurer** la largeur et la longueur du rectangle ci-dessous.

Placer ***un point*** **:** Marquer un point à un endroit précisé dans l'énoncé.

EXEMPLE :

Tracer une droite et **placer** un point M sur cette droite.
Solution :

16 **Tracer** un cercle et **placer** un point P sur ce cercle.

Rechercher : Chercher un renseignement dans un livre, sur Internet...

EXEMPLE :

Rechercher la signification du mot « colifichet ».
Solution : D'après le dictionnaire, un colifichet est un petit objet sans grande valeur.

17 **Rechercher** le nombre de dents d'un enfant de 4 ans.

Reproduire ***une figure*** **:** Refaire la figure dessinée dans l'énoncé.

EXEMPLE :

Reproduire la figure ci-dessous.

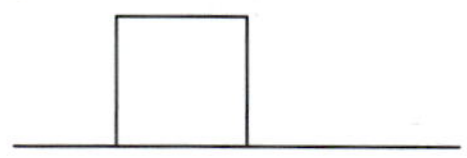

Solution :

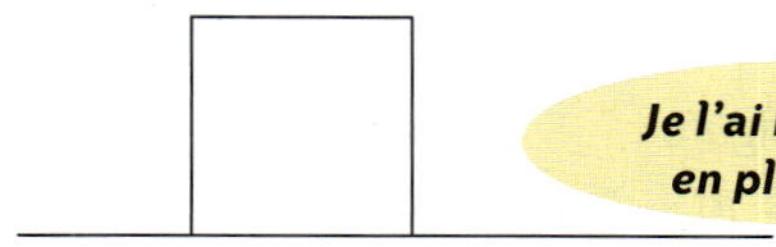

18 **Reproduire** la figure ci-contre.

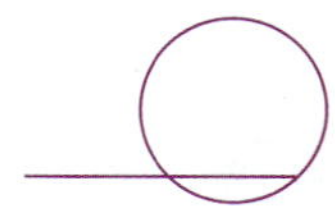

Reproduire en vraie grandeur ***une figure*** **:** Refaire une figure en respectant les mesures précisées dans l'énoncé.

19 **Reproduire** en vraie grandeur le carré ci-contre.

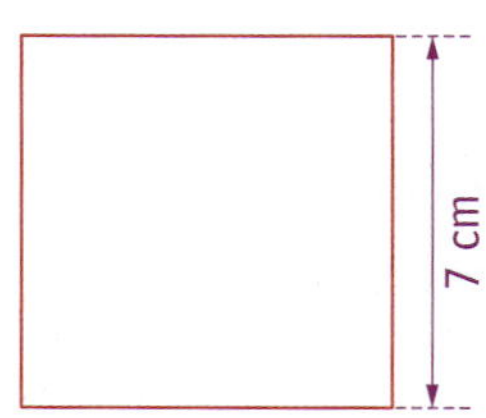

Tracer : Dessiner en utilisant les instruments de construction.

EXEMPLE :

Tracer un segment de longueur 6 cm.
Solution :

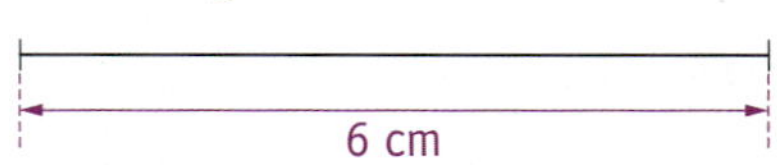

20 **Tracer** un cercle de rayon 4,5 cm.

3 Je comprends un énoncé de géométrie

Pour un énoncé de géométrie, les renseignements peuvent être précisés de différentes façons :
- par le **texte** ;
- par la **figure** (**mesures** ou **codages**).

EXEMPLE : On considère le triangle ABC ci-dessous pour lequel AB = 5 cm.

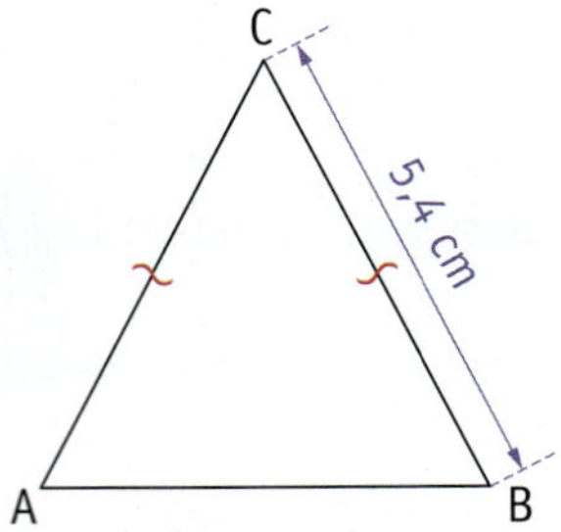

Ce que l'on sait :
- D'après le texte :
  - ABC est un triangle ;
  - AB = 5 cm.
- D'après la figure :
  - BC = 5,4 cm (**mesure**) ;
  - BC = AC (**codages**).

EXEMPLE : On considère le triangle EFG ci-dessous pour lequel EF = FG.

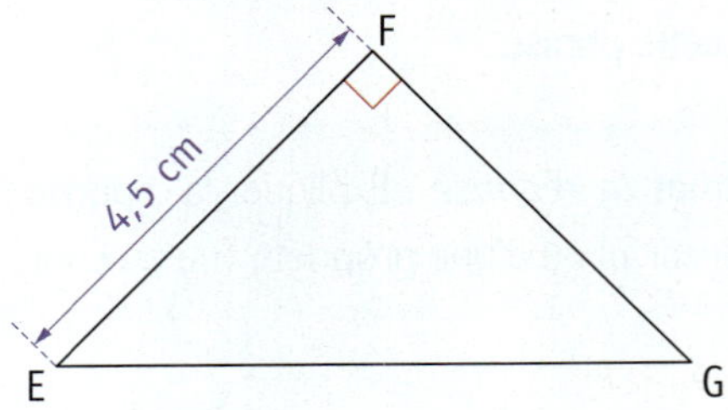

Ce que l'on sait :
- D'après le texte :
  - EFG est un triangle ;
  - EF = FG.
- D'après la figure :
  - EF = 4,5 cm (**mesure**) ;
  - l'angle en F est droit (**codage**).

21 On considère le quadrilatère ci-dessous pour lequel IJ = 5,1 cm.

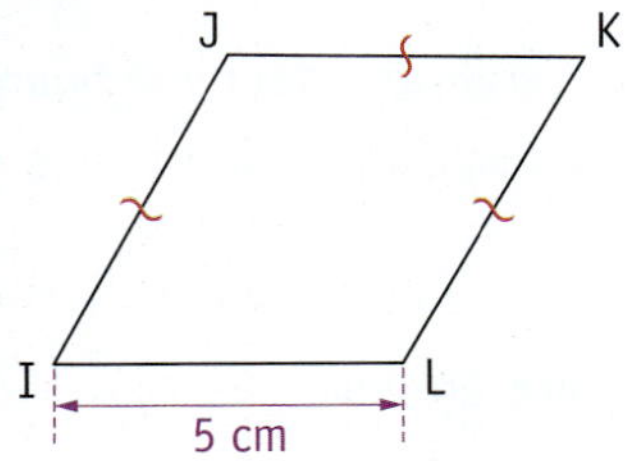

Préciser toutes les données que l'on connaît concernant cette figure.

22 Sur le quadrilatère RSTU ci-dessous, les droites (RS) et (ST) sont perpendiculaires et le côté [ST] a pour longueur 8 cm.

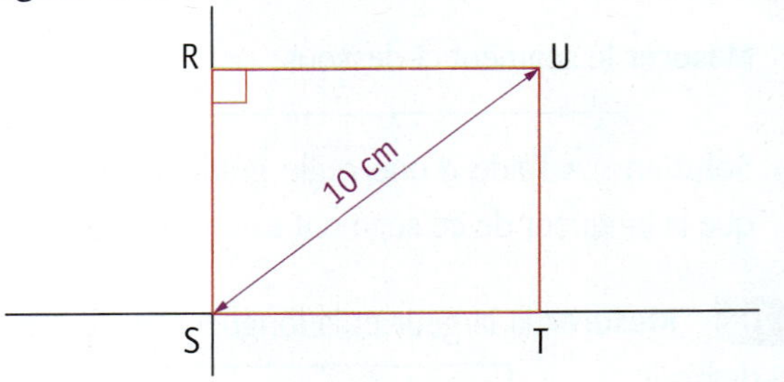

Préciser toutes les données que l'on connaît concernant cette figure.

Attention : Ce que l'on voit sur la figure mais qui n'est pas codé n'est pas forcément vrai.

23 On a tracé à main levée huit quadrilatères codés.

Figure a

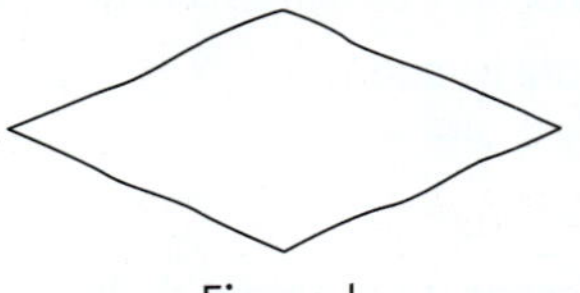
Figure b

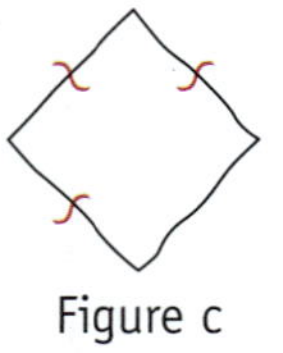
Figure c

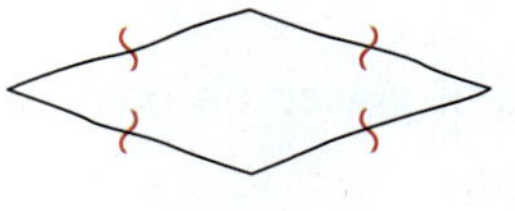
Figure d

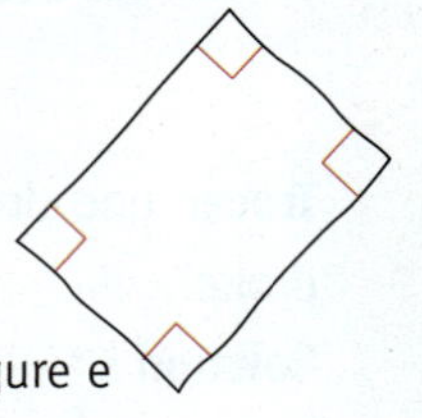
Figure e

1) Lesquels semblent être des rectangles ?
2) Lesquels semblent être des losanges ?
3) Lesquels sont des rectangles ?
4) Lesquels sont des losanges ?

Figure f

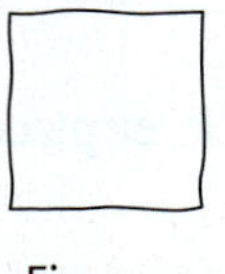
Figure g

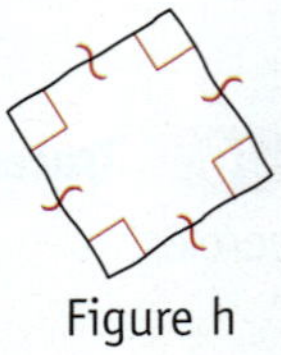
Figure h

Chapitre 1 Les nombres décimaux

REVOIR

> les chiffres et les nombres ;
> l'écriture d'un nombre entier ;
> l'écriture décimale d'un nombre décimal ;
> le rang des chiffres d'un nombre décimal.

DÉCOUVRIR

> des décompositions de fractions décimales ;
> les différentes écritures d'un nombre décimal.

SOCLE COMMUN

Les nombres utilisés étant de taille raisonnable :

SC1 connaître et utiliser la valeur des chiffres en fonction de leur rang dans l'écriture d'un nombre décimal ;

SC2 associer diverses écritures d'un nombre décimal : écriture à virgule, fractions décimales.

Joseph Kosuth, *Ex Libris J.-F. Champollion*, 1991, Musée Champollion, © ADAGP, Paris 2009, © C. Boivieux / Corbis.

J'ai vu une reproduction géante de la pierre de Rosette au musée Champollion à Figeac (Lot).

La pierre de Rosette fut découverte en Égypte par l'armée de Bonaparte en 1799. Elle est gravée en hiéroglyphes égyptiens, en écriture égyptienne et en grec.
Son étude a permis au Français Jean-François Champollion (1790-1832) de déchiffrer les hiéroglyphes.

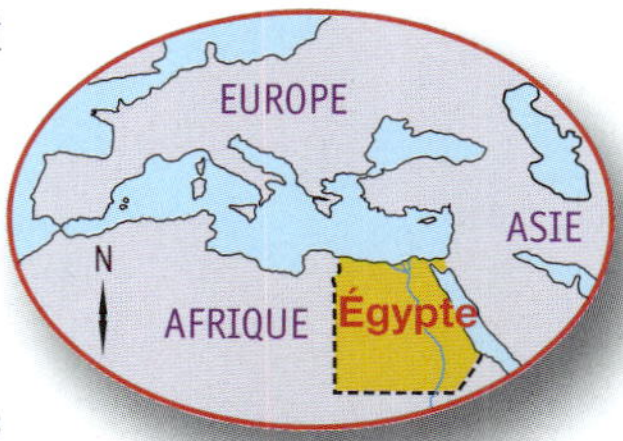

Sur le dessin ci-dessous, le nombre 645 est représenté en hiéroglyphes.

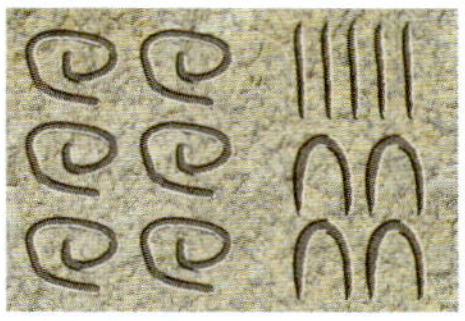

1) Que représente chaque hiéroglyphe ?
2) Écrire en hiéroglyphes le nombre 572.

1 Je distingue les chiffres et les nombres

JE REVOIS

1) Recopier et compléter les phrases suivantes à l'aide des étiquettes ci-contre.
Chaque étiquette ne sert qu'une fois.

a) « En français, on écrit les **...** à l'aide de **...** . »
b) « En mathématiques, on écrit les **...** à l'aide de **...** . »

mots | lettres | nombres | chiffres

2) **a)** Citer tous les chiffres. Combien y en a-t-il ?
b) Peut-on citer tous les nombres ?
c) Quel est le plus petit nombre entier ?
d) Citer un nombre écrit à l'aide de tous les chiffres.

3) Recopier et compléter les phrases suivantes à l'aide des mots **chiffre** ou **nombre**.
a) « Le **...** 7 occupe la position centrale dans le **...** 378. »
b) « Le **...** 13 porte malheur. »
c) « Le **...** 576 commence par le **...** 5. »
d) « Le **...** de tentacules d'une pieuvre est 8. »

2 J'écris un nombre entier

JE REVOIS

L'écriture en toutes lettres de chacun des nombres suivants comporte une et une seule faute d'orthographe.
Recopier chaque phrase et corriger la faute en rouge.

a) « 368 se lit **trois cents soixante-huit**. »
b) « 417 se lit **quatre cent dix sept**. »
c) « 2 400 se lit **deux milles quatre cents**. »
d) « 1 380 se lit **mille trois cent quatre-vingt**. »
e) « 821 se lit **huit-cent vingt et un**. »

3 Je décompose une fraction décimale

1) Écrire la fraction décimale « **sept cent trente-deux centièmes** ».

2) Recopier et compléter les décompositions de cette fraction, réalisées par deux élèves.

Flavio

Cette fraction est égale à « ... cents centièmes et trente-deux centièmes ».
C'est-à-dire : $\frac{732}{100} = \frac{700}{100} + ...$.
Or, la fraction « sept cents centièmes » est égale au nombre entier ... .
Ainsi : $\frac{732}{100} = ... + \frac{32}{100}$.

Donia

On peut écrire : $\frac{732}{100} = \frac{700}{100} + \frac{30}{100} + \frac{...}{100}$.
Or, la fraction « sept cents centièmes » est égale à ... et la fraction « trente centièmes » est égale à « 3 dixièmes ».
Ainsi : $\frac{732}{100} = ... + \frac{...}{10} + \frac{2}{100}$.

3) La fraction $\frac{32}{100}$ est-elle inférieure ou supérieure à 1 ? Justifier la réponse.

100 centièmes = 1

4 Je détermine une écriture à virgule

JE REVOIS

On désire mesurer la longueur d'un crayon. On note L cette longueur exprimée en centimètres.

1) On utilise un décamètre.

Le nombre L est-il un nombre entier ? Justifier la réponse.

2) On utilise une règle graduée.

Recopier et compléter :

« L = 10 cm + ... mm. Or, 1 mm = $\frac{1}{...}$ cm = 0,... cm.

Donc, L = 10 cm + $\frac{...}{...}$ cm = 10 + 0,... cm = 10,... cm. »

3) Recopier et compléter :

« On a 10,8 = 10 + 0,8. Ainsi, 10 est la partie ...
du nombre 10,8 et 0,8 est sa partie ... . »

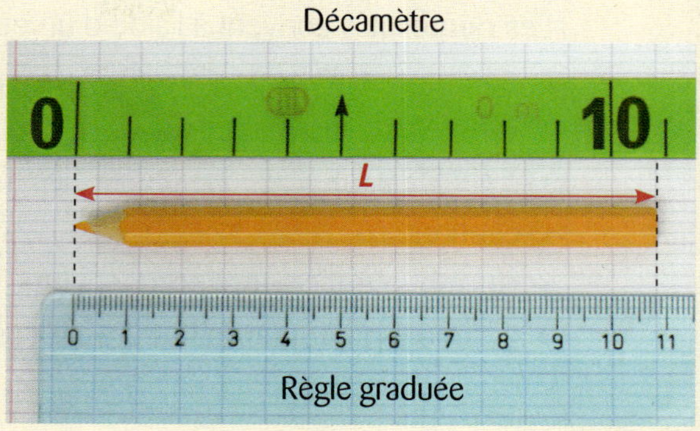

5 J'écris un nombre décimal

JE REVOIS

Dans une feuille de papier, découper quatre petits carrés.

Sur le premier carré, écrire le chiffre « **3** » ; sur le deuxième, le chiffre « **5** » ; sur le troisième, le chiffre « **0** » ; sur le quatrième, marquer une virgule « **,** ».

1) Par exemple, à l'aide de ces carrés, on peut former le nombre ci-contre : 3 0 , 5

a) Quelle est sa partie entière ? **b)** Quelle est sa partie décimale ?

2) Trouver tous les nombres que l'on peut écrire à l'aide de ces quatre carrés.
Chaque carré doit être utilisé une seule fois.

La virgule n'est ni en premier, ni en dernier.

3) a) Dans la liste des nombres trouvés, quels sont les nombres égaux ?

b) Que peut-on dire du chiffre 0 pour ces nombres ?

4) a) Dans la liste des nombres trouvés, quels sont les nombres entiers ?

b) Que peut-on dire de la partie décimale de ces nombres entiers ?

6 J'indique le rang des chiffres d'un nombre

JE REVOIS

A Rang des chiffres d'un nombre décimal

$$(7 \times 1000) + (5 \times 100) + (4 \times 10) + (9 \times 1) + \frac{2}{10} + \frac{3}{100}$$

1) Déterminer l'écriture décimale du nombre écrit sur le tableau ci-dessus.

2) Quel est son chiffre des centaines ?

3) Quel est son chiffre des centièmes ?

B Chiffre des centaines et nombre de centaines

1) Quel est le chiffre des centaines du nombre 7 348,1 ?

2) Calculer $(73 \times 100) + 48,1$.

On dit que 73 est le **nombre de centaines** de 7 348,1.

3) Quel est le chiffre des dizaines du nombre 7 348,1 ? Quel est son nombre de dizaines ?

> Cours

1 Écriture des nombres

Vocabulaire Les dix **chiffres** sont 0, 1, 2, 3, 4, 5, 6, 7, 8 et 9.
Les **nombres** s'écrivent à l'aide d'un ou de plusieurs de ces chiffres.

EXEMPLE : Le nombre 3 727 s'écrit à l'aide des chiffres 2, 3 et 7.

Orthographe Au **pluriel**, les mots servant à écrire les nombres sont en général invariables.
Exceptions :
- Les mots **cent** et **vingt** prennent un « **s** » au pluriel lorsqu'ils ne sont pas suivis par un autre nombre.
- Les mots **million** et **milliard** sont des noms qui s'accordent au pluriel.

EXEMPLES :
- Les **quatre** frères ; **cinq cent douze mille** habitants.
- **Cinq mille quatre cents** mètres ; **trois cent quatre-vingts** spectateurs ; **quatre-vingt-six** grammes.
- **Sept millions deux cent mille** habitants ; **six milliards cent millions** d'euros.

Orthographe Pour écrire en toutes lettres un nombre inférieur à 100, on place un **trait d'union** entre les mots.
Exception :
Le trait d'union est parfois remplacé par le mot « **et** ».

EXEMPLES :
- **Soixante-douze** heures ; **trois cent quatre-vingt-dix-sept** personnes.
- **Quarante et un** voleurs ; **trente-trois mille soixante et onze** visiteurs.

2 Fractions décimales

Définition Une **fraction décimale** est une fraction de dénominateur 10, 100, 1 000...

EXEMPLE : La fraction $\frac{738}{100}$ est une fraction décimale. Elle se lit « sept cent trente-huit centièmes ».

Propriété Une fraction décimale admet plusieurs **décompositions**.

EXEMPLE :
- $\frac{738}{100} = 7 + \frac{3}{10} + \frac{8}{100}$. Cette décomposition se lit « sept unités trois dixièmes et huit centièmes ».
- $\frac{738}{100} = 7 + \frac{38}{100}$. Cette décomposition se lit « sept unités et trente-huit centièmes ».

Remarque : La dernière décomposition est la somme d'un nombre entier et d'une fraction décimale inférieure à 1.

Point de repère

Certaines fractions décimales représentent des nombres entiers.
$\frac{700}{100} = 7$. La fraction « sept cents centièmes » est égale au nombre entier « sept ».

3 Nombres décimaux

a) Écriture décimale

Définition Un **nombre décimal** est un nombre qui peut s'écrire sous forme d'une fraction décimale. Un nombre décimal admet aussi une écriture à virgule appelée **écriture décimale**.

EXEMPLES : Les nombres suivants sont des nombres décimaux :

$\frac{3}{10} = 0{,}3$; $\frac{8}{100} = 0{,}08$; $\frac{38}{100} = 0{,}38$; $\frac{738}{100} = 7 + \frac{38}{100} = 7{,}38$.

■ **Remarque :** Le nombre décimal 7,38 se lit « sept **virgule** trente-huit ».

Définition Un nombre décimal est égal à la somme de sa **partie entière** et de sa **partie décimale** :

- la **partie entière** est un nombre entier ;
- la **partie décimale** est un nombre inférieur à 1.

EXEMPLE : 7,38 = **7** + **0,38**

7 : partie entière ; **0,38** : partie décimale

b) Propriétés

Propriété La partie décimale d'un nombre décimal peut s'écrire à l'aide d'un nombre fini de chiffres.

EXEMPLES :

- $\frac{1}{2} = 0{,}5$. Le nombre $\frac{1}{2}$ est donc un nombre décimal.
- Le résultat de la division de 4 par 3 est 1,333 333... Donc, ce nombre n'est pas décimal.

Propriété Un **nombre entier** est aussi un nombre décimal : sa partie décimale est **nulle**.

EXEMPLE : 43 = 43,0. Le nombre 43 est un nombre entier, c'est aussi un nombre décimal.

Règle On ne change pas un **nombre décimal** si on ajoute ou si on enlève :

- des chiffres **0** avant le premier chiffre de sa partie entière ;
- des chiffres **0** après le dernier chiffre de sa partie décimale.

EXEMPLES : **0**12,06 = 12,06 ; **00**0,703 = 0,703 ; 540,8**0** = 540,8 ; 503,**000** = 503.

c) Rang d'un chiffre

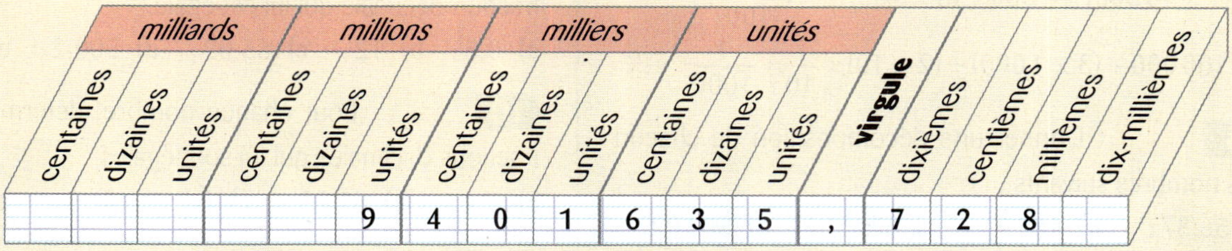

EXEMPLE : Pour le nombre 9 401 635,728 :
le rang du chiffre 1 est celui des unités de milliers ; le chiffre des millièmes est 8 ; le nombre de milliers est 9 401.

1 J'APPRENDS À… Écrire de plusieurs façons un nombre décimal

Énoncé : 1) Donner une décomposition du nombre 23,17.
2) Déterminer une fraction décimale égale à ce nombre.

Solution :

1) On peut écrire :

$$23{,}17 = (2 \times 10) + (3 \times 1) + \frac{1}{10} + \frac{7}{100}$$

2) On a :

$$23{,}17 = \frac{2\,317}{100}$$

> J'APPLIQUE.

1 SC1 Déterminer l'écriture décimale de chacun des nombres suivants :

a) $(3 \times 1\,000) + (5 \times 100) + (4 \times 10) + (9 \times 1)$;

b) $(7 \times 100) + (4 \times 10) + 5 + \frac{3}{10} + \frac{2}{100}$;

c) $(5 \times 100) + (3 \times 10) + 2 + \frac{4}{10} + \frac{7}{100} + \frac{6}{1000}$;

d) $(2 \times 10\,000) + 1\,000 + (3 \times 100) + (9 \times 10) + 8$.

2 SC1 Déterminer l'écriture décimale de chacun des nombres suivants :

a) $(7 \times 1\,000) + (4 \times 10) + 9 + \frac{5}{10} + \frac{3}{100}$;

b) $(5 \times 100\,000) + (4 \times 1\,000) + (7 \times 10) + \frac{5}{10}$;

c) $(7 \times 10\,000) + 1\,000 + (3 \times 100) + 7 + \frac{9}{100}$;

d) $100\,000 + (3 \times 1\,000) + (2 \times 10) + \frac{7}{10} + \frac{1}{1000}$.

3 SC1 Donner une décomposition de chacun des nombres suivants :

a) 56,87 ; **b)** 489,9 ; **c)** 52 128 ; **d)** 503 027.

4 SC1 Donner une décomposition de chacun des nombres suivants :

a) 3 050,8 ; **b)** 50 100,08 ; **c)** 4 030 002,01.

5 SC2 Recopier et compléter.

a) $5{,}37 = \frac{\dots}{100}$; **b)** $42{,}3 = \frac{\dots}{10}$; **c)** $45{,}896 = \frac{\dots}{1\,000}$;

d) $58{,}72 = \frac{\dots}{100} = \frac{\dots}{1\,000}$; **e)** $589 = \frac{\dots}{10} = \frac{\dots}{100}$.

6 SC2 Parmi ces fractions décimales, lesquelles sont égales à 7,59 ?

a) $\frac{759}{10}$; **b)** $\frac{759}{100}$; **c)** $\frac{7\,059}{1\,000}$; **d)** $\frac{7\,509}{1\,000}$; **e)** $\frac{7\,590}{1\,000}$.

7 SC2 Déterminer l'écriture décimale la plus simple de chacun des nombres suivants :

a) $\frac{749}{10}$; **b)** $\frac{845}{100}$; **c)** $\frac{7}{100}$; **d)** $\frac{3\,258}{1\,000}$; **e)** $\frac{700}{100}$.

8 SC2 Pour chaque nombre, déterminer une fraction décimale qui lui est égale.

a) 26,45 ; **b)** 458,3 ; **c)** 12,09 ; **d)** 7,205.

9 SC2 Pour chaque nombre, déterminer une fraction décimale qui lui est égale.

a) 0,5 ; **b)** 12 ; **c)** 65,03 ; **d)** 500,2 ; **e)** 3,001.

10 SC2 Pour chaque nombre, déterminer deux fractions décimales qui lui sont égales.

a) 1,4 ; **b)** 52,25 ; **c)** 0,7 ; **d)** 5 ; **e)** 7,018.

11 1) Déterminer l'écriture décimale du nombre :

$$(7 \times 100) + (5 \times 10) + 2 + \frac{6}{10} + \frac{1}{100}$$

2) En déduire une fraction décimale égale à ce nombre.

12 Donner un exemple de nombre qui :
a) s'écrit à l'aide d'un seul chiffre ;
b) s'écrit à l'aide de plusieurs chiffres ;
c) est constitué de trois chiffres identiques ;
d) est constitué de trois chiffres différents.

13 Lire chacun des nombres suivants :
a) 81 354 ; **b)** 7 845 ; **c)** 145 568 ;
d) 2 584 674 ; **e)** 70 040 ; **f)** 3 008 ;
g) 200 500 ; **h)** 7 002 013.

14 Lire chacun des nombres suivants :
a) 284 345 658 ; **b)** 25 689 647 568 ;
c) 12 072 003 000 ; **d)** 800 008 800 080.

Pour les exercices 15 à 17, des nombres ont été écrits en toutes lettres. Chaque écriture comporte au moins une faute d'orthographe. Corriger chacune de ces fautes.

15 **a)** Douze milles quatre cents.
b) Onze million cinquante mille quatre-vingt.
c) Six cents quatre-vingts-quatre.
d) Cent vingts milliard deux cents onze mille.

16 **a)** Trente et un mille vingt trois.
b) Quatre vingt douze milles quarante.
c) Dix huit million trente et un mille.
d) Quatre vingt dix huit milliards.

17 **a)** Trente deux mille huit cent.
b) Quarante cinq million quatre vingt onze mille.
c) Soixante et onze mille cent soixante douze.
d) Deux milliard trente trois million quatre mille.

18 Commenter les affirmations de ces élèves.

19 **1)** Lire chacun des nombres suivants :
a) 128,87 ; **b)** 2 895,189 ; **c)** 38 512,84 ;
d) 5 075,08 ; **e)** 300,207 ; **f)** 4 004,004.
2) Pour chaque nombre précédent, préciser :
a) la partie entière ; **b)** la partie décimale.

20 Décomposer chaque fraction décimale en une somme d'un nombre entier et d'une fraction décimale inférieure à 1.
a) $\frac{12}{10}$; **b)** $\frac{37}{10}$; **c)** $\frac{125}{100}$; **d)** $\frac{584}{100}$; **e)** $\frac{789}{100}$.

21 SC2 Pour chacun des nombres suivants, trouver une fraction décimale qui lui est égale :
a) 12,78 ; **b)** 7,158 ; **c)** 400,9 ; **d)** 0,48 ; **e)** 55.

22 Pour chacun des nombres suivants, expliquer pourquoi il s'agit d'un nombre décimal :
a) $\frac{58}{10}$; **b)** 12,589 ; **c)** $\frac{258}{1\,000}$; **d)** 1 487 ; **e)** $\frac{1}{2}$.

23 Donner un exemple de nombre qui n'est pas un nombre décimal.

24 Lire chacun des nombres suivants :
a) 12,325 ; **b)** 789,59 ; **c)** 100,07 ; **d)** 0,008.

25 Sans tenir compte des zéros inutiles, lire chacun des nombres suivants :
a) 015,012 ; **b)** 50,350 ; **c)** 00,003 ; **d)** 0100,020.

26 Trouver l'intrus dans la liste suivante et justifier la réponse :
010,130 | 0070,02 | 80,900 | 110,081 | 40,0100

27 SC1 Donner le chiffre des dixièmes de chacun des nombres suivants :
a) 5,37 ; **b)** 652,035 ; **c)** 0,358 ; **d)** 345 ; **e)** 48,11.

28 SC1 Pour chacun des nombres suivants, préciser le rang du chiffre 7 :
a) 575,23 ; **b)** 7 025 ; **c)** 5,172 ; **d)** 0,72 ; **e)** 7.

29 Préciser, pour le nombre 20 358,079 :
a) le chiffre des dixièmes ;
b) le chiffre des centièmes ;
c) le chiffre des centaines ;
d) le nombre de centaines ;
e) le chiffre des millièmes ;
f) le nombre de milliers.

30 Je suis un nombre décimal de cinq chiffres.
Mon chiffre des dixièmes est 1.
Mon chiffre des centaines est 2.
Mon chiffre des unités est 3.
Mon chiffre des centièmes est 4.
Mon chiffre des dizaines est 5.
- Qui suis-je ?

> Je m'entraîne

Nombres ou chiffres

31 Recopier et compléter les phrases suivantes avec les mots **chiffre** ou **nombre**.

a) « Le ... 367 se termine par le ... 7. »

b) « Le ... 6 se trouve à la fin du ... 486. »

c) « Le ... d'élèves de la classe est 29. »

d) « Le ... de redoublants de la classe est 2. »

e) « 4 est un ... constitué d'un seul ... . »

32 Donner un exemple de nombre constitué :

a) de quatre chiffres ;

b) de deux chiffres, ces chiffres étant identiques ;

c) de deux chiffres, ces chiffres étant différents ;

d) de trois chiffres dont deux zéros.

33

121	33	757	900
5	909	18	66
10	333	2	770

Parmi les nombres ci-dessus, trouver les nombres :

a) constitués de trois chiffres ;

b) constitués de deux chiffres, ces chiffres étant différents ;

c) constitués de deux chiffres, ces chiffres étant identiques ;

d) qui utilisent le chiffre 0 dans leur écriture ;

e) écrits à l'aide d'un seul chiffre ;

f) constitués d'un seul chiffre.

34 Donner tous les nombres entiers inférieurs à 1 000, écrits uniquement à l'aide du chiffre 3.

35 On considère les chiffres 2 ; 5 et 7.
À l'aide de ces chiffres, écrire tous les nombres entiers constitués :

a) de trois chiffres, ces chiffres étant différents ;

b) de deux chiffres.

36 On considère les chiffres 0 ; 3 et 8.
À l'aide de ces chiffres, écrire tous les nombres entiers constitués :

a) de trois chiffres, ces chiffres étant différents ;

b) de deux chiffres.

038 = 38 ;
038 n'est pas un nombre constitué de trois chiffres.

37 Donner tous les nombres entiers constitués de trois chiffres et écrits uniquement avec les chiffres 4 et 7.

Orthographe d'un nombre entier

38 Recopier le texte suivant en corrigeant les fautes d'orthographe.
« Le lanceur spatial européen Ariane cinq est constitué de quatre étages et mesure cinq milles cent quatre vingts treize centimètres.
Sa masse vaut sept cents quarante sept milles kilogrammes. »

39 **1)** Recopier le texte suivant en corrigeant les fautes d'orthographe.
« Le premier voyage de l'homme dans l'espace a eu lieu en mille neuf cents soixante et un.
À l'âge de vingt sept ans, le Russe Youri Gagarine a réalisé un vol d'une heure quarante huit minute, à une altitude comprise entre cent quatre vingt et trois cents vingt sept kilomètres. »

2) Écrire tous les nombres du texte à l'aide de chiffres.

Écrire en chiffres chaque nombre :

a) huit cent quatre-vingt-cinq ;

b) deux cent millions quarante mille huit ;

c) trois millions quatre cent soixante et onze ;

d) un milliard un million mille un ;

e) sept milliards sept cent sept millions soixante-dix-sept mille sept cent soixante-dix.

41 Écrire chacun des nombres suivants en toutes lettres :

a) 280 ; **b)** 900 ; **c)** 783 ; **d)** 4 444.

42 Écrire chacun des nombres suivants en toutes lettres :

a) 57 561 ; **b)** 852 794 ; **c)** 80 200 ; **d)** 795 111.

43 Écrire chacun des nombres suivants en toutes lettres :

a) 7 090 701 ; **b)** 2 002 202 ; **c)** 12 300 005 680.

Fractions décimales

44 Voici un exemple de décomposition d'une fraction décimale :

$$\frac{324}{100} = 3 + \frac{2}{10} + \frac{4}{100}$$

En suivant cet exemple, décomposer chaque fraction :

a) $\frac{687}{100}$; **b)** $\frac{203}{100}$; **c)** $\frac{58}{10}$; **d)** $\frac{7\,896}{1\,000}$; **e)** $\frac{581}{10}$.

45 Voici un exemple de décomposition d'une fraction décimale :

$$\frac{324}{100} = 3 + \frac{24}{100}$$

En suivant cet exemple, décomposer chaque fraction :

a) $\frac{783}{100}$; **b)** $\frac{807}{100}$; **c)** $\frac{3\,543}{1\,000}$; **d)** $\frac{5\,813}{1\,000}$.

46 Recopier et compléter.

a) $\frac{1}{10} = \frac{...}{100}$; **b)** $\frac{10}{1\,000} = \frac{1}{...}$; **c)** $\frac{100}{1\,000} = \frac{1}{...}$;

d) $\frac{100}{100} = ...$; **e)** $\frac{320}{100} = \frac{...}{10}$; **f)** $\frac{17}{100} = \frac{170}{...}$.

Nombres décimaux

47 SC2 Déterminer l'écriture décimale de chacun des nombres suivants :

a) $\frac{703}{10}$; **b)** $\frac{58}{100}$; **c)** $\frac{3\,258}{1\,000}$; **d)** $\frac{32}{1\,000}$.

48 Le nombre 13,05 peut se lire « treize **virgule** zéro cinq ».

En utilisant le mot **virgule**, écrire en toutes lettres chacun des nombres suivants :

a) 57,95 ; **b)** 6,091 ; **c)** 1 354,8 ; **d)** 72,001 28.

49 Deux élèves lisent à haute voix le nombre $\frac{23}{10}$.

1) Justifier que ces élèves ont raison.

2) Écrire en toutes lettres et de deux façons différentes chacun des nombres suivants :

a) $\frac{47}{10}$; **b)** $\frac{458}{100}$; **c)** $\frac{1\,875}{1\,000}$; **d)** $\frac{489}{10}$; **e)** $\frac{45}{1\,000}$.

50 Le nombre 8,11 peut se lire « huit **et** onze centièmes ».

$$8{,}11 = 8 + 0{,}11$$
$$8{,}11 = 8 + \frac{11}{100}$$

Sans utiliser le mot virgule, écrire en toutes lettres chacun des nombres suivants :

a) 19,82 ; **b)** 80,9 ; **c)** 1 568,09 ; **d)** 128,568.

51 Donner la partie entière et la partie décimale de chacun des nombres suivants :

a) 12,73 ; **b)** 500,2 ; **c)** 735,683 ; **d)** 0,72.

52 Donner la partie entière et la partie décimale de chacun des nombres suivants :

a) 8,001 1 ; **b)** 500,02 ; **c)** 735 ; **d)** 0,007.

53

- Expliquer pourquoi cet élève a tort.

54 Expliquer pourquoi chacun des nombres suivants est un nombre décimal.

a) 75,846 ; **b)** 0,002 ; **c)** $\frac{568}{100}$; **d)** $\frac{3}{5}$.

55 Recopier la liste de nombres ci-dessous, puis barrer les zéros inutiles :

013,80 | 080,070 | 108,705 | 050 | 00,020 70

56 Recopier et compléter en utilisant le signe $=$ ou le signe $\neq$.

a) 74,80 ... 74,8 ; **b)** 90,08 ... 9,8 ;

c) 7,807 ... 07,87 ; **d)** 07,6 ... 7,60.

57 Recopier et compléter en utilisant le signe $=$ ou le signe $\neq$.

a) 507,8 ... 57,08 ; **b)** 009 ... 9,00 ;

c) 0 208,20 ... 208,200 ; **d)** 1,05 ... 01,500.

79 **Histoire**

Pour écrire les nombres, les Égyptiens utilisaient les hiéroglyphes suivants :

Hiéroglyphes	Valeur	Nom
	1	bâton
	10	anse
	100	corde enroulée
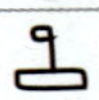	1 000	fleur de lotus
	10 000	doigt
	100 000	têtard

Ces hiéroglyphes étaient répétés jusqu'à neuf fois.

Le nombre 139 par exemple s'écrivait : 

1) Pour chacune des tablettes ci-dessous, déterminer le nombre inscrit.

a) 

b) 

c) 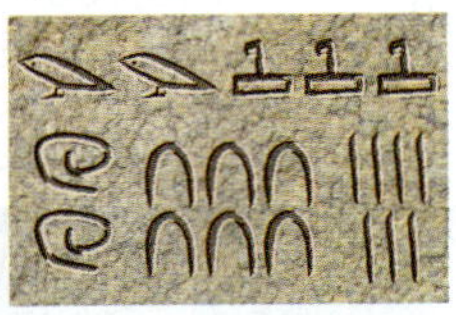

2) Écrire chacun des nombres suivants en hiéroglyphes égyptiens :

a) 38 ; **b)** 243 ; **c)** 102 400 ; **d)** 213 054.

3) Écrire 8 989 en hiéroglyphes égyptiens.

4) Donner un inconvénient des nombres égyptiens.

80 **Géographie**

En 1964, chaque département métropolitain français a été codé par un nombre de deux chiffres, de l'Ain (01) au Val-d'Oise (95).

La Corse avait le numéro 20. En 1972, elle a été divisée en deux départements : la Corse-du-Sud (2A) et la Haute-Corse (2B).

Avant 1972

Depuis 1972

Les départements d'outre-mer sont codés par un nombre de trois chiffres : Guadeloupe (971), Martinique (972), Guyane (973), Réunion (974).

Si l'on écrit actuellement les numéros des cent départements français, combien de fois écrit-on :

a) le chiffre 8 ? **b)** le chiffre 2 ? **c)** le chiffre 0 ?

81 Samir a écrit au tableau tous les nombres entiers de 1 à 125.

1) Combien de chiffres a-t-il écrits en tout ?

2) Combien de fois Samir a-t-il écrit :

a) le chiffre 8 ? **b)** le chiffre 1 ?

82 Barbie se promène dans sa rue. Les maisons sont numérotées de 1 à 88. Elle habite au numéro 36.

1) Barbie regarde les numéros de toutes les maisons situées de chaque côté de la rue.

Combien de fois voit-elle :

a) le chiffre 2 ? **b)** le chiffre 9 ?

2) Barbie parcourt toute la rue en regardant uniquement les maisons situées sur le même trottoir que sa maison.

Combien de fois voit-elle :

a) le chiffre 2 ? **b)** le chiffre 9 ?

83 On dispose des trois étiquettes suivantes :

0 | 5 | 7

1) Écrire tous les nombres entiers que l'on peut former en utilisant chaque étiquette une fois et une seule.

2) Écrire en toutes lettres chaque nombre obtenu.

84 On dispose des quatre étiquettes suivantes :

0 | 0 | 8 | 9

• Écrire en toutes lettres tous les nombres entiers de trois chiffres que l'on peut former en utilisant ces étiquettes.

85 On dispose des cinq étiquettes suivantes :

0 | 0 | , | 1 | 4

• Écrire en toutes lettres tous les nombres qui n'ont pas de zéros inutiles et que l'on peut former en utilisant chaque étiquette une fois et une seule.

86 On considère le nombre **602,32**.
Recopier et compléter les phrases suivantes :
« Son chiffre des ... est égal à celui des ... .
Son chiffre des ... est le double de celui des ... .
Son chiffre des ... est zéro. »

87 On considère trois nombres décimaux :
- 7 543,06 est appelé nombre A ;
- $\frac{538}{1\,000}$ est appelé nombre B ;
- $(3 \times 10) + 7 + \frac{1}{10} + \frac{8}{1\,000}$ est appelé nombre C.

1) Déterminer la partie entière et la partie décimale de chacun des nombres A, B et C.
2) Pour le nombre A et le nombre C, déterminer une fraction décimale qui lui est égale.
3) Donner une décomposition de chacun des nombres A et B.
4) Donner une écriture en toutes lettres de chacun des nombres A, B et C.

Pour les exercices 88 et 89, on décompose un nombre décimal comme ci-dessous :

$57{,}28 = (5 \times 10) + (7 \times 1) + (2 \times 0{,}1) + (8 \times 0{,}01)$

88 Décomposer ainsi chacun des nombres suivants :
a) 158,3 ; **b)** 3,29 ; **c)** 93 040 ; **d)** 500,038.

89 Décomposer ainsi chacun des nombres suivants :
a) 8 620,34 ; **b)** 0,203 6 ; **c)** 90 403,018.

90 Parmi les nombres suivants, lesquels sont entiers ? Justifier chaque réponse.

84,000 | 087,080 | 800,800 | 7,0 | 0,7

$\frac{70}{10}$ | $7 + \frac{3}{10}$ | $\frac{478}{100}$ | $30 + \frac{30}{10}$ | $\frac{1\,900}{100}$

91 Écrire chaque nombre comme la somme de sa partie entière et d'une fraction décimale.
a) 12,3 ; **b)** 85,08 ; **c)** 2,485 ; **d)** 0,85 ; **e)** 12.

92 Que dire d'un nombre qui est égal à sa partie entière ? Justifier la réponse.

93 Recopier et compléter en utilisant le signe = ou le signe ≠ .
a) $\frac{14}{10}$ ... $\frac{140}{100}$; **b)** 2,45 ... $\frac{245}{10}$; **c)** 3 ... $\frac{300}{100}$;
d) $\frac{70}{10}$ ... 0,7 ; **e)** $\frac{30}{1\,000}$ ... $\frac{3}{10}$; **f)** $\frac{500}{1\,000}$ ... 0,5.

94 Quatre élèves lisent un nombre.

- Justifier que ces élèves ont lu le même nombre.

95 **1)** Donner l'écriture décimale du nombre « treize unités et trente-huit centièmes ».
2) Trouver une fraction décimale égale à « quarante unités quatre centièmes et deux millièmes ».
3) Déterminer la partie entière, puis la partie décimale du nombre « deux cent trois unités quatre centièmes et cinq millièmes ».

96 Écrire en toutes lettres chacun des nombres suivants de quatre façons différentes :
a) 7,42 ; **b)** 3,209.

97 Parmi les nombres suivants, trouver les nombres entiers et justifier chaque réponse :
a) quatre-vingt-trois unités deux dixièmes ;
b) soixante-sept mille centièmes ;
c) quinze plus quarante dixièmes ;
d) cinquante-trois plus neuf cent millièmes.

98 Je suis un nombre décimal de deux chiffres après la virgule.
Mon chiffre des dixièmes se trouve dans la table de multiplication de 2.
Mon chiffre des unités est la moitié de mon chiffre des dixièmes.
Mon chiffre des centièmes est le double de mon chiffre des dixièmes.
Mon nombre de dizaines est le triple de mon chiffre des dixièmes.
Dans mon écriture décimale, seulement deux de mes chiffres sont identiques.
- Qui suis-je ?

DEVOIRS À LA MAISON

DEVOIR A

99 Recopier le texte ci-dessous en écrivant chaque nombre en toutes lettres.

« La région Nord-Pas-de-Calais a une superficie de 12 414 km² et une population de 4 042 980 habitants.
Cette région se divise en deux départements :
– le Nord (59) d'une superficie de 5 742 km² et d'une population de 2 583 493 habitants ;
– le Pas-de-Calais (62) d'une superficie de 6 671 km² et d'une population de 1 459 487 habitants.
La communauté urbaine Lilloise est l'une des plus importantes de France avec 1 000 900 habitants (dont Lille avec 227 857 habitants). »

Source : INSEE, 2007.

DEVOIR B

100 **1)** Écrire en chiffres les nombres suivants :
a) cinquante-trois unités douze millièmes ;
b) neuf mille deux cent quinze millièmes ;
c) trois unités sept dixièmes et quatre centièmes ;
d) trois mille virgule zéro zéro douze.
2) Déterminer la partie entière et la partie décimale de chacun des nombres précédents.

101 On considère les nombres 1 832,57 et 34 856,719.
1) Pour chacun de ces nombres, préciser :
a) le chiffre des centièmes ; **b)** le rang du chiffre 5 ;
c) le nombre de centaines.
2) Quel chiffre occupe le même rang dans ces deux nombres ? Préciser ce rang.

JE CHERCHE...

Pour les exercices 102 à 104, recopier et compléter chaque phrase en écrivant en toutes lettres les nombres manquants.

102 « Cette phrase contient exactement ... voyelles. »

103 « Dans cette phrase, il y a ... consonnes. »

104 « Pour faire cette phrase, on utilise ... voyelles et ... consonnes. »

105 **1)** Citer tous les nombres d'un seul chiffre.
2) Citer tous les mots d'une seule lettre.

106 Je suis le plus grand de tous les nombres entiers dont le nombre de centaines est constitué d'un seul chiffre.
- Qui suis-je ? Justifier la réponse.

107 Je suis un nombre décimal ayant deux chiffres après la virgule.
Mon nombre de dizaines est égal à mon nombre de dixièmes.
Mon chiffre des centièmes correspond au nombre de points cardinaux.
- Qui suis-je ? Justifier la réponse.

108 Je suis le plus grand nombre dont la partie décimale est le centième de ma partie entière.
- Qui suis-je ? Justifier la réponse.

> J'utilise la calculatrice

Les calculatrices utilisées au collège permettent de trouver l'écriture décimale d'une fraction décimale.

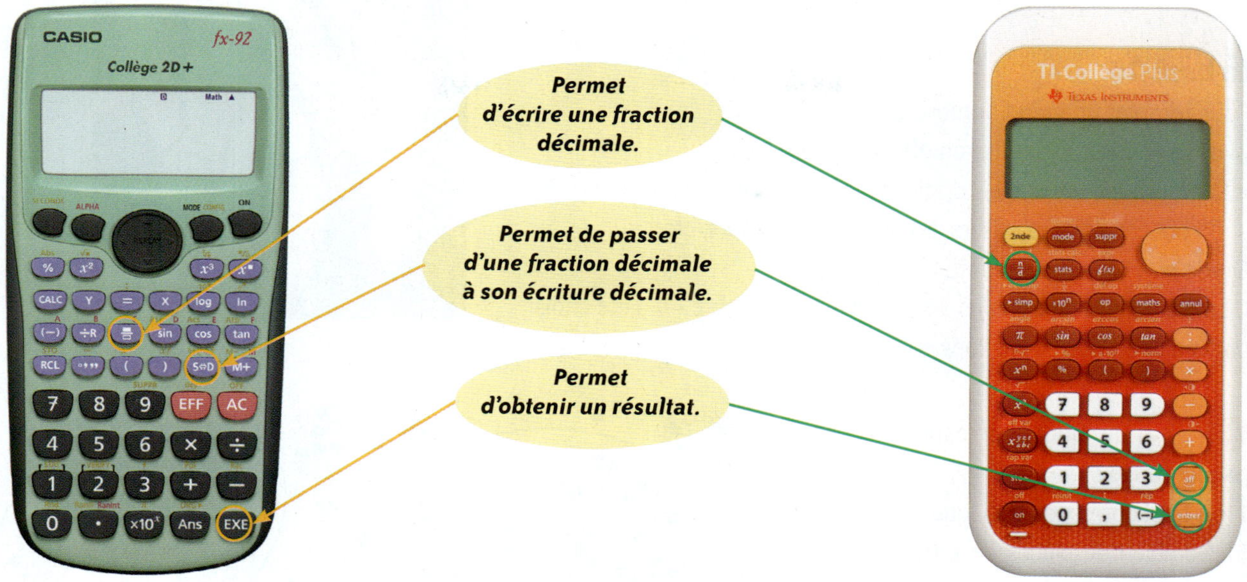

Casio Collège 2D +	TI-Collège

EXEMPLE :
Déterminer l'écriture décimale de $\frac{371}{10}$.

Casio Collège 2D +

- Sélectionner le mode « MthIO » et « d/c » (voir à la page 286).
- Taper les séquences suivantes :

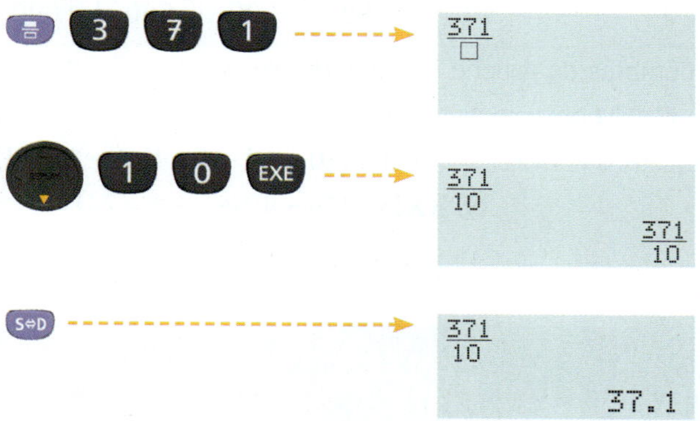

- L'écriture décimale de $\frac{371}{10}$ est donc 37,1.

TI-Collège

- Sélectionner le mode « Flott » et « Simplman » (voir à la page 287).
- Taper les séquences suivantes :

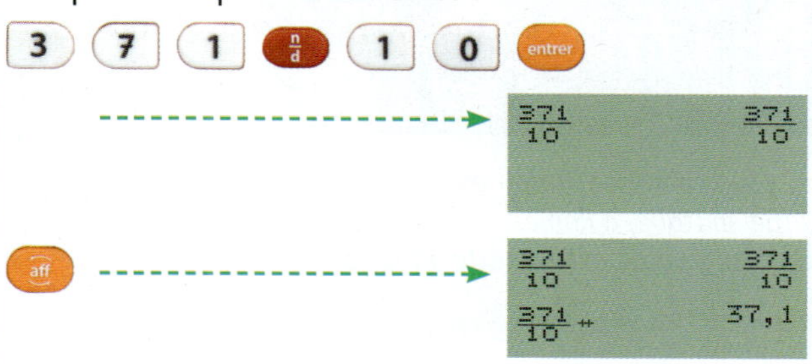

- L'écriture décimale de $\frac{371}{10}$ est donc 37,1.

109 Utiliser une calculatrice pour déterminer l'écriture décimale de chacun des nombres suivants :

a) $\frac{513}{10}$; **b)** $\frac{587}{100}$; **c)** $\frac{9\,081}{1\,000}$; **d)** $\frac{749}{1\,000}$; **e)** $\frac{83}{10\,000}$; **f)** $\frac{200}{10}$.

110 Déterminer l'écriture décimale du nombre suivant : $(132 \times 100) + 48 + \frac{587}{1\,000}$.

111 Pour chaque nombre, préciser s'il est entier, décimal ou ni l'un ni l'autre.

a) $128 : 125$; **b)** $\frac{8\,000}{100}$; **c)** $11 : 6$; **d)** $324 : 54$; **e)** $\frac{15}{10} + \frac{350}{100}$; **f)** $7 + \frac{13}{10} + \frac{152}{100}$.

> Découverte

L'histoire des nombres

La base 10

Pour compter un grand nombre d'objets :
- on les regroupe par **10**, on obtient les dizaines ;
- on regroupe ensuite les dizaines par **10**, on obtient les centaines ;
- on obtient ainsi les milliers, les dizaines de milliers, etc.

On dit que l'on compte en **base 10**.

C'est parce que nous avons **10** doigts que le nombre **10** a été choisi par la plupart des civilisations.

112 **1)** À quoi correspond chaque paquet rouge ?
2) À quoi correspond chaque paquet bleu ?
3) Combien de pièces de puzzle sont-elles dessinées ?

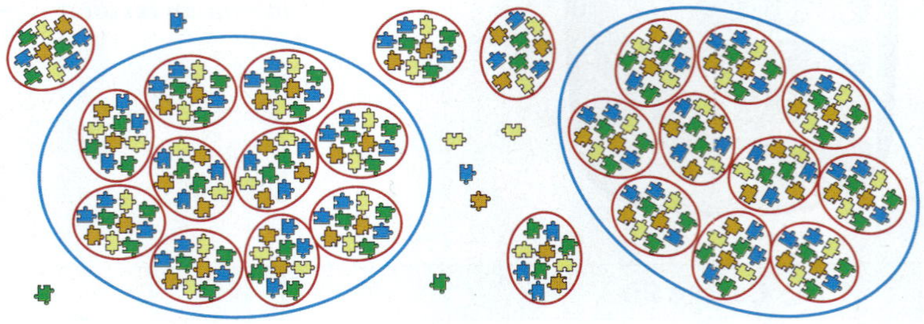

▲ *La colonne de Trajan est un monument situé en Italie, à Rome.*
On peut y voir gravé un texte antique.

Les nombres romains

Les Romains utilisaient des lettres pour représenter certains nombres :

Lettre	I	V	X	L	C	D	M
Nombre	1	5	10	50	100	500	1 000

Ils écrivaient les nombres de gauche à droite, du plus grand au plus petit.
Les nombres **I**, **X**, **C** et **M** pouvaient être répétés jusqu'à trois ou quatre fois.
Le nombre vingt-quatre s'écrivait : **XXIIII** (10 + 10 + 1 + 1+ 1 + 1 = 24)
ou **XXIV** (10 + 10 + 5 – 1 = 24)

113 L'inscription ci-contre est gravée sur la base de la colonne de Trajan.
1) Trouver plusieurs inconvénients de l'écriture romaine ancienne.
2) Dans ce texte sont écrits trois nombres.
a) Comment les différencie-t-on des mots ?
b) Donner l'écriture décimale de chacun de ces trois nombres.

114 **1)** Donner l'écriture décimale de chacun des nombres suivants :
a) **CLVIII** ; **b)** **MMDCCI** ; **c)** **XXXXVIIII** ; **d)** **CIX** ; **e)** **XCIV**.
2) Écrire en chiffres romains chacun des nombres suivants :
a) 1 621 ; **b)** 378 ; **c)** 264 ; **d)** 129 ; **e)** 909.
3) Citer au moins trois utilisations actuelles des chiffres romains.

Chapitre 2

Comparaison des nombres décimaux

REVOIR

> la comparaison des nombres décimaux ;

> les encadrements d'un nombre.

DÉCOUVRIR

> la notion de demi-droite graduée ;

> l'abscisse d'un point ;

> des valeurs approchées d'un nombre.

SOCLE COMMUN

- **SC1** Repérer un nombre sur une demi-droite graduée.
- **SC2** Comparer deux nombres décimaux et ranger une liste de nombres.
- **SC3** Encadrer un nombre, intercaler un nombre entre deux autres.

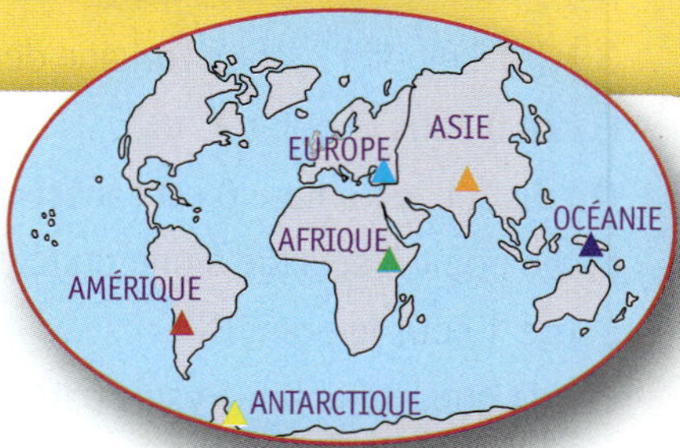

Le tableau ci-dessous donne le nom et l'altitude du plus haut sommet des chaînes de montagnes de chaque continent.

Continent	Afrique	Amérique	Antarctique	Asie	Europe	Océanie
Nom du sommet ▲	Kilimandjaro ▲	Aconcagua ▲	Mont Vinson ▲	Everest ▲	Elbrouz ▲	Pyramide de Carstensz ▲
Altitude	5 894 m	6 962 m	5 140 m	8 848 m	5 633 m	4 884 m

- Ranger ces sommets dans l'ordre décroissant de leur altitude.

1 J'utilise une frise chronologique

JE REVOIS

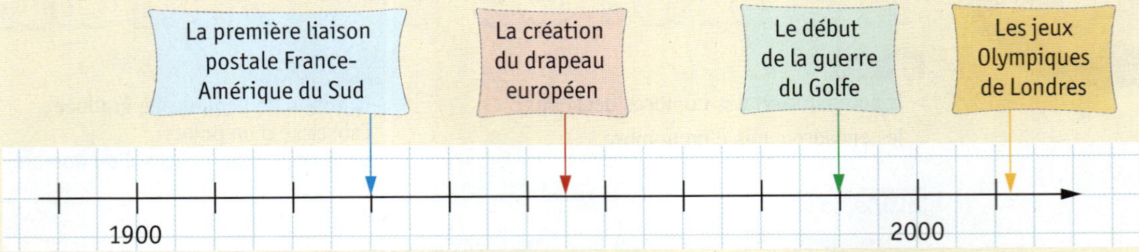

1) **a)** Lire sur la frise ci-dessus la date de chacun des événements suivants :

- la première liaison postale entre la France et l'Amérique du Sud, effectuée par l'aviateur français Jean Mermoz ;
- le début de la guerre du Golfe ;
- la création du drapeau européen.

b) Peut-on lire précisément la date des jeux Olympiques de Londres ?

2) Reproduire sur papier à petits carreaux la frise ci-dessus. Placer ensuite les événements suivants :

- l'isolement du Radium (élément chimique) par la physicienne française Marie Curie en 1910 ;
- l'adoption de la Convention européenne des droits de l'Homme en 1950 ;
- l'adoption de la fête nationale française en 1880 ;
- l'exposition universelle de Milan en 2015 ;
- les premiers pas de l'Homme sur la Lune en 1969.

Pour le dernier événement, j'ai mesuré.

2 Je découvre l'abscisse d'un point

1) Tracer une demi-droite d'origine un point A.

2) Choisir une unité de longueur en prenant une ouverture de compas.
Puis, à partir du point A, reporter sur la demi-droite l'unité de longueur choisie.
On obtient ainsi le point B.

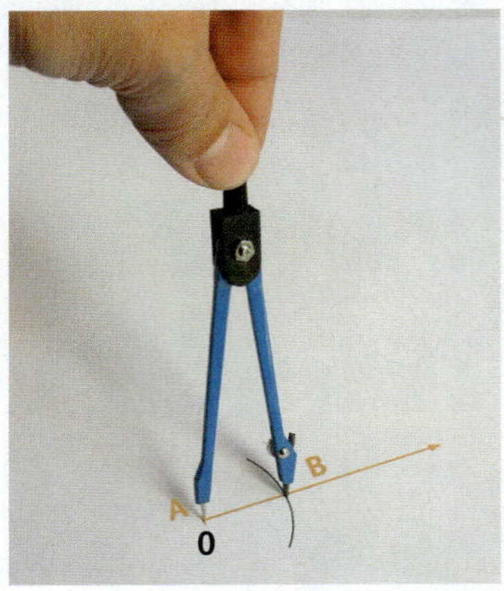

3) **a)** Le point A étant l'origine de la demi-droite, on lui associe le nombre 0.
Écrire 0 sous le point A.
On dit que le nombre 0 est l'**abscisse** du point A.

b) Le point B se situe à une unité de longueur du point A. On lui associe le nombre 1.
Écrire 1 sous le point B.
On dit que le nombre 1 est l'**abscisse** du point B.

4) **a)** Reporter sur la demi-droite la même unité de longueur à partir du point B.
On obtient le point C distinct du point A.

b) À combien d'unités du point A se trouve le point C ?
Quelle est alors l'abscisse du point C ?

c) Construire le point D d'abscisse 5.

3 Je compare des nombres décimaux

JE REVOIS

1) Comparer 5,7 et 12,3. Expliquer la réponse.

2) Quatre élèves ont comparé les nombres 3,7 et 3,18 qui ont la même partie entière. Voici leur copie :

Fanny

7 < 18
donc 3,7 < 3,18.

Amel

• 3,7 = 3,70 donc 3,7 se lit aussi 3 unités et 70 centièmes.
• 3,18 se lit 3 unités et 18 centièmes.
70 > 18 donc 3,7 > 3,18.

Bastien

• Le chiffre des dixièmes de 3,7 est 7.
• Le chiffre des dixièmes de 3,18 est 1.
7 > 1 donc 3,7 > 3,18.

Kevin

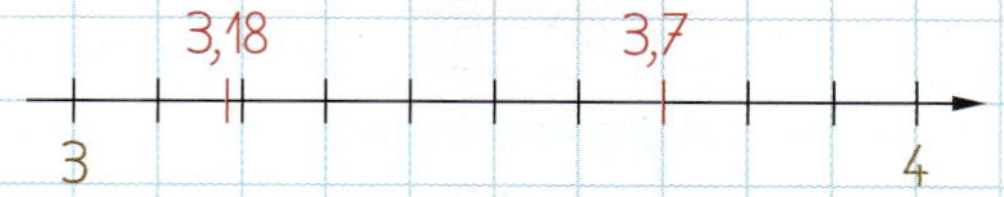

3,18 se situe avant 3,7 donc 3,18 < 3,7.

a) Quel élève a comparé les chiffres des dixièmes ? Sa réponse est-elle juste ?

b) Quelle est la méthode utilisée par Amel ? Sa réponse est-elle juste ?

c) Lequel des quatre élèves obtient une réponse fausse ? Expliquer son erreur.

d) Quelle méthode utilise le dernier élève pour comparer 3,7 et 3,18 ?

4 J'encadre un nombre par des valeurs approchées

On considère la demi-droite graduée ci-dessous et le point A d'abscisse a.
On ne connaît pas précisément le nombre a.
Mais on peut dire que a est compris entre **2** et **3** :

valeur approchée par défaut à l'unité du nombre a → $2 < a < 3$ ← **valeur approchée par excès à l'unité du nombre a**

encadrement à l'unité du nombre a

1) Pour préciser l'abscisse du point A, on « agrandit » la portion de demi-droite graduée comprise entre les points B et C.

a) Quelles sont les abscisses des points E et F ?

b) En déduire un **encadrement au dixième** du nombre a.

c) Donner une valeur approchée par excès au dixième du nombre a.

2) On « agrandit » encore la demi-droite graduée entre les points E et F.

a) Quelles sont les abscisses des points H et I ?

b) En déduire un **encadrement au centième** du nombre a.

c) Donner une valeur approchée par défaut au centième du nombre a.

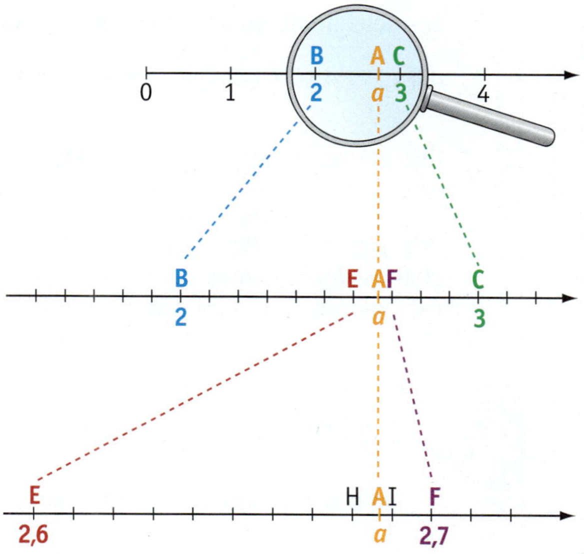

> Cours

1 Repérage sur une demi-droite graduée

Définition On appelle **demi-droite graduée** une demi-droite sur laquelle on a reporté régulièrement, à partir de l'origine, une **unité de longueur** choisie.
L'origine de la demi-droite est l'**origine** de la demi-droite graduée.

■ **EXEMPLE :**

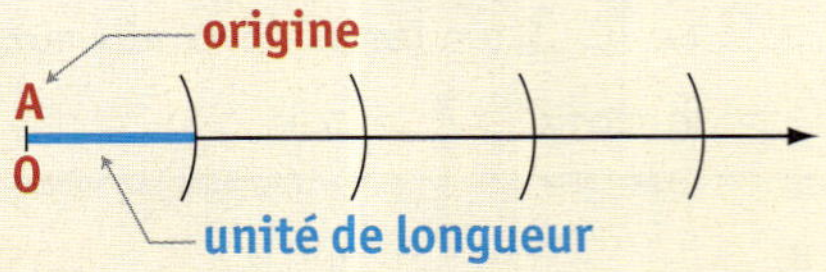

Propriétés Sur une demi-droite graduée :
- chaque point est repéré par un nombre appelé **abscisse** de ce point ;
- à chaque nombre correspond un point.

■ **EXEMPLE :**

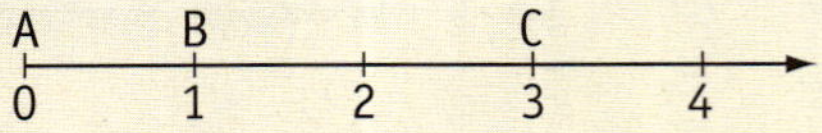

L'abscisse du point B est le nombre 1. Le nombre 3 est l'abscisse du point C.

■ **Remarque :** L'origine d'une demi-droite graduée a pour abscisse le nombre 0.

2 Comparaison de deux nombres décimaux

Vocabulaire **Comparer** deux nombres revient à déterminer si l'un est inférieur ou supérieur ou égal à l'autre.

Notation	Signification	Exemples
$a < b$	*a* est inférieur à *b*	$13 < 45$
$a > b$	*a* est supérieur à *b*	$45 > 13$
$a = b$	*a* est égal à *b*	$1{,}2 = \frac{12}{10}$

Méthode

Les deux nombres décimaux ont :	Comparaison	Exemples
des **parties entières** différentes.	Le plus petit est celui qui a la plus petite partie entière.	$3{,}125 < 16{,}84$ car $3 < 16$.
des parties entières égales et des **chiffres des dixièmes** différents.	Le plus petit est celui qui a le plus petit chiffre des dixièmes.	$9{,}61 < 9{,}74$ car $6 < 7$.
des parties entières égales, des chiffres des dixièmes égaux et des **chiffres des centièmes** différents.	Le plus petit est celui qui a le plus petit chiffre des centièmes.	$34{,}90 < 34{,}99$ car $0 < 9$.

Point de repère

Ne pas confondre un point (objet géométrique) avec son abscisse (un nombre).

3 Rangement des nombres décimaux

Définitions • **Ranger** une liste de nombres dans l'**ordre croissant**, revient à écrire ces nombres du plus petit au plus grand.

• **Ranger** une liste de nombres dans l'**ordre décroissant**, revient à écrire ces nombres du plus grand au plus petit.

EXEMPLE :

On considère les nombres suivants : 23,8 | 21,75 | 23,08 | 22.

• Rangement dans l'ordre croissant : $21{,}75 < 22 < 23{,}08 < 23{,}8$.

• Rangement dans l'ordre décroissant : $23{,}8 > 23{,}08 > 22 > 21{,}75$.

Définition **Encadrer un nombre** signifie donner deux valeurs : l'une inférieure à ce nombre et l'autre supérieure à ce nombre.

EXEMPLE :

Encadrer le nombre 8,725.

$$8{,}2 < 8{,}725 < 9$$

Les nombres 8,2 et 9 encadrent le nombre 8,725.

Définition **Intercaler un nombre** entre deux autres nombres a et b signifie trouver un nombre compris entre a et b.

EXEMPLE :

Intercaler un nombre entre 12,7 et 12,8.

$$12{,}7 < 12{,}73 < 12{,}8$$

Le nombre 12,73 est intercalé entre 12,7 et 12,8.

■ **Remarque :** On dit que : $8{,}2 < 8{,}725 < 9$ est un encadrement du nombre 8,725.

4 Valeurs approchées d'un nombre décimal

On considère la portion de demi-droite graduée suivante où a désigne un nombre.

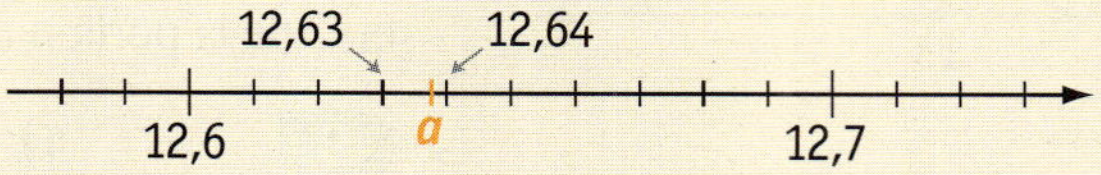

Un encadrement à l'unité de a est :

12 est une valeur approchée par défaut à l'unité de a → $12 < a < 13$ ← **13** est une valeur approchée par excès à l'unité de a

Un encadrement au dixième de a est :

12,6 est une valeur approchée par défaut au dixième de a → $12{,}6 < a < 12{,}7$ ← **12,7** est une valeur approchée par excès au dixième de a

Un encadrement au centième de a est :

12,63 est une valeur approchée par défaut au centième de a → $12{,}63 < a < 12{,}64$ ← **12,64** est une valeur approchée par excès au centième de a

Point de repère

Un encadrement par deux nombres entiers consécutifs est un encadrement à l'unité.

> Savoir-faire

1 J'APPRENDS À... Repérer un nombre sur une demi-droite graduée

Énoncé :

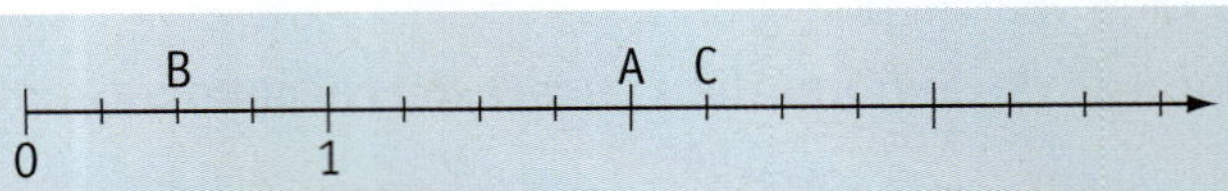

1) Quelle est l'abscisse de chacun des points A, B et C ?

2) Reproduire la demi-droite graduée et placer les points D et E d'abscisses respectives 1,75 et $3 + \frac{1}{4}$.

Solution :

1) L'abscisse du point A est 2.
L'abscisse du point B est 0,5.
L'abscisse du point C est 2,25.

2)

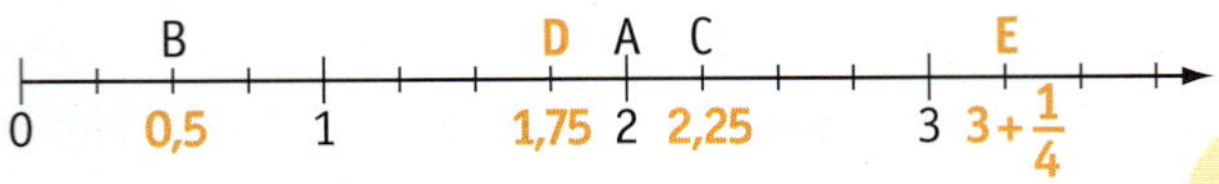

Cette demi-droite est graduée tous les 0,25.

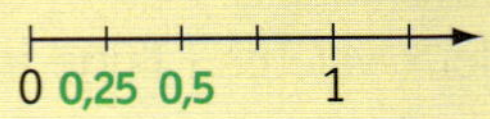

Respectif signifie dans l'ordre des listes :
D et E 1,75 et $3 + \frac{1}{4}$

> J'APPLIQUE.

SC1 **Pour les exercices 1 à 6,** reproduire la portion de demi-droite graduée, puis sous chaque graduation, écrire le nombre qui convient.

1

2

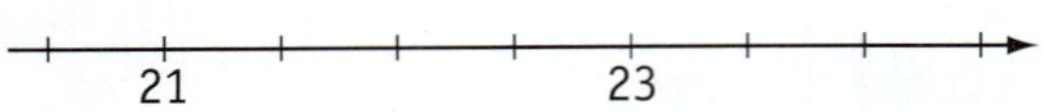

3

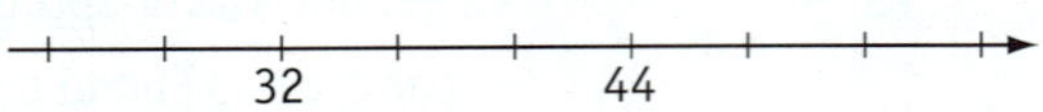

4

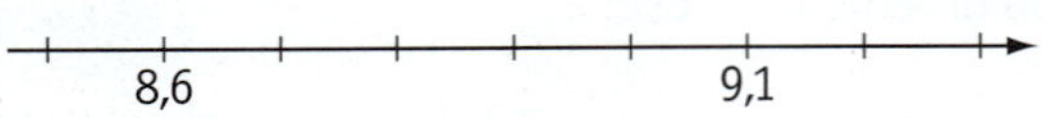

5

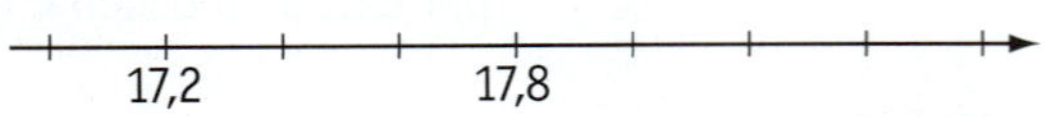

6

7 **SC1**

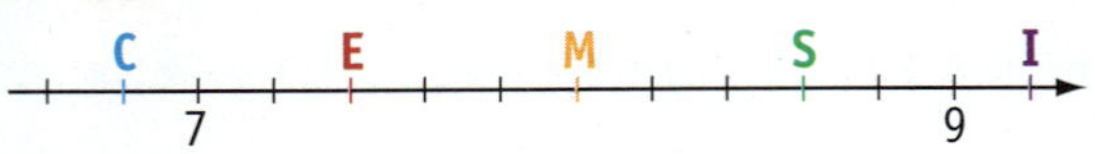

• Quelle est l'abscisse de chacun des points M, I, E, S et C de la portion de demi-droite graduée ci-dessus ?

8 **SC1**

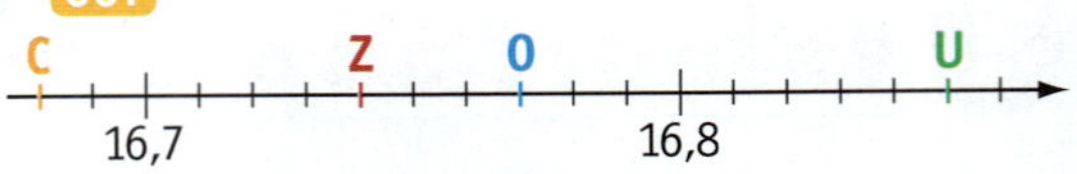

• Quelle est l'abscisse de chacun des points Z, O, U et C de la portion de demi-droite graduée ci-dessus ?

9 **SC1** **1)** Reproduire la portion de demi-droite graduée ci-dessous.

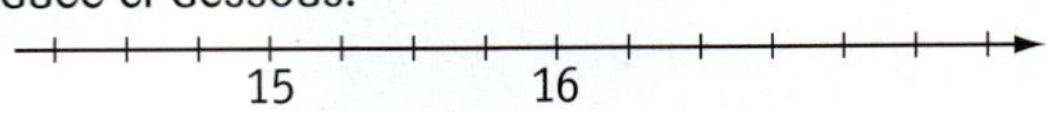

2) Placer les points E, F, G et H d'abscisses respectives 16,5 ; 15,25 ; 16,75 et 14,75.

10 **SC1** **1)** Reproduire la portion de demi-droite graduée ci-dessous en prenant comme unité 2 cm.

2) Quelle est l'abscisse de chacun des points B, S et O ?

3) Placer les points R, E, M et N d'abscisses respectives 11,9 ; 12,3 ; 10,6 et 9,8.

11 **SC1** **1)** Construire une demi-droite graduée d'origine O et d'unité de longueur 2 cm.

2) Placer les points H, A, T, M et S d'abscisses respectives 4 ; 2,5 ; 3,75 ; 1,25 et $3 - \frac{25}{100}$.

2 J'APPRENDS À... Déterminer une valeur approchée d'un nombre

Énoncé : On considère le nombre 12,185.

1) a) Donner un encadrement à l'unité de ce nombre.

b) Donner une valeur approchée à l'unité par défaut de 12,185.

2) a) Donner un encadrement au dixième de 12,185.

b) Donner une valeur approchée au dixième par excès de ce nombre.

Solution :

1) a) Un encadrement à l'unité de 12,185 est :

$$12 < 12{,}185 < 13$$

b) Une valeur approchée à l'unité par défaut de 12,185 est 12.

2) a) Un encadrement au dixième de 12,185 est :

$$12{,}1 < 12{,}185 < 12{,}2$$

b) Une valeur approchée au dixième par excès de 12,185 est 12,2.

J'APPLIQUE.

12 **1)** Encadrer par deux entiers consécutifs le nombre 98,753.

2) En déduire une valeur approchée à l'unité de ce nombre :

a) par défaut ; **b)** par excès.

13 On considère le nombre 5,892.

1) a) Donner un encadrement à l'unité de 5,892.

b) Donner une valeur approchée à l'unité par excès de 5,892.

2) a) Donner un encadrement au dixième de 5,892.

b) Donner une valeur approchée au dixième par défaut de ce nombre.

3) a) Donner un encadrement au centième de 5,892.

b) Donner une valeur approchée au centième par excès de ce nombre.

14 On considère l'encadrement suivant :

$$6{,}4 < 6{,}489 < 6{,}5$$

1) Donner une valeur approchée au dixième de 6,489 :

a) par défaut ; **b)** par excès.

2) Donner une valeur approchée à l'unité de 6,489 :

a) par défaut ; **b)** par excès.

3) Donner un encadrement au centième de 6,489.

15 Recopier et compléter le tableau suivant :

Nombre	Valeur approchée au dixième		Valeur approchée au centième	
	par défaut	par excès	par défaut	par excès
7,124				
145,238				
76,785				
3,692				

Pour les exercices 16 et 17, on appelle *n* le résultat de la division de 3 par 7.

La calculatrice affiche :

```
3÷7
        0.4285714286
```

16 **SC3** Donner un encadrement du nombre *n* :

a) à l'unité ; **b)** au dixième ;

c) au centième ; **d)** au millième.

17 **1)** Déterminer une valeur approchée par défaut à l'unité du nombre *n*.

2) Déterminer une valeur approchée par excès au dixième du nombre *n*.

3) Déterminer une valeur approchée par excès au centième du nombre *n*.

4) Déterminer une valeur approchée par défaut au millième du nombre *n*.

SC1 **Pour les exercices 18 à 23,** lire l'abscisse de chacun des points A, B, C, et D.

18

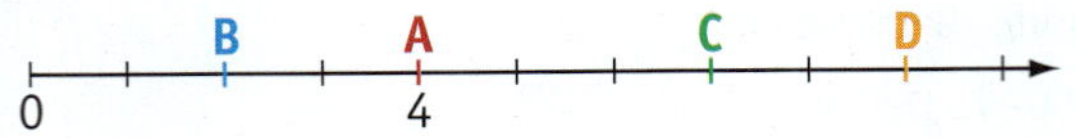

19

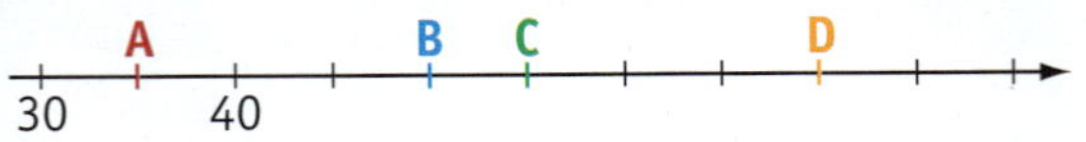

20

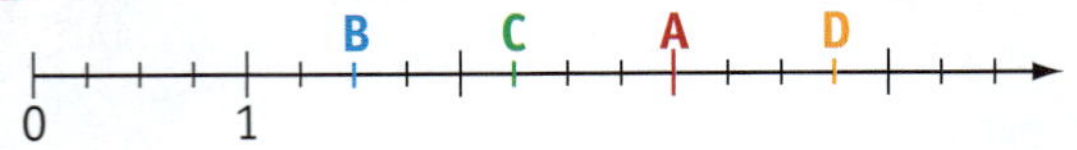

21

22

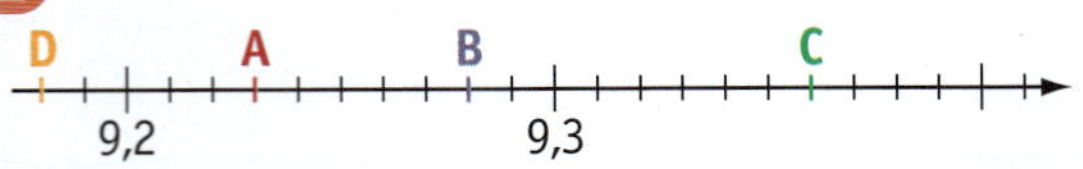

23

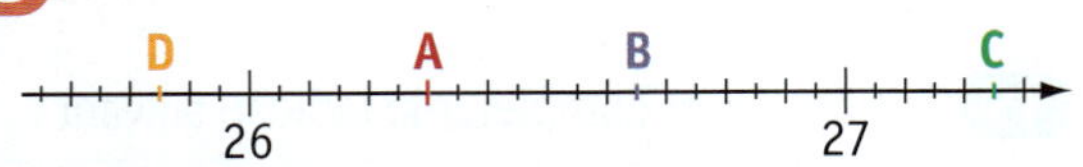

SC2 **Pour les exercices 24 à 26,** dans chaque cas, comparer les deux nombres décimaux.

24 **a)** 12,5 et 9,87 ; **b)** 158,6 et 158,60 ; **c)** 520,25 et 5 202,5 ; **d)** 123,456 et 132,465.

25 **a)** 0,9 et 0,10 ; **b)** 12,34 et 12,3 ; **c)** 80,2 et 80,02 ; **d)** 31,35 et 32,4.

26 **a)** $\frac{7}{10}$ et 0,7 ; **b)** $\frac{352}{100}$ et 35,2 ; **c)** 0,13 et $\frac{14}{10}$; **d)** $\frac{154}{1\,000}$ et 0,308.

27 **1)** Quel est le plus petit nombre entier supérieur à 15 ?
2) Quel est le plus grand nombre entier inférieur à 15 ?

28 **1)** Quel est le plus grand nombre entier de 3 chiffres ?
2) Quel est le plus grand nombre décimal de 3 chiffres ?

29 **1)** Quel est le plus petit nombre entier de 4 chiffres différents (sans zéro inutile) ?
2) Quel est le plus petit nombre décimal de 4 chiffres différents ?

30 **SC2** Ranger dans l'ordre croissant les nombres suivants :

7,13 | 6,7 | 7,2 | 6,58 | 7,125

31 **SC2** Ranger dans l'ordre décroissant les nombres suivants :

21,4 | 19,98 | 21,38 | 20 | 21,6

32 **SC2** Encadrer chacun des nombres suivants par deux nombres entiers consécutifs :
a) 15,7 ; **b)** 103,8 ; **c)** 87,1 ;
d) 0,85 ; **e)** 25,784 ; **f)** 2 009,01 ;
g) 0,002 ; **h)** 9,99 ; **i)** 90,99.

SC3 **Pour les exercices 33 et 34,** intercaler un nombre entre les deux nombres proposés.

33 **a)** 3 et 4 ; **b)** 7,5 et 8 ;
c) 12,3 et 12,5 ; **d)** 0,65 et 0,63.

34

a) 28,2 et 28,3 ;
b) 0,8 et 0,7 ;
c) 9,1 et 9,15 ;
d) 8,55 et 8,56.

35 **SC2** On considère les nombres suivants :

7,326 | 15,251 | 0,798 | 84,929
99,999 | 9 898,985

Pour chacun des nombres ci-dessus, déterminer :
a) un encadrement à l'unité ;
b) un encadrement au dixième ;
c) un encadrement au centième.

Pour les exercices 36 et 37, pour chacun des nombres proposés, donner une valeur approchée :
- à l'unité par excès ;
- au dixième par défaut ;
- au centième par défaut ;
- au millième par excès.

36 **a)** 4,271 56 ; **b)** 12,798 55.

37 **a)** 321,987 6 ; **b)** 60,399 9.

38 ◆ désigne un nombre. On a :

25,86 < ◆ < 25,87

Déterminer une valeur approchée du nombre ◆ :
a) au centième par défaut ;
b) au dixième par excès ;
c) à l'unité par excès.

> Je m'entraîne

Comparer deux nombres décimaux

SC2 **Pour les exercices 39 et 40,** dans chaque cas, comparer les nombres proposés.

39 **a)** 16 et 9 ; **b)** 512 et 521 ;
c) 5,9 et 7,2 ; **d)** 25 et 24,6.

40 **a)** 9,2 et 9,18 ; **b)** 68,9 et 68,89 ;
c) 43,275 et 43,276 ; **d)** 99,99 et 100.

SC2 **Pour les exercices 41 et 42,** recopier et compléter par l'un des symboles $<$, $>$ ou $=$.

La pointe du symbole est dirigée vers le plus petit nombre.

41 **a)** 42,568 ... 42,586 ; **b)** 65,897 ... 65,89 ;
c) 0,987 ... 0,997 ; **d)** 9,0909 ... 9,9090.

42 **a)** 56,460 ... 65,46 ; **b)** 12,9 ... 12,10 ;
c) 801,810 ... 801,81 ; **d)** 0,99 ... 0,999.

43 **SC2** Pour chaque ligne, comparer les nombres ***a*** et ***b***.

a	***b***
12 unités 7 dixièmes	12 unités 7 centièmes
80 centièmes	8 dixièmes
3 unités 4 dixièmes	34 centièmes
4 unités 4 millièmes	414 millièmes

44 **SC2** Dans chaque cas, comparer les deux nombres.

a) $\frac{5}{100}$ et 0,5 ; **b)** 12,3 et $\frac{123}{10}$;
c) $\frac{4}{10}$ et 0,3 ; **d)** 6,3 et $\frac{63}{100}$.

45 **SC2** Dans chaque cas, comparer les deux nombres.

a) $7+\frac{12}{10}$ et $7+\frac{12}{100}$; **b)** 9,34 et $9+\frac{34}{10}$;
c) 15,7 et $15+\frac{132}{100}$; **d)** $4,5+\frac{50}{100}$ et 5.

46 **SC2** Recopier et compléter par l'un des symboles $<$, $>$ ou $=$.

a) $\frac{12}{100}$ ... $\frac{12}{10}$; **b)** $\frac{284}{10}$ ... $\frac{2\,840}{100}$;
c) 4,98 ... $4+\frac{98}{10}$; **d)** $\frac{810}{100}$ ... 8,01.

Ranger une liste de nombres

47 **SC2** **1)** Dans chaque cas, comparer les deux nombres :
a) 84,71 et 84, 69 ; **b)** 84,64 et 84,73.
2) Ranger dans l'ordre croissant les quatre nombres de la question **1)**.

48 **SC2** Ranger dans l'ordre croissant les nombres suivants :

301,13 | 311,3 | 133,3 | 113,1 | 331,01

49 **SC2** Ranger les nombres suivants dans l'ordre décroissant :

8,08 | 8,8 | 8,88 | 0,88 | 88,08

50 On considère les nombres suivants :

$\frac{48}{100}$ | 4,8 | $4+\frac{8}{100}$ | $4-\frac{8}{10}$ | $\frac{408}{1\,000}$

1) Donner l'écriture décimale de chaque nombre.
2) Ranger ces nombres en écriture décimale dans l'ordre croissant.
3) En déduire le rangement dans l'ordre croissant des nombres écrits sur le tableau.

51 Ranger dans l'ordre croissant ces nombres :
a) « deux cent dix-huit centièmes » ;
b) « deux cent virgule cent dix-huit » ;
c) « deux cent huit dixièmes » ;
b) « deux unités et dix-huit millièmes ».

52 Voici certains des plus hauts sommets des Pyrénées françaises.
Leur hauteur est exprimée en kilomètres.

▲ *Pic du Midi d'Ossau*

Nom du sommet	Hauteur
Arbizon	2,831
Canigou	2,785
Mont Valier	2,838
Pic Carlit	2,921
Pic des Crabouilles	3,116
Pic du midi d'Ossau	2,885
Pic du port de Sullo	3,072
Pic des spijeoles	3,065
Vignemale	3,298

• Ranger ces sommets dans l'ordre décroissant de leur hauteur.

> Je m'entraîne

Intercaler

53 SC3 Intercaler un nombre décimal entre :

a) 6 et 7 ; **b)** 19 et 18 ;
c) 10 et 10,1 ; **d)** 13,57 et 13,58 ;
e) 0,123 et 0,124 ; **f)** $\frac{48}{10}$ et $\frac{49}{10}$.

SC3 **Pour les exercices 54 et 55,** intercaler deux nombres entre les deux nombres proposés.

54 **a)** 27,3 et 27,4 ; **b)** 12,45 et 12,46 ;
c) 0,1 et 0,2 ; **d)** 5,27 et 5,278.

55 **a)** 2,9 et 3 ; **b)** 7,8 et 7,85 ;
c) 67 et 67,05 ; **d)** 9,99 et 10.

56 Recopier et compléter.

a) 5,6 < ... < ... < ... < 6 ;
b) 19,83 < ... < ... < ... < 19,87 ;
c) 105 < ... < ... < ... < 105,3 ;
d) 7,4 < ... < ... < ... < 7,5.

57 Recopier et compléter.

a) 2,524 > ... > 2,52 > ... > 2,42 > ... > 2,419 ;
b) 0,84 > ... > 0,83 > ... > ... > 0,82.

58 Recopier et compléter.

a) $8{,}13 < ... < 8 + \frac{5}{10}$; **b)** $\frac{318}{100} < ... < 3{,}2$;
c) $9 + \frac{3}{10} < ... < 9 + \frac{4}{10}$;
d) $12 + \frac{5}{10} + \frac{7}{100} < ... < 12{,}58$.

59 Recopier les nombres de la liste suivante, qui peuvent être intercalés entre 7,8 et 8,35 :

8,7	8,3	7,83	8,5	8,035	7,903
78,2	7,082	7,802	8,25	8,305	

Encadrer un nombre

60 SC3 Dans chaque cas, recopier et compléter par deux nombres entiers consécutifs.

a) ... < 7,6 < ... ; **b)** ... < 78,1 < ... ;
c) ... < 99,99 < ... ; **d)** ... < 0,83 < ... .

61 SC3 Encadrer par deux nombres entiers consécutifs chacun des nombres suivants :

a) 3,781 ; **b)** 15,079 ; **c)** 158,879 ;
d) 0,675 ; **e)** 99,999 ; **f)** 190,999.

62 On appelle *a* l'abscisse du point A.

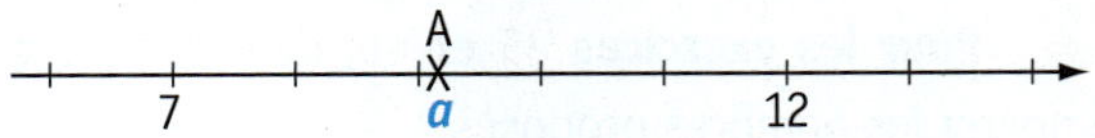

1) Donner un encadrement du nombre *a*.
2) Donner un encadrement à l'unité du nombre *a*.

63 On appelle *b* l'abscisse du point B.

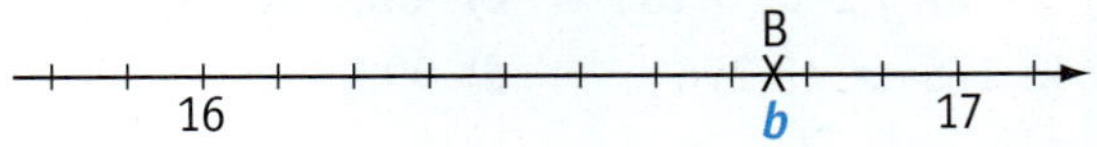

1) Donner un encadrement à l'unité du nombre *b*.
2) Donner un encadrement au dixième du nombre *b*.

64 On appelle *c* l'abscisse du point C.

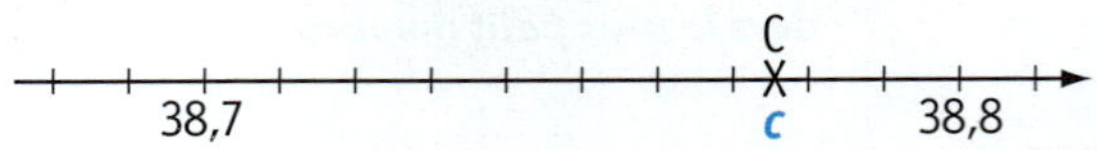

1) Donner un encadrement au dixième du nombre *c*.
2) Donner un encadrement au centième du nombre *c*.
3) Donner un encadrement à l'unité du nombre *c*.

Pour les exercices 65 à 67, recopier et compléter les encadrements proposés.

65 Encadrements à l'unité :

a) 38 < *a* < ... ; **b)** 129 < *b* < ... ;
c) ... < *c* < 99 ; **d)** ... < *d* < 1 000.

66 Encadrements au dixième :

a) ... < *a* < 23,8 ; **b)** 8,3 < *b* < ... ;
c) 56 < *c* < ... ; **d)** ... < *d* < 20.

67 Encadrements au centième :

a) ... < *a* < 19,83 ; **b)** 61,46 < *b* < ... ;
c) 5,2 < *c* < ... ; **d)** ... < *d* < 30.

Valeurs approchées

68 On considère l'encadrement du nombre *b* suivant :

45,26 < *b* < 45,27

1) Quelle est la précision de l'encadrement ?
2) Que représente le nombre 45,26 pour le nombre *b* ?
3) Que représente le nombre 45,27 pour le nombre *b* ?

69 Encadrement au millième du nombre 0,895 6 :

< 0,895 6 <

1) Recopier et compléter l'encadrement au millième du nombre 0,8956.
2) Pour ce nombre, que représente le nombre de la case rose ? de la case bleue ?

> Je fais le point

J'ai appris à...

- Repérer un nombre sur une demi-droite graduée.
- Comparer des nombres décimaux.
- Ranger des nombres décimaux.
- Encadrer un nombre entre deux nombres décimaux.
- Intercaler un nombre entre deux nombres décimaux.
- Donner une valeur approchée par défaut, par excès.

Attention : Il peut y avoir plusieurs réponses exactes pour chaque énoncé ! Les trouver toutes.

	A	B	C	Si échec, revoir :
Pour les exercices 70 à 72, on considère la portion de demi-droite graduée suivante : 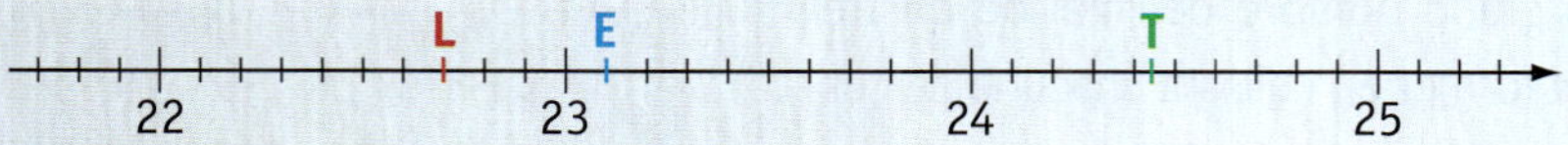				
70 Le point bleu a pour abscisse :	E	23,1	23,01	p. 32
71 L'abscisse du point L est :	$22 + \frac{7}{10}$	22,7	$23 - \frac{7}{10}$	p. 32
72 L'abscisse du point T est :	comprise entre 24,4 et 24,5	24,45	24,5	p. 32
73 Comparer 22,5 et 22,35.	$22{,}5 \neq 22{,}35$	$22{,}5 < 22{,}35$	$22{,}5 > 22{,}35$	p. 32
74 Comparer $3 + \frac{12}{10}$ et $\frac{312}{100}$.	$3 + \frac{12}{10} < \frac{312}{100}$	$3 + \frac{12}{10} > \frac{312}{100}$	$3 + \frac{12}{10} = \frac{312}{100}$	p. 32
75 Ranger les nombres suivants dans l'ordre décroissant : 6,8 | 6,08 | 6,81	$6{,}08 < 6{,}8 < 6{,}81$	$6{,}81 > 6{,}08 > 6{,}8$	$6{,}81 > 6{,}8 > 6{,}08$	p. 33
76 Intercaler un nombre entre 7,4 et 7,5.	$7{,}4 < 7{,}40 < 7{,}5$	$7{,}4 < 7{,}45 < 7{,}5$	$7{,}4 < 7{,}431 < 7{,}5$	p. 33
Pour les exercices 77 à 79, on considère l'encadrement suivant d'un nombre a : $18{,}24 < a < 18{,}25$				
77 Une valeur approchée par défaut à l'unité du nombre a est :	18	19	17	p. 33
78 Une valeur approchée par excès au dixième du nombre a est :	18,2	18,3	18,4	p. 33
79 Une valeur approchée par excès au centième du nombre a est :	18,24	18,25	18,245	p. 33

> **Corrigés et exercices de soutien : voir**

80 On dispose des quatre étiquettes suivantes :

2 | 5 | 0 | 8

1) a) Quel est le plus petit nombre entier de quatre chiffres (sans zéro inutile) que l'on peut former en utilisant chacune de ces étiquettes ?

b) Quel est le plus grand nombre entier de quatre chiffres (sans zéro inutile) que l'on peut former en utilisant chacune de ces étiquettes ?

2) a) Quel est le plus petit nombre décimal de quatre chiffres que l'on peut former en utilisant chacune de ces étiquettes et éventuellement une virgule ?

b) Quel est le plus grand nombre décimal de quatre chiffres que l'on peut former en utilisant chacune de ces étiquettes et éventuellement une virgule ?

81

7 | 2 | 0 | 4 | 3

En utilisant chacun des chiffres ci-dessus une seule fois et une virgule, écrire, si possible, un nombre décimal compris entre :

a) 16 et 63 ; **b)** 2 et 6 ;
c) 4 et 5 ; **d)** 0 et 1 ;
e) 7,2 et 7,3 ; **f)** 37 et 37,02.

82 On considère les trois nombres suivants :

9,4 | 3,52 | 8 | 0

Pour chacun de ces nombres, donner si possible :

a) le nombre entier qui le suit ;
b) le nombre décimal qui le suit ;
c) le nombre entier qui le précède ;
d) le nombre décimal qui le précède.

83 Ranger dans l'ordre croissant tous les nombres entiers de trois chiffres que l'on peut écrire en utilisant les chiffres 1, 5 et 2 une seule fois chacun.

84 Écrire dans l'ordre décroissant douze nombres décimaux compris entre 8,6 et 8,7.

85 Ranger dans l'ordre croissant tous les nombres décimaux que l'on peut écrire en utilisant une seule fois chacun des chiffres 3, 4 et 8.

86 Dans chaque cas, comparer les deux nombres :

a) $7 - \frac{3}{10}$ et $7 + \frac{3}{10}$;

b) $8 - \frac{2}{10}$ et $8 - \frac{2}{100}$;

c) $14 - \frac{25}{10}$ et $14 + \frac{25}{100}$;

d) $2 + \frac{41}{10}$ et $7 - \frac{9}{10}$.

87 On considère les cinq nombres suivants :

$18 + \frac{5}{100}$ | $\frac{1\,857}{100}$ | $18 + \frac{8}{100} + \frac{5}{10}$

18 unités et 507 millièmes | $\frac{153}{10} + \frac{321}{100}$

1) Déterminer l'écriture décimale de chacun des nombres écrits au tableau ci-dessus.

2) Ranger les nombres écrits au tableau dans l'ordre croissant.

88 **1)** Reproduire les trois portions de demi-droites graduées suivantes :

a)
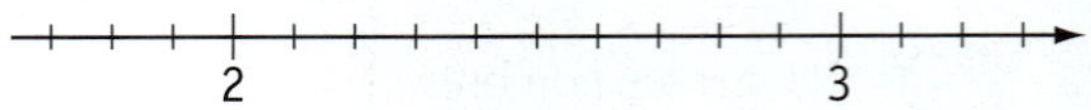

b)
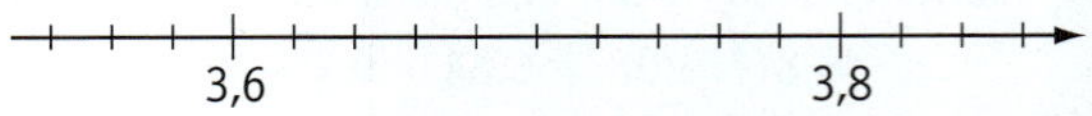

c)
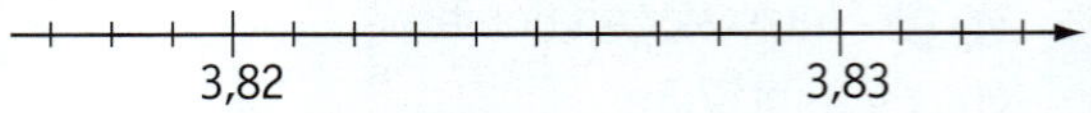

2) Les points F, A, R, M et I ont pour abscisses respectives 3,7 ; 3,824 ; 2,6 ; 3,818 et 3,56.
Placer chacun de ces points sur la portion de demi-droite graduée la mieux adaptée.

89 Le tableau ci-dessous donne les abscisses de quatre points.

Point	A	B	C	D
Abscisse	3,8	$3 + \frac{85}{100}$	$\frac{381}{100}$	3,91

1) Placer les quatre points A, B, C et D sur une demi-droite graduée après avoir choisi convenablement l'unité.

2) En déduire le rangement dans l'ordre décroissant des abscisses des quatre points.

90 **Géographie**

Le tableau ci-dessous donne les longueurs de parcours des cinq principaux fleuves français.

Fleuve	Longueur totale (en km)	Longueur en France (en km)
Garonne	645	523
Loire	1 012	1 012
Rhin	1 325	188
Rhône	812	545
Seine	776	776

1) Lesquels de ces fleuves ont une partie de leur parcours sur un territoire étranger ?

2) Ranger ces fleuves dans l'ordre croissant de leur longueur totale de parcours.

3) Ranger ces fleuves dans l'ordre décroissant de leur longueur de parcours en France.

91 Le tableau ci-dessous donne quelques caractéristiques des futures tours les plus hautes du monde.

Les travaux de construction de ces tours, déjà commencés, se termineront entre 2009 et 2012.

1) Ranger ces tours dans l'ordre croissant de leur nombre d'étages.

2) Ranger ces tours dans l'ordre décroissant de leur hauteur.

▲ *La Chicago Spire*

Pays	Nom de la tour	Hauteur (en hm)	Nombre d'étages
États-Unis	*Chicago Spire*	6,09	150
Émirats Arabes Unis	*Burj Al Alam*	5,01	108
Russie	*Russia Tower*	6,12	118
Émirats Arabes Unis	*Pentonium*	5,16	120
Émirats Arabes Unis	*Burj Dubai*	7,05	162

92 Une petite souris veut rejoindre un morceau de fromage. Elle se déplace sur la grille ci-dessous horizontalement ou verticalement. La souris ne peut accéder à la case suivante que si le nombre de cette case est supérieur à celui de la case sur laquelle elle se situe.

Ⓐ	Ⓑ	Ⓒ	Ⓓ	Ⓔ	Ⓕ
8,10	8,909	8,999	15	18,74	16,3
8,9	8,99	9	8,2	18,1	18,02
7,6	7,154	11,3	13,1	18,01	18,001
7,541	7,54	7,04	5,2	18,03	18
7,35	7,45	7,4	6,3	15,8	15,08
19,01	8,3	4,3	5,02	3,14	14,3

point de départ → 5,02

1) Poser un papier-calque sur la grille.

2) a) Tracer sur ce papier le chemin que la souris va emprunter.

b) Quel fromage la souris va-t-elle manger ?

93 Le tableau ci-dessous présente les langues les plus parlées dans le monde.

Langues	Nombres de pays	Nombres de personnes (en centaines de millions)
Anglais	45	10,8
Français	31	5,2
Russe	26	2,75
Arabe	25	2,59
Espagnol	20	3,89
Portugais	10	2,21
Allemand	5	2
Mandarin	3	12
Hindi	2	7,25
Bengali	2	2,10

1) Pour chaque langue, donner un exemple de pays dans lequel elle est parlée.

2) Combien de millions de personnes parlent Français dans le monde ?

3) Dans ce tableau, les langues ont été écrites dans un ordre précis. Comment ont-elles été classées ?

4) Ranger ces langues dans l'ordre croissant du nombre de personnes qui les pratiquent.

DEVOIRS À LA MAISON

DEVOIR A

94 La Bretagne est une région française située au Nord-Ouest.
Elle compte 3,021 millions d'habitants pour une superficie de 27,442 milliers de km².
En utilisant le tableau ci-dessous, ranger les quatre départements bretons :
a) du plus peuplé au moins peuplé ;
b) dans l'ordre croissant de leur superficie ;
c) dans l'ordre croissant de leur densité.

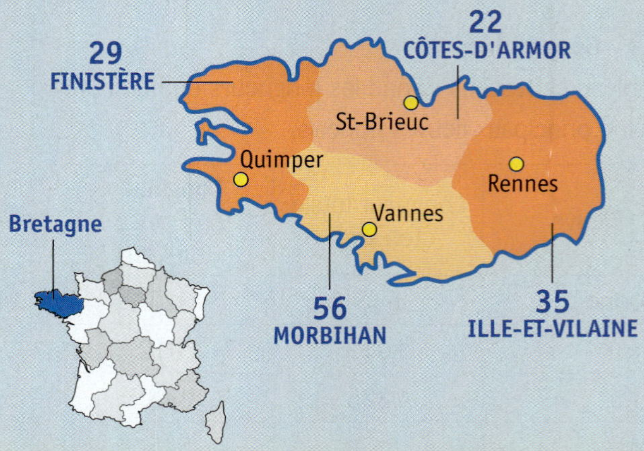

Département	Population (en millions d'habitants)	Superficie (en milliers de km²)	Densité (en nombre d'habitants au km²)
Côtes d'Armor	0,56	6,878	79
Finistère	0,874	6,729	127
Ille-et-Vilaine	0,9	6,992	128
Morbihan	0,677	9,823	94

DEVOIR B

95

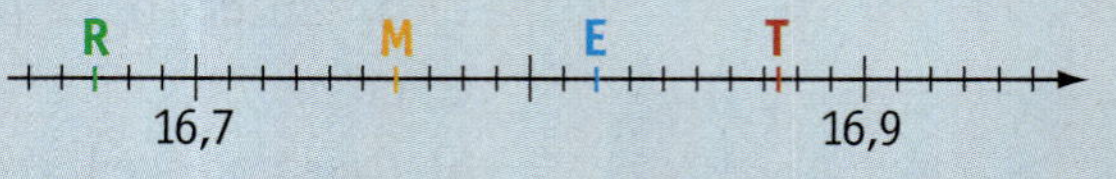

1) Donner l'abscisse de chacun des points M, E et R.
2) Donner un encadrement au centième de l'abscisse t du point T.
3) Donner une valeur approchée au centième de l'abscisse du point T :
a) par défaut ; **b)** par excès.
4) Reproduire la portion de demi-droite graduée ci-dessus.
Puis, placer les points I, C et A d'abscisses respectives $16{,}73$; $16+\frac{79}{100}$ et $16+\frac{7}{100}+\frac{8}{10}$.
5) Ranger, dans l'ordre croissant, les abscisses des points M, E, R, T, I, C et A.

JE CHERCHE...

96 Je suis un nombre décimal dont la somme des chiffres est 9.
Une valeur approchée au dixième par excès de ce nombre est 2,1.
Mon chiffre des centièmes est le triple de celui des unités.
• Trouver deux nombres possibles.

97 **1)** Je suis un nombre décimal. Une de mes valeurs approchées au dixième par défaut est égale à ma partie entière. Donner un exemple de nombre possible.
2) Je suis un nombre décimal. Une de mes valeurs approchées au dixième par excès peut-elle être égale à ma partie entière ? Justifier la réponse.

98 Je suis un nombre décimal ayant deux chiffres après la virgule.
Mon chiffre des centièmes est 5.
Une de mes valeurs approchées au dixième par excès est égale à mon chiffre des dixièmes.
• Qui suis-je ?

99 Je suis un nombre décimal ayant deux chiffres après la virgule.
Je suis supérieur à 0,45 mais inférieur à 0,5.
Je peux être intercalé entre 0,44 et 0,49.
Le nombre 0,47 est intercalé entre moi et 0,51.
• Qui suis-je ?

On utilise le tableur *Excel*. B2i

100 En dehors de la France métropolitaine, le territoire français comporte des collectivités situées en outre-mer : la Guadeloupe, la Martinique, la Guyane, la Réunion, la Polynésie française, Saint-Pierre et Miquelon, Wallis et Futuna, Mayotte, Saint-Martin, Saint-Barthélemy et la Nouvelle Calédonie.

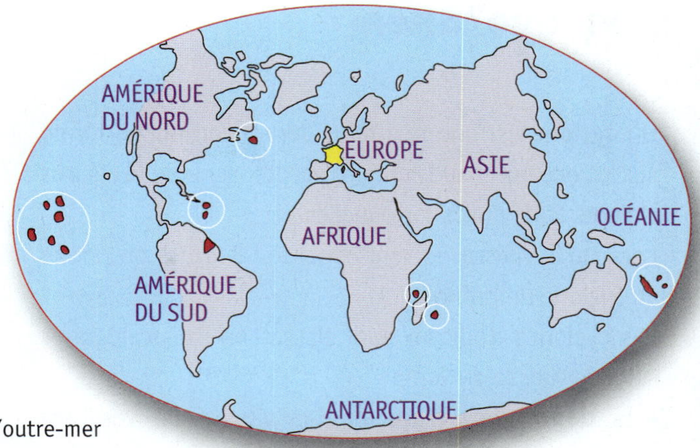

France métropolitaine — Collectivités d'outre-mer

A) Étape 1

Recopier sur une page de tableur le tableau ci-contre.

On peut également ouvrir le fichier « **2 – Collectivités** » sur le cédérom élève.

	A	B	C
1	**Collectivités**	**nombre d'habitants**	**superficie (en km²**
2	Guadeloupe	450 000	1 628
3	Martinique	432 900	1 128
4	Guyane	195 506	86 504
5	Réunion	776 948	2 512
6	Polynésie française	260 338	4 167
7	Saint-Pierrre et Miquelon	7012	242
8	Wallis et Futuna	15 185	274
9	Mayotte	201 234	374
10	Saint-Martin	31 397	53
11	Saint Barthélémy	6 852	25
12	Nouvelle-Calédonie	232 258	1 958

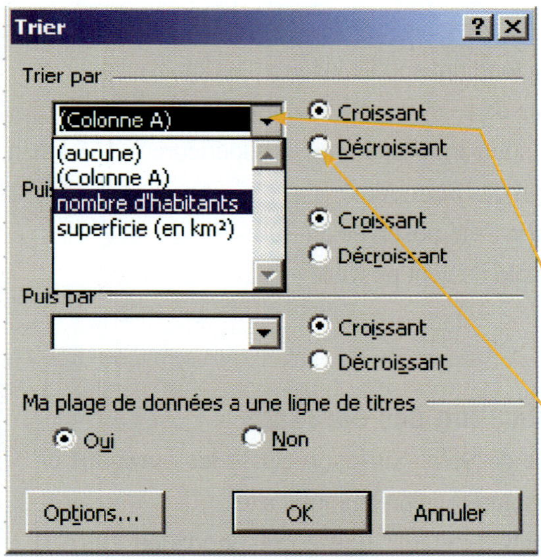

B) Étape 2 : Nombre d'habitants

1) Sélectionner les trois colonnes A, B et C.

On veut trier ces collectivités par ordre décroissant de leur nombre d'habitants. Pour cela :

2) • Dans « **Données** », sélectionner « **Trier** ».

• Cliquer sur la flèche ▾ et dans le menu déroulant, choisir « **Nombre d'habitants** ».

• Choisir ensuite « **Décroissant** ».

• Valider en cliquant sur « **OK** ».

3) Quelle collectivité est la plus peuplée ? la moins peuplée ?

C) Étape 3 : Superficie

1) Utiliser le tableur pour ranger les collectivités d'outre-mer dans l'ordre croissant de leur superficie.

2) Quelle collectivité est la plus étendue ? la moins étendue ?

D) Étape 4 : Colonne A

1) Utiliser le tableau pour trier les collectivités d'outre-mer suivant la colonne **A**.

2) Suivant quel critère le logiciel a-t-il trié la colonne **A** ?

101 **1)** Recopier sur une page de tableur le tableau ci-contre.

On peut également ouvrir le fichier « **2 – Planètes** » sur le cédérom élève.

2) Utiliser le tableur pour ranger ces planètes :

a) de la plus proche à la plus éloignée du Soleil ;

b) de la plus grosse à la plus petite.

	A	B	C
1	**Planètes**	**Distance moyenne du soleil**	**Diamètre**
2		**en millions de km**	**en km**
3	Jupiter	778,3	142 984
4	Mars	227,9	6 780
5	Mercure	57,9	4 878
6	Neptune	4 497,07	49 248
7	Saturne	1 427,00	120 500
8	Terre	149,6	12 742
9	Uranus	2 877,38	50 724
10	Vénus	108,2	12 104

> Découverte

Les cyclones

Un **cyclone** est une très forte dépression qui se forme sur les océans chauds et qui s'accompagne de vents très violents et de pluies torrentielles.
Lorsque la vitesse du vent dépasse 63 km/h, on donne au cyclone un prénom.
Les cyclones tropicaux sont classés en trois catégories selon la vitesse du vent :

- **la dépression tropicale** : la vitesse du vent est inférieure à 62 km/h ;
- **la tempête tropicale** : la vitesse du vent est comprise entre 63 km/h et 117 km/h ;
- **l'ouragan** : la vitesse du vent est supérieure à 118 km/h.

Image du cyclone Fay, côte Est de la Floride, USA, 2008.

Image de la tempête tropicale Chris, Porto Rico, 2006.

102 **1)** Déterminer la catégorie de chacun des cyclones suivants observés en 2008 :

- **Dolly** : les vents de ce cyclone ont soufflé jusqu'à 110 km/h ;
- **Fame** : la vitesse des vents de ce cyclone a atteint 45 km/h ;
- **Bertha** : avec des vents soufflant à une vitesse supérieure à 165 km/h, ce cyclone est passé au large des Bermudes.

2) La tempête tropicale **Chris** a été observée en 2006.
Proposer une vitesse maximale du vent possible.

Catégorie	Pression atmosphérique (en hPa*)	Vitesse du vent (en km/h)
Classe I	980 et plus	118 à 153
Classe II	965 à 979	154 à 177
Classe III	945 à 964	178 à 209
Classe IV	930 à 944	210 à 249
Classe V	moins de 930	250 et plus

Classification des ouragans

L'échelle de Saffir-Simpson classe **les ouragans** en cinq catégories selon leur intensité.
Cette échelle établit une correspondance entre la pression minimale enregistrée au centre de l'ouragan, la vitesse du vent et les dégâts engendrés.

* hPa : hecto Pascal (unité de la pression).

103 **1)** À partir du tableau ci-contre, déterminer la catégorie de chaque ouragan.
2) Ranger ces ouragans dans l'ordre croissant de leur vitesse maximale du vent.
3) Ranger ces ouragans dans l'ordre croissant de leur pression atmosphérique.
4) Quelle remarque peut-on faire sur ces deux rangements ?

Nom de l'ouragan	Pression atmosphérique (en hPa)	Vitesse maximale du vent (en km/h)
Juan (2002)	969	165
Frances (2004)	935	230
Stan (2005)	979	130
Dennis (2005)	930	240
Beta (2005)	960	185
Félix (2007)	929	270

Chapitre 3

Addition et soustraction

REVOIR

- le calcul d'une somme, d'une différence ;
- le vocabulaire et les propriétés des additions, des soustractions.

DÉCOUVRIR

- le calcul d'une expression avec parenthèses ;
- l'utilisation des ordres de grandeur.

SOCLE COMMUN

- **SC1** Effectuer une addition, une soustraction (calcul mental, posé, instrumenté).
- **SC2** Connaître le vocabulaire : somme, différence.
- **SC3** Résoudre un problème concret conduisant à une situation numérique simple.
- **SC4** Utiliser un ordre de grandeur entier d'une somme.

La Sagrada Familia est un monument célèbre situé à Barcelone.

La Sagrada Familia est une église en construction depuis 1882.
Ce bâtiment grandiose est composé de douze clochers et d'un immense dôme central.
Il est l'œuvre de l'architecte catalan Antoni Gaudi (1852-1926).

Sur une des façades de cette église, appelée *Passion du Christ*, se trouve le carré présenté ci-contre.

1	14	14	4
11	7	6	9
8	10	10	5
13	2	3	15

1) À partir de ce carré, additionner les nombres situés sur chaque :

a) ligne ; **b)** colonne ; **c)** diagonale.

2) Que peut-on remarquer concernant les sommes obtenues ?

3) Dans ce carré, trouver d'autres groupes de quatre nombres ayant pour somme 33.

> Activités

1 J'effectue une addition

JE REVOIS

Voici trois additions posées et effectuées par trois élèves de Sixième :

Chacune de ces opérations comporte une erreur.

1) Expliquer l'erreur commise par chaque élève.

2) Poser et effectuer correctement chaque addition.

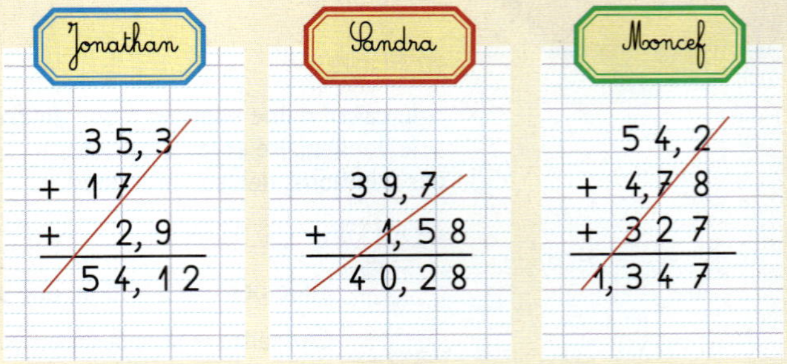

2 Je calcule une somme de plusieurs termes

JE REVOIS

On se propose de calculer de différentes façons la somme écrite sur ce tableau.

1) En posant l'opération, effectuer l'addition 2,7 + 3,8 + 7,3 + 6,2.

2) **a)** Calculer la somme de 2,7 et de 3,8.

b) Calculer la somme du résultat obtenu à la question précédente et de 7,3.

c) Calculer la somme du résultat obtenu à la question précédente et de 6,2.

3) **a)** Calculer la somme de 2,7 et de 3,8 puis la somme de 7,3 et de 6,2.

b) Calculer la somme des deux résultats obtenus.

4) **a)** Calculer la somme de 2,7 et de 7,3 puis la somme de 3,8 et de 6,2.

b) Calculer la somme des deux résultats obtenus.

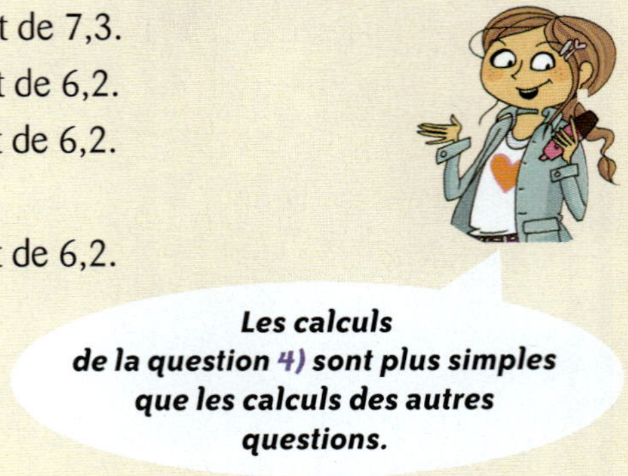

5) **a)** Que peut-on remarquer concernant les résultats obtenus aux questions **1)**, **2) c)**, **3) b)** et **4) b)** ?

b) Recopier et compléter la phrase suivante :

« On peut modifier l'ordre des ... d'une ... puis les regrouper, sans que cela ne change ... . »

3 J'effectue une soustraction

JE REVOIS

A Opérations posées

Voici trois soustractions posées et effectuées par trois élèves de Sixième :

Chacune de ces opérations comporte une erreur.

1) Expliquer l'erreur commise par chaque élève.

2) Poser et effectuer correctement chaque soustraction.

B Ordre des termes

1) Peut-on modifier l'ordre des termes d'une différence ?

2) Calculer la différence entre les nombres 8,63 et 15,7.

4 Je calcule une expression avec parenthèses

Un autocar part d'un collège avec 46 élèves à bord. Cet autocar s'arrête trois fois.
12 élèves descendent au premier arrêt et 16 élèves au deuxième arrêt.
Pour calculer le nombre d'élèves qui descendent au dernier arrêt, Boris et Morgane proposent les méthodes suivantes :

Méthode de Boris

– Je calcule le nombre d'élèves qui descendent au premier arrêt et au deuxième arrêt :

$$12 + 16 = 28$$

– Je calcule le nombre d'élèves encore présents dans l'autocar après le deuxième arrêt :

$$46 - 28 = 18$$

Donc, 18 élèves descendent au dernier arrêt.

Méthode de Morgane

Je calcule le nombre d'élèves encore présents dans l'autocar après le deuxième arrêt :

$$46 - (12 + 16) = 46 - 28 = 18$$

Donc, 18 élèves descendent au dernier arrêt.

1) Boris effectue deux opérations. Lesquelles ? Dans quel ordre ?
2) Morgane effectue deux opérations. Lesquelles ? Dans quel ordre ?
3) Dans l'expression écrite par Morgane, quel est le rôle des parenthèses ?
4) Recopier et compléter la phrase suivante :
« Pour effectuer une suite d'additions ou de soustractions avec parenthèses, on effectue d'abord **...** . »

5 J'utilise des ordres de grandeur

Sébastien aide son père à faire les courses au supermarché.
Il choisit un paquet de céréales, trois pomelos, un pain d'épice, un paquet de pâtes et une barquette de fraises.

1) Pour le prix de chacun de ces articles, trouver un nombre entier proche et facile à utiliser en calcul mental.
2) Sébastien a calculé mentalement la somme de ces nombres entiers. On dit que Sébastien a trouvé **un ordre de grandeur** de la somme des prix de ses achats.
Calculer cet ordre de grandeur.
3) Sébastien avait pour consigne de ne pas dépenser plus de 15 €. A-t-il respecté cette consigne ?
4) Le père de Sébastien complète les courses avec du poisson pour 10,25 € et de la lessive pour 11,26 €.
Il est surpris par la somme de 45,66 € indiquée sur son ticket de caisse.
Vérifier mentalement et rapidement ce résultat.

> **Cours**

1 Addition

Vocabulaire

Une **addition** est une opération qui permet de calculer la **somme** de deux nombres.
Les nombres que l'on additionne sont les **termes** de la somme.

EXEMPLE :

15,2 + **7,3** = **22,5**

15,2 + 7,3 est la somme de 15,2 et de 7,3.

Les **termes** de la somme sont 15,2 et 7,3.

Le **calcul de la somme** de 15,2 et de 7,3 donne 22,5.

■ **Remarque :** On peut calculer la somme de plus de deux nombres.

EXEMPLE :

A = **8,2** + **5,4** + 9
A = **13,6** + 9
A = 22,6

Propriété

On peut **modifier l'ordre des termes** d'une somme, puis les **regrouper**, sans que cela ne change le résultat.

EXEMPLE :

B = 3,1 + 10,5 + 1,9 + 5,5
B = **3,1** + **1,9** + **10,5** + **5,5**
B = **5** + **16**
B = 21

2 Soustraction

Vocabulaire

Une **soustraction** est une opération qui permet de calculer la **différence** entre deux nombres.
Les nombres que l'on soustrait sont les **termes** de la différence.

EXEMPLE :

10,6 – **4,2** = **6,4**

10,6 – 4,2 est la différence entre 10,6 et 4,2.

Les **termes** de la différence sont 10,6 et 4,2.

Le **calcul de la différence** entre 10,6 et 4,2 donne 6,4.

! **Attention : On ne peut pas modifier l'ordre des termes d'une soustraction.**

EXEMPLE :

On peut calculer 25 – 12 = 13, mais on ne sait pas calculer 12 – 25 en classe de Sixième.

Point de repère

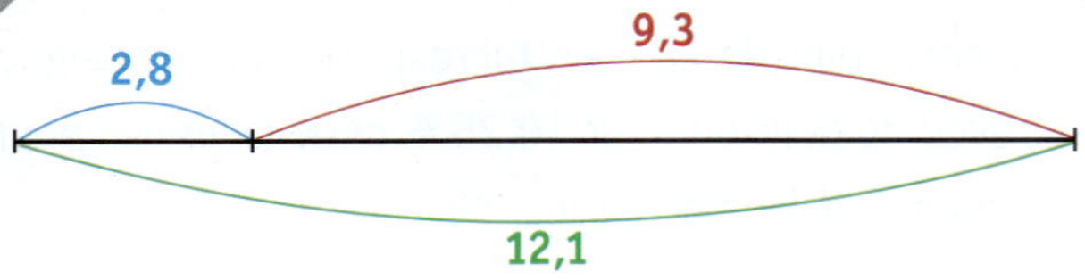

On peut écrire :

2,8 + **9,3** = **12,1**
12,1 – **2,8** = **9,3**
12,1 – **9,3** = **2,8**

3 Calcul d'une expression avec parenthèses

Propriété

Pour effectuer une suite d'additions ou de soustractions avec parenthèses, on effectue d'abord les calculs situés à l'intérieur des parenthèses.

EXEMPLES :

A = 20 − (5 + 8)
A = 20 − 13
A = 7

B = (12 − 3) + (7 − 5)
B = 9 + 2
B = 11

C = 10,7 + 5,2 − (15 − 7)
C = 10,7 + 5,2 − 8
C = 15,9 − 8
C = 7,9

4 Ordres de grandeur

Méthode

Pour obtenir un ordre de grandeur d'une somme :

- on remplace chaque terme de la somme par un **nombre** à la fois **proche et facile à utiliser** en calcul mental ;
- on effectue l'addition avec les nombres choisis ;
- on obtient un résultat proche du résultat exact ; ce nombre est un **ordre de grandeur** de la somme.

EXEMPLE :

On veut obtenir un ordre de grandeur de :

63,18 + 196 + 31,27

Par exemple, on calcule mentalement :

60 + 200 + 30 = 290

Ainsi, 290 est un ordre de grandeur de 63,18 + 196 + 31,27.

Remarques :

- On procède de façon analogue pour obtenir un ordre de grandeur d'une différence.
- On peut obtenir plusieurs ordres de grandeur pour une même somme ou pour une même différence.

EXEMPLE :

On veut obtenir un ordre de grandeur de 1 348,7 − 227,24.

Par exemple, on calcule mentalement :

1 300 − 200 = **1 100** ou 1 350 − 230 = **1 120**

1 100 et **1 120** sont deux ordres de grandeur de 1 348,7 − 227,24.

Le **résultat** de la soustraction est **1 121,46**.

Point de repère

On peut déterminer un ordre de grandeur d'une somme ou d'une différence pour prévoir ou pour contrôler son résultat.

1 J'APPRENDS À… Résoudre un problème en utilisant un schéma

Énoncé : Grignotages

Annabelle achète un pain qui pèse 486 g.
En cours de route, elle grignote le croûton.
Arrivée chez elle, elle constate que le pain ne pèse plus que 367 g.

- Quelle masse de pain a-t-elle mangée ?

Solution :

① On cherche **la masse de pain mangée** en route par Annabelle.

② Le schéma ci-dessous représente le problème :

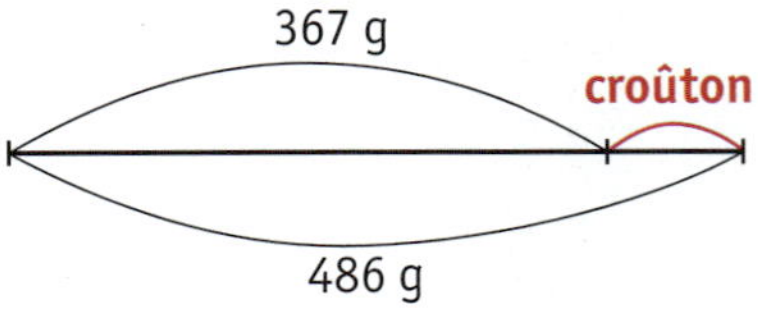

③ Le nombre cherché est : 486 − 367 = **119**.

④ On vérifie le résultat : 367 + **119** = 486.

⑤ **La masse de pain mangée** en route par Annabelle est **119 g**.

① J'ai précisé ce que l'on cherche.
② J'ai réalisé un schéma.
③ J'ai trouvé le nombre cherché.
④ J'ai vérifié mon résultat.
⑤ J'ai répondu à la question.

> J'APPLIQUE.

Pour chaque problème, respecter les cinq étapes suivies par Maréva.

J'ai lu attentivement l'énoncé jusqu'à la fin pour comprendre le problème.

1 SC3 **Géante**

Mike est un rocker de taille 178 cm. Il mesure 15 cm de moins que Vampirella, sa petite amie.

- Quelle est la taille de la petite amie de Mike ?

2 SC3 **Astéroïde**

Un astéroïde est aligné entre la Lune et la Terre. Il est à 97 532 km de notre planète. La Lune est à 384 400 km de la Terre.

- À quelle distance de la Lune l'astéroïde se situe-t-il ?

3 SC3 **Vélo**

Inès s'entraîne à vélo, elle veut effectuer un circuit de 12,650 km. Au bout de 8,870 km, elle commence à sentir la fatigue.

- Combien de kilomètres lui reste-t-il à parcourir ?

4 SC3 **Recoupe**

Gabrielle achète un tee-shirt à 12,38 €, mais les manches ne lui plaisent pas. Pour l'aider, André coupe d'abord chaque manche de 5,8 cm, puis de 12,3 cm et enfin de 15,9 cm. Chaque manche mesure alors 3,2 cm.

- Quelle était la longueur d'une manche au départ ?

5 SC3 **Papier**

La composition de 100 g de papier d'un magazine est : 45 g de pâte à bois, 31 g de pigments, 5 g d'eau, 2 g de liant, le reste étant de la pâte chimique.

- Quelle masse de pâte chimique est contenue dans 100 g de papier ?

6 SC3 **Pinocchio**

À chaque mensonge, le nez de Pinocchio s'allonge de 3 cm, avant de rétrécir durant la nuit.
Un jour, son nez mesure 4 cm à 8 h 30.

- Quelle est sa taille à 17 h 00 sachant que Pinocchio a menti ce jour à 8 h 15, 8 h 45, 15 h 30 et 16 h 20 ?

7 **Inventeur**

Inventer un exercice original qui peut être résolu de la même façon que les exercices de cette page.
Lui donner un titre, puis le résoudre.

SC1 **Pour les exercices 8 à 13,** calculer :

8 **a)** 7 + 5 ; **b)** 6 + 27 ; **c)** 73 + 8 ;
d) 75 + 25 ; **e)** 75 + 50 ; **f)** 750 + 500.

9 **a)** 42 + 37 ; **b)** 86 + 13 ; **c)** 47 + 25 ;
d) 36 + 58 ; **e)** 34 + 438 ; **f)** 154 + 67.

10 **a)** 14 + 235 ; **b)** 453 + 28 ; **c)** 127 + 66 ;
d) 450 + 180 ; **e)** 3 600 + 1 400.

11 **a)** 2,5 + 0,5 ; **b)** 7,4 + 1,6 ; **c)** 14,7 + 2,3 ;
d) 3,7 + 0,6 ; **e)** 7,3 + 0,8 ; **f)** 8,6 + 2,6.

12 **a)** 3,5 + 3,5 ; **b)** 7,5 + 7,5 ; **c)** 3,5 + 7,3 ;
d) 14,2 + 7,5 ; **e)** 9,7 + 6 ; **f)** 4,5 + 2,7.

13 **a)** 9,7 + 7,9 ; **b)** 7,6 + 14,7 ; **c)** 5,4 + 8,8 ;
d) 2,75 + 4,25 ; **e)** 6,75 + 5,75.

14 **SC1** Exprimer chaque nombre sous la forme d'une somme de deux nombres égaux.
a) 20 ; **b)** 30 ; **c)** 28 ; **d)** 9 ; **e)** 11 ; **f)** 17.

15 **SC1** Calculer astucieusement la somme de :
a) 37 + 15 + 23 + 25 ;

b) 250 + 340 + 750 + 160 ;
c) 2,5 + 125 + 2,5 + 75 ;
d) 3,6 + 15 + 36 + 2,4 ;
e) 4,75 + 17 + 2,25 + 13.

SC1 **Pour les exercices 16 à 19,** calculer :

16 **a)** 29 – 6 ; **b)** 37 – 4 ; **c)** 15 – 8 ;
d) 93 – 7 ; **e)** 75 – 50 ; **f)** 1 000 – 250.

17 **a)** 50 – 13 ; **b)** 45 – 32 ; **c)** 77 – 24 ;
d) 82 – 51 ; **e)** 42 – 16 ; **f)** 94 – 58.

18 **a)** 8,7 – 3,4 ; **b)** 9,4 – 6,3 ;
c) 20,9 – 11,7 ; **d)** 7,2 – 2,5 ; **e)** 8 – 5,8.

19 **a)** 4 – 2,2 ; **b)** 4,5 – 3,25 ;
c) 6,25 – 2,75 ; **d)** 120 – 5,5 ; **e)** 6 200 – 301,8.

20 Calculer le complément à 100 de chaque nombre.
a) 10 ; **b)** 60 ; **c)** 35 ; **d)** 48 ; **e)** 74 ; **f)** 36,8.

21 Calculer le complément au nombre entier immédiatement supérieur de chaque nombre.
a) 0,2 ; **b)** 4,7 ; **c)** 13,5 ; **d)** 7,12 ; **e)** 15,8.

22 **SC4** Déterminer un ordre de grandeur de :
a) 199 + 703 ; **b)** 5 812 + 4 156 ;
c) 3,015 + 2,874 ; **d)** 2 117 + 7 971 + 5 870.

23 Déterminer un ordre de grandeur de :
a) 6 921 – 3 104 ; **b)** 1 248 – 367 ;
c) 18,98 – 9,97 ; **d)** 15 254 – 23.

24 Déterminer un ordre de grandeur de :
a) la somme de 204 et de 587 ;
b) la différence entre 827 et 389 ;
c) la somme de 148,7 et de 98,71 ;
d) la différence entre 10 879 et 6 121.

Calcul à effectuer	Méthode	Exemple
Pour ajouter **9**	On ajoute **10**, puis on soustrait **1**.	34 **+ 9** = 34 **+ 10 – 1** = 44 – 1 = 43
Pour ajouter **11**	On ajoute **10**, puis on ajoute **1**.	34 **+ 11** = 34 **+ 10 + 1** = 44 + 1 = 45
Pour soustraire **9**	On soustrait **10**, puis on ajoute **1**.	34 **– 9** = 34 **– 10 + 1** = 24 + 1 = 25
Pour soustraire **11**	On soustrait **10**, puis on soustrait **1**.	34 **– 11** = 34 **– 10 – 1** = 24 – 1 = 23

SC1 **Pour les exercices 25 à 30,** calculer en s'inspirant des méthodes ci-dessus.

25 **a)** 15 + 9 ; **b)** 154 + 9 ; **c)** 42,5 + 9 ;
d) 27 + 11 ; **e)** 238 + 11 ; **f)** 13,7 + 11.

26 **a)** 84 – 9 ; **b)** 126 – 9 ; **c)** 38,4 – 9 ;
d) 78 – 11 ; **e)** 31,2 – 11 ; **f)** 60,7 – 11.

27 **a)** 625 – 9 ; **b)** 378 + 11 ; **c)** 541 + 9 ;
d) 19,4 + 11 ; **e)** 30,4 – 9 ; **f)** 210 – 11.

28 **a)** 8 + 19 ; **b)** 14 + 21 ; **c)** 74 + 19 ;
d) 137 – 21 ; **e)** 36,5 + 19 ; **f)** 53,4 – 19.

29 **a)** 17 + 99 ; **b)** 72,8 + 101 ;
c) 1 024 + 99 ; **d)** 184 – 99 ;
e) 695 – 101 ; **f)** 99,4 + 101.

30 **a)** 64 + 8 ; **b)** 267 + 18 ; **c)** 673 + 102 ;
d) 237 – 22 ; **e)** 645 – 102 ; **f)** 39,2 – 18.

> Je m'entraîne

Utiliser le vocabulaire

31 Dans chaque cas, recopier et compléter :

a) « 19,8 + 27,4 est la ... des ... 19,8 et 27,4.
Le calcul de cette ... donne ... . »

b) « 63 – 48,2 est la ... des ... 63 et 48,2.
Le calcul de cette ... donne ... . »

32 SC2 **1)** Calculer la somme de 13,8 et de 207,45.

2) Calculer la différence entre 45,6 et 28,54.

Calculer une somme

33 SC1 Pour chaque calcul, poser et effectuer l'opération.

a) 568 + 1 021 ; **b)** 4,42 + 23,4 ;
c) 4,21 + 42,1 + 421 ; **d)** 54,3 + 31,45 + 1,05.

34 SC1 Calculer chacune des sommes suivantes en posant l'opération :

a) 9,42 + 308,7 ; **b)** 7,53 + 56,4 + 38,95 ;
c) 72,6 + 39,45 + 1,8 ; **d)** 9,57 + 95,7 + 957.

35 SC1 Recopier et compléter les opérations suivantes :

```
    2 3, • 5          6 6, • 4          • 3
+     •, 6 •      + 3 •, 7 •      +     0, • 5 •
---------------   ---------------  + 5 •, 4 • 4
    • 8, 7 9        • • 1, 4 1     ---------------
                                    • 0 0, 8 0 2
```

36 SC1 Poser, puis compléter ces opérations.

a) • 4 7 9 + • 2 4 + • 7 = 3 0 9 • ;
b) 4 •,7 • + • 4, 5 6 = • 2 4, • 8 ;
c) • 7, 5 4 + • •, 2 = 2 9, 7 • .

Dans les nombres de l'opération c), il n'y a pas de zéro inutile.

37 SC1 **a)** Poser, puis compléter cette opération.
1 • • • • • • •, • + • 8 765 432,1 = 111 111 111.

b) Que peut-on remarquer concernant chacun des trois nombres ?

SC1 **Pour les exercices 38 et 39,** calculer astucieusement chaque somme.

38 **a)** 12 + 43 + 8 + 17 + 26 ;
b) 25 + 14 + 35 + 75 + 15 ; **c)** 230 + 470 + 125 + 75.

39 **a)** 12,5 + 14,2 + 7,5 + 25,8 ;
b) 31,9 + 19 + 39,1 + 31 ; **c)** 9,72 + 23 + 0,28 + 31.

Calculer une différence

40 SC1 Pour chaque calcul, poser et effectuer l'opération.

a) 26,37 – 4,25 ; **b)** 84,52 – 23,45 ;
c) 82,36 – 47,28 ; **d)** 51,723 – 14,39 ;
e) 184,3 – 12,26 ; **f)** 80,3 – 4,217.

J'ai eu besoin d'écrire 184,30 au lieu de 184,3.

41 SC1 Calculer les différences entre les nombres suivants en posant l'opération :

a) 37,2 et 0,07 ; **b)** 3,98 et 107,7.

42 SC1 Recopier et compléter les opérations suivantes :

```
    4 9, • 8        1 8 5, • 3
–     •, 3 •      –   3 •, 2 8
------------      --------------
    • 8, 2 3        • • 5, 3 •
```

43 SC1 Poser, puis compléter ces opérations.

a) 6 5, • 7 – • •, 2 9 = 4 2, 5 • ;
b) 3 8, 7 – •, • 2 = • 4, 3 8 ;
c) • 7 5, 6 – • •, • 3 = 3 8 3, 4 7.

44 SC1 **1)** Poser, puis compléter cette opération.
• 8 • 65, • 3 • 1 – 1 • 34 •,678 • = 86 4 • 9,753 2.

2) Faire une remarque commune à ces trois nombres.

Calculer une expression avec parenthèses

Pour les exercices 45 et 46, effectuer les calculs donnés.

45 **a)** 82 – (27 + 15) ; **b)** 172 – (63 – 47) + 9 ;
c) 58,4 – (12,7 + 15,3 + 8,25).

46 **a)** 146 – (71 – 36) ; **b)** 250 – (19,3 + 31,8) ;
c) 5,7 – (7,6 – 4,81) + (6,04 – 2,5).

47 Recopier et compléter le tableau suivant.

Pour remplir la dernière colonne, j'ai utilisé les résultats des deux colonnes précédentes.

a	b	a + b	a – b	(a + b) – (a – b)
5	3			
7,5	2			
12,3	8,6			
87	62,7			

Calculer avec des lettres

48 1) Calculer $x+y$ pour $x=15$ et $y=23$.

J'ai écrit x + y = 15 + 23 = ...

2) Calculer $x+y$ pour $x=12{,}5$ et $y=8{,}5$.

3) Calculer $x-y$ pour $x=51$ et $y=39$.

Pour les exercices 49 et 50, calculer dans chaque cas $x+y$ puis $x-y$.

49 **a)** $x=65{,}7$ et $y=24{,}3$;
b) $x=458{,}72$ et $y=23{,}6$.

50 **a)** $x=12{,}63$ et $y=9{,}87$;
b) $x=73$ et $y=6{,}8$.

51 On donne $a=508{,}5$ et $b=371{,}4$.

1) Calculer $N=a+b$.
2) Calculer $P=a-b$.
3) Calculer $N+P$. Que remarque-t-on ?
4) Calculer $N-P$. Que remarque-t-on ?

52 On donne les nombres suivants :

$n=45{,}06$; $m=186{,}93$; $p=2\,007{,}891$.

1) Calculer $n+m+p$.
2) Calculer $m-n$.
3) Calculer $p-m$.

Utiliser un ordre de grandeur

53 SC4 Émile achète chez l'épicier 2,98 kg d'oranges, une masse de 4,26 kg de pommes, des légumes pour 9,15 kg et 0,815 kg de framboises.

1) Donner un ordre de grandeur de la masse totale des achats d'Émile.

J'ai choisi des nombres entiers proches et faciles à utiliser mentalement.

2) Son panier est conçu pour supporter 20 kg. Résistera-il ?

Pour les exercices 54 et 55, sans effectuer les opérations, donner un ordre de grandeur de leur résultat.

54 SC4 **a)** 12,9 + 432,75 + 2,85 ;
b) 652,3 + 47,93 ; **c)** 409,7 + 53,42 + 5,962.

55 **a)** 8 294 − 507 ; **b)** 57,84 − 38,16 ;
c) 4 753,172 + 2 129,0514 − 695,128.

56 SC4 Merlin revient enchanté du marché magique. Il a acheté de la poudre de crapaud pour 2,07 €, de la poudre de perlimpinpin pour 3,75 €, de la poudre d'étoile pour 19,35 €, de la poudre aux yeux pour 8,89 € et de la poudre d'escampette pour 11,09 €.

- Évaluer rapidement sa dépense en utilisant des ordres de grandeur.

57 SC4 Anouk fait les boutiques avec sa copine. Elle repère un jean à 68,35 € et un pull vert et rose à 22,46 €. Son amie craque pour un pantalon noir à 42,40 € et un tee-shirt à 9,79 €.

1) Utiliser des ordres de grandeur pour évaluer rapidement la dépense envisagée par chacune.
2) Elles ont emporté au total 150 € pour toutes les deux. Pourront-elles tout acheter ?

58 Une navette spatiale se trouve alignée entre la Lune et la Terre, à 9 428 km de notre planète.
La Lune est à 384 400 km de la Terre.

- Donner un ordre de grandeur de la distance entre la navette et la Lune.

59 A, B et C sont trois nombres décimaux :
A = 5 196 231,12 | B = 519 623,112 | C = 51 962,112
Parmi ces trois nombres se trouve le résultat exact de l'opération suivante :

617 568 + 706,312 − 98 651,2

- Trouver le bon résultat en utilisant des ordres de grandeur.

60 En utilisant des ordres de grandeur, montrer que Thierry se trompe quand il écrit sur sa copie :
a) 385,82 + 52,37 + 98,651 + 0,795 = 5 376,636 ;
b) 6 953,620 1 − 401,258 7 = 2 941,361 4.

61 SC4 Constantin a utilisé correctement sa calculatrice, mais a oublié la virgule en recopiant le résultat.
Il a écrit : 3,182 + 3,1 + 0,92 + 0,965 = 8167.

- Recopier ce calcul et placer correctement la virgule en utilisant des ordres de grandeur.

> Je m'entraîne

Trouver le nombre manquant dans une égalité

62 On considère l'égalité suivante où ♥ désigne un nombre inconnu : ♥ + 16,5 = 48,3.

Cette égalité peut être représentée par le schéma ci-contre.

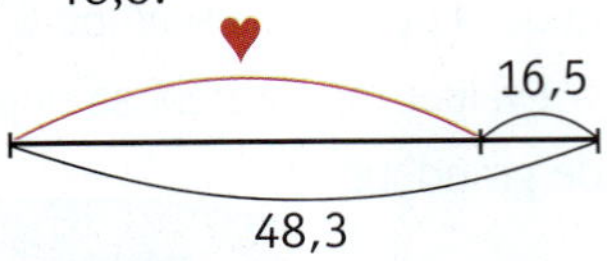

1) Quelle opération permet de calculer le nombre ♥ ?

2) Calculer ce nombre.

3) Vérifier le résultat obtenu.

J'ai calculé ♥ + 16,5.

Pour les exercices 63 à 65,
- représenter l'égalité par un schéma ;
- calculer le nombre manquant ;
- vérifier le résultat obtenu.

63 **a)** ♥ + 16,5 = 23,7 ; **b)** 24,3 – ♣ = 9,8.

64 **a)** 1,85 + ♠ = 2,135 ; **b)** ♦ – 138 = 95,6.

65 **a)** 237,5 = 61,45 + ■ ; **b)** 21,6 = ● – 9,52.

Calculer avec des fractions décimales

66 **1) a)** Donner l'écriture décimale de $\frac{3}{10}$ puis celle de $\frac{5}{100}$.

b) Calculer la somme des deux nombres obtenus.

c) En déduire le résultat de $\frac{3}{10} + \frac{5}{100}$.

2) Calculer de la même façon les sommes suivantes :

a) $\frac{2}{10} + \frac{9}{100}$; **b)** $\frac{23}{10} - \frac{8}{100}$; **c)** $\frac{6}{100} + \frac{25}{100}$.

Pour les exercices 67 à 71, calculer chaque somme ou différence, puis donner le résultat sous la forme d'une fraction décimale.

67 **a)** $\frac{12}{10} + \frac{7}{1\,000}$; **b)** $\frac{63}{10} - \frac{25}{100}$.

68 **a)** $\frac{27}{10} - \frac{13}{10}$; **b)** $\frac{182}{100} - \frac{56}{1\,000}$.

69 **a)** $\frac{253}{10} + \frac{758}{1\,000}$; **b)** $\frac{872}{100} - \frac{534}{100}$.

70 **a)** $3{,}4 + \frac{7}{100}$; **b)** $\frac{15}{10} - 0{,}3$.

71 **a)** $\frac{18}{10} + \frac{26}{10} + \frac{5}{10}$; **b)** $\frac{19}{100} + 3 + \frac{5}{100}$.

Résoudre des problèmes concrets

72 Candice a acheté un cahier à 5,40 € et un stylo à 2,75 €. Elle a payé avec un billet de 10 €.

Deux élèves cherchent à calculer la somme d'argent rendue par la caissière.

1) Laura a calculé 5,4 + 2,75.

a) À quoi correspond cette somme ? La calculer.

b) En déduire la somme d'argent rendue par la caissière.

2) Samir, quant à lui, a écrit : 10 – (5,4 + 2,75).

Le calcul de cette expression permet-il de répondre à la question ?

Justifier la réponse.

73 **SC3** Pierre a 10 € de moins que Massana qui a 7 euros de plus que Johanna.

- Sachant que Pierre a 28 €, déterminer les sommes d'argent que possèdent Massana et Johanna.

Justifier la réponse.

74 **SVT**

Dans 100 g de pain, il y a 55 g de glucides, 7,5 g de protides et 0,8 g de lipides. Le reste est constitué d'eau, de vitamines et de sels minéraux.

- Quelle est la masse de vitamines, sels minéraux et eau, contenue dans 100 g de pain ?

75 Voici les hauteurs mensuelles (exprimées en mm) des précipitations d'une année, à Paris :

Mois	J	F	M	A	M	J
Hauteur	55	45,4	?	49,5	62	53,2

Mois	J	A	S	O	N	D
Hauteur	58,3	46	52,9	54,9	57	55,1

Cette année-là, il est tombé 641,5 mm de pluie à Paris.

- Calculer la hauteur des précipitations tombées au mois de mars à Paris.

76 **SVT**

On dépose 50 cloportes dans une boîte à trois compartiments : clarté, pénombre et obscurité.

Les cloportes se déplacent d'un compartiment à l'autre.

Au bout de 15 minutes, on observe que 76 % des cloportes se situent dans l'obscurité et 12 % dans la pénombre.

1) Quel est le pourcentage de cloportes présents dans la clarté ?

2) Quel est le compartiment préféré des cloportes ?

> Je fais le point

J'ai appris à...

- Connaître le vocabulaire : somme, différence, terme.
- Calculer une somme et une différence.
- Déterminer des ordres de grandeur d'une somme, d'une différence.
- Résoudre un problème en utilisant un schéma.

Attention : Il peut y avoir plusieurs réponses exactes pour chaque énoncé ! Les trouver toutes.

		A	B	C	Si échec, revoir :
77	1 326 + 3 077 est :	une somme	une différence	un terme	**p. 48**
78	150 – 73 est :	une somme	une différence	un terme	**p. 48**
79	La somme exacte est :	3,2 + 14,8 + 27 44,10	3,2 + 14,8 + 27 20,7	3,2 + 14,8 + 27 45	**p. 46**
80	La différence exacte est :	432,5 – 21,78 411,28	432,5 – 21,78 410,72	432,5 – 21,78 411,82	**p. 46**
81	Un ordre de grandeur de 151,7 + 7,54 + 0,36 + 5,3 est :	164,89	12	163	**p. 49**
82	Un ordre de grandeur de 1 250,36 – 237 est :	1 000	200	1 013,36	**p. 49**
83	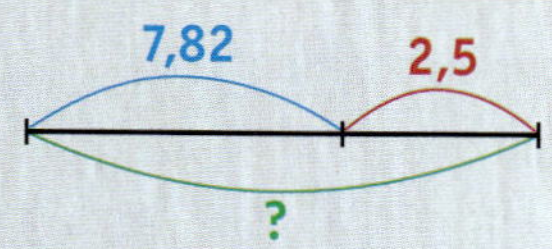 On peut écrire :	? = 10,32	? – 2,5 = 7,82	? = 5,32	**p. 48** **p. 50**
84	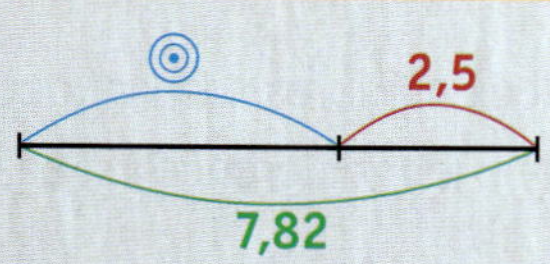 On peut écrire :	◎ = 10,32	◎ – 2,5 = 7,82	◎ = 5,32	**p. 48** **p. 50**

Pour les exercices 85 et 86, la taille de Pierre est de 135 cm.
Il mesure 5 cm de plus que Frédéric et 3 cm de moins que Gaëtan.

		A	B	C	Si échec, revoir :
85	Frédéric mesure :	138 cm	130 cm	140 cm	**p. 50**
86	Gaëtan mesure :	138 cm	130 cm	132 cm	**p. 50**

> Corrigés et exercices de soutien : voir

87 **SVT**

On étudie la culture de blé et de maïs, avec ou sans apport d'engrais. Pour cela, on a cultivé quatre parcelles d'un hectare chacune.

On a déterminé la masse (exprimée en tonnes) de céréales récoltées sur chacune de ces parcelles.

	Parcelle sans engrais	Parcelle avec engrais
Masse de blé récolté	1,2	3,6
Masse de maïs récolté	7,1	12,4

- Pour chaque céréale, calculer l'augmentation de production due à l'apport d'engrais.

88 Danièle collectionne les timbres-poste. Elle en possède 286.

Lors d'une exposition à une bourse d'échange :

- elle vend 18 timbres ;
- elle achète 27 timbres ;
- elle échange 26 timbres.
- Combien de timbres Danièle possède-t-elle à la fin de l'exposition ?

89 **Géographie**

Le tableau suivant donne la population, c'est-à-dire le nombre d'habitants, des dix pays les plus peuplés du monde. Ce nombre est exprimé en millions.

On considère les années 1950 et 2007.

1950	
Pays	**Population**
Chine	554,76
Inde	371,86
États-Unis	157,81
Russie	102,7
Japon	83,63
Indonésie	79,54
Allemagne	68,38
Brésil	53,98
Royaume-Uni	50,62
Italie	47,1

2007	
Pays	**Population**
Chine	1 321,29
Inde	1 095,35
États-Unis	303,35
Indonésie	245,45
Brésil	188,08
Pakistan	165,8
Bangladesh	150,45
Russie	141,38
Nigéria	131,86
Japon	127,46

1) Donner un ordre de grandeur du nombre total d'habitants des dix pays les plus peuplés en 1950.

2) Donner un ordre de grandeur du nombre total d'habitants des dix pays les plus peuplés en 2007.

3) Calculer l'augmentation de population entre 1950 et 2007 :

a) de la Chine ; **b)** de l'Inde ; **c)** des États-Unis.

90 Erwan a effectué un « parcours santé » de 5 km en trois étapes. Ce parcours a duré 1 heure.

- 1re étape : course

Erwan a parcouru une distance de 1,3 km en 8 minutes.

- 2e étape : marche et exercices physiques

Cette étape a duré 40 minutes dont 4 minutes consacrées aux exercices physiques.

- 3e étape : course

Erwan a parcouru une distance de 1,7 km.

1) Pendant combien de temps Erwan a-t-il marché ?

2) Quelle est la distance parcourue par Erwan pendant la 2e étape ?

3) Quelle est la durée de la 3e étape ?

91 **Géométrie**

[AB] est un segment de longueur 11,3 cm.

T est un point du segment [AB] tel que AT = 3,6 cm.

1) Le point D est tel que : $D \in [TB]$ et BD = 1,2 cm.

Calculer la longueur du segment [TD].

2) Le point E est tel que :

$E \in [TB)$, $E \notin [TB]$ et BE = 2,9 cm.

Calculer la longueur du segment [TE].

92 Trouver deux nombres sachant que leur somme est égale à 13 et que leur différence est égale à 3.

93 Trouver deux nombres sachant que leur somme est égale à 13 et que leur différence est égale à 2.

94 On considère deux nombres :

$x = 132{,}564$ et $y = 123{,}645$.

1) Calculer la somme de x et de y.

2) Calculer la différence entre x et y.

3) Calculer la différence entre y et la somme de x et de 18.

Pour les exercices 95 et 96, chaque case contient un nombre égal à la somme des nombres des deux cases situées juste au-dessous.
Recopier et compléter chaque pyramide (une case complétée en rouge sert d'exemple).

95

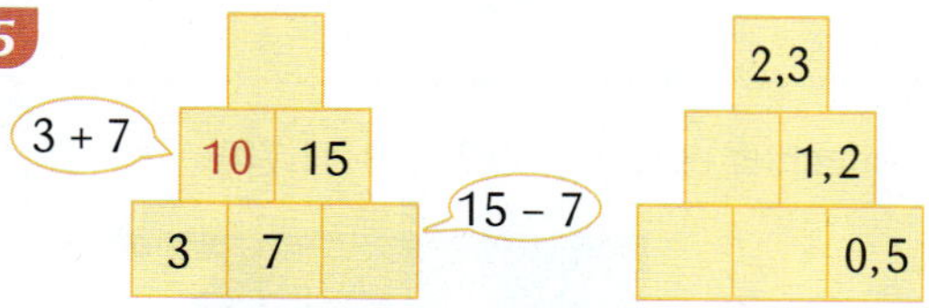

96

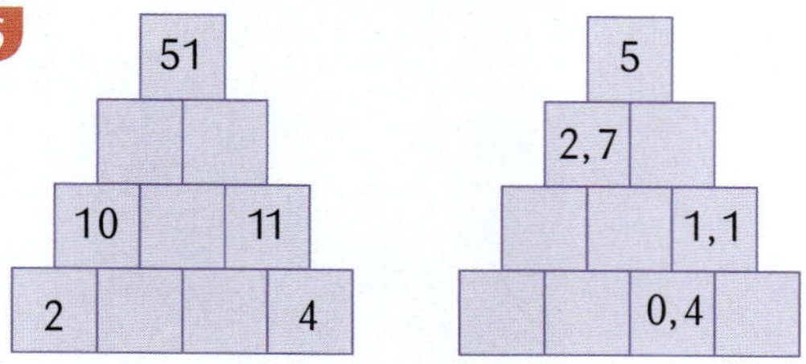

97 **1)** On se propose de calculer la somme de 35 dixièmes et de 124 centièmes.
Recopier et compléter les phrases suivantes :
« Le nombre 35 dixièmes est égal à ... centièmes.
La somme de 35 dixièmes et de 124 centièmes est égale à la somme de ... centièmes et de ... centièmes.
Donc, la somme de 35 dixièmes et de 124 centièmes est égale à ... centièmes.
On a ainsi : $\frac{35}{10} + \frac{124}{100} = \frac{...}{100} + \frac{124}{100} = \frac{...}{100}$. »
2) En utilisant une méthode analogue, calculer la différence entre 7 dixièmes et 23 centièmes.
3) Calculer ainsi $\frac{13}{10} + \frac{51}{100}$.

98 Joseph a 20 € dans son porte-monnaie.
Il achète chez le pâtissier quatre tartelettes aux fruits pour 7,20 €, deux millefeuilles pour 3 €, un flan pour 1 € et une boîte de chocolats.
Il lui manque 0,40 € pour acheter un pain de campagne à 1,20 €.
- En expliquant chaque étape, calculer le prix de la boîte de chocolats.

99 Un camion pèse 2,330 tonnes avec sa marchandise. Son chargement est constitué de caisses identiques et de même masse.
La moitié des caisses sont livrées.
Le camion ne pèse plus alors que 1,790 tonne.
- Calculer la masse du camion vide.

100 **Français**

Illustration de la fable de Jean de la Fontaine, *Le lion et le rat*.

Jean de La Fontaine, poète français, est né en 1621 à Château-Thierry.
En 1652, il devient maître des eaux et forêts dans cette ville. C'est à l'âge de 37 ans qu'il s'installe à Paris et que ses écrits commencent à être connus.
Les Fables ont été écrites entre 1668 et 1694.
Jean de la Fontaine meurt le 13 avril 1695.
1) En quelle année Jean de La Fontaine s'installe-t-il à Paris ?
2) a) À quel âge commence-t-il à écrire ses fables ?
b) Pendant combien d'années les a-t-il écrites ?
3) À quel âge est-il mort ?

101 Recopier et compléter la table d'addition ci-dessous sachant que la somme des nombres situés dans les cases vertes est égale à 28.

+		6		
	7			12
4			13	
8				15

102 Un nombre entier est un **nombre palindrome** s'il ne change pas lorsqu'il est lu de droite à gauche ou de gauche à droite.
Exemple :
434 et 83 538 sont des nombres palindromes.
1) Donner un exemple de nombre palindrome :
a) ayant trois chiffres ; **b)** ayant quatre chiffres.
2) Trouver deux nombres palindromes, d'au moins deux chiffres, dont la somme est un nombre palindrome.
3) Quel est le plus petit nombre qu'il faut ajouter à 3 854 pour obtenir un nombre palindrome ?
4) Quel est le plus petit nombre qu'il faut soustraire à 3 854 pour obtenir un nombre palindrome ?

DEVOIRS À LA MAISON

DEVOIR A

103 **1)** Poser les opérations puis calculer :
a) la somme de 12,85 et de 5,7 ;
b) la différence entre 17,287 et 9,56.
2) Calculer astucieusement :
$A = 32,7 + 9,44 + 68,5 + 10,56 + 17,3 + 31,5$.

104 Max a 324 vignettes. Il en donne 54 à Chen. Chen a maintenant 17 vignettes de plus que Max.
1) Combien de vignettes Chen a-t-il après cet échange ?
2) Combien de vignettes Chen avait-il avant cet échange ?

DEVOIR B

105 **1)** Rédiger un énoncé de problème pour lequel le calcul à effectuer est : $25 - (12,45 + 11,70)$.
2) Résoudre ensuite ce problème.

106 Elisa est allée pendant cinq jours visiter les gorges du Verdon.
En partant, elle a noté que le compteur de la voiture indiquait 86 787 km.
Elle a ensuite noté le nombre de kilomètres parcourus chaque jour.

Jour	1er	2e	3e	4e	5e
Nombre de kilomètres	287	39	57	?	326

Le 4e jour, Elisa a oublié de noter le nombre de kilomètres parcourus.
Le soir du 5e jour, le compteur de la voiture indique 87 561 km.
• Combien de kilomètres Elisa a-t-elle parcourus en voiture le 4e jour ? Justifier la réponse.

JE CHERCHE...

107 Trouver trois nombres entiers consécutifs ayant pour somme 114.

108 On considère que l'ordre de grandeur du nombre de grains de riz contenus dans un paquet est de 40 000. En ouvrant ce paquet, Julia fait tomber 18 grains.
• Combien de grains de riz reste-t-il dans le paquet ?

109 Dans cet exercice, chaque symbole ◎ correspond à un signe d'addition + ou à un signe de soustraction – .
1) Remplacer les symboles ◎ pour que
5 ◎ 4 ◎ 3 ◎ 2 ◎ 1 soit égal à :
a) 13 ; **b)** 7 ; **c)** 5 ; **d)** 1.
2) **a)** Remplacer les symboles ◎ pour avoir :
1 ◎ 1 ◎ 1 ◎ 1 ◎ 1 ◎ 1 ◎ 1 ◎ 1 ◎ 1 ◎ 1 = 6
b) Peut-on avoir ?
1 ◎ 1 ◎ 1 ◎ 1 ◎ 1 ◎ 1 ◎ 1 ◎ 1 ◎ 1 ◎ 1 = 3
Expliquer pourquoi.

110 *D'après le concours Kangourou*
Dans cet exercice, chaque symbole ❊ peut être remplacé par le signe d'addition + , ou être supprimé.
8 ❊ 8 ❊ 8 ❊ 8 ❊ 8 ❊ 8 ❊ 8 ❊ 8
Exemple : 8 + 8 8 + 8 8 + 8 + 8 + 8 = 208.
• Comment obtenir une somme égale à 1 000 ?

111 **Carré magique** (voir à la page 60)
Recopier le carré magique ci-dessous, puis le compléter sachant qu'il est constitué de tous les nombres entiers compris entre 1 et 25.

3		9	22	15
	8	21		2
7		13	1	19
24	12		18	
		17	10	

> J'utilise la calculatrice

Les calculatrices utilisées au collège permettent de calculer des sommes et des différences.

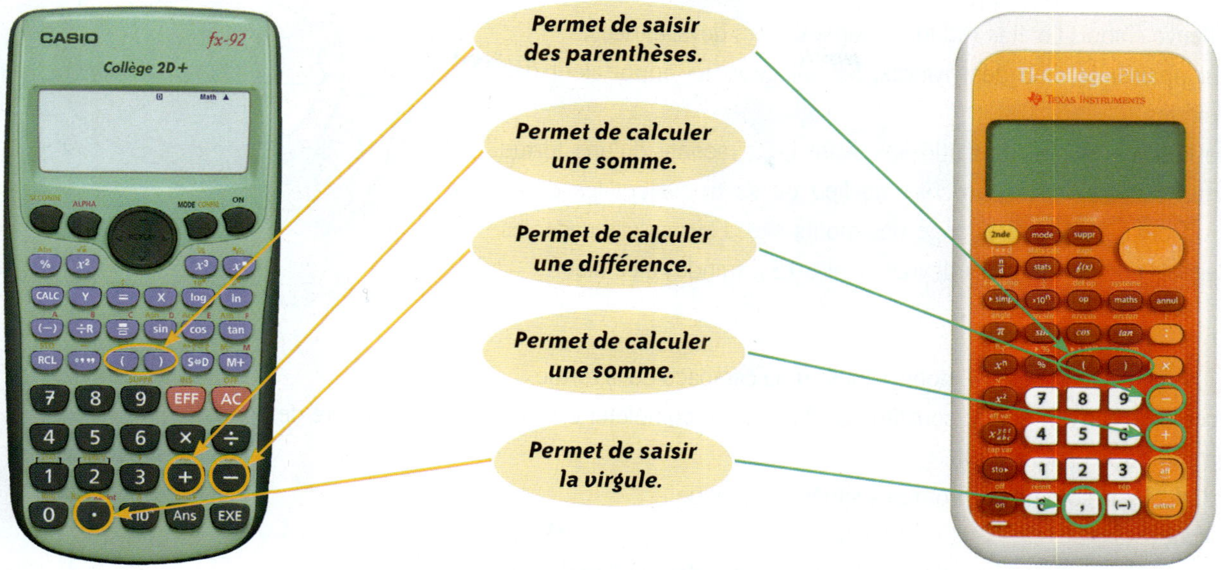

Casio Collège 2D+	TI-Collège
EXEMPLE : Calculer 123,7 − 38 + 67,26.	
• Sélectionner le format « Line » (voir à la page 286). • Taper la séquence suivante : 1 2 3 · 7 − 3 8 + 6 7 · 2 6 EXE • On obtient à l'écran : 123.7-38+67.26 152.96 Donc : 123,7 − 38 + 67,26 = **152,96**.	• Taper la séquence suivante : 1 2 3 , 7 − 3 8 + 6 7 , 2 6 entrer • On obtient à l'écran : 123,7-38+67,26 152,96 Donc : 123,7 − 38 + 67,26 = **152,96**.

112 Effectuer les calculs suivants à l'aide d'une calculatrice :

a) 258,15 + 62,257 + 680,02 ; **b)** 807 − 215,2 + 50,34 ; **c)** 9 874 + 6 357 − 2 570.

Casio Collège 2D+	TI-Collège
EXEMPLE : Calculer 89 − (15 + 38).	
• Taper la séquence suivante : 8 9 − (1 5 + 3 8) EXE • On obtient à l'écran : 89-(15+38) 36 Donc : 89 − (15 + 38) = **36**.	• Taper la séquence suivante : 8 9 − (1 5 + 3 8) entrer • On obtient à l'écran : 89-(15+38) 36 Donc : 89 − (15 + 38) = **36**.

113 Effectuer les calculs suivants à l'aide d'une calculatrice :

a) 56,14 − (25,6 + 3,78) ; **b)** 5 687,25 − (25,21 − 6,157) ; **c)** 15 478 − (154 + 255 + 678) + 287.

> Découverte

Les carrés magiques

Le fleuve chinois Lo était redouté pour ses crues dévastatrices.
Pour apaiser le dieu des rivières, les villageois lui apportaient des offrandes.
Une légende, datant de 2 000 ans avant J.-C., raconte qu'une tortue sortait de l'eau et s'approchait du lieu où se trouvaient les dons. En observant la forme étrange des motifs situés sur sa carapace, les villageois comprirent qu'ils devraient faire 15 offrandes à ce dieu.

114 **1)** Observer les 9 motifs situés sur la carapace de la tortue.
Recopier le carré ci-contre constitué de 9 cases. Le compléter en y inscrivant le nombre de points que comporte chaque motif.

		2
		6

2) Calculer la somme des nombres situés sur chaque :
a) ligne ; **b)** colonne ; **c)** diagonale.
3) Expliquer pourquoi les villageois firent 15 offrandes au dieu des rivières ?

La mélancolie, gravure de A. Dürer.

Un carré magique est un carré composé de cases dans lesquelles sont écrits des nombres entiers.
Les sommes des nombres de chaque ligne, de chaque colonne, de chaque diagonale, sont toutes égales.

Le peintre et mathématicien allemand Albrecht Dürer (1470-1528) a représenté sur sa gravure un ange entouré d'objets mathématiques.
Le carré, situé sur le mur derrière le personnage, est le premier carré magique représenté en Europe.

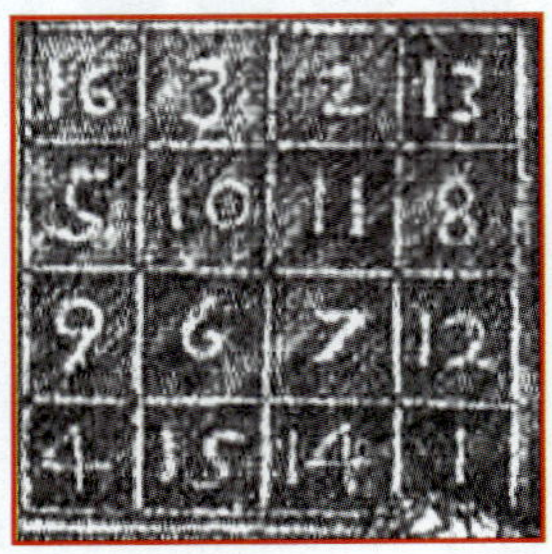

16	3	2	13
5	10	11	8
9	6	7	12
4	15	14	1

115 **1)** Justifier que ce carré est un carré magique.
2) Deux nombres situés côte à côte dans ce carré forment l'année de sa réalisation. Quelle est cette année ?

Plaque métallique

116 En 1956, dans le palais de Xian (Chine), a été découverte une plaque métallique.
Cette plaque, constituée de nombres arabes orientaux, est un carré magique de 36 cases.
On l'a traduite sur une plaque en bois.
• Déterminer chacun des nombres cachés par une gommette colorée.

28	4	3	31	35	●
36	18	21	24	11	1
7	23	12	17	22	30
8	13	26	19	16	29
5	20	15	14	25	32
●	●	●	6	2	9

Plaque en bois

Chapitre 4

Multiplication

REVOIR

- le sens de la multiplication ;
- les tables de multiplication ;
- le calcul posé d'une multiplication ;
- la multiplication par 10 ; 100 ; 1 000 ...

DÉCOUVRIR

- la multiplication par 0,1 ; 0,01 ; 0,001...
- la signification de la multiplication de deux nombres décimaux ;
- l'utilisation d'un ordre de grandeur d'un produit.

SOCLE COMMUN

- **SC1** Connaître les tables de multiplication.
- **SC2** Effectuer une multiplication (calcul mental, posé, instrumenté).
- **SC3** Résoudre un problème concret conduisant à une situation numérique simple.
- **SC4** Déterminer un ordre de grandeur entier d'un produit.

© M. Weston / CMG / Uma Press.

La course automobile des « 24 heures du Mans » se déroule chaque année au mois de juin.

Les voitures de course doivent effectuer le plus grand nombre de tours de circuit possibles en 24 heures. La longueur du circuit est de 13,629 km.

1) Lors de cette course, une voiture a effectué deux tours de circuit avant d'abandonner.
Quelle distance a-t-elle parcourue ?

2) Le vainqueur de la course en 2007 a effectué 369 tours de ce circuit.
Quelle opération doit-on effectuer pour calculer la distance parcourue par la voiture du vainqueur ?

> Activités

1 J'utilise les tables de multiplication

JE REVOIS

A Première partie

Utiliser le symbole de la multiplication pour écrire plus simplement chaque somme.

a) 4 + 4 + 4 + 4 + 4 + 4 + 4 + 4 ; **b)** 7 + 7 + 7 + 7 + 7 + 7 ; **c)** 8 + 8 + 8 + 8.

B Seconde partie

Dans le tableau ci-contre, les lignes des tables de multiplication ne sont pas dans l'ordre.

- Recopier et compléter ce tableau.

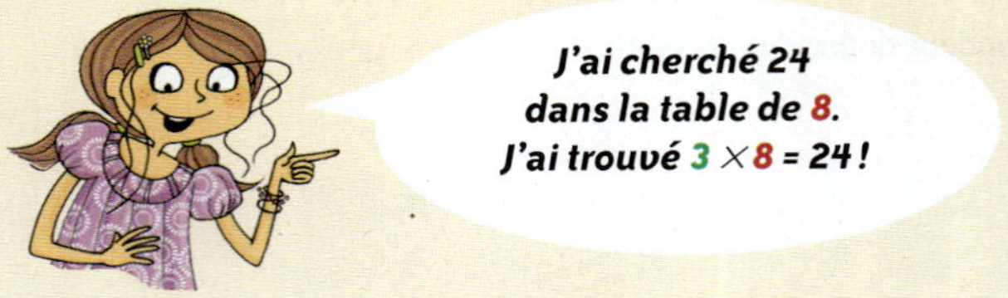

×	1	2	3	4	5	6	7	8	9
3								24	
				28					
							56		
									54
					25				
			3						
						24			
		4							
							63		

2 J'effectue une multiplication

JE REVOIS

Voici trois multiplications posées et effectuées par Juliette, élève de Sixième :

1) a) Une de ces opérations présente un oubli de décalage. Laquelle ?

b) Poser et effectuer correctement cette multiplication.

2) Dans une de ces opérations, Juliette a oublié la virgule du résultat. Donner le résultat correct de cette multiplication.

3) Poser et effectuer correctement l'opération restante.

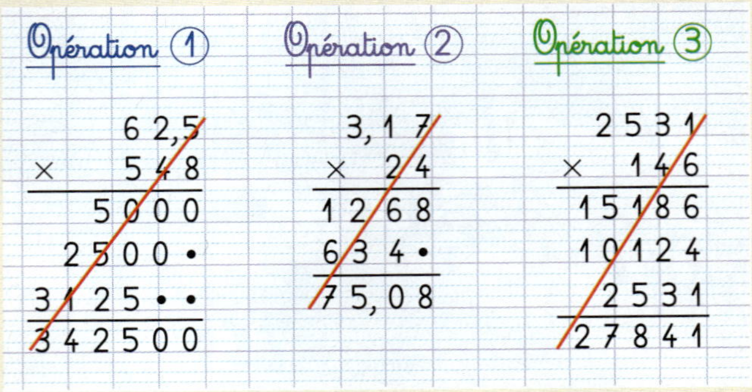

3 Je multiplie par 10 ; par 100 ; par 1 000

JE REVOIS

1) a) Recopier et compléter.

« 8,127 × 100 est égal à ... centaines.

Dans 8,127 centaines, le chiffre 8 est le chiffre des ... . »

b) Recopier le tableau de numération ci-contre et écrire sur la deuxième ligne l'écriture décimale de 8,127 centaines.

centaines	dizaines	unités	Virgule	dixièmes	centièmes	millièmes
		8	,	1	2	7

c) En déduire la valeur de 8,127 × 100.

2) Recopier et compléter la phrase suivante :

« Quand on multiplie un nombre décimal par 100, le chiffre des unités devient le chiffre des ... .
Ce qui revient à décaler la ... de ... rangs vers la ... . »

4 Je multiplie deux nombres décimaux

JE REVOIS

Lila achète 2,3 kg d'abricots. Le prix d'un kilogramme d'abricots est de 3,40 €.

1) En justifiant la réponse, déterminer le prix de :

a) 2 kg d'abricots ; **b)** 0,1 kg d'abricots ; **c)** 0,3 kg d'abricots.

2) En déduire le prix de 2,3 kg d'abricots.

3) À l'aide de la calculatrice, donner le résultat de $2{,}3 \times 3{,}4$.

4) Quelle opération permet de calculer directement le prix de 5,6 kg d'abricots ?

5) Quelle opération permet de calculer directement le prix de 780 g d'abricots ?

5 Je donne du sens au produit de deux nombres décimaux

A Visualisation du produit $0{,}3 \times 0{,}4$

Le quadrilatère ABCD ci-dessous est un rectangle de longueur 4 cm et de largeur 3 cm.

On partage sa longueur en 10 parties égales et sa largeur en 10 parties égales. On obtient ainsi un quadrillage.

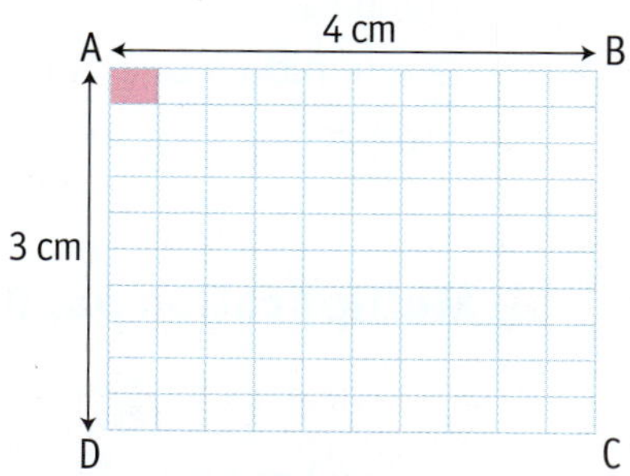

1) **a)** Combien ce quadrillage contient-il de petits rectangles ?

b) On considère le petit rectangle rose.

Quelle est sa longueur en cm ? Quelle est sa largeur en cm ?

c) Quelle aire calcule-t-on quand on effectue le produit $0{,}3$ cm $\times$ $0{,}4$ cm ?

2) **a)** Quelle fraction de l'aire du rectangle ABCD représente l'aire du rectangle rose ?

b) Calculer l'aire du rectangle ABCD en cm².

3) Recopier et compléter les phrases suivantes :

« L'aire du rectangle ABCD est égale à **...** cm².

L'aire du rectangle rose est égale à **...** centième de celle du **...** .

Pour calculer l'aire du rectangle rose, j'effectue le produit **...** × **...** .

Donc, $\ldots \times \ldots = \dfrac{12}{\ldots} = 0{,}\ldots$. »

B Visualisation du produit $2{,}3 \times 3{,}4$

Le quadrilatère IJKL ci-contre est un rectangle de longueur 3,4 cm et de largeur 2,3 cm.

Ce rectangle IJKL est partagé en quatre rectangles.

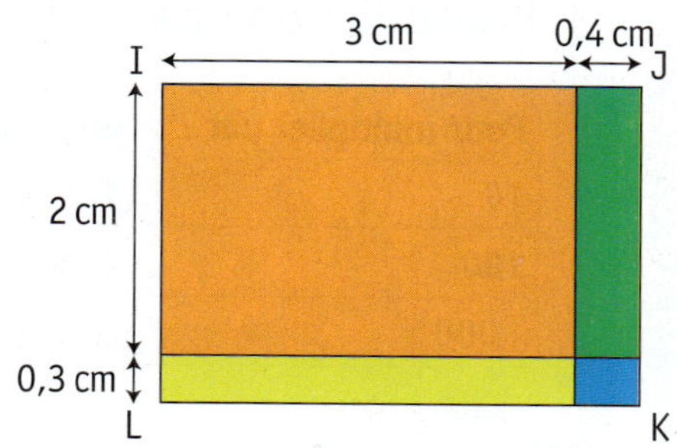

1) Calculer en cm² l'aire de chaque rectangle coloré.

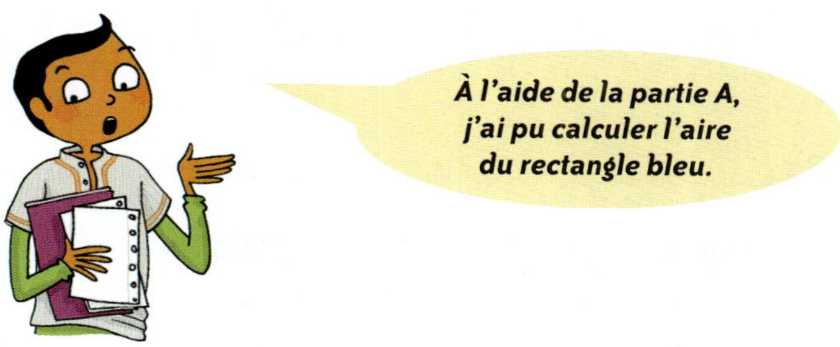

2) Quelle aire calcule-t-on quand on effectue le produit $2{,}3$ cm $\times$ $3{,}4$ cm ?

3) Déduire des deux questions précédentes le résultat de $2{,}3 \times 3{,}4$.

1 Multiplication par un nombre entier

a) Signification de la multiplication

EXEMPLE :

Natacha fait du VTT sur un parcours de 4,2 km. Lorsqu'elle effectue 5 tours, la distance parcourue en km est égale à 4,2 + 4,2 + 4,2 + 4,2 + 4,2.

Ce calcul correspond à **5 fois le nombre 4,2**.

Ainsi : $4{,}2 + 4{,}2 + 4{,}2 + 4{,}2 + 4{,}2 = \mathbf{5 \times 4{,}2} = 21$.

Elle a donc parcouru 21 km.

Vocabulaire Additionner **5 fois** le même nombre, revient à **multiplier** ce nombre **par 5**.

Vocabulaire Une **multiplication** est une opération qui permet de calculer le **produit** de deux nombres.
Les nombres que l'on multiplie sont les **facteurs** du produit.

EXEMPLE : $5 \times 4{,}2 = 21$

$5 \times 4{,}2$ est le **produit** de 5 par 4,2.

Les **facteurs** du produit sont **5** et **4,2**.

Le **calcul du produit** de 5 par 4,2 donne **21**.

b) Multiplication par 0, par 1

Propriété Lorsque l'on multiplie un nombre par 0, on obtient 0.

a désigne un nombre quelconque.
$a \times 0 = 0$ et $0 \times a = 0$

EXEMPLES : $45{,}24 \times 0 = 0 \times 45{,}24 = 0$; $3\,568{,}24 \times 0 = 0 \times 3\,568{,}24 = 0$.

Propriété Lorsque l'on multiplie un nombre par 1, on obtient ce même nombre.

a désigne un nombre quelconque.
$a \times 1 = a$ et $1 \times a = a$

EXEMPLES : $45{,}24 \times 1 = 1 \times 45{,}24 = 45{,}24$; $3\,568{,}24 \times 1 = 1 \times 3\,568{,}24 = 3\,568{,}24$.

c) Multiplication par 10 ; par 100 ; par 1 000

Pour multiplier par :	on décale la virgule de :	Exemples
10	1 rang vers la **droite**.	$0{,}54 \times 10 = 5{,}4$
100	2 rangs vers la **droite**.	$125 \times 100 = 125{,}00 \times 100 = 12\,500$
1 000	3 rangs vers la **droite**.	$45{,}75 \times 1\,000 = 45{,}750 \times 1\,000 = 45\,750$

Point de repère

Il est indispensable d'apprendre les tables de multiplication (voir les pages I et II).

On peut aussi retenir :

$0{,}5 \times 2 = 1$ et $2 \times 0{,}5 = 1$

$0{,}25 \times 4 = 1$ et $4 \times 0{,}25 = 1$

$0{,}125 \times 8 = 1$ et $8 \times 0{,}125 = 1$

2 Multiplication par un nombre décimal

a) Méthode

EXEMPLE : On veut calculer $85{,}6 \times 2{,}75$.

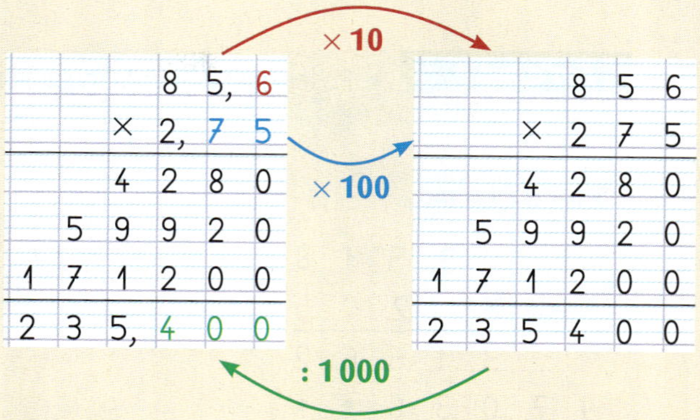

On commence par calculer 856×275.
856 est **10** fois plus grand que 85,6.
275 est **100** fois plus grand que 2,75.
$\mathbf{10} \times \mathbf{100} = \mathbf{1\,000}$.
Donc, 235 400 est **1 000** fois plus grand que le résultat de $85{,}6 \times 2{,}75$.
Conclusion :
$85{,}6 \times 2{,}75$ est égale à 235 400 **millièmes**, c'est-à-dire 235,4.
On a donc $85{,}6 \times 2{,}75 = 235{,}4$.

b) Produit de plusieurs facteurs

Propriété On peut **modifier l'ordre des facteurs** d'un produit et les **regrouper**, sans que cela ne change le résultat.

EXEMPLE : Calculer astucieusement $A = 4 \times 0{,}36 \times 2{,}5$.
$A = 4 \times 0{,}36 \times 2{,}5 = (4 \times 2{,}5) \times 0{,}36 = 10 \times 0{,}36 = 3{,}6$

c) Multiplication par 0,1 ; par 0,01 ; par 0,001

Pour multiplier par :	On décale la virgule de :	Exemples
0,1	1 rang vers la **gauche**.	$54 \times 0{,}1 = 5{,}4$
0,01	2 rangs vers la **gauche**.	$125 \times 0{,}01 = 1{,}25$
0,001	3 rangs vers la **gauche**.	$45{,}75 \times 0{,}001 = 0045{,}75 \times 0{,}001 = 0{,}045\,75$

3 Ordres de grandeur

Méthode Pour trouver un ordre de grandeur d'un produit, on remplace chacun des facteurs par un nombre proche pour pouvoir calculer mentalement le produit.

EXEMPLE : On veut obtenir un ordre de grandeur de $38{,}19 \times 20{,}4$.
On calcule, par exemple, mentalement : $40 \times 20 = 800$.
Ainsi, 800 est un ordre de grandeur de $38{,}19 \times 20{,}4$.

Point de repère

On n'augmente pas toujours la valeur d'un nombre en le multipliant.

EXEMPLE : $368{,}4 \times 0{,}01 = 3{,}684$. On constate que $3{,}684 < 368{,}4$.

> Savoir-faire

1 J'APPRENDS À… Poser et effectuer une multiplication

Énoncé : • Poser et effectuer la multiplication suivante : $3{,}518 \times 2{,}09$.

Solution :

		3,	5	1	8
	×		2,	0	9
	3	1	6	6	2
+ 7	0	3	6	•	•
7,	3	5	2	6	2

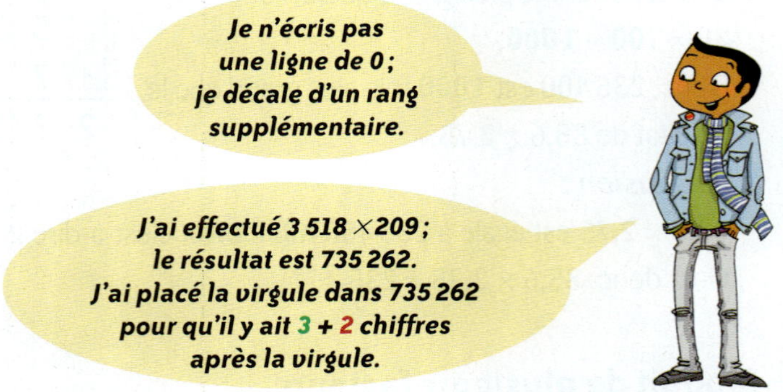

> J'APPLIQUE.

1 SC2 Voici l'écran de la calculatrice de Jennifer :

```
3678×2009
            7389102
```

En déduire le résultat de chaque produit.

a) $36{,}78 \times 2\,009$; **b)** $36{,}78 \times 20{,}09$;
c) $0{,}367\,8 \times 2{,}009$; **d)** $3{,}678 \times 200{,}9$.

2 SC2 Voici l'écran de la calculatrice de Samir :

```
65980×245
           16165100
```

En déduire le résultat de chaque produit.

a) $659{,}8 \times 245$; **b)** $659{,}8 \times 24{,}5$;
c) $6{,}598 \times 2{,}45$; **d)** $0{,}659\,8 \times 24{,}5$.

3 SC2 **1)** Poser et effectuer 384×67.
2) En déduire le résultat de chaque produit.
a) $38{,}4 \times 67$; **b)** $3{,}84 \times 67$;
c) $384 \times 0{,}67$; **d)** $38{,}4 \times 6{,}7$.

4 SC2 **1)** Poser et effectuer $5\,087 \times 49$.
2) En déduire le résultat de chaque produit.
a) $5\,087 \times 4{,}9$; **b)** $508{,}7 \times 0{,}49$;
c) $50{,}87 \times 4{,}9$; **d)** $0{,}508\,7 \times 0{,}49$.

5 Dans chaque cas, recopier l'égalité, puis placer une virgule dans le second facteur pour que l'égalité soit vraie.
a) $6{,}574 \times \mathbf{244} = 16{,}040\,56$;
b) $0{,}256\,3 \times \mathbf{268} = 6{,}868\,84$.

6 Le calcul suivant est faux :

		3	7,	0	9
	×		3,	0	8
	2	9	6	7	2
+ 1	1	1	2	7	•
1	4,	0	9	4	2

1) Quelle erreur a commise l'élève en posant cette opération ?
2) Poser et effectuer correctement cette opération.

SC2 **Pour les exercices 7 à 10,** poser et effectuer les multiplications.

7 **a)** $4{,}8 \times 2{,}6$; **b)** $8{,}9 \times 0{,}37$;
c) $4{,}07 \times 0{,}13$; **d)** $8{,}005 \times 2{,}7$.

8 **a)** $14{,}58 \times 2{,}6$; **b)** $78{,}9 \times 3{,}47$;
c) $2{,}478 \times 1{,}03$; **d)** $368{,}5 \times 4{,}005$.

9 **a)** $1{,}685 \times 7{,}9$; **b)** $19{,}89 \times 7{,}48$;
c) $2{,}387 \times 6{,}001$; **d)** $8{,}05 \times 6{,}007$.

10 **a)** $1{,}28 \times 3{,}6$; **b)** $4{,}879 \times 2{,}45$;
c) $6{,}978 \times 3{,}05$; **d)** $3{,}048 \times 8{,}79$.

11 Poser et effectuer les multiplications.
a) $1{,}1 \times 4{,}859$;
b) $0{,}42 \times 2{,}345$.

2 J'APPRENDS À… Résoudre des problèmes concrets

Énoncé : Pour fabriquer une robe, la maman de Lila choisit du tissu qui coûte 18,40 € le mètre et du ruban qui coûte 13,25 € le mètre.
Elle achète 2,45 mètres de tissu et 80 centimètres de ruban.

- Combien va-t-elle payer au total ?

Solution :

- Prix du tissu (en €) :
  $2,45 \times 18,40 = 45,08$
- Prix du ruban (en €) :
  $0,8 \times 13,25 = 10,6$
- Prix total (en €) :
  $45,08 + 10,6 = 55,68$

La maman de Lila paiera 55,68 €.

1 mètre de tissu coûte 18,40 €. Donc 2,45 mètres coûtent 2,45 fois plus, c'est-à-dire 2,45 × 18,40 €.

80 cm = 0,8 m Donc, le ruban coûte 0,8 × 13,25 €.

J'APPLIQUE.

12 SC3 La maman de Matéo achète de l'essence pour sa tondeuse.
Dans son bidon, elle verse 4,4 litres d'essence qui coûte 1,65 € le litre.

- Combien va-t-elle payer ?

13 SC3

Ce chocolat coûte 11,36 € le kilogramme.

- Combien coûte cette tablette de chocolat ?

14 SC3 François possède 16,45 €. Il achète chez la fromagère 380 g de roquefort à 19,50 € le kg.

1) Combien va-t-il payer ce fromage ?
2) Combien lui restera-t-il d'euros ?

15 SC3 Roger achète un poulet chez son boucher.
Il a le choix entre deux possibilités :

- soit il achète un poulet cuit de 1,380 kg à 11,50 € le kilogramme ;
- soit il achète un poulet cru de 1,8 kg à 8,35 € le kilogramme.

Roger décide d'acheter le poulet le moins cher.

- Combien va-t-il payer ? Justifier la réponse.

16 SC3

- Calculer le prix de ces crevettes et le prix de ce poisson.

17 SC3 Pour son entraînement hebdomadaire, une sportive :

- parcourt en VTT 4 tours et demi d'un circuit de 3,7 km de longueur ;
- effectue en courant 8 tours d'une piste de 400 m de longueur.
- Quelle distance cette sportive parcourt-elle par semaine ?

J'ai choisi une unité de longueur.

18 SC3 Monsieur Répartou a acheté 6,8 m de câble électrique à 1,45 € le mètre et 4 interrupteurs à 4,25 € l'unité.
Il a payé ses achats avec un billet de 50 €.

- Combien la caissière lui a-t-elle rendu ?

> À l'oral

SC1 **Pour les exercices 19 à 21,** calculer le produit des deux nombres entiers.

19 **a)** 7×5 ; **b)** 8×4 ; **c)** 6×9 ;
d) 8×7 ; **e)** 6×5 ; **f)** 3×12.

20 **a)** 2×5 ; **b)** 8×9 ; **c)** 3×5 ;
d) 4×7 ; **e)** 6×7 ; **f)** 3×8.

21 **a)** 9×9 ; **b)** 8×8 ; **c)** 6×6 ;
d) 4×4 ; **e)** 7×7 ; **f)** 5×5.

22 **SC1** Encadrer chacun des nombres suivants par deux multiples de 8 consécutifs :
a) 15 ; **b)** 47 ; **c)** 38 ; **d)** 25 ; **e)** 70.

SC1 **Pour les exercices 23 à 25,** trouver le nombre manquant dans chaque égalité.

23 **a)** $7 \times \ldots = 63$; **b)** $8 \times \ldots = 56$;
c) $\ldots \times 9 = 36$; **d)** $3 \times \ldots = 0$.

24 **a)** $\ldots \times 5 = 35$; **b)** $4 \times \ldots = 32$;
c) $\ldots \times 6 = 24$; **d)** $7 \times \ldots = 49$.

25 **a)** $2 \times \ldots = 48$; **b)** $6 \times \ldots = 48$;
c) $12 \times \ldots = 48$; **d)** $48 \times \ldots = 48$.

26 **SC1** **1)** Quel est le double de :
a) 25 ? **b)** 50 ? **c)** 75 ? **d)** 100 ?
2) Quel est le triple de :
a) 25 ? **b)** 50 ? **c)** 75 ? **d)** 100 ?
3) Quel est le quadruple de :
a) 25 ? **b)** 50 ? **c)** 75 ? **d)** 100 ?

27 **SC1** **1)** Quel est le double de :
a) 37 ? **b)** 58 ? **c)** 76 ? **d)** 99 ?
2) Quel est le quadruple de :
a) 37 ? **b)** 58 ? **c)** 76 ? **d)** 99 ?

SC2 **Pour les exercices 28 à 30,** calculer chaque produit.

28 **a)** 20×10 ; **b)** 8×100 ;
c) $3 \times 1\,000$; **d)** 42×100.

29 **a)** $3{,}6 \times 10$; **b)** $8{,}25 \times 100$;
c) $2{,}034 \times 1\,000$; **d)** $80{,}604 \times 10$.

30 **a)** $0{,}18 \times 100$; **b)** $0{,}25 \times 1\,000$;
c) $0{,}03 \times 10\,000$; **d)** $0{,}001 \times 10\,000$.

SC2 **Pour les exercices 31 à 33,** calculer chaque produit.

31 **a)** $0{,}25 \times 4$; **b)** $0{,}5 \times 2$;
c) $0{,}75 \times 2$; **d)** $0{,}75 \times 4$.

32 **a)** $25 \times 0{,}4$;

Je sais que $25 \times 4 = 100$.

b) $2{,}5 \times 0{,}4$; **c)** $0{,}25 \times 0{,}4$; **d)** $0{,}025 \times 4$.

33 **a)** $0{,}05 \times 2$; **b)** $0{,}5 \times 0{,}2$;
c) $0{,}5 \times 0{,}4$; **d)** $0{,}05 \times 0{,}4$.

SC2 **Pour les exercices 34 à 36,** calculer les produits.

34 **a)** $8 \times 0{,}4$;

$8 \times 4 = 32$
Donc $8 \times 0{,}4 = 3{,}2$.

b) $0{,}7 \times 6$; **c)** $0{,}8 \times 9$; **d)** $0{,}9 \times 0{,}7$.

35 **a)** $0{,}5 \times 0{,}4$; **b)** $0{,}6 \times 0{,}05$;
c) $0{,}7 \times 0{,}8$; **d)** $0{,}02 \times 0{,}3$.

36 **a)** $0{,}8 \times 0{,}07$; **b)** $3{,}3 \times 0{,}3$;
c) $1{,}2 \times 0{,}5$; **d)** $2{,}1 \times 0{,}4$.

SC1 **Pour les exercices 37 et 38,** recopier et compléter chaque égalité.

37 **a)** $0{,}9 \times \ldots = 0{,}72$; **b)** $0{,}7 \times \ldots = 4{,}2$;
c) $\ldots \times 0{,}6 = 0{,}036$; **d)** $0{,}03 \times \ldots = 0$.

38 **a)** $\ldots \times 0{,}8 = 56$; **b)** $0{,}4 \times \ldots = 320$;
c) $\ldots \times 0{,}7 = 560$; **d)** $0{,}7 \times \ldots = 0{,}063$.

39 **SC2** Calculer chaque produit.
a) $20 \times 0{,}1$; **b)** $853 \times 0{,}01$;
c) $3\,421 \times 0{,}001$; **d)** $42 \times 0{,}01$.

40 **SC4** Déterminer un ordre de grandeur de chaque produit.
a) $523{,}8 \times 0{,}92$; **b)** $24{,}57 \times 2{,}03$;
c) $4{,}358 \times 24{,}9$; **d)** $649{,}7 \times 0{,}12$;
e) $486 \times 9{,}8$; **f)** $997{,}3 \times 34{,}6$.

> Je m'entraîne

Comprendre un énoncé

Pour les exercices 41 à 43, dans chaque cas, calculer :

41 **a)** la somme de 24 et de 8 ;
b) la différence entre 24 et 8 ;
c) le produit de 24 par 8.

42 **a)** la somme de 8,7 et de 3,2 ;
b) la différence entre 8,7 et 3,2 ;
c) le produit de 8,7 par 3,2.

43 **a)** le produit de la somme de 28 et de 42 par 0,8 ;
b) la somme de 2 et du produit de 40 par 0,02 ;
c) le produit de la somme de 2,5 et de 1,5 par la différence entre 1,2 et 0,9.

44 Dans une papeterie, Paul achète 3 cahiers identiques. Il paie ses achats avec un billet de 5 €.
Pour déterminer combien lui rend la caissière, sa sœur a écrit :

$$5 - (3 \times 1{,}20)$$

1) Quel est le prix d'un cahier ?
2) Calculer la somme d'argent que rend la caissière à Paul.

45 Rose achète des plants de pivoine rouge à 9,80 € l'un, un paquet de 6 bulbes de jacinthe et des bulbes de narcisse à 0,75 € chacun.

Pour déterminer le montant des achats de Rose, Omar a écrit sur son cahier :

$$(3 \times 9{,}80) + 10 + (20 \times 0{,}75)$$

1) a) Combien de plants de pivoine Rose a-t-elle achetés ?
b) Combien de bulbes de narcisse Rose a-t-elle achetés ?
c) Combien coûte le paquet de 6 bulbes de jacinthe ?
2) Calculer le montant des achats de Rose.

Multiplier par 10 ; par 100... et par 0,1 ; 0,01...

SC2 **Pour les exercices 46 à 51,** calculer.

46 **a)** $3{,}245 \times 10$; **b)** $3{,}245 \times 100$;
c) $3{,}245 \times 1\,000$; **d)** $2{,}34 \times 10$;
e) $2{,}34 \times 100$; **f)** $2{,}34 \times 1\,000$.

47 **a)** $4\,563{,}1 \times 0{,}1$; **b)** $4\,563{,}1 \times 0{,}01$;
c) $4\,563{,}1 \times 0{,}001$; **d)** $75{,}1 \times 0{,}1$;
e) $75{,}1 \times 0{,}01$; **f)** $75{,}1 \times 0{,}001$.

48 **a)** $146{,}704 \times 10$; **b)** $146{,}704 \times 100$;
c) $146{,}704 \times 1\,000$; **d)** $146{,}704 \times 0{,}1$;
e) $146{,}704 \times 0{,}01$; **f)** $146{,}704 \times 0{,}001$.

49 **a)** $56{,}3 \times 100$; **b)** $56{,}3 \times 0{,}1$;
c) $56{,}3 \times 10$; **d)** $56{,}3 \times 0{,}001$;
e) $56{,}3 \times 1\,000$; **f)** $56{,}3 \times 0{,}01$.

50 **a)** $0{,}2 \times 100$; **b)** $3{,}5 \times 0{,}1$;
c) $0{,}056 \times 10$; **d)** $95 \times 0{,}001$;
e) $0{,}008 \times 1\,000$; **f)** $32 \times 0{,}01$.

51 **a)** $0{,}01 \times 100$; **b)** $10 \times 0{,}001$;
c) $0{,}1 \times 1\,000$; **d)** $0{,}001 \times 1\,000$;
e) $1\,000 \times 0{,}01$; **f)** $100 \times 0{,}1$.

52 SC2 Recopier et compléter les égalités suivantes :
a) $7{,}54 \times ... = 75{,}4$; **b)** $18{,}5 \times ... = 1{,}85$;
c) $0{,}72 \times ... = 72$; **d)** $... \times 12{,}7 = 1\,270$;
e) $703 \times ... = 0{,}703$; **f)** $984 \times ... = 0{,}984$;
g) $1{,}052 \times ... = 105{,}2$; **h)** $0{,}84 = ... \times 0{,}84$.

Calculer un ordre de grandeur

SC4 **Pour les exercices 53 à 55,** calculer un ordre de grandeur de chaque produit.

53 **a)** $63{,}9 \times 1{,}9$; **b)** $202{,}4 \times 9{,}7$;
c) $36{,}8 \times 4{,}7$; **d)** $245{,}78 \times 0{,}9$.

54 **a)** 237×19 ; **b)** $58{,}7 \times 38{,}7$;
c) $0{,}468 \times 3$; **d)** $0{,}125 \times 785$.

55 **a)** $48{,}9 \times 4{,}92$; **b)** $69{,}7 \times 3{,}01$;
c) $0{,}23 \times 4{,}31$; **d)** $0{,}193 \times 100{,}36$.

> Je m'entraîne

Calculer astucieusement

56 SC2 Le professeur de mathématiques a demandé à ses élèves de calculer le nombre A.

Voici la copie de Max :

$A = 0{,}5 \times 376{,}8 \times 20$
$A = (0{,}5 \times 20) \times 376{,}8$
$A = 10 \times 376{,}8$
$A = 3\,768$

Calculer de même :

a) $B = 2 \times 26 \times 5$;
b) $C = 20 \times 17{,}83 \times 5$.

SC2 **Pour les exercices 57 à 59,** calculer astucieusement :

57 **a)** $A = 4 \times 9 \times 0{,}25$; **b)** $B = 8 \times 31{,}4 \times 0{,}125$; **c)** $C = 2 \times 4{,}35 \times 100 \times 0{,}5$.

58 **a)** $D = 25 \times 1{,}6 \times 0{,}4$; **b)** $E = 0{,}1 \times 3{,}47 \times 100$; **c)** $F = 40 \times 1{,}69 \times 10 \times 0{,}25$.

59 SC2 Pour calculer rapidement le produit 17×9, Raphaël a écrit :

$17 \times 9 = (17 \times 10) - 17 = 170 - 17 = 153$

- Calculer de même 13×9 puis $2{,}1 \times 9$.

SC2 **Pour les exercices 60 à 63,** calculer rapidement chaque produit.

60 **a)** 13×11 ; **b)** 24×11 ; **c)** 35×11 ; **d)** $2{,}4 \times 11$.

61 **a)** 13×12 ; **b)** 24×12 ; **c)** 35×12 ; **d)** $2{,}4 \times 12$.

62 **a)** 13×21 ; **b)** 24×21 ; **c)** 35×21 ; **d)** $2{,}4 \times 21$.

63 **a)** 13×19 ; **b)** 24×19 ; **c)** 35×19 ; **d)** $2{,}4 \times 19$.

Résoudre un problème

64 SC3 Le couple Bongrain possède 3 000 poules pondeuses dans leur élevage.

Chaque poule pond 21 œufs par mois.

- Calculer le nombre d'œufs pondus en une année par ces poules.

65 SC3 À Noël, une pâtissière offre à ses fidèles clients une boîte de chocolats.

Dans chaque boîte, elle place deux couches de chocolats. Chaque couche se compose de quatre rangées de six chocolats.

- Combien y-a-t-il de chocolats dans chaque boîte ?

66 SC3 Un train reliant Bruxelles à Marseille se compose de trois wagons « Première classe », quatre wagons « Seconde classe » et un wagon « Bar ».

Un wagon « Première classe » comporte 39 places assises.

Un wagon « Seconde classe » comporte 59 places assises.

Un wagon « Bar » comporte 16 places assises.

- Calculer le nombre total de places assises du train.

67 SC3 Monsieur et Madame Laverdure veulent entourer leur potager d'une clôture.

Ils achètent 51,8 mètres de grillage.

- Sachant qu'un mètre de grillage coûte 8,45 €, combien doit dépenser le couple Laverdure pour leur clôture ?

68 SC3 Une salle de théâtre compte 23 rangées de 13 sièges chacune.

La troupe *Les farfelus* s'est produite dans cette salle deux fois par jour, pendant 45 jours. La salle était pleine tous les jours.

- Sachant que le billet d'entrée au spectacle coûtait 20,50 €, quelle a été la recette totale de ce spectacle ?

69 SC3 Julien veut coudre tout autour d'un coussin un volant en dentelle.

Le tour de ce coussin mesure 2,4 mètres. Pour que le volant soit froncé, Julien doit acheter une longueur de dentelle égale à deux fois et demi le tour du coussin.

La dentelle qu'il choisit coûte 4,28 € le mètre.

1) Quelle longueur de dentelle, en mètre, Julien doit-il acheter ?

2) Combien va-t-il la payer ?

> Je fais le point

J'ai appris à...

- Multiplier des nombres décimaux.
- Multiplier par 10 ; 100 ; 1 000 et par 0,1 ; 0,01 ; 0,001.
- Utiliser des ordres de grandeur.
- Résoudre des problèmes concrets.

Attention : Il peut y avoir plusieurs réponses exactes pour chaque énoncé ! Les trouver toutes.

	A	B	C	D	Si échec, revoir :
70 8,5 + 8,5 + 8,5 + 8,5 est égal à :	34	8,5 × 4	32	32,20	p. 64
71 77 × 100 est égal à :	77 100	7 700	77,00	0,77	p. 64
72 31,45 × 0,01 est égal à :	31,004 5	0 031,45	0,314 5	3 145	p. 65

Pour les exercices 73 et 74, voici l'écran d'une calculatrice :

```
365×289
        105485
```

	A	B	C	D	Si échec, revoir :
73 3,65 × 28,9 est égal à :	1 054,85	1,054 85	104,585	105,485	p. 66
74 0,365 × 2,89 est égal à :	10 548,5	1,054 85	1,548 5	105,485	p. 66
75 Un ordre de grandeur de 12,356 × 29,69 est :	3 600	40	360	300	p. 65
76 Le résultat de 48,95 × 19,6 est :	1 000	95,942	959,42	78,12	p. 65
77 0,25 × 38,56 × 40 est égal à :	385,6	10 × 38,56	9,6 × 40	0,25 × 1 542	p. 65
78 Anne achète 7,8 m de tissu au prix de 18,25 € le mètre. Elle le paie :	142,35 €	146 €	26,05 €	127,75 €	p. 67
79 Gino achète 340 g de jambon à 12,50 € le kg. Il donne un billet de 5 € au caissier. Combien lui rend-on ?	4,25 €	0,75 €	4,08 €	0,92 €	p. 67

> **Corrigés et exercices de soutien : voir** PHARE 6e

80 **1)** Gaëlle affirme que lorsque l'on multiplie deux nombres, le résultat est toujours plus grand que chacun de ces deux nombres.
A-t-elle raison ? Justifier la réponse.
2) Marc affirme que lorsque l'on multiplie deux nombres, le résultat est toujours plus grand que l'un des deux nombres.
A-t-il raison ? Justifier la réponse.

81 **Histoire**
Autrefois en Égypte, on mesurait les longueurs en coudées.

La base de la pyramide de Kéops est un carré de côté 440 coudées.
Une coudée correspond environ à 52,5 cm.
1) Déterminer un ordre de grandeur du périmètre en mètres de la base de la pyramide de Kéops.
2) Calculer ce périmètre.

82 Sur le flacon de parfum qu'elle a acheté à Chicago (États-Unis), Djamila lit :

9,5 fl. Oz

« fl. Oz » (pour fluid Ounce) est une unité de contenance, qui correspond à 29,57 mL.
- Quelle est la contenance en mL de ce flacon ?

83 Pour fêter la fin de l'année, Victor invite 14 amis.
Il prévoit 0,80 L de jus de fruits par personne.
1) Combien doit-il acheter de packs de 6 bouteilles de 0,75 L chacune ?

J'ai aussi tenu compte de Victor.

2) Finalement, chaque personne a bu en moyenne 0,70 L de jus de fruits.
Quelle quantité de jus de fruits reste-t-il après la fête ?

84

Hier, 342 personnes ont visité le zoo, dont 156 enfants de moins de 12 ans.
- Quelle a été la recette de ce zoo ?

85 **Histoire**
Une légion romaine était constituée de 10 cohortes.
Chaque cohorte comportait 6 centuries.
Une centurie comprenait 100 hommes.
Un manipule était constitué de 2 centuries.

1) Calculer le nombre de manipules d'une légion romaine.
2) Calculer l'effectif d'une légion.

J'ai cherché ce que signifie le mot effectif.

3) L'armée d'Auguste, empereur romain, regroupait 28 légions.
De combien d'hommes pouvait-il disposer ?

86 **1)** Rédiger un énoncé de problème pour lequel le calcul à effectuer est :

$$(3 \times 15) + (4,3 \times 2,15) + 4,58$$

2) Résoudre ensuite ce problème.

87 **1)** Rédiger un énoncé de problème pour lequel on doit effectuer deux multiplications et une addition.
2) Résoudre ensuite ce problème.

88 Madame et Monsieur Dujardin achètent un salon de jardin en teck.
Ce salon se compose d'une table à 210 €, de six chaises à 34 € l'une et d'un parasol à 120 €.

1) Combien coûte ce salon de jardin ?
2) Madame et Monsieur Dujardin achètent ce salon à crédit en payant 63 € par mois pendant 9 mois. Combien ont-ils perdu d'argent en payant à crédit ?

89 **Histoire**

A) Avant 1971, les Britanniques payaient avec une *livre sterling* qui se divisait en *shillings* et en *pence* :

1 *livre* = 20 *shillings*

1 *shilling* = 12 *pence*

On note £ pour *livre*, s pour *shilling* et p pour *pence*.
1) Combien de *pence* faut-il pour avoir une *livre* ?
2) Harry possède 4 £ 13 s 6 p.
Combien a-t-il de *pence* ?
3) William trouve dans sa tirelire 3,25 £. Combien a-t-il de *pence* ?

B) Depuis 1971, les Britanniques paient avec une *livre sterling* qui se divise en *pence* :

1 *livre* = 100 *pence*

1) William a toujours dans sa tirelire 3,25 £. Combien a-t-il de *pence* ?
2) Pourquoi les Britanniques ont-ils changé leur système monétaire ?

90 Les Anglais mesurent les longueurs en *pied* et en *pouce*.
Un *pouce* correspond exactement à 2,54 cm.
Un *pied* correspond à 12 *pouces*.
Dans sa dernière lettre, Clark, mon correspondant, m'a écrit :
« *I am four feet and seven inches tall...* »
• Quelle est la taille, en mètres, de Clark ?

***Feet* est le pluriel de *foot*.**

91 La famille Duvolan part en week-end.
Au départ, le compteur de la voiture indique 110 583 km.
Au retour, il affiche 111 483 km.
La voiture consomme en moyenne 7,8 litres de carburant aux 100 kilomètres.
Le carburant coûte 1,42 € le litre.
• Quelle somme d'argent la famille a-t-elle dépensée pour l'achat du carburant nécessaire au trajet ?

92 Quatre enseignants d'un collège proposent aux 86 élèves de Sixième d'aller skier durant une journée.
Le collège paie le trajet jusqu'à la station de ski.
Chaque famille doit payer la location du matériel et le forfait « journée » pour accéder aux pistes de ski.

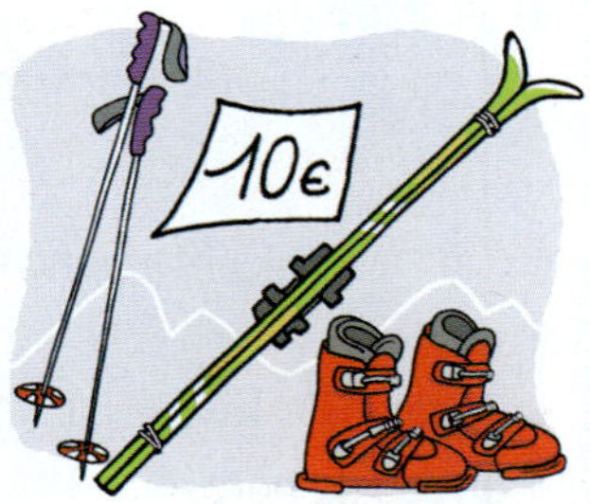

Pour une journée de location :
• une paire de ski coûte 10 € ;
• un snowboard coûte 14 €.
Le forfait « journée » coûte 25 €.

56 élèves louent une paire de ski, 14 élèves louent un snowboard, les autres élèves ainsi que les enseignants apportent leur matériel de ski.
6 élèves étaient absents lors de cette sortie.
1) Que cherche-t-on quand on calcule :
a) 10 + 25 ? **b)** 14 + 25 ?
c) 86 + 4 − 6 ? **d)** (86 + 4 − 6) × 25 ?
2) Quelle est la somme totale dépensée pour la location du matériel de ski ?
3) Hors trajet, quelle est la somme totale dépensée pour la sortie ?

93 Recopier et compléter les opérations.

a)

		4	5,	0	8
	×		□,	□	□
	□	□	□	□	4
□	□	□	□	6	•
□	□,	□	0	8	4

b)

			6	9,	8
	×		□,	7	□
		□	□	□	0
	□	□	□	□	•
□	□	□	8	•	•
4	□	□,	□	5	□

DEVOIRS À LA MAISON

DEVOIR A

94 SC3 Chacun des huit départements de la région Rhône-Alpes est partagé en plusieurs arrondissements.

- Les départements de l'Ain et la Haute-Savoie comptent chacun quatre arrondissements.
- Les départements de l'Ardèche, la Drôme, l'Isère, la Loire et la Savoie comptent chacun trois arrondissements.
- Le département du Rhône compte deux arrondissements.

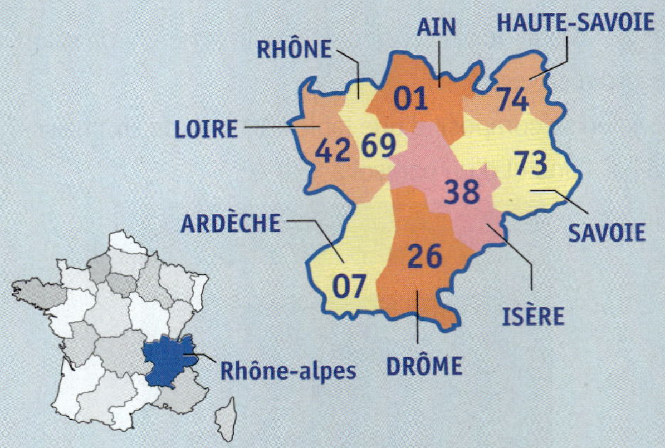

- Calculer le nombre d'arrondissements de cette région.

95 Dans chaque cas, calculer un ordre de grandeur du produit, puis poser et effectuer la multiplication.

a) $458 \times 2,38$; **b)** $7,896 \times 4,05$.

DEVOIR B

96 Monsieur Dupond invite des amis à dîner.
Il a acheté :

- 4 melons à 1,65 € l'unité ;
- un rôti de porc de 1,380 kg à 23,50 € le kg ;
- 3 kg de pommes de terre à 1,20 € le kg ;
- 8 tartelettes aux fruits à 8,10 € le lot de 4.

Monsieur Dupond avait dans son porte-monnaie 2 billets de 20 €, 1 billet de 10 €, 2 billets de 5 €, 4 pièces de 2 € et 3 pièces de 20 centimes d'euro.

- Combien lui reste-t-il d'argent dans son porte-monnaie après avoir payé ses achats ?

JE CHERCHE...

97

 = **2 × 6 × 2 × 9.**

- Quel nombre remplace  ?

98

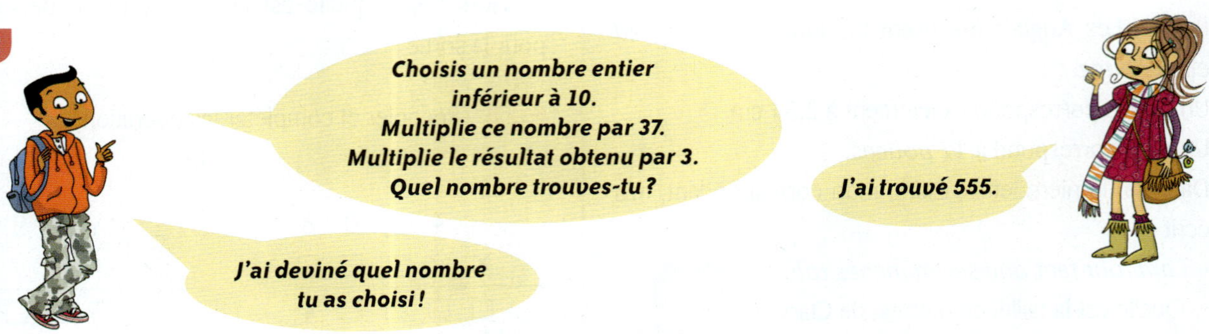

- Quel est le nombre choisi par Maréva ? Expliquer l'astuce utilisée par Teihotu pour retrouver ce nombre.

99 Donner trois nombres entiers consécutifs sachant que leur somme est égale à leur produit.

> J'utilise la calculatrice

Les calculatrices utilisées au collège permettent de calculer des produits avec ou sans parenthèses.

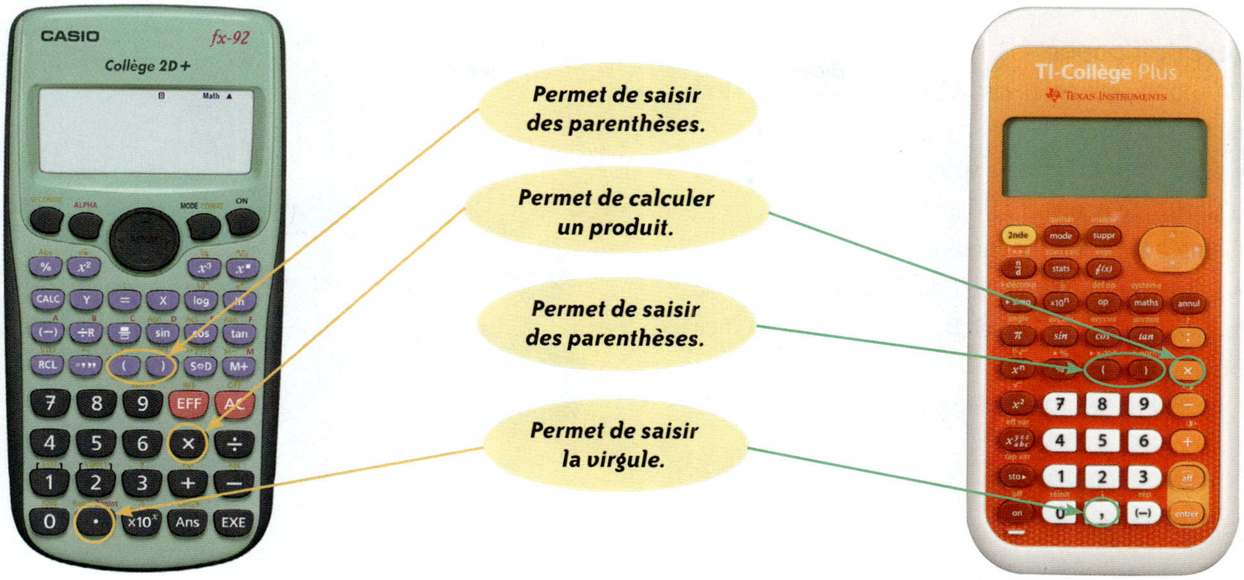

Casio Collège 2D +	TI-Collège
EXEMPLE : Calculer 13,7 × 8,1.	
• Sélectionner le format « Line » (voir à la page 286). • Taper la séquence suivante : 1 3 · 7 × 8 · 1 EXE • On obtient à l'écran : 13.7×8.1 110.97 Donc : 13,7 × 8,1 = **110,97**.	• Taper la séquence suivante : 1 3 , 7 × 8 , 1 entrer • On obtient à l'écran : 13,7×8,1 110,97 Donc : 13,7 × 8,1 = **110,97**.

100 1) a) Déterminer un ordre de grandeur du produit 24,05 × 29,098.
b) Calculer ce produit et vérifier le résultat trouvé en utilisant l'ordre de grandeur déterminé en 1) a).
2) Procéder de la même façon pour chacun des produits suivants :
a) 198,3 × 5,02 ; b) 98,74 × 0,587 ; c) 3 847 × 0,45 ; d) 3,14 × 27,8.

Casio Collège 2D +	TI-Collège
EXEMPLE : Calculer 0,3 × (5,4 – 3,6).	
• Taper la séquence suivante : 0 · 3 × (5 · 4 – 3 · 6) EXE • On obtient à l'écran : 0.3×(5.4–3.6) 0.54 Donc : 0,3 × (5,4 – 3,6) = **0,54**.	• Taper la séquence suivante : 0 , 3 × (5 , 4 – 3 , 6) entrer • On obtient à l'écran : 0,3×(5,4–3,6) 0,54 Donc : 0,3 × (5,4 – 3,6) = **0,54**.

101 Effectuer les calculs suivants à l'aide d'une calculatrice :
a) A = 25,6 × (3,78 + 24,36) ; b) B = (5 007,98 – 3 789,02) × (0,4 – 0,395).

> Découverte

Le test de Cooper

Test de Cooper

Un sportif peut évaluer sa forme en réalisant un test dit **test de Cooper**.

- Épreuve sportive : Le sportif court sur une piste d'athlétisme pendant 12 minutes.

On note **D** la distance parcourue en kilomètres.

- Calcul du résultat au test de Cooper : On calcule le produit de **22,351** par **D**, puis on soustrait à ce produit **11,288**.

On obtient ainsi le résultat du sportif au test de Cooper.

EXEMPLE :

- Épreuve sportive :

Une personne a parcouru pendant les 12 minutes une distance **D** = 1,4 km.

- Calcul du résultat au test de Cooper :

On calcule d'abord le produit **22,351** × **D** :

22,351 × 1,4 = 31,2914

Puis, on soustrait au produit trouvé **11,288** :

31,2914 − **11,288** = 20,003 4

Le résultat au **test de Cooper** de la personne qui a parcouru 1,4 km en 12 minutes est 20,003 4.

102 Calculer le résultat au test de Cooper d'une personne qui court en 12 minutes une distance D égale à :

a) 1,8 km ; **b)** 2,2 km ; **c)** 2,9 km.

Indice de Forme	Résultats au test de Cooper
Très faible	Moins de 24,5
Faible	De 24,5 à 33,5
Moyen	De 33,5 à 42,4
Bon	De 42,4 à 51,3
Très Bon	Plus de 51,3

Le tableau ci-contre donne l'indice de forme d'une personne qui a réalisé un test de Cooper.

103 **1)** Donia fait un test de Cooper pour évaluer sa forme.
En 12 minutes, elle parcourt 6 tours de stade de 400 mètres de longueur.
Quel est son indice de forme ?

2) Son camarade, Axel, parcourt 8 tours du même stade et 150 mètres.
Quel est son indice de forme ?

104 Lors du triathlon de Gérardmer, les athlètes doivent effectuer :

- une boucle de 1,5 kilomètre en natation ;
- 3 boucles de 13,3 kilomètres à vélo ;
- 2 boucles de 2,75 kilomètres en course à pied.
- Quelle est la distance en kilomètres parcourue par un athlète à l'arrivée de ce triathlon ?

Le lac de Gérardmer, dans les Vosges. ▶

Chapitre 5

Division

REVOIR

- la notion de multiple ;
- la division à quotient entier et reste.
- la division d'un nombre décimal par un nombre entier.

DÉCOUVRIR

- des critères de divisibilité ;
- la notion de quotient.

SOCLE COMMUN

- **SC1** Connaître et utiliser les critères de divisibilité par 2 ; 5 et 10.
- **SC2** Calculer le quotient entier et le reste d'une division.
- **SC3** Poser et effectuer une division décimale.
- **SC4** Reconnaître et traiter les situations simples utilisant une division.

L'école d'Athènes ***est une fresque qui se trouve au musée du Vatican à Rome.***

Cette fresque du peintre italien Raphaël (1483-1520) met en scène des savants grecs célèbres. Euclide, grand mathématicien grec, est représenté en bas à droite, penché sur une ardoise. Son livre, *Les éléments*, pose les bases de la géométrie enseignée au collège : la géométrie euclidienne.

1) Rechercher à quelle époque a vécu Euclide.

2) Euclide a aussi travaillé sur la division à quotient entier et reste.
Comment appelle-t-on cette division ?

1 Je traite une situation de répartition

JE REVOIS

Un fermier ramasse 82 œufs et veut les vendre au marché par boîte de 6.
Il demande à ses trois enfants de trouver le nombre de boîtes qu'il va remplir.

A Méthode du benjamin

Il remplit des boîtes une par une jusqu'à ce qu'il n'ait plus assez d'œufs pour une boîte complète.

1) Il remplit une première boîte. Combien d'œufs lui reste-t-il ?
Il remplit une deuxième boîte. Combien d'œufs lui reste-t-il ?

2) Combien peut-il remplir de boîtes au maximum ? Combien restera-t-il d'œufs ?

Il faut soustraire mentalement 6 : 82 ; 76 ; 70...

B Méthode de la cadette

Elle utilise la table de multiplication par 6.

1) Encadrer 82 par deux multiples de 6 consécutifs.
Recopier et compléter : « $6 \times ... < 82 < 6 \times ...$ ».

2) Préciser le nombre maximum de boîtes remplies et le nombre d'œufs restants.

C Méthode de l'aîné

Il pose une seule opération.

1) Poser et effectuer cette opération.

2) Préciser le nombre maximum de boîtes remplies et le nombre d'œufs restants.

2 J'étudie une division avec quotient entier et reste

JE REVOIS

On a placé les nombres 32, 40, 48 et 56 sur une demi-droite graduée. Ces nombres sont des **multiples** de 8.

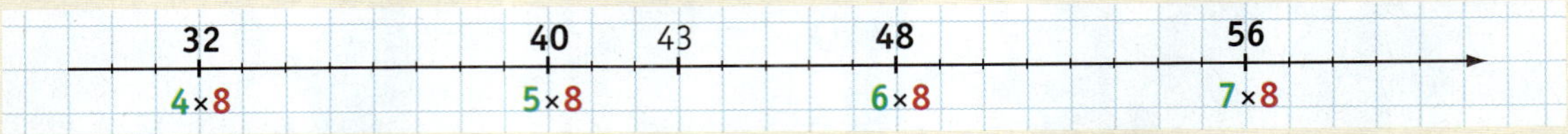

1) **a)** Utiliser le schéma pour recopier et compléter les égalités :

$43 = 4 \times 8 + ...$ $\quad$ $43 = 5 \times 8 + ...$ $\quad$ $43 = 6 \times 8 - ...$

43 contient 4 fois 8 ; 43 contient 5 fois 8 ; 43 ne contient pas 6 fois 8.

b) En déduire le plus grand nombre entier de fois que 43 contient 8.
Ce nombre est appelé **quotient entier** de la **division euclidienne** de 43 par 8.

c) Calculer le produit de 8 par le nombre trouvé à la question **1) b)**.

d) Combien reste-t-il à ajouter à ce produit pour obtenir 43 ?
Ce nombre est appelé **reste** de la division euclidienne de 43 par 8.

2) Utiliser le schéma pour recopier et compléter le tableau suivant :

	Égalité	Quotient entier	Reste	Comparaison du reste et du diviseur
Division euclidienne de **43** par 8	**43 = 5 × 8 + 3**	...	...	**3 ... 8**
Division euclidienne de **37** par 8	**37 = ... × 8 + ...**	...	...	...
Division euclidienne de **56** par 8	**56 = ... × ... + ...**	...	...	...

3 J'effectue une division euclidienne

JE REVOIS

Marina a effectué la division euclidienne de 604 par **7**.

1) En posant cette division, elle a trouvé **85** au quotient et **9** au reste.
Sans effectuer cette division, expliquer pourquoi cette division est fausse.

2) On a préparé ci-contre, la division que l'on désire effectuer à la main.
La lettre C désigne les centaines, la lettre D les dizaines et la lettre U les unités.

C	D	U	
6	0	4	7
− ...	...		D U
...	...	...	... ...
	− ...	...	
		...	

a) **6** est inférieur à **7**, on ne peut donc pas partager les **6 centaines** en **7**.
Peut-il y avoir un chiffre des centaines au quotient entier de la division ?
En déduire le rang du premier chiffre du quotient entier, puis le nombre de chiffres de ce quotient.

b) Recopier et effectuer correctement cette division.

c) Vérifier cette opération en utilisant les propriétés de la division euclidienne.

4 Je découvre un critère de divisibilité

Rappel : « Un nombre est divisible par 3 si le reste de sa division euclidienne par 3 est zéro. »

1) Recopier en bleu cette liste de nombres entiers : 12, 26, 27, 35, 62, 72, 83, 102, 412, 865.

2) **a)** Sous chaque nombre de la liste, écrire en rouge la somme de ses chiffres.

b) Entourer les sommes qui sont des multiples de 3.

3) **a)** Écrire la liste des nombres dont la somme des chiffres est entourée.
Ces nombres sont-ils des multiples de 3 ?

b) Écrire la liste des nombres dont la somme des chiffres n'est pas entourée. Ces nombres sont-ils des multiples de 3 ?

4) Comment reconnaître un nombre divisible par 3 sans effectuer de division ?
Cette propriété s'appelle un **critère de divisibilité** par 3.

5 Je définis le quotient de *a* par *b*

Pour réaliser des économies, quatre collègues utilisent la même voiture pour aller travailler.
La dépense de chaque mois s'élève à 38,68 €. Ils veulent partager équitablement cette dépense.

1) **a)** Poser et effectuer la division décimale permettant de calculer la part de chacun.
Combien chacun va-t-il payer ?

b) Recopier et compléter :
« Le reste de cette division décimale est égal à **...** .
Le nombre 9,67 est donc le **...** de la division décimale de 38,68 par 4. »

c) On appelle **quotient de *a* par *b*** le nombre qui multiplié par ***b*** donne ***a***.
Trouver le nombre manquant dans l'égalité suivante : « **...** × 4 = 38,68 ». Quel est le quotient de 38,68 par 4 ?

2) Un des collègues est absent en août. Les trois collègues restants doivent donc partager équitablement en trois les 38,68 €.

a) Poser et effectuer jusqu'au centième la division décimale permettant de calculer la part de chacun.

b) Recopier et compléter : « 12,89 × 3 + **...** = 38,68 ». Quel est le reste de cette division ?
Le nombre 12,89 est une valeur approchée au centième du quotient de 38,68 par 3.
Combien chacun des trois va-t-il payer au mois d'août ?

> Cours

1 Division euclidienne

■ **EXEMPLE :**

Pour le 1er mai, Marcelo vend du muguet.

Il cueille **617** brins et veut réaliser des bouquets de **12** brins.

On calcule le nombre de bouquets qu'il peut réaliser.

On cherche, parmi les multiples de **12**, ceux qui encadrent **617**.

$51 \times 12 = 612$; $52 \times 12 = 624$.

Ainsi :

$51 \times 12 < 617 < 52 \times 12$

Avec **617** fleurs, il peut faire au plus **51** bouquets de **12** brins.

$617 - (51 \times 12) = 617 - 612 = 5$. Il reste donc **5** fleurs.

On peut écrire : $617 = (51 \times 12) + 5$. Le nombre de fleurs restant est inférieur à 12.

Vocabulaire **51** est le plus grand nombre entier de fois que **12** est contenu dans **617**.
On dit que **51** est le **quotient entier** de la **division euclidienne** de **617** par **12**.
$617 - (51 \times 12) = 5$. Le **reste** de cette division est **5**.
617 s'appelle le **dividende** et **12** s'appelle le **diviseur** de cette division.

Propriétés
- Le dividende est égal au produit du quotient entier et du diviseur, auquel on ajoute le reste.
- Le reste est inférieur au diviseur.

■ **EXEMPLE :**

$617 = (51 \times 12) + 5$

avec $5 < 12$

■ **Remarques :**

Quand on pose une division euclidienne :

- On peut commencer par chercher le nombre de chiffres du quotient.

On prépare la division en écrivant le rang de chaque chiffre du dividende.

6 est plus petit que **12**, on ne peut donc pas partager les **6 centaines** en **12**.

61 est plus grand que **12**, on peut donc partager les **61 dizaines** en **12**.

Il y aura donc un chiffre des dizaines au quotient entier.

Le quotient entier de la division s'écrira donc avec **deux chiffres**.

- Il est possible de poser les soustractions au dividende.

Toutefois ceci n'est pas obligatoire.

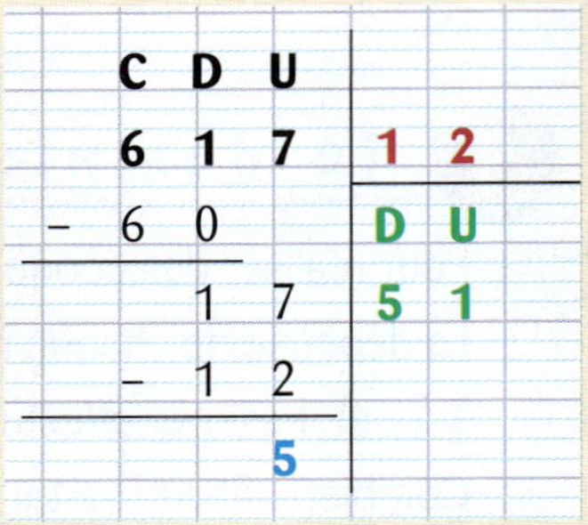

La lettre C désigne les centaines, la lettre D les dizaines et la lettre U les unités.

Point de repère

dividende	diviseur
reste	quotient entier

dividende = (quotient entier × diviseur) + reste avec reste < diviseur

2 Notion de diviseurs

On a : 38 = 2 × 19 = 2 × 19 + 0. Le reste de la division euclidienne de 38 par 2 est égal à zéro.

Vocabulaire On peut ainsi dire au choix que :
- 38 est un **multiple** de 2 ;
- 38 est **divisible** par 2 ;
- 2 est un **diviseur** de 38.

■ **Remarque :** Le mot diviseur a deux sens :
diviseur d'une division et diviseur d'un nombre entier.

3 8	3
0 8	12
2	

- 3 est le **diviseur de la division** de 38 par 3, c'est-à-dire le nombre par lequel on divise 38.
- Le reste de cette division euclidienne n'est pas zéro, donc 3 n'est pas un **diviseur du nombre** 38.

Définitions
- Les nombres entiers divisibles par 2 sont appelés **nombres pairs**.
- Les nombres entiers qui ne sont pas divisibles par 2 sont appelés **nombres impairs**.

EXEMPLES :
- 380 est divisible par 2, donc 380 est un nombre pair.
- 381 n'est pas divisible par 2, donc 381 est un nombre impair.

3 Critères de divisibilité

Propriétés **Divisibilité par 2, par 5 et par 10**
- Si un nombre entier a pour **chiffre des unités 0** ; **2** ; **4** ; **6** ou **8**, alors il est divisible par 2. Sinon, il ne l'est pas.
- Si un nombre entier a pour **chiffre des unités 0** ou **5**, alors il est divisible par 5. Sinon, il ne l'est pas.
- Si un nombre entier a pour **chiffre des unités 0**, alors il est divisible par 10. Sinon, il ne l'est pas.

EXEMPLE :
- 5 316 est divisible par 2 car son chiffre des unités est 6.
- 5 316 n'est pas divisible par 5 car son chiffre des unités n'est ni 0, ni 5.
- 5 316 n'est pas divisible par 10 car son chiffre des unités n'est pas 0.

Propriétés **Divisibilité par 3 et par 9**
- Si la **somme des chiffres** d'un nombre entier est divisible par 3, alors ce nombre est divisible par 3. Sinon, il ne l'est pas.
- Si la **somme des chiffres** d'un nombre entier est divisible par 9, alors ce nombre est divisible par 9. Sinon, il ne l'est pas.

EXEMPLE :
5 + 3 + 1 + 6 = 15
- 15 est divisible par 3, donc 5 316 est divisible par 3.
- 15 n'est pas divisible par 9, donc 5 316 n'est pas divisible par 9.

Propriétés **Divisibilité par 4**
Pour savoir si un nombre entier est divisible par 4, on examine **le nombre formé par ses deux derniers chiffres**.
- Si ce **nombre** est divisible par 4, alors le nombre initial est divisible par 4. Sinon, il ne l'est pas.

EXEMPLE :
- 16 = 4 × 4, ainsi 16 est divisible par 4. 5 316 est donc divisible par 4.
- 14 n'est pas divisible par 4, donc 5 314 n'est pas divisible par 4.

4 Division décimale

a) Notion de quotient

Définition a désigne un nombre décimal et b un nombre entier différent de zéro.
On appelle **quotient de a par b**, le nombre, qui multiplié par b, donne a.
Le quotient de a par b se note $a : b$. On a donc $(a : b) \times b = a$.

EXEMPLES : • $6 \times 5 = 30$, donc $30 : 5 = 6$. • $(25{,}2 : 8) \times 8 = 25{,}2$. • $(7 : 3) \times 3 = 7$.

b) Lien avec la division décimale

Définition a désigne un nombre décimal et b un nombre entier différent de zéro.
La division décimale de a par b est une opération qui permet de partager le nombre a en b parts identiques.

Attention : Le résultat d'une division décimale n'est pas toujours un nombre décimal.

EXEMPLE 1 : Calculer 25,2 : 8.

D	U	$\frac{1}{10}$	$\frac{1}{100}$	
2	5,	2	0	8
– 2	4	↓		U , $\frac{1}{10}$ $\frac{1}{100}$
	1	2		→ 3, 1 5
	–	8		
		4	0	
	–	4	0	
		0	0	

- Le **reste** de cette division décimale est égal à **zéro**.
3,15 est le **quotient de la division** décimale de 25,2 par **8**.
- Dans ce cas, on peut aussi écrire :
$3{,}15 \times 8 = 25{,}2$ et $25{,}2 : 8 = 3{,}15$.
3,15 est le **quotient** de 25,2 par **8**.
- *Conclusion :*
3,15 est le quotient de 25,2 par 8.

Dès que l'on abaisse le chiffre des dixièmes du dividende, on place la virgule au quotient.

EXEMPLE 2 : Calculer 7 : 3.

U	$\frac{1}{10}$	$\frac{1}{100}$	$\frac{1}{1000}$	
7,	0	0	0	3
– 6	↓			U , $\frac{1}{10}$ $\frac{1}{100}$
1	0			→ 2, 3 3
–	9			
	1	0		
	–	9		
		1		

- Cette division décimale posée a pour **reste 1 centième**.
Le **quotient de cette division** posée est **2,33**.
On a $2{,}33 \times 3 + 0{,}01 = 7$.
- La division décimale de 7 par **3** ne se termine jamais, donc $7 : 3 \approx 2{,}33$.
- *Conclusion :* Le nombre 2,33 est une valeur approchée au centième du quotient de 7 par 3.

c) Division par 10, par 100, par 1 000

Règle

Pour diviser un nombre...	on décale la virgule de...	Exemples
par 10	1 rang vers la gauche	21,5 : 10 = 2,15
par 100	2 rangs vers la gauche	21,5 : 100 = 0,215
par 1 000	3 rangs vers la gauche	21,5 : 1 000 = 0,021 5

■ **Remarque :** Diviser un nombre par 10 revient à le multiplier par 0,1.

EXEMPLE : $49 : 10 = 4{,}9$ et $49 \times 0{,}1 = 4{,}9$.

1 J'APPRENDS À... Utiliser une division euclidienne

Énoncé : 158 personnes partent en voyage en train couchette.
Chaque compartiment contient 6 couchettes.

1) Dans combien de compartiments les 158 personnes sont-elles réparties ?

2) Combien reste-t-il de places libres dans le dernier compartiment ?

Solution :

1) Nombre de compartiments :

On pose la division euclidienne de 158 par 6.

1	5	8	6	
	3	8	2	6
		2		

On a donc $158 = 6 \times 26 + 2$ avec $2 < 6$.

Les 158 personnes sont réparties dans 27 compartiments.

2) Il y a 2 personnes dans le dernier compartiment de 6 places.

Le nombre de places libres dans ce compartiment est donc 4.

J'APPLIQUE.

1 SC4 Un club achète un lot de 525 balles de tennis. Un animateur souhaite les ranger dans des boîtes. Combien doit-il utiliser de boîtes si elles contiennent :

a) 4 balles ? **b)** 3 balles ? **c)** 5 balles ?

2 SC4 Un livre de mathématiques contient 278 pages. Il est divisé en 15 chapitres contenant le même nombre de pages, ce nombre étant maximum.

- Combien y a-t-il de pages annexes ?

3 SC4 132 supporters partent en autocar pour encourager leur équipe favorite. Pour chaque groupe de douze personnes, la douzième place est gratuite.

- Combien auront-ils de places gratuites ?

4 SC4 Un éleveur doit ranger 400 œufs dans des boîtes contenant 24 œufs.

1) Combien doit-il utiliser de boîtes au minimum ?

2) Combien lui manque-t-il d'œufs pour remplir la dernière boîte ?

5 SC4 En utilisant au maximum sa ramette de 500 feuilles, Martine peut fabriquer 13 fascicules contenant le même nombre de feuilles.

- Combien lui manque-t-il de feuilles pour un fascicule supplémentaire ?

6 SC4 Amélie doit ranger ses 53 cédéroms dans un meuble.

La largeur d'un cédérom est de 9 mm. Le meuble est formé de compartiments de 178 mm de largeur chacun.

1) Combien Amélie peut-elle placer de cédéroms dans un compartiment ? Quelle place reste-il ?

2) Amélie range les cédéroms en remplissant au maximum les compartiments.

- Combien va-t-elle utiliser de compartiments ?

7 SC4 Martin achète des yaourts pour les deux prochaines semaines. Chacun des cinq membres de la famille mange un yaourt par jour. Les yaourts sont vendus par paquets de 8.

1) Combien de paquets doit-il acheter ?

2) Combien restera-t-il de yaourts au bout des deux semaines ?

8 SC4 Un cuisinier doit proposer une part de camembert à 67 personnes. Chacun des 9 camemberts doit être partagé selon le même nombre de parts.

1) En combien de parts faut-il couper chaque camembert ?

2) Combien de parts restera-t-il ?

2 J'APPRENDS À... Utiliser les critères de divisibilité

Énoncé : Préciser si le nombre **2 835** est divisible :

a) par 2 ; **b)** par 5 ; **c)** par 10 ; **d)** par 3 ; **e)** par 9 ; **f)** par 4.

Solution :

a) Le dernier chiffre du nombre 2835 n'est ni 0, ni 2, ni 4, ni 6, ni 8 ;
donc, 2 835 n'est pas divisible par **2**.

b) Le dernier chiffre est **5** ;
donc, 2 835 est divisible par **5**.

c) Le dernier chiffre n'est pas **0** ;
donc, 2 835 n'est pas divisible par **10**.

d) et **e)** 2 + 8 + 3 + 5 = **18**
18 est divisible par **3** et par **9** ;
2 835 est donc divisible par **3** et par **9**.

f) **35** n'est pas divisible par **4** ;
donc, 2 835 n'est pas divisible par **4**.

Pour savoir si un nombre est divisible par 2 ; 5 ou 10, je m'intéresse à son dernier chiffre.

Pour savoir si un nombre est divisible par 3 ou 9, j'additionne ses chiffres.

Pour savoir si un nombre est divisible par 4, je m'intéresse au nombre formé par ses 2 derniers chiffres.

> J'APPLIQUE.

Pour les exercices 9 et 10, voici une liste de huit nombres : 54 ; 76 ; 501 ; 740 ; 312 ; 124 ; 2 295 ; 21 135.

9 SC1 Citer les nombres de la liste divisibles :
a) par 2 ; **b)** par 5 ; **c)** par 10 ; **d)** par 2 et par 5.

10 Citer les nombres de la liste divisibles :
a) par 3 ; **b)** par 9 ; **c)** par 4 ; **d)** par 3 et par 4.

Pour les exercices 11 à 13, préciser si les propositions suivantes sont vraies ou fausses.
Justifier chaque réponse.

11 **a)** 138 est divisible par 3 et par 2.
b) 4 648 est divisible par 4 et par 3.
c) 2 340 est divisible par 9 et par 10.

12 SC1 **a)** 530 est divisible par 2 et par 5.
b) 9 435 est divisible par 5, mais pas par 2.
c) 1 930 est divisible par 2, mais pas par 5.
d) 410 est divisible par 10, mais pas par 5.

13 **a)** 5 532 est divisible par 3, mais pas par 9.
b) 8 412 est divisible par 4, mais pas par 3.
c) 1 530 est divisible par 9 et par 5.
d) 9 414 est divisible par 9 et par 4.

14 Recopier et compléter par **oui** ou par **non** le tableau suivant :

... est divisible par ...	2	3	4	5	9	10
76 215						
32 560						
57 420						
610 532						

Pour les exercices 15 à 17, voici une liste de nombres : 6 ; 25 ; 36 ; 38 ; 45 ; 90 ; 111 ; 132 ; 153 ; 300 ; 465 ; 27 480.

15 Trouver les nombres de la liste qui sont divisibles à la fois :
a) par 3 et par 5 ; **b)** par 9 et par 5.

16 **a)** Citer les nombres de la liste qui sont divisibles à la fois par 2 et par 3.
b) Tous ces nombres sont-ils divisibles par 6 ?

17 **a)** Citer les nombres de la liste qui sont divisibles à la fois par 3 et par 9. Quelle remarque peut-on faire pour répondre rapidement ?
b) Tous ces nombres sont-ils divisibles par 27 ?

3 J'APPRENDS À… Utiliser et effectuer une division

Énoncé : Un lot de 6 yaourts biologiques coûte 4,62 €.
- Calculer le prix d'un yaourt. Poser le calcul.

Solution :

On partage 4,62 € en 6, donc on divise 4,62 par 6.

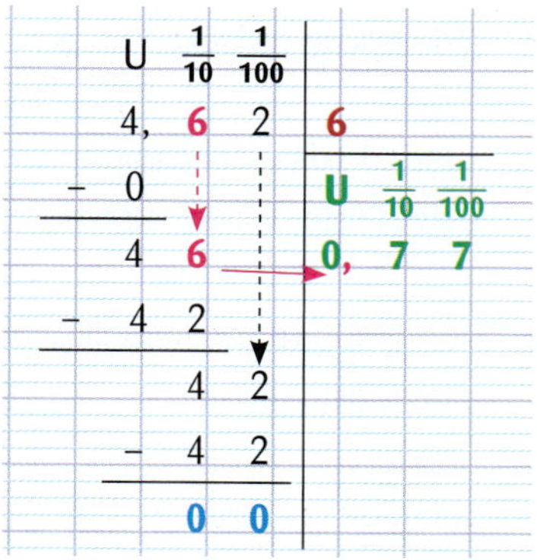

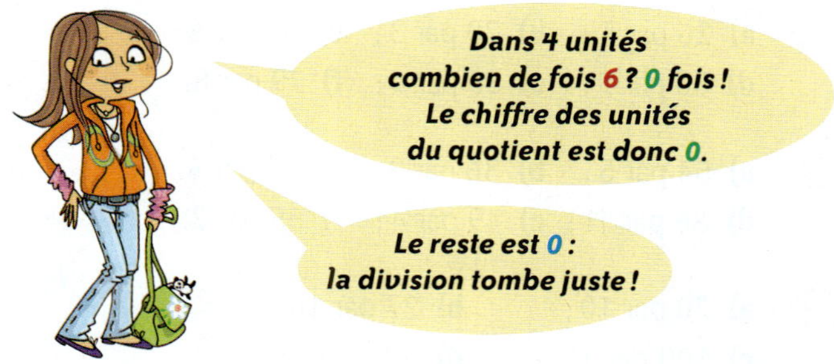

On a donc 4,62 : 6 = 0,77. Un yaourt coûte 0,77 €.

J'APPLIQUE.

18 SC4 Six amis se partagent équitablement une récolte de 13,2 kg de fraises.
- Quelle masse de fraises revient à chaque ami ?

19 SC4 Deux éponges végétales coûtent 1,70 €.
- Combien coûte une éponge ?

20 SC4 7 kg de pommes coûtent 17,01 €.
- Calculer le prix d'un kilogramme de pommes.

21 SC4 Anna paye 9,45 € pour un lot de 3 dentifrices.
- Combien coûte un tube de dentifrice ?

22 SC4 Karim achète un rouleau de 45 m de fil électrique. Il paie 10,35 €.
- Quel est le prix d'un mètre de fil électrique ?

23 SC4 François achète à la boulangerie 2 pains à 0,95 € l'un et 3 flûtes. Il paie 4,21 €.
- Quel est le prix d'une flûte ?

24 SC4 Un petit ordinateur portable coûte 299,90 €.
Le vendeur propose une remise de 20 € et un paiement en 3 mensualités sans frais.
- Quel est le montant d'une mensualité ?

25 SC4 Brad dépense 3,87 € pour 9 m de ruban. Il veut l'utiliser en totalité pour décorer équitablement six paquets-cadeaux identiques.

1) Calculer, pour chaque paquet :
a) la longueur de ruban utilisée ;
b) le prix du ruban utilisé.
2) Calculer le prix d'un mètre de ruban utilisé.

26 SC4 L'épreuve de cyclisme sur route homme des jeux Olympiques de Pékin s'est courue entre le centre de Pékin et la Grande Muraille, sur 248,5 km. Après 80 km, les coureurs ont dû effectuer 7 fois le tour du circuit final.
- Donner une valeur approchée au mètre près de la longueur du tour de ce circuit final.

27 SC4 Pierre veut acheter 4 livres d'occasion de même prix. La vendeuse lui réclame 16,80 €. Il constate qu'il lui manque alors 4,50 €.
- Combien peut-il acheter de livres ?

28 SC4 Fred fait 148 pas égaux pour parcourir 100 m.
- Donner une valeur approchée au centimètre près de la longueur moyenne d'un de ses pas.

> À l'oral

SC2 **Pour les exercices 29 à 34,** calculer le quotient entier et le reste de la division euclidienne de :

29 **a)** 48 par 8 ; **b)** 42 par 6 ; **c)** 72 par 8 ; **d)** 49 par 7 ; **e)** 86 par 2 ; **f)** 200 par 4.

30 **a)** 45 par 9 ; **b)** 18 par 3 ; **c)** 32 par 8 ; **d)** 27 par 9 ; **e)** 30 par 3 ; **f)** 77 par 11.

31 **a)** 26 par 5 ; **b)** 20 par 3 ; **c)** 32 par 6 ; **d)** 30 par 9 ; **e)** 38 par 4 ; **f)** 79 par 8.

32 **a)** 54 par 5 ; **b)** 36 par 3 ; **c)** 68 par 6 ; **d)** 86 par 11 ; **e)** 49 par 4 ; **f)** 55 par 2.

33 **a)** 20 par 10 ; **b)** 27 par 10 ; **c)** 500 par 10 ; **d)** 520 par 10 ; **e)** 527 par 10 ; **f)** 7 par 10.

34 **a)** 700 par 100 ; **b)** 480 par 100 ; **c)** 283 par 100 ; **d)** 32 par 100 ; **e)** 78 par 1 000 ; **f)** 1 000 par 1 000.

35 **1)** Citer sept multiples de 8.
2) **a)** Donner le nombre 8 sous la forme d'un produit de deux nombres entiers. Donner deux possibilités.
b) En déduire quatre diviseurs du nombre 8.

36 **1)** Citer dix multiples du nombre 6.
2) Citer tous les diviseurs du nombre 6.

37 **1)** Citer six multiples du nombre 12.
2) Citer six diviseurs du nombre 12.

38 **1)** En calculant 32×10 et 32×2, vérifier que $32 \times 12 = 384$.
2) En déduire deux diviseurs de 384.
3) En citer deux autres.

39 SC2 **1)** Justifier que $23 \times 12 = 276$.
2) Compléter les phrases suivantes :
a) « 23 est un ... de 276. 12 est un ... de 276. »
b) « 276 est ... par 23. 276 est un ... de 23. »
c) « 276 est ... par 12. 276 est un ... de 12. »
d) « Dans la division euclidienne de 276 par 23, le reste est ..., le quotient est ... . »

Pour les exercices de 40 à 45, on considère la liste de nombres suivante : 6 ; 8 ; 12 ; 15 ; 23 ; 17 ; 706 ; 7 830 ; 2 300 ; 53 160.

40 SC1 **a)** Citer le critère de divisibilité par 2.
b) Citer les nombres de la liste divisibles par 2.

41 **a)** Citer le critère de divisibilité par 3.
b) Citer les nombres de la liste divisibles par 3.

42 **a)** Citer le critère de divisibilité par 4.
b) Citer les nombres de la liste divisibles par 4.

43 SC1 **a)** Citer le critère de divisibilité par 5.
b) Citer les nombres de la liste divisibles par 5.

44 **a)** Citer le critère de divisibilité par 9.
b) Citer les nombres de la liste divisibles par 9.

45 SC1 **a)** Citer le critère de divisibilité par 10.
b) Citer les nombres de la liste divisibles par 10.

46 SC3 Calculer chacun des quotients suivants :
a) 40 : 10 ; **b)** 39 : 10 ; **c)** 850 : 10 ; **d)** 3 : 10 ; **e)** 963 : 100 ; **f)** 6 : 1 000.

47 SC3 Effectuer la division décimale de :
a) 75,4 par 10 ; **b)** 3,72 par 100 ; **c)** 0,600 par 100 ; **d)** 53,2 par 1 000.

48 SC3 **1)** Effectuer 22 : 2, puis 11 : 2. En déduire 22 : 4.
2) Comment diviser mentalement par 4 ?
3) Diviser par 4 chacun des nombres suivants :
a) 68 ; **b)** 30 ; **c)** 40,8 ; **d)** 8,2 ; **e)** 21 ; **f)** 21,4.

49 SC3 **1)** **a)** Calculer 40 : 10, puis 4×2.
b) Calculer 40 : 5. Que remarque-t-on ?
c) Compléter : « Pour diviser mentalement par 5, je peux diviser par ..., puis multiplier par ... . »

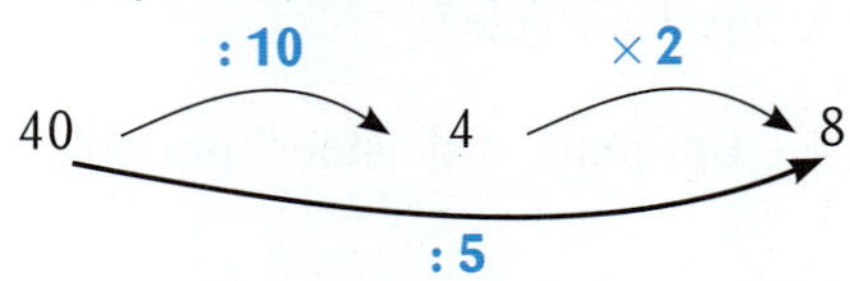

2) Diviser par 5 chacun des nombres suivants.
a) 42 ; **b)** 21 ; **c)** 304 ; **d)** 86 ; **e)** 3,2.

Division euclidienne

Pour les exercices 50 et 51, Kaithe a posé la division ci-contre :

C	D	U		
5	3	7	8	
− 4	8		D	U
	5	7	6	7
	− 5	6		
		1		

50 SC1 Kaithe explique sa technique de division à Jean.

• Observer l'opération qu'elle a posée, puis recopier et compléter les lignes suivantes :
« En 53 dizaines combien de fois ... ? Il y va ... fois.
Le quotient commence par ... dizaines.
6 × 8 = ... et 53 − ... = 5, il reste donc 5 dizaines.
Et j'abaisse le ... du dividende.
En 57 unités, combien de fois ... ? Il y va ... fois.
Et je dis : ... × 8 = ... et 57 − ... = ... , il reste donc ... unité.
Le quotient entier de ... par ... est donc ... et il reste ... . »

51 SC2 **1)** Vérifier la division de Kaithe en utilisant les propriétés de la division euclidienne.
2) Dans cette division, quel est :
a) le dividende ? **b)** le diviseur ?
c) le quotient ? **d)** le reste ?
3) Quel enfant a raison ? Justifier la réponse.

52 Recopier, puis effectuer les divisions euclidiennes ci-dessous. On posera les soustractions pour la seconde opération seulement.

7	3	4	6		
•	•		•	•	•
	•	•			
		•			

	2	9	0	7
−	•	•		• •
		•	•	
	−		•	
			•	

53 SC2 Déterminer le dividende d'une division euclidienne, sachant que son quotient entier est 17, son diviseur 31 et son reste 28.

54 SC2 Trouver le nombre de chiffres du quotient pour la division euclidienne de :
a) 362 par 8 ;

3 < 8, on ne peut donc pas partager les 3 centaines en 8.

b) 915 par 8 ; **c)** 5 231 par 8 ; **d)** 8 206 par 8 ;
e) 9 par 8 ; **f)** 75 par 8 ; **g)** 91 par 8 ; **h)** 6 par 8.

SC2 **Pour les exercices 55 et 56,** et pour chacune des divisions euclidiennes proposées :
1) trouver le nombre de chiffres du quotient ;
2) poser, puis effectuer la division euclidienne ;
3) vérifier le calcul en utilisant les propriétés de la division euclidienne.

55 **a)** 392 par 8 ; **b)** 564 par 7 ; **c)** 876 par 12.

56 **a)** 572 par 26 ; **b)** 5 493 par 3 ;
c) 8 530 par 47.

57 SC2 Poser et effectuer la division euclidienne de :
a) 4 032 par 56 ; **b)** 9 657 par 8 ; **c)** 459 par 63.

58 SC2 Effectuer la division euclidienne de :
a) 9 537 par 87 ; **b)** 19 par 19 ; **c)** 8 par 56.

59 **1)** Vérifier que $253 = 31 \times 8 + 5$.
2) Sans poser la division, donner le quotient entier et le reste de la division euclidienne de 253 par 8.
3) Donner le quotient entier et le reste de la division euclidienne de 253 par 31.

60 **1)** Vérifier que $135 = 7 \times 18 + 9$.
2) Sans poser l'opération, donner le quotient entier et le reste de la division euclidienne de 135 par 18.
3) Donner le quotient entier et le reste de la division euclidienne de 135 par 7.

61 **1)** Calculer 9×15.
2) Donner, sans poser de division, le quotient entier et le reste de la division euclidienne de :
a) 135 par 9 ; **b)** 141 par 9 ; **c)** 130 par 9 ;
d) 148 par 15 ; **e)** 148 par 9.

> Je m'entraîne

Diviseurs – Multiples

62 **1)** Vérifier que $540 = 12 \times 45$.
2) Recopier et compléter les phrases ci-dessous.
a) « 45 est un ... de 540. »
b) « 540 est ... par 45. »
c) « 540 est un ... de 45. »
d) « Dans la division euclidienne de 540 par 45, le reste est ..., le quotient est ..., le ... est 540, le ... est 45. »
3) Écrire une phrase similaire à celle du **2) d)** pour expliquer la division euclidienne de 540 par 12.

63 **1)** Écrire cinq multiples de 60.
2) a) Écrire 60 sous la forme d'un produit de deux nombres entiers. En déduire deux diviseurs de 60.
b) Trouver dix autres diviseurs du nombre 60.
c) Écrire ces douze diviseurs dans l'ordre croissant.

Critères de divisibilité

64 SC1 Trouver, si c'est possible, un exemple de nombre entier de trois chiffres différents :
a) divisible par 5 et par 10 ;
b) divisible par 5, mais pas par 10 ;
c) divisible par 10, mais pas par 5 ;
d) divisible ni par 10, ni par 5.

65 SC1 Trouver tous les nombres entiers de trois chiffres identiques qui sont divisibles :
a) par 2 ; **b)** par 5 ; **c)** par 10.

66 Trouver tous les nombres entiers de trois chiffres identiques qui sont divisibles :
a) par 3 ; **b)** par 4 ; **c)** par 9.

67 SC1 3 6 5 1
En utilisant une fois et une seule chaque étiquette, trouver le plus petit nombre entier de quatre chiffres qui est divisible :
a) par 2 ; **b)** par 5.

68 3 5 6 4
En utilisant une fois et une seule chaque étiquette, écrire le plus grand nombre entier de quatre chiffres qui est divisible :
a) par 2 ; **b)** par 3 ; **c)** par 4 ; **d)** par 5 ; **e)** par 9.

Division décimale

69 Recopier, puis compléter avec un nombre décimal.
a) $73{,}5 : \square = 7{,}35$; **b)** $475{,}1 : \square = 0{,}4751$;
c) $\square : 100 = 23{,}8$; **d)** $\square : 1\,000 = 0{,}05$;
e) $2 \times \square = 7$; **f)** $3 \times \square = 6{,}9$.

70 Recopier et compléter :
a) $(97{,}1 : 32) \times 32 = ...$; **b)** $(5{,}4 : 5) \times ... = 5{,}4$;
c) $(... : 3) \times 3 = 8{,}4$; **d)** $(3{,}5 : ...) \times 8 = 3{,}5$;
e) $2 \times (7 : 2) = ...$; **f)** $3 \times (...) = 7$.

71 SC4 Recopier, puis compléter avec un nombre décimal.

a) $3{,}6 : 3 = \square$; **b)** $12{,}6 : \square = 2{,}1$;
c) $12{,}8 : 2 = \square$; **d)** $\square : 2 = 12{,}4$;
e) $9{,}9 : \square = 1{,}1$; **f)** $63{,}7 : 7 = \square$.

72 SC3 Poser et effectuer chaque division.
a) $26{,}35 : 5$; **b)** $128{,}1 : 6$; **c)** $125 : 8$;
d) $340{,}2 : 6$; **e)** $9{,}42 : 15$; **f)** $57{,}6 : 18$.

73 SC3 Poser et effectuer chaque division.
a) $92 : 8$; **b)** $511 : 14$; **c)** $173 : 4$;
d) $39 : 8$; **e)** $36 : 75$; **f)** $73 : 125$.

74 SC3 Poser et effectuer les divisions.
Donner une valeur approchée au centième de chaque quotient.
a) $85 : 6$; **b)** $57 : 13$; **c)** $7 : 15$;
d) $125{,}2 : 3$; **e)** $658 : 11$; **f)** $24{,}1 : 25$.

75 SC3 Poser et effectuer les divisions.
Donner une valeur approchée au millième de chaque quotient.
a) $37 : 9$; **b)** $349 : 3$; **c)** $23 : 26$; **d)** $7 : 11$;
e) $9{,}4 : 7$; **f)** $31{,}7 : 18$; **g)** $5{,}63 : 14$.

76 SC3 Poser et effectuer chaque division et préciser si le quotient est un nombre décimal.
a) $68{,}16 : 12$; **b)** $28{,}98 : 23$;
c) $586 : 11$; **d)** $46 : 12$.

> Je fais le point

J'ai appris à...

- Effectuer et utiliser une division euclidienne.
- Utiliser les propriétés de la division euclidienne.
- Utiliser les critères de divisibilité par 2 ; 3 ; 4 ; 5 ; 9 et 10.
- Effectuer et utiliser la division d'un nombre décimal par un nombre entier.

! Attention : Il peut y avoir plusieurs réponses exactes pour chaque énoncé ! Les trouver toutes.

	A	B	C	D	Si échec, revoir :
77 $65 \times 11 < 725 < 66 \times 11$ Donc, le quotient entier de la division euclidienne de 725 par 11 est :	66	65	65,5	11	p. 80
78 Dans la division euclidienne de 584 par 15 :	le reste est 14	le quotient est 38	le reste est 38	le quotient est 38,9	p. 80
79 On a : $252 = (10 \times 24) + 12$. Donc, le reste de la division euclidienne de :	252 par 24 est 12	252 par 24 est 10	252 par 10 est 12	252 par 10 est 2	p. 80
80 Comme $204 = 12 \times 17$, on peut dire que :	204 est un multiple de 17	17 est un multiple de 204	204 est divisible par 17	12 et 17 sont des diviseurs de 204	p. 81
81 4 530 est divisible par :	3	4	5	9	p. 81
82 Le quotient de 31 par 4 est :	7	31 : 4	7,75	7,7	p. 82
83 15,2 : 25 est égal à :	0	0,6	0,68	0,608	p. 82

Lili range 38 tee-shirts dans des boîtes pour les vendre au vide-grenier.
Chaque boîte contient 7 tee-shirts. Un acheteur lui propose 133 € pour la totalité.

	A	B	C	D	Si échec, revoir :
84 Combien de boîtes Lili utilise-t-elle pour ranger tous ses tee-shirts ?	5,42	5	6	38	p. 83
85 Combien de tee-shirts manque-t-il pour remplir la dernière boîte ?	3	4	5	6	p. 83
86 Combien l'acheteur propose-t-il de payer chaque tee-shirt ?	3 €	19 €	133 €	3,5 €	p. 85

> **Corrigés et exercices de soutien : voir** PHARE 6e

> J'approfondis

87 Recopier et compléter le tableau suivant qui concerne des divisions euclidiennes :

Dividende	Diviseur	Quotient entier	Reste
82	7		
	12	15	4
333		9	
164	16		
	24	9	0
	3	24	

88 Le reste d'une division euclidienne est égal à 13, son quotient est le triple du reste et son diviseur est le double du quotient.

- Quel est le dividende de cette division ?

89 Cyril fête son anniversaire. Sur la plaque du four, il dispose à chaque fournée 5 rangées de 8 macarons. Il veut fabriquer 7 macarons pour chacun de ses 38 invités.

1) Combien de fournées va-t-il préparer ?

2) Combien de macarons restera-t-il ?

90 Un magazine tire à 400 000 exemplaires. Cette impression nécessite 3 tonnes d'encre (noire, bleue, rouge et jaune) et 97 tonnes de papier.

J'ai exprimé les masses en gramme.

1) Quelle masse d'encre est utilisée pour chaque exemplaire de ce magazine ?

2) Quelle masse de papier est utilisée pour chaque exemplaire de ce magazine ?

3) En déduire la masse approximative d'un exemplaire de ce magazine.

- Contrôler la vraisemblance du résultat.

91 **1)** Vérifier que $225 = 17 \times 12 + 21$.

2) Donner sans poser de division le quotient entier et le reste de la division euclidienne de 225 par 17.

3) Donner sans poser de division le quotient entier et le reste de la division euclidienne de 225 par 12.

92 **1)** Calculer le produit de 11 par 19.

2) Donner, sans poser de division, le quotient entier et le reste de la division euclidienne de :

a) 209 par 11 ; **b)** 219 par 11 ; **c)** 222 par 11.

93 En justifiant la réponse, préciser si chaque proposition est vraie ou fausse.

J'ai utilisé les critères de divisibilité ou bien j'ai trouvé un exemple qui contredit l'affirmation !

a) Si un nombre se termine par 2, alors il est divisible par 2.

b) Si un nombre se termine par 3, alors il est divisible par 9.

c) Si un nombre se termine par 5, alors il est divisible par 5.

d) Si un nombre se termine par 12, alors il est divisible par 4.

94 En justifiant la réponse, préciser si chaque proposition est vraie ou fausse.

a) Si un nombre se termine par 3, alors il n'est jamais divisible par 3.

b) Si un nombre se termine par 5, alors il n'est jamais divisible par 9.

c) Si un nombre se termine par 9, alors il n'est jamais divisible par 5.

95 **SVT**

La masse du plus grand animal actuel, la baleine bleue, est de 100 tonnes.
Un rhinocéros a une masse 80 fois plus petite.
Une girafe pèse autant qu'un rhinocéros. La masse de la girafe correspond à 20 fois la masse de feuilles qu'elle mange chaque jour et à 80 fois la masse journalière d'eau qu'elle boit.

1) Calculer la ration quotidienne de feuilles et d'eau d'une girafe.

2) Combien de jours faudra-t-il à une girafe pour manger en feuilles l'équivalent de la masse :

a) d'un rhinocéros ? **b)** d'une baleine bleue ?

96 **Histoire**

La lieue de poste est une ancienne mesure de distance. C'était la distance que parcourait un postillon en une heure.

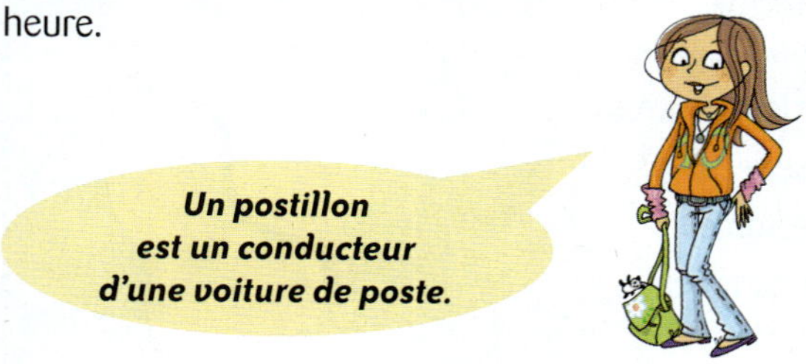

Au dix-septième siècle, les postillons mettaient sept heures, soit une journée de marche, pour relier deux relais de poste.

La distance entre deux relais de poste était alors environ de 27,3 km.

1) Pourquoi nommait-on leurs bottes « des bottes de 7 lieues » ?

2) Quelle est, en kilomètre, la longueur d'une lieue de poste ?

97 **Français**

D'après la légende, les bottes de sept lieues sont des bottes magiques qui permettent de parcourir 7 lieues, soit environ 28 km à chaque enjambée.

Le Petit Poucet

Le Petit Poucet, ayant mis les fameuses bottes enlevées à l'Ogre qui dormait profondément, partit comme une flèche.

1) Pour échapper à l'ogre, Le Petit Poucet lui a volé ses bottes de 7 lieues.

Combien lui faudra-t-il d'enjambées pour parcourir les 125 km qui le séparent de sa maison ?

2) Quand la Belle au Bois Dormant se piqua avec la quenouille qui l'endormit, la Bonne Fée fut prévenue « en un instant » par son messager, le nain chaussé de bottes de 7 lieues.

Combien a-t-il fallu d'enjambées à ce nain pour parcourir les 17 000 lieues qui séparaient le château de la Belle au Bois Dormant de sa marraine la fée ?

3) Quel est l'auteur des contes cités dans l'exercice ? Quel est le titre de ce recueil de contes ?

98 Le Petit Poucet laisse tomber de sa poche un petit caillou blanc tous les 10 pas afin de retrouver son chemin.

Il a semé 523 cailloux en parcourant 2,61 km.

- Combien mesure chacun de ses pas ?

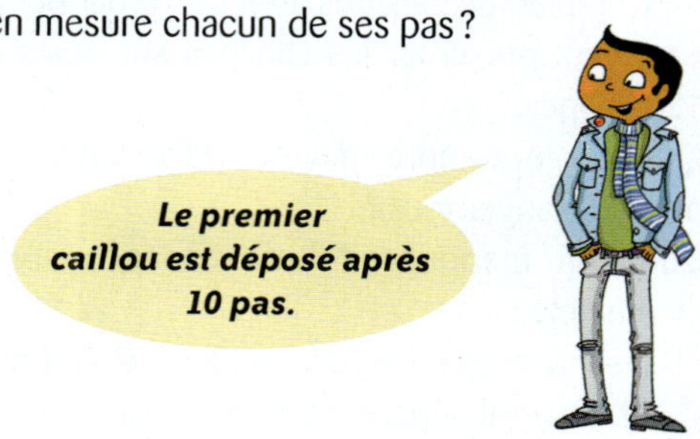

99 **EPS**

Le 110 m haies est une course masculine comportant 10 haies de 1,067 m de hauteur. La distance entre deux haies consécutives est constante.

La distance entre la ligne de départ et la première haie est de 13,72 m.

La distance entre la dernière haie et la ligne d'arrivée est de 14,02 m.

1) Faire un schéma pour expliquer la situation.

2) Calculer la distance entre deux haies consécutives en s'aidant du schéma.

100 **Le marathon de Pékin**

Le marathon, symbole des jeux Olympiques, se court sur 42,195 km. À Pékin, le 24 août 2008, Samuel Wanjiru, 21 ans, offre au Kenya le premier titre olympique du marathon de son histoire en 2 heures 6 minutes et 32 secondes.

1) a) Convertir en secondes sa performance.

b) Combien de mètres a-t-il parcourus en une seconde ?

On donnera une valeur approchée au millième.

2) a) En déduire la distance en kilomètres qu'il a parcourue en une heure.

b) À quoi correspond ce nombre ?

DEVOIRS À LA MAISON

DEVOIR A

101 Raphaël organise une soirée dansante.
Il a préparé 200 petits canapés.
En comptant Raphaël, ils seront huit à cette soirée.
Toutes les opérations à effectuer seront posées.

1) Combien de canapés a-t-il prévu par personne ?
2) Il veut présenter les canapés sur des assiettes de 12 canapés.
Quel est le nombre minimum d'assiettes nécessaires pour les ranger tous ?
Combien manquera-t-il de canapés sur l'assiette incomplète ?
3) Les canapés lui reviennent à 68 € au total.
Combien a-t-il dépensé par participant ?
4) Calculer le prix d'une bouteille de jus de fruits si 12 bouteilles coûtent 38,28 €.

102 On considère le nombre entier de quatre chiffres **1 2 3 _** dans lequel le chiffre des unités est inconnu.
Quelles sont les valeurs possibles de ce nombre, s'il est divisible :

a) par 2 ? **b)** par 3 ? **c)** par 4 ?
d) par 5 ? **e)** par 9 ? **f)** par 10 ?

DEVOIR B

103 Frédéric parcourt les 150 km qui séparent la ville A de la ville B en 2 h 20 min.
Il paye 15,42 € pour les 12 litres d'essence consommée pour ce trajet.

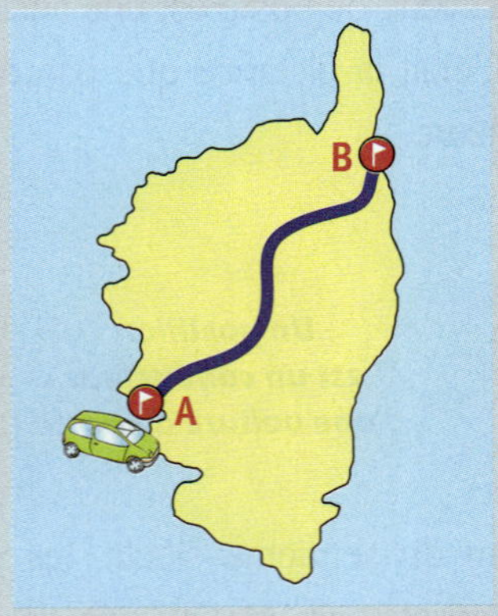

1) Trouver le nom des villes A et B, et la région française représentée sur la carte.
2) **a)** Combien Frédéric a-t-il payé le litre d'essence ?
b) Combien de litres d'essence a-t-il consommés pour 1 km ? Quelle est la consommation de sa voiture aux 100 kilomètres ?
3) **a)** Convertir en minutes son temps de trajet.
b) En déduire la distance, en kilomètres, qu'il parcourt en une minute. Donner une valeur approchée au millième.
c) Quelle distance, en kilomètre, a-t-il parcourue en une heure ?

JE CHERCHE...

104 *D'après le concours Kangourou*
Un kangourou effectuant 2 sauts en 1,5 seconde parcourt 12 km en 1 heure.
- Trouver le nombre de sauts qui lui permet de parcourir 100 m.

105 *D'après le Rallye mathématique de Maine et Loire*
Le père de Jérôme n'est pas encore centenaire.
Cette année, son âge est divisible par 5.
L'année dernière, son âge était divisible par 3. L'année prochaine, il sera divisible par 4.
- Quel est son âge ?

106 1) **a)** Choisir un nombre entier de trois chiffres et l'écrire deux fois de façon à obtenir un nombre entier de six chiffres.
b) Diviser ce nombre de six chiffres par 7 ; diviser le quotient obtenu par 11 ; diviser le nouveau quotient obtenu par 13.
c) Quel nombre étonnant obtient-on ?
2) Recommencer avec un autre nombre entier de trois chiffres. Que remarque-t-on ?
3) Expliquer ce curieux résultat.

107 1) Choisir un nombre entier de deux chiffres et l'écrire trois fois de façon à obtenir un nombre entier de six chiffres.
2) Diviser ce nombre de six chiffres par 37, le quotient obtenu par 21, le nouveau quotient obtenu par 13.
3) Quel nombre étonnant obtient-on ? Pourquoi ?

> J'utilise la calculatrice

Les calculatrices utilisées au collège permettent de trouver :

a) le quotient entier et le reste d'une division euclidienne ; **b)** une valeur approchée du quotient d'une division décimale.

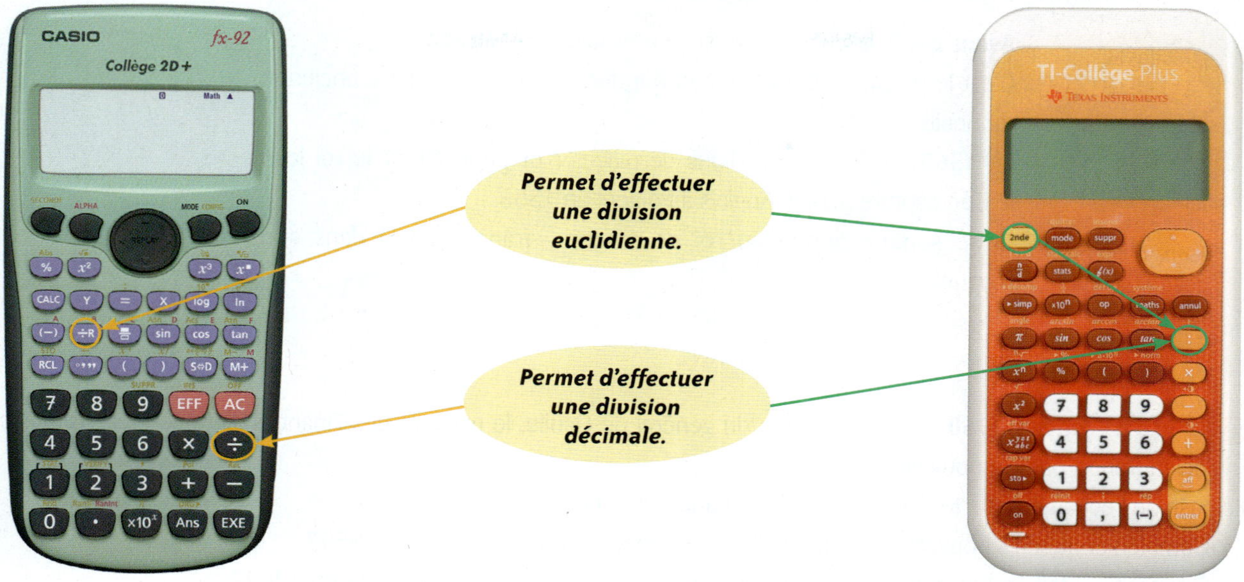

Casio Collège 2D +	TI-Collège
EXEMPLE : Calculer le quotient entier et le reste de la division euclidienne de 616 par 6.	
• Taper la séquence suivante : 6 1 6 ÷R 6 EXE	• Taper la séquence suivante : 6 1 6 2nde : 6 entrer
• On obtient à l'écran : 616÷R6 102,R=4	• On obtient à l'écran : 616⊢6 Q=102 R=4
• Donc, dans la division euclidienne de 616 par 6, le quotient est 102 et le reste est 4.	• Donc, dans la division euclidienne de 616 par 6, le quotient est 102 et le reste est 4.

108 Calculer le quotient entier et le reste de la division euclidienne de :

a) 1 962 par 56 ; **b)** 381 par 17 ; **c)** 4 513 par 312 ; **d)** 417 par 581 ; **e)** 6 838 par 526.

Casio Collège 2D +	TI Collège
EXEMPLE : Donner une valeur approchée au centième du quotient 616 : 6.	
• Taper la séquence suivante : 6 1 6 ÷ 6 EXE S⇔D	• Taper la séquence suivante : 6 1 6 : 6 entrer
• On obtient à l'écran : 616÷6 102.6666667	• On obtient à l'écran : 616:6 102,6666667
• Donc, une valeur approchée au centième de 616 : 6 est 102,67.	• Donc, une valeur approchée au centième de 616 : 6 est 102,67.

109 Donner une valeur approchée au centième du quotient de :

a) 1 962 : 56 ; **b)** 3,81 : 17 ; **c)** 45,13 : 312 ; **d)** 417 : 581 ; **e)** 6,838 : 52.

> Découverte

L'euro dans l'histoire

▲ *Franc à cheval Jean II le Bon*

Avant 2002, la monnaie utilisée en France était le **franc**.
C'est le paiement d'une rançon qui donna son nom à notre ancienne monnaie.
En 1360, on frappa 3 millions de pièces d'or pour libérer le roi Jean le Bon capturé par les Anglais à Poitiers en 1356.
Cette somme permit au roi de revenir « franc » (libre) dans son royaume.

▲ *La Semeuse de Roty*

110 **Le 1er janvier 1960**, sous l'impulsion du général de Gaulle, le ministre des Finances Antoine Pinay remplace « l'ancien franc » par le « nouveau franc ».
La base de l'échange est : 1 nouveau franc = 100 anciens francs.

1) Combien coûte en « nouveaux » francs, le litre d'essence vendu 100 francs en 1959 ?

2) Combien coûtait en « anciens » francs, un kilogramme de pain vendu 60 centimes en 1960 ?

111 **Depuis le 1er janvier 2002**, onze pays de l'Union européenne utilisent l'euro. D'autres pays ont rejoint la zone euro depuis. Le symbole de l'euro est €.

1) Trouver les 11 pays qui utilisaient l'euro en 2002.

2) Pour l'Allemagne, l'Espagne et l'Italie, donner le nom de la monnaie utilisée avant 2002.

3) La correspondance entre le franc français et l'euro a été fixée à 1 € = 6,55957 francs.

En utilisant la calculatrice, trouver combien 1 franc français vaut d'euros à 1 centime près.

▲ *Des pièces d'euros et de centimes d'euros de Chypre, 2008.*

112 L'euro est subdivisé en centièmes d'euro, le « cent » ou « centime d'euro ». 1 euro = 100 centimes d'euro.

1) Il y a huit pièces de valeurs différentes ainsi que sept billets. Trouver ces quinze valeurs.

2) Parmi les huit valeurs des pièces, lesquelles sont des multiples de l'euro ?

3) Parmi les sept valeurs de billets, lesquelles sont des multiples de l'euro ?

4) Combien faut-il de pièces de 5 centimes pour faire 20 € ?

▲ *Des euros en argent et en or.*

113 Entre 2008 et 2010 seront éditées en France des pièces en argent de 5 €, 10 €, 15 €, 25 €, 50 €, et des pièces en or de 100 €, 250 €, 500 €.
Destinées aux collectionneurs, le tirage de ces pièces sera limité.
Trouver comment obtenir une somme de 6 785 € avec des pièces de ce type :

a) en utilisant le plus grand nombre de pièces possible ;

b) en utilisant le plus petit nombre de pièces possible.

Chapitre 6

Fractions

REVOIR

> le partage d'une unité ;
> le repérage d'une fraction sur une demi-droite graduée.

DÉCOUVRIR

> le quotient de deux entiers ;
> la propriété des quotients égaux ;
> la multiplication d'un nombre par une fraction.

SOCLE COMMUN

SC1 Partager une unité.

SC2 Lire et compléter une graduation sur une demi-droite graduée en utilisant des fractions simples.

© Benoit Becout / Réa.

Le Gros Horloge de Rouen est un monument construit au XIVe siècle.

L'horloge actuelle date de 1527. Elle donne l'heure grâce à une seule aiguille terminée par un mouton. Par exemple, cette photographie a été prise entre 4 h et 5 h de l'après-midi.

1) Quelle heure peut-on lire lorsque l'aiguille a parcouru :

a) un demi-tour depuis midi ?

b) $\frac{1}{4}$ de tour depuis midi ?

c) $\frac{2}{3}$ de tour depuis midi ?

2) Quelle fraction d'un tour l'aiguille parcourt-elle en une heure ?

> Activités

1 Je partage la surface d'une figure

JE REVOIS

1) Pour chaque figure, indiquer quelle fraction de sa surface est coloriée.

a) 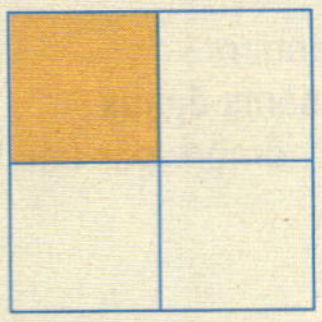
b) 
c) 
d) 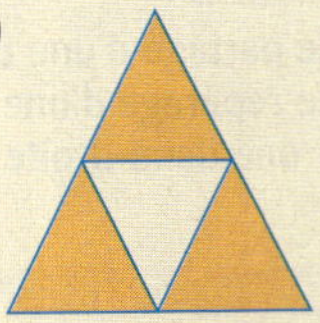
e) 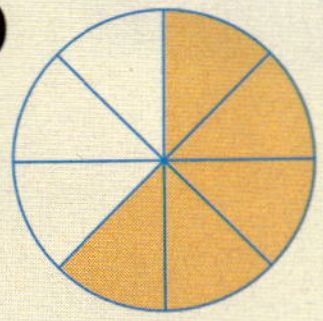

2) Reproduire chacune des figures ci-dessous, puis la partager pour représenter la fraction demandée.

Colorier $\frac{3}{8}$ de la surface. Colorier $\frac{5}{7}$ de la surface. Colorier $\frac{3}{4}$ de la surface.

2 J'interprète autrement une fraction

1) a) Reproduire les figures ci-contre sur papier quadrillé.

b) L'aire du rectangle vert est 1 unité. Quelle est l'aire du carré jaune ?

c) Construire un rectangle rouge d'aire $\frac{5}{3}$ unité.

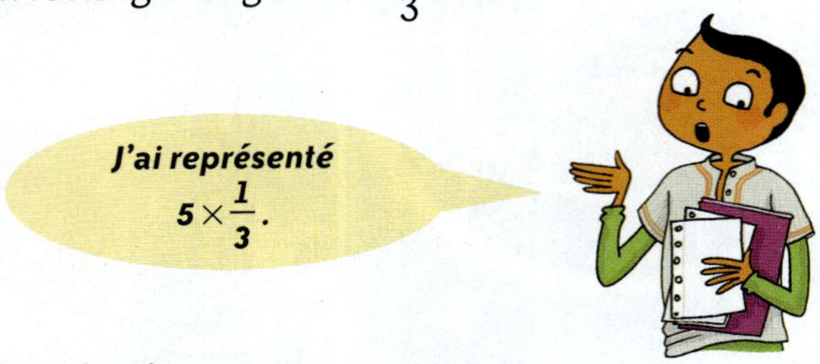

2) a) Reproduire les figures ci-contre sur papier quadrillé.

b) L'aire du rectangle vert est 1 unité. Quelle est l'aire du rectangle orange ?

c) Partager le rectangle orange en trois rectangles de même aire.

d) Construire un rectangle bleu d'aire 5 : 3 unité.

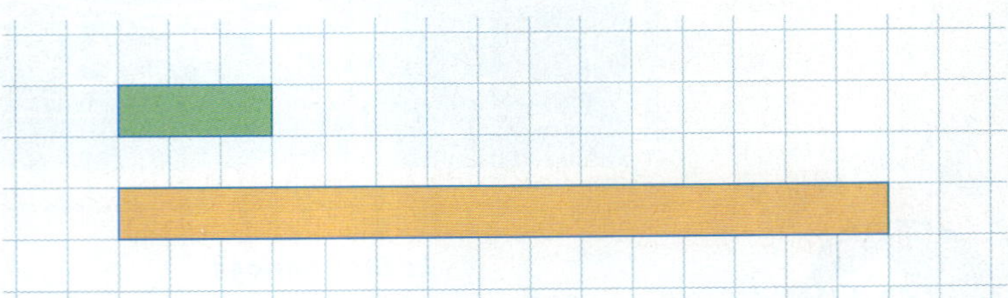

3) a) Comparer l'aire du rectangle rouge et l'aire du rectangle bleu.

b) Recopier et compléter : « La fraction $\frac{5}{3}$ est égale au quotient de ... par ... .»

4) a) Construire un rectangle d'aire trois fois celle du rectangle rouge. Comparer l'aire de ce rectangle et l'aire du rectangle orange.

b) Recopier et compléter : « $\frac{5}{3} \times 3 = ...$ ».

3 Je trouve des quotients égaux

On a représenté ci-dessous trois rectangles identiques.

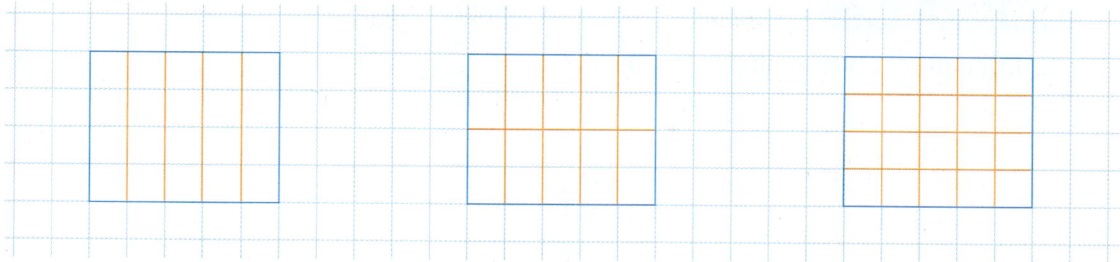

1) Reproduire les trois rectangles.

2) **a)** Colorier en bleu $\frac{2}{5}$ de la surface du premier rectangle.

b) Colorier en rouge $\frac{4}{10}$ de la surface du deuxième rectangle.

c) Colorier en vert $\frac{8}{20}$ de la surface du troisième rectangle.

3) Comparer les aires des trois surfaces coloriées.

Que peut-on en déduire pour les fractions $\frac{2}{5}$, $\frac{4}{10}$ et $\frac{8}{20}$?

4) **a)** Recopier et compléter les égalités suivantes :

$$« \frac{2}{5} = \frac{2 \times ...}{5 \times ...} = \frac{4}{10} \; ; \quad \frac{8}{20} = \frac{8 : ...}{20 : ...} = \frac{2}{5} »$$

b) Donner deux autres fractions égales à $\frac{2}{5}$. Expliquer la méthode utilisée.

4 Je prends une fraction d'une quantité

Une boisson de 350 cL est composée de $\frac{3}{5}$ de jus d'orange.

Pour calculer le volume de jus d'orange contenu dans cette boisson, on doit calculer $\frac{3}{5}$ de 350 cL.

1) **a)** À quel volume correspond $\frac{1}{5}$ de 350 cL ? $\frac{3}{5}$ de 350 cL ?

b) Quel est le volume de jus d'orange contenu dans 350 cL de boisson ?

2) **a)** Donner l'écriture décimale de $\frac{3}{5}$.

b) En déduire le résultat de $\frac{3}{5} \times 350$.

Comparer ce résultat à celui de la question **1) b)**.

3) Calculer $(3 \times 350) : 5$.

Comparer ce résultat à ceux des questions **1) b)** et **2) b)**.

4) **a)** Recopier et compléter en utilisant le signe × et le signe **:** .

Énoncé	Calcul pour la question 1)	Calcul pour la question 2)	Calcul pour la question 3)
$\frac{3}{5}$ de 350 cL	(350 ... 5) ... 3	(3 ... 5) ... 350	(3 ... 350) ... 5

b) Recopier et compléter : « Pour prendre $\frac{3}{5}$ de 350 cL, on multiplie la fraction ... par la quantité ... . »

c) Trois méthodes de calcul sont possibles.

Recopier et compléter en utilisant le signe × et le signe **:** .

$$« \frac{3}{5} \times 350 = (350 ... 5) ... 3 = (3 ... 5) ... 350 = (3 ... 350) ... 5 »$$

1 Quotient de deux nombres entiers

Définition a et b désignent deux nombres entiers avec $b \neq 0$.

La **fraction** $\frac{a}{b}$ est le **quotient** de a par b. $\frac{a}{b} = a : b$

EXEMPLES :

- 1

$\frac{1}{3}$

$7 \times \frac{1}{3} = \frac{7}{3}$

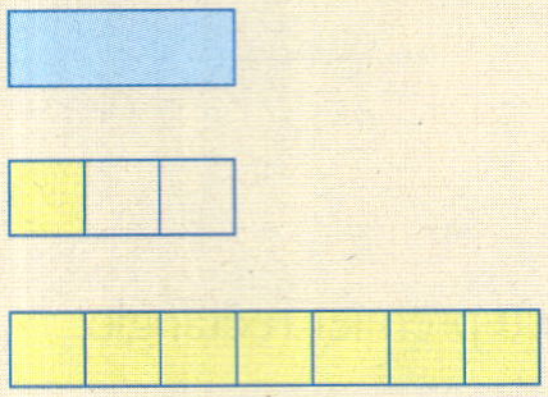

La fraction $\frac{7}{3}$ représente 7 fois $\frac{1}{3}$.

- 7

$7 : 3 = \frac{7}{3}$

La fraction $\frac{7}{3}$ représente aussi le quotient de 7 par 3.

Propriété a et b désignent deux nombres entiers avec $b \neq 0$.

La fraction $\frac{a}{b}$ est le nombre qui, multiplié par b, donne a. $\frac{a}{b} \times b = a$

EXEMPLE : La fraction $\frac{7}{3}$ est le nombre qui, multiplié par 3, donne 7, c'est-à-dire $\frac{7}{3} \times 3 = 7$.

Le nombre $\frac{7}{3}$ n'est pas un nombre décimal. 2,33 est une valeur approchée du nombre $\frac{7}{3}$.

Vocabulaire a et b désignent deux nombres entiers avec $b \neq 0$.

Dans la fraction $\frac{a}{b}$, le nombre a s'appelle le **numérateur** et le nombre b le **dénominateur**.

EXEMPLE : Dans la fraction $\frac{7}{3}$, le numérateur est 7 et le dénominateur est 3.

Remarques :
- Le dénominateur d'une fraction est toujours différent de 0.
- Un nombre décimal peut toujours s'écrire sous forme d'une fraction décimale.

EXEMPLE : $0{,}4 = \frac{4}{10}$.

Point de repère

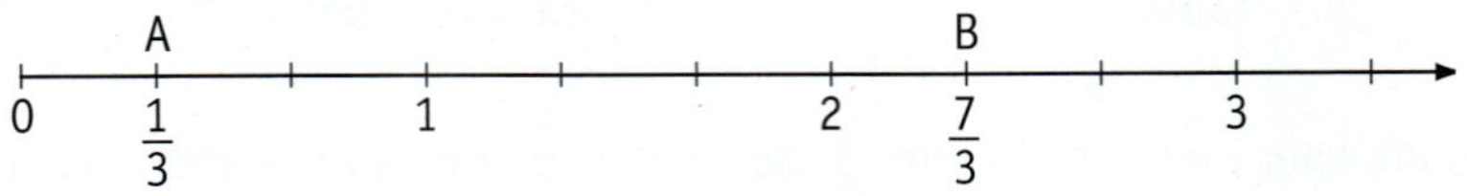

L'abscisse du point A est $\frac{1}{3}$. L'abscisse du point B est $\frac{7}{3}$.

On peut écrire $\frac{7}{3} = 7 \times \frac{1}{3} = 2 + \frac{1}{3} = 3 - \frac{2}{3}$.

2 Quotients égaux

Propriétés a, b et k désignent trois nombres entiers avec $b \neq 0$.

- Un quotient $\frac{a}{b}$ ne change pas lorsque l'on multiplie le numérateur et le dénominateur par un même nombre non nul ; c'est-à-dire : $\frac{a}{b} = \frac{a \times k}{b \times k}$ avec $k \neq 0$.
- Un quotient $\frac{a}{b}$ ne change pas lorsque l'on divise le numérateur et le dénominateur par un même nombre non nul ; c'est-à-dire : $\frac{a}{b} = \frac{a : k}{b : k}$ avec $k \neq 0$.

EXEMPLES : • $\frac{3}{4} = \frac{3 \times 5}{4 \times 5} = \frac{15}{20}$ • $\frac{12}{15} = \frac{12 : 3}{15 : 3} = \frac{4}{5}$

Remarque :

La propriété s'applique aussi pour des nombres a, b et k décimaux.

EXEMPLE : $\frac{5,24}{2,1} = \frac{5,24 \times 100}{2,1 \times 100} = \frac{524}{210}$

Remarque :

$\frac{8}{10} = \frac{4 \times 2}{5 \times 2} = \frac{4}{5}$

Lorsque l'on écrit $\frac{8}{10} = \frac{4}{5}$, on donne une fraction égale à $\frac{8}{10}$, mais avec un numérateur et un dénominateur plus petits.

On dit alors que l'on a **simplifié** la fraction $\frac{8}{10}$.

3 Multiplier un nombre par une fraction

Propriété

Prendre une fraction d'une quantité revient à multiplier cette fraction par cette quantité.

EXEMPLE : Dans une classe, $\frac{5}{8}$ des 24 élèves sont externes. Le nombre d'externes est égal à $\frac{5}{8} \times 24$.

Méthode Pour multiplier la fraction $\frac{a}{b}$ par le nombre c, on peut :

- diviser a par b, puis multiplier le résultat par c ; $\frac{a}{b} \times c = (a : b) \times c$
- multiplier a par c, puis diviser le résultat par b ; $\frac{a}{b} \times c = (a \times c) : b$
- diviser c par b, puis multiplier le résultat par a. $\frac{a}{b} \times c = (c : b) \times a$

EXEMPLES :

- Pour calculer $\frac{5}{8} \times 24$, on peut effectuer :
  $(5 : 8) \times 24 = 0,625 \times 24 = 15$
  ou $(5 \times 24) : 8 = 120 : 8 = 15$
  ou $(24 : 8) \times 5 = 3 \times 5 = 15$.

- Pour calculer $15 \times \frac{3}{4}$, on peut effectuer :
  $(3 : 4) \times 15 = 0,75 \times 15 = 11,25$
  ou $(15 \times 3) : 4 = 45 : 4 = 11,25$
  ou $(15 : 4) \times 3 = 3,75 \times 3 = 11,25$.

> Je rédige

ÉNONCÉ DE L'EXERCICE

Monsieur et Madame Laverdure possèdent un jardin rectangulaire de longueur 35 m et de largeur 12 m.
La pelouse occupe trois septièmes de la surface du terrain.
Le potager occupe cinq huitièmes de la surface restante.
Le reste du terrain est planté de fleurs.

1) Calculer l'aire de la pelouse.
2) Calculer l'aire du potager.
3) Calculer l'aire de la partie plantée de fleurs.

SOLUTION DE L'EXERCICE

1) • Calcul de l'aire du rectangle :

$$35 \times 12 = 420$$

L'aire du rectangle est 420 m^2.

• Calcul de l'aire de la pelouse :

$$\frac{3}{7} \times 420 = (420 : 7) \times 3 = 60 \times 3 = 180$$

L'aire de la pelouse est 180 m^2.

2) • Calcul de l'aire de la surface restante :

$$420 - 180 = 240$$

L'aire de la surface restante est 240 m^2.

• Calcul de l'aire du potager :

$$\frac{5}{8} \times 240 = (240 : 8) \times 5 = 30 \times 5 = 150$$

L'aire du potager est 150 m^2.

3) • Calcul de l'aire de la surface occupée par le potager et la pelouse :

$$150 + 180 = 330$$

L'aire de la surface occupée par le potager et la pelouse est 330 m^2.

• Calcul de l'aire de la partie plantée de fleurs :

$$420 - 330 = 90$$

L'aire de la partie plantée de fleurs est 90 m^2.

Conseils

J'ai d'abord calculé la superficie du terrain.

Je calcule $\frac{3}{7}$ de 420 m^2.

Le potager occupe $\frac{5}{8}$ de la surface restante, c'est-à-dire celle qui n'est pas recouverte de pelouse.

La partie plantée de fleurs correspond aussi à $\frac{3}{8}$ de la partie non recouverte de pelouse et $\frac{3}{8} \times 240 = 90$.

1 SC1 Dans chaque cas, indiquer quelle fraction de la surface de la figure est coloriée.

a)
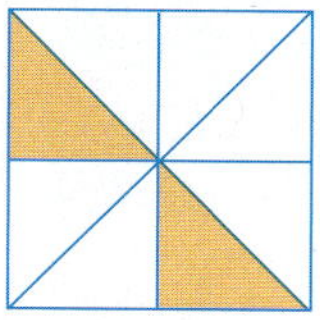
b)
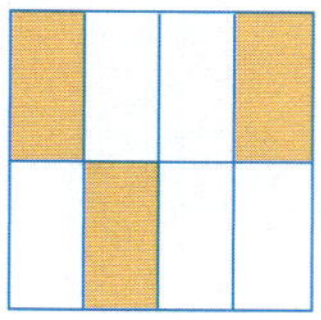
c)
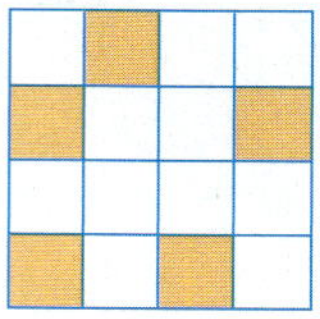

2 SC1 Dans chaque cas, indiquer quelle fraction de la surface de la figure est coloriée.

a)
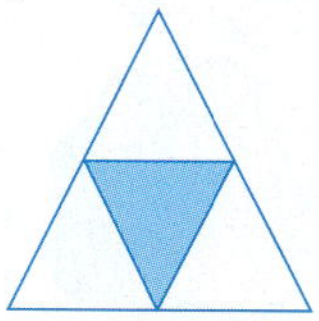
b)
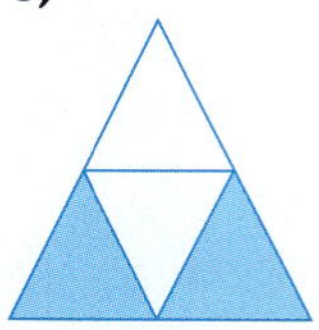
c)
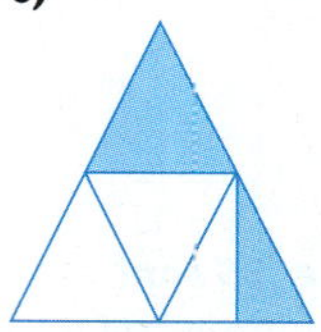

3

$\frac{7}{13}$	$\frac{8}{13}$	$\frac{6}{7}$	$\frac{5}{13}$	$\frac{13}{8}$

Parmi les fractions écrites sur le tableau, indiquer :

a) la fraction qui représente 6 fois $\frac{1}{7}$;

b) le nombre qui, multiplié par 13, donne 8 ;

c) la fraction qui représente le quotient de 13 par 8 ;

d) la fraction qui a pour numérateur 7 ;

e) la fraction dont le dénominateur est inférieur au numérateur ;

f) la fraction égale à 5 : 13.

4 Donner l'écriture décimale de chaque fraction.

a) $\frac{10}{5}$; **b)** $\frac{9}{2}$; **c)** $\frac{1}{2}$; **d)** $\frac{3}{5}$; **e)** $\frac{4}{5}$; **f)** $\frac{3}{4}$.

5 Exprimer chaque nombre sous la forme d'une fraction dont le numérateur est 1.

a) 0,5 ; **b)** 0,25 ; **c)** 0,125 ; **d)** 0,1 ; **e)** 0,2.

6 Comparer chaque fraction à 1.

a) $\frac{1}{2}$; **b)** $\frac{3}{4}$; **c)** $\frac{7}{7}$; **d)** $\frac{6}{5}$; **e)** $\frac{11}{12}$; **f)** $\frac{14}{13}$.

7 Exprimer chaque fraction comme la somme d'un nombre entier et d'une fraction inférieure à 1.

a) $\frac{5}{3}$; **b)** $\frac{3}{2}$; **c)** $\frac{9}{4}$; **d)** $\frac{17}{3}$; **e)** $\frac{13}{5}$; **f)** $\frac{3}{4}$.

8 Trouver le nombre manquant dans chaque égalité.

a) $\frac{2}{5} = \frac{6}{?}$; **b)** $\frac{7}{3} = \frac{14}{?}$; **c)** $\frac{1}{5} = \frac{6}{?}$;

d) $\frac{?}{56} = \frac{7}{8}$; **e)** $\frac{54}{?} = \frac{6}{4}$; **f)** $\frac{11}{8} = \frac{?}{48}$.

9 Dans la liste ci-dessous, déterminer les fractions égales à $\frac{3}{12}$.

$\frac{6}{24}$	$\frac{9}{38}$	$\frac{1}{3}$	$\frac{15}{60}$	$\frac{1}{4}$	$\frac{5}{20}$

10 Donner une fraction qui est égale à $\frac{14}{10}$ et :

a) dont le dénominateur est 20 ;

b) dont le numérateur est 7 ;

c) dont le numérateur est 21.

11 Simplifier chaque fraction.

a) $\frac{6}{8}$; **b)** $\frac{21}{14}$; **c)** $\frac{20}{8}$;

d) $\frac{15}{45}$; **e)** $\frac{36}{63}$; **f)** $\frac{36}{42}$.

12 Calculer.

a) $\frac{2}{3} \times 12$; **b)** $\frac{3}{12} \times 8$; **c)** $\frac{26}{13} \times 5$.

13 Calculer.

a) $6 \times \frac{5}{15}$; **b)** $3 \times \frac{36}{9}$; **c)** $4 \times \frac{7}{4}$;

14 Calculer.

a) $2{,}5 \times \frac{4}{10}$; **b)** $\frac{45}{5} \times 11$; **c)** $\frac{3}{5} \times 20$.

15 Calculer chaque quantité.

a) $\frac{3}{4}$ de 24 kg ; **b)** $\frac{7}{5}$ de 25 cm ; **c)** $\frac{3}{4}$ de 6 L.

16 Calculer chacune des quantités suivantes :

a) la moitié de 15 m ;

b) le quart de 20 min ;

c) le tiers de 36 kg ;

d) les trois huitièmes de 16 cm ;

e) les cinq tiers de 30 L ;

f) le quinzième de 45 h.

> Savoir-faire

1 J'APPRENDS À... Utiliser la propriété des quotients égaux

Énoncé :

1) Compléter chaque égalité : $\frac{3}{4} = \frac{6}{?}$; $\frac{20}{16} = \frac{?}{4}$.

2) Simplifier la fraction $\frac{25}{35}$.

Solution :

1) $\frac{3}{4} = \frac{6}{\mathbf{8}}$

$\frac{20}{16} = \frac{\mathbf{5}}{4}$

6 = 3 × 2, donc j'effectue 4 × 2 = 8. 4 = 16 : 4, donc j'effectue 20 : 4 = 5.

2) $\frac{25}{35} = \frac{5 \times \mathbf{5}}{7 \times \mathbf{5}} = \frac{5}{7}$

25 et 35 sont des multiples de 5. Ils sont divisibles par 5 et je peux simplifier par 5.

> J'APPLIQUE.

Pour les exercices 17 à 21, recopier et compléter chaque égalité.

17 a) $\frac{2}{3} = \frac{4}{?}$; b) $\frac{5}{2} = \frac{?}{6}$; c) $\frac{3}{8} = \frac{15}{?}$; d) $\frac{6}{11} = \frac{?}{33}$; e) $\frac{7}{5} = \frac{28}{?}$; f) $\frac{13}{9} = \frac{?}{27}$.

18 a) $\frac{6}{10} = \frac{3}{?}$; b) $\frac{15}{20} = \frac{?}{4}$; c) $\frac{21}{14} = \frac{3}{?}$; d) $\frac{70}{60} = \frac{?}{6}$; e) $\frac{55}{88} = \frac{5}{?}$; f) $\frac{13}{39} = \frac{?}{3}$.

19 a) $\frac{?}{5} = \frac{9}{15}$; b) $\frac{18}{?} = \frac{3}{2}$; c) $\frac{?}{4} = \frac{27}{36}$; d) $\frac{56}{?} = \frac{7}{5}$; e) $\frac{?}{44} = \frac{12}{11}$; f) $\frac{7}{?} = \frac{49}{63}$.

20 a) $\frac{8}{12} = \frac{2}{?} = \frac{?}{36}$; b) $\frac{15}{24} = \frac{5}{?} = \frac{?}{16}$; c) $\frac{65}{39} = \frac{5}{?} = \frac{?}{12}$; d) $\frac{3}{7} = \frac{?}{21} = \frac{12}{?}$.

21 **1)** Écrire une fraction qui est égale à la fraction $\frac{12}{9}$ et dont le numérateur est 36.

2) Écrire une fraction qui est égale à la fraction $\frac{12}{9}$ et dont le dénominateur est 3.

22 Parmi les fractions ci-dessous, indiquer celles qui sont égales à $\frac{15}{45}$.

$\frac{5}{9}$; $\frac{3}{9}$; $\frac{3}{1}$; $\frac{1}{3}$; $\frac{30}{90}$.

23 Parmi les fractions ci-dessous, indiquer celles qui sont égales à $\frac{2}{7}$, puis celles qui sont égales à $\frac{6}{10}$.

$\frac{4}{14}$; $\frac{3}{5}$; $\frac{10}{35}$; $\frac{12}{42}$; $\frac{15}{25}$.

Pour les exercices 24 à 27, simplifier chaque fraction.

J'écris une fraction égale, mais avec un numérateur et un dénominateur plus petits.

24 a) $\frac{4}{6}$; b) $\frac{6}{15}$; c) $\frac{14}{8}$; d) $\frac{39}{33}$.

25 a) $\frac{15}{25}$; b) $\frac{27}{21}$; c) $\frac{14}{35}$; d) $\frac{33}{22}$.

26 a) $\frac{12}{18}$; b) $\frac{36}{27}$; c) $\frac{32}{54}$; d) $\frac{25}{100}$.

27 a) $\frac{28}{20}$; b) $\frac{26}{52}$; c) $\frac{63}{56}$; d) $\frac{44}{66}$.

2 J'APPRENDS À… Multiplier un nombre par une fraction

Énoncé : Effectuer chacun des calculs en choisissant la méthode la plus simple.

a) $\frac{15}{3} \times 14$; **b)** $18 \times \frac{11}{6}$; **c)** $\frac{11}{3} \times 2$.

Solution :

a) $\frac{15}{3} \times 14 = (15 : 3) \times 14 = 5 \times 14 = 70$

Je remarque que 15 est divisible par 3.

b) $18 \times \frac{11}{6} = (18 : 6) \times 11 = 3 \times 11 = 33$

Je remarque que 18 est divisible par 6.

c) $\frac{11}{3} \times 2 = (11 \times 2) : 3 = 22 : 3 = \frac{22}{3}$

2 2, 0 0	3
1 0	7, 3 3…
1 0	
1	

22 : 3 ne tombe pas juste. Le quotient de 22 par 3 est donc $\frac{22}{3}$.

J'APPLIQUE.

Pour les exercices 28 à 30, effectuer chacun des calculs en choisissant la méthode la plus simple.

28 **a)** $\frac{3}{4} \times 24$; **b)** $\frac{35}{7} \times 12$; **c)** $3 \times \frac{8}{24}$.

29 **a)** $\frac{3}{6} \times 8$; **b)** $\frac{7}{2} \times 16$; **c)** $17 \times \frac{8}{80}$.

30 **a)** $\frac{11}{2} \times 0{,}1$; **b)** $25 \times \frac{9}{5}$; **c)** $\frac{4}{200} \times 25$.

Pour les exercices 31 et 32, effectuer chacun des calculs.

31 **a)** $\frac{4}{15} \times 7$; **b)** $9 \times \frac{5}{11}$; **c)** $\frac{8}{13} \times 3$.

32 **a)** $23 \times \frac{2}{17}$; **b)** $\frac{5}{21} \times 17$; **c)** $15 \times \frac{3}{23}$.

Pour les exercices 33 et 34, effectuer chacun des calculs, puis donner une valeur approchée au dixième par défaut du quotient.

33 **a)** $7 \times \frac{2}{3}$; **b)** $\frac{4}{7} \times 5$.

34 **a)** $\frac{1}{9} \times 12$; **b)** $25 \times \frac{5}{6}$.

Pour les exercices 35 à 38, calculer chacune des quantités suivantes :

35 **a)** $\frac{1}{4}$ de 12 kg ; **b)** $\frac{2}{3}$ de 18 L.

36 **a)** $\frac{3}{2}$ de 25 cm ; **b)** $\frac{4}{7}$ de 49 m.

37 **a)** $\frac{3}{4}$ de 60 min ; **b)** $\frac{11}{8}$ de 16 h.

38 **a)** $\frac{5}{8}$ de 1,6 kg ; **b)** $\frac{4}{3}$ de 0,15 cL.

39 Calculer une valeur approchée par défaut au mètre près de chaque quantité.

a) $\frac{2}{3}$ de 23 m ; **b)** $\frac{7}{6}$ de 14 m.

40 Calculer une valeur approchée par excès au centimètre près de chaque quantité.

a) $\frac{2}{7}$ de 15 cm ; **b)** $\frac{8}{11}$ de 2,7 m.

41 Calculer la valeur exacte de chaque quantité.

a) $\frac{11}{4}$ de 4,5 mL ; **b)** $\frac{5}{7}$ de 3,4 g.

> Je m'entraîne

Partager une unité

42 SC1 Dans chaque cas, indiquer quelle fraction de la surface de la figure est coloriée.

a)

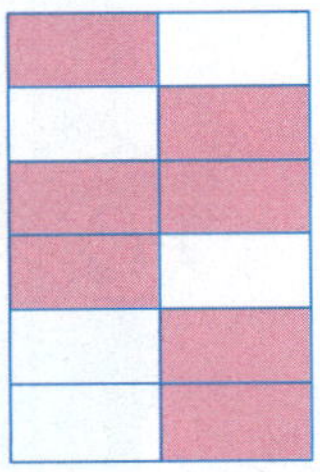

b)

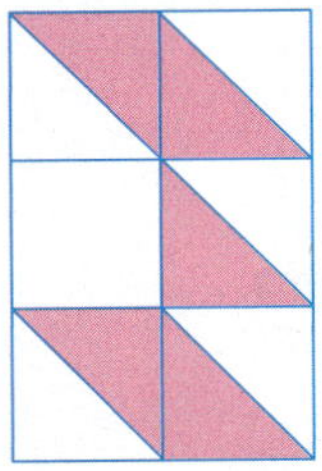

c)

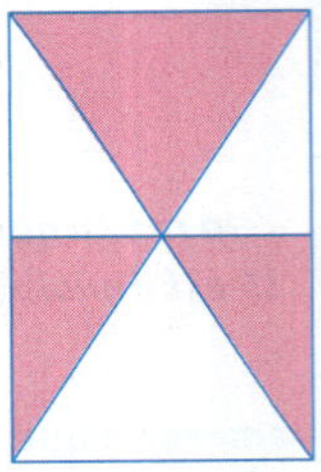

43 SC1 Dans chaque cas, indiquer quelle fraction de la figure est coloriée.

a)

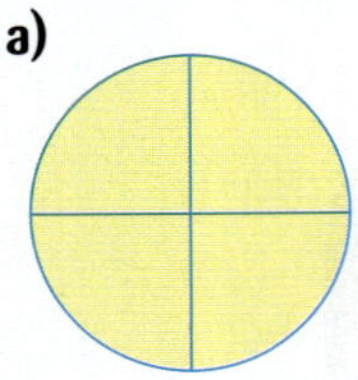

b)

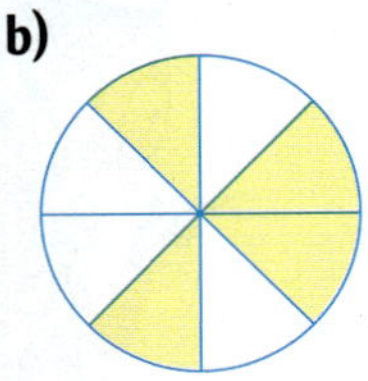

c)

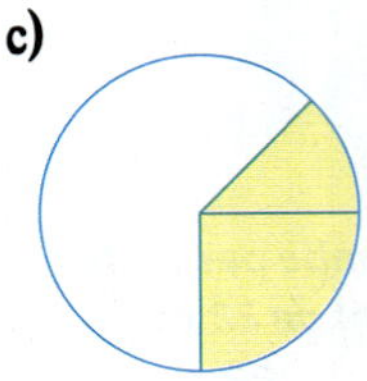

44 SC1 Reproduire en vraie grandeur chaque figure, puis la partager pour représenter la fraction demandée.

a)

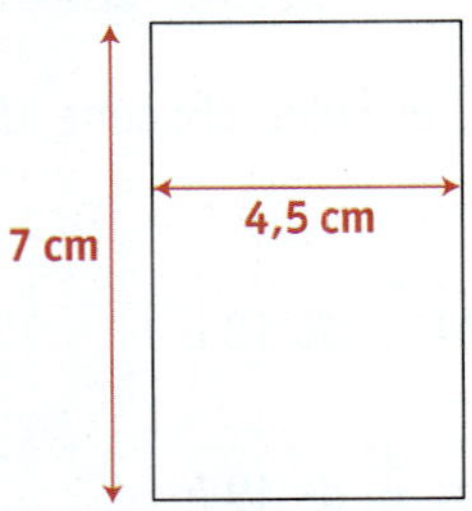

Colorier $\frac{2}{3}$ de la surface du rectangle.

b)

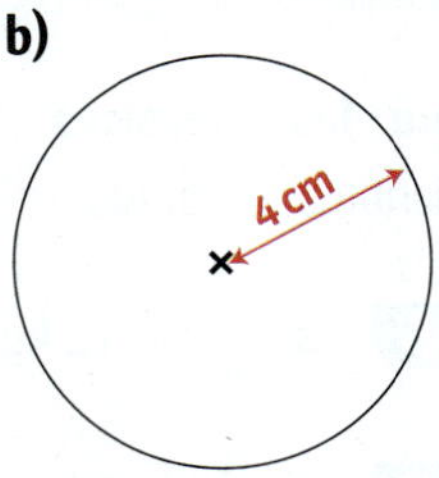

Colorier $\frac{5}{8}$ de la surface du disque.

45 SC1 **1)** Reproduire le segment [AB] sur une feuille quadrillée.

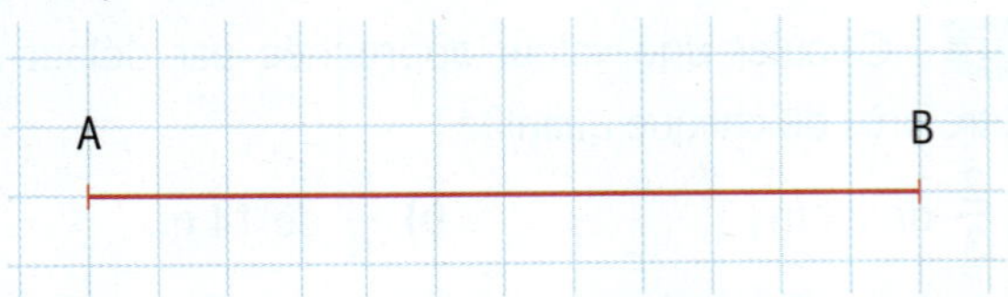

2) a) Tracer un segment [CD] dont la longueur est égale à $\frac{1}{4}$ de la longueur AB.

b) Tracer un segment [EF] dont la longueur est égale à $\frac{2}{3}$ de la longueur AB.

c) Tracer un segment [GH] dont la longueur est égale à $\frac{7}{6}$ de la longueur AB.

Quotient de deux entiers

46 Écrire sous forme d'une fraction :

a) le quotient de 3 par 5 ;

b) huit fois un treizième ;

c) le nombre qui, multiplié par 13, donne 4 ;

d) quinze quarts ;

e) 8 : 9 ;   **f)** 0,25.

47 Écrire en toutes lettres chaque fraction.

a) $\frac{1}{3}$; **b)** $\frac{3}{2}$; **c)** $\frac{5}{4}$; **d)** $\frac{8}{10}$; **e)** $\frac{15}{11}$; **f)** $\frac{5}{20}$.

48

$\frac{7}{4}$ | $\frac{11}{15}$ | $\frac{8}{25}$ | $\frac{1}{5}$ | $\frac{5}{7}$

Parmi les fractions ci-dessus, indiquer :

a) la fraction qui a pour dénominateur 5 ;

b) la fraction qui a pour numérateur 7 ;

c) la fraction qui a le plus grand numérateur ;

d) la fraction égale à 0,2 ;

e) la fraction égale à 0,32 ;

f) la fraction qui, multipliée par 7, donne 5.

49 Donner l'écriture décimale de chaque quotient.

a) $\frac{7}{2}$; **b)** $\frac{5}{4}$; **c)** $\frac{2}{5}$; **d)** $\frac{3}{8}$; **e)** $\frac{5}{2}$; **f)** $\frac{1}{8}$.

50 Donner une valeur approchée au dixième par excès de chaque quotient.

a) $\frac{5}{3}$; **b)** $\frac{10}{6}$; **c)** $\frac{1}{3}$; **d)** $\frac{3}{7}$; **e)** $\frac{7}{13}$.

51 Déterminer si chacune des fractions suivantes est un nombre décimal. Justifier chaque réponse.

a) $\frac{5}{2}$; **b)** $\frac{4}{3}$; **c)** $\frac{26}{13}$; **d)** $\frac{7}{8}$; **e)** $\frac{16}{7}$.

52 Recopier et compléter chaque égalité.

a) $4 \times \frac{1}{3} = \dots$;   **b)** $\dots \times \frac{1}{7} = \frac{6}{7}$;

c) $11 \times \dots = \frac{11}{13}$;   **d)** $3 \times \frac{1}{3} = \dots$.

53 Recopier et compléter chaque égalité.

a) $3 \times \frac{\dots}{\dots} = 7$;   **b)** $7 \times \frac{\dots}{\dots} = 9$;

c) $5 \times \frac{\dots}{\dots} = 17$;   **d)** $8 \times \frac{\dots}{\dots} = 4$.

54 **1)** Donner l'écriture décimale de chaque quotient.

a) $\frac{5}{2}$; **b)** $\frac{8}{8}$; **c)** $\frac{9}{10}$; **d)** $\frac{1}{5}$; **e)** $\frac{7}{4}$.

2) Parmi les cinq fractions précédentes, lesquelles sont :

a) supérieures à 1 ? **b)** inférieures à 1 ?

c) égales à 1 ?

55 Comparer chaque fraction à 1.

a) $\frac{3}{2}$; **b)** $\frac{3}{8}$; **c)** $\frac{2}{3}$; **d)** $\frac{10}{10}$; **e)** $\frac{2}{1}$; **f)** $\frac{4}{7}$.

56 Recopier et compléter en utilisant l'un des symboles < ou >.

a) $\frac{5}{3} \dots \frac{8}{3}$;

b) $\frac{11}{4} \dots \frac{6}{4}$; **c)** $\frac{2}{5} \dots \frac{3}{5}$; **d)** $\frac{7}{6} \dots \frac{5}{6}$;

e) $\frac{8}{11} \dots \frac{7}{11}$; **f)** $\frac{1}{13} \dots \frac{3}{13}$; **g)** $\frac{18}{15} \dots \frac{17}{15}$.

57 Écrire chaque nombre comme la somme d'un nombre entier et d'une fraction inférieure à 1.

a) 12,3 ; **b)** 4,7 ; **c)** 14,007 ; **d)** 0,21.

58 Indiquer la partie entière et la partie décimale de chaque nombre.

a) $\frac{7}{2}$; **b)** $\frac{9}{5}$; **c)** $\frac{3}{10}$; **d)** $\frac{9}{3}$; **e)** $\frac{11}{5}$; **f)** $\frac{15}{4}$.

59 Écrire chaque fraction comme la somme d'un nombre entier et d'une fraction inférieure à 1.

a) $\frac{5}{3}$;

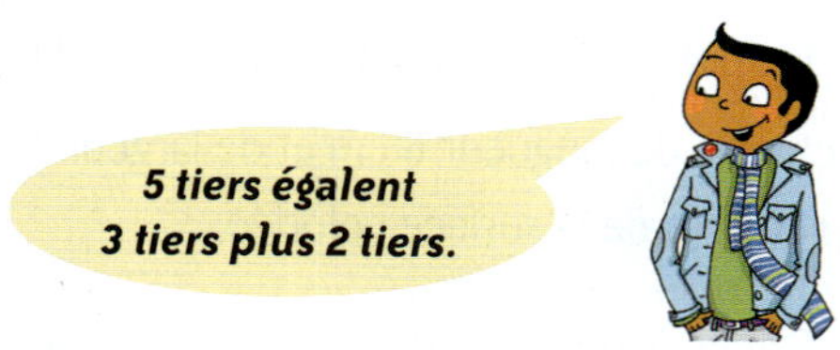

b) $\frac{8}{5}$; **c)** $\frac{9}{7}$; **d)** $\frac{18}{13}$; **e)** $\frac{13}{8}$; **f)** $\frac{27}{20}$.

60 Écrire chaque fraction comme la somme d'un nombre entier et d'une fraction inférieure à 1.

a) $\frac{7}{3}$; **b)** $\frac{11}{5}$; **c)** $\frac{20}{7}$; **d)** $\frac{19}{4}$; **e)** $\frac{27}{7}$; **f)** $\frac{48}{11}$.

61 Écrire chaque fraction comme la somme d'un nombre entier et d'une fraction inférieure à 1.

a) $\frac{10}{9}$; **b)** $\frac{14}{7}$; **c)** $\frac{7}{8}$; **d)** $\frac{29}{3}$; **e)** $\frac{57}{8}$; **f)** $\frac{100}{3}$.

Repérage sur une demi-droite graduée

SC2 **Pour les exercices 62 à 67,** donner sous la forme d'une fraction l'abscisse de chacun des points A, B et C.

62

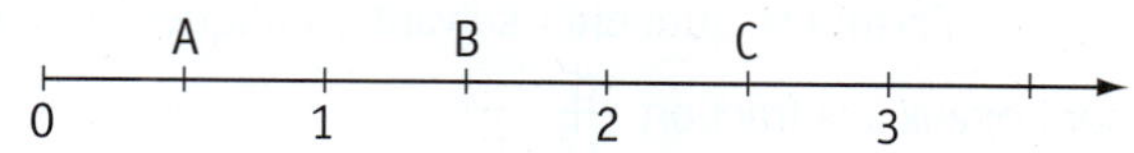

63

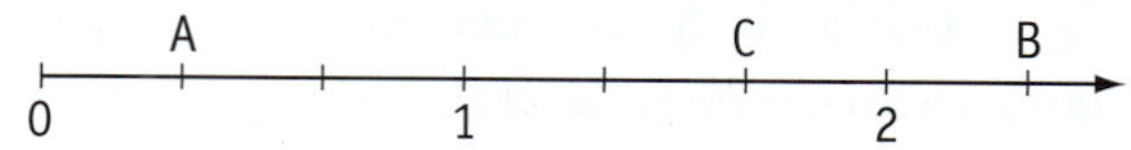

64

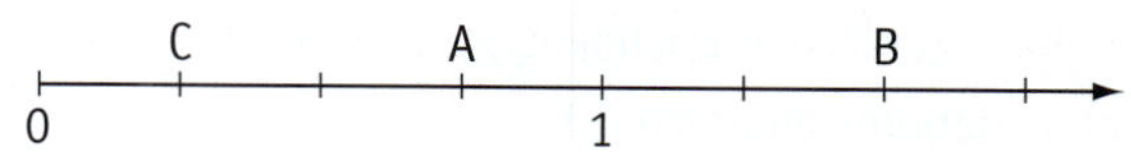

65

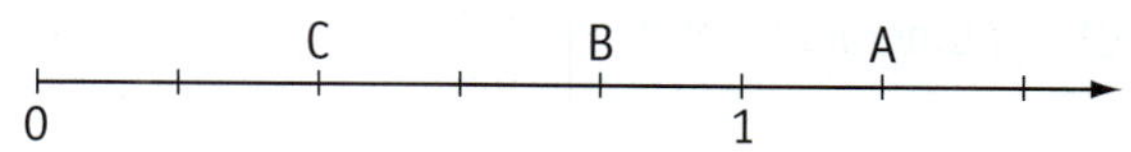

66

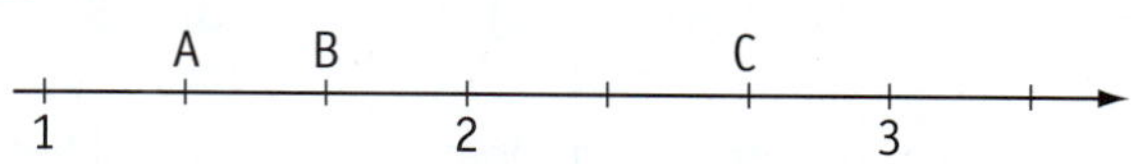

67

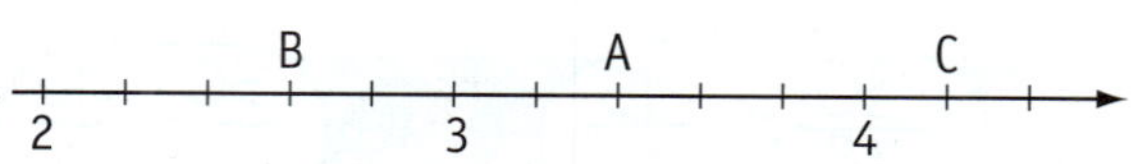

68 **SC2** **1)** Reproduire la demi-droite graduée.

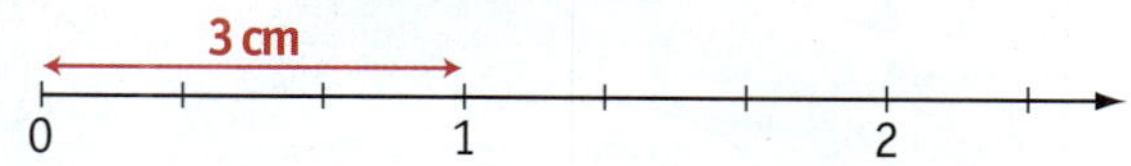

2) Placer sur cette demi-droite les points I, J, K et L d'abscisses respectives $\frac{1}{3}$; $\frac{2}{3}$; $\frac{5}{3}$ et $\frac{8}{3}$.

3) Peut-on placer précisément sur cette demi-droite le point M d'abscisse $\frac{2}{7}$? Justifier la réponse.

69 **SC2** **1)** Tracer une demi-droite graduée d'unité 4 cm.

2) Placer sur cette demi-droite les points M, N, P et R d'abscisses respectives $\frac{1}{4}$; $\frac{7}{4}$; $\frac{1}{2}$ et $\frac{4}{2}$.

3) Peut-on placer précisément sur cette demi-droite le point S d'abscisse $\frac{1}{8}$? Justifier la réponse.

> Je m'entraîne

Quotients égaux

70 Parmi les nombres suivants, indiquer ceux qui sont égaux à la fraction $\frac{4}{5}$:

$\frac{8}{10}$ | 4,5 | 1,125 | 0,8 | $\frac{12}{20}$

71 Parmi les quotients suivants, indiquer ceux qui sont égaux à la fraction $\frac{8}{12}$:

2 : 3 | 3 : 2 | 24 : 16 | 24 : 36

72 Une des fractions ci-dessous n'est pas égale aux autres. La trouver en justifiant la réponse.

$\frac{4}{6}$ | $\frac{6}{9}$ | $\frac{10}{15}$ | $\frac{14}{20}$ | $\frac{12}{18}$

73 Écrire une fraction égale au nombre 0,6 dont :

a) le dénominateur est 10 ;
b) le dénominateur est 5 ;
c) le numérateur est 12 ;
d) le numérateur est 9.

74 Écrire chaque nombre décimal sous la forme d'une fraction, puis simplifier cette fraction.

a) 0,4 ; **b)** 2,6 ; **c)** 1,5 ; **d)** 4,8.

75 Le professeur a demandé de simplifier la fraction $\frac{30}{12}$. Voici les réponses de trois élèves :

1) Justifier que les trois élèves ont raison.
2) Quel élève a donné sa réponse sous la forme d'une fraction la plus simple possible ?

76 Simplifier le plus possible chaque fraction.

a) $\frac{8}{10}$; **b)** $\frac{75}{45}$; **c)** $\frac{18}{42}$; **d)** $\frac{30}{45}$; **e)** $\frac{81}{27}$.

77 Écrire chaque nombre décimal sous la forme d'une fraction la plus simple possible.

a) 0,5 ; **b)** 0,25 ; **c)** 0,75 ; **d)** 0,125.

Multiplication d'un nombre par une fraction

78 Calculer :

a) le double de 15 ; **b)** la moitié de 15 ;
c) le triple de 15 ; **d)** le tiers de 15 ;
e) le quart de 15 ; **f)** le quadruple de 15.

79 Recopier et compléter chaque phrase.

a) « 10 est ... de 5. » ; **b)** « 2 est ... de 8. » ;
c) « 6 est ... de 18. » ; **d)** « 7 est ... de 14. » ;
e) « 27 est ... de 9. » ; **f)** « 20 est ... de 5. ».

80 Calculer :

a) la moitié de 35 cm ; **b)** le cinquième de 40 g ;
c) les deux tiers de 27 t ; **d)** les sept quarts de 12 L.

81 Le 24 août 2008, l'équipe de France de handball bat l'Islande en finale des jeux Olympiques avec un score de 28 à 23. Nikola Karabatic a marqué deux septièmes des buts français lors de cette rencontre.

- Calculer le nombre de buts marqués par Karabatic.

82 Barthélemy a ramassé 12 kg de prunes. Il en a donné les $\frac{3}{5}$ à sa voisine Rose.

- Calculer la masse de prunes données par Barthélemy.

83 Le petit Sébastien a colorié $\frac{3}{8}$ de la surface d'un rectangle de longueur 6 cm et de largeur 4 cm.

- Calculer l'aire de la surface coloriée.

84 Donia dispose de 36 €. Elle dépense deux tiers de cette somme pour offrir un cadeau à sa mère.

1) Calculer le prix du cadeau.
2) Combien lui restera-t-il après cet achat ?

85 Une bouquiniste a acheté un lot de 210 livres de poche. Trois septièmes sont des romans policiers. Deux cinquièmes sont des romans de science-fiction.

1) Calculer le nombre de romans policiers.
2) Calculer le nombre de romans de science-fiction.
3) En déduire le nombre de livres d'autres genres.

> Je fais le point

J'ai appris à...

- Partager une unité.
- Définir une fraction comme quotient de deux entiers.
- Repérer un point d'une demi-droite graduée par une fraction.
- Utiliser la règle des quotients égaux.
- Multiplier un nombre par une fraction.

Attention : Il peut y avoir plusieurs réponses exactes pour chaque énoncé ! Les trouver toutes.

	A	B	C	D	Si échec, revoir :
86 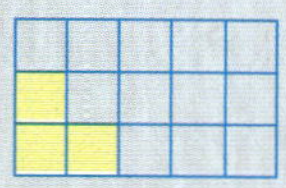 La fraction correspondant à la partie coloriée est :	3 carreaux	$\frac{3}{15}$	$\frac{1}{3}$	$\frac{1}{5}$	p. 96
87 La fraction $\frac{11}{7}$ représente :	11 : 7	$11 \times \frac{1}{7}$	1,57	le nombre qui, multiplié par 11, donne 7	p. 98
88 Dans la fraction $\frac{7}{8}$:	le nominateur est 7	le numérateur est 7	le dénominateur est 7	le dénominateur est 8	p. 98

Pour les exercices 89 et 90, on utilise la portion de demi-droite graduée ci-contre.

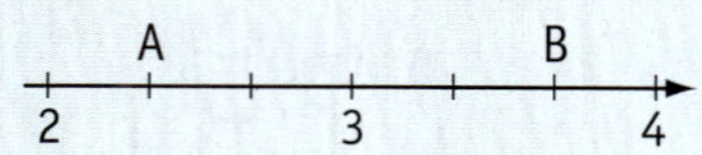

	A	B	C	D	Si échec, revoir :
89 L'abscisse du point A est :	2,3	$2 + \frac{1}{3}$	$\frac{8}{3}$	$\frac{7}{3}$	p. 98
90 L'abscisse du point B est :	$\frac{11}{3}$	$3 + \frac{2}{3}$	$4 - \frac{1}{3}$	$4 + \frac{1}{3}$	p. 98
91 La fraction $\frac{4}{5}$ est égale à :	$\frac{8}{10}$	$\frac{8}{15}$	$\frac{12}{20}$	$\frac{12}{15}$	p. 99 p. 102
92 La fraction $\frac{44}{24}$ est égale à :	$\frac{4}{2}$	20	$\frac{11}{6}$	$\frac{22}{12}$	p. 99 p. 102
93 $14 \times \frac{3}{5}$ est égal à :	$(14 \times 3) : 5$	$(14 \times 5) : 3$	$(3 : 5) \times 14$	$(14 : 5) \times 3$	p. 103
94 $16 \times \frac{3}{6}$ est égal à :	8	7,8	0,5	$\frac{48}{6}$	p. 103
95 $\frac{4}{9}$ de 45 m sont égaux à :	20	0,05 m	20 m	18 m	p. 100

> Corrigés et exercices de soutien : voir

> J'approfondis

96 Dans chaque cas, indiquer quelle fraction de la surface du carré est coloriée.

a) **b)** **c)**

97

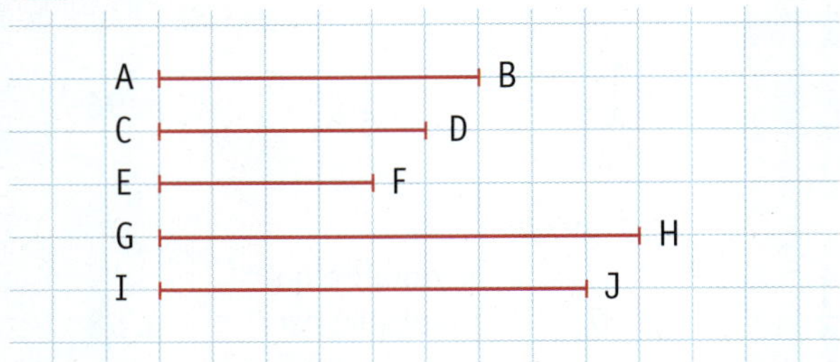

Recopier et compléter par une fraction la plus simple possible en utilisant la figure.

a) $CD = \frac{...}{...} \times AB$; **b)** $EF = \frac{...}{...} \times AB$;

c) $GH = \frac{...}{...} \times AB$; **d)** $AB = \frac{...}{...} \times IJ$.

98 **1)** Tracer un segment [AB] de longueur 7 cm. Placer le point C de ce segment tel que AC = 3 cm.

2) Recopier et compléter.

a) $AC = \frac{...}{...} \times AB$; **b)** $BC = \frac{...}{...} \times AB$;

c) $AB = \frac{...}{...} \times AC$; **d)** $AC = \frac{...}{...} \times BC$.

99 Tracer une demi-droite graduée pour y placer les points A, B, C et D d'abscisses respectives $\frac{2}{3}$; $\frac{5}{6}$; $\frac{7}{3}$ et $\frac{11}{6}$.

100 Tracer une demi-droite graduée pour y placer les points E, F, G et H d'abscisses respectives $\frac{3}{4}$; $1 + \frac{1}{8}$; $2 - \frac{1}{4}$ et $3 + \frac{7}{8}$.

101 **1)** Écrire la liste de toutes les fractions égales à 1 et qui ont pour dénominateur 8.

2) Écrire la liste de toutes les fractions inférieures à 1 et qui ont pour dénominateur 8.

3) Peut-on écrire la liste de toutes les fractions supérieures à 1 et qui ont pour dénominateur 8 ? Pourquoi ?

102 Parmi les nombres suivants, trouver l'intrus :

$\frac{3}{4}$ | $\frac{2}{5}$ | $\frac{4}{3}$ | $\frac{9}{10}$ | $\frac{3}{8}$

103 Parmi les fractions suivantes, trouver l'intruse :

$\frac{6}{8}$ | $\frac{3}{15}$ | $\frac{24}{20}$ | $\frac{4}{10}$ | $\frac{35}{25}$

104 Simplifier le plus possible chaque fraction.

a) $\frac{90}{108}$; **b)** $\frac{49}{105}$; **c)** $\frac{143}{66}$; **d)** $\frac{160}{224}$.

105 Écrire chaque quotient sous la forme d'une fraction.

a) $\frac{1{,}3}{2{,}5}$; **b)** $\frac{0{,}3}{7}$; **c)** $\frac{2{,}14}{3{,}17}$; **d)** $\frac{1{,}4}{2{,}83}$.

106 Écrire chaque quotient sous la forme d'une fraction la plus simple possible.

a) $\frac{2{,}5}{3{,}5}$; **b)** $\frac{1{,}5}{3}$; **c)** $\frac{4}{1{,}2}$; **d)** $\frac{2{,}7}{0{,}18}$.

107 Écrire chaque nombre comme la somme d'un nombre entier et d'une fraction inférieure à 1 la plus simple possible.

a) 12,4 ; **b)** 24,8 ; **c)** 2,05 ; **d)** 17,25.

108 Écrire chaque nombre comme la somme d'un nombre entier et d'une fraction inférieure à 1 la plus simple possible.

a) 3,15 ; **b)** 6,04 ; **c)** 27,008 ; **d)** 4,205.

109 Écrire chaque fraction comme la somme d'un nombre entier et d'une fraction inférieure à 1 la plus simple possible.

a) $\frac{9}{6}$; **b)** $\frac{33}{9}$; **c)** $\frac{26}{4}$; **d)** $\frac{105}{10}$.

110 Recopier et compléter par une fraction.

a) « Un décimètre est égal à **...** d'un mètre. »

b) « Un centimètre est égal à **...** d'un mètre. »

c) « Un mètre est égal à **...** d'un kilomètre. »

d) « Un décimètre est égal à **...** d'un hectomètre. »

111 Recopier et compléter par une fraction la plus simple possible.

a) « 5 décimètres sont égaux à **...** d'un mètre. »

b) « 25 centimètres sont égaux à **...** d'un mètre. »

c) « 2 millimètres sont égaux à **...** d'un centimètre. »

d) « 75 mètres sont égaux à **...** d'un hectomètre. »

112 1) Recopier et compléter les égalités suivantes :

a) « $125 \times 0{,}1 = 125 \times \frac{1}{...} = (125 \times 1) : ... = 125 : ...$ » ;

b) « $28 \times 0{,}01 = 28 \times \frac{1}{...} = (28 \times 1) : ... = 28 : ...$ ».

2) Recopier et compléter les phrases suivantes :

a) « Multiplier un nombre par 0,1 revient à le diviser par... . »

b) « Multiplier un nombre par 0,01 revient à le diviser par... . »

113 Recopier et compléter les égalités.

a) $570 \times ... = 57$;

b) $570 : ... = 57$;

c) $570 \times \frac{...}{...} = 57$;

d) $257 : ... = 2{,}57$;

e) $257 \times \frac{...}{...} = 2{,}57$;

f) $257 \times ... = 2{,}57$.

114 Dans le village de Villehaute, $\frac{3}{5}$ des 1 030 électeurs ont voté pour Monsieur Lemaire.

Dans le village voisin de Villedubas, $\frac{11}{20}$ des 1 140 votants ont voté pour Madame Lefils.

1) Calculer, puis comparer les quotients $\frac{3}{5}$ et $\frac{11}{20}$.

2) Qui de Monsieur Lemaire ou de Madame Lefils a obtenu le plus de voix lors de ces élections ?
Justifier la réponse.

115 Ce soir-là, 39 940 spectateurs ont assisté à un match de l'Olympique Lyonnais. $\frac{13}{20}$ de ces spectateurs étaient des abonnés. Les autres ont acheté un billet.

- Calculer le nombre de spectateurs qui ont acheté un billet pour cette rencontre.

116 **SVT**

En 2006, la masse de cerises produites en France était de 68 milliers de tonnes.

On a récolté environ $\frac{7}{20}$ de cette production dans la région Provence-Alpes-Côte d'Azur.

- Calculer de deux façons différentes la masse de cerises récoltées dans les autres régions en 2006.

117 80 candidats participent à un jeux télévisé.

À la fin de la première semaine, le quart des candidats est éliminé.

À la fin de la deuxième semaine, les deux tiers de ceux qui restent sont éliminés.

À la fin de la troisième semaine, les trois cinquièmes des candidats restants sont éliminés.

1) Calculer le nombre de candidats éliminés à la fin de la première semaine.

2) Calculer le nombre de candidats éliminés à la fin de la deuxième semaine.

3) Calculer le nombre de candidats qui participeront à la finale pendant la quatrième semaine.

118 Ce matin, Sabine a ouvert une bouteille contenant 1,5 L d'eau. Elle en a bu les $\frac{2}{5}$. À midi, elle a bu $\frac{2}{3}$ du reste. À 14 h, elle a terminé la bouteille.

- Calculer le volume d'eau bue par Sabine à 14 h.

119 Juliette possède 2 057 timbres.

$\frac{3}{11}$ des timbres sont des timbres étrangers.

$\frac{5}{17}$ des timbres étrangers sont des timbres allemands.

- Combien de timbres allemands Juliette possède-t-elle ?

120 **Géographie**

En 1950, la France métropolitaine comptait 12 495 000 habitants de moins de 19 ans, ce qui représentait les $\frac{3}{10}$ du nombre total d'habitants.

En 2007, la population totale de la France métropolitaine correspond à environ $\frac{25}{17}$ de la population totale en 1950. Les moins de 19 ans représentent alors un quart de la population.

- Calculer le nombre d'habitants de moins de 19 ans en France métropolitaine en 2007.

DEVOIRS À LA MAISON

DEVOIR A

121 **1)** Donner la partie entière et la partie décimale de la fraction $\frac{8}{5}$.

2) Donner une valeur approchée au centième par excès de la fraction $\frac{3}{7}$.

122 La Seine est un fleuve français long de 776 km qui prend sa source sur le plateau de Langres à 470 m d'altitude. Elle traverse Troyes, Paris, Rouen et se jette dans la Manche près du Havre.

Les navires de haute mer peuvent remonter la Seine jusqu'à Rouen : ce qui correspond à $\frac{3}{20}$ de sa longueur.

- Calculer la distance que parcourt un navire de haute mer sur la Seine jusqu'à Rouen.

DEVOIR B

123 **1)** Donner une fraction égale à $\frac{4}{5}$ et qui a pour numérateur 20.

2) Donner une fraction égale à 1,25 et qui a pour dénominateur 12.

3) Simplifier la fraction $\frac{45}{135}$.

4) Écrire le nombre 0,85 sous la forme d'une fraction la plus simple possible.

5) Écrire la fraction $\frac{17}{6}$ comme la somme d'un nombre entier et d'une fraction inférieure à 1.

124 Gilles a dépensé les quatre onzièmes de ses 55 € pour acheter un livre.

Il a utilisé les trois septièmes du reste pour l'achat d'un DVD.

Il s'est également offert un cédérom avec la moitié de la somme restante.

1) Calculer le prix du cédérom.

2) Calculer le montant total de la dépense.

JE CHERCHE...

125 On considère cette égalité $\frac{833}{3\,332} = \frac{8☯3☯3}{3☯3☯3☯2}$ dans laquelle un symbole ☯ peut être remplacé par le signe × ou par rien.

- Rendre cette égalité vraie en remplaçant un seul symbole ☯ du numérateur et un seul symbole ☯ du dénominateur par le signe ×.

J'ai trouvé deux possibilités.

126 Ingrid a effectué $\frac{3}{8}$ de son trajet et il lui reste 35 km à parcourir.

- Quelle est la longueur de son trajet ?

127 Dans chaque cas, indiquer quelle fraction de la surface de la figure est coloriée.

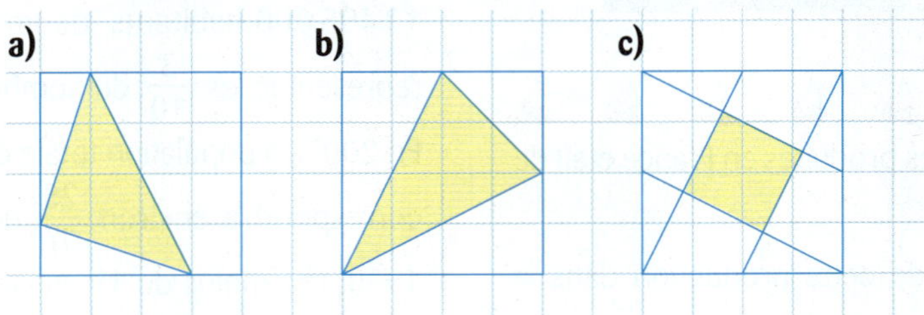

128 Samir lit 3 h 15 sur sa montre à aiguilles.

- Quelle est la mesure en degré de l'angle entre les deux aiguilles ?

> J'utilise la calculatrice

Les calculatrices utilisées au collège permettent de saisir les fractions comme on les écrit en cours de mathématiques.

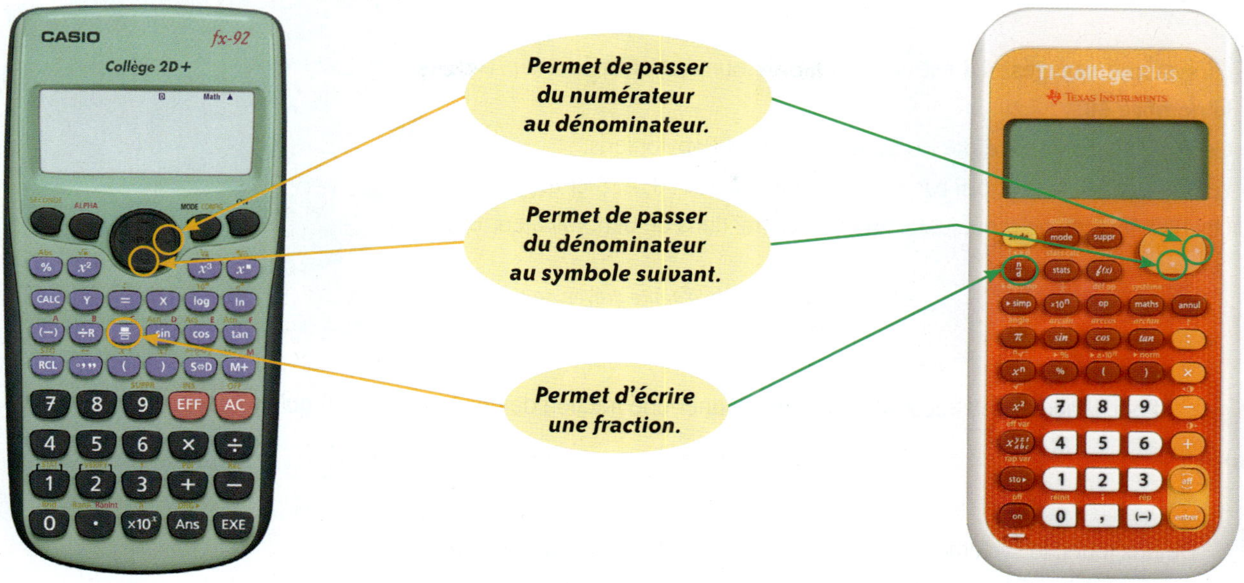

EXEMPLE : Simplifier la fraction $\frac{522}{1\,740}$.

Casio Collège 2D +

- Sélectionner le format « Math » (voir à la page 286).
- Taper la séquence suivante :

- On obtient à l'écran :

Donc : $\frac{522}{1\,740} = \frac{3}{10}$.

TI-Collège

- Sélectionner les modes « SIMPAUTO » et « AFFNATUREL » (voir à la page 287).
- Taper la séquence suivante :

- On obtient à l'écran :

Donc : $\frac{522}{1\,740} = \frac{3}{10}$.

129 Simplifier : **a)** $\frac{2\,100}{735}$; **b)** $\frac{299}{3\,289}$; **c)** $\frac{9\,592}{11\,336}$; **d)** $\frac{35\,922}{5\,987}$.

EXEMPLE : Calculer $\frac{10}{36} \times 9$.

Casio Collège 2D +

- Taper la séquence suivante :

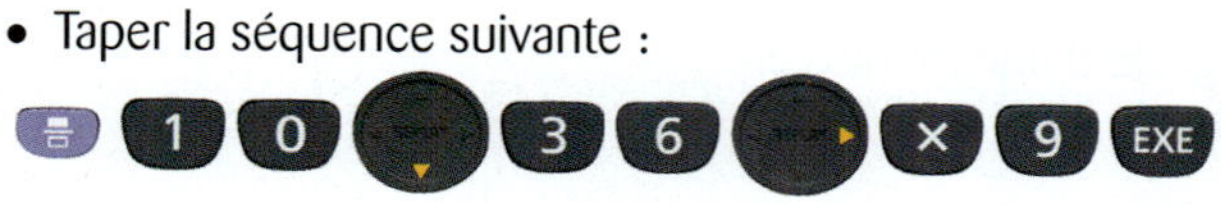

- On obtient à l'écran :

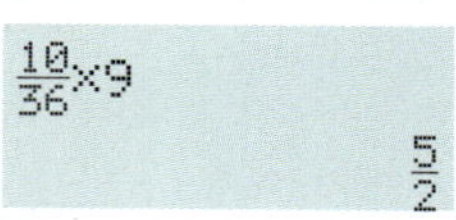

Donc : $\frac{10}{36} \times 9 = \frac{5}{2}$.

TI-Collège

- Taper la séquence suivante :

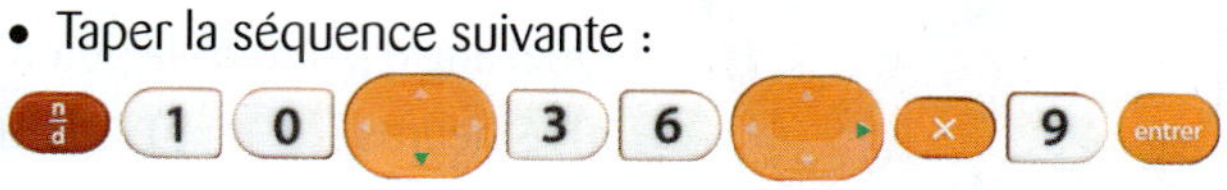

- On obtient à l'écran :

Donc : $\frac{10}{36} \times 9 = \frac{5}{2}$.

130 Calculer : **a)** $\frac{25}{90} \times 15$; **b)** $121 \times \frac{7}{66}$; **c)** $\frac{17}{28} \times 24$; **d)** $38{,}4 \times \frac{54}{83}$.

> Découverte

Le système sexagésimal

Le **système sexagésimal** est un système de numération qui a pour base **le nombre 60**.
Ce système a été utilisé par les Sumériens et les Babyloniens.
Le nombre 60 a été choisi car il est divisible par 1, 2, 3, 4, 5 et 6.
Les Babyloniens ne représentaient que des fractions de dénominateur 60.

Une tablette d'argile gravée de signes cunéiformes, découverte en Mésopotamie, vers 2900-2200 avant J.-C., époque sumérienne.

131 Pour chacune des fractions suivantes, donner une fraction de dénominateur 60 qui lui est égale :

a) $\frac{1}{2}$; **b)** $\frac{1}{3}$; **c)** $\frac{1}{4}$; **d)** $\frac{1}{5}$; **e)** $\frac{1}{6}$; **f)** $\frac{1}{10}$.

De nos jours, le système sexagésimal est utilisé pour la **mesure du temps**.
En effet : 1 h = 60 min et 1 min = 60 s.

132 **1)** Calculer chaque durée.

a) $\frac{1}{2}$ de 60 min ; **b)** $\frac{1}{4}$ de 60 min ; **c)** $\frac{3}{4}$ de 60 min ; **d)** $\frac{1}{10}$ de 60 min.

2) Convertir en minutes chacune des quantités suivantes :

a) une demi-heure ; **b)** un quart d'heure ; **c)** trois quarts d'heure ; **d)** un dixième d'heure.

133 **1)** Calculer en minutes chacune des quantités suivantes :

a) un tiers d'heure ; **b)** deux tiers d'heure ; **c)** un cinquième d'heure ; **d)** un douzième d'heure.

2) Recopier et compléter chaque égalité par une fraction.

a) 12 min = ... h ; **b)** 20 minutes = ... h ; **c)** 5 min = ... h ; **d)** 40 min = ... h.

Le système sexagésimal est aussi utilisé pour la **mesure des angles**.
En effet, un degré se divise en 60 minutes et une minute en 60 secondes.
Lorsque la grande aiguille d'une montre effectue un tour de cadran, elle parcourt un angle de 360°.

134 Quel angle parcourt la grande aiguille lorsqu'elle effectue :

a) un demi-tour ? **b)** un quart de tour ? **c)** un tiers de tour ?

135 La petite aiguille d'une montre effectue un tour de cadran en 12 heures.
Quel angle parcourt la petite aiguille d'une montre en :

a) 6 heures ? **b)** 3 heures ?
c) 9 heures ? **d)** 1 heure ?

136 Dans chaque cas, déterminer l'angle entre la petite aiguille et la grande aiguille.

a)

b)

c)

Chapitre 7 Proportionnalité

REVOIR

> les propriétés de la proportionnalité ;
> le passage par l'unité ;
> l'utilisation de « la règle de trois ».

DÉCOUVRIR

> la reconnaissance d'une situation de proportionnalité ;
> le coefficient de proportionnalité ;
> comment appliquer un taux de pourcentage.

SOCLE COMMUN

- **SC1** Reconnaître si deux grandeurs sont proportionnelles ou non proportionnelles.
- **SC2** Utiliser les propriétés additives et multiplicatives de la proportionnalité.
- **SC3** Utiliser le coefficient de proportionnalité entier ou décimal simple.
- **SC4** Comprendre et appliquer l'expression « *p pour cent de* ».

La tour CMA CGM se situe sur les quais du port de Marseille.

L'architecte Zaha Hadid est née en 1950 à Bagdad (Irak). Elle est la première femme à obtenir le prix d'architecture Pritzker en 2004. Elle a notamment conçu les plans de la tour CMA CGM de Marseille.

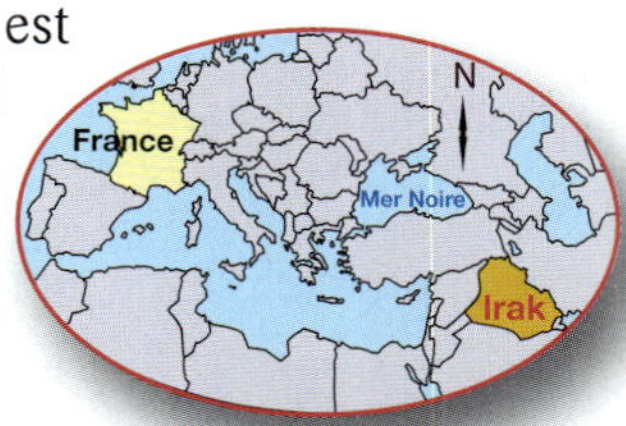

1) Mesurer sur la photographie la longueur de l'immeuble foncé et la hauteur de la tour.

2) La longueur de l'immeuble est environ égale à 75 m.
En déduire la hauteur réelle de la tour.

1 Je reconnais une situation de proportionnalité

1) Pour le dernier contrôle d'histoire, Farid a révisé pendant une heure et a obtenu une note de 11 sur 20. Pour le prochain devoir, il décide de travailler deux fois plus longtemps.

a) Peut-on prévoir la note que va obtenir Farid au prochain devoir ? Si oui, la calculer.

b) La note obtenue à un devoir est-elle proportionnelle à la durée de révision ?

2) Lucile prend toujours le même chemin pour aller de sa maison à son collège.
Elle effectue 16 trajets par semaine et parcourt ainsi 7,2 km.
Une semaine, alors qu'elle était malade, Lucile n'a pu effectuer que 8 trajets.

a) Peut-on déterminer la distance parcourue par Lucile durant cette semaine de maladie ? Si oui, la calculer.

b) La distance parcourue par Lucile est-elle proportionnelle au nombre de trajets effectués ?

2 J'utilise des propriétés de la proportionnalité

JE REVOIS

Céline fait une collection de modèles réduits de voitures.
Elle a payé 20,70 € pour l'achat de 6 voitures.
Chaque voiture miniature est vendue au même prix.
Le prix payé est proportionnel au nombre de voitures achetées.

A Utilisation des propriétés de la proportionnalité

1) **a)** Que permet de calculer l'opération **20,70 : 2** ?

b) Calculer de même le prix d'achat de 2 voitures.

c) Déduire des résultats précédents le prix payé par Céline pour l'achat de 5 voitures.

2) **a)** Que permet de calculer l'opération **20,70 : 6** ?

b) En déduire le prix payé par Céline pour l'achat de 13 voitures.

B Coefficient de proportionnalité

1) En utilisant les résultats des questions précédentes, recopier et compléter le tableau suivant :

Nombre de voitures miniatures	6	1	2	3	5	13
Prix payé par Céline (en €)	20,7					

2) **a)** Quel est le nombre écrit dans la case verte ? À quoi correspond-il ?

b) Multiplier le nombre écrit dans la case verte par : 2 ; 3 ; 5 ; 13.

c) Que retrouve-t-on dans chaque cas ? Expliquer pourquoi.

d) Recopier et compléter la phrase suivante :

« Dans ce tableau, on passe d'un nombre de la première ligne au nombre correspondant de la seconde ligne en ... par ... . »

Le nombre écrit dans la case verte est appelé **coefficient de proportionnalité**.

3 Je justifie la règle de trois

JE REVOIS

Pour une cantine, Clment et Victoire désirent acheter 50 bouteilles de lait identiques.
Le prix d'une bouteille de lait n'est pas précisé, mais un lot de 60 bouteilles de lait est vendu 63 €.
Clément et Victoire calculent le prix des 50 bouteilles de lait.

A Raisonnement de Clément

Recopier et compléter le travail réalisé par Clément sur son calepin.

60 bouteilles de lait sont vendues 63 €.	Calculs
Ainsi, 1 bouteille de lait coûte ... fois ..., c'est-à-dire (63 : ...) €.	63 : ... = ...
Et 50 bouteilles coûtent ... fois ..., c'est-à-dire (63 : ...) × ... €.	1,05 × ... = ...

B Méthode de Victoire

Recopier et compléter le travail réalisé par Victoire sur son carnet.

... de bouteilles de lait	60	50
... payé (en €)	63	?

(63 × 50) : 60 = ...

C Justification

1) Que permet de calculer la première opération effectuée par Clément ?

2) Comment nomme-t-on la méthode utilisée par Victoire ?

3) **a)** Justifier chacune des égalités suivantes $(63 : 60) \times 50 = \frac{63}{60} \times 50$ et $\frac{63}{60} \times 50 = (63 \times 50) : 60$.

b) Que peut-on en déduire concernant les calculs effectués par Clément et ceux effectués par Victoire ?

4 J'applique un taux de pourcentage

Olivia rêve d'une console de jeux qui coûte 240 €. Un magasin accorde une remise de 22 % sur ce prix.
Cela signifie que la remise accordée est proportionnelle au prix initial de vente et que pour un prix de 100 €, le magasin accorde une remise de 22 €.
Pour cette console, la remise accordée à Olivia est de 52,80 €.

A Vérification en utilisant la proportionnalité

Recopier et compléter le tableau suivant :

Prix initial (en €)	100	200	10	40	240
Remise (en €)					

B Vérification en utilisant les quotients

« Vingt-deux pour cent » est égal à « vingt-deux centièmes ».

1) Déterminer une écriture fractionnaire de 22 %.

2) Recopier et compléter :

« Pour calculer 22 % de 240, on prend $\frac{22}{100}$ de 240. C'est-à-dire, on multiplie **...** par **...** .

Ainsi, $\frac{22}{100} \times 240 = (\mathbf{...} : 100) \times \mathbf{...} = 0{,}22 \times \mathbf{...} = \mathbf{...}$. »

1 Propriétés de la proportionnalité

a) Additivité et multiplicativité

■ **EXEMPLE :**

Une apicultrice vend du miel au kilogramme, c'est-à-dire que le prix payé est proportionnel à la masse de miel acheté. Le prix de 1,5 kg de miel est 20,40 €. Combien coûtent 3,5 kg de miel ?

Prix de 3 kg de miel	Prix de 0,5 kg de miel	Prix de 3,5 kg de miel
Lorsque l'on achète 2 fois plus de miel, on paye 2 fois plus : $20{,}4 \times 2 = 40{,}8$ Donc, 3 kg de miel coûtent 40,80 €.	Lorsque l'on achète 3 fois moins de miel, on paye 3 fois moins : $20{,}4 : 3 = 6{,}8$ Donc, 0,5 kg de miel coûte 6,80 €.	Lorsque l'on achète 3 kg de miel et 0,5 kg de miel, on paye 40,80 € et 6,80 € : $40{,}8 + 6{,}8 = 47{,}6$ Donc, 3,5 kg de miel coûtent 47,60 €.

b) Passage par l'unité

■ **EXEMPLE :**

Un épicier vend des kiwis à la pièce, c'est-à-dire que le prix payé est proportionnel au nombre de kiwis achetés. Le prix de 5 kiwis est 1,20 €. Combien coûtent 8 kiwis ?

Prix d'un kiwi	Prix de 8 kiwis
On divise par 5 le prix de 5 kiwis : $1{,}2 : 5 = 0{,}24$ Donc, un kiwi coûte 0,24 €.	On multiplie par 8 le prix d'un kiwi : $0{,}24 \times 8 = 1{,}92$ Donc, 8 kiwis coûtent 1,92 €.

c) Coefficient de proportionnalité

■ **EXEMPLE :**

Un styliste vend du tissu au mètre, c'est-à-dire que le prix payé est proportionnel à la longueur de tissu acheté. Le prix de 4 m de tissu est 38,40 €. Combien coûtent 5,5 m de tissu ?

On peut utiliser le tableau suivant :

: 4

Longueur de tissu (en m)	4	1	5,5
Prix à payer (en €)	38,4	9,6	$5{,}5 \times 9{,}6 = 52{,}8$

: 4

× 9,6

Donc 5,5 m de tissu coûtent 52,80 €.

Vocabulaire

Dans ce tableau, on obtient chaque nombre de la seconde ligne en multipliant le nombre correspondant de la première ligne par un **même nombre**.

Ce nombre est appelé **coefficient de proportionnalité**. Il s'agit ici du nombre **9,6**.

■ **Remarque :** Le coefficient de proportionnalité **9,6** correspond au prix d'un mètre de tissu.

d) Règle de trois

■ **EXEMPLE :**

Une décoratrice réalise un plan à l'échelle, c'est-à-dire que la longueur sur le plan est proportionnelle à la longueur réelle. Une longueur réelle de 420 cm est représentée sur le plan par 84 mm.

- La décoratrice désire représenter une longueur sur le terrain de 345 cm.

Longueur réelle (en cm)	**420**	**345**
Longueur sur le plan (en mm)	**84**	(**84** × **345**) : **420** = **69**

Cette décoratrice va représenter une longueur réelle de 345 cm par une longueur de 69 mm sur son plan.

- La décoratrice mesure sur son plan une longueur de 57 mm.

Longueur réelle (en cm)	**420**	(**420** × **57**) : **84** = **285**
Longueur sur le plan (en mm)	**84**	**57**

La longueur représentée par 57 mm sur le plan mesure 285 cm dans la réalité.

2 Application d'un taux de pourcentage

■ **EXEMPLE :**

Un collège comporte 780 élèves dont 35 % d'élèves externes.

Vocabulaire

« 35 % des élèves du collège sont externes » signifie que :

- le nombre d'élèves externes est **proportionnel** au nombre d'élèves du collège ;
- pour **100** élèves de ce collège, **35** élèves sont externes.

■ **Remarque :** Pour calculer le nombre d'élèves externes de ce collège, on **calcule 35 % de 780**.

Propriété

p désigne un nombre donné.

Pour calculer *p* % d'une quantité, on multiplie cette quantité par $\frac{p}{100}$.

■ **EXEMPLE :**

Pour calculer 35 % de 780, on calcule : $780 \times \frac{35}{100} = 780 \times 0{,}35 = 273$.

Dans ce collège, 273 élèves sont externes.

■ **Remarque :** On peut écrire **35 %** $= \frac{35}{100} =$ **0,35**.

Point de repère

- Si les propriétés additives et multiplicatives ne s'appliquent pas, alors il ne s'agit pas d'une situation de proportionnalité.
- Avant d'appliquer la règle de trois, il faut s'assurer qu'il s'agit d'une situation de proportionnalité.

> Savoir-faire

1 J'APPRENDS À... Utiliser la règle de trois

Énoncé : Un peintre en bâtiment rénove la façade d'un hôtel. Il sait que pour peindre un mur d'aire 80 m², il consomme 25 L de peinture. L'aire de la surface peinte est proportionnelle au volume de peinture utilisée.

- Quel volume de peinture doit-il prévoir pour peindre la façade d'aire 200 m² ?

Solution :

J'ai réalisé un tableau de proportionnalité, en précisant le titre de chaque ligne.

J'ai utilisé la règle de trois.

Il s'agit d'une situation de proportionnalité.

Volume de peinture (en L)	25	?
Aire peinte (en m²)	80	200

On a $? = \frac{25 \times 200}{80} = 62,5$.

Ce peintre doit prévoir 62,5 L de peinture pour peindre cette façade.

> J'APPLIQUE.

1 Ludivine dilue de la peinture avec de l'eau. Le volume d'eau à ajouter est proportionnel au volume de peinture à diluer.
Pour 10 L de peinture, il faut ajouter 1,5 L d'eau.
- Quel volume d'eau va-t-elle utiliser pour diluer 6 L de peinture ?

2 Pour une recette de tarte aux mirabelles, Clément mélange du sucre et de la cannelle.
Pour 75 g de sucre, il ajoute 6 cuillères à café de cannelle. Le volume de cannelle est proportionnel à la masse de sucre.
- Combien de cuillères à café de cannelle doit-il ajouter à 125 g de sucre ?

3 Un bûcheron vend du bois de chauffage.
Le prix du bois est proportionnel au volume acheté.
6 stères de bois coûtent 52,20 €.
- Combien de stères de bois peut-on acheter avec 200,10 € ?

4 Une longueur réelle de 24 km est représentée sur un plan par un segment de longueur 96 mm.
La longueur sur ce plan est proportionnelle à la longueur réelle qu'elle représente.
On mesure sur ce plan une longueur de 35 mm.
- Quelle est la longueur réelle ainsi représentée ?

5 Une fermière élève 8 poulets.
Elle utilise quotidiennement 680 g de blé pour nourrir ses 8 poulets.
La masse de blé est proportionnelle au nombre de poulets. Elle achète 3 autres poulets.
- Quelle masse de blé va-t-elle donner chaque jour à l'ensemble de ses poulets ?

6 La masse d'un métal est proportionnelle à son volume.
34 cm³ d'argent ont une masse de 357 g.
- Quel est le volume d'argent de masse 651 g ?

7 Lors d'un essorage, le tambour d'une machine à laver le linge effectue 4 800 tours en 5 minutes.
Le nombre de tours effectués est proportionnel à la durée de fonctionnement de la machine.
- En combien de temps le tambour de cette machine effectue-t-il 12 000 tours ?

2 J'APPRENDS À... Prendre *p*% d'une quantité

Énoncé : Lors du second tour d'une élection, 58 600 personnes ont voté pour l'un des deux seuls candidats : Natalie Grange et Pascal Neveu.
Natalie Grange a été élue avec 50,5 % des voix exprimées.
1) Quel pourcentage de votes a obtenu Pascal Neveu ?
2) Calculer le nombre de voix obtenues par Natalie Grange.

Solution :

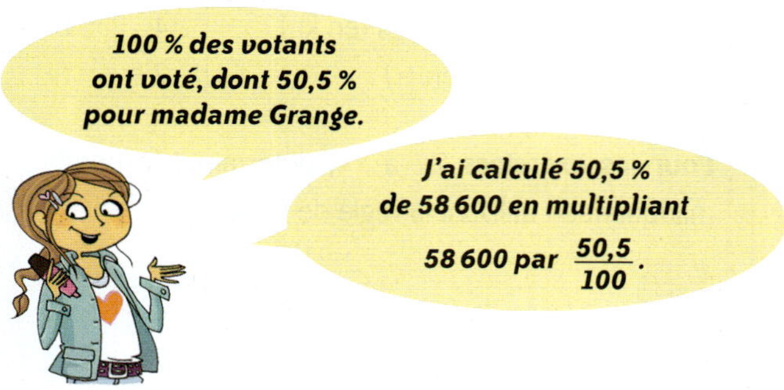

1) 100 % – 50,5 % = 49,5 %
Pascal Neveu a obtenu 49,5 % des voix exprimées.

2) $58\,600 \times \frac{50,5}{100} = 58\,600 \times 0,505 = 29\,593$
Natalie Grange a obtenu 29 593 voix.

J'APPLIQUE.

8 SC4 La classe de Sixième D comporte 25 élèves. Lors des élections des délégués, tous les élèves ont voté et Jean a été élu avec 68 % des voix.
1) Quel est le pourcentage d'élèves n'ayant pas voté pour Jean ?
2) Combien d'élèves ont voté pour Jean ?

9 SC4 Un collège comporte 1 280 élèves.
55 % des élèves sont demi-pensionnaires et 30 % sont externes. Les autres élèves sont pensionnaires.
1) Dans ce collège, quel est le pourcentage d'élèves pensionnaires ?
2) Calculer le nombre d'élèves :
a) demi-pensionnaires ; **b)** externes.
3) Calculer (de deux façons différentes) le nombre d'élèves pensionnaires.

10 SC4 Le collège Marie Curie comporte 960 élèves.
- 17,5 % des élèves vont au collège à pied ;
- 42,5 % des élèves vont en bus ;
- 27,5 % des élèves vont en voiture ;
- les autres élèves vont au collège à vélo.

Calculer le nombre d'élèves qui vont à ce collège :
a) à pied ; **b)** en bus ;
c) en voiture ; **d)** à vélo.

11 SC4 Un magasin baisse de 10 % les prix de tous ses articles.

1) Recopier et compléter le tableau suivant :

Prix avant promotion (en €)	100	50	25	150	175
Montant de la remise (en €)					

2) Donner une méthode permettant de calculer mentalement 10 % d'un nombre donné.
3) Prendre 10 % de :
a) 500 ; **b)** 257 ; **c)** 60 ; **d)** 87 ; **e)** 126,8.

12 SC4 Un magasin baisse les prix de tous ses articles de 25 %.
1) Recopier et compléter le tableau suivant :

Prix avant promotion (en €)	100	40	240	42	8,4
Montant de la remise (en €)					

2) Donner une méthode permettant de calculer mentalement 25 % d'un nombre donné.
3) Prendre 25 % de :
a) 84 ; **b)** 280 ; **c)** 16,8 ; **d)** 22 ; **e)** 5.

> À l'oral

13 SC1 Myriam a 12 ans et mesure 1,62 m.
1) Aura-t-elle le double de sa taille lorsqu'elle aura le double de son âge ?
2) La taille d'un individu est-elle proportionnelle à son âge ?
3) Peut-on préciser la taille qu'avait Myriam lorsqu'elle avait 6 ans ?

14 SC1 Un épicier vend des ananas « Victoria » provenant de La Réunion.
Chaque ananas est vendu 1,85 €.
La masse d'un ananas est comprise entre 680 et 760 grammes.
1) Le prix payé est-il proportionnel au nombre d'ananas achetés ? Expliquer pourquoi.
2) La masse des ananas achetés est-elle proportionnelle à leur nombre ? Expliquer pourquoi.
3) Le prix payé est-il proportionnel à la masse des ananas achetés ? Expliquer pourquoi.

15 SC2 Une mareyeuse vend des moules.
Leur prix est proportionnel à leur volume.

Volume de moules (en L)	2	5
Prix payé (en €)	2,8	7

Calculer le prix à payer d'un volume de moules de :
a) 4 L ; **b)** 7 L ; **c)** 15 L ; **d)** 1 L.

16 SC2 Le volume d'eau aspiré par une pompe est proportionnel à sa durée de fonctionnement.

Durée de fonctionnement (en min)	3	5
Volume aspiré (en m^3)	0,6	1

Calculer le volume d'eau aspiré en :
a) 8 min ; **b)** 9 min ; **c)** 10 min ; **d)** 1 h.

17 SC2 Le prix d'une moquette est proportionnel à son aire.
8 m^2 de moquette sont vendus 88 €.
1) Calculer le prix de 1 m^2 de cette moquette.
2) En déduire le prix de 50 m^2 de cette moquette.

18 SC2 La masse d'un métal est proportionnelle à son volume.
10 cm^3 d'aluminium ont une masse de 27 g.
1) Calculer la masse de 1 cm^3 d'aluminium.
2) En déduire la masse de 2 cm^3 d'aluminium.
3) Quel est le volume d'aluminium dont la masse est 54 g ?

SC3 **Pour les exercices 19 à 21,** déterminer dans chaque cas le coefficient de proportionnalité.

19

Masse de tomates (en kg)	3	1
Prix payé (en €)	3,6	?

20

Masse d'oranges (en kg)	2	1
Prix payé (en €)	3	?

21

Masse de coings (en kg)	4	1
Prix payé (en €)	2	?

Pour les exercices 22 à 24, déterminer le nombre manquant en utilisant la règle de trois.

22

Masse de poivrons (en kg)	6	4
Prix payé (en €)	9	?

23

Masse de navets (en kg)	3	5
Prix payé (en €)	2,4	?

24

Masse de carottes (en kg)	3,5	?
Prix payé (en €)	5	3

25 Donner l'écriture décimale de chacun des pourcentages suivants :
a) 33 % ; **b)** 60 % ; **c)** 125 % ; **d)** 6 %.

26 SC4 **1)** Compléter la phrase suivante :
« Pour calculer 30 % de 8, on multiplie ... par ... .»
2) Calculer 30 % de 8.

27 SC4 Calculer 1 % de :
a) 240 ; **b)** 48 ; **c)** 100 ; **d)** 5,6 ; **e)** 2368.

28 SC4 Calculer :
a) 8 % de 5 ; **b)** 6 % de 10 ; **c)** 3 % de 7 ;
d) 9 % de 20 ; **e)** 5 % de 12 ; **f)** 15 % de 4.

29 **1)** Un magasin baisse de 50 % les prix de tous ses articles.
Calculer la baisse correspondant à un article coûtant initialement :
a) 100 € ; **b)** 10 € ; **c)** 30 € ; **d)** 1 € ; **e)** 36 €.
2) a) Donner une méthode permettant de calculer mentalement 50 % d'un nombre donné.
b) Calculer 50 % de 421.

Proportionnalité ou non-proportionnalité

30 SC1 Une agricultrice vend des pommes reine des reinettes « Bio ».

1)

Masse de pommes (en kg)	8,4	4,2	12,6
Nombre de pommes	62	29	93

Le nombre de pommes récoltées est-il proportionnel à leur masse ? Justifier la réponse.

2)

Masse de pommes (en kg)	8,4	4,2	12,6
Prix payé (en €)	12,6	6,3	18,9

Le prix payé est-il proportionnel à la masse des pommes achetées ? Justifier la réponse.

31 La vitesse d'une automobile est-elle proportionnelle au nombre de personnes présentes dans la voiture ? Justifier la réponse à l'aide d'un exemple.

Propriétés d'additivité et de multiplicativité

32 SC2 Un charcutier vend de la saucisse fraîche. Le prix payé est proportionnel à la masse de saucisse achetée.

1,2 kg de saucisse fraîche coûte 5,40 €.

- Recopier et compléter le tableau suivant :

Masse de saucisse fraîche (en kg)	1,2	0,4	0,3	0,7
Prix payé (en €)				

33 SC2 Une quincaillière vend de la corde marine. Le prix payé est proportionnel à la longueur de la corde.

4,5 m de corde marine coûtent 12,60 €.

- Recopier et compléter le tableau suivant :

Longueur de corde (en m)	4,5	9	3	7,5
Prix payé (en €)				

34 SC2 Une longueur sur le terrain de 3,6 km est représentée sur un plan par une longueur de 4,8 cm.

1) Par quelle longueur va-t-on représenter sur ce plan une longueur sur le terrain de :

a) 1,8 km ? **b)** 1,2 km ? **c)** 3 km ? **d)** 15 km ?

2) Quelle longueur sur le terrain a-t-on représenté sur ce plan par :

a) 9,6 cm ? **b)** 3,2 cm ? **c)** 8 cm ? **d)** 1 cm ?

Passage par l'unité

35 SC2 La masse d'un métal est proportionnelle à son volume.

17 cm³ d'or ont une masse de 328,1 g.

1) Calculer la masse de 1 cm³ d'or.

2) En déduire la masse de 8,4 cm³ d'or.

36 SC2 Un quincailler vend des clous. Le prix payé est proportionnel à la masse de clous achetés.

Le prix de 1 350 g de clous est de 2,43 €.

1) Quel est le prix d'un gramme de clous ?

2) En déduire le prix de 850 g de clous.

Coefficient de proportionnalité

37 SC3 Pour son anniversaire, Quentin prépare un mélange de jus de mangue et de jus d'ananas.

Le volume de jus d'ananas est proportionnel au volume de jus de mangue. Il mélange 2 L de jus de mangue avec 3 L de jus d'ananas.

1) Recopier, sans le compléter, le tableau suivant :

Jus de mangue (en L)	2	1	0,6	3,5
Jus d'ananas (en L)	3			

2) Déterminer le coefficient de proportionnalité.

3) Compléter le tableau.

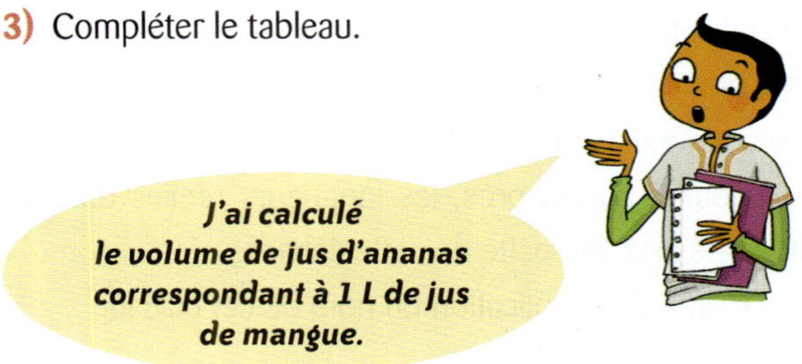

38 SC3 Une longueur sur le terrain de 35 m est représentée sur un plan par une longueur de 4,2 cm.

La longueur sur le plan est proportionnelle à la longueur réelle qu'elle représente.

1) Recopier, sans le compléter, le tableau suivant :

Longueur réelle (en m)	35	1	65	45
Longueur sur le plan (en cm)	4,2			

2) Déterminer le coefficient de proportionnalité.

3) Le jardin d'Ismaël est de forme rectangulaire.

Il mesure 65 m de longueur et 45 m de largeur.

a) Compléter le tableau ci-dessus afin de calculer les dimensions de ce jardin sur le plan.

b) Dessiner le plan du jardin.

> Je m'entraîne

Situations de proportionnalité

38 Pour sa débrousailleuse, Lydie utilise un mélange d'essence et d'huile. Pour 6 litres d'essence, elle ajoute 15 centilitres d'huile.
Le volume d'huile est proportionnel au volume d'essence.
• Quel volume d'huile doit-elle ajouter à 7 litres d'essence ?

39 **SVT**
L'échasse blanche est un oiseau qui vit près des marais d'eau douce ou d'eau salée.

1) Sur la photographie, mesurer en mm la longueur de son bec, celle de son corps (sans le bec) et celle d'une de ses pattes.
2) Sur cette photographie, une longueur de 20 mm représente une longueur réelle de 15 cm.
En déduire, au cm près, les longueurs réelles du bec, du corps et d'une patte de cette échasse.
3) Donner une explication du nom de cet oiseau.

40 **SVT**
La fourmi noire est un insecte commun.

Sur cette photographie, une longueur de 5 cm représente une longueur réelle de 4 mm.
En déduire, au dixième de mm près, la longueur réelle :
a) de son corps (de la tête à l'abdomen) ;
b) d'une antenne de cette fourmi.

Appliquer un taux de pourcentage

41 Un club de rugby comporte 180 membres et est composé de 85 % de garçons.
Deux élèves cherchent à calculer le nombre de filles jouant au rugby dans ce club.

1) Utiliser le calcul de Chloé pour déterminer le nombre de filles de ce club de rugby.
2) Utiliser le calcul de Rémi pour déterminer le nombre de filles de ce club de rugby.

42 Pour une représentation, un théâtre a vendu 540 billets, dont 65 % à plein tarif.
• Calculer, de deux façons différentes, le nombre de tickets à tarif réduit vendus pour ce spectacle.

43 SC4 40 % des élèves d'un collège participent à son Association Sportive (AS).
35 % des inscrits à l'AS sont des filles.
50 % des filles inscrites à l'AS font du badminton.
Ce collège comporte 700 élèves.
1) Calculer le nombre d'inscrits à l'AS du collège.
2) Combien de filles sont inscrites à l'AS ?
3) Combien de filles de ce collège font du badminton dans le cadre de l'AS ?

44 Une usine emploie 1 250 personnes.
44 % des employés sont des hommes.
82 % des employés masculins sont des ouvriers.
• Calculer le nombre d'ouvriers masculins travaillant dans cette usine.

45 **Éducation civique**
48 200 personnes sont inscrites sur les listes électorales de la mairie de Lavillette. Lors d'une élection, 55 % des inscrits ont voté pour l'un des candidats.
Monsieur Lemaire a été élu avec 60 % des votes.
• Combien de voix monsieur Lemaire a-t-il obtenues ?

> Je fais le point

J'ai appris à...

- Reconnaître une situation de proportionnalité.
- Utiliser les propriétés de la proportionnalité.
- Utiliser le coefficient de proportionnalité.
- Utiliser la règle de trois dans une situation de proportionnalité.
- Prendre p % d'une quantité donnée.

Attention : Il peut y avoir plusieurs réponses exactes pour chaque énoncé ! Les trouver toutes.

Pour les exercices 46 à 52, on utilise les tableaux suivants :

Situation **a**

Volume (en cm^3)	30	15	45
Masse (en g)	540	270	810

Situation **b**

Longueur (en m)	3,5	7
Aire (en m^2)	12,5	16

Situation **c**

Nombre d'articles	12	4
Prix (en €)	6,6	2,2

	A	B	C	D	Si échec, revoir :
46 Il y a proportionnalité dans :	la situation **a**	la situation **b**	la situation **c**	aucune de ces situations	p. 116
47 La masse (en g) d'un objet de volume 5 cm^3 est :	540 : 6	270 : 3	810 : 9	270 : 5	p. 116
48 Le prix (en €) d'un article est :	3,30	1,10	0,66	0,55	p. 116
49 La masse d'un objet de volume 1 cm^3 est :	54 g	18	18 g	environ 0,056 g	p. 116
50 Le nombre d'articles coûtant 8,80 € est :	12 + 4	4×4	$4 \times 2{,}2$	12 + 2,2	p. 116
51 Le volume (en cm^3) d'un objet de masse 1 260 g est :	$\frac{30 \times 1\,260}{540}$	$\frac{540 \times 1\,260}{30}$	70	$\frac{30 \times 540}{1\,260}$	p. 117 p. 118
52 Le prix (en €) de 14 articles est :	7,7	5,8	$\frac{6{,}6 \times 14}{12}$	$0{,}55 \times 14$	p. 117 p. 118
53 5 % est égal à :	5	$\frac{5}{100}$	0,5	0,05	p. 117
54 50 % de 460 est :	le quart de 460	la moitié de 460	410	230	p. 117 p. 119
55 36 % de 45 est égal à :	$45 \times 0{,}36$	1,62	16,2	1 620	p. 117 p. 119

> Corrigés et exercices de soutien : voir

> J'approfondis

56 **SC1** Chez un disquaire, Liliane achète des CD dont le dernier B3i en promotion à 9,99 €.

En tout, elle a acheté 5 CD et a payé 60,45 €.

- Le prix payé est-il proportionnel au nombre de CD achetés ? Expliquer pourquoi.

57 Une longueur sur le terrain de 270 km est représentée sur un plan par une longueur de 54 mm.

La longueur sur le plan est proportionnelle à la longueur réelle qu'elle représente.

1) Calculer la longueur réelle représentée par :

a) 27 mm ; **b)** 9 mm ; **c)** 90 mm ; **d)** 1 mm.

2) Calculer la longueur sur le plan représentant :

a) 1 km ; **b)** 100 km ; **c)** 430 km.

58 **1)** Déterminer le périmètre d'un carré de côté :

a) 1 cm ; **b)** 8 cm ; **c)** 4,5 cm ; **d)** 7 m.

2) Le périmètre d'un carré est-il proportionnel à la longueur de son côté ? Si oui, préciser le coefficient de proportionnalité.

3) Déterminer l'aire d'un carré de côté :

a) 1 cm ; **b)** 8 cm ; **c)** 4,5 cm ; **d)** 7 m.

4) L'aire d'un carré est-elle proportionnelle à la longueur de son côté ? Si oui, préciser le coefficient de proportionnalité.

59 **1)** Déterminer le périmètre d'un rectangle de largeur 3 cm et de longueur :

a) 4 cm ; **b)** 1 cm ; **c)** 7,5 cm ; **d)** 8,2 cm.

2) Le périmètre d'un rectangle de largeur 3 cm est-il proportionnel à sa longueur ? Si oui, préciser le coefficient de proportionnalité.

3) Déterminer l'aire d'un rectangle de largeur 3 cm et de longueur :

a) 4 cm ; **b)** 1 cm ; **c)** 7,5 cm ; **d)** 8,2 cm.

4) L'aire d'un rectangle de largeur 3 cm est-elle proportionnelle à sa longueur ? Si oui, préciser le coefficient de proportionnalité.

60 Le volume $\mathcal{V}$ d'un cube d'arête c est donné par la formule : $\mathcal{V} = c \times c \times c$.

1) Calculer le volume d'un cube d'arête 2 cm.

2) Calculer le volume d'un cube d'arête 4 cm.

3) Le volume d'un cube est-il proportionnel à la longueur de son arête ? Justifier la réponse.

61 À un péage automatique d'autoroute, toutes les voitures payent le même prix.

En 8 minutes, 42 voitures sont passées et ont payé en tout 54,60 €.

1) a) Peut-on prévoir le nombre de voitures qui vont passer en 16 minutes ?

b) Le nombre de voitures est-il proportionnel à la durée du passage ?

2) L'argent encaissé est-il proportionnel au nombre de voitures passées. Expliquer pourquoi.

3) En utilisant les propriétés de la proportionnalité, déterminer le prix payé par :

a) 6 voitures ; **b)** 7 voitures ; **c)** 1 voiture.

62 Niel veut repeindre sa chambre. La surface à peindre a une aire de 33 m².

Sur le pot de peinture, il est écrit :

Consommation : 5 L pour 42 m²

1) Quel volume de peinture Niel doit-il prévoir pour repeindre sa chambre sachant qu'il doit passer deux couches ?

2) Combien de pots d'un litre de peinture Niel doit-il acheter ?

63 Pour assaisonner des volailles, un rôtisseur prépare un mélange de sel et de poivre.

Il lit dans son livre de recettes :

Proportions : 28 g de sel et 7 g de poivre

1) Quelle masse de poivre doit-il mélanger à 42 grammes de sel ?

2) Quelle masse de sel doit-il mélanger à 5,5 grammes de poivre ?

3) Quelle masse de sel doit-il utiliser pour obtenir 60 g de mélange ?

64 Un bijoutier vend une chaîne en or.

La masse de la chaîne est proportionnelle à sa longueur.

Une chaîne de longueur 25 cm a une masse de 35 g.

Ginette lui achète un collier constitué d'une chaîne de longueur 55 cm, d'un fermoir de masse 3 g et d'un pendentif de longueur 5 cm et de masse 28 g.

- Calculer la masse du collier acheté par Ginette.

65 Lors d'une bourse aux livres d'occasion, un exposant propose trois tarifs : A, B et C.
Le prix de quatre livres au tarif A est de 3,80 €.
Cinq livres au tarif B coûtent 6,75 €.
Trois livres au tarif C sont vendus 5,55 €.
Pour chaque tarif, le prix à payer est proportionnel au nombre de livres achetés.
Aaron achète 2 livres au tarif A, 3 livres au tarif B et 4 livres au tarif C.
- Combien Aaron a-t-il payé pour son achat ?

66 Dominique commande un bouquet de roses chez une fleuriste. Un bouquet de 8 roses coûte 7,60 €.
Le prix d'un bouquet est proportionnel au nombre de roses achetées.
Les frais de livraison sont de 11, 85 €.
Dominique fait livrer un bouquet chez Camille.
En tout, Dominique a payé 26,10 €.
- De combien de roses est constitué ce bouquet ?

67 Les frères Dalton sont les ennemis jurés de Lucky Luke. Ils se nomment, du plus petit au plus grand : Joe, Jack, William et Averell.

© Lucky Comics.

1) Mesurer sur le dessin la taille, en mm, de chaque Dalton.
2) On suppose que William mesure en réalité 180 cm.
Recopier et compléter le tableau suivant :

Dalton	Joe	Jack	William	Averell
Taille sur le dessin (en mm)				
Taille réelle (en cm)			180	

68 **EPS**
40 % des 25 élèves d'une classe de Sixième sont des garçons.
80 % des garçons et 60 % des filles de cette classe pratiquent un sport le mercredi.
- Comparer le nombre de garçons et le nombre de filles de cette classe qui pratiquent un sport le mercredi.

69 Une voiture neuve est vendue 12 650 € hors taxes (HT). En France, la taxe sur la valeur ajoutée (TVA) est de 19,6 % pour les automobiles. Cela signifie qu'il faut ajouter au prix de la voiture 19,6 % de son prix hors taxes.
- Calculer le prix de vente toutes taxes comprises (TTC) de cette voiture.

70 Pour la réparation d'une toiture, un artisan facture 984,00 € hors taxes.
La TVA est de 5,5 % pour ces travaux.
- Calculer le montant toutes taxes comprises de cette facture.

71 Claudine désire acheter une perceuse.
Le magasin A propose une perceuse à 50,80 € et accorde une remise de 5 % sur ce prix.
Le magasin B propose la même perceuse à 54 € et accorde une remise de 12 % sur ce prix.
Claudine désire payer la moins chère.
- Dans quel magasin, achète-t-elle sa perceuse ? Justifier la réponse.

72 Un magasin de vêtements accorde une remise de 40 % sur tous les prix affichés.
1) Recopier et compléter le tableau suivant :

Prix affiché (en €)	100	10	40	5	145
Remise (en €)					

2) a) En utilisant les résultats de la question précédente, recopier et compléter le tableau suivant :

Prix affiché (en €)	100	10	40	5	145
Prix soldé (en €)	**100 – 40 = 60**				

b) Dans ce tableau, les propriétés de la proportionnalité sont-elles vérifiées ?
3) On admet que le prix après remise est proportionnel au prix initial de vente.
a) Quel est le coefficient de proportionnalité ?
b) En déduire, à l'aide d'une seule opération, le prix soldé d'une veste de prix initial 58,60 €.

DEVOIRS À LA MAISON

DEVOIR A

73 Un magasin vend des fournitures pour les beaux-arts.
Huit pinceaux jaunes coûtent 13,20 €.
Sept pinceaux orange coûtent 13,30 €.
Cinq pinceaux rouges coûtent 12,75 €.
Pour chaque couleur, le prix est proportionnel au nombre de pinceaux achetés.
Une artiste achète 6 pinceaux jaunes, 5 pinceaux orange et 8 pinceaux rouges.

1) En utilisant les propriétés d'additivité et de multiplicativité, déterminer le prix de :
a) 2 pinceaux jaunes ; **b)** 6 pinceaux jaunes.
2) a) Déterminer le prix d'un pinceau orange.
b) En déduire le prix de 5 pinceaux orange.
3) En utilisant la règle de trois, déterminer le prix de 8 pinceaux rouges.
4) Combien cette artiste va-t-elle payer pour l'achat de tous ces pinceaux ?

DEVOIR B

74 La Lorraine est une région constituée de quatre départements.
Sa population est de 2 340 000 habitants dont :
- 30,9 % en Meurthe-et-Moselle ;
- 8,3 % en Meuse ;
- 44,3 % en Moselle ;
- le reste des habitants vivent dans le département des Vosges.

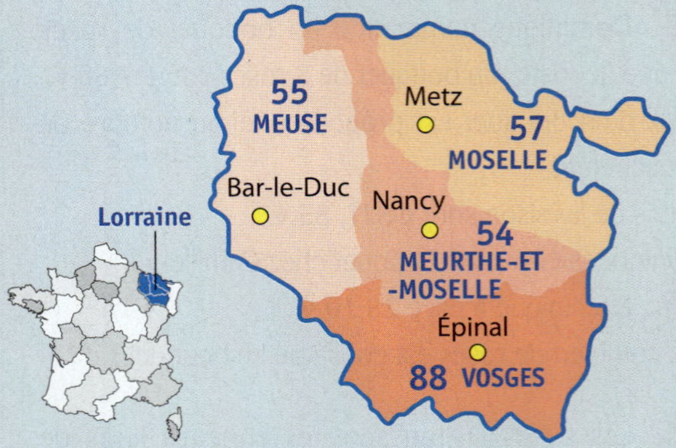

1) Calculer le pourcentage de Lorrains qui habitent dans le département des Vosges.
2) Calculer le nombre d'habitants de chacun des quatre départements lorrains.
3) Environ 35 % des habitants de Meurthe-et-Moselle sont dans l'agglomération de Nancy.
Environ 30 % des habitants de Moselle sont dans l'agglomération de Metz.
Comparer le nombre d'habitants de ces deux agglomérations.

JE CHERCHE...

75 Jeff Koons est un artiste connu pour ses sculptures géantes.
Le *Puppy* ci-contre est recouvert de fleurs et se situe devant le musée Guggenheim de Bilbao (Espagne).
- En mesurant uniquement sur cette photographie, estimer la hauteur de cette sculpture. Expliquer la démarche.

76 Dans un collège, 45 % des élèves sont des garçons.
55 % des garçons mangent à la cantine.
45 % des filles de ce collège mangent à la cantine.
- Montrer qu'il y a autant de garçons que de filles qui mangent dans cette cantine.

77 En 4 semaines, 6 poules pondent 120 œufs.
Le nombre d'œufs est proportionnel au nombre de semaines.
Le nombre d'œufs est aussi proportionnel au nombre de poules.
- Combien d'œufs vont pondre 9 poules en 3 semaines ?

> J'utilise un tableur

B2i

On utilise le tableur *Excel*.

78 On se propose d'utiliser un ordinateur pour calculer une augmentation de 15 % sur un prix.

Sur le cédérom élève, ouvrir le fichier « **7 – Pourcentages** ».

Le tableau ci-contre, en partie rempli, s'affiche à l'écran.
Ce tableau est constitué de trois colonnes :
- dans la colonne « **A** », on donne une liste de prix initiaux ;
- dans la colonne « **B** », on calcule 15 % du prix initial ;
- dans la colonne « **C** », on calcule le prix augmenté de 15 %.

Microsoft Excel - 7-Pourcentages

Fichier Edition Affichage Insertion Format

B9 | f_x

	A	B	C
1	Prix initial	Augmentation	Prix final
2	10	1,5	11,5
3	20	3	23
4	40	6	46
5	50	7,5	57,5
6	70	10,5	80,5
7	80	12	92
8	100	15	115
9	125		
10	150		

1) Par exemple, ce tableau indique que 40 augmenté de 15 % est égal à 46.
Vérifier ce résultat à l'aide d'une calculatrice.

2) a) Calculer le nombre qui sera situé dans la cellule « **B9** ».

b) En déduire le nombre qui sera situé dans la cellule « **C9** ».

B3 | f_x =A3*15/100

	A	B	C
1	Prix initial	Augmentation	Prix final
2	10	1,5	11,5
3	20	3	23
4	40	6	46
5	50	7,5	57,5

3) a) Cliquer sur la cellule « **B3** ».
Dans cette cellule, on a la formule « **=A3*15/100** ».
Cela signifie que le logiciel calcule « **le nombre situé dans la cellule A3** » multiplié par $\frac{15}{100}$.

b) Quelle est la formule entrée dans la cellule « **B7** » ?
Que signifie-t-elle ? Que permet-elle de calculer ?

4) Cliquer sur la cellule « **C5** ».
Quelle est la formule entrée dans cette cellule ? Que signifie-t-elle ? Que permet-elle de calculer ?

B8 | f_x =A8*15/100

	A	B	C
1	Prix initial	Augmentation	Prix final
2	10	1,5	11,5
3	20	3	23
4	40	6	46
5	50	7,5	57,5
6	70	10,5	80,5
7	80	12	92
8	100	15	115
9	125		
10	150		

5) On se propose d'étendre ces formules à la colonne « **B** ».
Pour cela :
- Cliquer sur la cellule « **B8** ».

Déplacer le curseur sur le coin inférieur droit de la cellule.
Une croix noire **+** apparaît dans ce coin.
- Saisir cette croix à l'aide du clic gauche de la souris.

Sans relâcher, tirer cette croix vers le bas, jusqu'à la cellule « **B33** ».
- Relâcher le clic gauche de la souris.

La colonne « **B** » est complétée.

8	100	15
9	125	
10	150	
11	164	
12	198	
13	202	

Quelle est la formule entrée dans la cellule « **B33** » ?
Que permet-elle de calculer ?

6) Étendre de même la formule située dans la cellule « **C8** » jusqu'à la cellule « **C33** ».

79 Modifier le tableau de l'exercice 78 afin d'obtenir un prix :

a) augmenté de 35 % ; **b)** diminué de 35 % ; **c)** diminué de 13 %.

Le viaduc de Millau

Le **viaduc de Millau** est un pont permettant de franchir la vallée du Tarn au niveau de la ville de Millau (Aveyron).
Son tablier, long de 2 460 m, est soutenu par 7 piles et par 154 haubans fixés à 7 pylones.
Cet ouvrage a été inauguré le 13 décembre 2004 par le président de la République Jacques Chirac.
C'est un ouvrage majeur de l'autoroute A75 reliant les villes de Clermont-Ferrand et de Béziers.

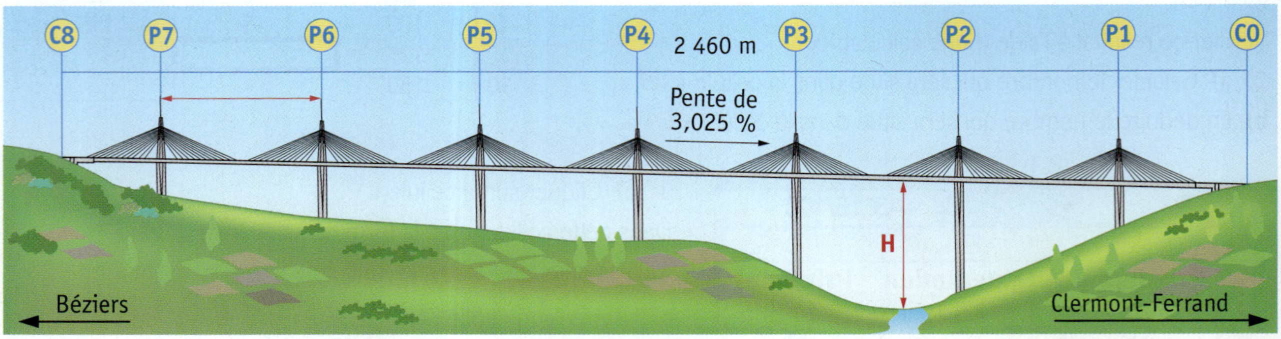

80 **1)** Mesurer, en mm, sur le plan ci-dessus la longueur du pont **C0C8**, la distance séparant deux pylônes consécutifs **P6P7**, la hauteur maximale **H** du tablier par rapport au sol.

2) En déduire une estimation de la distance réelle séparant deux pylônes consécutifs.

3) Déterminer une valeur approchée de la hauteur maximale du tablier par rapport au sol (cette hauteur constitue un record mondial).

Les piles du pont sont les structures en béton sur lesquelles est posé le tablier.
Un tube de cuivre contenant les 537 noms des personnes qui ont travaillé à leur construction est enfoui dans la pile **P3**.
Les piles **P2** et **P3** sont les plus hautes du monde.
Le sommet de la flèche **F2** est aussi le plus haut du monde.

81 La pile **P3** a pour hauteur 221 m.
Donner des estimations des hauteurs de la pile **P2** et du sommet de la flèche **F2** par rapport au sol.

82 Environ 4 340 000 véhicules ont emprunté le viaduc de Millau en 2006.
Cette fréquentation a augmenté de 4,24 % pour l'année 2007.

- Calculer le nombre de véhicules qui ont emprunté ce viaduc en 2007.

Chapitre 8

Organisation et représentation de données

REVOIR
- la lecture d'un tableau ;
- la lecture d'une représentation graphique.

DÉCOUVRIR
- la construction d'un tableau.

SOCLE COMMUN

SC1 Lire, utiliser et interpréter des données à partir d'un tableau.

SC2 Lire, utiliser et interpréter des informations à partir d'un graphique cartésien ou d'un diagramme en bâtons.

L'athlète malvoyante Assia El Hannouni est guidée par Gautier Simounet sur le 200 m.

Assia El Hannouni est une athlète handisport française. Elle a remporté quatre médailles d'or lors des jeux Paralympiques d'Athènes en 2004. En 2008, elle était le porte-drapeau de la délégation française lors des jeux Paralympiques de Pékin. Elle y a remporté deux médailles d'or et deux médailles d'argent.

Le graphique ci-contre représente le nombre de médailles d'or obtenues par la France depuis 1988 lors des jeux Paralympiques.

- Commenter l'évolution de ces résultats.

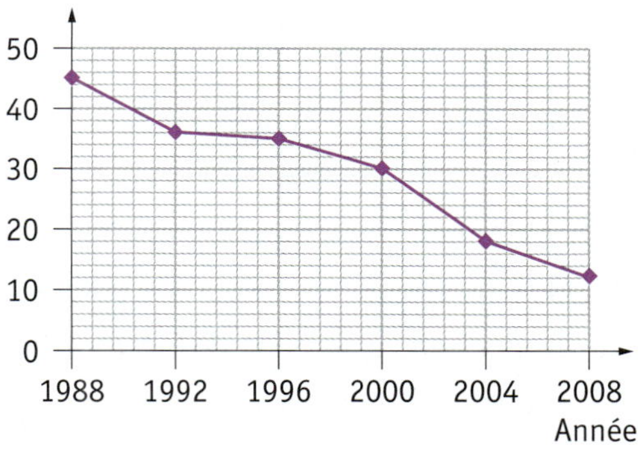

> Activités

1 Je lis des données dans un tableau

JE REVOIS

On a regroupé dans un tableau les derniers résultats obtenus par quatre élèves dans certaines disciplines.

Élève	Français	Anglais	SVT	EPS	Musique
Roger	8	14	3	18	10
Mehdi	14	15	16	12	19
Fanny	15	15	14	17	17
Sarah	13	16	Absente	15	3

1) Quelles sont les informations données :

a) par la ligne bleue ? **b)** par la colonne jaune ? **c)** par la cellule verte ?

2) On veut connaître la note obtenue par Fanny en EPS.

a) Quelle ligne doit-on regarder ?

b) Quelle colonne doit-on regarder ?

c) Quelle est la note obtenue par Fanny en EPS ?

3) Quel élève a été absent lors d'un contrôle ? Dans quelle discipline ?

4) Quelle est la meilleure note obtenue ? Par quels élèves ? Dans quelles disciplines ?

5) Quelle est la plus mauvaise note obtenue ? Par quels élèves ? Dans quelles disciplines ?

2 Je lis des informations sur un graphique

JE REVOIS

Dans une station Météo de la Loire, on a relevé les températures le 16 novembre 2005.

Sur le graphique ci-dessous, la courbe violette représente l'évolution des températures en fonction de l'heure.

Évolution de la température en fonction de l'heure

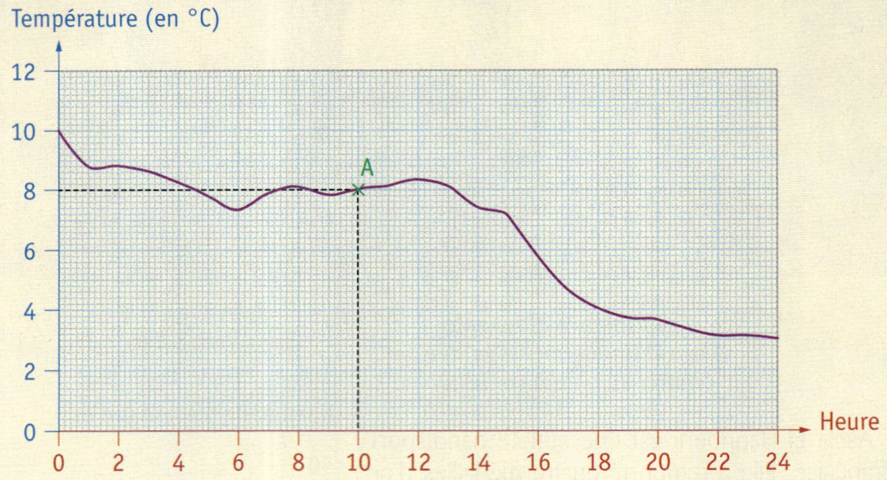

1) a) Que lit-on sur la demi-droite rouge ? **b)** Que lit-on sur la demi-droite bleue ?

2) Un point A a été placé sur la courbe violette.

a) À quelle heure correspond ce point ? **b)** À quelle température correspond ce point ?

c) Quels renseignements donne le point A ?

3) Donner une estimation de la température relevée à 12 h ?

4) À quelle heure de la matinée la température était-elle la moins élevée ?

5) D'environ combien de degrés la température est-elle descendue en 24 heures ?

3 J'interprète un diagramme en bâtons

JE REVOIS

Chaque département français est divisé en cantons.

1) Que représente le diagramme ci-contre ?

2) a) Que peut-on lire sur la demi-droite rouge ?

b) Que peut-on lire sur la demi-droite bleue ?

3) a) À quel département correspond le bâton vert ?

b) Combien ce département possède-t-il de cantons ?

4) Citer les départements de la région Centre qui possèdent plus de 30 cantons.

5) Déterminer le nombre de cantons de l'Indre-et-Loire.

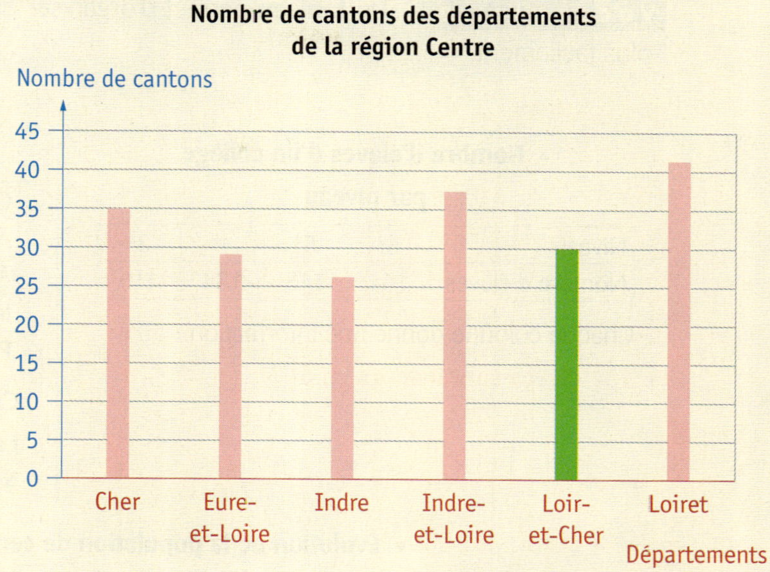

4 Je comprends un diagramme circulaire

Le diagramme circulaire ci-dessous est un disque partagé en quatre secteurs de couleurs différentes.
Il représente la répartition des sommes perçues par la vente de quatre produits lors de la fête du collège.
La mesure de l'angle de chaque secteur est proportionnelle au nombre qu'il représente.
La vente des frites lors de la fête du collège a rapporté 50 €.

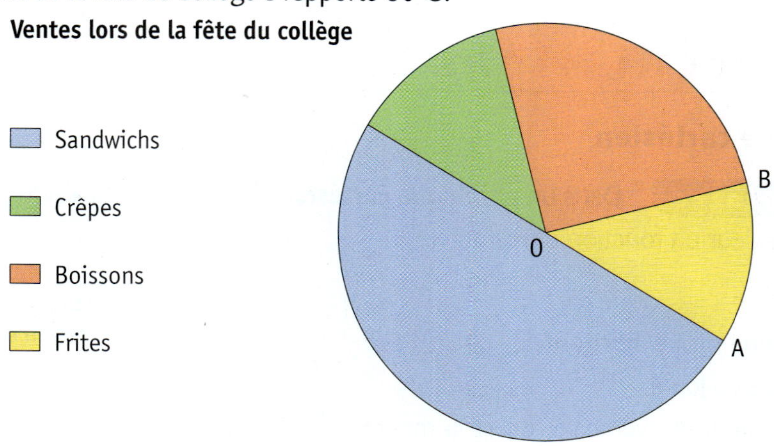

1) Mesurer l'angle du secteur jaune.

a) Mesurer l'angle du secteur vert.

b) En déduire la somme rapportée par la vente des crêpes.

2) Mesurer l'angle du secteur rouge.

En déduire la somme rapportée par la vente des boissons.

3) Mesurer l'angle du secteur bleu.

En déduire la somme rapportée par la vente des sandwichs.

> Cours

1 Tableaux

Vocabulaire Un **tableau** permet d'organiser et de regrouper des données afin de les lire plus facilement.

EXEMPLES :

• **Nombre d'élèves d'un collège par niveau**

Niveau	6^e	5^e	4^e	3^e
Nombre d'élèves	164	143	134	110

Chaque colonne donne une information :
164 élèves sont inscrits en 6e.

• **Superficie des océans**

Océan	Superficie (en km²)
Arctique	14 800 000
Atlantique	91 600 000
Indien	76 200 000
Pacifique	178 700 000

Chaque ligne donne une information :
La superficie de l'océan Atlantique est 91 600 000 km².

• **Évolution de la population de certaines régions françaises**

Région	1990	1999	2007
Aquitaine	2 796 000	2 908 000	3 123 000
Champagne-Ardenne	1 348 000	1 342 000	1 337 000
Limousin	723 000	711 000	727 000
Réunion	598 000	706 000	793 000

Chaque ligne donne plusieurs informations : **population de la Réunion en 1990, en 1999 et en 2007**.
Chaque colonne donne plusieurs informations : **population de différentes régions en 1999**.
Chaque cellule donne une information : **la population de la Réunion en 1999 est 706 000**.

2 Représentations graphiques

a) Graphique cartésien

Vocabulaire Dans un **graphique cartésien**, on représente à l'aide d'une courbe l'évolution d'une grandeur en fonction d'une autre.

EXEMPLE :

Sur la demi-droite horizontale, on lit l'âge de la poule en jours.
Sur la demi-droite verticale, on lit la masse de la poule en g.
Chaque point de la courbe rouge donne une information.
Par exemple, à 10 jours, une poule pèse environ 800 g.
Jusqu'à l'âge de 25 jours, la masse de la poule augmente en fonction de son âge.

Évolution de la masse d'une poule en fonction de son âge

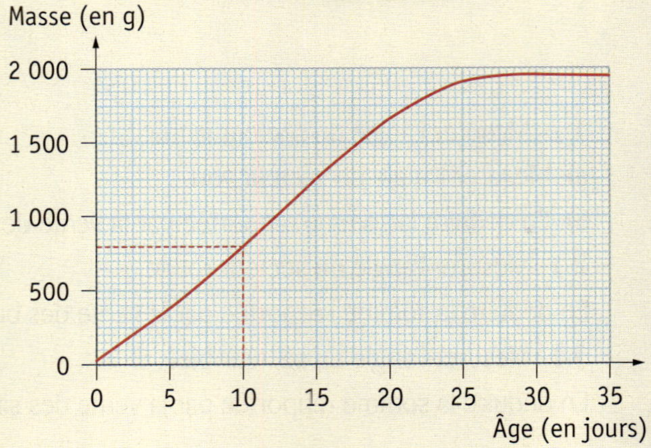

b) Diagramme en bâtons

Propriété Dans un **diagramme en bâtons**, la hauteur de chaque bâton est proportionnelle au nombre qu'il représente.
Un diagramme en bâtons permet de comparer visuellement des données.

EXEMPLE :

On a relevé le nombre d'élèves qui pratiquent des sports de l'association sportive d'un collège.

Le diagramme en bâtons ci-contre regroupe ces informations.

Sur la demi-droite horizontale, on lit le nom du sport pratiqué.

Sur la demi-droite verticale, on lit le nombre d'élèves qui pratiquent ce sport.

On lit par exemple que l'escalade est pratiquée par 15 élèves.

On remarque que l'athlétisme est plus pratiqué que le badminton.

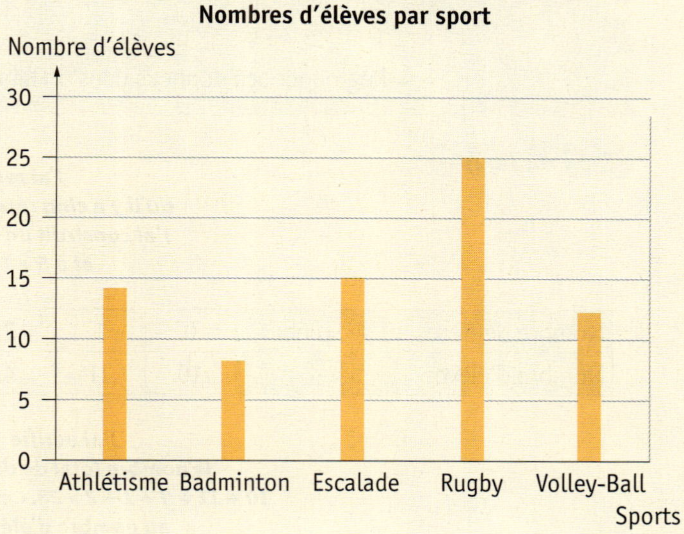

c) Diagramme circulaire ou semi-circulaire

Propriété Dans un **diagramme circulaire** (ou semi-circulaire), l'angle de chaque secteur est proportionnel au nombre qu'il représente.
Un diagramme circulaire (ou semi-circulaire) permet de visualiser la répartition des données.

EXEMPLE :

Ce diagramme représente la répartition de la production mondiale de blé en 2004 selon les continents.

On remarque que l'Asie et l'Europe ont produit à elles seules environ les trois-quarts du blé mondial en 2004.

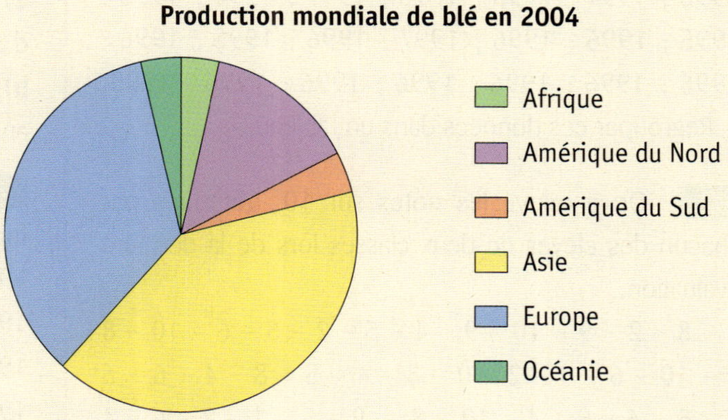

Point de repère

On utilise :

- un tableau pour organiser et regrouper des données ;
- un graphique cartésien pour observer une évolution ;
- un diagramme en bâtons pour comparer visuellement des données ;
- un diagramme circulaire (ou semi-circulaire) pour observer une répartition.

1 J'APPRENDS À... Construire un tableau

Énoncé : On a demandé à chacun des 28 élèves d'une classe :
« Combien as-tu de frères ou de sœurs ? »
Voici leurs réponses :

0	0	1	0	2	0	4	0	3	0	4	1	1	1
1	2	0	1	1	1	1	0	2	1	2	0	1	0

- Regrouper ces données dans un tableau.

Solution :

J'ai remarqué qu'il y a cinq réponses différentes. J'ai construit un tableau à 2 lignes et à 5 + 1 colonnes.

Nombre de frères ou de sœurs	0	1	2	3	4
Nombre d'élèves	10	11	4	1	2

J'ai vérifié le nombre total de données : 10 + 11 + 4 + 1 + 2 = 28. Ceci correspond au nombre d'élèves.

> J'APPLIQUE.

1 On a demandé à chacun des 25 élèves d'une classe : « En quelle année es-tu né(e) ? »
Voici leurs réponses : 1996 ; 1995 ; 1996 ; 1995 ; 1996 ; 1994 ; 1996 ; 1996 ; 1997 ; 1996 ; 1995 ; 1995 ; 1996 ; 1996 ; 1997 ; 1996 ; 1995 ; 1996 ; 1996 ; 1996 ; 1996 ; 1996 ; 1996 ; 1996 ; 1995.
- Regrouper ces données dans un tableau.

2 On a relevé les notes sur 10, obtenues par chacun des élèves de deux classes lors de la dernière évaluation.

4 – 8 – 2 – 9 – 10 – 9 – 4 – 5 – 2 – 5 – 6 – 10 – 8
5 – 10 – 6 – 4 – 2 – 0 – 8 – 4 – 5 – 8 – 4 – 6 – 6
7 – 5 – 4 – 9 – 4 – 10 – 8 – 9 – 5 – 1 – 2 – 6 – 4
5 – 5 – 8 – 5 – 2 – 6 – 4 – 6 – 7 – 5 – 8 – 7 – 8 – 10

1) Construire un tableau à deux lignes pour organiser et regrouper ces résultats.

Sur la première ligne, j'ai marqué toutes les notes de 0 à 10.

2) Combien d'élèves ont obtenu exactement 8 ?
3) Quelle note sur 10 n'a pas été attribuée ?
4) Combien d'élèves ont eu la moyenne à cette évaluation ?

3 **1) a)** Relever le mois de naissance de chaque élève de la classe.
b) Regrouper les résultats dans un tableau.
2) a) Au cours de quel mois fêtera-t-on le plus d'anniversaires dans cette classe ?
b) Combien d'élèves de la classe ont fêté leur anniversaire au cours du premier trimestre de l'année ?

4 Voici le palmarès de la coupe du Monde de football :
1930 : Uruguay ; 1934 : Italie ; 1938 : Italie ; 1950 : Uruguay ; 1954 : Allemagne ; 1958 : Brésil ; 1962 : Brésil ; 1966 : Angleterre ; 1970 : Brésil ; 1974 : Allemagne ; 1978 : Argentine ; 1982 : Italie ; 1986 : Argentine ; 1990 : Allemagne ; 1994 : Brésil ; 1998 : France ; 2002 : Brésil ; 2006 : Italie.

1) Construire un tableau indiquant le nombre de victoires par équipe.

J'ai construit un tableau à deux colonnes.

2) a) Quelle équipe a remporté le plus de titres ? Combien ?
b) Combien l'équipe d'Allemagne doit-elle remporter de titres pour égaler le record actuel de victoires ?

5 **SC1** **Les plus grands fleuves mondiaux**

La quatrième colonne indique le nombre de pays traversés (Source : *Encyclopedia Universalis*).

Fleuve	Longueur (en km)	Débit (en m³/s)	Pays
Amazone	7 025	150 000	6
Amour	4 400	11 000	2
Congo	4 000	40 000	3
Huanghe	5 464	1 300	1
Ienisseï	5 539	19 800	2
Lena	4 400	16 500	1
Mississippi	6 800	18 000	1
Nil	6 671	3 000	10
Ob	5 410	12 760	1
Yangzijiang	5 980	30 000	1

1) Quelles informations donne ce tableau ?

2) Quelle est la longueur du fleuve Lena ? Quel est son débit ? Combien de pays traverse-t-il ?

3) Parmi ces fleuves, lequel est le plus long ? A-t-il le plus grand débit ?

4) Parmi ces fleuves, lequel est le moins long ? A-t-il le plus petit débit ?

5) Parmi ces fleuves, lequel traverse le plus de pays ?

6 **SC2** **Le chômage en France**

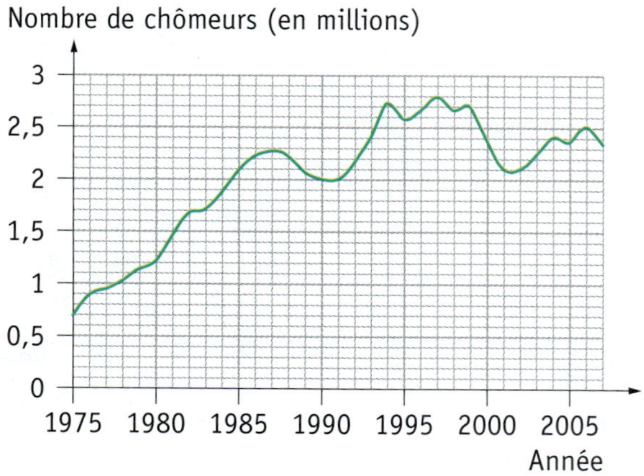

1) Quelles informations donne ce graphique ?

2) **a)** Quel était le nombre de chômeurs en 1990 ?

b) Quel était le nombre de chômeurs en 1980 ?

3) **a)** En quelle année le nombre de chômeurs a-t-il atteint 1 million ?

b) En quelles années le nombre de chômeurs a-t-il été égal à 2 millions ?

4) Quel a été le nombre maximum de chômeurs ? En quelle année ?

7 **SC2** **Nombre de touristes accueillis en 2005 par certains pays européens**

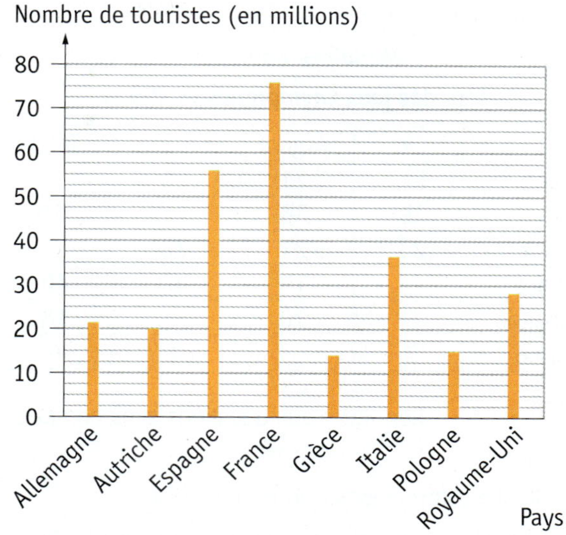

1) Quelles informations donne ce diagramme ?

2) Combien de touristes la France a-t-elle accueillis en 2005 ?

3) Parmi ces pays, citer ceux qui ont accueilli moins de 40 millions de touristes en 2005.

8 **Nombre de sorties au cinéma en 2006 pour deux tranches d'âge**

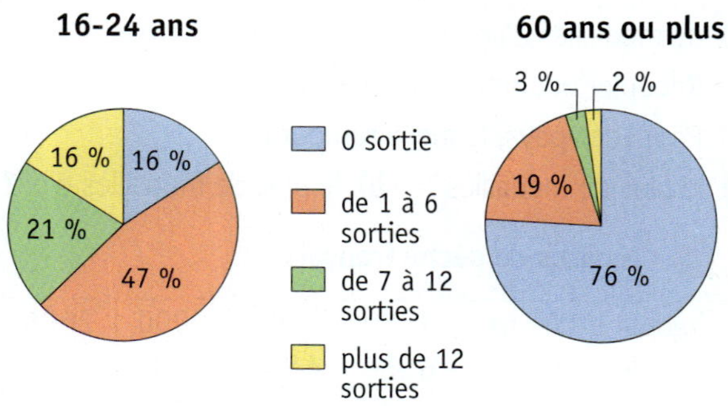

1) Quelles informations donne chacun de ces diagrammes ?

2) **a)** Quel est le pourcentage des 16-24 ans n'ayant pas vu de films au cinéma en 2006 ?

b) Quel est le pourcentage des 60 ans ou plus n'ayant pas vu de films au cinéma en 2006 ?

3) **a)** À quoi correspond le nombre 21 % du graphique de gauche ?

b) À quoi correspond le nombre 19 % du graphique de droite ?

4) Comparer ces deux répartitions.

> Je m'entraîne

Lire, compléter un tableau

Pour les exercices 9 et 10, on utilise le tableau ci-dessous.

Médailles obtenues
lors des jeux Olympiques de Pékin

	Or	Argent	Bronze	Total
Chine	51	21	28	
USA	36	38		110
Russie	23	21	28	
France		16	17	40
Espagne	5	10		18
Suisse	2		4	6

9 SC1 Répondre aux questions sans compléter le tableau.

1) Quelles informations donne ce tableau ?

2) Combien de médailles d'or la Chine a-t-elle obtenues ?

3) Combien de médailles la France a-t-elle obtenues ?

10 **1)** Calculer le nombre total de médailles obtenues :

a) par la Chine ; **b)** par la Russie.

2) Calculer le nombre de médailles de bronze obtenues :

a) par les USA ; **b)** par l'Espagne.

3) Calculer le nombre :

a) de médailles d'or obtenues par la France ;

b) de médailles d'argent obtenues par la Suisse.

4) Recopier et compléter le tableau.

5) Parmi ces pays, lequel a remporté :

a) le plus de médailles ? **b)** le plus de médailles d'or ?

11 **Navires de pêche français**

Longueur du navire	1990	1995	2000	2006
Moins de 12 m	6 556	4 847	4 302	
De 12 à 16 m	850	652	538	479
De 16 à 38 m	1 144		907	751
Plus de 38 m	104	75		59
Nombre total		6 593	5 815	5 256

1) Recopier ce tableau et le compléter au fur et à mesure des questions.

a) Calculer le nombre total de navires en 1990.

b) Calculer le nombre de navires de 16 à 38 m en 1995.

c) Calculer le nombre de navires de plus de 38 m en 2000.

d) Calculer le nombre de navires de moins de 12 m en 2006.

2) Interpréter la dernière ligne du tableau.

Lire un graphique

12 SC2 **Population française depuis 1900**

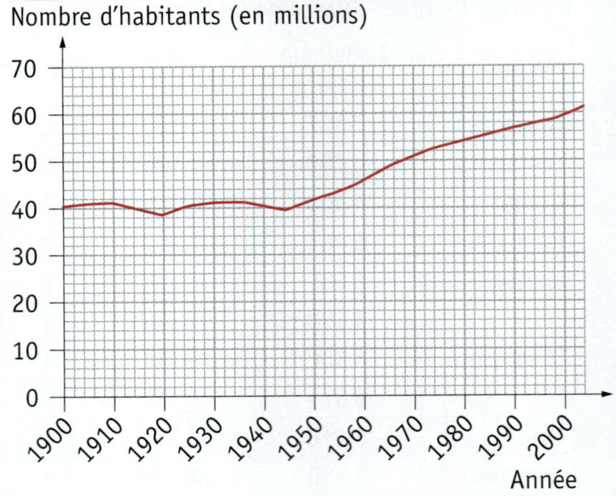

1) Combien la France comptait-elle d'habitants en 1900 ? en 2000 ?

2) En quelle année la population française a-t-elle atteint 50 millions ?

3) Décrire l'évolution de la population française entre 1900 et 2000.

13 SC2 **Prix du baril* de pétrole brut sur le marché de Rotterdam (Pays-Bas)**

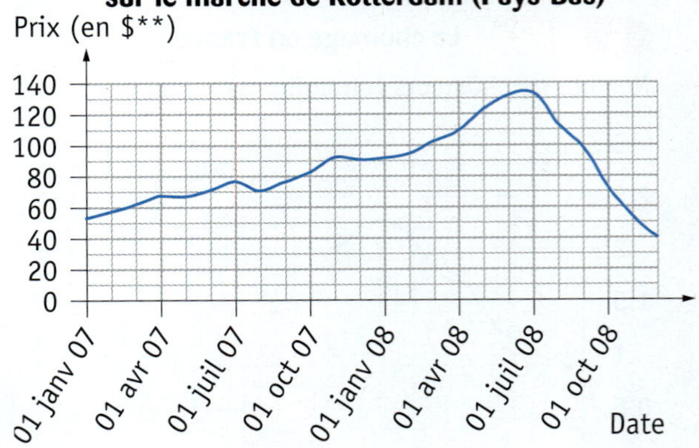

* Un baril = 0,159 m^3
** $: symbole du dollar US

1) Quel était environ le prix du baril de pétrole le 1er août 2007 ?

2) a) Pendant quel mois de l'année 2007, le prix du baril a-t-il atteint les 100 $?

b) Pendant quel mois de l'année 2008, le prix du baril est-il descendu sous les 100 $?

3) Quel a été environ le prix maximum atteint par le baril de pétrole ? Au cours de quel mois ?

4) Décrire l'évolution du prix du baril de pétrole entre janvier 2007 et décembre 2008.

Lire un diagramme en bâtons

14 SC2 On a relevé le nombre moyen d'heures de soleil par mois dans la ville d'Aurillac (Cantal).

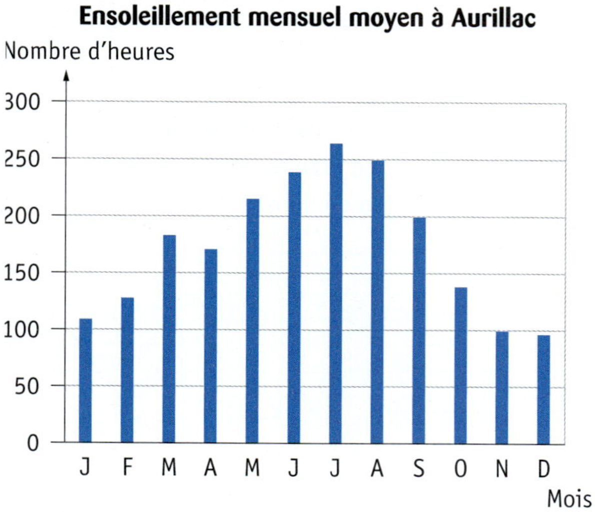

1) a) Quel est le mois le plus ensoleillé ?

b) Quel est le mois le moins ensoleillé ?

2) Déterminer les mois qui comptent plus de 150 heures d'ensoleillement.

15 SC2 **Masse de déchets par habitant en 2006**

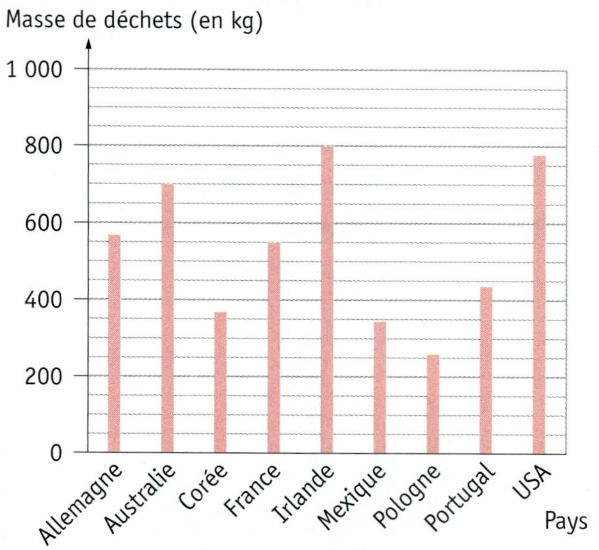

1) Dans quel pays a-t-on produit le plus de déchets par habitant en 2006 ?

2) Quelle est la masse de déchets produits par habitant en 2006 :

a) en Australie ? **b)** en France ?

3) Dans quel pays la masse de déchets produits par habitant était-elle d'environ 775 kg en 2006 ?

4) Ranger ces pays par ordre croissant de masse de déchets produits par habitant en 2006.

Lire un diagramme circulaire

16 **Gestion des déchets ménagers en France**

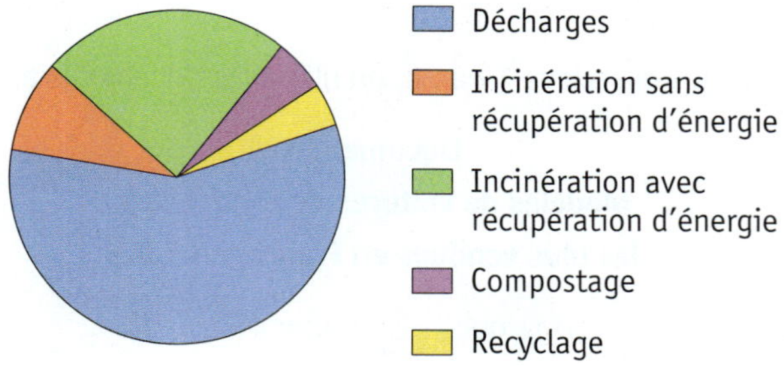

1) Quel est le mode de gestion des déchets ménagers le plus utilisé ?

2) Quelle semble être la part de l'incinération avec récupération d'énergie ?

3) Quelle remarque peut-on faire sur le recyclage ?

SVT

Pour les exercices 17 et 18, on utilise les diagrammes ci-dessous.

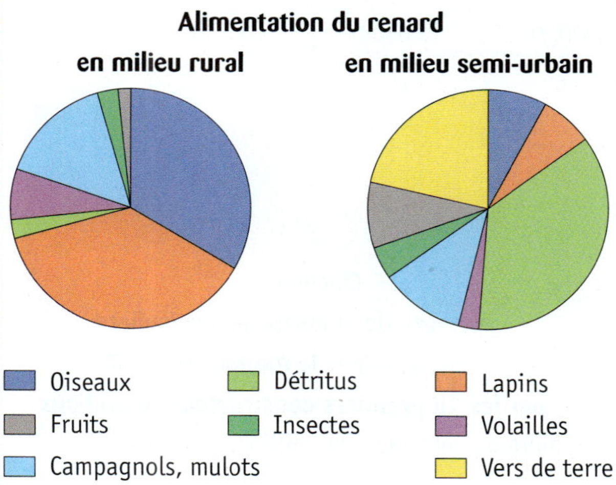

17 **1)** Que représente chacun des deux diagrammes précédents ?

2) Le renard est-il carnivore ? omnivore ? végétarien ?

3) Le renard a la réputation de manger les poules. Est-ce justifié ?

18 **1)** Quelles sont les deux premières sources d'alimentation du renard en milieu rural ?

2) Quelles sont les deux premières sources d'alimentation du renard en milieu semi-urbain ?

3) Quelle est la part des vers de terre dans l'alimentation du renard ?

4) Proposer une explication sur les différences d'alimentation du renard en milieu rural et semi-urbain.

> Je fais le point

J'ai appris à...

- Lire, compléter et construire un tableau.
- Lire et interpréter un graphique cartésien.
- Lire et interpréter un diagramme en bâtons.
- Lire et interpréter un diagramme circulaire.

Pour les exercices 19 à 28, on utilise les documents **a**, **b**, **c** et **d**.

Document a

Modèles de voitures de particuliers les plus vendues en France, en 2008

	Marque	Nombre	Rang
207	Peugeot	136 283	2
308	Peugeot	82 059	5
C3	Citroën	60 136	7
C4	Citroën	121 716	3
Clio	Renault	152 578	1
Focus	Ford	42 106	8
Golf	Volkswagen	41 228	10
Mégane	Renault	121 062	4
Polo	Volkswagen	41 491	9
Twingo	Renault	65 333	6

Document b

Nombre de voitures de particuliers en France

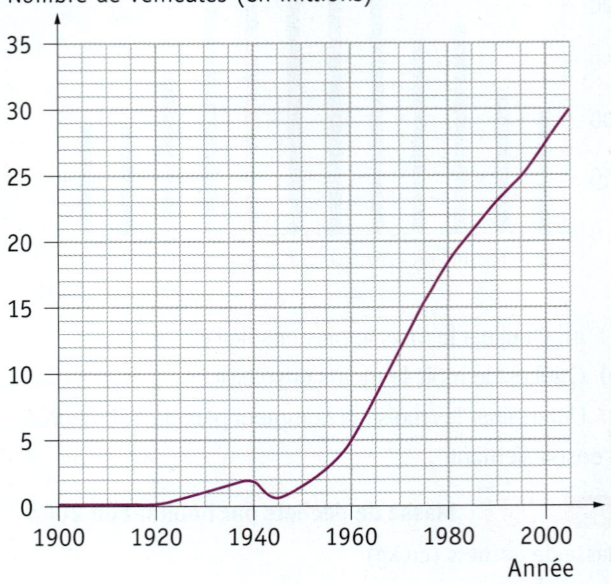

Document c

Nombre de voitures de particuliers vendues dans le monde, en 2007 par les 10 premiers constructeurs mondiaux

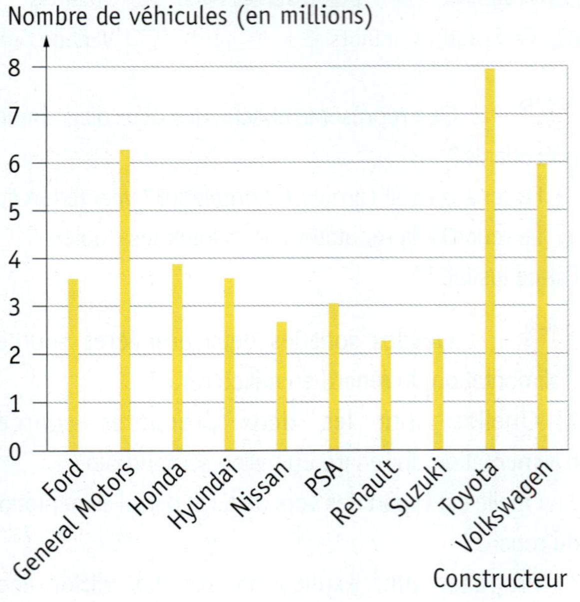

Document d

Répartition des ventes de voitures de particuliers dans le monde, en 2007 (en milliers)

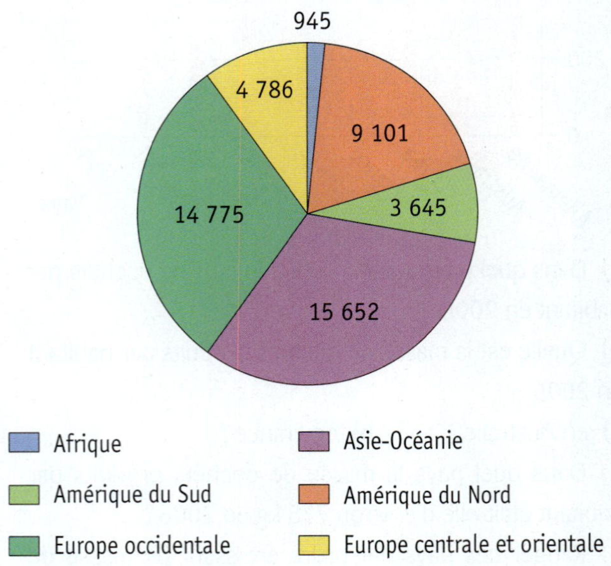

Attention : Il peut y avoir plusieurs réponses exactes pour chaque énoncé ! Les trouver toutes.

	A	B	C	D	Si échec, revoir :
19 Le document **c** est :	un tableau	un graphique	un diagramme en bâtons	un diagramme circulaire	p. 133
20 Le nombre de voitures de particuliers en France se lit sur :	un tableau	un graphique	un diagramme en bâtons	un diagramme circulaire	p. 132
21 Le modèle le plus vendu en France en 2008 est la :	207	Golf	Clio	Toyota	p. 132
22 Le continent où on a vendu le plus de voitures en 2007 est :	l'Asie	l'Europe	l'Amérique	l'Afrique	p. 133
23 En 1960, on comptait en France environ :	5 voitures	5 000 voitures	3 millions de voitures	5 millions de voitures	p. 132
24 Les ventes de voitures en Amérique en 2007 représentaient :	moins d'un quart des ventes mondiales	un dixième des ventes mondiales	plus d'un quart des ventes mondiales	la moitié des ventes mondiales	p. 133
25 Le constructeur qui a vendu à peu près 3 millions de voitures en 2007 dans le monde est :	Citroën	Honda	Renault	PSA	p. 133
26 Le nombre de 20 millions de voitures a été atteint en France :	entre 1980 et 1985	en 1984	en 1995	au début des années 80	p. 132
27 Parmi les 10 modèles les plus vendus en France en 2008, on comptait deux modèles de la marque :	Volkswagen	Citroën	Renault	Ford	p. 132
28 Le nombre de voitures de particuliers vendues dans le monde par Volkswagen en 2007 est :	41 228 + 41 491	environ 8 millions	un peu moins de 6 millions	un peu plus de 6 millions	p. 133

> **Corrigés et exercices de soutien : voir**

29 SVT

La chouette avale ses proies en entier. Les parties non digérées sont rejetées par la bouche sous la forme d'une boule appelée *pelote de régurgitation*.

L'étude des os contenus dans cette pelote permet de déterminer le régime alimentaire de la chouette.

Chouette effraie ▶

Les élèves de 6e du collège George Sand ont disséqué 102 pelotes de régurgitation de chouettes.

- En 6e A, les élèves ont disséqué 25 pelotes.

Ils ont trouvé les os de 6 mulots, 31 campagnols, 25 musaraignes et 1 oiseau.

- En 6e B, 27 pelotes ont été disséquées.

Les élèves ont trouvé 91 proies : 9 mulots, 55 campagnols, des musaraignes et 2 oiseaux.

- En 6e C, pour 24 pelotes disséquées, on compte 79 proies : des mulots, 23 campagnols et 21 musaraignes.
- En 6e D, les élèves ont trouvé 66 proies :

10 mulots, 40 campagnols, 15 musaraignes et 1 oiseau.

1) Organiser et regrouper ces résultats dans un tableau à double entrée. Prévoir une ligne pour chaque classe ainsi qu'une ligne pour l'ensemble des quatre classes.

J'ai construit un tableau à 6 lignes et à 7 colonnes.

2) Répondre à chacune des questions et compléter le tableau au fur et à mesure.

a) Combien de proies ont été trouvées par les élèves de 6e A ?

b) Combien de musaraignes ont été trouvées par les élèves de 6e B ?

c) Combien de mulots ont été trouvés par les élèves de 6e C ?

d) Combien de pelotes ont été disséquées par les élèves de 6e D ?

e) Calculer le nombre total de proies, de mulots, de campagnols, de musaraignes et d'oiseaux.

3) Dans cette étude, quel est l'aliment préféré de la chouette ?

30 **Évolution de la taille d'un enfant entre 0 et 36 mois**

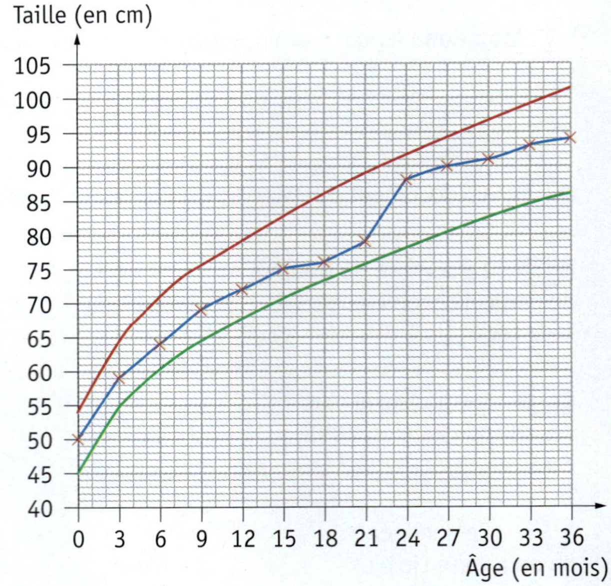

La taille d'un enfant est « normale » si elle se situe, pour un âge donné, entre la courbe verte et la courbe rouge.

1) Un enfant âgé de 18 mois a une taille « normale ».

a) Quelle est sa taille minimale ?

b) Quelle est sa taille maximale ?

c) En déduire un encadrement par deux nombres entiers de sa taille en cm.

2) Donner un encadrement par deux nombres entiers de la taille « normale » d'un enfant âgé de 7 mois.

3) a) Agnès est âgée de 24 mois et mesure 85 cm. Sa taille est-elle « normale » ?

b) Vincent mesurait 67 cm à 12 mois. Sa taille était-elle « normale » ?

4) Fatima mesure 70 cm. Sa taille est « normale ».

Donner un encadrement par deux nombres entiers de son âge en mois.

5) Karim a 2 ans. Sa taille en cm est « normale » et est un multiple de 5. Quelle peut être sa taille ?

6) La courbe bleue représente l'évolution de la taille d'un enfant. Commenter cette évolution.

31 **Nombre de naissances en France**

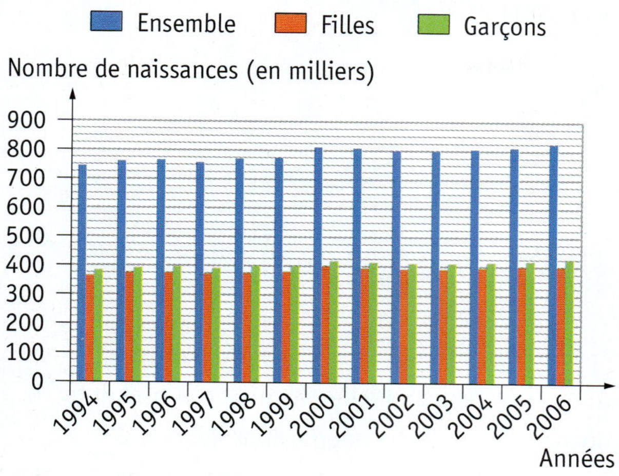

1) Quel est environ le nombre de naissances en France en 2004 ?

2) Environ combien de garçons sont nés en 1999 ?

3) Environ combien de filles sont nées en 1999 ?

4) Quelle remarque peut-on faire en observant les bâtons rouges et les bâtons verts ?

32 **Consommation moyenne de quelques produits alimentaires en France, en 1970 et en 2006**

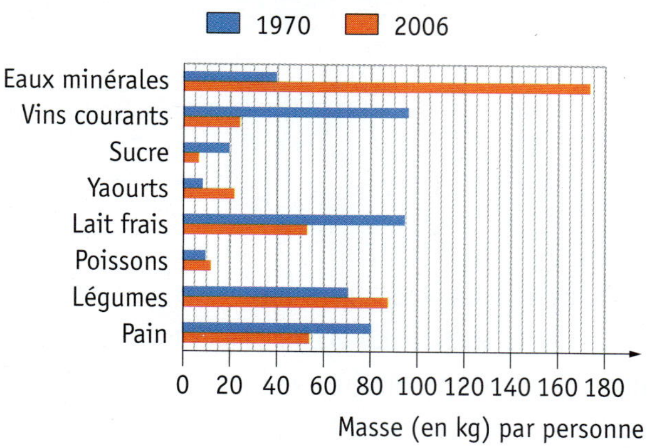

1) a) Quelle était la consommation moyenne de légumes par personne en France en 1970 ?

b) Quelle était cette consommation moyenne en 2006 ?

2) a) Ranger les produits notés sur le graphique par ordre croissant de leur consommation en 1970.

b) Ranger ces produits par ordre croissant de leur consommation en 2006.

3) Parmi ces produits, lesquels sont plus consommés en 2006 qu'en 1970 ?

33 **Consommation française de produits pétroliers**

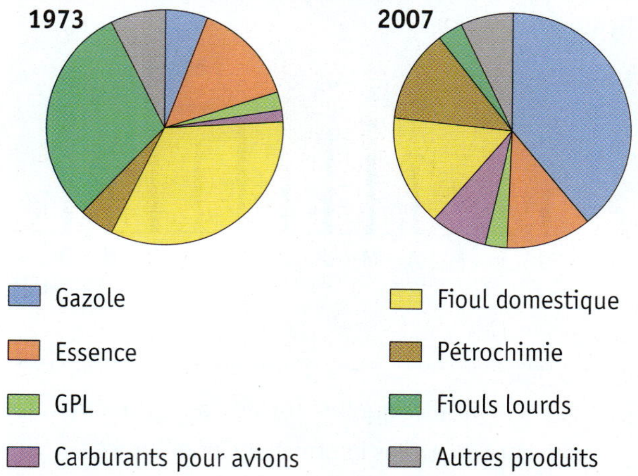

1) a) Quel produit pétrolier était le plus utilisé en 1973 ?

b) Quel produit pétrolier était le plus utilisé en 2007 ?

2) Citer les produits dont la part a augmenté entre 1973 et 2007.

3) Les carburants pour automobiles sont le gazole, l'essence et le GPL.

a) Quelle était à peu près la part de ces carburants dans la consommation totale en 1973 ?

b) Quelle était à peu près cette part en 2007 ?

4) Peut-on affirmer que la consommation de gazole a augmenté entre 1973 et 2007 ? Pourquoi ?

34 Le diagramme semi-circulaire ci-dessous représente les résultats de l'orientation des 150 élèves de Troisième d'un collège.

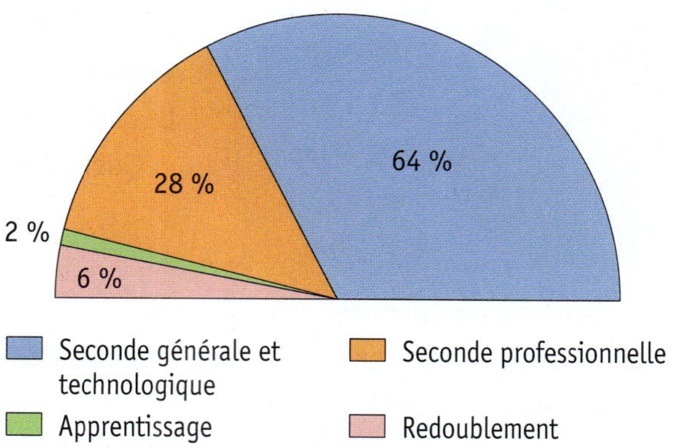

1) Donner une interprétation de ce diagramme.

2) a) Calculer le nombre d'élèves orientés en Seconde générale et technologique.

b) Calculer le nombre d'élèves dans chacune des trois autres catégories.

DEVOIRS À LA MAISON

Document a

Précipitations moyennes, à Clermont-Ferrand

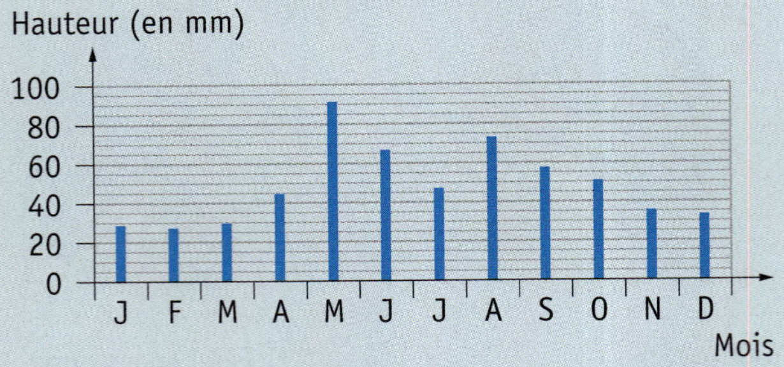

Document b

Températures moyennes, à Clermont-Ferrand

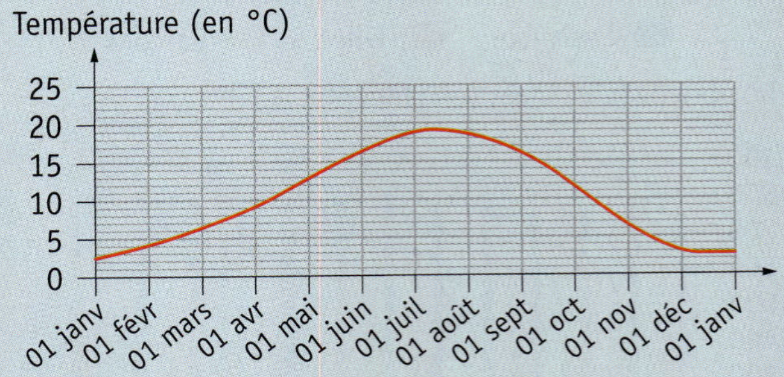

DEVOIR A

35 **1)** Sous quelle forme se présente le document **a** ? Quelles informations donne-t-il ?

2) Quel est le mois le plus pluvieux sur Clermont-Ferrand ? le mois le moins pluvieux ?

3) Quelle est la hauteur des précipitations tombées en avril sur Clermont-Ferrand ?

4) Citer les mois durant lesquels il est tombé plus de 50 mm d'eau sur Clermont-Ferrand.

36 **1)** Sous quelle forme se présente le document **b** ? Quelles informations donne-t-il ?

2) a) Quelle est la température moyenne le 1er septembre à Clermont-Ferrand ?

b) À quels moments de l'année la température moyenne est-elle de 7 °C à Clermont-Ferrand ?

3) Décrire l'évolution de la température sur l'année pour la ville de Clermont-Ferrand.

DEVOIR B

37 En utilisant les deux documents **a** et **b**, construire un tableau à double entrée indiquant pour chaque mois de l'année la hauteur des précipitations et la température moyenne le 15 de chaque mois à Clermont-Ferrand.

JE CHERCHE...

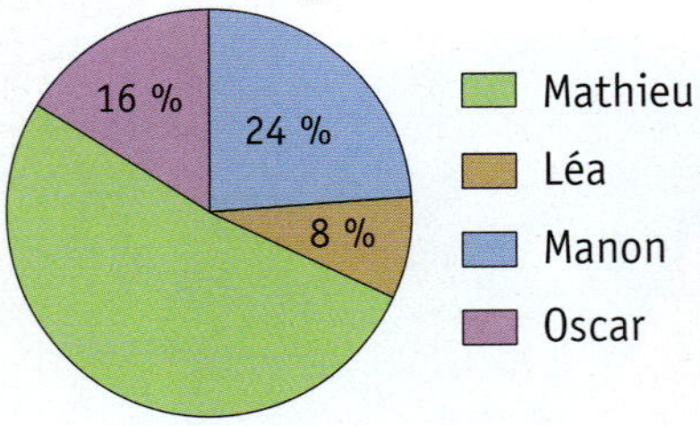

38 Mathieu a été élu délégué en obtenant 13 voix.
Chaque élève de la classe a voté pour un des quatre candidats.
Le diagramme ci-contre indique la répartition des votes.

- Quel est le nombre d'élèves de cette classe ?

39 Quatre amis ont ramassé des cerises.
Jules en a ramassé moins que Sarah, mais plus que Momo.
Marie a récolté la plus petite masse.
Le diagramme an bâtons ci-contre représente la masse de cerises ramassée par chacun des quatre amis.
Sarah a récolté 6 kg de cerises.

1) a) Reproduire ce diagramme.

b) Compléter l'axe horizontal.

2) Déterminer la masse de cerises récoltées par chaque personne.

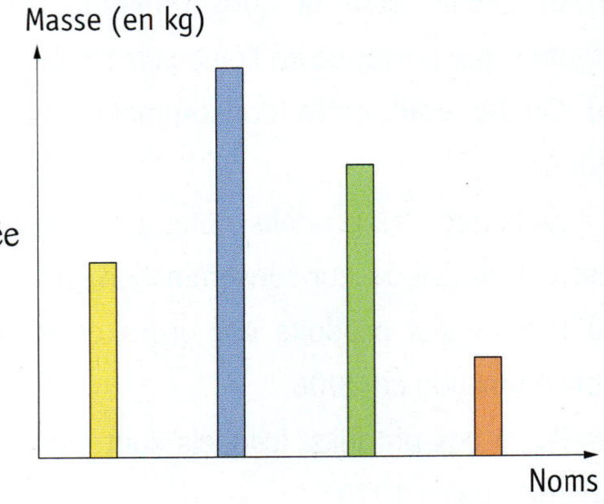

B2i

On utilise le tableur *OpenOffice*.

40 **Construction d'un diagramme en bâtons à partir d'un tableau**

1) Recopier le tableau suivant sur la feuille de calcul du tableur.

Disciplines	EPS	Français	Musique	SVT
Moyennes	17	11	8	14

2) On veut construire un diagramme en bâtons pour représenter cette situation.

Pour cela :

- Sélectionner les deux lignes et les cinq colonnes du tableau.
- Cliquer sur l'icône .
- Dans la fenêtre « **Assistant de diagramme** », le type de diagramme « **Colonnes** » est sélectionné.
- Cliquer sur « **Suivant** » jusqu'à l'étape 4.
- Décocher « **Afficher la légende** » en cliquant sur le carré.
- Dans la fenêtre « **Titre** », entrer **Moyennes**.
- Dans la fenêtre « **Axe X** », entrer **Disciplines**.
- Dans la fenêtre « **Axe Y** », entrer **Notes**.
- Cliquer sur « **Terminer** ».

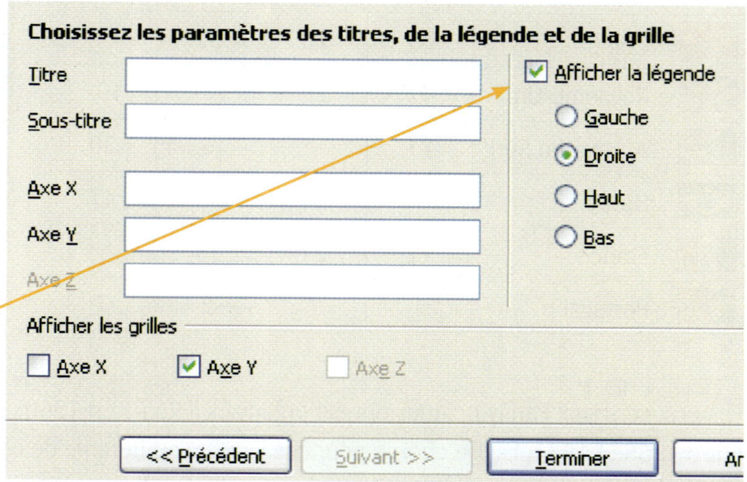

41 **Construction d'un diagramme circulaire à partir d'un tableau**

1) Recopier le tableau suivant sur la feuille de calcul du tableur.

Continent	Afrique	Amérique	Asie	Europe	Océanie
Population (en milliers d'habitants)	1 009 362	931 935	4 120 295	730 848	35 084

2) On veut construire un diagramme circulaire pour représenter la répartition de la population mondiale en 2009.

Pour cela :

- Sélectionner les deux lignes et les six colonnes du tableau.
- Cliquer sur l'icône .
- Dans la fenêtre « **Assistant de diagramme** », choisir « **Secteur** » pour le type de diagramme.
- Cliquer sur « **Suivant** » jusqu'à l'étape 4.
- Dans la fenêtre « **Titre** », entrer **Population mondiale.**
- Cliquer sur « **Terminer** ».

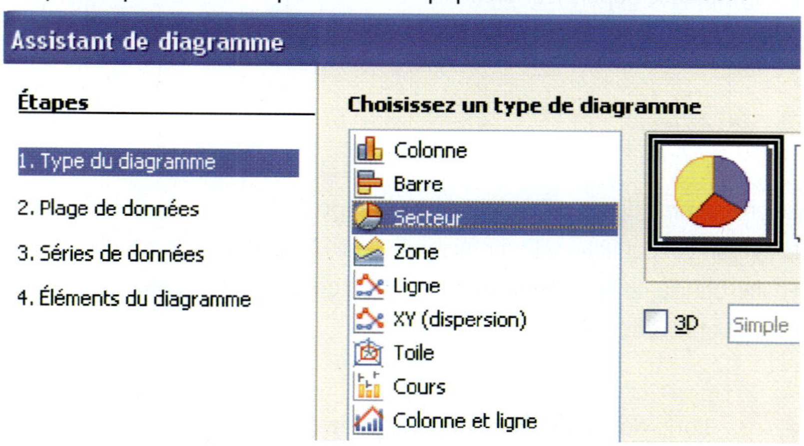

3) Commenter la répartition de la population mondiale en observant le diagramme.

42 On utilise les données de l'exercice 4, page 134.

1) Construire le tableau demandé sur une feuille de calcul du tableur.

2) Construire un diagramme pour représenter cette situation.

43 On utilise les données de l'exercice 2, page 134.

1) Construire le tableau demandé sur une feuille de calcul du tableur.

2) Construire un diagramme pour représenter cette situation.

> Découverte

Les jeux Paralympiques

Les jeux Paralympiques sont organisés depuis 1960. Ils réunissent des athlètes atteints d'un handicap physique ou visuel.
Les jeux Paralympiques de Pékin se sont déroulés du 6 au 17 septembre 2008.

44 Le tableau suivant regroupe le nombre de médailles obtenues par quelques pays.

- Recopier et compléter ce tableau.

	Or	Argent	Bronze	Total
Chine	89	70	52	
Royaume-Uni	42	29		102
Afrique du Sud	21		6	30
Brésil		14	17	47
France	12	21	19	
Portugal	1		2	7

Les premiers jeux Paralympiques ont été organisés à Rome en 1960.
Entre 1968 et 1984, la ville choisie pour ces Jeux était différente de celle accueillant les jeux Olympiques d'été.
Depuis l'année 1988, les jeux Paralympiques sont organisés dans la même ville que les jeux Olympiques.

45 Le diagramme ci-contre représente le nombre de pays participant à chacun des jeux Paralympiques depuis 1960.

1) Combien de pays ont participé aux Jeux de Séoul en 1988 ?
2) Combien de pays ont participé aux Jeux de Pékin en 2008 ?
3) Commenter l'évolution de la participation aux jeux Paralympiques depuis leur création.

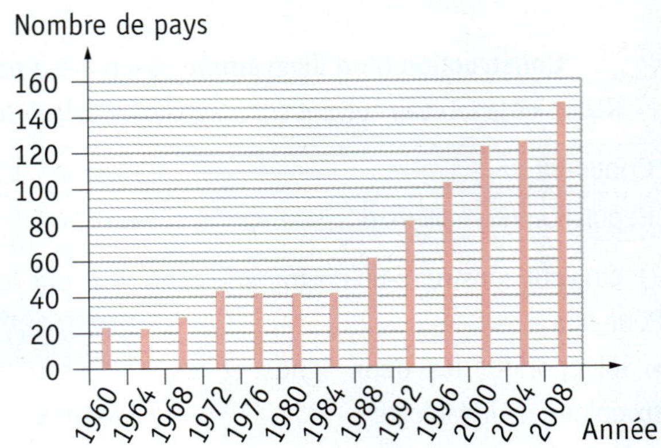

Le programme des jeux Paralympiques comporte 20 disciplines : l'athlétisme, l'aviron, le basket-ball en fauteuil, la boccia, le cyclisme, l'équitation, l'escrime en fauteuil, le football à cinq (debout), le football à sept (déficients visuels), le goalball, l'haltérophilie, le judo, la natation, le rugby en fauteuil, le tennis de table, le tennis en fauteuil, le tir sportif, le tir à l'arc, la voile et le volley-ball assis.

46 Lors des jeux Paralympiques de Pékin, la France était représentée par 121 athlètes dans 13 des 20 disciplines paralympiques.
Le diagramme circulaire ci-contre indique la répartition des athlètes handisports français selon les disciplines.

- Déterminer les quatre disciplines de la délégation française qui a envoyé le plus d'athlètes à Pékin.

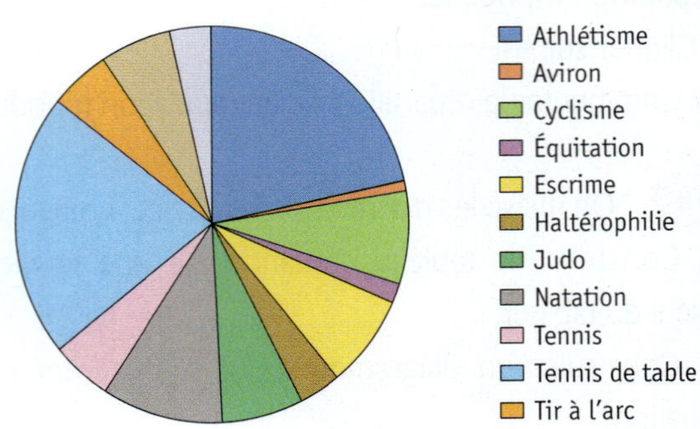

Chapitre 9

Introduction à la géométrie

REVOIR

> les notions de points, droites, segments ;
> le milieu d'un segment ;
> l'utilisation du compas.

DÉCOUVRIR

> la notion de demi-droite ;
> de nouvelles notations ;
> le codage d'une figure ;
> la définition du cercle.

SOCLE COMMUN

- **SC1** Utiliser le vocabulaire de base et des notations.
- **SC2** Reporter une longueur.
- **SC3** Connaître et utiliser la propriété caractéristique des points d'un cercle.
- **SC4** Construire une figure d'après une de ses descriptions.
- **SC5** Construire une figure simple à l'aide d'un logiciel de géométrie dynamique.

Paul Klee, « Conquérant », 1930, 129 aquarelle et plume sur coton sur carton, Zentrum Paul Klee, Bern.

***Conquérant* est une toile de 1930 qui se trouve au Centre Paul Klee à Berne (Suisse).**

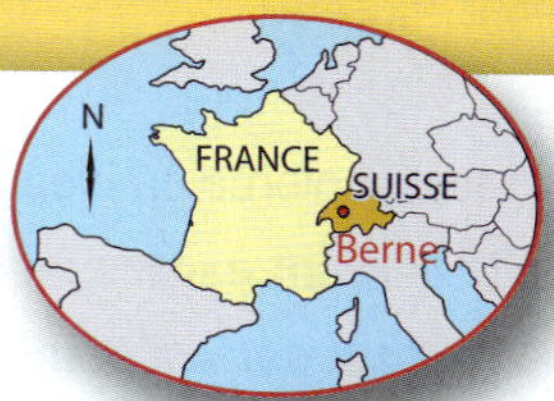

Paul Klee (1879-1940) est un peintre suisse du xxe siècle, auteur de « Théorie de l'art moderne ».
On trouve souvent dans ses tableaux un côté enfantin, des formes géométriques et une allusion à la poésie, à la musique et aux rêves.

1) Poser un papier-calque sur ce tableau et repasser au crayon un segment, un triangle, un arc de cercle, un cercle, un quadrilatère.

2) a) Rechercher le sens du mot *pentagone*.
b) En décalquer un sur cette figure.

> Activités

1 Je représente un point, une droite

JE REVOIS

A Point

En général, en géométrie, un point est représenté par une croix et est nommé par une lettre majuscule (voir figure 1).

Le **point** est l'intersection des deux traits formant une croix.

On considère la figure 2 ci-contre.

1) Les points E et F sont-il au même endroit sur cette figure ?

On dit que les points E et F sont **distincts**.

2) Les points A et B sont-il au même endroit sur cette figure ?

On dit que les points A et B sont **confondus**.

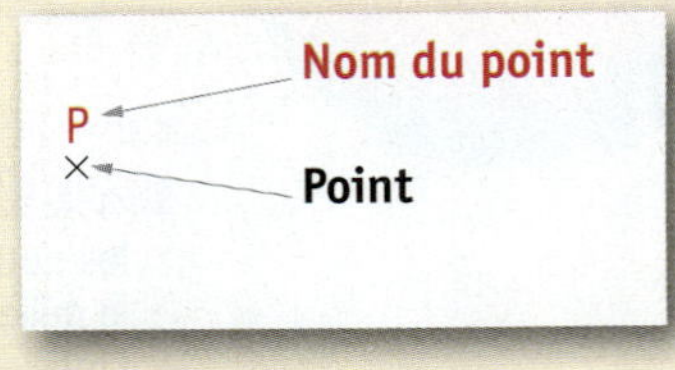

▲ Figure 1

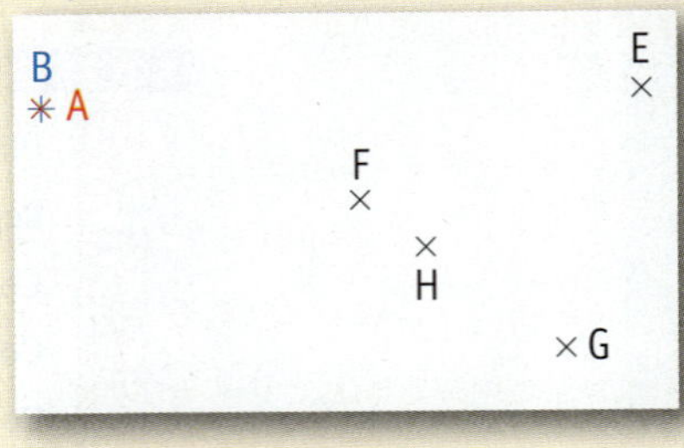

▲ Figure 2

B Droite

Décalquer la figure 2.

1) Tracer en rouge une droite passant par les points E et F.

Peut-on en tracer d'autres ?

2) Tracer en vert une droite passant par les points A et B. Peut-on en tracer d'autres ?

3) **a)** Peut-on tracer une droite passant à la fois par les points E, F et G ?

On dit que les points E, F et G ne sont **pas alignés**.

b) Citer trois points de la figure qui semblent alignés.

2 Je découvre des notations

A Notations

1) Placer deux points A et B distincts.

2) Tracer en rouge la **droite** passant par les points A et B. ------------> Cette droite se note **(AB)**.

3) Placer un point C sur la droite (AB).

On dit que le point C **appartient à** la droite (AB). ------------> On note $C \in (AB)$.

4) Placer un point P ne se trouvant pas sur la droite (AB).

On dit que le point P **n'appartient pas à** la droite (AB). ------------> On note $P \notin (AB)$.

5) Tracer en vert le **segment** d'extrémités B et C. ------------> Ce segment se note **[BC]**.

6) Tracer la portion de droite qui commence au point P et qui passe par le point A. Cette portion de droite s'appelle la **demi-droite** d'origine P passant par le point A. ------------> Cette demi-droite se note **[PA)**.

B Utilisation des notations

1) Recopier le texte ci-dessous en remplaçant le texte colorée en bleu par une notation.

« Placer deux points distincts A et B. Tracer la droite **passant par les points A et B**.
Placer un point C tel que C **appartient à la droite passant par les points A et B**.
Placer un point D tel que D **n'appartient pas à la droite passant par les points A et B**.
Tracer le segment **d'extrémités les points C et D**.
Tracer la demi-droite **d'origine le point D et passant par le point B**. »

2) Faire une construction en utilisant votre version du texte.

3 J'utilise le codage de longueurs

Sur la figure ci-contre, les points S, M et T sont alignés.

1) **a)** Mesurer la **longueur du segment** [SL]. On note cette longueur **SL**.

Recopier et compléter : « SL ≈ ... ».

b) Mesurer la longueur LT. Que remarque-t-on ?

Cette figure a été **codée** : les **petits signes identiques** sur les segments [SL] et [LT] signifient que les longueurs SL et LT sont égales.

Ainsi SL = LT.

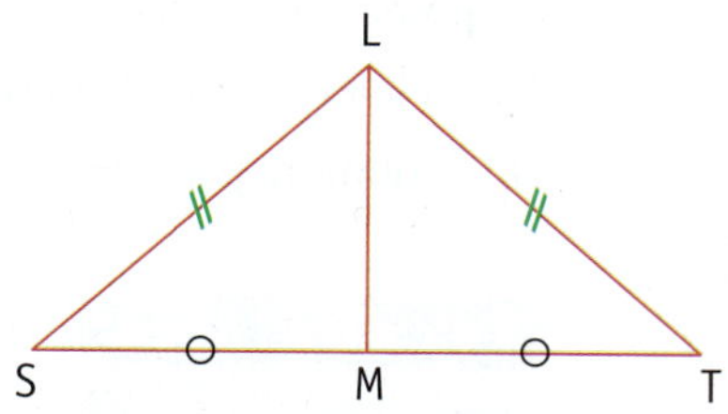

c) Le point L est-il le milieu du segment [ST]. Justifier la réponse.

2) **a)** Le point M appartient-il au segment [ST] ? Justifier la réponse.

b) Le point M est-il situé à égale distance des points S et T ? Justifier la réponse.

c) Le point M est-il le milieu du segment [ST] ? Justifier la réponse.

4 Je définis le cercle

1) **a)** Placer un point O. En utilisant une règle graduée, placer six points distincts situés à 3 cm du point O.

Peut-on en placer d'autres ? Combien ?

b) Quel instrument de géométrie permet de construire rapidement tous ces points ?

Tracer alors tous les points situés à 3 cm du point O.

Recopier et compléter la phrase suivante : « La figure obtenue est le **...** de centre **...** et de **...** 3 cm. »

2) Tracer un segment [AB] de longueur 4 cm.

a) Tracer le cercle de centre A et de rayon 5 cm. Placer un point M sur ce cercle.

Quelle est la longueur du segment [AM] ? Justifier la réponse.

b) Tracer le cercle de centre B et de rayon 6 cm. Placer un point R sur ce cercle.

Quelle est la longueur du segment [BR] ? Justifier la réponse.

c) Marquer en rouge tous les points situés à la fois à 5 cm du point A et à 6 cm du point B.

5 Je précise la nature et le nom d'un polygone

1) **a)** Quel élève a précisé le nom du polygone rouge ?

b) Quel élève a précisé la nature du polygone rouge ?

2) **a)** Préciser la nature du quadrilatère vert.

b) Comment nommer ce quadrilatère ?

A-t-on plusieurs possibilités ?

J'ai lu les lettres qui désignent les sommets en suivant les côtés.

1 Notion de point – Notion de droite

a) Représentation d'un point

Un **point** est un objet géométrique.
C'est l'intersection de deux lignes.
On le nomme par une lettre majuscule.

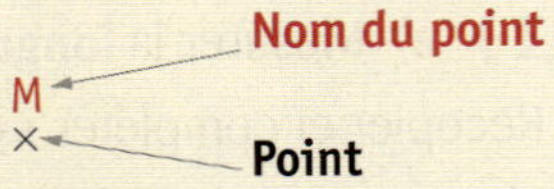

Vocabulaire Deux points sont **confondus** s'ils occupent le même emplacement.
Deux points sont **distincts** s'ils n'occupent pas le même emplacement.

■ **EXEMPLE :**
Les points A et B sont confondus.
Les points C et D sont distincts.

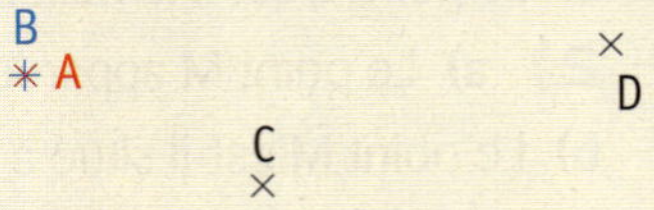

b) Représentation d'une droite

Une **droite** est un objet géométrique formé de points.
Une droite est illimitée.
Pour la représenter, on en trace une partie à l'aide d'une règle.

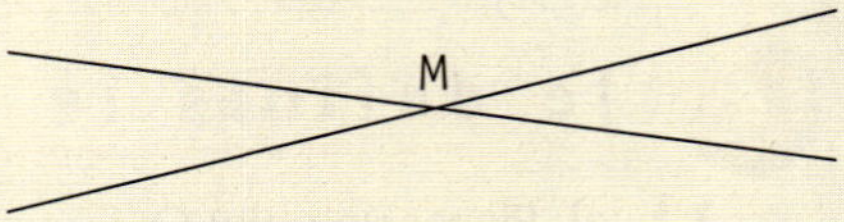

■ **Remarques :**
- Deux droites qui se coupent ont un seul point en commun.
- Des points alignés sont des points qui appartiennent à la même droite.

Notations : Le symbole $\in$ signifie **appartient à**.
Le symbole $\notin$ signifie **n'appartient pas à**.

■ **EXEMPLES :**
Les points M, N et P sont alignés : ils appartiennent à la droite (d).
$M \in (d)$; $N \in (d)$; $P \in (d)$; $R \notin (d)$.

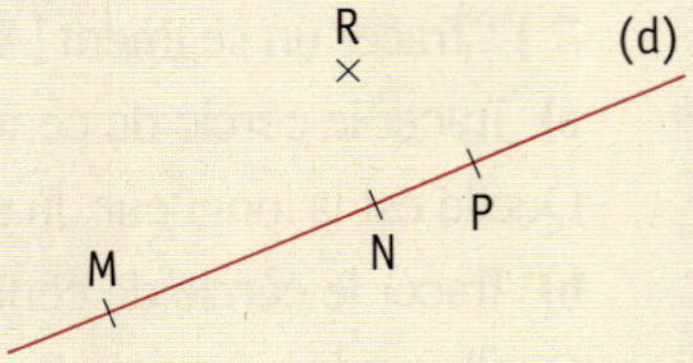

Propriété Par deux points distincts passe une droite et une seule.

■ **EXEMPLE :**
Par les deux points distincts A et B passe une droite et une seule.

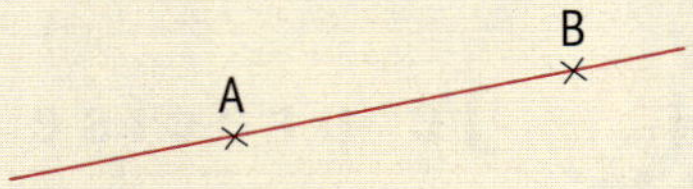

Notation : Cette droite se note (AB) ou (BA).

c) Portions de droites

Définition Une **demi-droite** est une portion de droite limitée d'un seul côté par un point appelé origine.

Notation : On note [AB) la demi-droite d'origine A passant par le point B.

Définition Un **segment** est une portion de droite limitée par deux points appelés extrémités.

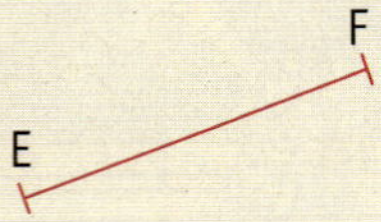

Notation : On note [EF] ou [FE] le segment d'extrémités E et F.

2 Longueur et milieu d'un segment

Notation : La **longueur** du segment [AB] est notée **AB**.

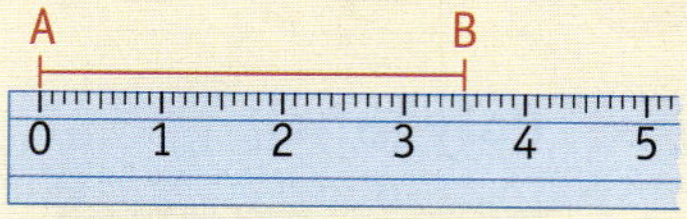

EXEMPLE :
La longueur du segment [AB] est de 3,5 cm. On note AB = 3,5 cm.

■ **Remarque :** La longueur du segment [AB] s'appelle aussi la **distance** entre les points A et B.

Définition Le **milieu** d'un segment est un point qui appartient au segment et qui est à égale distance de ses extrémités.

EXEMPLE : I ∈ [AB] et IA = IB.
Le point I est le milieu du segment [AB].

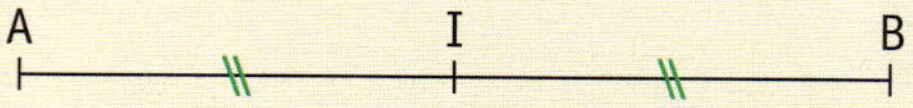

■ **Remarque :** On a **codé** de la même façon les segments de même longueur.

3 Cercle

Définition Un **cercle** (𝒞) de centre O est formé de tous les points situés à la même distance du point O. Cette distance commune est appelée le **rayon** du cercle.

EXEMPLE : Le cercle (𝒞) a pour centre le point O et pour rayon le nombre **r**.

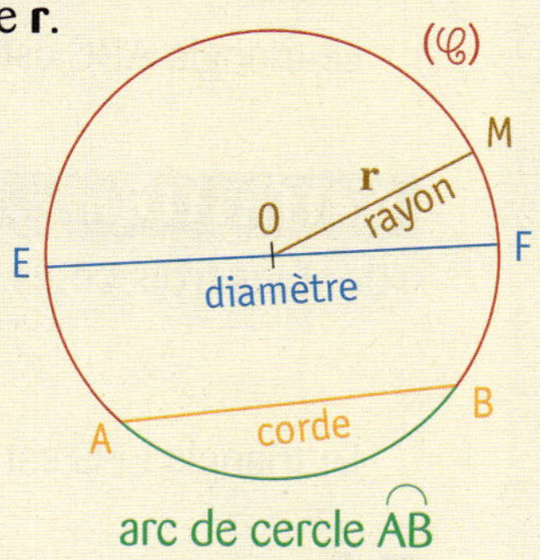

Propriété **Si** M est un point du cercle (𝒞) de centre O et de rayon **r**, **alors** OM = **r**.

Propriété **Si** OM = **r**, **alors** le point M est un point du cercle (𝒞) de centre O et de rayon **r**.

■ **Remarque :** Le segment [OM] est **un rayon** du cercle. La longueur OM est **le rayon** du cercle.
Le rayon d'un cercle est un nombre tandis qu'un rayon du cercle est un segment.

Définitions
- Une **corde** est un segment dont les extrémités sont deux points du cercle.
- **Un diamètre** est une corde passant par le centre du cercle.
- **Le diamètre** du cercle est la longueur commune de tous ses diamètres.

■ **Remarque :** Le diamètre d'un cercle est égal au double de son rayon.

Point de repère

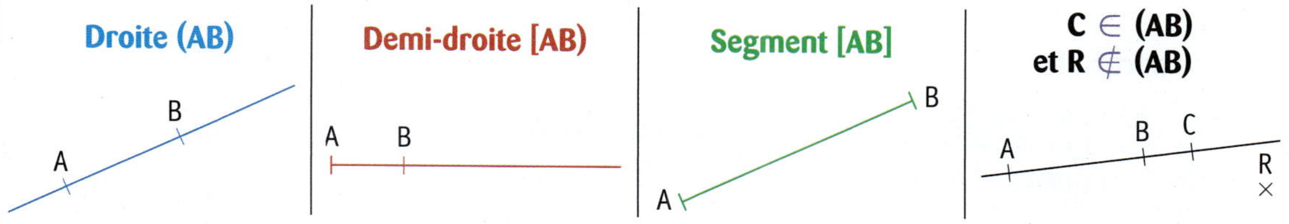

La longueur du segment [AB] se note **AB**.

4 Polygones

a) Polygone

Définition Un **polygone** est une figure fermée dont les côtés sont des segments.

■ **Remarque :** Pour nommer un quadrilatère, on lit les lettres qui désignent ses sommets en suivant ses côtés.

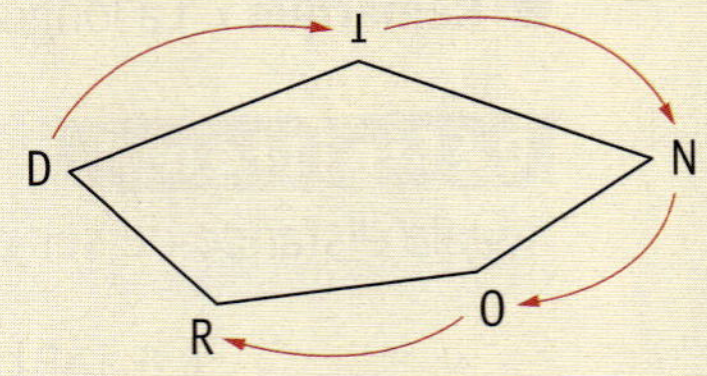

EXEMPLE : Le polygone DINOR a 5 côtés.
On peut aussi le nommer ORDIN, DRONI...

b) Triangle

Définition Un **triangle** est un polygone à trois côtés.

Cas particuliers :

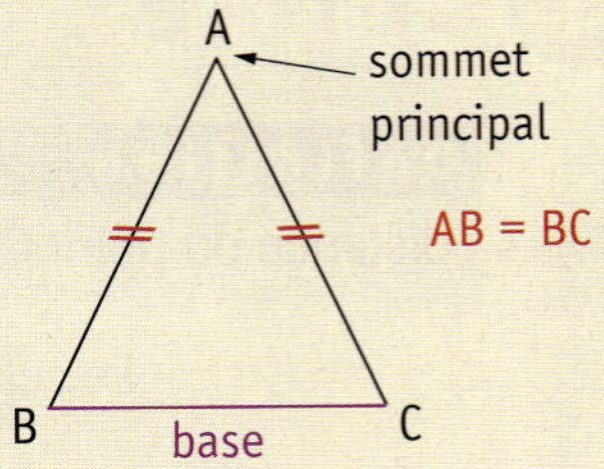

Définition Un **triangle isocèle** est un triangle qui possède deux côtés de même longueur.

EXEMPLE :
Le triangle ABC est isocèle en A.

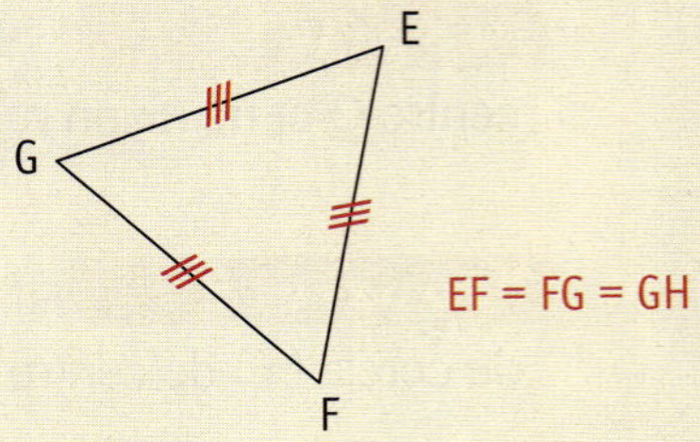

Définition Un **triangle équilatéral** est un triangle dont les trois côtés ont la même longueur.

EXEMPLE :
Le triangle EFG est équilatéral.

■ **Remarque :** Le triangle équilatéral EFG est isocèle en E, isocèle en F et isocèle en G.

c) Quadrilatère

Définition Un **quadrilatère** est un polygone à quatre côtés.

Attention : L'ordre des points est important quand on nomme un quadrilatère.

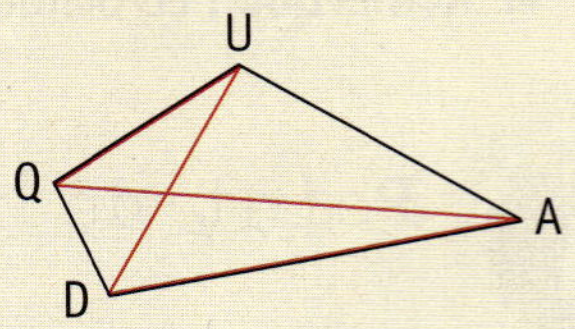

EXEMPLE :
Le quadrilatère QUAD est tracé en noir.
Le quadrilatère QUDA est tracé en rouge.

Cas particulier :

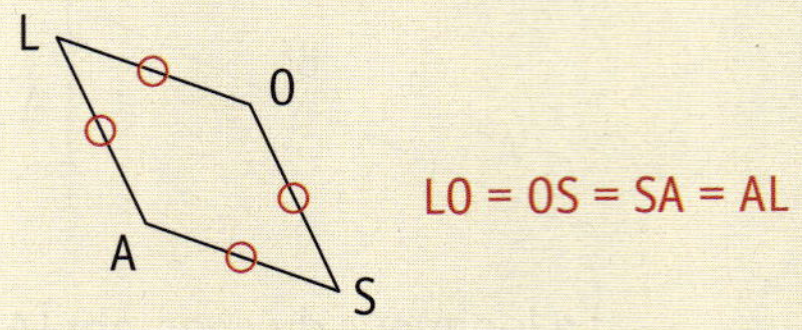

Définition Un **losange** est un quadrilatère dont les quatre côtés ont la même longueur.

EXEMPLE :
Le quadrilatère LOSA est un losange.

> Savoir-faire

1 J'APPRENDS À… Utiliser le vocabulaire et les notations

Énoncé : **1)** Placer trois points A, B et C non alignés, puis :

a) tracer en rouge la droite passant par les points A et B ;

b) tracer en bleu la demi-droite d'origine A passant par le point C ;

c) tracer en vert le segment d'extrémités B et C ;

d) placer un point E tel que : E $\in$ [AC) et E $\notin$ [AC].

2) Reprendre les questions **1) a), b), c)** en utilisant les notations du cours.

Solution :

1)

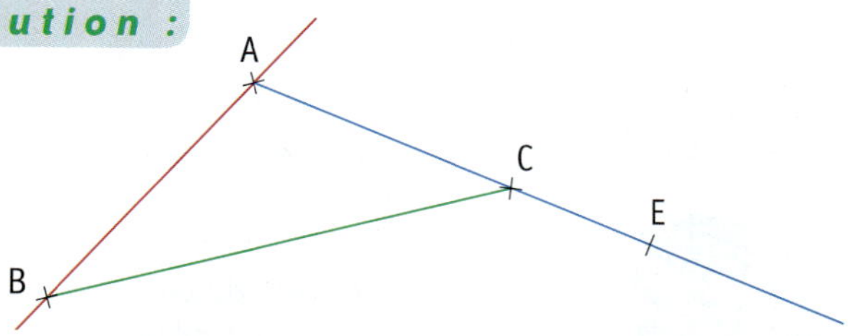

2) a) Tracer en rouge la droite (AB).

b) Tracer en bleu la demi-droite [AC).

c) Tracer en vert le segment [BC].

> J'APPLIQUE.

1 **1)** Placer trois points I, J et K non alignés, puis :

a) tracer la droite passant par les points I et K ;

b) tracer le segment d'extrémités J et I ;

c) tracer la demi-droite d'origine K passant par le point J ;

d) placer un point F tel que F appartient à la demi-droite [KJ) et n'appartient pas au segment [JK].

2) Reprendre la question **1)** en utilisant les notations du cours.

2 **1)** Placer trois points A, B et C non alignés. Tracer la droite (AC), le segment [BC] et la demi-droite [BA).

2) Placer des points E, F, G et H tels que :

E $\in$ (AC), F $\in$ [BC], G $\in$ [BA) et H $\in$ [AB).

3 **1)** Placer trois points non alignés E, F et G. Tracer le segment [EF] en bleu, la demi-droite [FG) en rouge et la droite (EG) en vert.

2) Placer un point A appartenant au segment [EF].

3) Placer un point B appartenant à la demi-droite [FG) et n'appartenant pas au segment [FG].

4) Placer un point C appartenant à la droite (EG) et n'appartenant pas à la demi-droite [EG).

4 Reproduire la figure ci-dessous, puis tracer la demi-droite [LO) en rouge, la droite (VE) en noir, le segment [VO] en vert et la demi-droite (LE] en bleu.

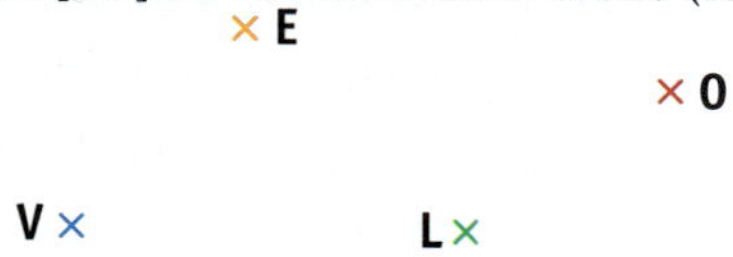

5 SC1

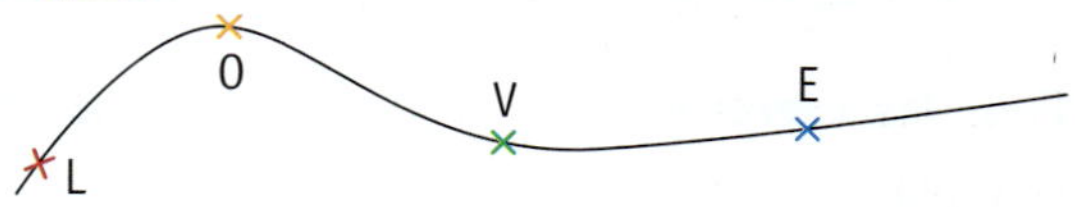

Préciser si les points cités sont alignés :

a) L et E ; **b)** L, O, V et E ; **c)** L, V et E.

6 Les points B, A et L sont alignés.

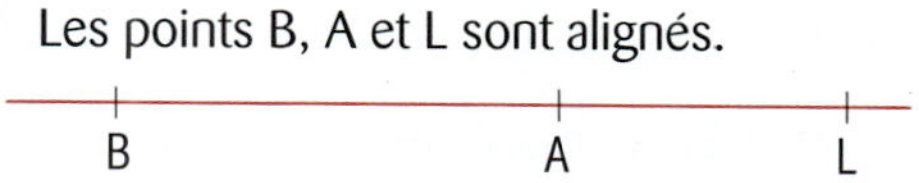

Écrire tous les noms possibles :

a) de la droite rouge ;

b) de la demi-droite d'origine L passant par B ;

c) de la demi-droite d'origine A passant par L ;

d) du segment d'extrémités B et L.

7 Les points B, L, O et G sont alignés.

Recopier et compléter avec $\in$ ou $\notin$.

a) O ... [BG] ; **b)** O ... [BL] ; **c)** O ... [GL] ;

d) G... [LO) ; **e)** G ... [LO] ; **f)** G ... (LO).

8 SC1 Rédiger un texte permettant de décrire à une copine cette figure au téléphone.

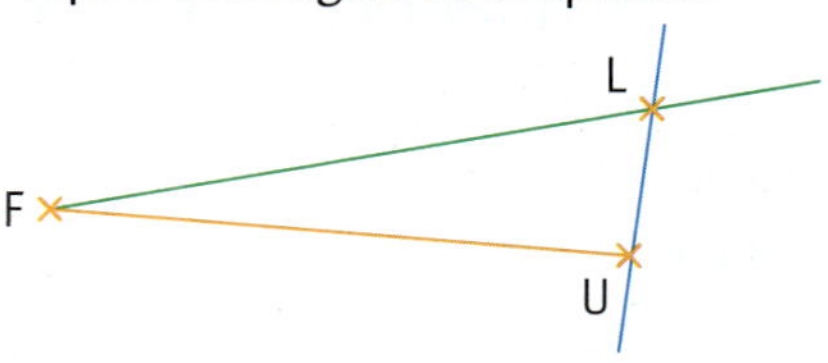

> Savoir-faire

2 J'APPRENDS À... Reporter des longueurs

Énoncé : On considère les segments [AB] et [CD] ci-contre.

- Construire un segment [MN] tel que :

$$MN = AB + CD$$

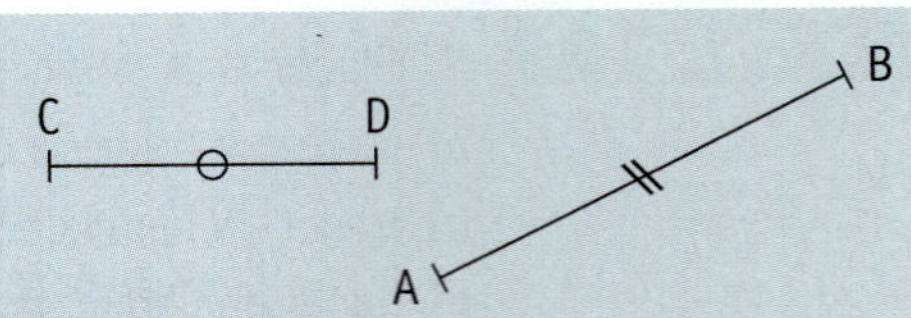

Solution :

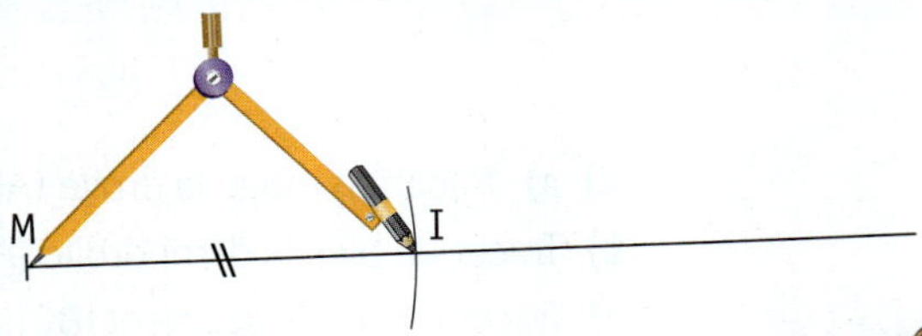

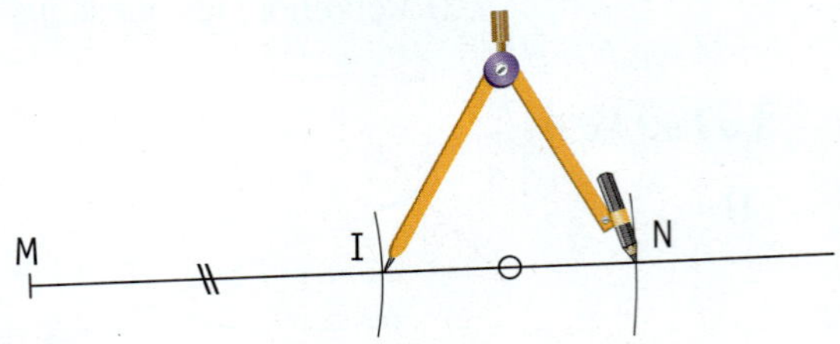

Je trace une demi-droite d'origine M. Je reporte la longueur AB à partir du point M.

À partir du point I et au-delà de [MI], je reporte la distance CD sur la demi-droite.

> J'APPLIQUE.

Pour les exercices 9 à 13, on considère les figures suivantes :

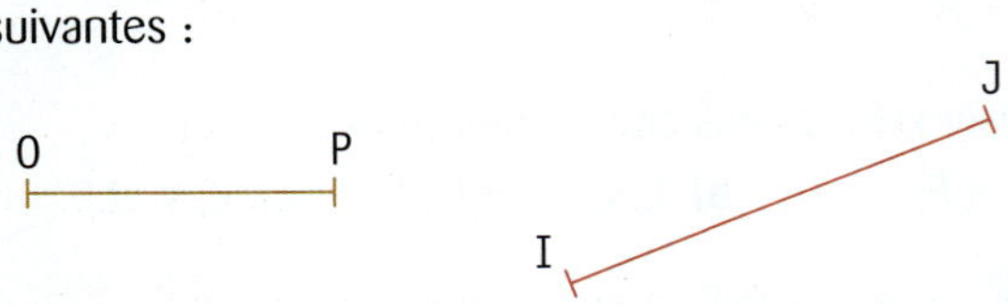

9 SC2 En utilisant le compas, construire un segment [AB] tel que AB = OP + IJ.

10 SC2 Construire un segment [CD] tel que :

$$CD = OI + PJ$$

11 SC2 Construire un segment [MN] tel que :

$$MN = OP + PI + IJ$$

12 SC2 **1)** Tracer une demi-droite d'origine R.
Sur cette demi-droite, placer le point :
a) S tel que RS = OP ; **b)** T tel que RT = OI ;
c) U tel que RU = PJ ; **d)** V tel que RV = IJ.
2) Quel est le plus grand segment ?
Ranger les quatre longueurs par ordre croissant.

13 SC2 Tracer une demi-droite d'origine K.
Sur cette demi-droite, placer :
a) le point E tel que KE = OP ;
b) le point F tel que KF = 2 × OP ;
c) le point G tel que KG = 3 × IJ.

Pour les exercices 14 et 15, on considère la figure suivante :

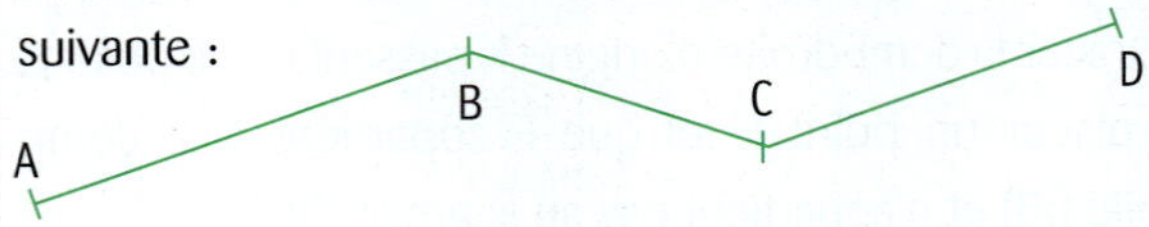

14 SC2 **1)** Tracer une demi-droite d'origine E.
2) Construire un point M tel que :

$$EM = AB + BC + CD$$

15 SC2 **1)** Tracer une demi-droite d'origine F.
2) Construire un point P tel que le segment [FP] ait la même longueur que le contour du triangle ABC.

16 SC2 On souhaite comparer les périmètres de deux triangles sans utiliser de règle graduée.

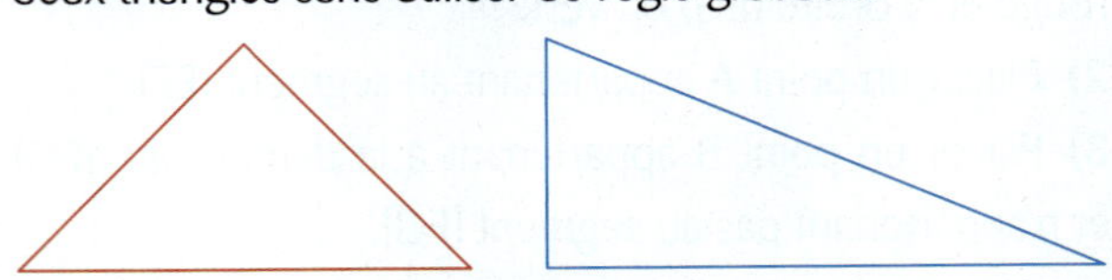

1) a) Tracer une demi-droite d'origine A.
b) Construire un point M tel que le segment [AM] ait la même longueur que le contour du triangle rouge.
2) a) Tracer une demi-droite d'origine B.
b) Construire un point P tel que le segment [BP] ait la même longueur que le contour du triangle bleu.
3) Comparer les longueurs des segments [AM] et [BP].
Quel triangle a le plus grand périmètre ?

3 J'APPRENDS À… Construire des triangles

Énoncé : • Construire un triangle TRI tel que TR = 4cm, TI = 3 cm et IR = 2 cm.

Solution :

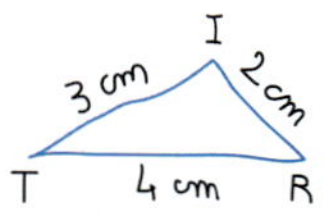

① *Je réalise une figure à main levée.*

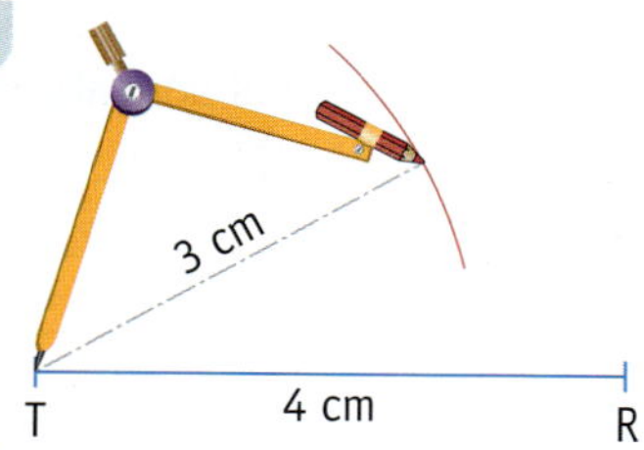

② *Je trace le segment [TR], puis un arc de cercle de centre T et de rayon 3 cm.*

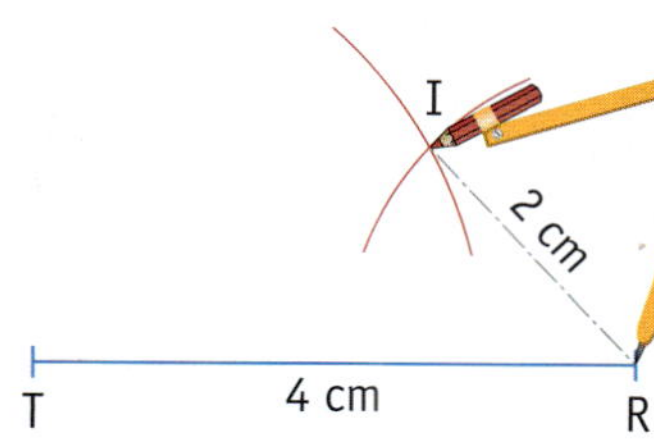

③ *Je trace un arc de cercle de centre R et de rayon 2 cm. Il coupe le premier arc en un point I.*

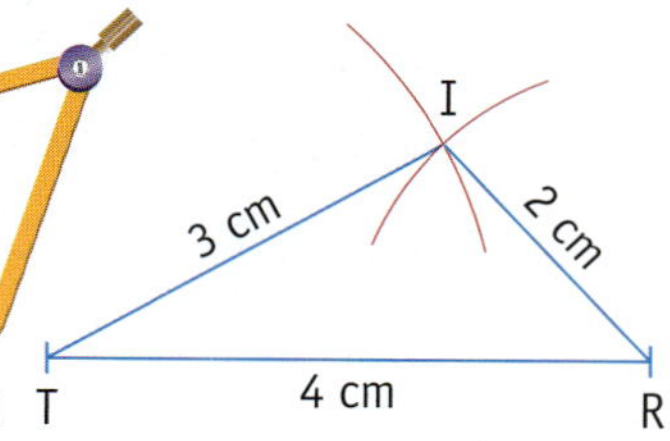

④ *Je trace le triangle TRI.*

J'APPLIQUE.

SC4 **Pour les exercices 17 à 19**, les polygones ont été dessinés à main levée.
Construire ces figures en respectant les longueurs indiquées. L'unité est le centimètre.
On dit aussi « construire ces figures en vraie grandeur ».

17 **a)**

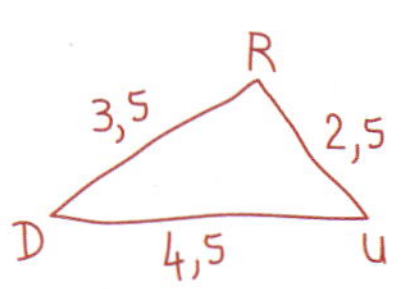

b)

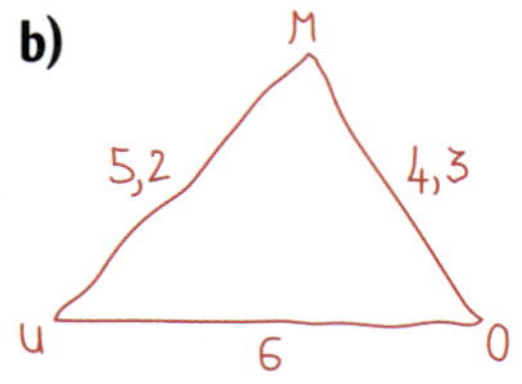

18 **a)**

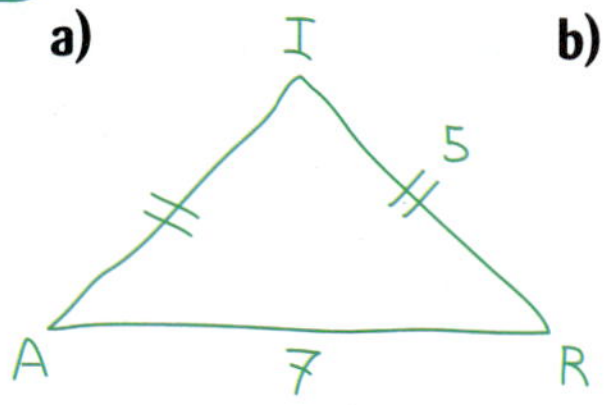

b)

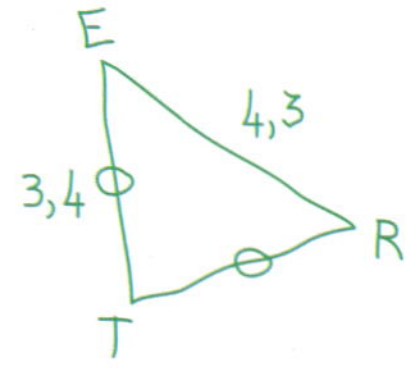

19 **a)**

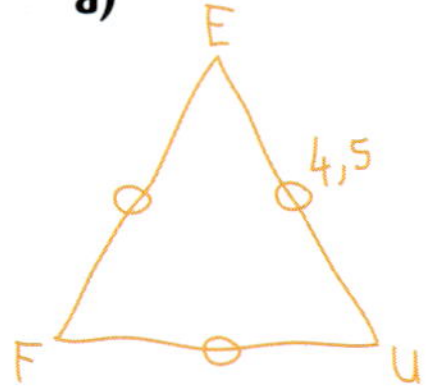

b)

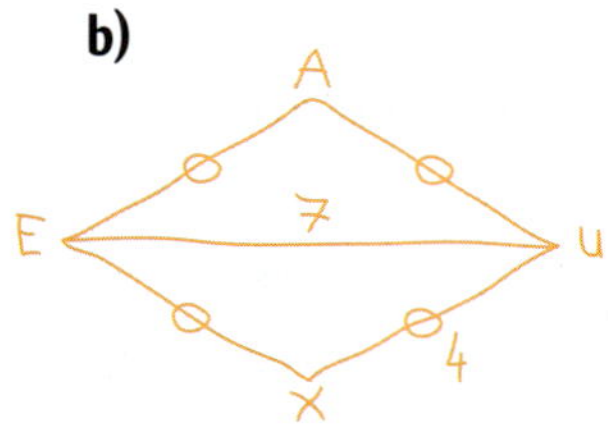

20 **SC4** Construire un triangle équilatéral EQU de côté 5,5 cm.

21 **SC4** Construire un triangle isocèle ISO de sommet principal I tel que : IS = 5 cm et SO = 3 cm.

J'ai commencé par dessiner une figure à main levée.

22 **SC4** Construire un triangle isocèle ISO de sommet principal O tel que : IS = 5 cm et SO = 3 cm.

23 **SC4** Construire un triangle BOA tel que :
BO = 5,2 cm, BA = 6,3 cm et OA = 4,5 cm.

24 **SC4** Construire un triangle PYT tel que :
PY = 7,2 cm, TY = 8,6 cm et TP = 4,3 cm.

25 **SC4** Construire un losange ANGE tel que :
AN = 5,2 cm et AG = 6,3 cm.

26 **SC4** **a)** Construire un triangle MND isocèle en M tel que : MN = 5,4 cm et ND = 3,4 cm.
b) Sur la même figure, construire un triangle équilatéral MAN.
c) Sur la même figure, construire un losange MDOL tel que LD = 4,4 cm.

> À l'oral

Pour les exercices 27 à 31, on considère la figure suivante :

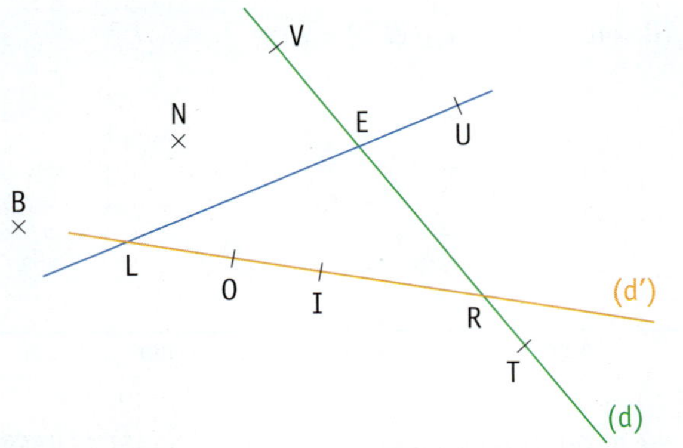

Les points V, E, R et T appartiennent à la droite (d) et les points B, L, O, I et R à la droite (d').
Les points L, E et U sont alignés.

27 SC1 Pour chacune des droites dessinées :
a) citer deux points qui lui appartiennent ;
b) citer deux points qui ne lui appartiennent pas.

28 SC1 En utilisant les lettres de la figure, nommer de quatre manières différentes la droite :
a) verte ; **b)** orange ; **c)** bleue.

29 Les affirmations suivantes sont-elles vraies ou fausses ? Justifier les réponses.
a) Le point L est un point du segment [OI].
b) Le point L est un point de la droite (OI).
c) Le point L est un point de la demi-droite [OI).
d) Le point L est un point de la demi-droite [IO).

30 **a)** À combien de droites tracées appartient le point E ? Citer ces droites.
b) Citer au moins cinq demi-droites tracées passant par le point E.
c) Citer au moins quatre segments tracés passant par le point O.

31 Les affirmations suivantes sont-elles vraies ou fausses ?
a) $E \in [VR]$; **b)** $E \in (RT)$; **c)** $E \in [RT)$;
d) $E \notin (VR)$; **e)** $T \notin (LE)$; **f)** $T \notin [RE)$;
g) $U \in (RT)$; **h)** $V \notin (VN)$; **i)** $T \notin [EV)$;
j) $T \notin [VR)$; **k)** $U \in [LE]$; **l)** $O \in [LR]$;
m) les points L, B et R sont alignés ;
n) les points L et N ne sont pas alignés.

Pour les exercices 32 à 36, on considère la figure ci-dessous sur laquelle :
- les points M, A, N, G, U et E sont alignés ;
- K est un point du cercle de centre O et de rayon 3 cm ;
- les points M, O et K sont alignés.

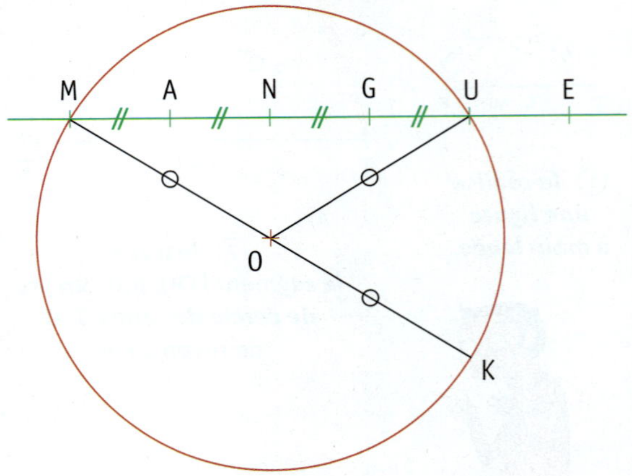

32 Les affirmations suivantes sont-elles vraies ou fausses ? Justifier chaque réponse.
a) Le point A est un point du segment [MU].
b) Le point A est à égale distance des points M et U.
c) Le point A est le milieu du segment [MU].
d) Le point O est à égale distance des points M et U.
e) Le point O est le milieu du segment [MU].
f) Le point G est le milieu du segment [NU].
g) Le point N est le milieu du segment [MU].
h) Le point U est le milieu du segment [GE].

33 Citer toutes les longueurs de la figure égales à la longueur :
a) MA ; **b)** MN ; **c)** MG ; **d)** MO.

34 SC3 Indiquer en justifiant chaque réponse :
a) le centre du cercle ; **b)** le rayon du cercle ;
c) le diamètre du cercle ; **d)** un rayon du cercle.

35 SC3 Justifier que les points M et U appartiennent au cercle.

36 SC3 Citer en justifiant chaque réponse :
a) trois points du cercle ;
b) un diamètre du cercle ;
c) deux cordes ;
d) trois arcs de cercle ;
e) deux triangles isocèles.

Notations

37 Les points B, L, O, U et M sont alignés.
Les points C, A, L, I et N sont alignés.

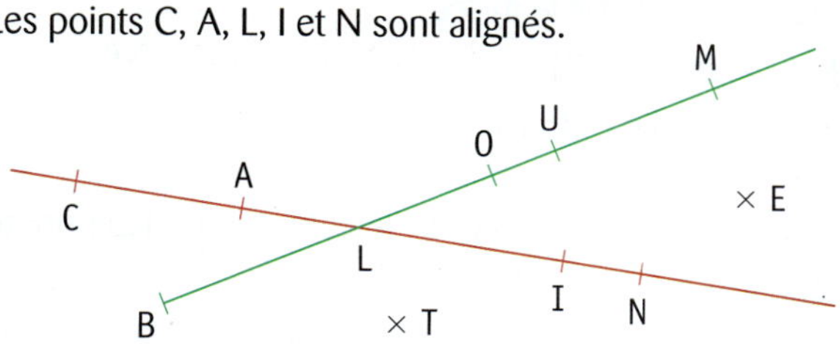

Les affirmations suivantes sont-elles vraies ?

a) $L \in [AN]$; **b)** $L \in (UM)$; **c)** $L \in [IN]$;
d) $A \notin (OM)$; **e)** $L \notin [AI]$; **f)** $L \notin [NI]$;
g) $E \in (MN)$; **h)** $I \notin [CL]$; **i)** $T \notin [LT]$.

Longueurs – Milieu

38 SC1 **1)** Tracer un segment [AB] de longueur 8,2 cm.
2) Placer son milieu C. Coder la figure.
3) Quelles égalités de longueurs peut-on écrire ?
4) Quelle est la longueur du segment [CB] ?

39 SC1 **1)** Tracer un segment [AB] de longueur 7,8 cm.
2) Placer sur ce segment le point M à 2,3 cm du point A.
3) Calculer la longueur MB.

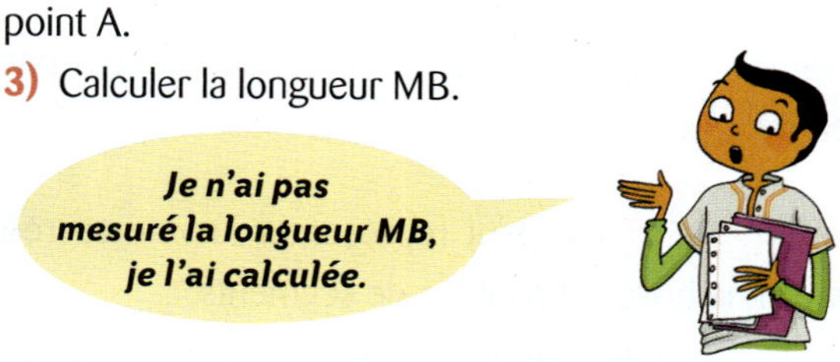

4) a) Placer le milieu I du segment [AB].
b) Calculer les longueurs IA, IB et IM.

40 SC1 **1)** Tracer un segment [TP] de longueur 11,7 cm. Placer sur ce segment le point I situé à 5,8 cm du point T.
2) a) Le point I semble-t-il être au milieu du segment [TP] ?
b) Le point I est-il le milieu du segment [TP] ?
Justifier la réponse.

41 SC1 **1)** Tracer un segment [IL] de longueur 8,1 cm. Placer sur ce segment le point D à 2,7 cm du point I et le point O à 2,7 cm du point L.
2) Calculer la longueur DO. Coder la figure.
3) Citer des milieux. Justifier chaque réponse.

Cercle

42 SC3 **1)** Tracer un cercle de centre A et de rayon 3 cm. Placer un point M sur ce cercle. Quelle est la longueur du segment [AM] ? Justifier la réponse.
2) Le point A appartient-il au cercle ? Justifier la réponse.

43 SC3 **1)** Tracer un cercle de centre O.
2) Placer trois points I, J et K sur ce cercle.
3) Citer deux segments de même longueur.
Justifier la réponse.
4) Que représente pour ce cercle le segment [OI] ?
Que représente pour ce cercle la longueur OI ?
5) Pour ce cercle, comment appelle-t-on le segment [IJ] ?
6) a) Repasser en rouge l'arc de cercle $\overset{\frown}{IJ}$ contenant le point K.
b) Repasser en vert l'arc de cercle $\overset{\frown}{IJ}$ ne contenant pas le point K.

44 SC1 On considère la figure ci-dessous.

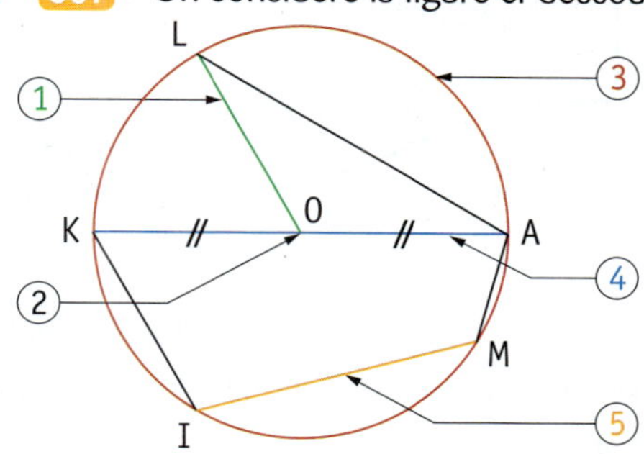

1) En utilisant le vocabulaire spécifique du cercle, associer un ou plusieurs mots de la liste suivante à chacun des numéros de la figure :

cercle	centre	rayon	diamètre	corde

2) Citer quatre rayons.
3) Citer six cordes.

Polygones

45 SC4 Dans chaque cas, préciser la nature du triangle FOU, puis le construire.
a) FO = 3,9 cm ; OU = 4,9 cm ; UF = 5,9 cm ;
b) FO = 4,2 cm ; OU = 5 cm ; UF = 4,2 cm ;
c) FO = 3,9 cm ; OU = 3,9 cm ; UF = 3,9 cm.

46 SC4 **1)** Construire un losange LOUP tel que :
OU = 5,2 cm et LU = 6,3 cm.
2) Citer tous les autres noms de ce losange.
3) Citer quatre triangles isocèles.

Application à un cas concret

Histoire

Pour les exercices 47 à 55, on considère le dessin ci-dessous qui est un plan du sanctuaire de Delphes au IVe siècle. Les rectangles jaunes sont des monuments appelés trésors.

L'emplacement de chaque monument de ce plan est représenté par un point.

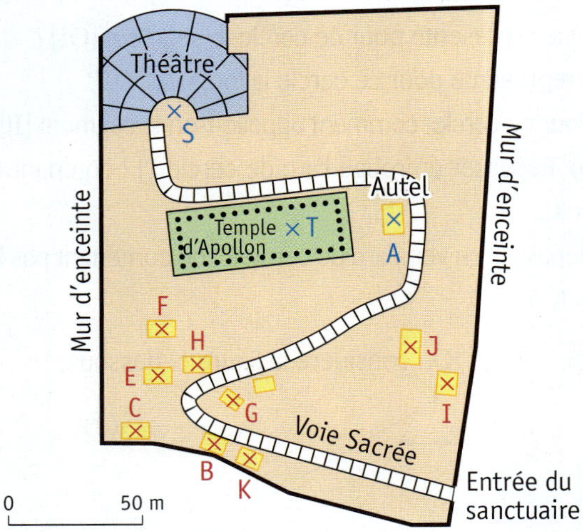

47 SC1 **1)** Citer trois points qui semblent alignés sur ce plan. Y-a-t-il d'autres groupes de trois points qui semblent alignés ?

2) Citer quatre points qui semblent alignés.

48 Pour chaque objet géométrique de la liste ci-dessous, préciser le nombre de fois qu'il traverse la voie sacrée.

a) [FA] ; **b)** [AF) ; **c)** [FA) ; **d)** (AF).

49 Pour chaque objet géométrique de la liste ci-dessous, préciser le nombre de fois qu'il traverse la voie sacrée.

a) [GA] ; **b)** [AG) ; **c)** [GA) ; **d)** (AG).

50 En utilisant seulement les points de la figure, trouver si possible :

1) une demi-droite ; **2)** un segment ; **3)** une droite ;

a) ne coupant pas la voie sacrée ;

b) coupant une seule fois la voie sacrée ;

c) coupant deux fois la voie sacrée ;

d) coupant trois fois la voie sacrée.

51 SC1 **1)** Trouver trois points dont l'un semble être le milieu des deux autres.

2) Le point T est-il le milieu :

a) du segment [SJ] ? **b)** du segment [FJ] ?

Justifier chaque réponse.

52 SC2 **1)** Tracer sur le cahier, une demi-droite d'origine O.

2) a) En utilisant le compas, repérer sur le plan la distance SE.

Placer sur la demi-droite un point U tel que OU = SE.

b) Repérer sur le plan une distance correspondant à 50 m.

En reportant plusieurs fois au compas cette distance sur la demi-droite [OU), évaluer en mètre, la distance entre la scène du théâtre et le trésor E.

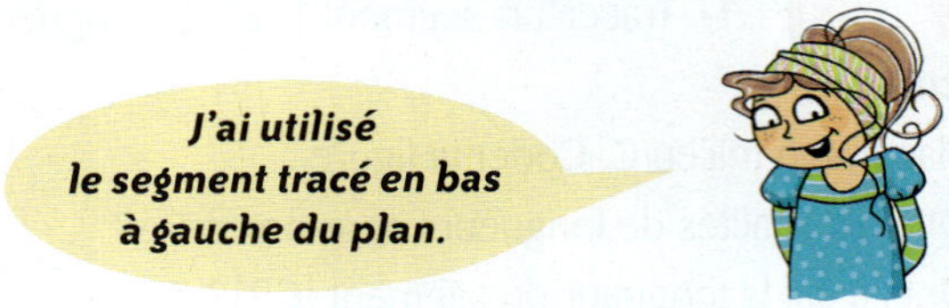

53 SC2 Alexandre est allé du trésor I au trésor B en passant par le trésor F.

1) Reporter sur une demi-droite une longueur égale à IF + FB.

2) Évaluer la distance, en mètre, parcourue par Alexandre.

54 SC2 **1)** On peut représenter la voie sacrée par une ligne brisée constituée de segments.

Tracer sur un papier-calque cette ligne brisée.

2) Tracer en rouge un segment dont la longueur correspond à celle de la voie sacrée sur le plan.

3) Évaluer la longueur réelle en mètre de la voie sacrée.

55 SC3 **1)** Reproduire sur un papier-calque les douze points correspondants à l'emplacement des monuments.

2) a) Tracer un arc de cercle de centre A et de rayon la distance correspondant à 50 m.

b) Quels trésors sont situés à moins de 50 m de l'autel ?

3) Quels trésors sont situés :

a) à moins de 100 m de l'autel ?

b) à 100 m de l'autel ?

c) à plus de 100 m de l'autel ?

J'ai appris à...

- Utiliser les notations de géométrie.
- Définir le milieu et utiliser ses propriétés.
- Définir le cercle et utiliser ses propriétés.
- Reconnaître et nommer des figures géométriques simples.
- Construire une figure d'après un schéma ou un programme de construction.

Attention : Il peut y avoir plusieurs réponses exactes pour chaque énoncé ! Les trouver toutes.

	A	B	C	D	Si échec, revoir :
56 La droite passant par les points A et B se note :	(BA)	AB	(AB)	[AB]	p. 148
57 La demi-droite d'origine B passant par le point A se note :	BA	[AB)	[BA)	(BA)	p. 148
58 Le segment d'extrémités les points A et B se note :	AB	[BA]	BA	[AB]	p. 148
59 « La longueur du segment [AB] est 3,5 cm » se note :	[AB] = 3,5 cm	BA = 3,5 cm	AB = 35 mm	AB = 3,5 cm	p. 149
60 Les points A, B et C sont alignés dans cet ordre. On a :	B ∈ [AC]	A ∉ (CB)	C ∈ [BA)	A ∉ [AB]	p. 148
61 On peut affirmer que le point M est le milieu du segment [AB] quand :	M est le centre du cercle de diamètre [AB]	MA = MB	M ∈ [AB] et MA = MB	M ∈ [AB]	p. 149
62 Le point M appartient à un cercle de centre A. Le segment [AM] est :	un rayon du cercle	le rayon du cercle	une corde du cercle	un diamètre du cercle	p. 149
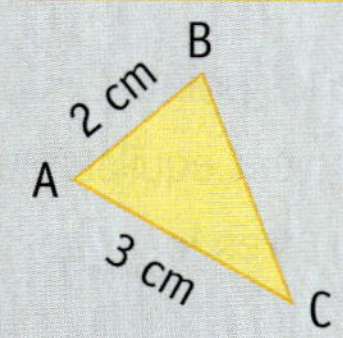 **63** Le point A appartient au cercle :	de centre A et de rayon 2 cm	de centre C et de rayon 3 cm	de centre C et de rayon 2 cm	de centre B et de rayon 2 cm	p. 149
64 Le triangle ERF est isocèle en R, donc :	ER = FE	EF = FR	ER = FR	RF = RE	p. 150
65 ABCD est un losange, donc :	AB = AC	BC = CD	AC = BD	AD = AB	p. 150

> Corrigés et exercices de soutien : voir

> J'approfondis

66 **1)** Tracer un segment [LA] de longueur 5,2 cm. Placer sur ce segment le point I tel que AI = 2,6 cm.
2) Le point I est-il le milieu du segment [LA] ?
Justifier la réponse.

67 **1)** Tracer un segment [EF] de longueur 5 cm. Placer son milieu I.
2) Placer un point J distinct du point E à 5 cm du point F. Coder la figure.
3) a) Quelles égalités peut-on écrire ?
b) Le point F est-il le milieu du segment [EJ] ?
Justifier la réponse.

68 Le dessin ci-dessous a été fait à main levée.

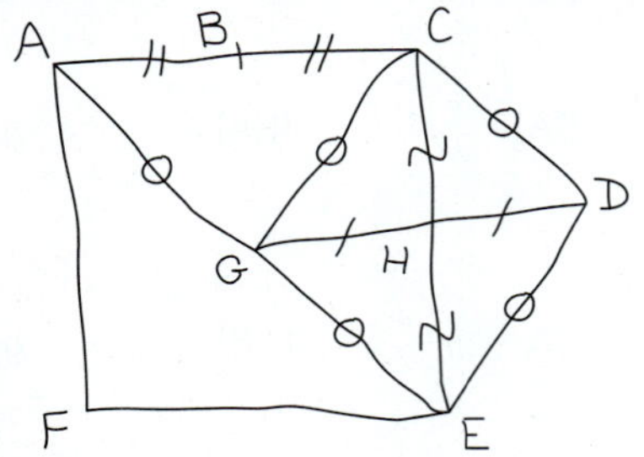

1) Écrire les longueurs égales.
2) Citer tous les points équidistants de :
a) A et C ; **b)** A et E ; **c)** C et E ; **d)** G et D.

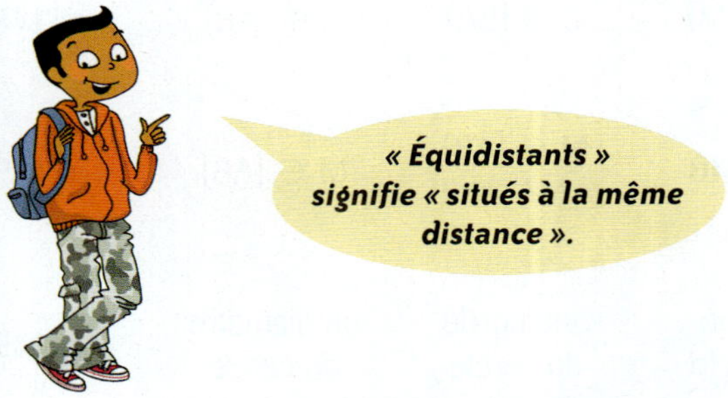

3) Citer trois points appartenant à un même cercle dont le centre est un point de la figure.
Préciser ce centre.
4) Citer un losange. Justifier la réponse.
5) Citer deux triangles isocèles :
a) dont la base est le segment [CE] ;
b) dont le sommet principal est le point G.

69 **1)** Tracer un segment [CE] de longueur 8 cm.
2) Placer sur ce segment le point D situé à 2 cm du point E.
3) Placer le milieu O du segment [CE].
4) Prouver que le point D est le milieu du segment [OE].

70 **1)** Tracer un cercle de centre O et de rayon 2,5 cm. Placer un point A sur ce cercle.
2) La demi-droite [AO) recoupe le cercle en un point K. Justifier que le point O est le milieu du segment [AK].

71 **1)** Tracer un segment [EF] de longueur 6 cm et de milieu I.
2) Placer un point L qui n'appartient pas à ce segment mais tel que IL = 3 cm.
3) Prouver que les points E, F et L appartiennent à un même cercle. Préciser son centre et son rayon.

72 **1)** Tracer un triangle IMN isocèle en I tel que : IM = 5 cm et MN = 3,5 cm.
2) Tracer le cercle de centre I et de rayon IM.
Justifier que le point N appartient à ce cercle.
3) Le cercle de centre M et de rayon 3,6 cm passe-t-il par le point N ? Justifier la réponse.

73 **1)** Tracer un segment [AB] et noter O son milieu. Tracer le cercle de centre O et de rayon OA.
2) Que dire du point B ? Justifier la réponse.
3) Recopier et compléter les phrases suivantes :
« Le point O est ... du cercle.
Le point O est ... segment [AB].
Le point O est ... du segment [OA].
Le segment [OA] est ... du cercle.
La longueur OA est ... du cercle.
Le segment [AB] est ... du cercle.
La longueur AB est ... du cercle. »

74 **1)** Tracer un triangle équilatéral BIC de côté 3 cm.
2) À l'extérieur de ce triangle, construire les points G, O, A tels que les triangles BIO, CIA et BCG soient équilatéraux.
3) Citer un losange. Justifier. Citer les autres losanges.

75 **1)** Tracer un segment [AB] de 4 cm.
2) Tracer le cercle de centre A et de rayon AB.
3) Tracer le cercle de centre B et de rayon AB.
Ces deux cercles se coupent en deux points I et J.
4) a) Prouver que AI = BI.
b) Quelle est la nature du triangle AIB ?
Justifier la réponse.
5) Quelle est la nature du quadrilatère AIBJ ? Justifier la réponse.

76 **Arts plastiques**

SC4 **1)** Sur du papier à dessin, tracer un triangle AOB isocèle en O tel que :

$$OA = 10 \text{ cm} \quad \text{et} \quad AB = 8 \text{ cm}.$$

2) Sur le côté [OA], placer des points tous les centimètres et relier chacun de ces points au sommet B par des segments.

3) Sur le côté [OB], placer des points tous les 0,5 cm et relier chacun de ces points au sommet A par des segments.

4) En s'inspirant du schéma ci-dessous, colorier soigneusement le dessin réalisé sur papier avec une ou deux couleurs de son choix.

77 **SC4** **1)** Tracer un cercle de centre O et de rayon 3 cm. Placer un point A sur ce cercle.

Tracer sur ce cercle, dans cet ordre, cinq points B, C, D, E et F tels que :

$$OA = AB = BC = CD = DE = EF$$

2) Tracer le polygone ABCDEF.

3) Quelle est la nature du quadrilatère OABC ? Justifier la réponse.

78 **SC4** Le schéma suivant est la vue de dessus d'un diamant taillé. Il est constitué de deux hexagones.

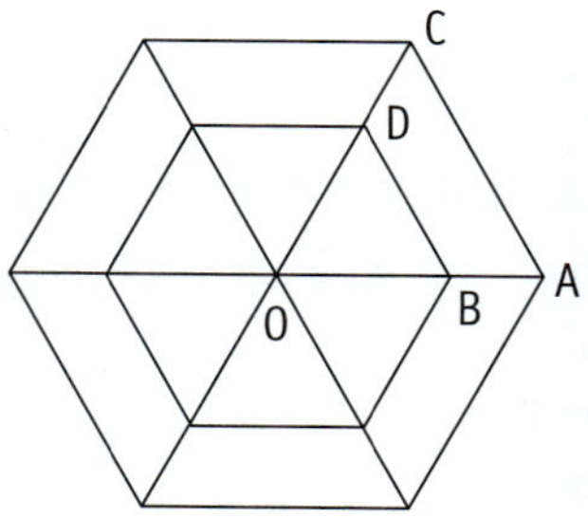

Chaque hexagone a ses côtés égaux et ses sommets sur un même cercle. On a : BD = OB et OA = AC.

1) Reproduire ce schéma en prenant :
OA = 6 cm et OB = 4 cm.

2) Combien ce schéma comporte-t-il :

a) de triangles équilatéraux ? **b)** de losanges ?

79 **SC3** Anis, Batman et Cool sont trois chevrettes qui broutent l'herbe d'un pré clôturé.
Ce pré a la forme d'un rectangle PREB de dimensions 10 m par 12 m. Anis est attachée au piquet A par une corde de longueur 3 m. Batman est attachée au piquet B par une corde de longueur 8 m. Cool est attachée au piquet C par une corde de longueur 5 m.

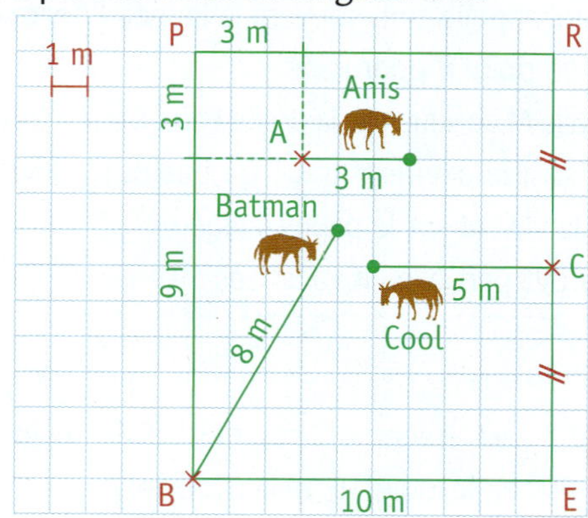

1) Reproduire le schéma en prenant 1 cm pour 1 m.

2) Pour chacune des chevrettes, tracer le contour de l'espace d'herbe qu'elle peut brouter.

3) Colorier en vert l'espace brouté par aucune chevrette, en marron l'espace brouté par au moins deux chevrettes, en jaune l'espace brouté par une seule chevrette.

80 **Arts plastiques**

On se propose de reproduire le dessin ci-contre.

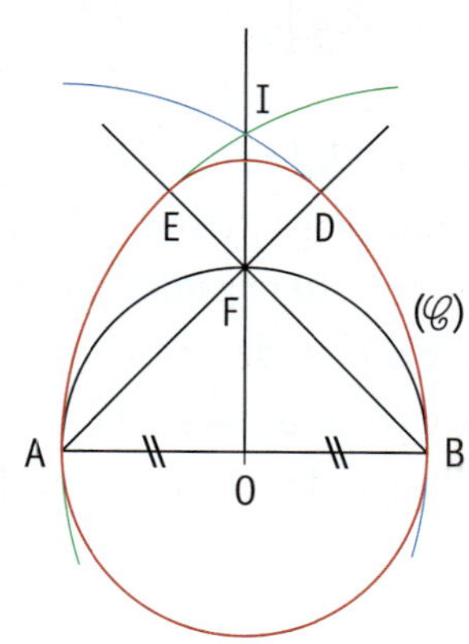

1) Tracer un segment [AB] de longueur 8 cm. Placer son milieu O.

2) Tracer le cercle 𝒞 de diamètre [AB].

3) a) Tracer en bleu un arc de cercle de centre A passant par B.

b) Tracer en vert un arc de cercle de centre B passant par A. Ces deux arcs de cercles se coupent en un point I.

4) a) La demi-droite [OI) coupe le cercle 𝒞 au point F.

b) La demi-droite [AF) coupe l'arc de cercle bleu au point D.

c) La demi-droite [BF) coupe l'arc de cercle vert au point E.

5) Tracer l'arc de cercle $\overset{\frown}{ED}$ de centre F.

6) Repasser en rouge les arcs de cercles nécessaires pour obtenir un bel œuf.

DEVOIRS À LA MAISON

DEVOIR A

81 Maréva veut situer la ville **M** de ses futures vacances sur la carte de son agenda.

1) Placer un papier-calque sur cette carte et marquer d'une croix les villes suivantes : Dunkerque, Brest, Bayonne, Perpignan, Nice, Strasbourg.
Nommer ces points en respectant l'ordre : D, B, Y, R, N, S.

2) Tracer le polygone DBYRNS.
Pourquoi appelle-t-on souvent la France l'***hexagone ?***
Tracer un point P pour Paris.

3) La ville **M** se situe sur la droite Paris-Brest à 200 km de Brest.
En utilisant le segment tracé en bas et à gauche de la carte, placer la ville **M** sur le papier-calque.
Où Maréva part-elle en vacances ?

DEVOIR B

82 **1) a)** Tracer un segment [EF] de longueur 7 cm. Placer le point I, milieu de ce segment, puis tracer le cercle de diamètre [EF].

b) Placer sur ce cercle un point O à 2 cm du point E et un point M à 3,5 cm du point F.

2) Quelle est la nature du triangle :
a) IOE ? **b)** IMF ?
Justifier chaque réponse.

83 **1)** Sur une droite (d), placer les points A, B, I, J tels que le point I soit le milieu du segment [AB] et le point B, le milieu du segment [IJ].

2) Justifier que AI = BJ.

3) a) Tracer un triangle équilatéral AIE.

b) Quelle est la nature du triangle EIB ?
Justifier la réponse.

JE CHERCHE...

84 Sylvie doit aller chercher du lait à l'intérieur de la ferme. Pour y arriver, elle doit traverser une cour carrée de côté 10 m gardée par deux petits chiens Zig et Puce. Elle a peur de se faire mordre. Zig est attaché derrière le gros tas de bois par une laisse de 8 m. Puce est attaché à l'angle de la cour par une laisse de 3 m.

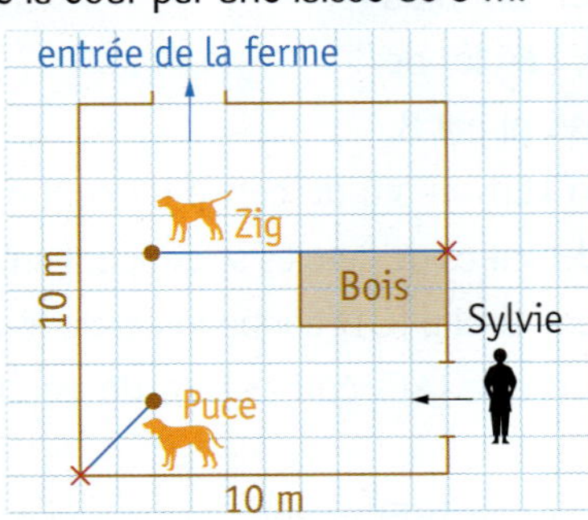

1) Reproduire le schéma en s'aidant du quadrillage et en prenant 1 cm pour 1 m.

2) Tracer la limite de l'espace protégé par les chiens.
Sylvie pourra-t-elle traverser sans se faire mordre ?

85 ***Le poisson losange***

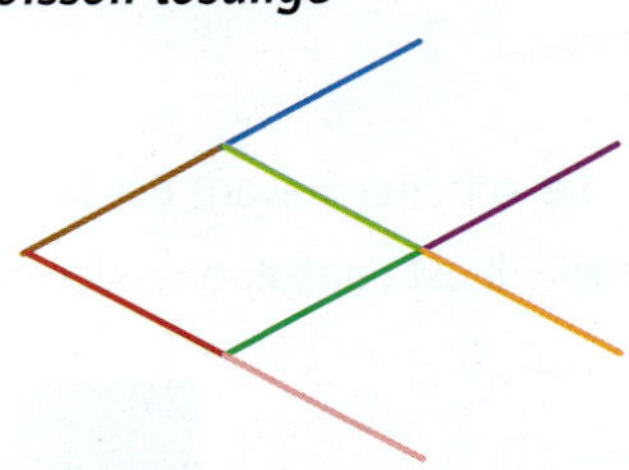

• En déplaçant seulement trois de ces huit segments égaux, faire nager le poisson dans le sens contraire.

86 Recopier la figure ci-dessous.

Trouver comment on peut relier tous les points de cette figure sans lever son crayon et en dessinant seulement quatre segments.

On utilise le logiciel de géométrie *Cabri-Géomètre*.

87 SC5 **A) Découverte du logiciel**

1) Ouvrir le logiciel *Cabri-Géomètre*. On obtient une fenêtre avec 11 icônes carrées grises.

2) a) Cliquer (clic gauche) sur une icône.

Constater que son fond devient blanc et qu'une liste de propositions apparaît.

b) Pour choisir dans cette liste, on descend et on clique sur une proposition.

Le dessin de l'icône change selon le choix effectué dans le menu déroulant.

B) Application

1) Pour placer trois **points** distincts :
cliquer sur la deuxième icône ,
puis sur la feuille de dessin pour chaque point.

2) Pour tracer le **triangle** ayant pour sommet ces trois points :
cliquer sur la troisième icône , puis sur « **Triangle** »
dans le menu déroulant.
Cliquer sur chacun des sommets.

3) **Déplacer** le triangle ou un de ses sommets en cliquant sur ,
puis sur l'objet choisi en maintenant la pression.

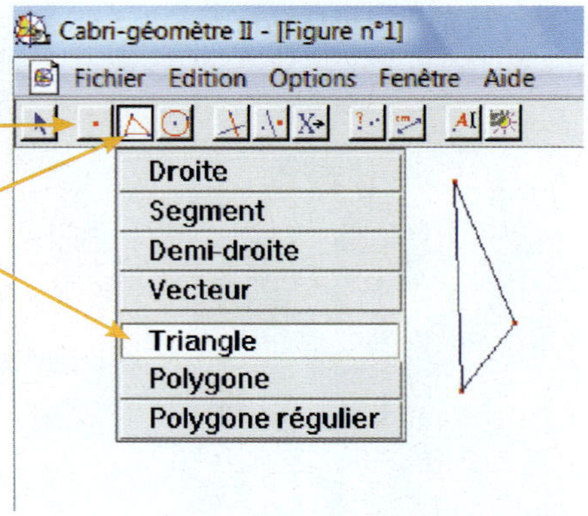

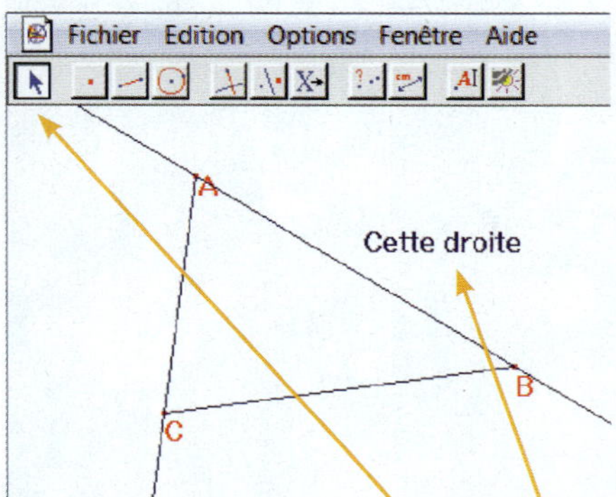

88 SC5 **Droite, demi-droite, segment**

1) Placer trois points distincts.

2) Pour les **nommer** A, B et C :
cliquer sur la dixième icône , puis sur « **Nommer** » dans le menu déroulant.
Cliquer sur chaque point et écrire son nom.

3) Tracer la **droite passant par** les points A et B.
Cliquer sur la troisième icône , puis sur « **Droite** » dans le menu déroulant.
Cliquer sur chacun des points A et B.

4) Tracer la **demi-droite** [AC) en utilisant la troisième icône .

5) Tracer le **segment** [BC] en utilisant la troisième icône.

6) Placer les trois points M, N et P tels que : $M \in (AB)$, $N \in [AC)$ et $P \in [BC]$.

7) Déplacer les éléments de la figure en utilisant la première icône .

89 SC5 **1)** Tracer un triangle.
Nommer ses sommets A, B, C.

2) Mesurer les longueurs de ses côtés en utilisant la neuvième icône .

3) Placer les points I, J et K, milieux respectifs des segments [AB], [BC] et [CA] ; on utilisera la cinquième icône .

4) Pour tracer le cercle de diamètre [BC] :
cliquer sur la quatrième icône , puis sur « **Cercle** ».
Cliquer ensuite sur le centre J et sur le point B.

5) Placer un point M sur le cercle. Mesurer la longueur IM.

6) Déplacer les éléments de la figure. Lesquels sont fixes ?

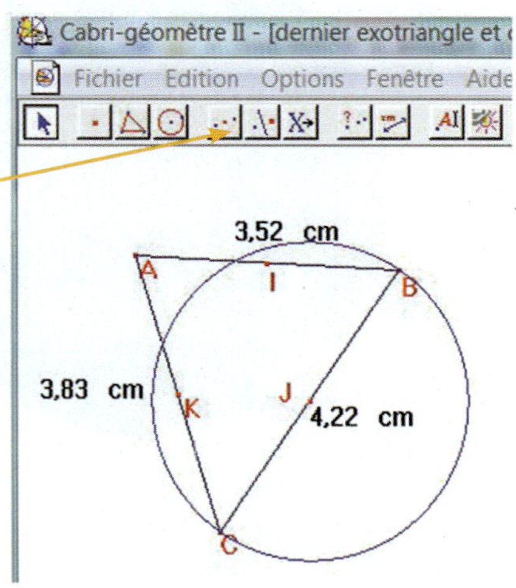

> Découverte

L'art abstrait

L'**art abstrait** est une forme d'art qui n'essaie pas de représenter le monde sensible.
W. Kandinsky (1866-1944) et **K. Malevitch** (1878-1935) sont deux célèbres peintres abstraits russes du début du xxe siècle.
Les formes géométriques sont très présentes dans leurs œuvres.

▲ *Weiches Hart*, 1927, W. Kandinsky.

91 **1)** Citer les polygones que l'on peut reconnaître dans ce tableau.
2) En utilisant une règle non graduée et un compas, reproduire trois triangles de natures différentes présents dans ce tableau.

▲ *Several circles*, 1926, W. Kandinsky.

92 Wassily Kandinsky a eu une « période cercle » de 1926 à 1929.
• Choisir une forme géométrique simple présente dans ce chapitre et s'inspirer de l'œuvre ci-contre pour inventer un tableau utilisant cette forme géométrique.

◄ *Le cercle noir*, 1915, K. Malevitch.

Kazimir Malevitch a recherché la simplification extrême. Il a utilisé des formes géométriques et unicolores disposées sur la toile.

93 **1)** Reproduire ce cercle sur un papier-calque.
Utiliser ce papier-calque pour déterminer le centre du cercle.
2) Reproduire ce cercle sur votre cahier sans le décalquer.

94 En 1915, Kazimir Malevitch exposa son tableau le plus célèbre intitulé *Carré noir sur fond blanc*.
• En prenant le tableau ci-contre comme modèle, inventer un dessin que l'on pourrait appeler *Losange noir sur fond blanc*.

Chapitre 10

Droites perpendiculaires et droites parallèles

REVOIR
> les droites perpendiculaires ;
> les droites parallèles ;
> le triangle rectangle, le rectangle et le carré.

DÉCOUVRIR
> les droites sécantes ;
> des propriétés des droites perpendiculaires et des droites parallèles.

SOCLE COMMUN

SC1 Reconnaître et tracer deux droites parallèles, deux droites perpendiculaires.

SC2 Construire un triangle rectangle, un rectangle, un carré.

SC3 Utiliser un logiciel de géométrie.

La ville de Fleurance, dans le Gers, est une bastide.

Dans le Sud-Ouest de la France, une bastide est une ville créée au XIIIe ou au XIVe siècle.
Elle présente souvent un plan géométrique autour d'une halle centrale.

Poser un papier-calque sur la photographie de la bastide.

a) Tracer deux rues qui semblent perpendiculaires.
b) Tracer deux rues qui semblent parallèles.
c) Tracer deux rues qui ne semblent ni perpendiculaires, ni parallèles.
d) Tracer une figure qui semble être un rectangle.
e) Tracer une figure qui semble être un carré.

1 Je reconnais des droites sécantes

Les droites (d_1) et (d_4) se coupent au point A.
On dit que les droites (d_1) et (d_4) sont **sécantes**.
Le point A est **le point d'intersection** des droites (d_1) et (d_4).

1) a) Que peut-on dire des droites (d_2) et (d_5) ?
b) Quel est le point d'intersection des droites (d_3) et (d_4) ?
c) Que peut-on dire du point D ?
2) a) Les droites (d_1) et (d_3) sont-elles sécantes ? Justifier la réponse.
b) Les droites (d_2) et (d_3) semblent-elles sécantes ? Peut-on le justifier ?

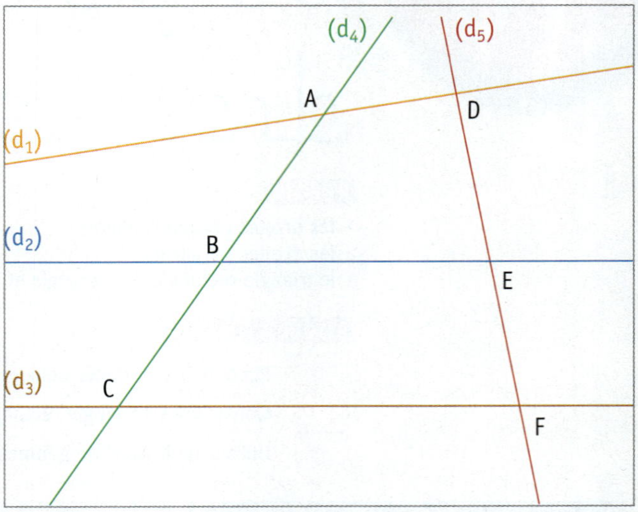

2 Je reconnais des droites perpendiculaires JE REVOIS

1) a) Sur une feuille de papier, tracer en rouge une droite (AB). Placer un point O (voir figure 1) sur le segment [AB].
b) Plier la feuille selon la droite (AB).
c) Plier à nouveau la feuille (voir figure 2) pour que la demi-droite [OA) se superpose à la demi-droite [OB).
d) Déplier ensuite la feuille et tracer en vert la droite (d) définie par la nouvelle pliure (voir figure 3).
2) Les droites (AB) et (d) sont-elles sécantes ? Si oui, quel est leur point d'intersection ?
3) Les droites (AB) et (d) font apparaître quatre angles.
a) Expliquer pourquoi ces quatre angles sont égaux.
b) Comment appelle-t-on chacun de ces angles ?
c) Que peut-on alors dire des droites (AB) et (d) ?

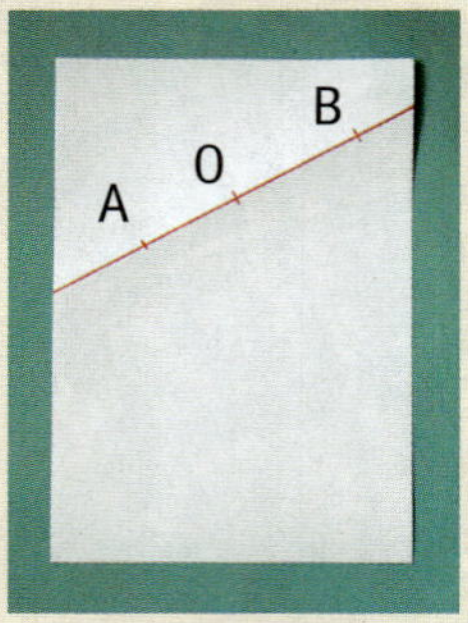

▲ Figure 1

▲ Figure 2

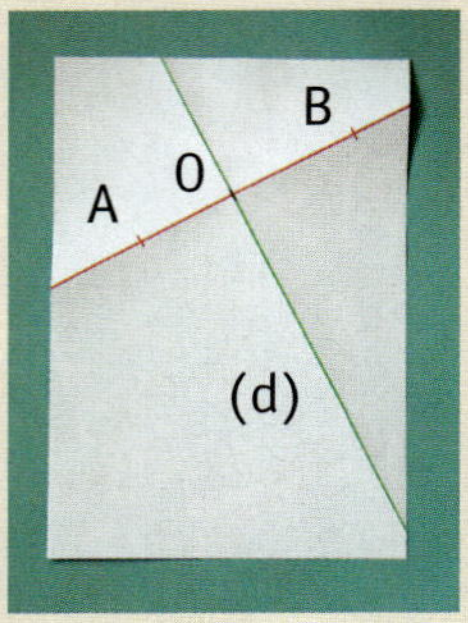

▲ Figure 3

3 Je reconnais des droites parallèles JE REVOIS

1) L'activité 2 permet d'obtenir par pliage deux droites perpendiculaires.
a) Sur une feuille de papier, tracer en rouge une droite.
b) Obtenir par pliage une droite perpendiculaire à la droite rouge.
c) Obtenir par un nouveau pliage une autre droite perpendiculaire à la droite rouge.
d) Déplier ensuite la feuille et tracer en bleu les deux droites ainsi obtenues.
2) a) Les droites bleues semblent-elles sécantes ?
b) Comment appelle-t-on deux droites qui ne sont pas sécantes ? Que semblent être les droites bleues ?

4 J'énonce une propriété

A Préparation

Pour cette activité, on utilise un logiciel de géométrie : *GeoGebra*.
Suivre les étapes de préparation de la feuille de dessin expliquées à la page 179.

B Activité

1) a) Tracer une droite. Le logiciel la nomme **a**.
b) Placer un point qui n'appartient pas à cette droite. Quel est le nom de ce point ?
2) On veut tracer la perpendiculaire à la droite **a** passant par le point **C**.
Pour cela, cliquer sur  dans la quatrième série d'icônes. Cliquer sur le point **C**, puis sur la droite **a**.
Comment se nomme cette nouvelle droite ?
3) Tracer la perpendiculaire à la droite **b** passant par le point **C**. Comment se nomme cette nouvelle droite ?
4) On veut connaître la position relative des droites **a** et **c**.
Pour cela, cliquer sur  dans la huitième série d'icônes. Cliquer sur la droite **a**, puis sur la droite **c**.
Que répond le logiciel ?
5) Recopier et compléter les phrases suivantes :
« La droite **a** est … à la droite **b** et la droite **c** est … à la droite **b**.
Le logiciel affirme que les droites **a** et **c** sont … . »
6) Recopier et compléter la conjecture suivante :
« Si deux droites sont perpendiculaires à une même droite, alors elles sont … . »

5 Je reconnais des figures particulières

A Quadrilatères

1) a) Gautier affirme : « D'après la figure, je peux dire que le quadrilatère ABCD est un rectangle. »
Expliquer pourquoi Gautier a raison.
b) Citer deux autres rectangles de la figure.
2) a) Quelle est la particularité du quadrilatère BMNC ? Quelle est sa nature ?
b) Citer un autre quadrilatère de la figure de même nature.
3) Quelles sont les particularités du quadrilatère EBCF ? Quelle est sa nature ?

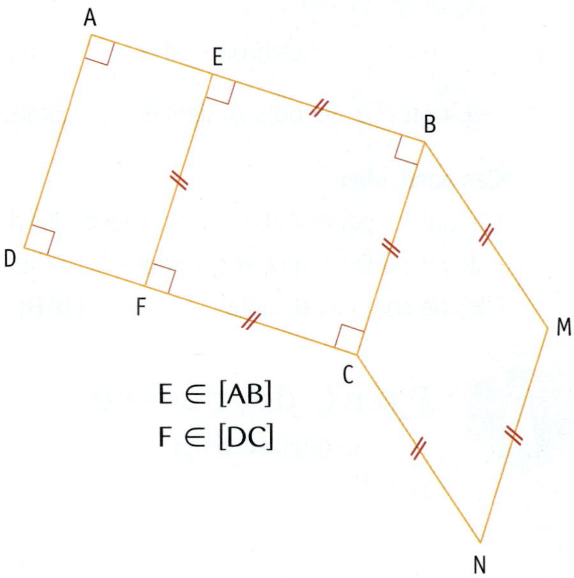

B Triangles

1) Quelle est la particularité du triangle BCM ?
Quelle est sa nature ?
2) Quelle est la particularité du triangle AED ?
Quelle est sa nature ?
3) Quelle sont les particularités du triangle EFC ?
Quelle est sa nature ?

> Cours

1 Définitions et notations

a) Droites sécantes

Définition Deux droites **sécantes** sont deux droites qui ont un seul point commun. Ce point est **le point d'intersection** des deux droites.

EXEMPLE :
Les droites (d) et (d') sont sécantes au point I.
Le point I est le point d'intersection des droites (d) et (d').

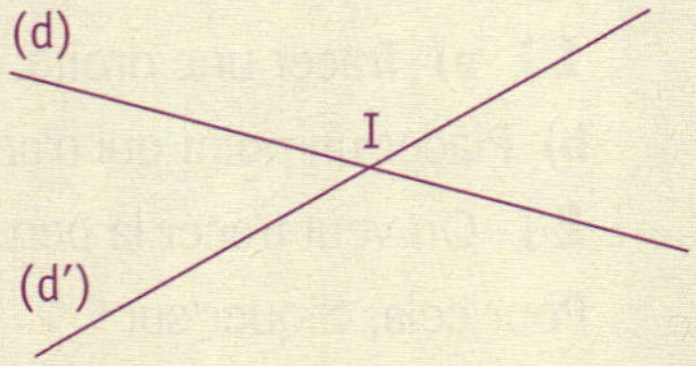

b) Droites perpendiculaires

Définition Deux droites **perpendiculaires** sont deux droites qui se coupent en formant quatre angles égaux. Chacun de ces quatre angles est un **angle droit**.

EXEMPLE : Les droites (d) et (d') sont perpendiculaires.

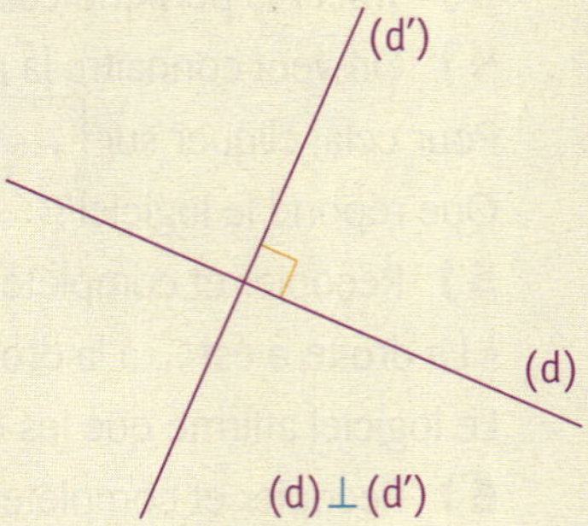

Notation : Le symbole ⊥ signifie « est perpendiculaire à ».

Remarques :
- Deux droites perpendiculaires sont sécantes.
- Pour indiquer que deux droites sont perpendiculaires, on code un seul des quatre angles droits.
- On utilise une équerre pour tracer une droite perpendiculaire à une autre.

c) Droites parallèles

Définition Deux droites **parallèles** sont deux droites qui ne sont pas sécantes.

EXEMPLE : Les droites (d) et (d') sont parallèles.

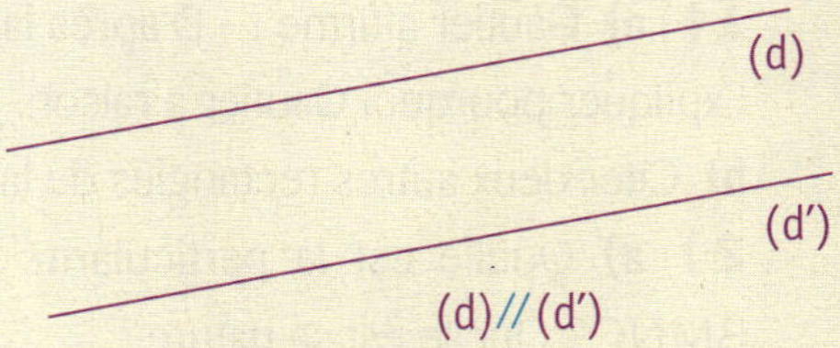

Notation : Le symbole // signifie « est parallèle à ».

Cas particulier :
Lorsque les points A, B et C sont alignés, les droites (AB) et (BC) ont une infinité de points communs : elles sont **confondues**.
Elles ne sont pas sécantes : les droites (AB) et (BC) sont donc parallèles.

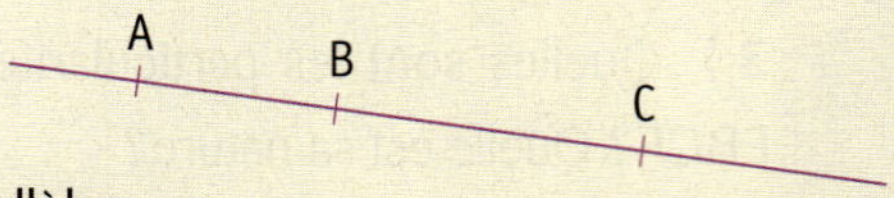

Point de repère

Droites sécantes	Droites parallèles	Droites confondues (donc parallèles)
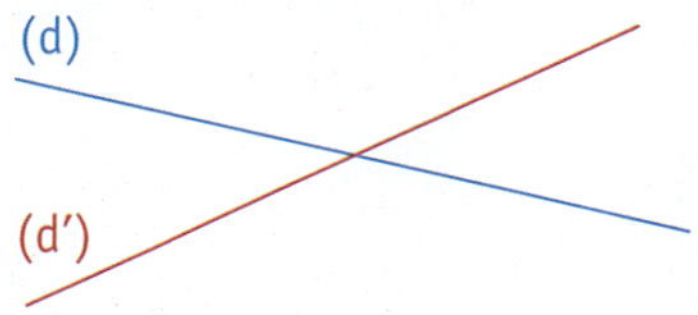	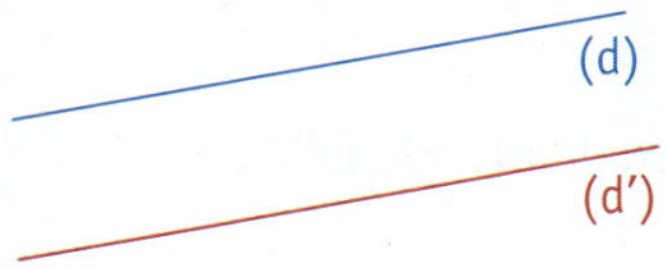	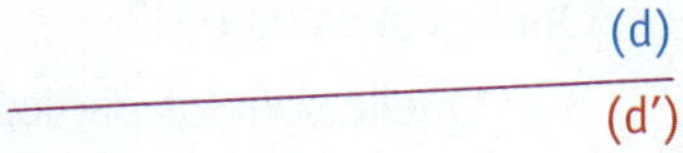

2 Propriétés

Propriété A est un point, (d) est une droite.
On peut tracer une seule droite perpendiculaire à la droite (d) qui passe par le point A.

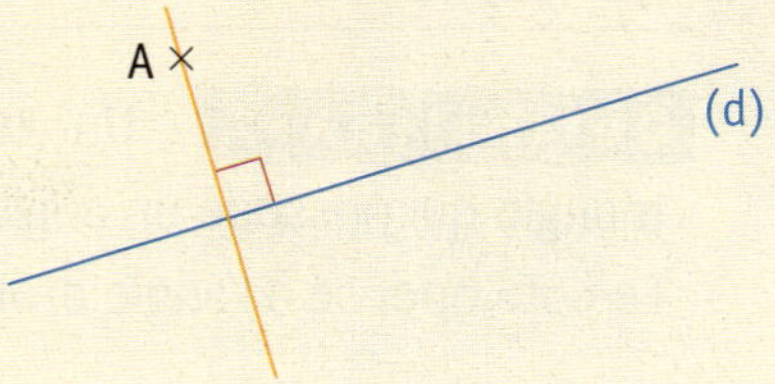

Propriété A est un point, (d) est une droite.
On peut tracer une seule droite parallèle à la droite (d) qui passe par le point A.

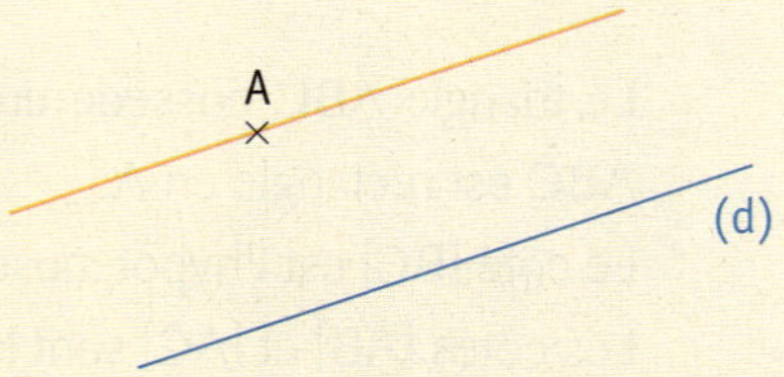

Propriété **Si** deux droites sont perpendiculaires à une même droite, **alors** elles sont parallèles.

EXEMPLE :

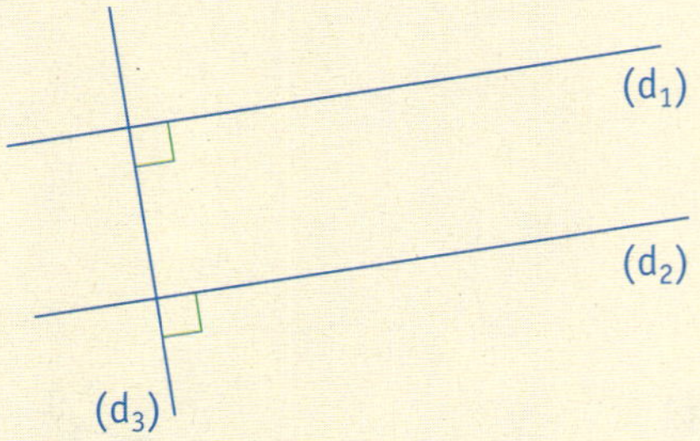

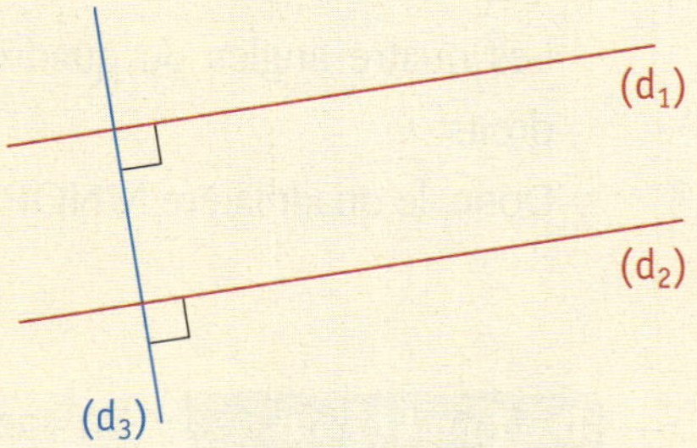

La droite (d_1) est perpendiculaire à la droite (d_3).
La droite (d_2) est perpendiculaire à la droite (d_3).
Donc, les droites (d_1) et (d_2) sont parallèles.

Propriété **Si** deux droites sont parallèles et si une troisième droite est perpendiculaire à l'une, **alors** elle est aussi perpendiculaire à l'autre.

EXEMPLE :

$(d_1) // (d_2)$

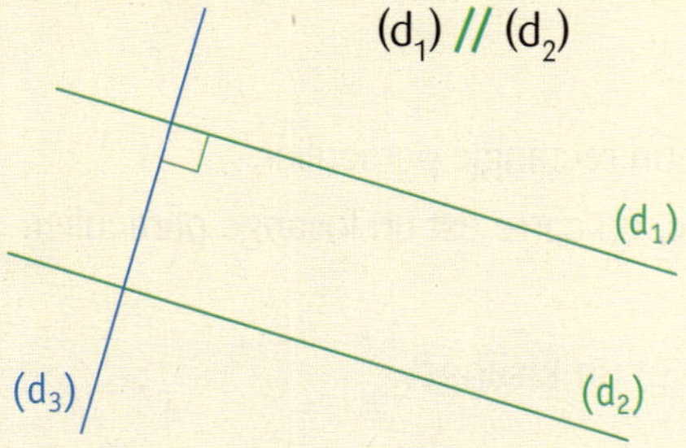

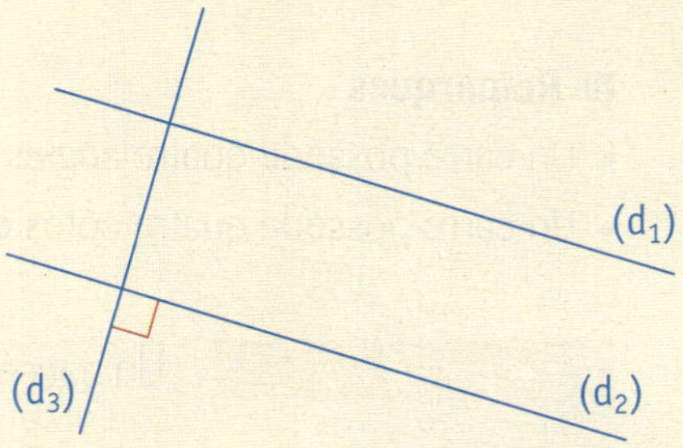

Les droites (d_1) et (d_2) sont parallèles.
La droite (d_3) est perpendiculaire à la droite (d_1).
Donc, la droite (d_3) est perpendiculaire à la droite (d_2).

Point de repère

Une propriété s'énonce souvent en utilisant les mots « **si** » et « **alors** ».
- Après le mot « **si** », on trouve les données.
- Après le mot « **alors** », on trouve la conclusion.

> Cours

3 Triangle rectangle, rectangle, carré

Définition Un **triangle rectangle** est un triangle qui possède un angle droit.
Le côté opposé à l'angle droit est appelé **hypoténuse**.

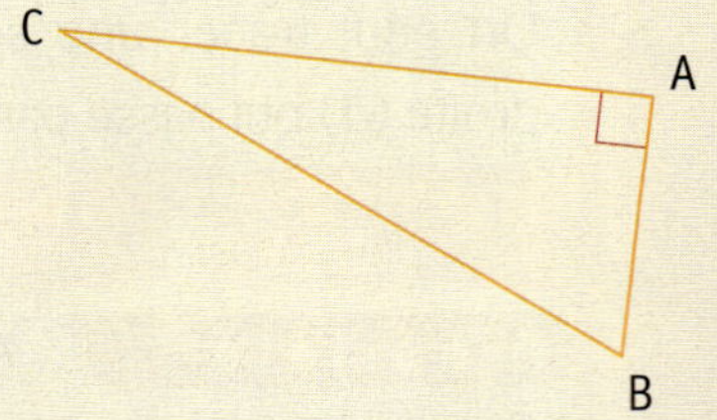

EXEMPLE :
Le triangle ABC possède un angle droit. Donc, le triangle ABC est rectangle en A.
Le côté [BC] est l'hypoténuse du triangle ABC.
Les côtés [AB] et [AC] sont les côtés de l'angle droit.

Définition Un **rectangle** est un quadrilatère dont les quatre angles sont droits.

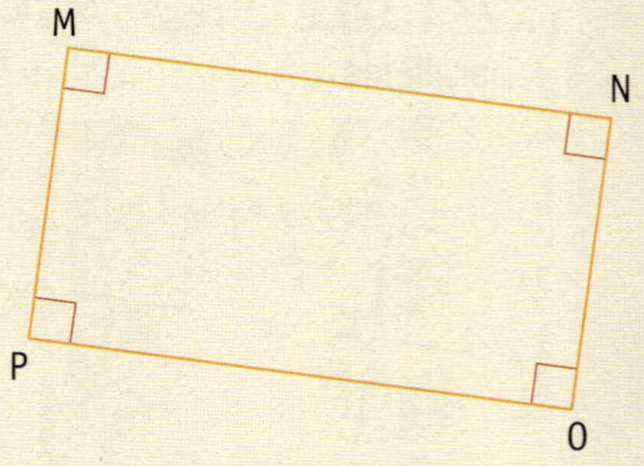

EXEMPLE :
Les quatre angles du quadrilatère MNOP sont droits.
Donc, le quadrilatère MNOP est un rectangle.

Définition Un **carré** est un quadrilatère dont les quatre angles sont droits et dont les quatre côtés ont la même longueur.

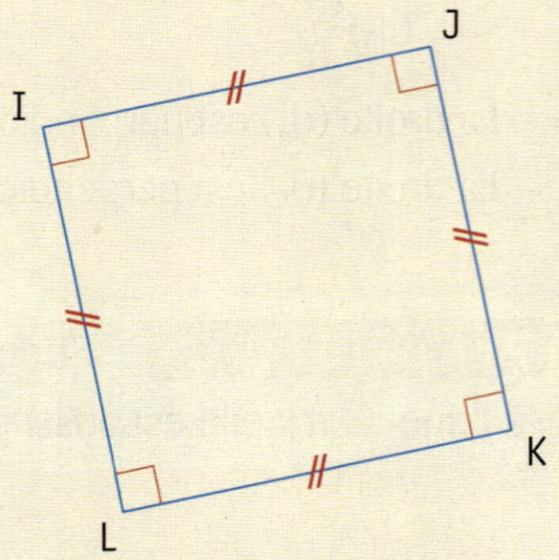

EXEMPLE :
Les quatre angles du quadrilatère IJKL sont droits.
Les quatre côtés du quadrilatère IJKL ont la même longueur.
Donc, le quadrilatère IJKL est un carré.

Remarques :
- Un carré possède quatre angles droits. Donc, un carré est un rectangle particulier.
- Un carré possède quatre côtés de la même longueur. Donc, un carré est un losange particulier.

Propriété Un **carré** est à la fois un rectangle et un losange.

Point de repère

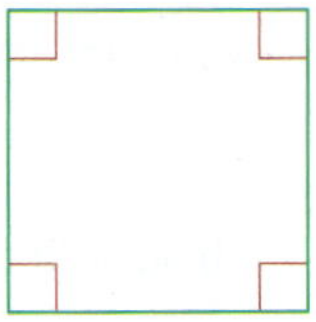

- D'après le codage, on peut justifier que le quadrilatère est un rectangle.
- On ne peut pas justifier que le quadrilatère est un carré car on ne dispose d'aucune indication sur les longueurs de ses côtés.

1 SC1

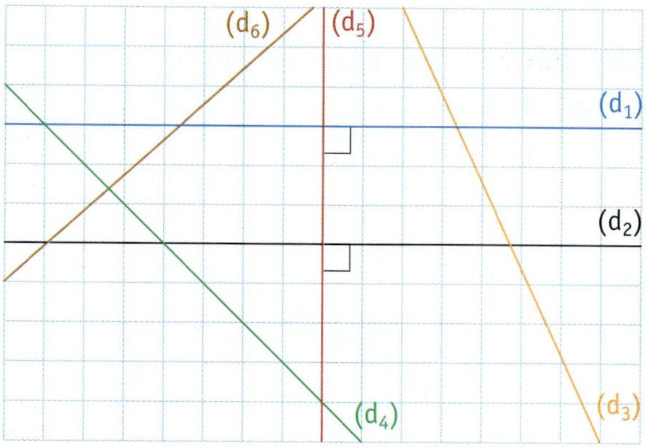

1) a) Les droites (d_3) et (d_6) sont-elles sécantes ?
b) Les droites (d_5) et (d_2) sont-elles sécantes ?
c) Les droites (d_1) et (d_2) sont-elles sécantes ?
2) a) Citer deux droites perpendiculaires.
b) Citer deux droites parallèles.

2 SC1

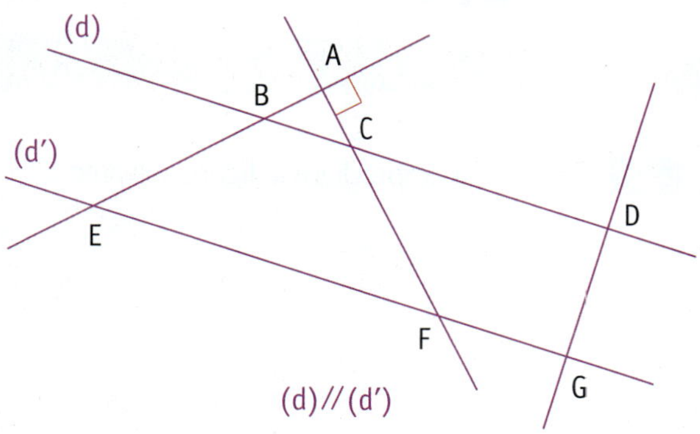

1) En utilisant les points de la figure, citer :
a) deux droites sécantes ;
b) deux droites perpendiculaires ;
c) deux droites parallèles ;
d) deux droites confondues.
2) Les droites (BC) et (GD) semblent-elles perpendiculaires ? Peut-on le justifier.

3 On considère la figure suivante :

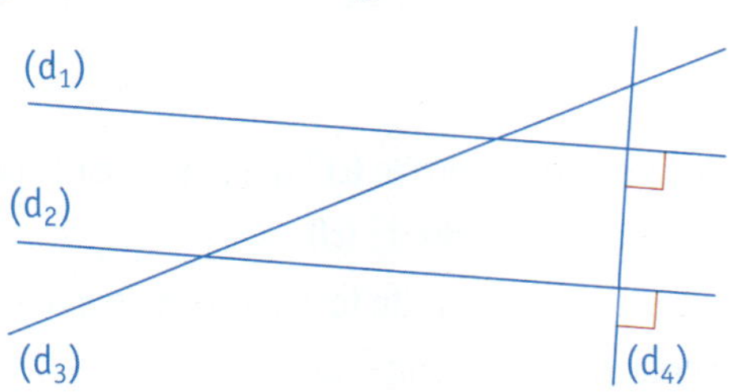

• Justifier que les droites (d_1) et (d_2) sont parallèles.

4 On considère la figure suivante :

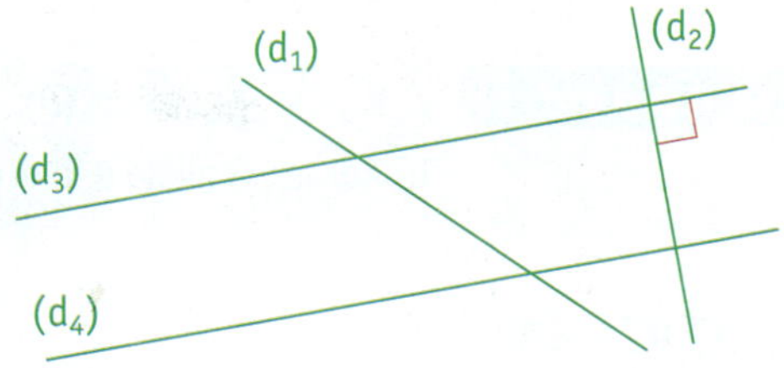

Les droites (d_3) et (d_4) sont parallèles.
• Justifier que les droites (d_2) et (d_4) sont perpendiculaires.

5 Nommer tous les triangles rectangles de la figure et préciser dans chaque cas leur hypoténuse.
E ∈ [CD]
B ∈ [AC]

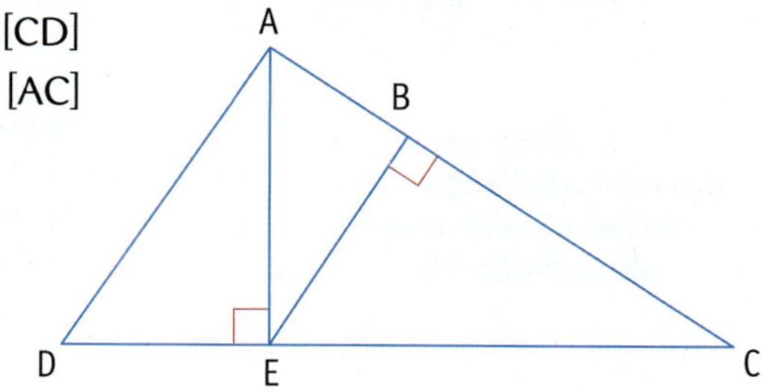

Pour les exercices 6 à 9, indiquer la nature de chaque polygone en justifiant la réponse.

6 **a)**

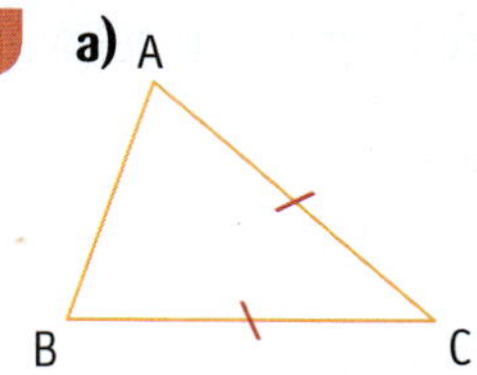

b)

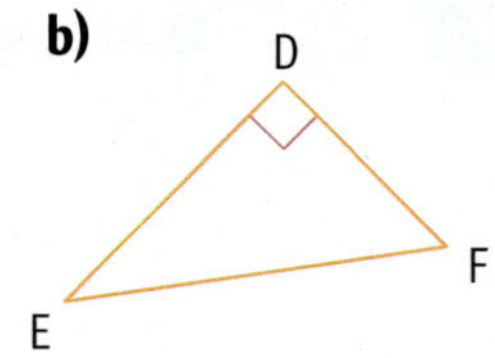

7 **a)**

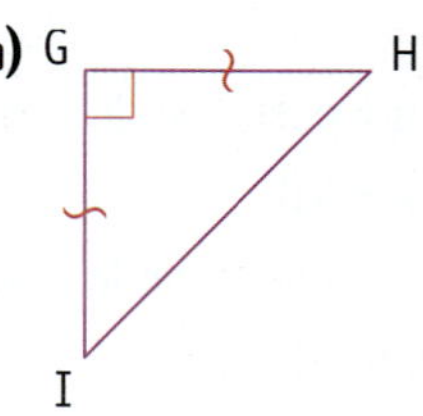

b)

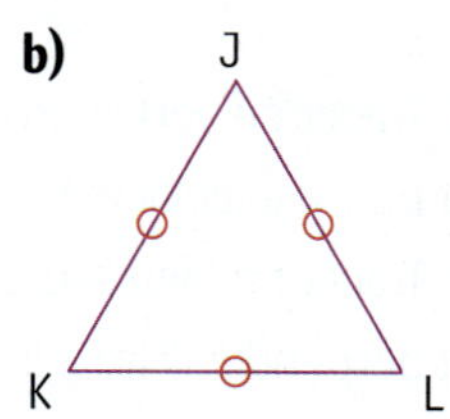

8 **a)**

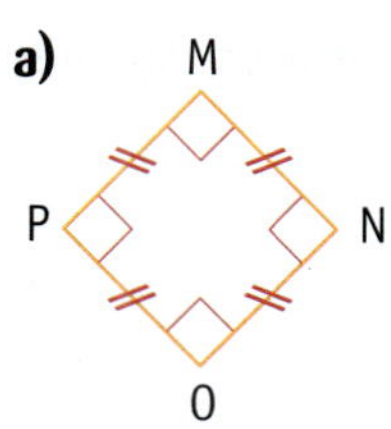

b)

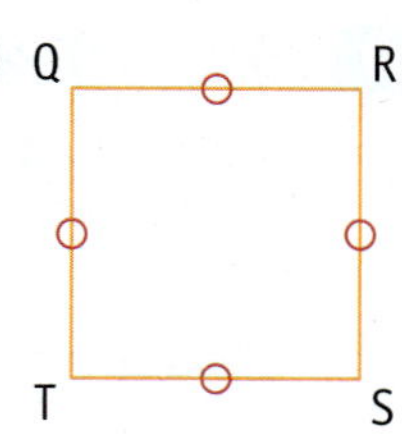

9

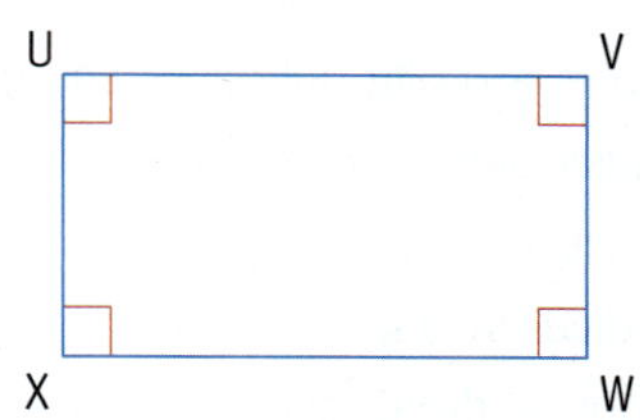

1 J'APPRENDS À... Tracer une perpendiculaire ou une parallèle

Énoncé : • Tracer une droite (d). Placer un point A qui n'appartient pas à cette droite.
Tracer la parallèle à la droite (d) passant par ce point A.

Solution :

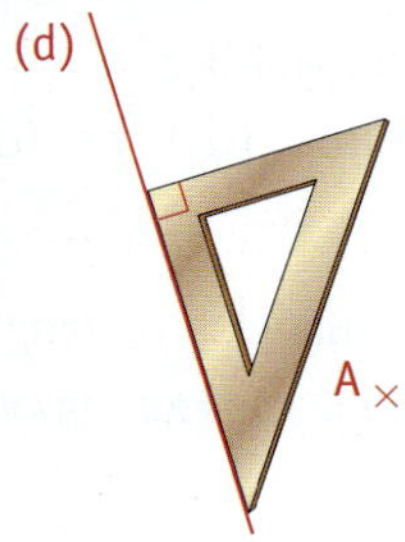

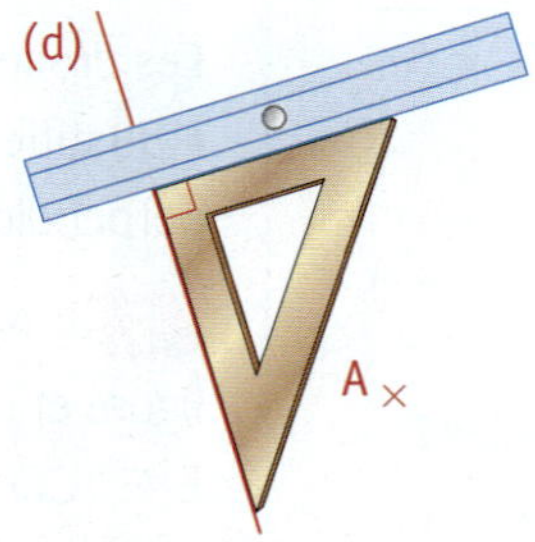

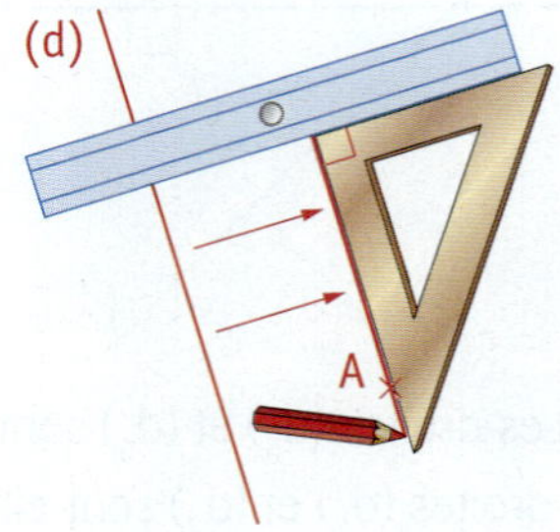

Je place un des côtés de l'angle droit de l'équerre le long de la droite (d).

Je place ensuite la règle le long de l'autre côté de l'angle droit de l'équerre.

Je fais glisser l'équerre le long de la règle jusqu'au point A, puis je trace la parallèle à la droite (d).

> J'APPLIQUE.

10 SC1 **1)** Reproduire la figure suivante :

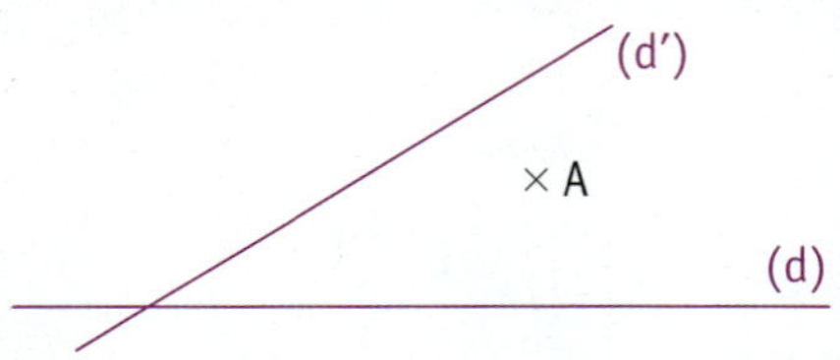

2) Tracer en vert la droite qui passe par le point A et qui est perpendiculaire à la droite (d).

3) Tracer en bleu la droite qui passe par le point A et qui est perpendiculaire à la droite (d').

11 SC1 **1)** Reproduire la figure suivante :

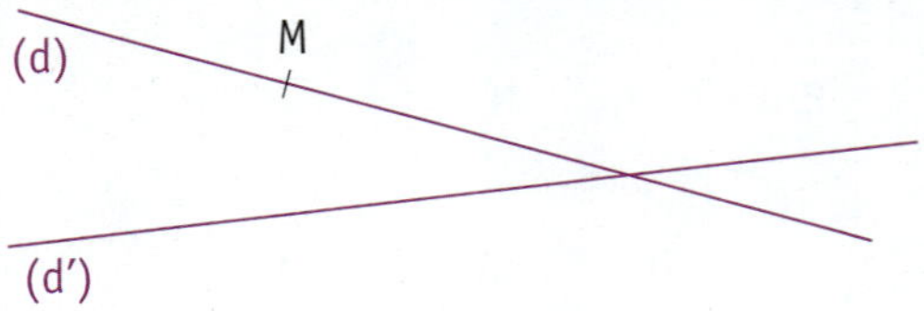

2) Tracer en vert la droite qui passe par le point M et qui est perpendiculaire à la droite (d).

3) Tracer en bleu la droite qui passe par le point M et qui est perpendiculaire à la droite (d').

4) Tracer en noir la droite qui passe par le point M et qui est perpendiculaire à la droite bleue.

12 SC1 **1)** Reproduire la figure suivante :

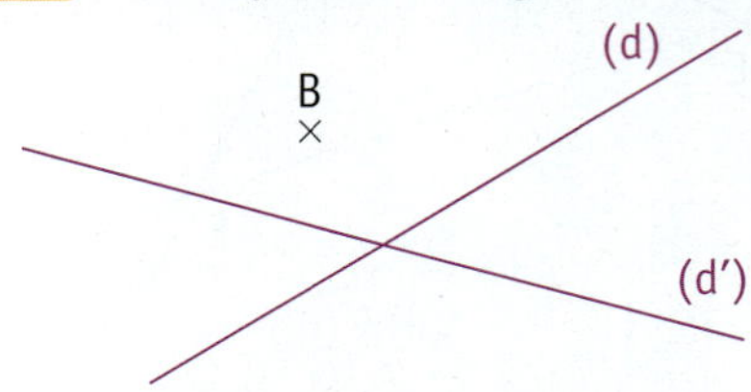

2) Tracer en vert la droite qui passe par le point B et qui est parallèle à la droite (d).

3) Tracer en bleu la droite qui passe par le point B et qui est parallèle à la droite (d').

13 SC1 **1)** Reproduire la figure suivante :

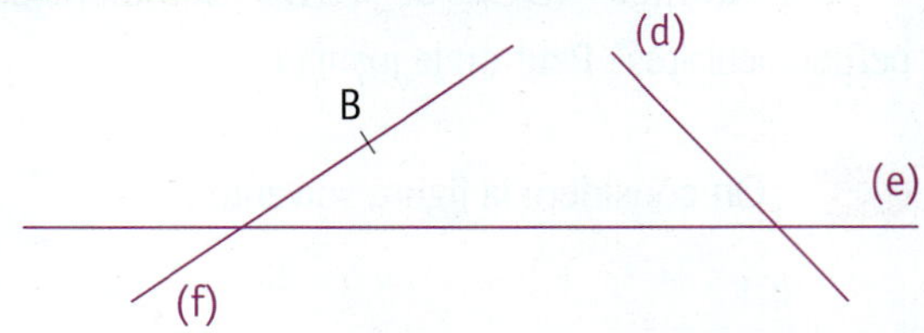

2) Tracer en vert la droite (d') qui passe par le point B et qui est parallèle à la droite (d).

3) Tracer en noir la droite (e') qui passe par le point B et qui est parallèle à la droite (e).

4) Tracer en bleu la droite (f') qui passe par le point B et qui est parallèle à la droite (f). Que remarque-t-on ?

2 J'APPRENDS À... Démontrer à l'aide d'une propriété

Énoncé : On considère la figure ci-contre.
Démontrer que les droites (AB) et (CD) sont parallèles.

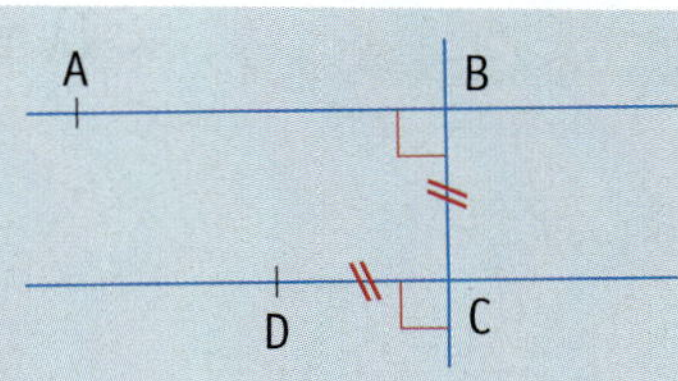

Solution :

- On sait que les droites (AB) et (CD) sont perpendiculaires à la droite (BC).
- Or, si deux droites sont perpendiculaires à une même droite, alors elles sont parallèles.
- Donc, les droites (AB) et (CD) sont parallèles.

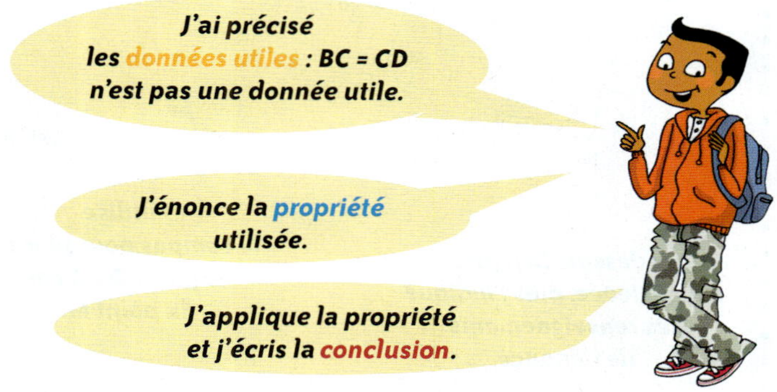

J'APPLIQUE.

14 On considère la figure ci-contre.

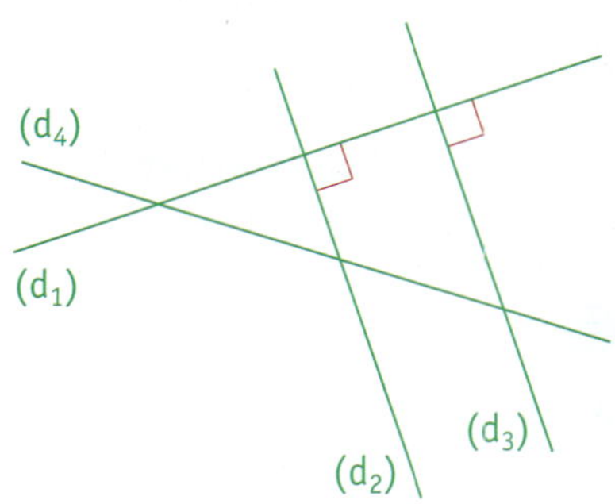

- Démontrer que les droites (d_2) et (d_3) sont parallèles.

15 Sur la figure ci-contre, les droites (d) et (d') sont parallèles.

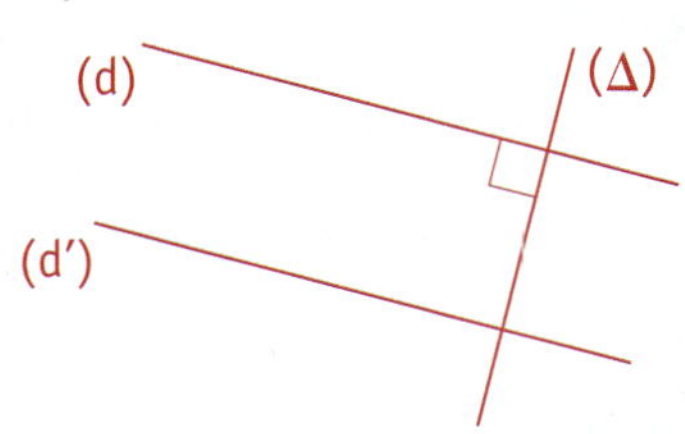

- Démontrer que les droites (Δ) et (d') sont perpendiculaires.

16 **1) a)** Tracer une droite (MN).
b) Tracer la perpendiculaire à la droite (MN) qui passe par le point N. Placer sur cette droite un point R distinct du point N.
c) Tracer la perpendiculaire à la droite (NR) qui passe par le point R. Placer sur cette droite un point S distinct du point R.
2) Démontrer que les droites (MN) et (RS) sont parallèles.

17 **1) a)** Construire un triangle ABC tel que : AB = 4 cm ; BC = 5 cm et AC = 3,5 cm.
b) Tracer la droite (d) qui passe par le point C et qui est perpendiculaire à la droite (BC).
c) Tracer la droite (d') qui passe par le point A et qui est parallèle à la droite (BC).
2) Démontrer que les droites (d) et (d') sont perpendiculaires.

18 **1) a)** Construire un triangle MNP rectangle en M tel que : MN = 5 cm et MP = 4 cm.
b) Placer le milieu I du côté [MP].
c) Tracer la droite qui passe par le point I et qui est perpendiculaire à la droite (MP).
Cette perpendiculaire coupe le côté [NP] au point J.
2) Démontrer que les droites (IJ) et (MN) sont parallèles.

19 **1) a)** Tracer deux droites (d) et (d') perpendiculaires en un point A.
b) Placer sur la droite (d) un point B tel que AB = 4 cm.
c) Placer sur la droite (d') un point C tel que AC = 3 cm.
d) Placer le point D du segment [AB] tel que AD = 1 cm.
e) Tracer la droite qui passe par le point D et qui est parallèle à la droite (AC). Cette parallèle coupe la droite (BC) au point E.
2) Démontrer que le triangle BDE est rectangle.

3 J'APPRENDS À… Construire des polygones particuliers

Énoncé : • Construire un rectangle MNOP tel que MN = 4 cm et MO = 5 cm.

Solution :

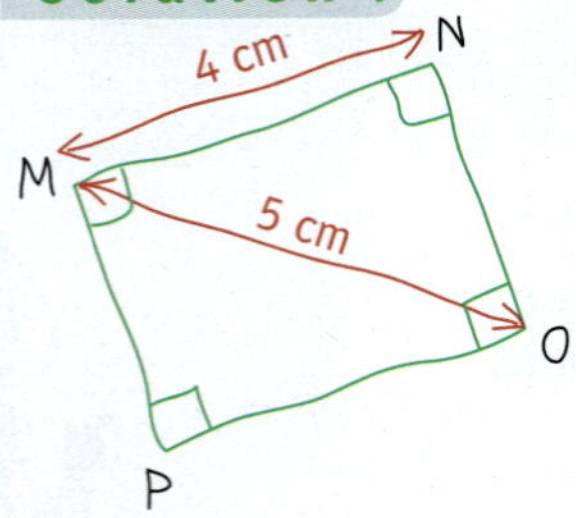

Je dessine la figure à main levée, puis j'indique les renseignements de l'énoncé.

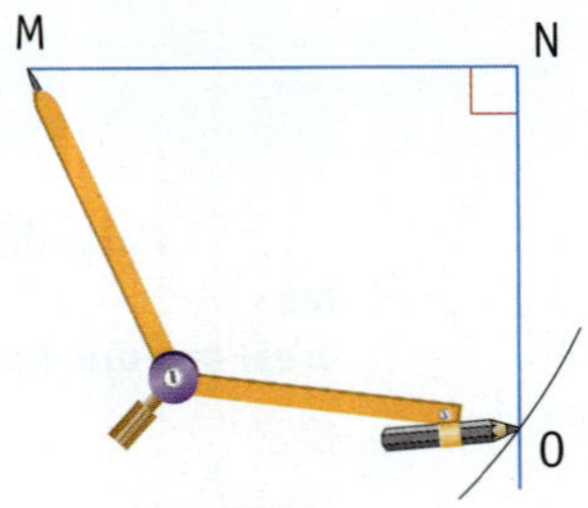

J'utilise le compas pour placer le point O à 5 cm du point M.

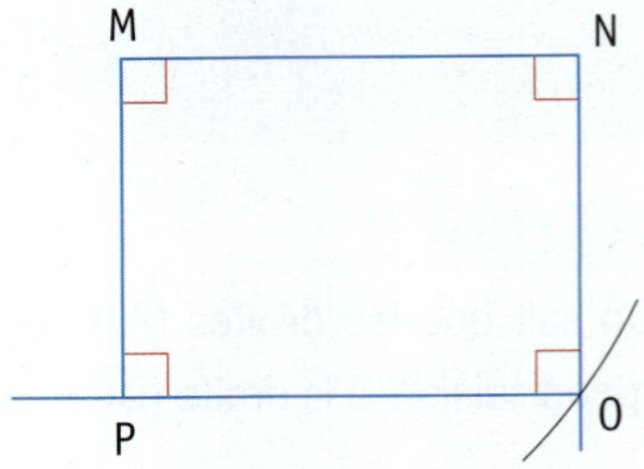

Je termine la construction de la figure, puis je la code.

> J'APPLIQUE.

SC2 **Pour les exercices 20 à 22 :**

1) Indiquer la nature de chaque polygone.

2) Reproduire chaque polygone en vraie grandeur.

20

a)

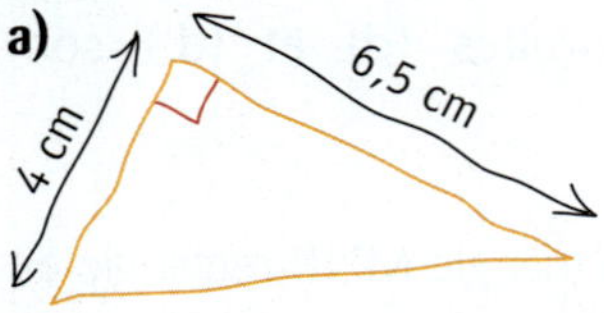

b)

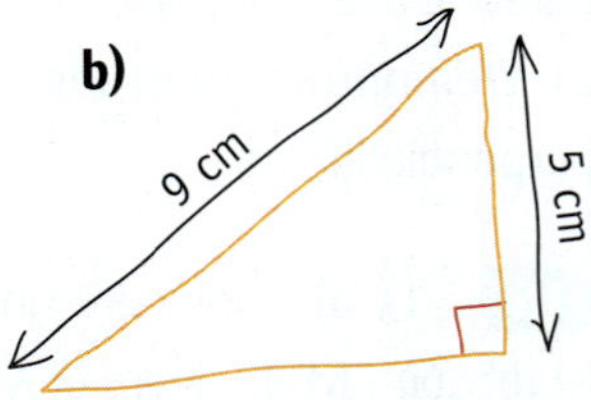

21

a)

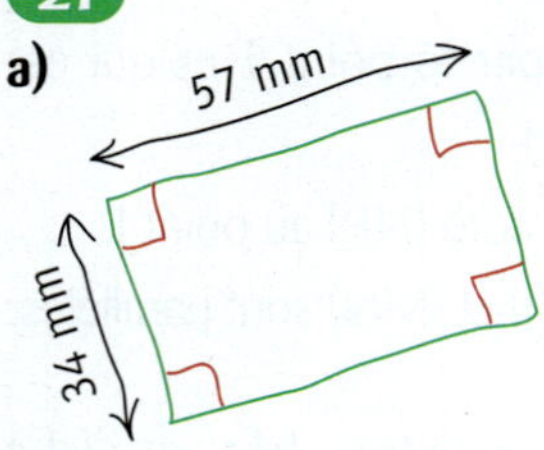

b)

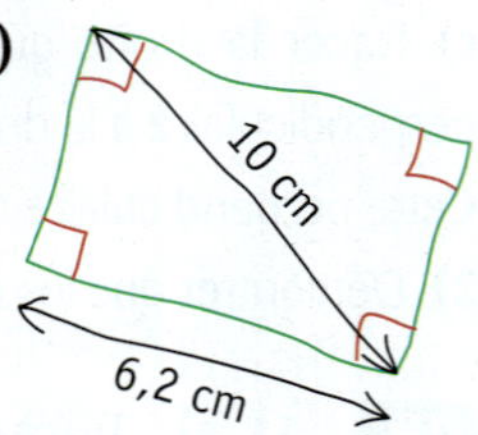

22

a)

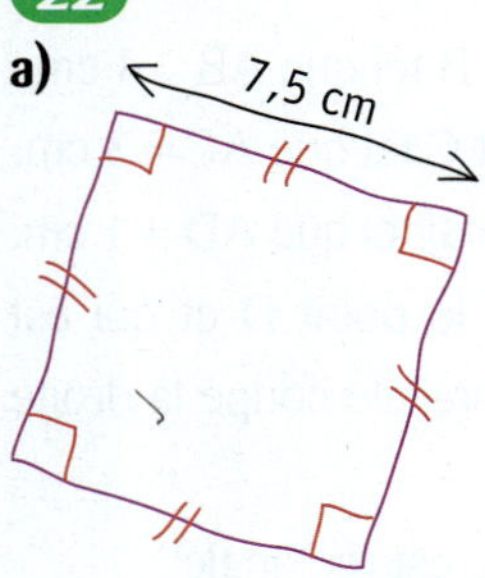

b)

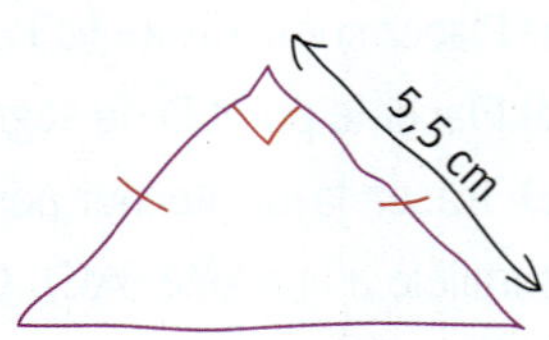

SC2 **Pour les exercices 23 à 25**, construire un triangle ABC rectangle en A.

23 AB = 6 cm et AC = 5 cm.

24 AB = 12 cm et BC = 13 cm.

25 BC = 10 cm et AC = 6 cm.

26 **SC2** Construire un triangle MNP rectangle et isocèle en M tel que MN = 4 cm.

SC2 **Pour les exercices 27 à 30**, construire un rectangle IJKL.

27 IJ = 5 cm et IL = 4 cm.

28 IJ = 5 cm et IK = 7 cm.

29 IL = 3 cm et IK = 8 cm.

30 LK = 5,5 cm et JK = 3,5 cm.

31 **SC2** Construire un carré ABCD tel que : AB = 4 cm.

32 **SC2** **1)** Construire un rectangle RSTU tel que : RS = 7 cm et RU = 5 cm.

2) Construire un triangle équilatéral RTV.

Droites sécantes, droites parallèles

33 On considère la figure ci-dessous.

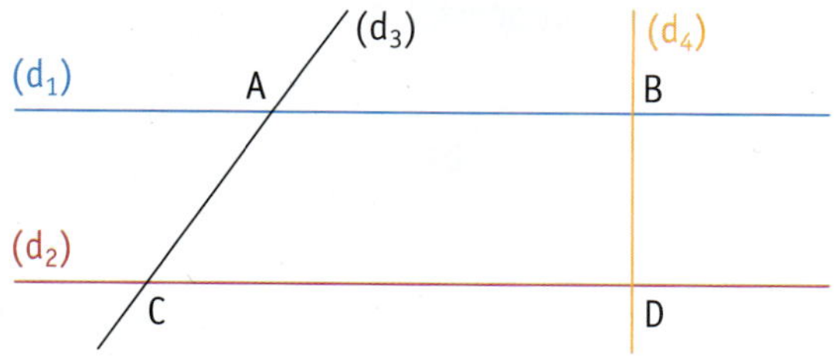

1) Citer deux droites sécantes au point A.

2) Les droites (d_1) et (d_4) sont-elles sécantes ?

3) Que représente le point C pour les droites (d_2) et (d_3) ?

4) Les droites (d_3) et (d_4) sont-elles sécantes ?

5) Les droites (d_1) et (d_2) semblent-elles parallèles ? Peut-on le justifier ?

Pour les exercices 34 et 35, on utilise la figure suivante :

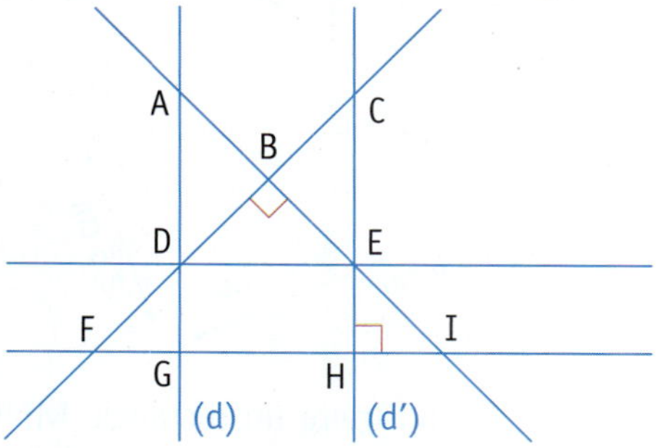

Les droites (d) et (d') sont parallèles

SC1 Recopier et compléter, si possible, avec le symbole // ou le symbole ⊥ .

34 **a)** (AB) ... (BD) ; **b)** (AG) ... (CH) ; **c)** (FI) ... (CE) ; **d)** (AB) ... (FI).

35 **a)** (BC) ... (EI) ; **b)** (DG) ... (EH) ; **c)** (CD) ... (CH) ; **d)** (FH) ... (GI).

Tracer des perpendiculaires et des parallèles

36 SC1 **1)** Tracer un triangle ABC, puis placer un point D à l'intérieur de ce triangle.

2) a) Tracer la droite (d_1) qui passe par le point D et qui est parallèle à la droite (BC).

b) Tracer la droite (d_2) qui passe par le point D et qui est parallèle à la droite (AB).

3) a) Tracer la droite (d_3) qui passe par le point D et qui est perpendiculaire à la droite (BC).

b) Tracer la droite (d_4) qui passe par le point D et qui est perpendiculaire à la droite (AB).

37 SC1 **1)** Tracer un triangle équilatéral RST.

2) a) Tracer la droite (d_1) qui passe par le point R et qui est perpendiculaire à la droite (ST).

b) Tracer la droite (d_2) qui passe par le point S et qui est perpendiculaire à la droite (RT).

c) Tracer la droite (d_3) qui passe par le point T et qui est perpendiculaire à la droite (RS).

3) Que remarque-t-on sur l'intersection des droites (d_1), (d_2) et (d_3) ?

Pour les exercices 38 à 40, la figure peut être réalisée :
SC1 sur papier ;
SC3 ou en utilisant un logiciel de géométrie.

38 **1)** Reproduire la figure suivante :

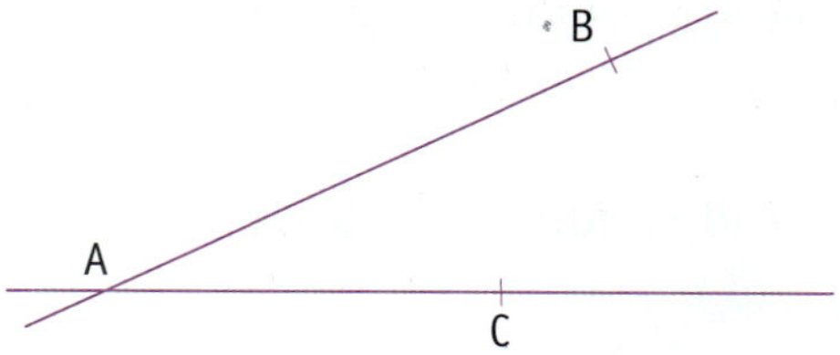

2) Tracer en vert la droite qui passe par le point B et qui est parallèle à la droite (AC).

3) Tracer en bleu la droite qui passe par le point B et qui est perpendiculaire à la droite (AC).

4) Tracer en noir la droite qui passe par le point A et qui est perpendiculaire à la droite (AB).

39 **1)** Tracer un triangle MNP.

2) Tracer en rouge la droite (d) qui passe par le point P et qui est parallèle à la droite (MN).

3) Tracer en vert la droite (e) qui passe par le point M et qui est parallèle à la droite (NP).

4) Tracer en noir la droite (f) qui passe par le point N et qui est parallèle à la droite (MP).

5) Nommer I le point d'intersection des droites (d) et (e). Nommer J celui des droites (e) et (f).
Que semble représenter le point M pour le segment [IJ] ?

40 **1)** Tracer un cercle de centre O.
Tracer un diamètre [AB] de ce cercle.

2) Tracer la perpendiculaire à la droite (AB) passant par le point O. Cette perpendiculaire coupe le cercle aux points C et D. Placer ces points.

3) a) Tracer la droite qui passe par le point C et qui est parallèle à la droite (AD).

b) Par quel autre point nommé de la figure cette parallèle passe-t-elle ?

> Je m'entraîne

Utiliser une propriété

Pour les exercices 41 à 43, on utilise la figure suivante :

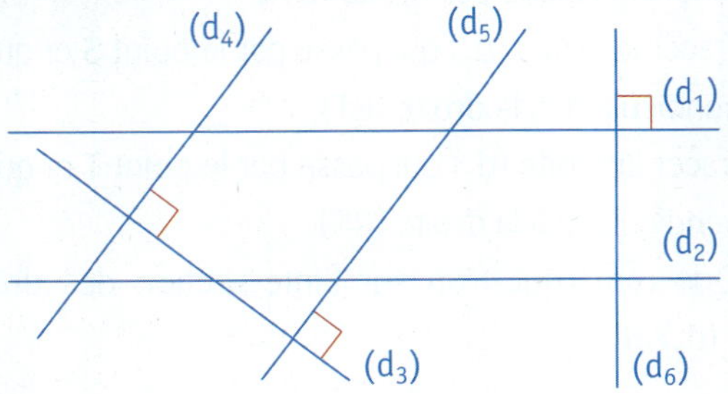

Les droites (d_1) et (d_2) sont parallèles.
Recopier et compléter, si possible, avec le symbole // ou le symbole ⊥. Justifier chaque réponse.

41 **a)** $(d_1) \dots (d_2)$; **b)** $(d_3) \dots (d_4)$; **c)** $(d_5) \dots (d_1)$.

42 **a)** $(d_1) \dots (d_6)$; **b)** $(d_3) \dots (d_5)$; **c)** $(d_4) \dots (d_5)$.

43 **a)** $(d_4) \dots (d_2)$; **b)** $(d_1) \dots (d_3)$; **c)** $(d_2) \dots (d_6)$.

44

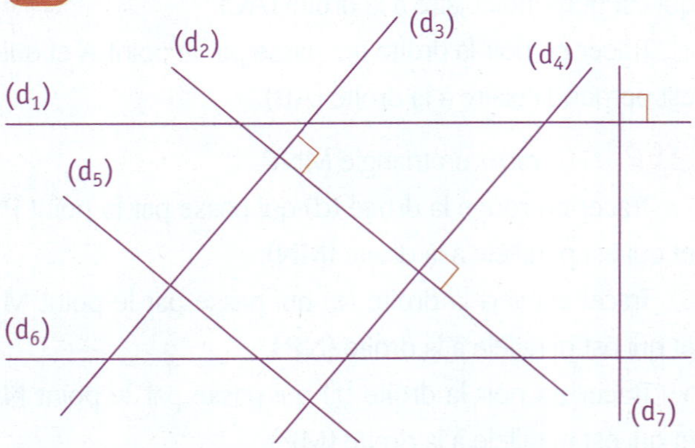

1) Citer deux droites parallèles. Justifier la réponse.
2) Dans cette question, les droites (d_1) et (d_6) sont parallèles.
Citer une droite perpendiculaire à la droite (d_6). Justifier la réponse.

45 **1)** Tracer un rectangle ABCD.
2) Démontrer que les droites (AB) et (CD) sont parallèles.
3) Démontrer que les droites (AD) et (BC) sont parallèles.
4) Énoncer une propriété des côtés opposés d'un rectangle.

Construire des figures

Pour les exercices 46 et 47, reproduire en vraie grandeur la figure proposée.

46

a)

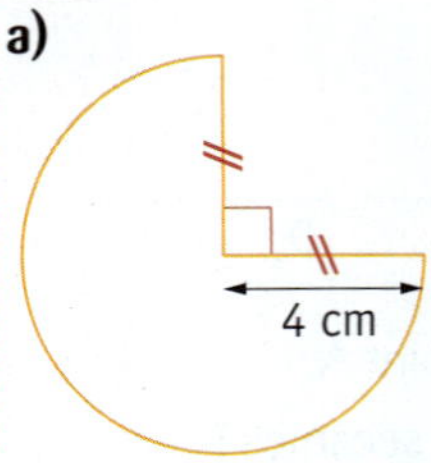

b)

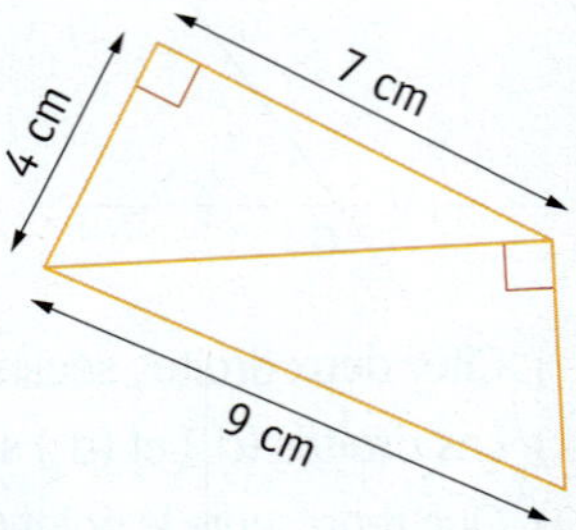

47 SC2

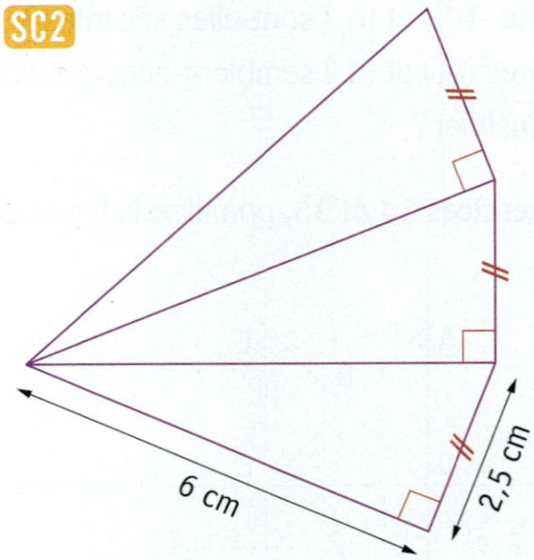

48 SC2 **1)** Construire un rectangle MNOP tel que : MN = 6 cm et NO = 3 cm.
2) Construire le triangle LNO rectangle en N tel que : L ∉ [MN] et OL = 5 cm.

49 SC2 **1)** Construire un triangle ABC rectangle en B tel que : BC = 6 cm et AC = 7 cm.
2) Construire le rectangle BCIJ tel que : J ∉ [BA] et BI = 6,5 cm.
3) Construire le carré ACEF tel que le côté [CE] ne coupe pas le segment [BI].

50 **1)** Reproduire la figure ci-dessous en vraie grandeur.

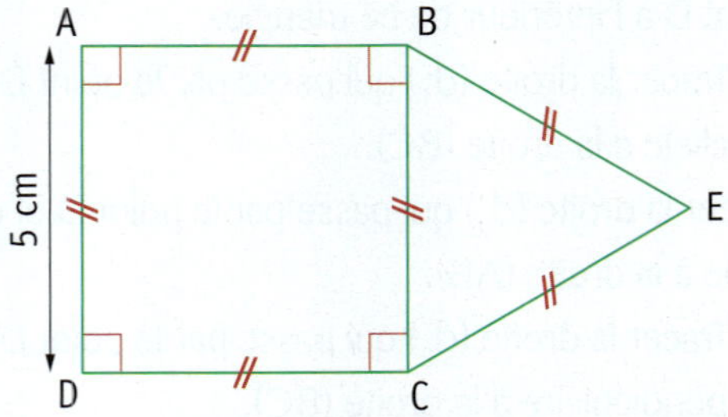

2) Rédiger l'énoncé d'un exercice qui permet de réaliser cette figure.

J'ai appris à…

- Reconnaître des droites sécantes.
- Reconnaître et tracer des droites perpendiculaires, des droites parallèles.
- Démontrer en utilisant une propriété.
- Reconnaître et construire un polygone particulier.

Attention : Il peut y avoir plusieurs réponses exactes pour chaque énoncé ! Les trouver toutes.

Pour les exercices 51 à 54, on utilise la figure ci-contre.

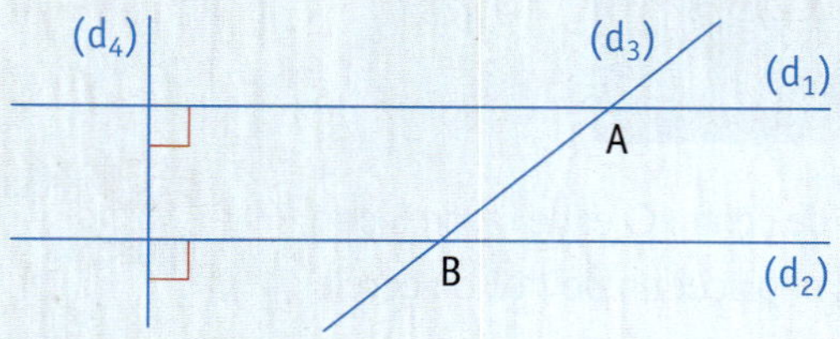

	A	B	C	Si échec, revoir :
51 Les droites (d_2) et (d_3) sont :	sécantes en A	sécantes en B	perpendiculaires	p. 166
52 Les droites (d_3) et (d_4) sont :	sécantes	parallèles	perpendiculaires	p. 166
53 Les droites (d_4) et (d_1) sont :	sécantes	parallèles	perpendiculaires	p. 166
54 Les droites (d_1) et (d_2) :	semblent parallèles	sont parallèles	sont perpendiculaires	p. 171

Pour les exercices 55 à 60, on utilise la figure ci-dessous.
Les points M, A, N et E sont alignés.
Les points P, B, O et F sont alignés.

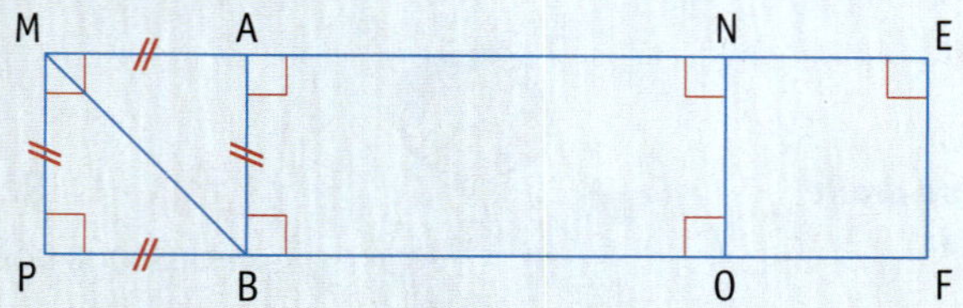

	A	B	C	Si échec, revoir :
55 Le triangle BMP est :	isocèle	rectangle	équilatéral	p. 168
56 Le triangle BON est :	isocèle	rectangle	équilatéral	p. 168
57 Le triangle AON est :	rectangle en A	rectangle en O	rectangle en N	p. 168
58 Le quadrilatère MNOP est :	un rectangle	un losange	un carré	p. 168
59 Le quadrilatère MABP :	n'a que deux angles droits	est un losange	est un carré	p. 168
60 Les droites (EF) et (PO) sont :	sécantes	parallèles	perpendiculaires	p. 167

> **Corrigés et exercices de soutien : voir**

> J'approfondis

61 **Français**

1) Le mot « sécante » vient du verbe latin *secare* qui signifie couper.
Trouver d'autres mots qui ont pour origine *secare*.

2) Le mot « perpendiculaire » vient du latin *perpendiculum* qui signifie fil à plomb.
Expliquer cette origine.

62 **1)** Tracer un cercle de centre O et de rayon 5 cm.

2) Tracer un diamètre [PA] et placer un point I du cercle tel que PI = 5 cm.

3) Tracer la droite qui passe par le point A et qui est parallèle à la droite (PI). Elle recoupe le cercle au point T.

4) Tracer la droite qui passe par le point I et qui est perpendiculaire à la droite (PA). Elle recoupe le cercle au point E.

5) Tracer la droite qui passe par le point I et qui est perpendiculaire à la droite (IE). Elle recoupe le cercle au point R.

6) Tracer la droite qui passe par le point R et qui est parallèle à la droite (PE).

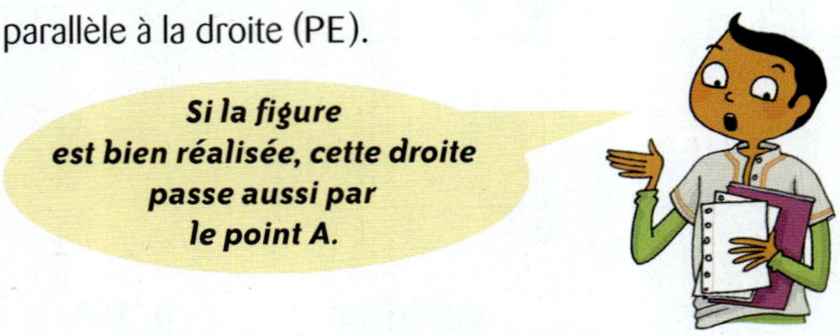

7) Tracer en rouge le polygone PIRATE.

63 Reproduire en vraie grandeur la figure suivante pour laquelle :

- les points K, L, M et N sont alignés ;
- les points K, J et I sont alignés ;
- les points I, O et N sont alignés.

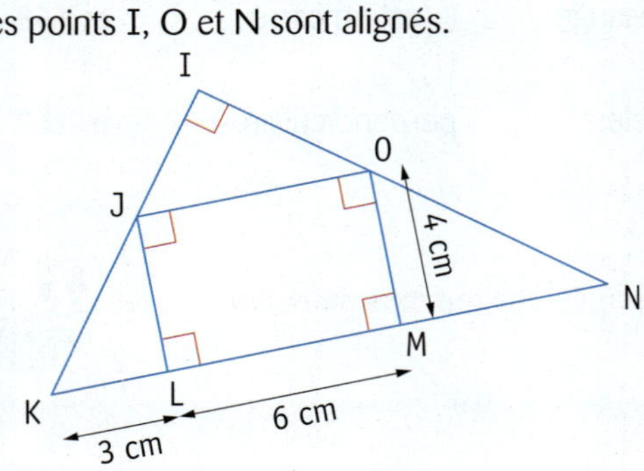

64 Dans chaque cas, recopier et compléter ce programme de construction de la figure.
« Tracer une droite (d).
Placer un point A qui n'appartient pas à la droite (d).
Tracer … . »

a)

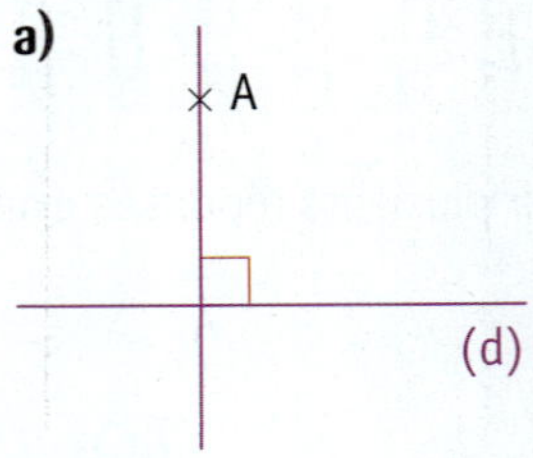

b)

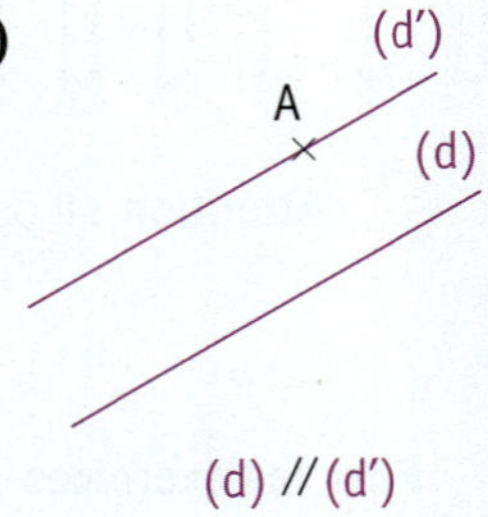

65 Écrire un programme de construction de la figure.

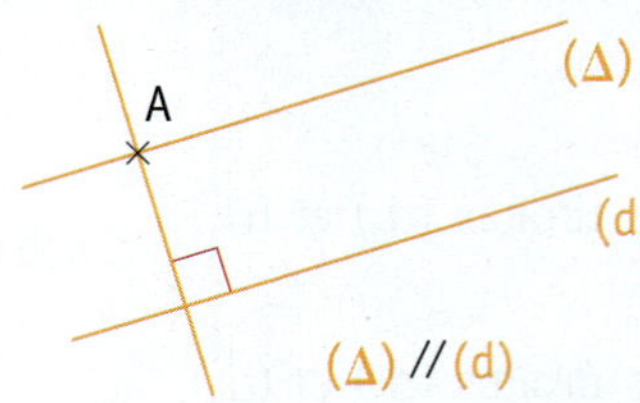

66 Écrire un programme de construction de la figure.

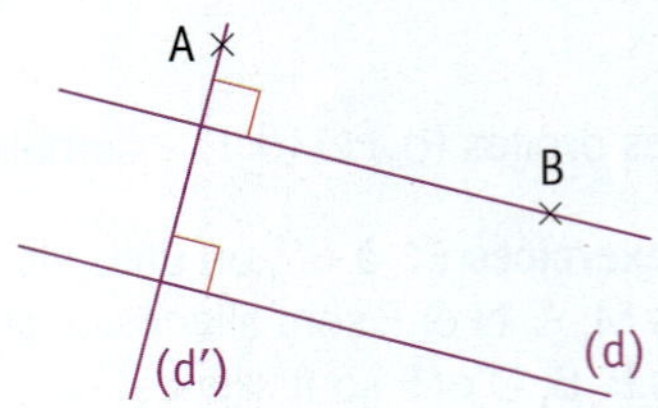

67 **1)** Reproduire en vraie grandeur la figure ci-dessous pour laquelle les points A, I et B sont alignés, ainsi que les points C, I et D.

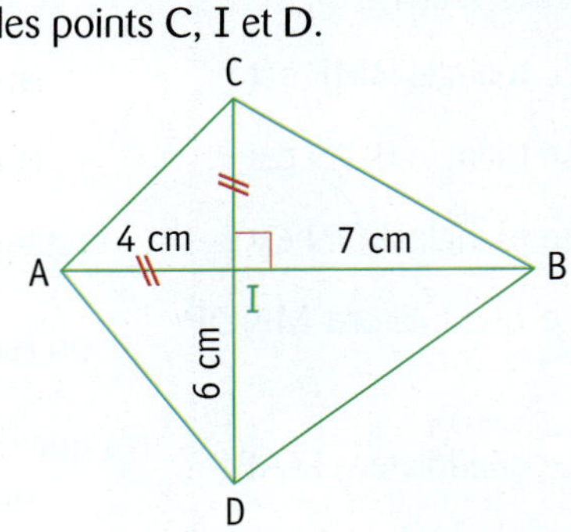

2) Pierre était absent lors du dernier cours. Il téléphone à son ami Damien qui lui dit :
« Le professeur nous a demandé de reproduire une figure. Comme tu ne peux pas la voir, je vais te la décrire : trace un segment [AB] de longueur 11 cm… . »
Continuer la description de Damien afin que Pierre puisse construire la figure.

68 **1)** Tracer un triangle MNP.

2) Placer un point O tel que (MP) ⊥ (NO) et (NP) ⊥ (MO).

3) Tracer la droite qui passe par le point O et qui est perpendiculaire à la droite (MN). Que remarque-t-on ?

69 **1)** Construire un triangle ABC tel que :

AB = 8 cm, AC = 7 cm et BC = 6 cm.

Placer le point D du segment [AC] tel que AD = 2 cm.

2) Placer un point E tel que (DE) // (BC) et (DE) ⊥ (BE).

70 **1)** Reproduire la figure suivante :

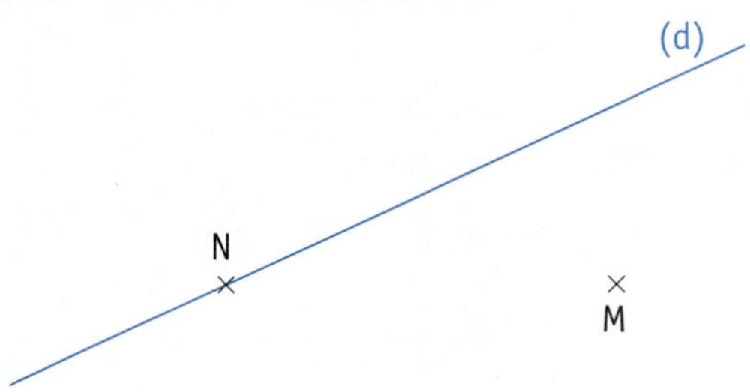

2) Construire le rectangle MNOP tel que P ∈ (d).

3) Construire le rectangle MANB tel que A ∈ (d).

71 **1)** Construire un carré CAGE de côté 4 cm.

2) Construire le triangle CER rectangle et isocèle en C tel que le point R soit distinct du point A.

3) Construire le rectangle CAMP tel que :

AM = 2 cm et M ∉ [AG].

4) La droite qui passe par le point M et qui est perpendiculaire à la droite (RP) coupe la droite (CA) au point U. Construire le point U.

5) On appelle O le point d'intersection des droites (RP) et (MU). Construire le point O.

6) Tracer en rouge le polygone ROUGE.

Ce polygone est un *pentagone*. Expliquer pourquoi.

72 Justifier la méthode de tracé d'une droite parallèle proposée à la page 170.

73 On considère le quadrilatère ABCD suivant.

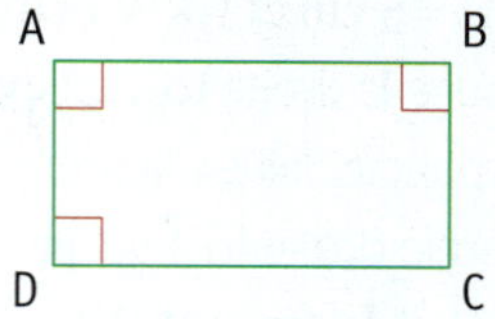

1) a) D'après les codages, combien ce quadrilatère possède-t-il d'angles droits ?

b) Quelle semble être la nature de ce quadrilatère ?

2) a) Démontrer que les droites (AB) et (CD) sont parallèles.

b) Démontrer que les droites (BC) et (CD) sont perpendiculaires.

c) Quelle est la nature du quadrilatère ABCD ?
Justifier la réponse.

3) Recopier et compléter la phrase suivante :

« Si un quadrilatère possède trois angles droits, alors ce quadrilatère est un **...** . »

74 **1)** Construire un carré ABCD de côté 5 cm.

2) a) Placer le point E de la demi-droite [AB) tel que AE = 7 cm.

b) Tracer la droite qui passe par le point E et qui est perpendiculaire à la droite (AB).

c) On nomme F le point d'intersection de cette perpendiculaire et de la droite (CD). Placer le point F.

3) Quelle est la nature du quadrilatère AEFD ?
Justifier la réponse.

75 **1) a)** Tracer deux droites parallèles (d_1) et (d_2).

b) Tracer une droite (d_3) parallèle à la droite (d_1).

c) Tracer une droite (Δ) perpendiculaire à la droite (d_1).

2) Démontrer que la droite (Δ) est perpendiculaire à la droite (d_2).

3) Démontrer que la droite (Δ) est perpendiculaire à la droite (d_3).

4) En déduire que les droites (d_2) et (d_3) sont parallèles.

5) Recopier et compléter la phrase suivante :

« Si deux droites sont parallèles à une même droite, alors elles sont **...** . »

DEVOIRS À LA MAISON

DEVOIR A

76 **1)** Construire un triangle MUR tel que :
MR = 7 cm, MU = 5 cm et UR = 4 cm.
2) Tracer en rouge la droite (d_1) qui passe par le point U et qui est perpendiculaire à la droite (MR).
3) Tracer en vert le droite (d_2) qui passe par le point R et qui est parallèle à la droite (MU).
4) Tracer en noir la droite (d_3) qui passe par le point M et qui est perpendiculaire à la droite (UR).
5) On appelle O le point d'intersection des droites (d_1) et (d_2), et I le point d'intersection des droites (d_1) et (d_3). Placer les points O et I.

77 **1)** Construire un rectangle ABCD tel que :
AD = 3 cm et BD = 7 cm.
2) Tracer la droite qui passe par le point A et qui est perpendiculaire à la droite (BD). Cette perpendiculaire coupe la droite (CD) au point E.
3) Tracer la droite qui passe par le point C et qui est parallèle à la droite (AE). Cette parallèle coupe la droite (BD) au point F.
4) **a)** Démontrer que les droites (BD) et (CF) sont perpendiculaires.
b) En déduire la nature du triangle CDF.

DEVOIR B

78 La figure ci-dessous est un schéma d'une partie du musée du Louvre.

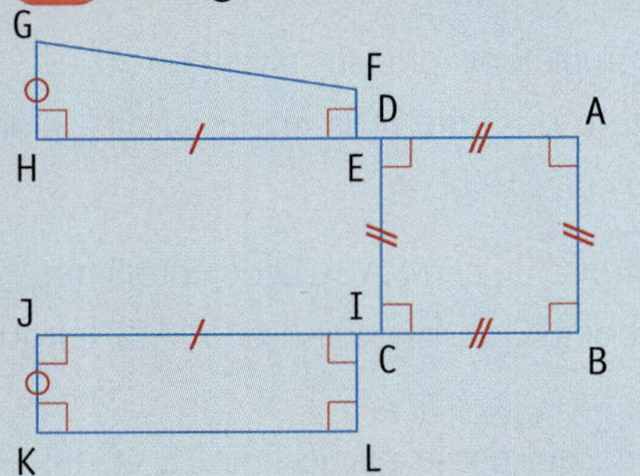

H, E, D et A sont alignés.
J, I, C et B sont alignés.

1) Reproduire en vraie grandeur cette figure telle que :
AB = 4 cm ; EF = 1 cm ;
GH = 2 cm ; AH = BJ = 11 cm ;
EH = 6,5 cm.
2) Quelle est la nature du quadrilatère IJKL ? Justifier la réponse.

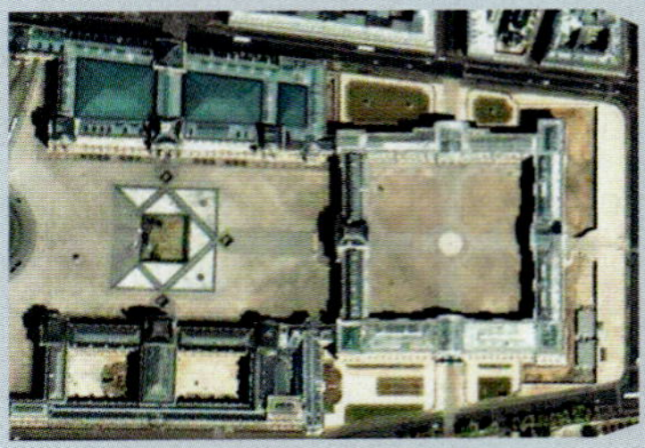

3) Un trapèze est un quadrilatère qui possède deux côtés parallèles. Démontrer que le quadrilatère EFGH est un trapèze.
4) Rechercher le nom de la partie du musée du Louvre représentée par le quadrilatère ABCD. Ce nom est-il justifié ?

JE CHERCHE...

79 On considère la figure ci-contre tracée sur papier quadrillé.

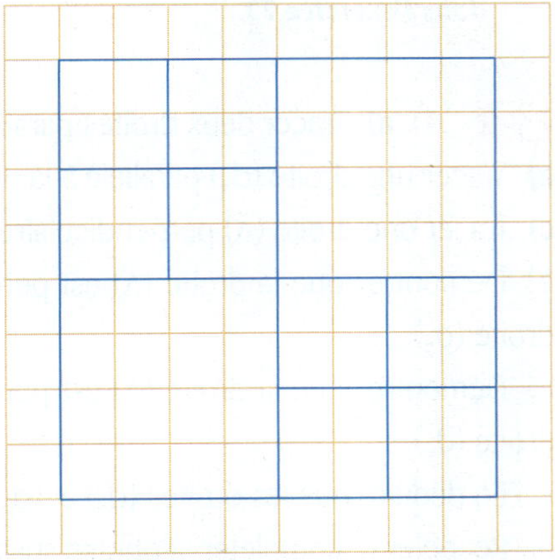

À partir de la figure bleue, déterminer le nombre total :
a) de carrés tracés ; **b)** de rectangles tracés.

80 Lorsque l'on trace trois droites distinctes, on peut obtenir 0, 1, 2 ou 3 points d'intersection.

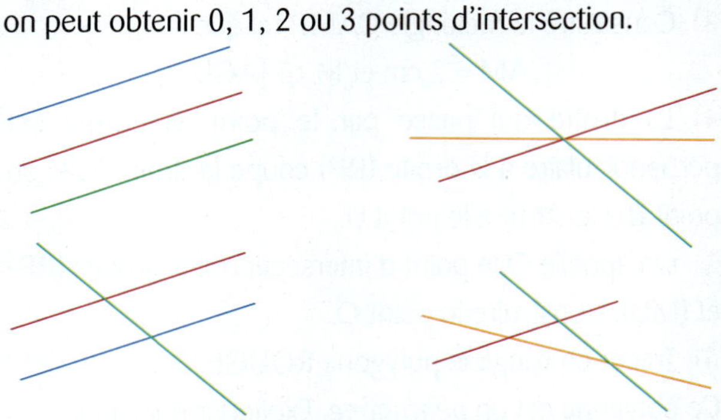

• Combien de points d'intersection peut-on obtenir en traçant cinq droites distinctes ? Trouver tous les cas possibles et illustrer chacun d'eux par un dessin.

On utilise le logiciel de géométrie *GeoGebra*.

Préparation de la feuille de dessin

1) Fermer la fenêtre algèbre en cliquant sur « **Affichage** », puis « **Fenêtre Algèbre** ».

2) Enlever l'affichage des axes en cliquant sur « **Affichage** », puis « **Axes** ».

3) Cliquer sur « **Options** », « **Étiquetage** », puis « **Tous les nouveaux objets** » afin que le logiciel nomme au fur et à mesure les objets créés.

4) Cliquer sur « **Options** », puis « **Style point** ». Choisir la croix.

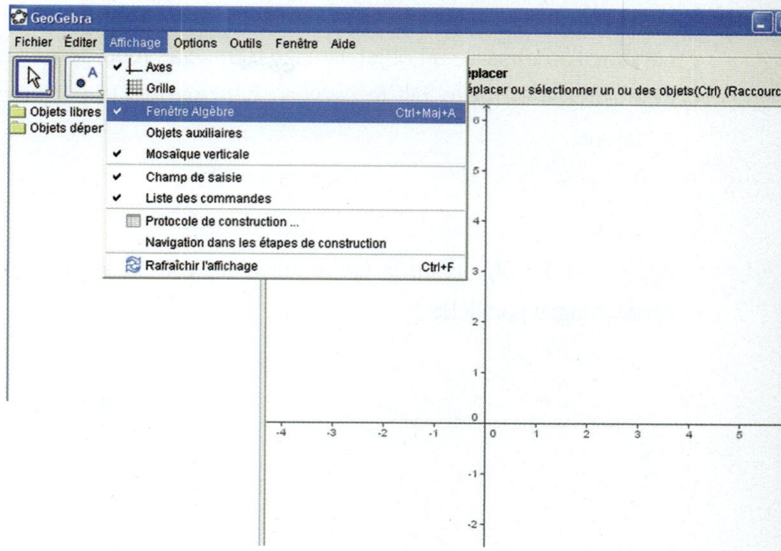

81 SC3 Droites parallèles

1) On veut tracer une droite.

a) Pour cela, cliquer sur [icône] dans la troisième série d'icônes.
Cliquer ensuite sur la feuille de dessin. Le point **A** est placé.
Déplacer le pointeur de la souris, puis cliquer de nouveau. Le point **B** est placé.

b) Comment le logiciel nomme-t-il la droite tracée ?

2) On veut placer un point **C** qui n'appartient pas à la droite (AB).
Pour cela, cliquer sur [icône] dans la deuxième série d'icônes. Cliquer ensuite sur la feuille de dessin en dehors de la droite **a**.

3) On veut tracer maintenant la droite qui passe par le point **C** et qui est parallèle à la droite (AB).

a) Pour cela, cliquer sur le coin inférieur droit de l'icône [icône], puis cliquer sur [icône] « **Droite parallèle** ».
Cliquer ensuite sur le point **C**, puis sur la droite **a**.

b) Comment le logiciel nomme-t-il la nouvelle droite ?

4) a) Tracer la droite (AC).

b) Tracer la droite qui passe par le point B et qui est parallèle à la droite (AC).

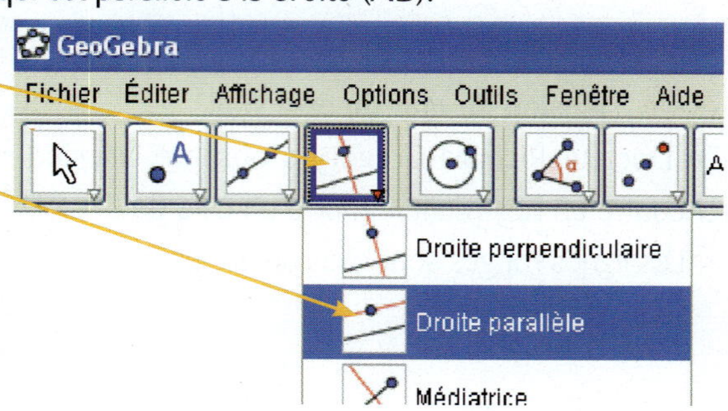

82 SC3 Droites perpendiculaires

1) Tracer une droite (AB), puis placer un point **C** en dehors de cette droite.

2) On veut tracer la droite qui passe par le point **C** et qui est perpendiculaire à la droite (AB).
Pour cela, cliquer sur [icône] dans la quatrième série d'icônes. Cliquer ensuite sur le point **C**, puis sur la droite **a**.

3) On veut nommer le point d'intersection des deux droites.

a) Pour cela, cliquer sur [icône] « **Intersection entre deux objets** » dans la deuxième série d'icônes.
Cliquer ensuite sur la première droite, puis sur la deuxième droite.

b) Comment le logiciel nomme-t-il ce point d'intersection ?

4) On peut déplacer certains objets.
Par exemple, pour déplacer le point **A**, cliquer sur [icône] dans la première série d'icônes.
Cliquer ensuite sur le point **A**. Le pointeur de la souris se transforme en main.
En gardant le bouton gauche de la souris appuyé, déplacer le point **A**.
Déplacer de la même façon les points **B** et **C**, les droites **a** et **b**.
Peut-on déplacer le point D ? Pourquoi ?

> Découverte

Les illusions d'optique

Lorsque l'on observe un objet, l'image formée au fond de l'œil est analysée, puis transmise au cerveau. L'interprétation qu'en fait le cerveau peut parfois être ambiguë. Ces erreurs provoquent des illusions d'optique.

83 **1)** En observant la figure suivante, voit-on les lignes rouges parallèles ?

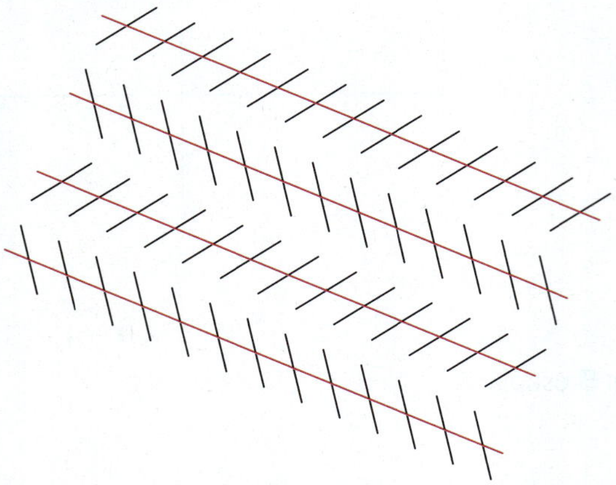

2) À l'aide d'une règle et d'une équerre, vérifier que les lignes rouges sont des droites parallèles.

84 **Illusion de Wundt**

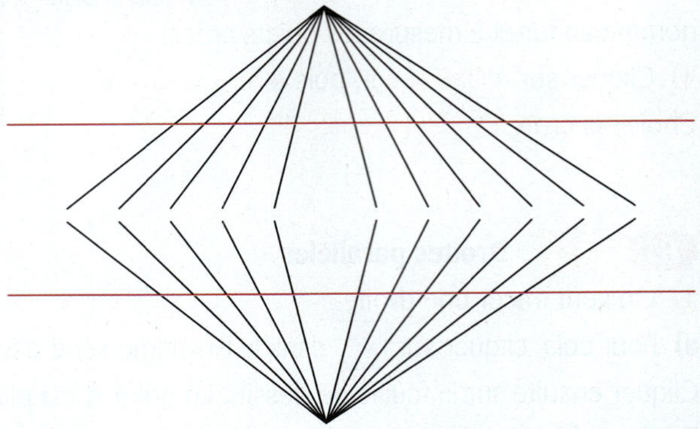

• Vérifier que les lignes rouges sont des droites parallèles.

85 **Illusion du mur du café Wall**

Le Docteur Richard Gregory a observé l'illusion ci-contre en regardant le mur d'un café de Bristol.

• Les lignes rouges sont-elles parallèles ?

86 **Illusion d'Ehreinstein**

• Vérifier que la figure rouge est un carré.

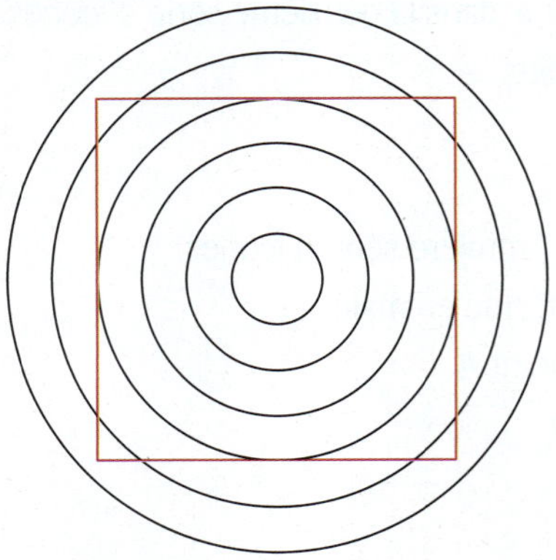

87 **Illusion de Poggendorff**

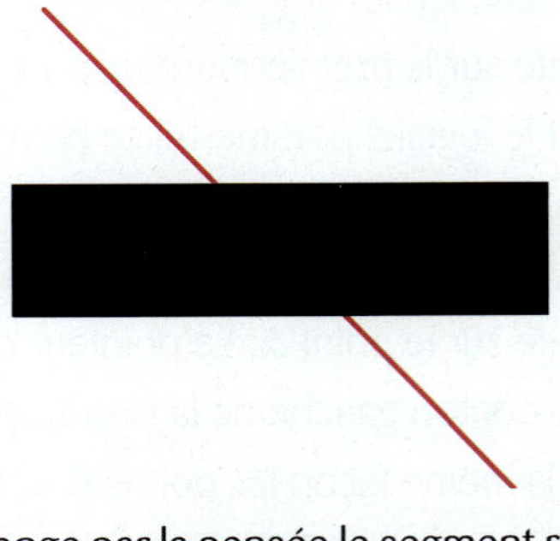

• Si on prolonge par la pensée le segment rouge du bas, rejoint-il parfaitement le segment rouge du haut ?

Chapitre 11
Symétrie axiale

REVOIR
> le symétrique d'une figure donnée par rapport à une droite ;
> la construction du symétrique d'un point par rapport à une droite ;
> la notion d'axe de symétrie.

DÉCOUVRIR
> les propriétés de la symétrie axiale ;
> la définition de la médiatrice d'un segment.

SOCLE COMMUN

SC1 Construire le symétrique d'une figure donnée par rapport à une droite.

SC2 Compléter une figure possédant un axe de symétrie.

***Narcisse** est un tableau exposé à Rome*

Cette œuvre, du peintre italien Le Caravage (1571-1610), montre un jeune homme d'une beauté exceptionnelle appelé Narcisse.
D'après la mythologie grecque, un jour, Narcisse vit son reflet dans l'eau d'une source, il en tomba amoureux et resta de longs jours à contempler son image.

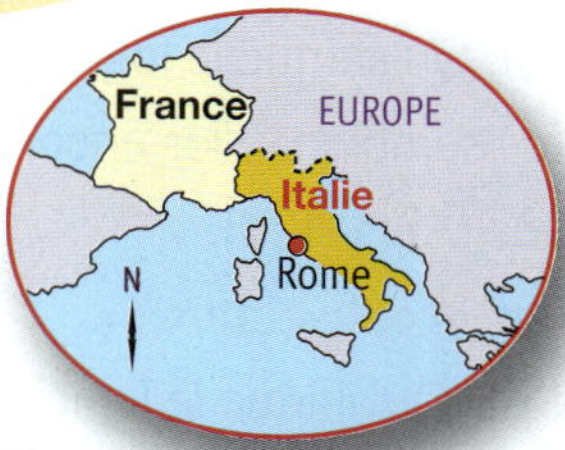

1) Chercher la signification de l'adjectif narcissique.
2) a) Reproduire le dessin ci-contre sur une feuille de papier-calque.
b) Compléter le dessin afin que son reflet apparaisse de l'autre côté du miroir.

1 Je trace le symétrique d'une figure

JE REVOIS

1) Sur papier-calque, dessiner la figure 1.

Plier le papier-calque suivant la droite (d) et reproduire la figure (voir schéma).

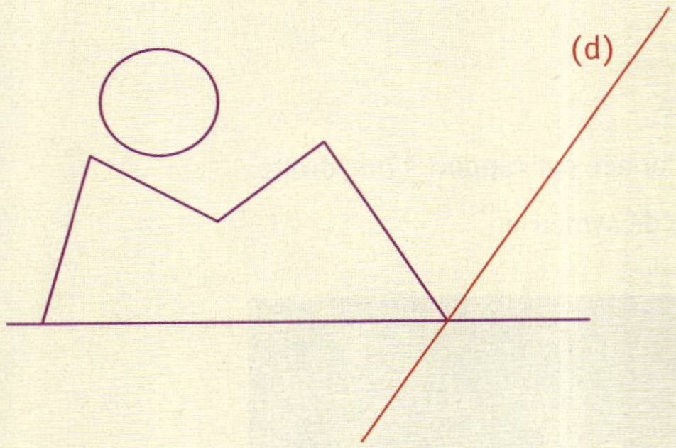

▲ Figure 1

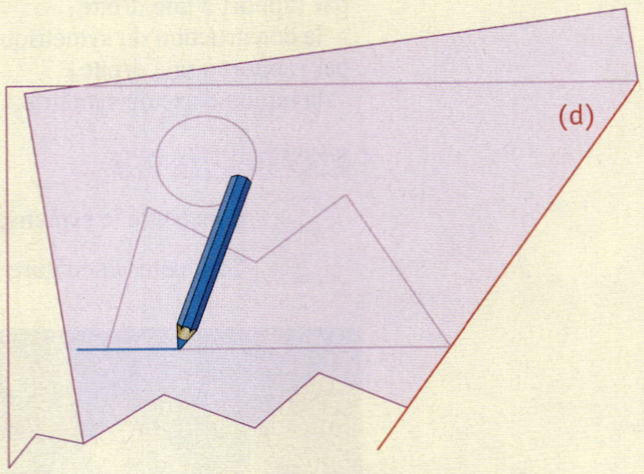

▲ Figure après pliage

Déplier ensuite le papier-calque.

On obtient deux figures qui **se superposent** par pliage suivant la droite (d).

2) Recopier et compléter la phrase suivante : « Les deux figures sont ... par rapport à ... . »

2 J'observe le symétrique d'un point

Pour cette activité, on utilise le logiciel de géométrie *Cabri-Géomètre*.

A Construction de la figure

1) Placer un point, le nommer A.

2) Tracer une droite ne passant pas par le point A. Nommer cette droite (d).

3) Tracer le symétrique du point A par rapport à la droite (d). Le nommer A'.

4) Tracer la droite (AA').

5) Placer le point d'intersection des droites (d) et (AA'). Le nommer I.

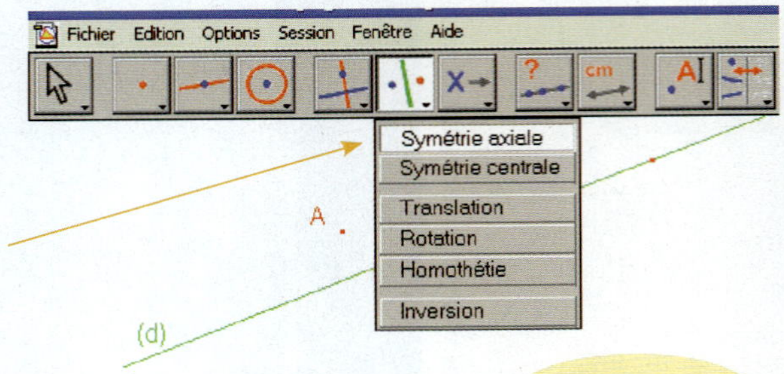

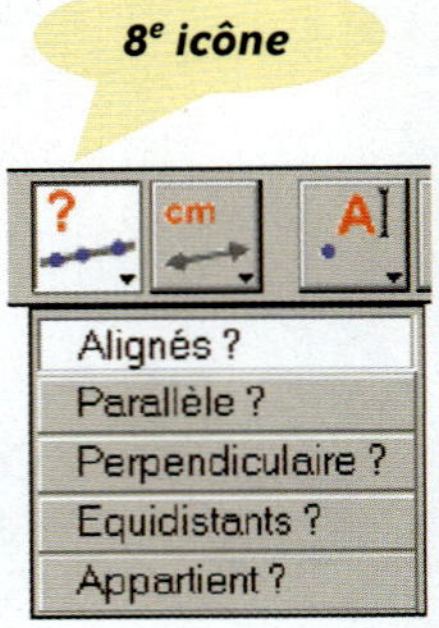

B Conjectures

1) a) Cliquer sur la 8e icône, puis choisir « **Perpendiculaires ?** ».

Cliquer sur la droite (AA'), puis sur la droite (d). Qu'affirme le logiciel ?

b) Déplacer le point A. Les droites (AA') et (d) semblent-elles encore perpendiculaires ?

c) Écrire une conjecture concernant les droites (AA') et (d).

2) a) Cliquer sur la même icône, puis choisir « **Equidistants ?** ».

Cliquer sur le point I, puis sur les points A et A'. Qu'affirme le logiciel ?

b) Déplacer le point A. Écrire une conjecture concernant le point I et le segment [AA'].

3) a) Placer un point B sur la droite (d) et construire son symétrique par rapport à la droite (d).

b) Que se passe-t-il ? Expliquer où se trouve le symétrique du point B.

3 J'énonce des propriétés

1) En utilisant du papier-calque, reproduire la figure ci-dessous, puis tracer le symétrique de la figure bleue par rapport à la droite (d). On nommera A', B', C', O' et P' les symétriques respectifs des points A, B, C, O et P par rapport à la droite (d).

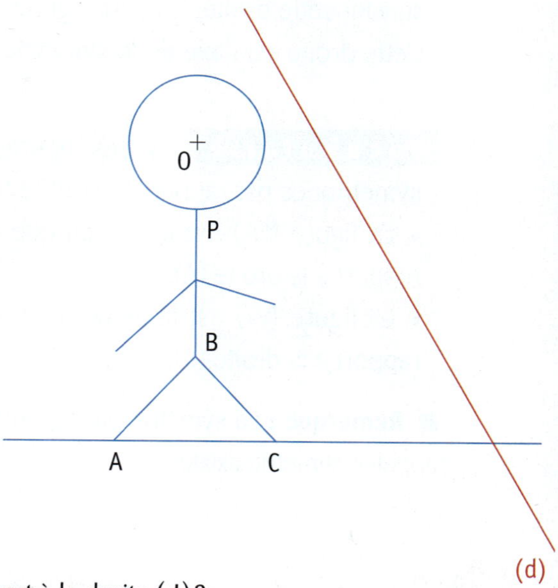

2) a) Quel est le symétrique de la droite (AC) par rapport à la droite (d) ?

b) Recopier et compléter la phrase suivante :

« Le symétrique d'une droite par rapport à une droite est une ... . »

3) a) Quel est le symétrique du segment [AB] par rapport à la droite (d) ?

b) Comparer la longueur du segment [AB] et celle de son symétrique.

c) Recopier et compléter la phrase suivante :

« Le symétrique d'un segment par rapport à une droite est un ... de même ... .»

4) a) Quel est le symétrique du cercle de centre O par rapport à la droite (d) ?

b) Comparer les longueurs OP et O'P'.

c) Recopier et compléter la phrase suivante :

« Le symétrique d'un cercle par rapport à une droite est un ... de même ... .»

5) a) Quel est le symétrique de l'angle $\widehat{ABC}$ par rapport à la droite (d) ?

b) Comparer la mesure de l'angle $\widehat{ABC}$ et celle de son symétrique.

c) Recopier et compléter la phrase suivante :

« Le symétrique d'un angle par rapport à une droite est un ... de même ... .»

6) a) Quel est le symétrique du triangle ABC par rapport à la droite (d) ?

b) Comparer l'aire du triangle ABC et celle de son symétrique.

c) Recopier et compléter la phrase suivante :

« Le symétrique d'une figure par rapport à une droite est une ... de même ... .»

4 Je trouve un axe de symétrie d'une figure JE REVOIS

1) a) Sur papier-calque, dessiner la figure jaune ci-contre.

b) Plier le papier-calque suivant la droite (d).

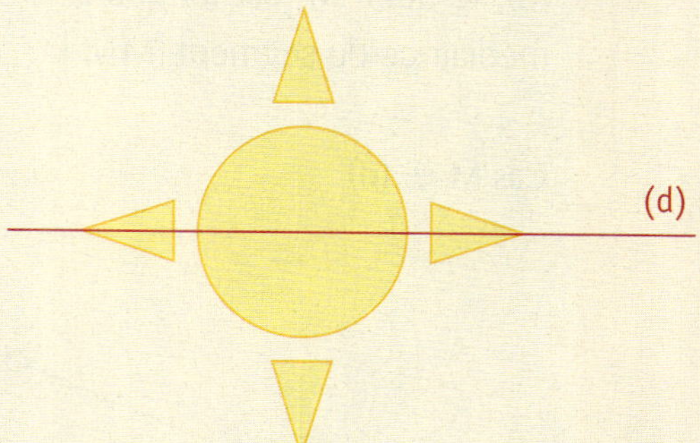

2) Que peut-on dire des deux parties de la figure ?

3) Quel est le symétrique de la figure jaune par rapport à la droite (d) ?

On dit que la droite (d) est un **axe de symétrie** de la figure.

4) En pliant plusieurs fois le papier-calque, trouver tous les axes de symétrie de cette figure.

Tracer ces axes en rouge.

1 Figures symétriques

Définition Deux figures sont **symétriques** par rapport à une droite lorsque, en pliant suivant cette droite, les deux figures se superposent.
Cette droite est l'**axe de la symétrie**.

Vocabulaire • Les figures $(\mathscr{F})$ et $(\mathscr{G})$ sont symétriques par rapport à la droite (d).
• La figure $(\mathscr{F})$ est le symétrique de la figure $(\mathscr{G})$ par rapport à la droite (d).
• La figure $(\mathscr{G})$ est le symétrique de la figure $(\mathscr{F})$ par rapport à la droite (d).

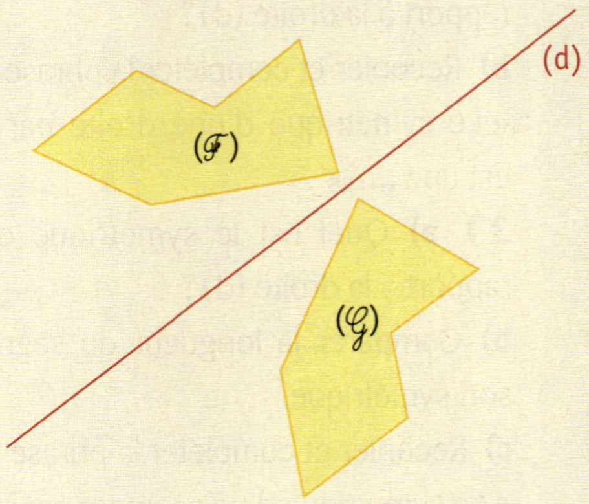

■ **Remarque :** La symétrie par rapport à une droite est aussi appelée symétrie axiale.

2 Symétrique d'un point

a) La médiatrice d'un segment

Définition La **médiatrice d'un segment** est la droite qui coupe perpendiculairement ce segment en son milieu.

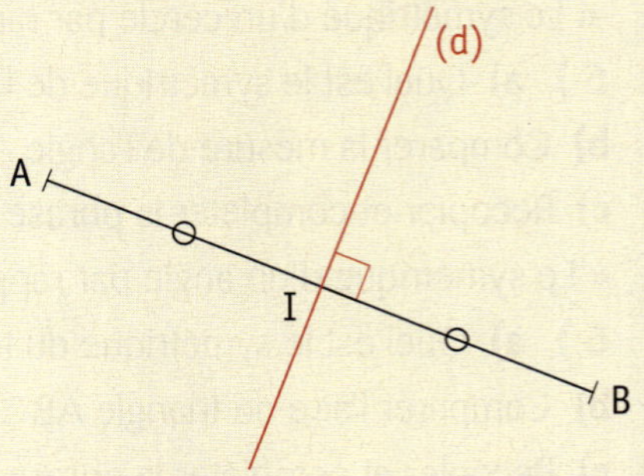

EXEMPLE :
La droite (d) et la droite (AB) sont perpendiculaires.
La droite (d) coupe le segment [AB] en son milieu I.
Donc, la droite (d) est la médiatrice du segment [AB].

b) Symétrique d'un point par rapport à une droite

Définition On considère un point M et une droite (d).
On note M' le symétrique du point M par rapport à la droite (d).

• Lorsque le point M n'appartient pas à la droite (d), le point M' est tel que la droite (d) est la médiatrice du segment [MM'].

Cas $M \notin (d)$

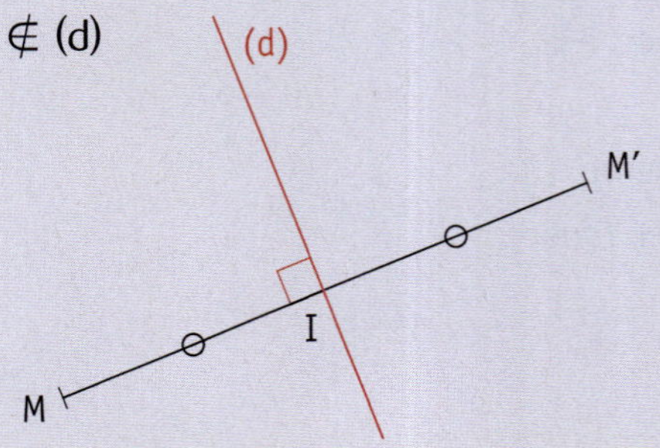

• Lorsque le point M appartient à la droite (d), le point M' est confondu avec le point M.

Cas $M \in (d)$

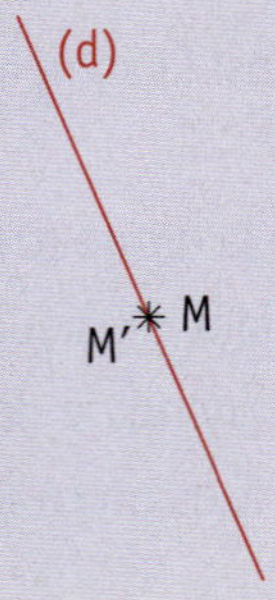

c) Construction du symétrique d'un point

EXEMPLE : On construit le point A', symétrique du point A par rapport à la droite (d).

• **Étape 1**

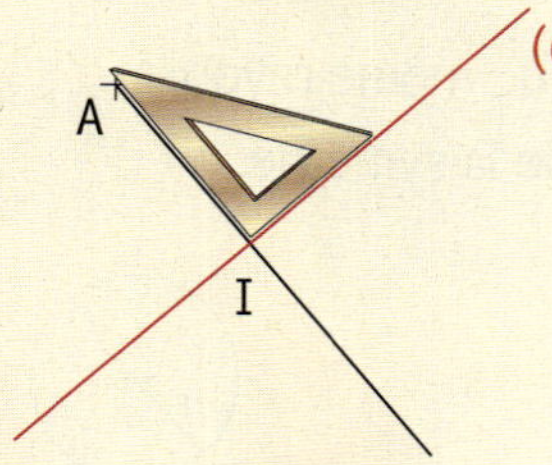

• **Étape 2**

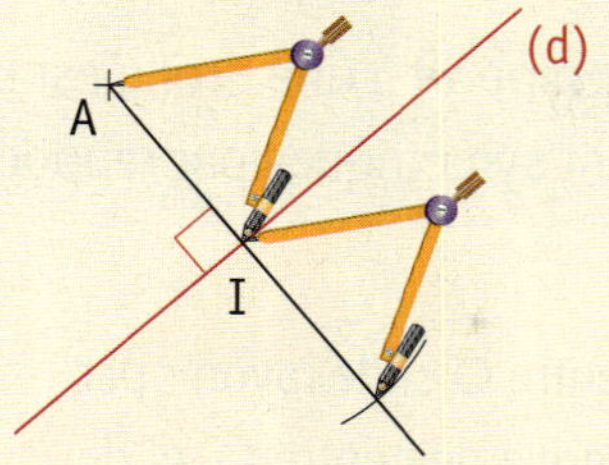

• **Étape 3**

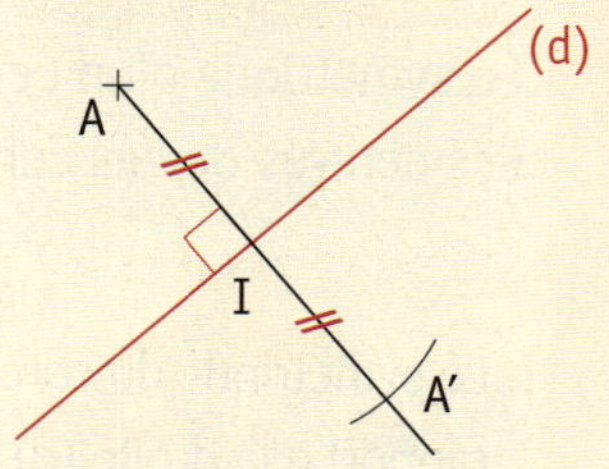

3 Propriétés de la symétrie axiale

a) Symétrique d'une figure

Propriété Le symétrique d'une figure par rapport à une droite est une figure qui lui est superposable. Ces deux figures ont donc **la même forme** et **les mêmes mesures**.

EXEMPLE :
Les figures $(\mathscr{F})$ et $(\mathscr{G})$ sont symétriques par rapport à la droite (d), donc, elles ont la même forme et les mêmes mesures.

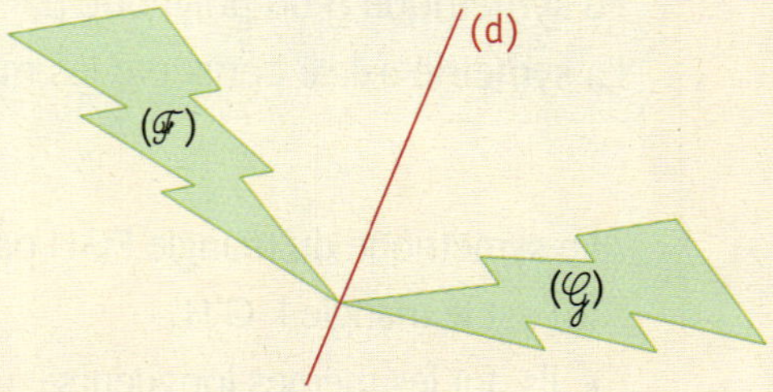

b) Symétrique d'une droite

Propriété Le symétrique d'une droite par rapport à une droite est une droite.
Autrement dit, des points alignés ont pour symétriques des points alignés.

EXEMPLE :
Le symétrique de la droite (d_1) par rapport à la droite (d) est la droite (d_2).
Les points A, B et C sont alignés, donc leurs symétriques A', B' et C' sont alignés.

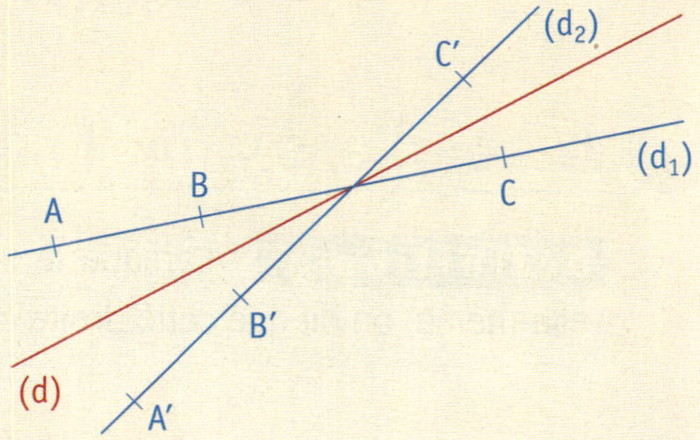

c) Symétrique d'un segment

Propriété Le symétrique d'un segment par rapport à une droite est un segment de même longueur.
La symétrie axiale conserve les longueurs.

EXEMPLE :
Le symétrique du segment [EF] par rapport à la droite (d) est le segment [E'F'], donc E'F' = EF.

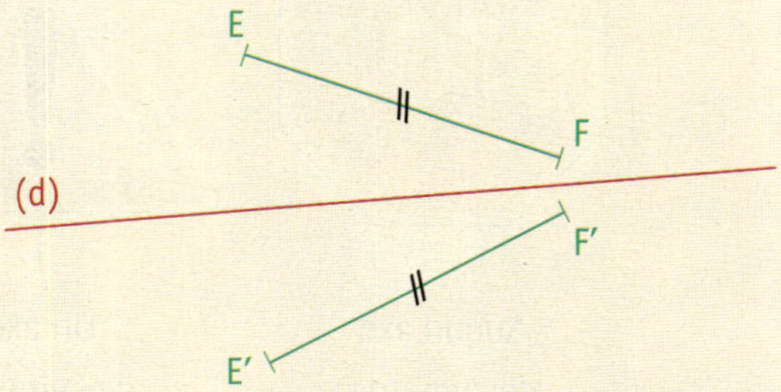

d) Symétrique d'un cercle

Propriété
Le symétrique d'un cercle par rapport à une droite est un cercle de même rayon.
Les centres de ces cercles sont symétriques par rapport à l'axe de la symétrie.

EXEMPLE :
Le symétrique du cercle de centre O et de rayon r par rapport à la droite (d) est le cercle de centre O' et de rayon r.
Les points O et O' sont symétriques par rapport à la droite (d).

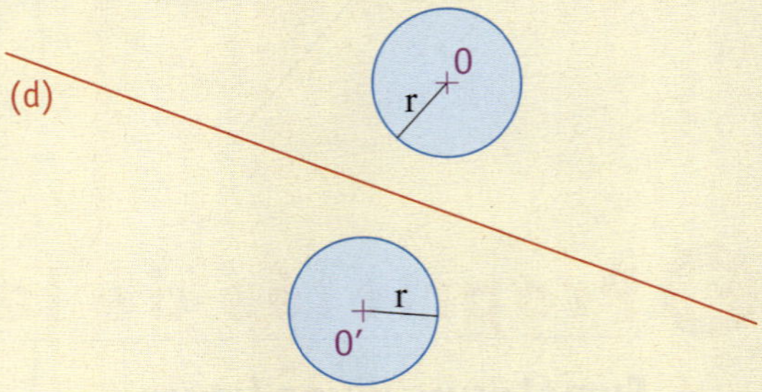

e) Symétrique d'un polygone

Propriété
Le symétrique d'un polygone par rapport à une droite est un polygone de mêmes mesures.
La symétrie axiale conserve les mesures d'angles et les aires.

EXEMPLE :
Le symétrique du triangle FGH par rapport à la droite (d) est le triangle F'G'H'.
- Ils ont les mêmes longueurs ;
  par exemple : FH = F'H'.
- Ils ont les mêmes mesures d'angle ;
  par exemple : $\widehat{GFH} = \widehat{G'F'H'}$.
- Ils ont la même aire.

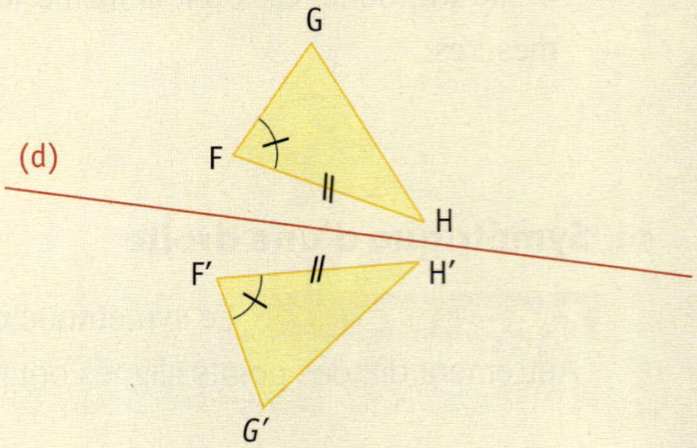

4 Axe de symétrie d'une figure

Définition Lorsque le symétrique d'une figure par rapport à une droite est la figure elle-même, on dit que cette droite est un **axe de symétrie** de la figure.

EXEMPLES :

Aucun axe de symétrie

Un axe de symétrie

Deux axes de symétrie

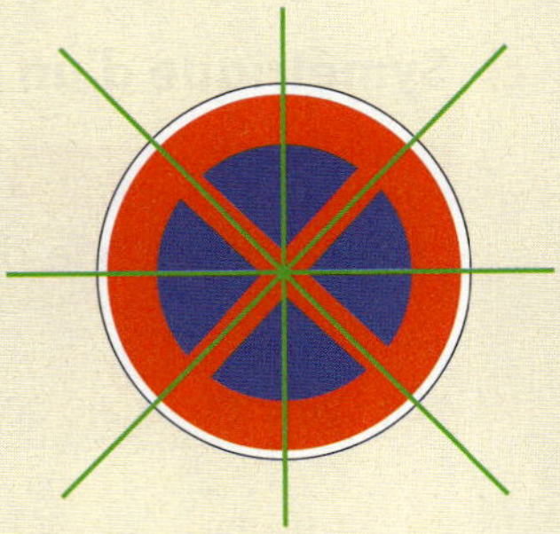
Quatre axes de symétrie

Pour les exercices 1 et 2, indiquer dans chaque cas si les figures sont symétriques par rapport à la droite (d).

1

a)

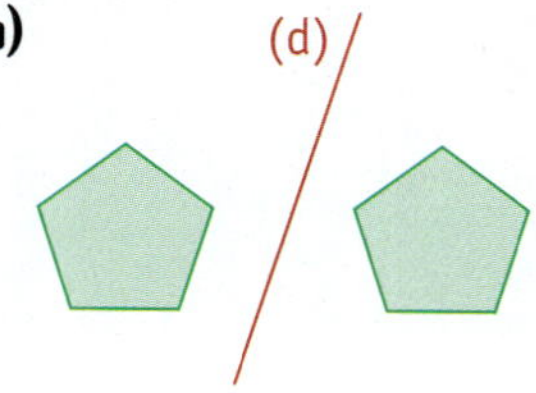

b)

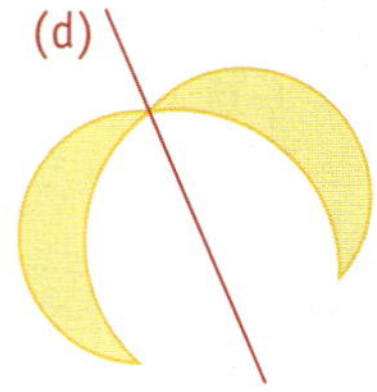

c)

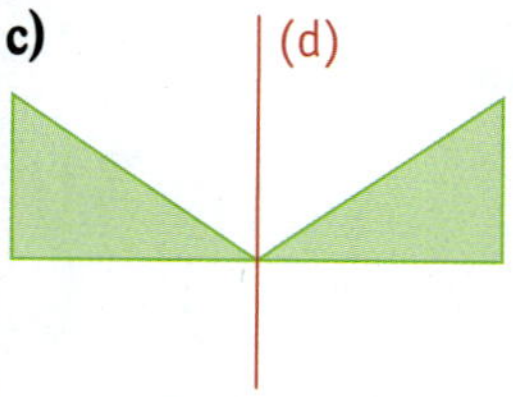

d)

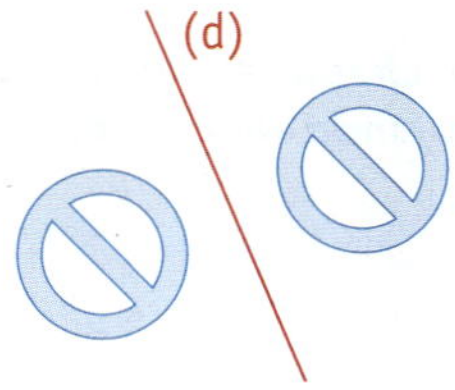

2

a)

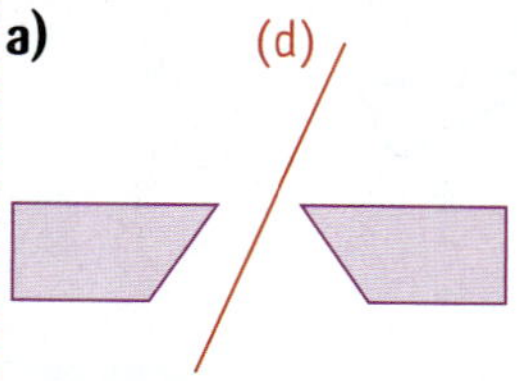

b)

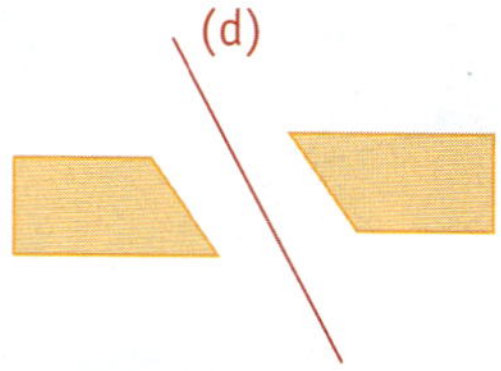

c)

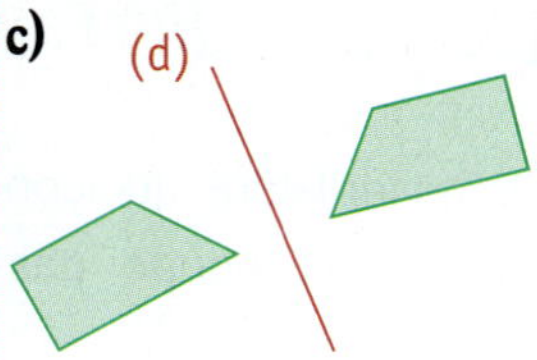

d)

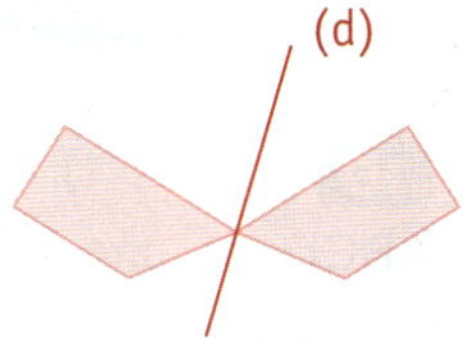

3

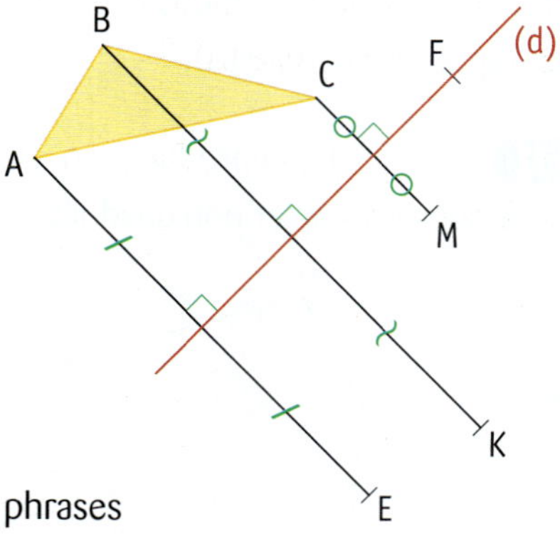

Compléter les phrases suivantes :

a) « Le point C a pour symétrique le point ... par rapport à ... . »

b) « Le point K est le ... du point B ... à la droite (d). »

c) « Les points A et ... sont ... par rapport à la droite (d). »

d) « Le point F a pour symétrique ... par rapport à la droite (d). »

e) « Le symétrique par rapport à la droite (d) du ... ABC est le ... . »

4 Dans chaque cas, préciser, en justifiant la réponse, si les points A et B sont symétriques par rapport à la droite (d).

a)

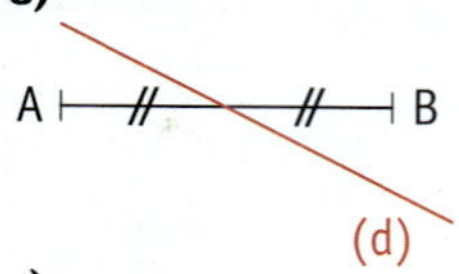

b)

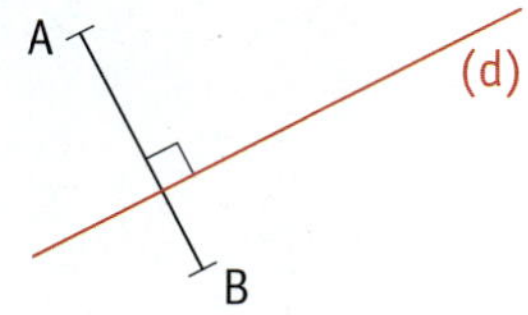

c)

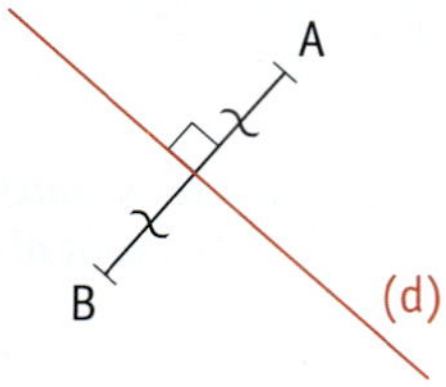

d)

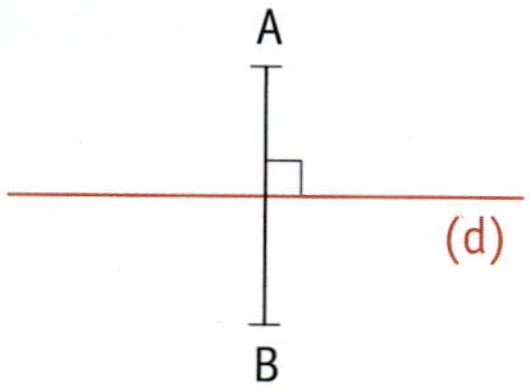

5 Les figures ci-dessous sont symétriques par rapport à la droite (d).

Indiquer le symétrique par rapport à la droite (d) :

a) du point M ; **b)** du point H ;

c) du segment [FH] ; **d)** de la droite (PI) ;

e) de l'angle $\widehat{KON}$; **f)** du triangle GER.

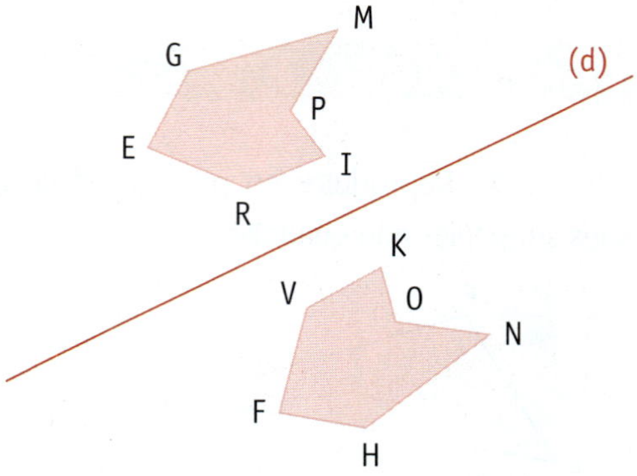

6 Indiquer le symétrique de chacun des points A, B, C, D, E et F par rapport à la droite (Δ).

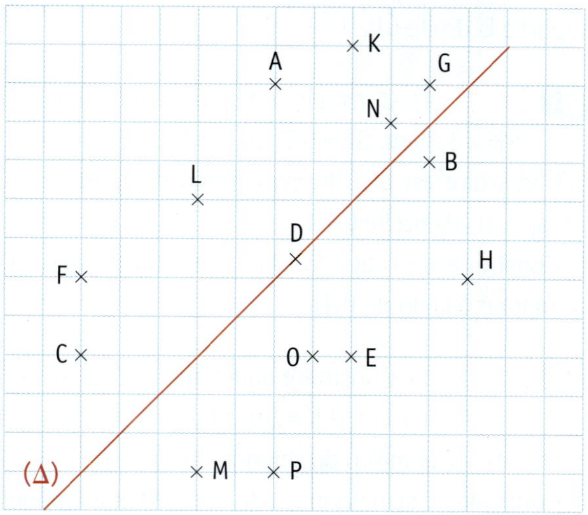

> Savoir-faire

1 J'APPRENDS À... Construire le symétrique d'un polygone

Énoncé : • Construire le symétrique A'B'C' du triangle ABC par rapport à la droite (d).

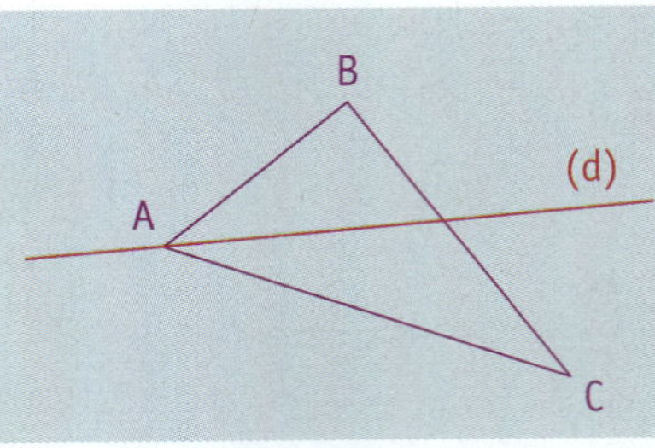

Solution :

Je construis le symétrique de chaque sommet du triangle ABC. Le point A' est confondu avec le point A.

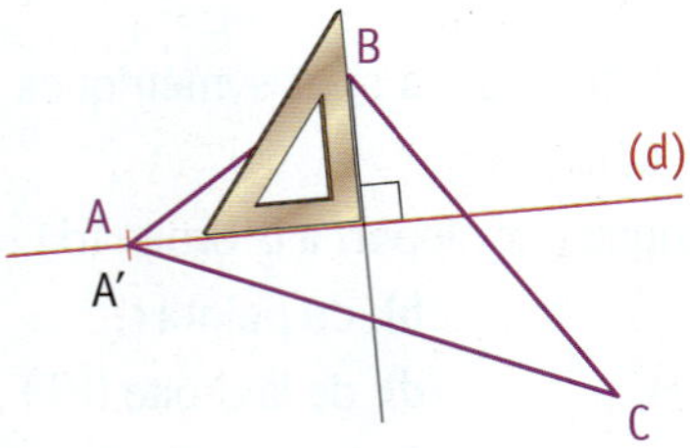

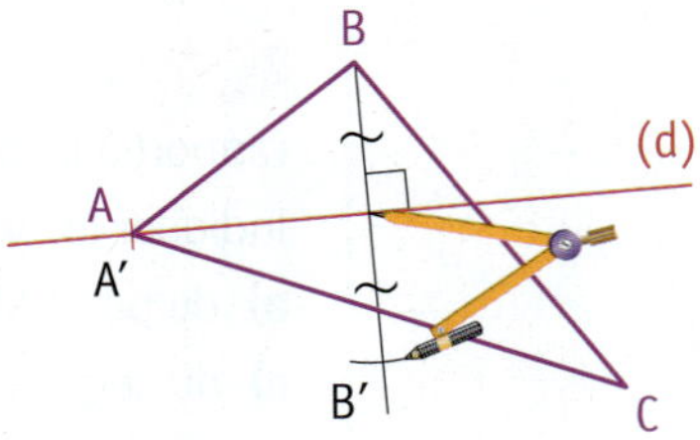

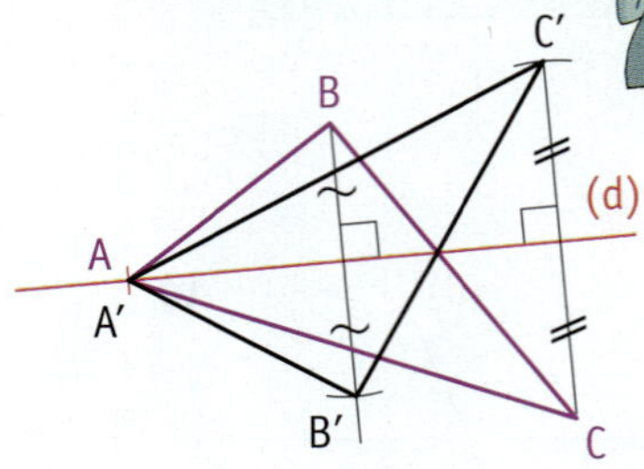

> J'APPLIQUE.

7 SC1 **1)** Reproduire en plus grand la figure ci-dessous sur papier non quadrillé.

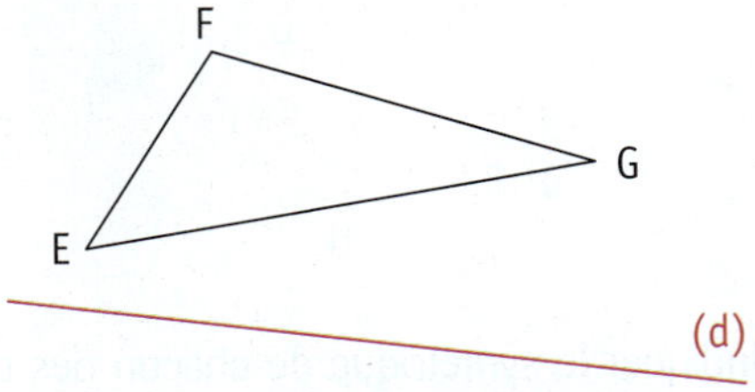

2) Construire le symétrique E'F'G' du triangle EFG par rapport à la droite (d).

8 SC1 **1)** Construire un triangle SKI tel que :
SK = 3,8 cm, SI = 5,7 cm et KI = 6,5 cm.

2) Construire en bleu le symétrique du triangle SKI par rapport à la droite (SK).

3) Construire en rouge le symétrique du triangle SKI par rapport à la droite (SI).

9 SC1 **1)** Construire un triangle JKL tel que :
LK = 4,7 cm, $\widehat{JLK}$ = 50° et JL = 9 cm.

2) Nommer I le milieu du segment [JL].

3) Construire le symétrique du triangle JKL par rapport à la droite (KI).

10 SC1 **1)** Tracer un quadrilatère quelconque ABCD et une droite (Δ) qui ne coupe pas ce quadrilatère.

2) Construire le symétrique A'B'C'D' de ce quadrilatère par rapport à la droite (Δ).

11 SC1 **1)** Reproduire en plus grand la figure ci-dessous sur papier non quadrillé.

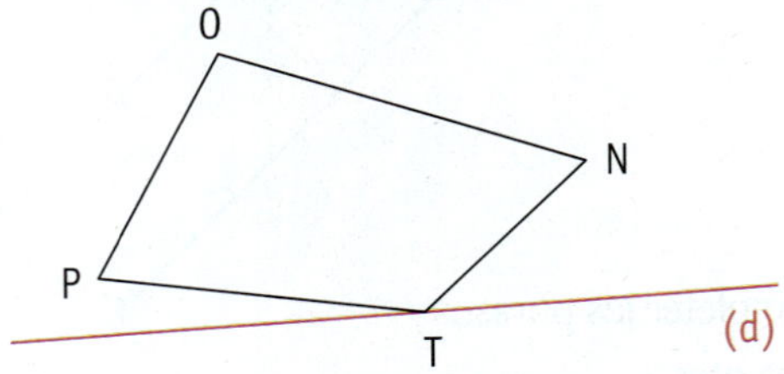

2) Construire le symétrique P'O'N'T' du quadrilatère PONT par rapport à la droite (d).

12 SC1 **1)** Construire un rectangle TOUR tel que : TO = 7,2 cm et TR = 4,5 cm.

2) Placer le point M du segment [TO] tel que TM = 2,8 cm.

3) Construire le symétrique T'O'U'R' du rectangle TOUR par rapport à la droite (MR).

2 J'APPRENDS À... Justifier à l'aide d'une propriété

Énoncé : Le cercle ($\mathscr{F}$) de centre O a pour rayon 1,8 cm.
Les cercles ($\mathscr{F}$) et ($\mathscr{G}$) sont symétriques par rapport à la droite (Δ).
Soit R, un point du cercle ($\mathscr{G}$) de centre P.
- Déterminer la longueur RP.

Justifier la réponse.

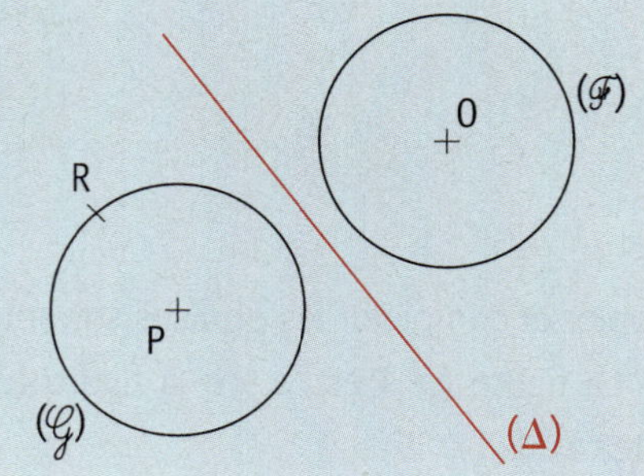

Solution :
- D'après les données :
  - les cercles ($\mathscr{F}$) et ($\mathscr{G}$) sont symétriques par rapport à la droite (Δ) ;
  - le segment [RP] est un rayon du cercle ($\mathscr{G}$) ;
  - le cercle ($\mathscr{F}$) a pour rayon 1,8 cm.
- On utilise la propriété :
« Le symétrique d'un cercle par rapport à une droite est un cercle de même rayon. »
- Donc, la longueur RP est égale à 1,8 cm.

J'APPLIQUE.

Pour les exercices 13 à 18, on utilise le dessin ci-dessous. Les figures ($\mathscr{F}$) et ($\mathscr{G}$) sont symétriques par rapport à la droite (d).
Toutes les réponses seront justifiées.

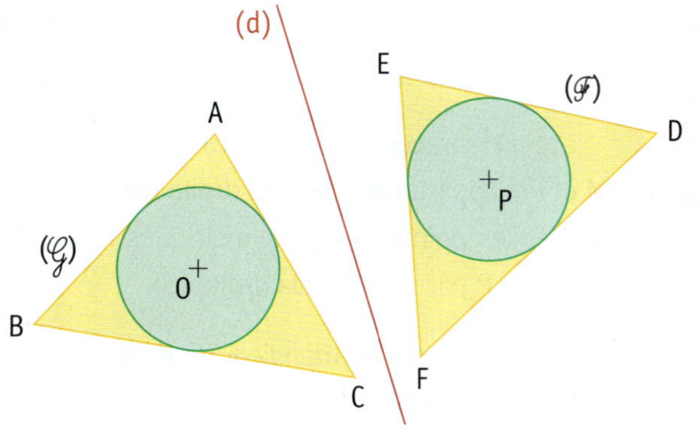

13 On donne : AB = 6,7 cm et AC = 8 cm.
- Déterminer les longueurs EF et ED.

14 On donne : BC = 8,5 cm et $\widehat{BAC} = 47°$.
- Déterminer la longueur FD et la mesure de l'angle $\widehat{FED}$.

15 Le diamètre du cercle de centre O est égal à 7,8 cm.
- Déterminer le rayon du cercle de centre P.

16 On donne : $\widehat{OAC} = 25°$ et $\widehat{ABC} = 56°$.
Déterminer la mesure de l'angle $\widehat{EDF}$ et celle de l'angle $\widehat{PEF}$.

17 Le périmètre du triangle EFD est égal à 8 cm.
- Déterminer le périmètre du triangle ABC.

18 L'aire du triangle EFD est égale à 5,4 cm^2.
- Déterminer l'aire du triangle ABC.

19 Les quadrilatères POLE et NORD sont symétriques par rapport à la droite (d).
Le quadrilatère POLE est un carré de côté 4,3 cm.

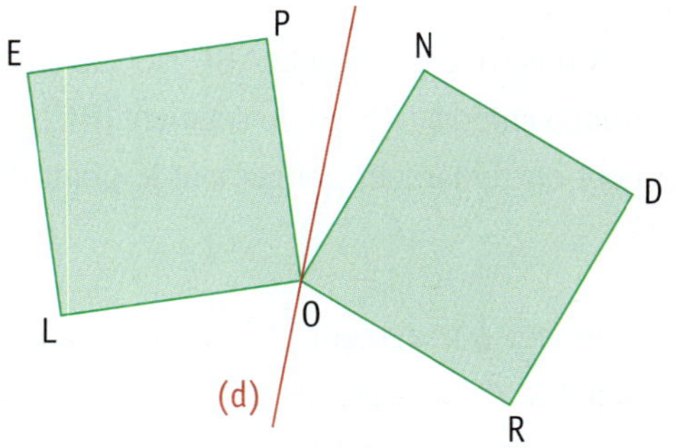

1) Déterminer le périmètre du quadrilatère NORD.
2) Déterminer la mesure de l'angle $\widehat{NOR}$.

> Je m'entraîne

Figures symétriques

20

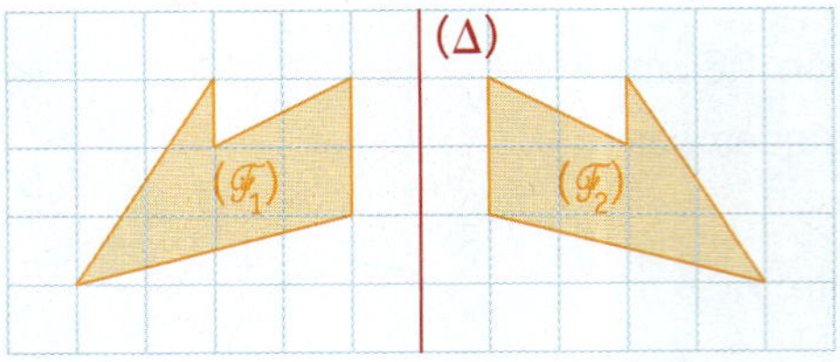

Recopier et compléter les phrases suivantes :

a) « La figure ($\mathcal{F}_1$) est ... de la figure ($\mathcal{F}_2$) par ... à la droite (Δ). »

b) « ... de la figure ($\mathcal{F}_2$) par rapport à ... (Δ) est la figure ($\mathcal{F}_1$). »

c) « Les figures ($\mathcal{F}_1$) et ($\mathcal{F}_2$) sont ... . »

21

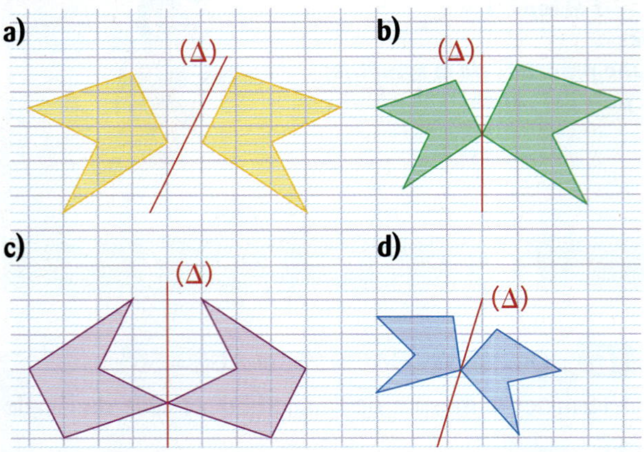

Préciser, dans chaque cas, si les figures sont symétriques par rapport à la droite (Δ).

Médiatrice d'un segment

22 **1)** Tracer un segment [AB] de longueur 8 cm.

2) Construire la médiatrice (d) de ce segment.

3) Quel est le symétrique du point A par rapport à la droite (d) ? Justifier la réponse.

23 **1)** Construire un triangle ABC isocèle en A.

2) Construire la médiatrice (Δ) du segment [BC].

3) Que peut-on remarquer concernant le point A et la droite (Δ) ?

24 **1)** Tracer un segment [AB] de longueur 9 cm. Placer le point M de ce segment tel que AM = 4 cm.

2) Construire la médiatrice (d_1) du segment [AM] et la médiatrice (d_2) du segment [MB].

3) Démontrer que : (d_1) // (d_2).

Symétrique d'un point

25

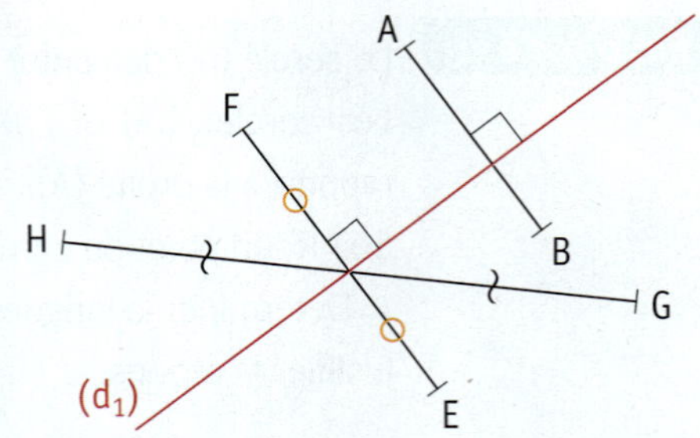

1) Les points A et B sont-ils symétriques par rapport à la droite (d_1) ? Justifier la réponse.

2) Les points E et F sont-ils symétriques par rapport à la droite (d_1) ? Justifier la réponse.

3) Les points G et H sont-ils symétriques par rapport à la droite (d_1) ? Justifier la réponse.

26 SC1

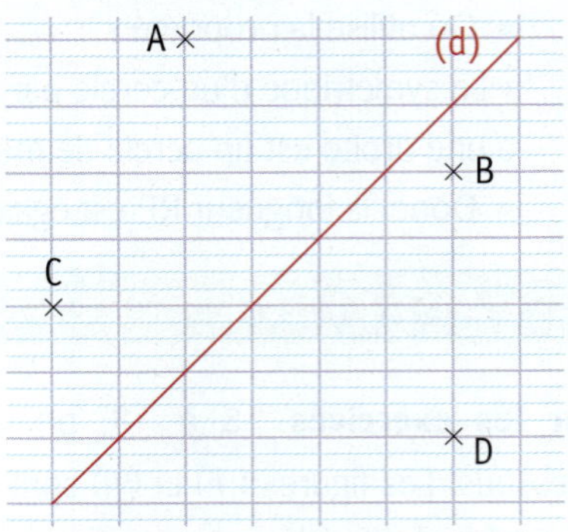

1) Reproduire sur quadrillage la figure ci-dessus.

2) En utilisant le quadrillage, marquer les points G, H, I et J, symétriques respectifs des points A, B, C et D par rapport à la droite (d).

27 SC1 **1)** Tracer une droite (d) et placer deux points M et P n'appartenant pas à la droite (d).

2) Construire les points G et H symétriques respectifs des points M et P par rapport à la droite (d).

28 SC1 **1)** Tracer un triangle EFG tel que :

EF = 5 cm, FG = 6 cm et EG = 7 cm.

2) Construire le point E', symétrique du point E par rapport à la droite (FG).

3) Construire le point F', symétrique du point F par rapport à la droite (EG).

4) Construire le point G', symétrique du point G par rapport à la droite (FE).

29 SC1 Refaire l'exercice précédent avec un triangle EFG tel que :

EF = 8 cm, FG = 4,5 cm et EG = 5 cm.

Symétrique d'une figure

SC1 **Pour les exercices 30 et 31**, reproduire sur quadrillage la figure. Tracer son symétrique par rapport à la droite (d).

30

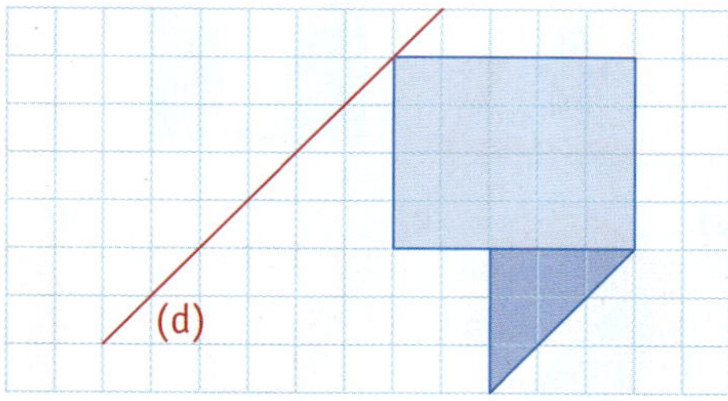

31

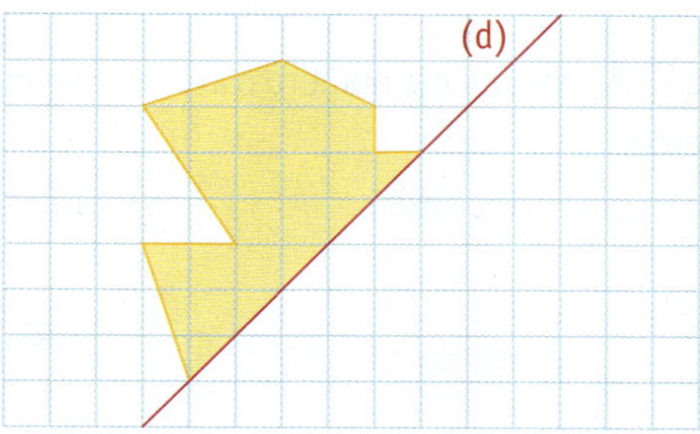

32 **1) a)** Reproduire sur quadrillage la figure ci-dessous.

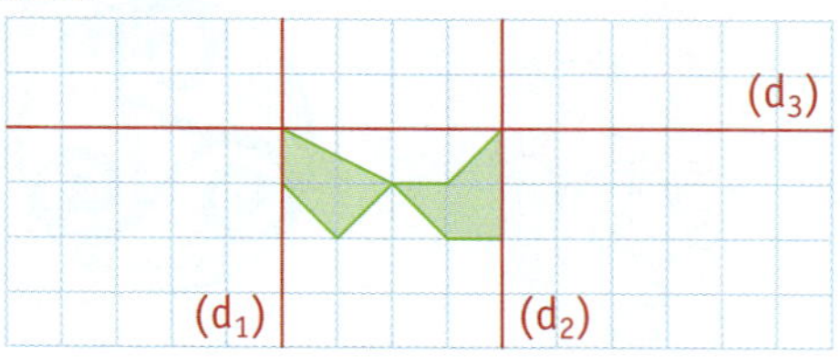

b) Construire le symétrique de la figure verte par rapport à la droite (d_1), puis par rapport à la droite (d_2).

c) Colorier les figures obtenues.

2) Construire le symétrique par rapport à la droite (d_3) de la figure coloriée ainsi obtenue.

33 **SC1** Dans chaque cas, reproduire en plus grand la figure, puis construire le symétrique du segment par rapport à la droite (Δ). Le tracer en bleu.

a)

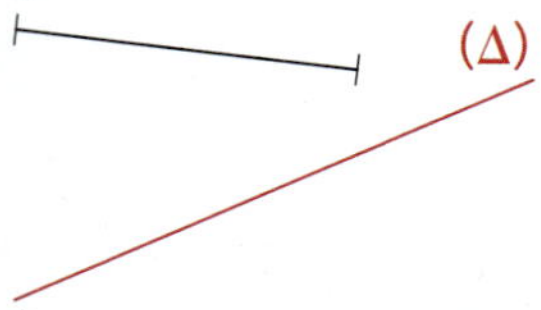

b)

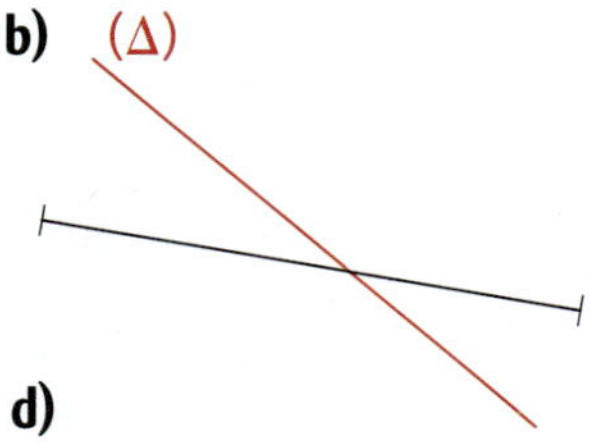

c)

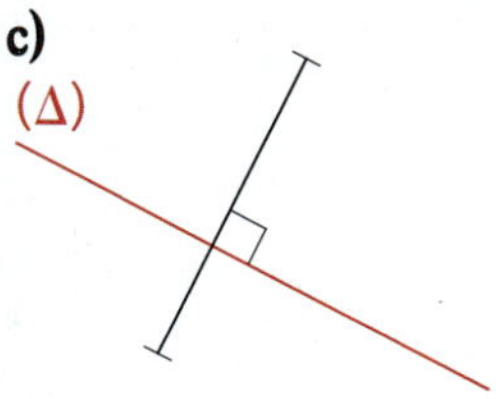

d)

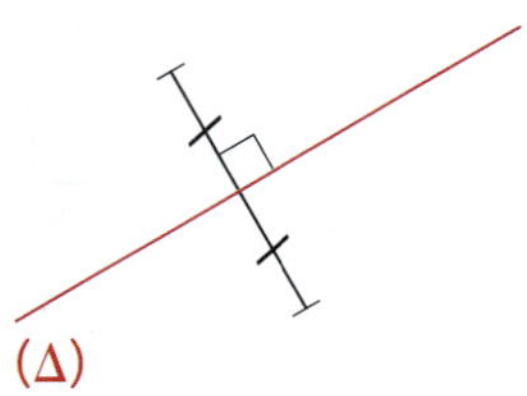

34 **SC1**

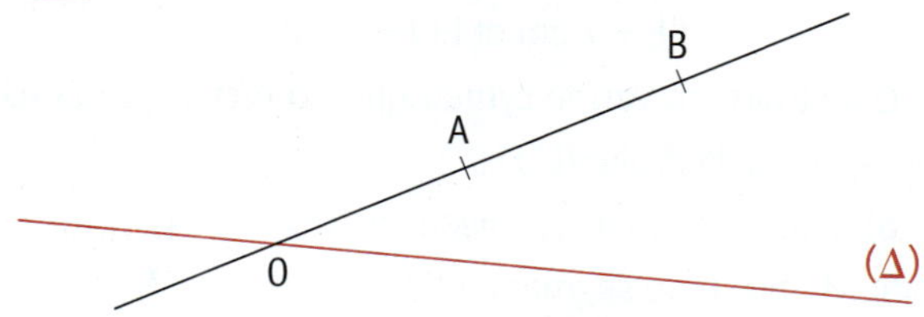

1) a) Reproduire en plus grand la figure.

b) Construire la droite (d_1) symétrique de la droite (AB) par rapport à la droite (Δ).

2) Expliquer la méthode utilisée par Maréva.

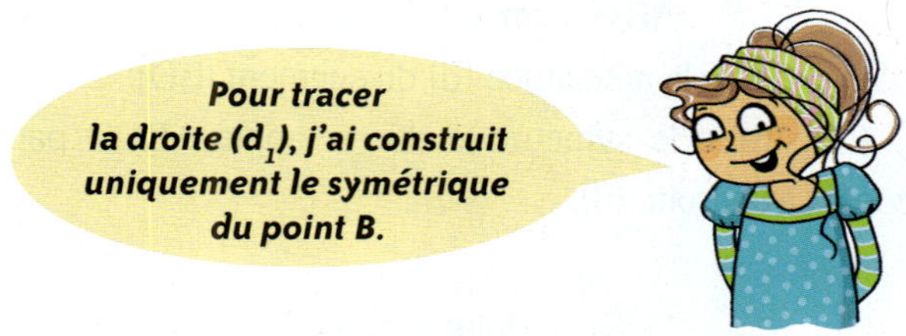

3) a) Tracer deux droites sécantes (d) et (d').

b) En utilisant la méthode de Maréva, construire le symétrique de la droite (d) par rapport à la droite (d').

35 **SC1**

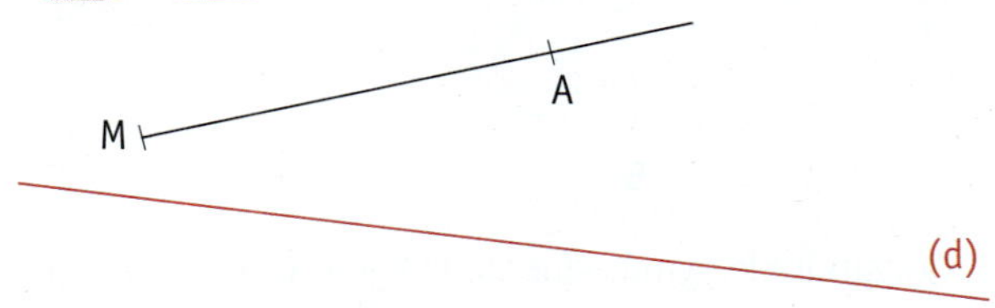

1) Reproduire en plus grand la figure ci-dessus.

2) Construire le symétrique de la demi-droite [MA) par rapport à la droite (d).

36 **SC1** Dans chaque cas, reproduire en plus grand la figure, puis construire en rouge le symétrique du cercle noir par rapport à la droite (Δ).

a)

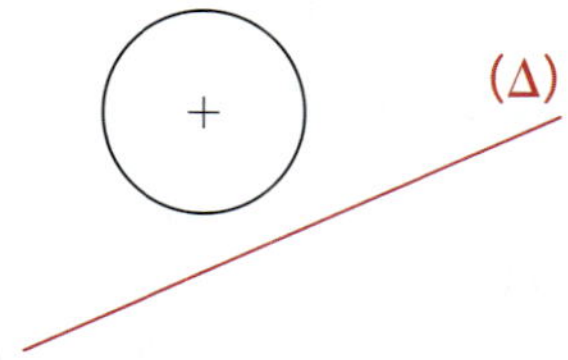

b)

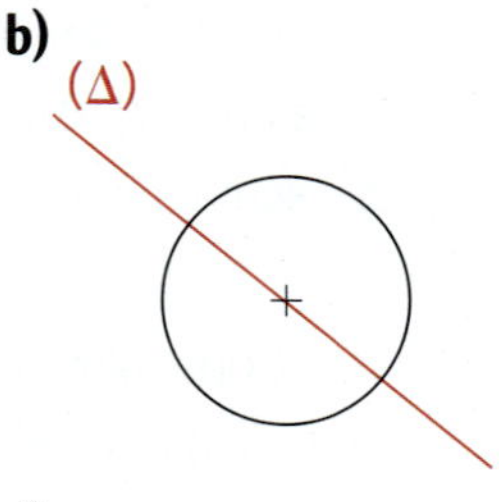

c)

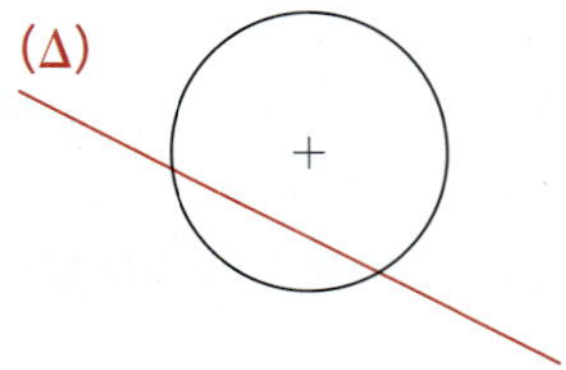

d)

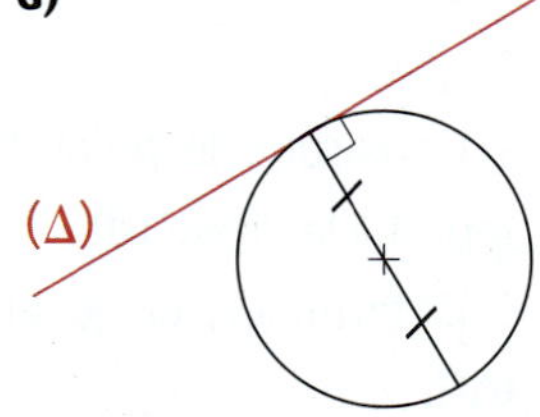

> Je m'entraîne

37 SC1 **1)** Tracer un rectangle FLOU tel que :
FL = 7 cm et LO = 5 cm.

2) Construire en vert le symétrique du rectangle FLOU par rapport à la droite (LU).

3) a) Placer le point I, milieu du segment [FL], et le point M, milieu du segment [OU].

b) Construire en rouge le symétrique du rectangle FLOU par rapport à la droite (IM).

38 SC1 **1)** Tracer un rectangle ABCD tel que :
AB = 3 cm et BC = 4 cm.

2) Construire la médiatrice (d) du segment [BD].

3) Construire le symétrique du rectangle ABCD par rapport à la droite (d).

39 SC1 **1)** Reproduire la figure ci-dessous.

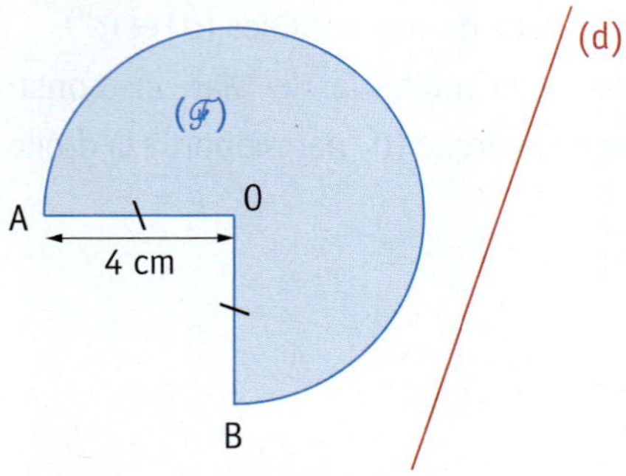

2) Construire le symétrique de la figure (ℱ) par rapport à la droite (d).

40 **1)** Construire un triangle BUS équilatéral.

2) Construire le point C, symétrique du point B par rapport à la droite (US).

3) Construire le point A, symétrique du point U par rapport à la droite (BS).

4) Construire le point R, symétrique du point S par rapport à la droite (UB).

5) Quelle semble être la nature du triangle CAR ?

41 **1)** Construire un triangle DOC tel que :
DO = 4,3 cm, DC = 7,5 cm et OC = 5 cm.

2) Construire la droite (d), médiatrice du segment [DC].

3) Construire le point A, symétrique du point O par rapport à la droite (d).

4) Déterminer, en justifiant, le périmètre du triangle DAC.

Axes de symétrie

42 Trouver le nombre d'axes de symétrie de chaque panneau.

a)

b)

c)

d)

e)

f)

43 Indiquer le nombre d'axes de symétrie de chaque croix.

a) Croix orthodoxe
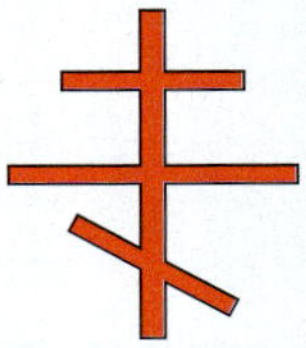
b) Croix de Lorraine
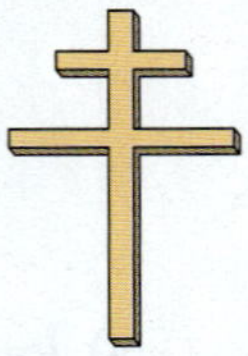
c) Croix occitane
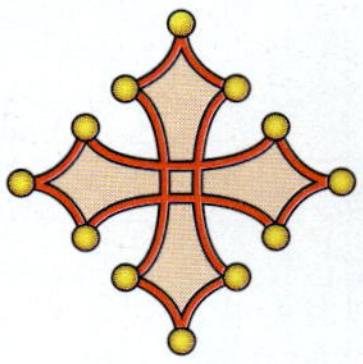
d) Croix bretonne

SC2 **Pour les exercices 44 et 45**, reproduire la figure et la compléter pour que la droite (d) soit un axe de symétrie de la figure obtenue.

44

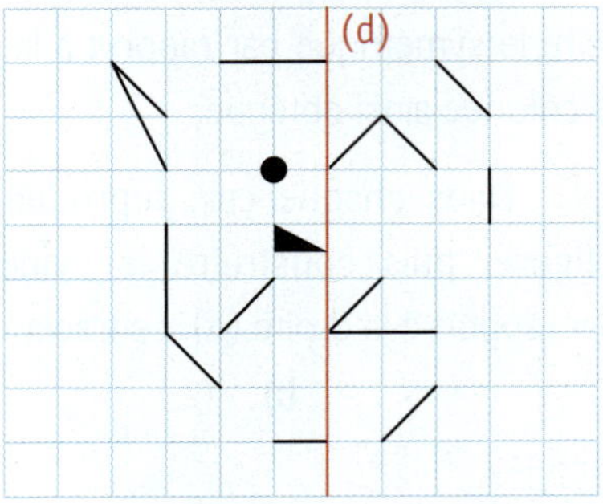

45

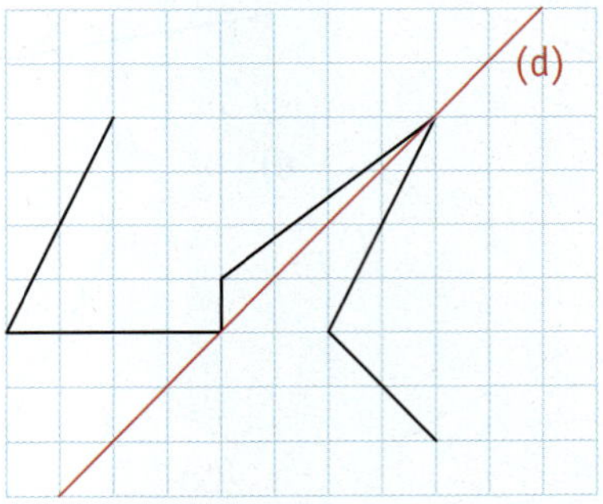

> Je fais le point

J'ai appris à...

- Reconnaître des figures symétriques, la médiatrice d'un segment.
- Tracer le symétrique par rapport à une droite d'un point, d'une figure.
- Utiliser des propriétés de la symétrie axiale.
- Déterminer les axes de symétrie d'une figure.

Attention : Il peut y avoir plusieurs réponses exactes pour chaque énoncé ! Les trouver toutes.

	A	B	C	Si échec, revoir :
46 Les figures qui sont symétriques par rapport à la droite (d) sont :	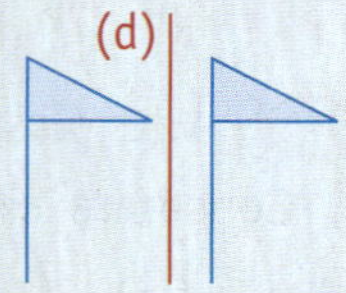	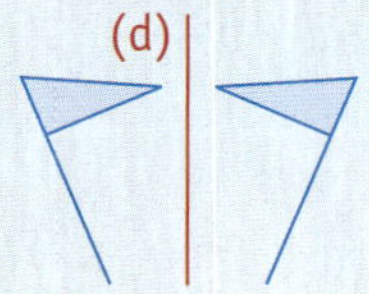	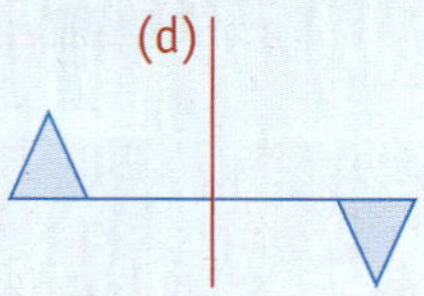	p. 184
47 Les points A et B sont symétriques par rapport à la droite (d).	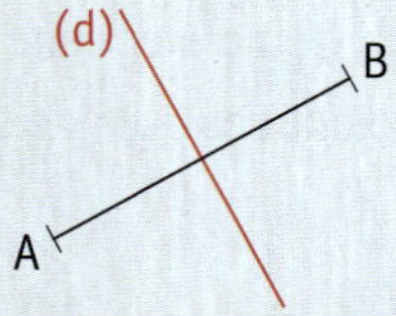	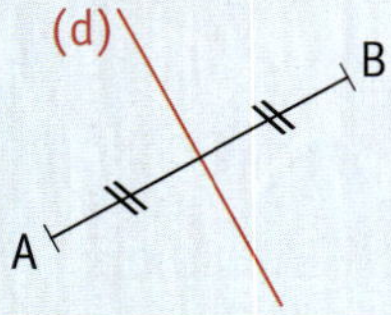	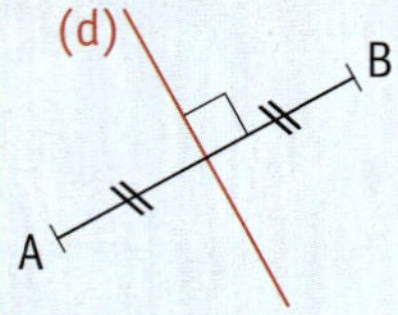	p. 184

Pour les exercices 48 à 54, on utilise la figure ci-contre.
ABCD est un quadrilatère.
Les points E, F, G et H sont les symétriques respectifs des points A, B, C et D par rapport à la droite (d).
Le point C appartient à la droite (d).

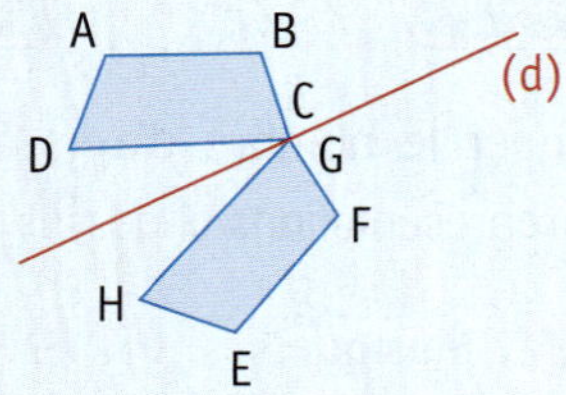

	A	B	C	Si échec, revoir :
48 La droite (d) est la médiatrice du segment :	[AH]	[BF]	[DE]	p. 184
49 Le point G :	est distinct du point C	est confondu avec le point C	appartient à la droite (d)	p. 184
50 Le symétrique du segment [AD] par rapport à la droite (d) est :	(HE)	EH	[EH]	p. 185
51 Le symétrique de la droite (AB) par rapport à la droite (d) est :	[GH]	(CD)	(EF)	p. 185
52 La mesure de l'angle $\widehat{BAD}$ est égale à :	la mesure de l'angle $\widehat{GFE}$	la mesure de l'angle $\widehat{FEH}$	la mesure de l'angle $\widehat{HEF}$	p. 189
53 La longueur FE est égale à :	AB	CD	[AB]	p. 189
54 L'aire du triangle ABC est égale à celle du triangle :	EFG	GHE	FEH	p. 186
55  Ce panneau possède :	un seul axe de symétrie	exactement deux axes de symétrie	plus de deux axes de symétrie	p. 189

> **Corrigés et exercices de soutien : voir** PHARE 6e

> J'approfondis

56 **SVT**

a)

b)

c)

d)

Indiquer le nombre d'axes de symétrie de chacune des représentations ci-dessus.

57 **Musique**

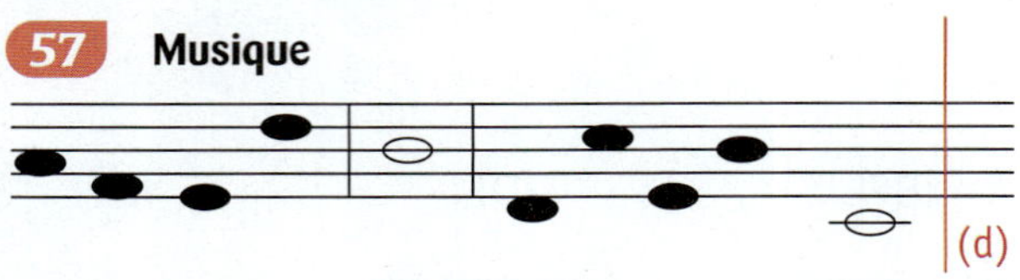

1) Recopier ces notes de musique et la droite (d).

2) Tracer le symétrique de chaque note par rapport à la droite (d).

3) Écrire sous chaque note de musique son nom en clef de sol.

58 **Arts plastiques**

1) Reproduire sur quadrillage la figure ci-dessous.

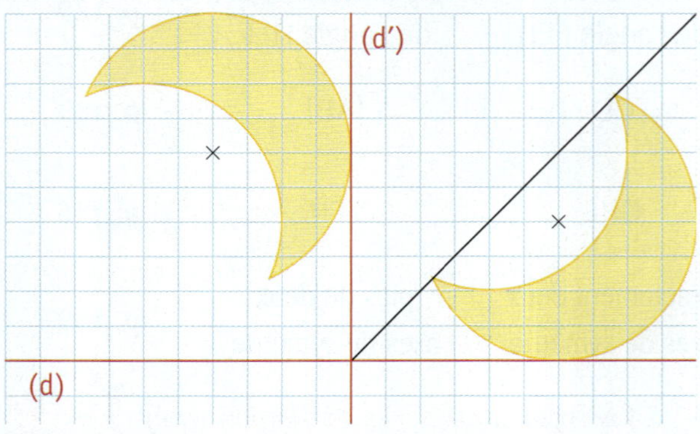

2) Compléter cette figure pour qu'elle ait comme axes de symétrie les droites (d) et (d').

59 **Arts plastiques**

1) Construire, sur une feuille de papier à dessin, un carré ABCD de 10 cm de côté.

2) Appeler I le milieu de [AB], J le milieu de [BC], K le milieu de [DC] et L le milieu de [AD].

Tracer les segments [IK], [LJ], [AC] et [BD], puis les segments [DI], [IC], [AJ], [JD], [KB], [KA], [LB] et [LC].

3) Colorier la figure obtenue avec cinq couleurs différentes de telle façon qu'elle ait exactement deux axes de symétrie.

60 **Arts plastiques**

1) Construire en vraie grandeur sur une feuille non quadrillée la figure ci-dessous sans la coder.

2) Compléter cette figure pour que les droites (d) et (d') soient des axes de symétrie de la figure obtenue.

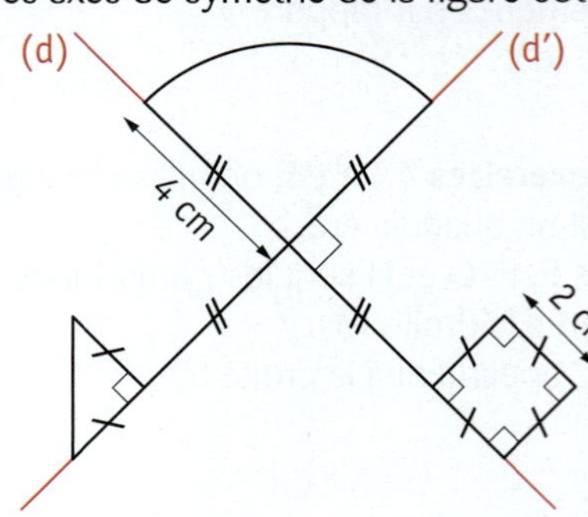

61 Les deux triangles ci-dessous sont symétriques par rapport à une droite (d).

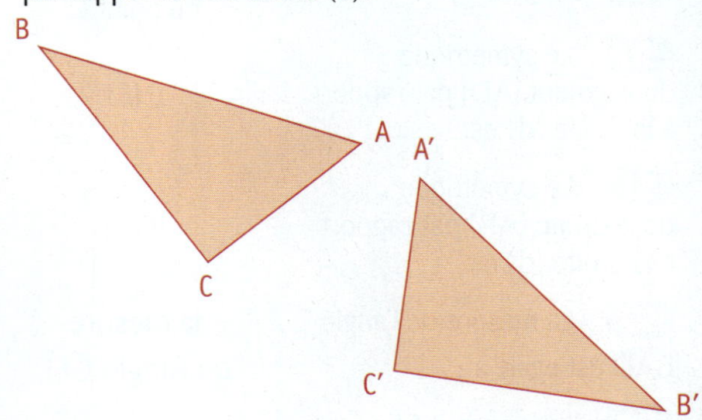

1) Reproduire ces deux triangles sur papier-calque.

2) Sans plier le papier-calque, construire la droite (d).

62 **1)** **a)** Construire un triangle RIN équilatéral de côté 4,5 cm.

b) Construire le point G, symétrique du point I par rapport à la droite (RN).

2) Quelle est la nature du quadrilatère RING ? Justifier la réponse.

63 **Construction au rapporteur**
Sur la figure ci-contre, le point E est le symétrique du point A par rapport à la droite (BC).

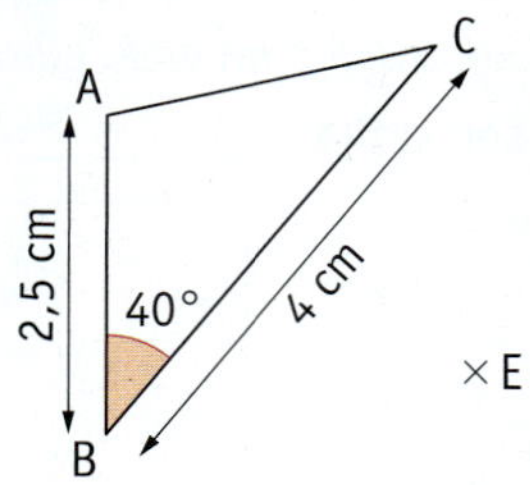

1) Jusitifier que BE = 2,5 cm.

2) Justifier que $\widehat{EBC} = 40°$.

3) a) Construire le triangle ABC.

b) Construire à l'aide du rapporteur et du compas le point E.

64 **1)** Tracer un triangle CAT.

2) Construire le point H, symétrique du point A par rapport à la droite (CT).

3) Quel est le symétrique du triangle CAT par rapport à la droite (CT) ?

4) Prouver que le triangle HAT est un triangle isocèle en T.

5) Nommer, en justifiant, un autre triangle isocèle de la figure construite.

65 On considère la figure ci-dessous dans laquelle le point K est le centre du demi-cercle de diamètre [BP].

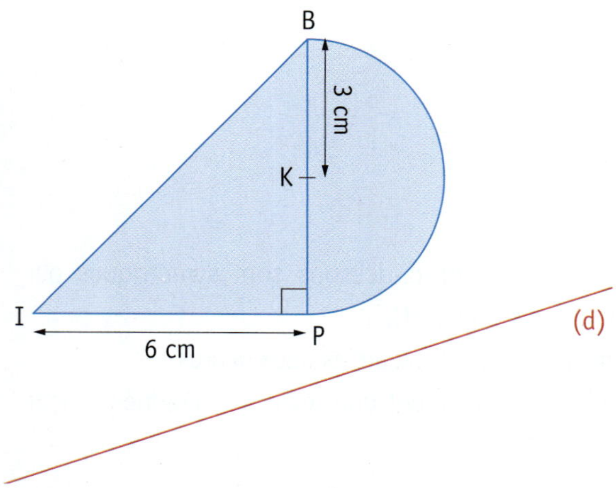

1) a) Construire cette figure en vraie grandeur.

b) Construire les points A, L et O, symétriques respectifs des points B, I et P par rapport à la droite (d).

c) Tracer la figure symétrique de la figure colorée (en bleu) par rapport à la droite (d).

2) Déterminer, en justifiant, la longueur AO.

3) Justifier que les deux droites (AO) et (OL) sont perpendiculaires.

66 Les deux triangles verts sont symétriques par rapport à la droite (d). La droite (d) est perpendiculaire à la droite (AB).

• Recopier et compléter le programme de construction de la figure : « Tracer un triangle ABC tel que ... . »

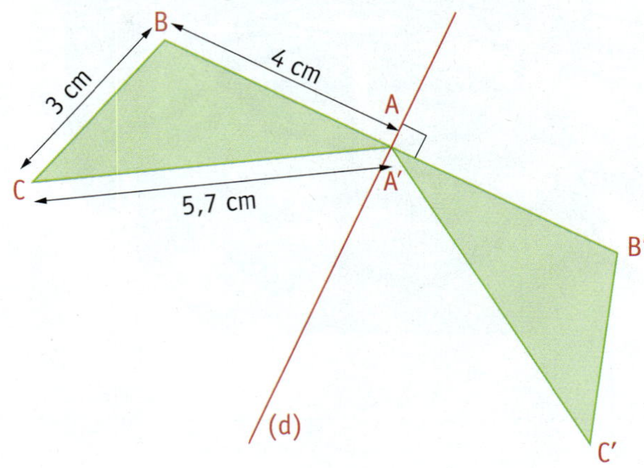

67 **1) a)** Construire un cercle de centre O et de rayon 4 cm.

b) Placer deux points B et N sur ce cercle tel que BN = 2 cm.

2) Construire le point D, symétrique du point O par rapport à la droite (BN).

3) Déterminer, en justifiant, la nature du quadrilatère BOND.

68 **1) a)** Tracer un rectangle ABCD tel que :

AB = 2 cm et AD = 5 cm.

b) Placer un point M tel que :

M ∈ [BC] et BM = 2 cm.

2) Construire les points E, F et G, symétriques respectifs des points B, C et D par rapport à la droite (AM).

3) Déterminer, en justifiant, la mesure de l'angle $\widehat{AEM}$.

4) Déterminer, en justifiant, les longueurs AG et FG.

5) Calculer le périmètre du polygone ADCMFG.

69 **1) a)** Tracer un cercle ($\mathscr{C}$) de centre A et de rayon 5 cm, puis placer un point B sur ce cercle.

b) Construire la droite (d), médiatrice du segment [AB]. Cette droite coupe le cercle ($\mathscr{C}$) en deux points F et E. Placer ces deux points.

2) Construire le symétrique ($\mathscr{C}$') du cercle ($\mathscr{C}$) par rapport à la droite (d).

3) Démontrer que les points F et E appartiennent au cercle ($\mathscr{C}$').

DEVOIRS À LA MAISON

DEVOIR A

70 Le château de Villandry est un château de la Loire qui fut achevé vers 1536.
Ses jardins à la française sont constitués de figures symétriques.

Madame Sarfati doit aménager une parcelle carrée de son jardin.

1) Reproduire en vraie grandeur le dessin ci-dessous de son jardin.

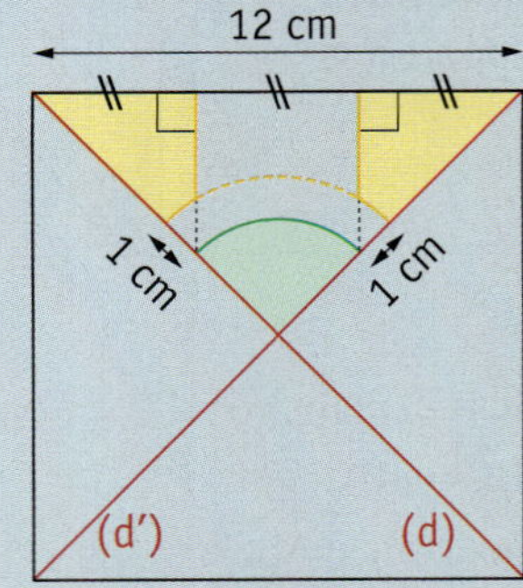

2) Compléter ce dessin pour qu'il admette les droites (d) et (d') comme axes de symétrie.

3) Tracer en rouge tous les axes de symétrie de la figure.

DEVOIR B

71 **1)** Tracer un rectangle ABCD tel que : AB = 4 cm et BC = 3 cm.

2) Construire la médiatrice (d) du segment [AC]. Puis, construire les points F et G, symétriques respectifs des points B et D par rapport à la droite (d).

3) Quel est le symétrique du point A par rapport à la droite (d) ? Justifier la réponse.

4) Déterminer la longueur FC sans mesurer. Justifier la réponse.

5) Déterminer la mesure de l'angle $\widehat{GAF}$ sans mesurer. Justifier la réponse.

JE CHERCHE...

72 *D'après le concours Kangourou*

Quel nombre minimum de petits carrés faut-il colorier pour que le grand carré présente un axe de symétrie ?

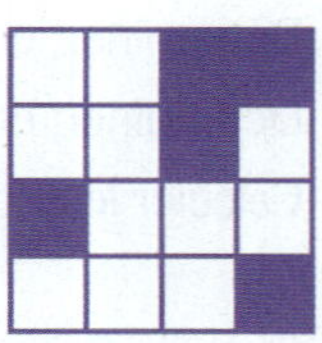

73 Certaines lettres majuscules vues dans un miroir ne changent pas.

• Trouver un mot d'au moins cinq lettres qui, écrit sur un carton et vu dans un miroir, reste inchangé.

EXEMPLE :

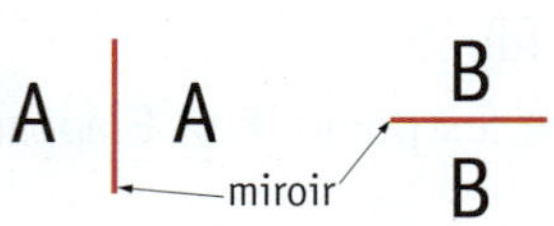

74 Les figures ci-dessous sont symétriques par rapport à une droite (d).

• Tracer sur papier-calque les deux figures.

En utilisant uniquement une règle non graduée, tracer la droite (d).

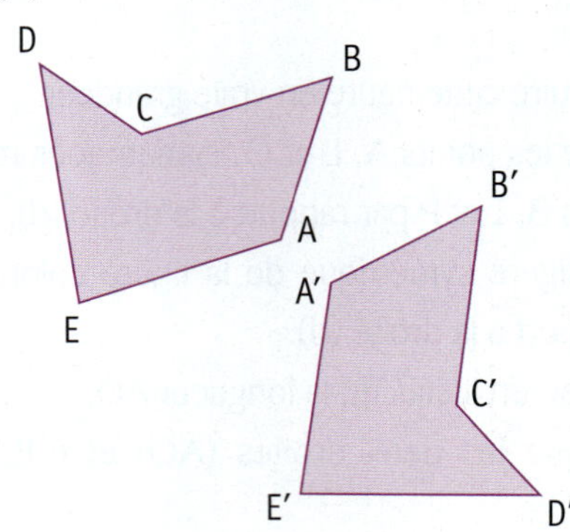

On utilise le logiciel de géométrie *Cabri-Géomètre*.

75 **A) Construction de la figure**

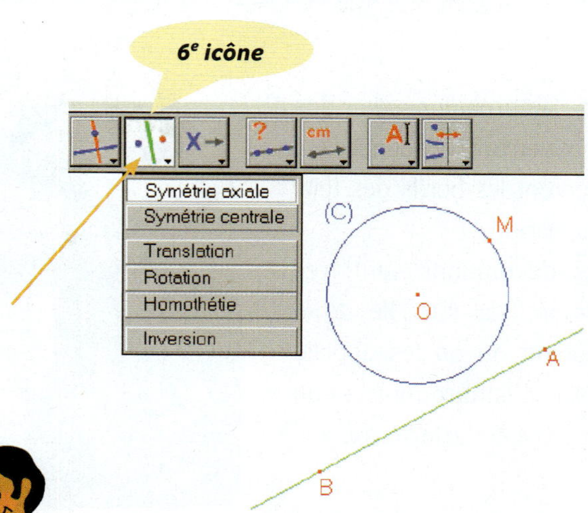

1) Placer trois points non alignés.
Nommer A, B et O ces trois points.

2) Tracer un cercle de centre O. Le nommer ($\mathscr{C}$).

3) Placer un point sur ce cercle. Le nommer M.

4) Tracer la droite passant par les points A et B.

5) Tracer le symétrique du point M par rapport à la droite (AB).
Nommer M' le point symétrique.

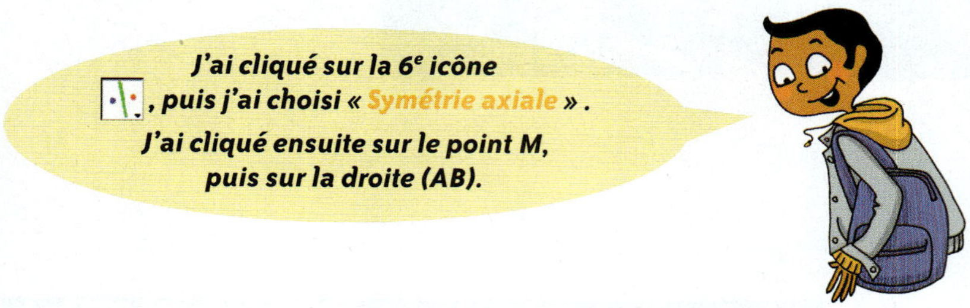

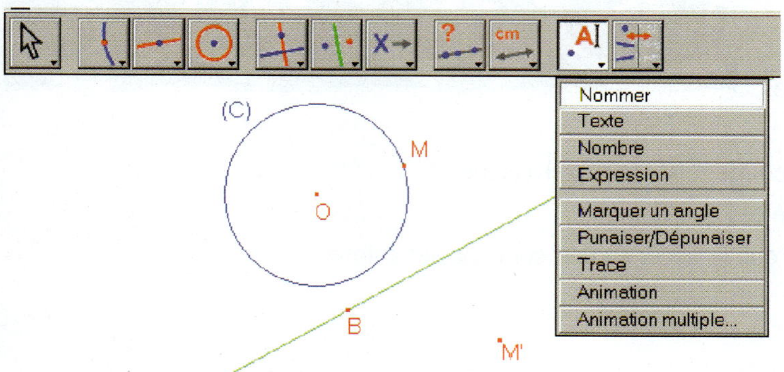

B) Étude dynamique de la figure

1) Déplacer le point M sur le cercle ($\mathscr{C}$) et vérifier que le point M' se déplace aussi.

2) On veut visualiser les positions du point M' lorsque le point M se déplace sur le cercle. Pour cela, on représente la « **Trace** » du point M' lorsque le point M se déplace.

- Cliquer alors sur la 10e icône A.
Choisir « **Trace** ».
- Cliquer sur le point M'.
- Déplacer le point M.

3) Quelle est la figure obtenue ? Expliquer pourquoi.

76 **Triangle équilatéral**

A) 1) Sur le cédérom élève, ouvrir le fichier « **11-Triangle_equilateral** ».

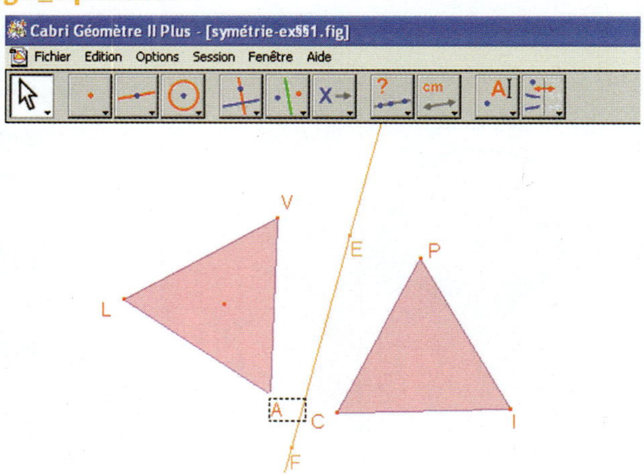

2) Le triangle VAL tracé est équilatéral.
Le triangle PIC est son symétrique par rapport à la droite rouge (EF).

a) Déplacer le point E et le poser sur un sommet du triangle VAL.
Déplacer le point F de façon à ce que les deux triangles se superposent.

b) Que représente la droite (EF) pour le triangle VAL ?

3) Combien d'axes de symétrie possède le triangle équilatéral VAL ? Le vérifier en déplaçant les points E et F.

> Découverte

Les lambrequins réunionnais

Les lambrequins sont des pièces en bois découpées qui décorent les bords des toits des maisons.
Ces décorations sont très nombreuses sur l'île de la Réunion où on les appelle aussi « lambroquins » ou encore « dentelle la case ».

▲ *Une maison créole.*

77 Voici la photographie d'une partie d'un lambroquin réunionnais.
Il est constitué de quatre motifs identiques.

1) a) Reproduire sur papier-calque un de ces motifs.
b) Admet-il un axe de symétrie ? Si oui, le tracer en rouge sur le papier-calque.
2) a) Reproduire sur papier-calque l'ensemble de ces quatre motifs.
b) Cet ensemble admet-il un axe de symétrie ? Si oui, le tracer en vert sur le papier-calque.

78 Voici le schéma d'une partie d'un autre lambroquin réunionnais.
On a encadré trois motifs.
• Pour chacun d'eux, préciser le nombre d'axes de symétrie qu'il admet.

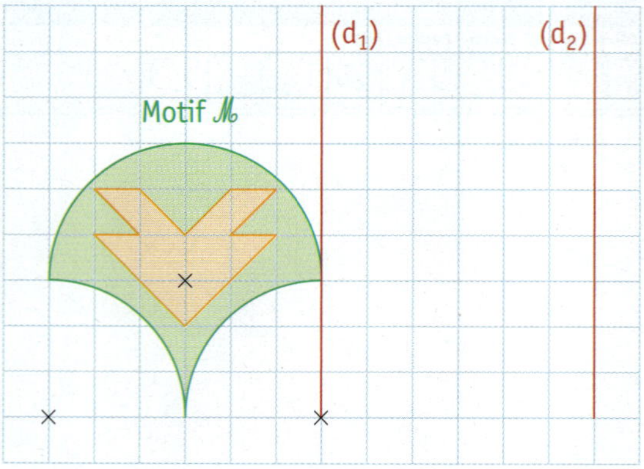

79 **1)** Reproduire le motif $\mathcal{M}$ sur une feuille à petits carreaux.
2) Tracer la droite (d_1), puis cinq autres droites verticales espacées de six petits carreaux chacune.
Les nommer (d_2), ..., (d_6).
3) Construire le symétrique du motif $\mathcal{M}$ par rapport à la droite (d_1) ; on obtient le motif $\mathcal{M}_1$.
4) Construire le symétrique du motif $\mathcal{M}_1$ par rapport à la droite (d_2) ; on obtient le motif $\mathcal{M}_2$. Continuer ainsi jusqu'au motif $\mathcal{M}_6$.

Chapitre 12

Axes de symétrie et figures usuelles

REVOIR

> la médiatrice d'un segment ;
> la bissectrice d'un angle ;
> les axes de symétrie d'une figure.

DÉCOUVRIR

> les propriétés de la médiatrice d'un segment ;
> la construction de la bissectrice d'un angle ;
> les propriétés des figures usuelles.

SOCLE COMMUN

SC1 Utiliser certaines propriétés pour tracer des triangles particuliers ou des quadrilatères particuliers.

SC2 Utiliser un logiciel de géométrie dynamique pour tracer une figure simple.

« Décalcomanie », 1966, Collection privée. © Photothèque R. Magritte – ADAGP, Paris 2009.

Décalcomanie *est une peinture sur toile de Magritte.*

René Magritte (1898-1967) est un peintre surréaliste belge.
Il est connu pour avoir bousculé les codes de représentation des objets.

1) Reproduire le chapeau noir du personnage et tracer en rouge son axe de symétrie.
2) Justifier que le personnage de gauche n'admet pas d'axe de symétrie.

> Activités

1 Je détermine les axes de symétrie d'un segment

1) Tracer un segment [AB] sur une feuille de papier-calque.

2) En pliant le papier-calque, déterminer tous les axes de symétrie de ce segment.

3) Recopier et compléter la phrase suivante :

« Le segment [AB] possède **...** axes de symétrie : la **...** (AB) et la **...** du segment [AB]. »

2 J'énonce les propriétés de la médiatrice d'un segment

A Démonstration d'une propriété

1) **a)** Tracer un segment [EF].

b) Tracer la médiatrice (d) du segment [EF]. Choisir un point M appartenant à la droite (d).

2) **a)** Justifier que le symétrique du point E par rapport à la droite (d) est le point F.

b) Quel est le symétrique du point M par rapport à la droite (d) ?

c) En déduire le symétrique du segment [EM] par rapport à la droite (d).

d) Justifier que les longueurs EM et FM sont égales.

e) Recopier et compléter la phrase suivante :

« Si un point appartient à la **...** d'un segment, alors il est **...** des extrémités de ce segment. »

B Conjecture

Pour cette partie, on utilise le logiciel de géométrie *GeoGebra*.

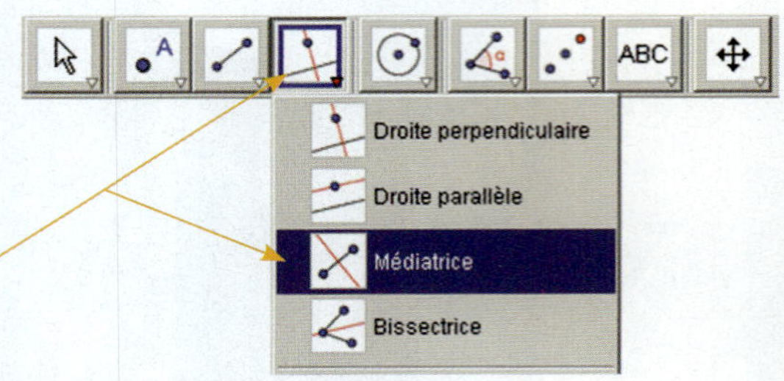

1) Placer deux points et les nommer N et E.

Tracer le cercle de centre N et passant par le point E.

Placer un point F sur ce cercle.

2) **a)** Quelle définition permet d'affirmer que NE = NF ?

b) Tracer le segment [EF] ainsi que sa médiatrice.

c) Dans l'icône , sélectionner , puis « **Relation entre deux objets** ».

Cliquer sur le point N, puis sur la médiatrice du segment [EF]. Qu'affirme le logiciel ?

d) Recopier et compléter la conjecture suivante :

« Si un point N est **...** des extrémités d'un segment, alors il appartient à la **...** du segment. »

3 Je détermine l'axe de symétrie d'un angle

1) Sur une feuille de papier-calque, placer trois points O, A et B non alignés.

Tracer les demi-droites [OA) et [OB). Colorier l'angle $\widehat{AOB}$.

2) **a)** En pliant le papier-calque, déterminer l'axe de symétrie de cet angle.

Dans la partie coloriée, choisir un point C appartenant à cet axe et distinct du point O.

b) Justifier que les angles $\widehat{AOC}$ et $\widehat{BOC}$ ont la même mesure.

c) Que représente la demi-droite [OC) pour l'angle $\widehat{AOB}$?

d) Recopier et compléter la phrase suivante :

« L'axe de symétrie d'un angle est la droite qui porte sa **...** . »

Les demi-droites [OA) et [OB) se superposent, mais pas les points A et B.

4 Je démontre des propriétés du triangle isocèle

1) a) Construire un triangle ABC isocèle en A.
Colorier en bleu l'angle au sommet principal de ce triangle isocèle.
Colorier en vert la base de ce triangle isocèle.
b) Construire la médiatrice (Δ) du segment [BC]. Nommer I le milieu du segment [BC].
2) a) Justifier que le point A appartient à la droite (Δ).
b) Quels sont les symétriques des points A, B et C par rapport à la droite (Δ) ?
c) Que représente la droite (Δ) pour le triangle ABC ?
3) a) Justifier que les angles $\widehat{ABC}$ et $\widehat{ACB}$ ont la même mesure.
b) Recopier et compléter la phrase suivante :
« Si un triangle est isocèle, alors les ... à la base ont .... »
4) a) Justifier que les angles $\widehat{BAI}$ et $\widehat{CAI}$ ont la même mesure.
b) Recopier et compléter la phrase suivante :
« La demi-droite [AI] est aussi la ... de l'angle au sommet principal $\widehat{BAC}$. »

J'ai utilisé une propriété de la médiatrice.

5 Je détermine les axes de symétrie de certains quadrilatères

Pour cette activité, on utilise le logiciel de géométrie *GeoGebra*.

A Le rectangle

1) Sur le cédérom élève, ouvrir la figure « **12-Rectangle** ». Cette figure est constituée :
- d'un **rectangle ABCD** ;
- des **médiatrices** de ses côtés ;
- des droites portant ses **diagonales** ;
- d'une **droite (EF)** ;
- du **rectangle A'B'C'D'**, symétrique

du rectangle ABCD par rapport à la droite (EF).

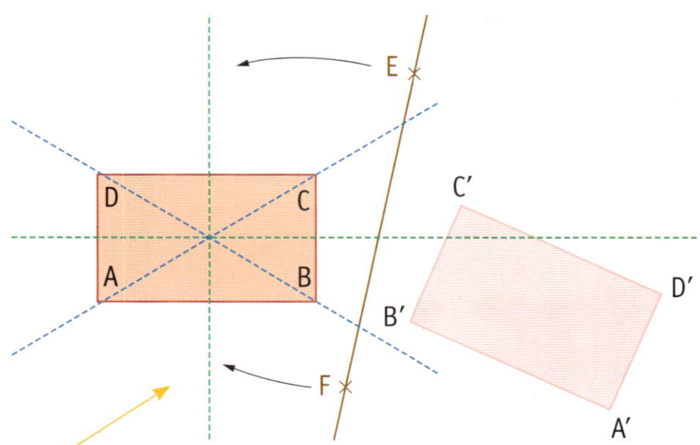

2) a) Déplacer le point E et le positionner sur une médiatrice.
Déplacer le point F et le positionner sur la même médiatrice.
b) On remarque que le rectangle ABCD et son symétrique se superposent.
Cette médiatrice est-elle un axe de symétrie du rectangle ABCD ?
3) Déplacer à nouveau les points E et F pour trouver les autres axes de symétrie du rectangle ABCD.

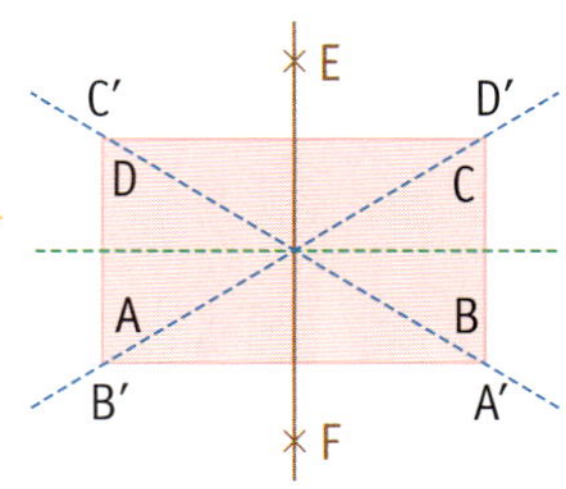

B Le losange

Sur le cédérom élève, ouvrir la figure « **12-Losange** ».
Déplacer les points E et F pour trouver tous les axes de symétrie du losange ABCD.

C Le carré

Sur le cédérom élève, ouvrir la figure « **12-Carré** ».
Déplacer les points E et F pour trouver tous les axes de symétrie du carré ABCD.

1 Axes de symétrie d'un segment

Propriété Un **segment** possède deux axes de symétrie :
- la médiatrice de ce segment ;
- la droite qui porte ce segment.

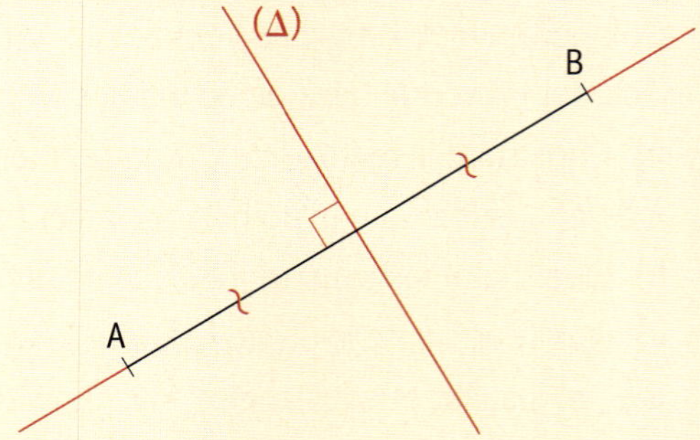

EXEMPLE :
Le segment [AB] a pour axes de symétrie : sa médiatrice (Δ) et la droite (AB).

Propriété **Si** un point appartient à la médiatrice d'un segment, **alors** ce point est à égale distance des extrémités de ce segment.

EXEMPLE :

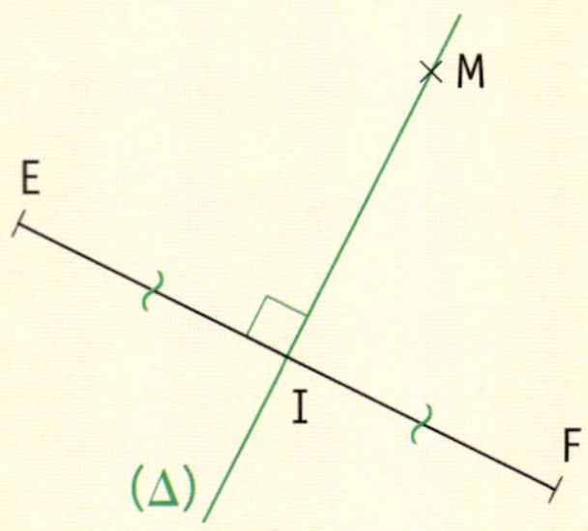

On sait que :
le point M appartient à la médiatrice du segment [EF].

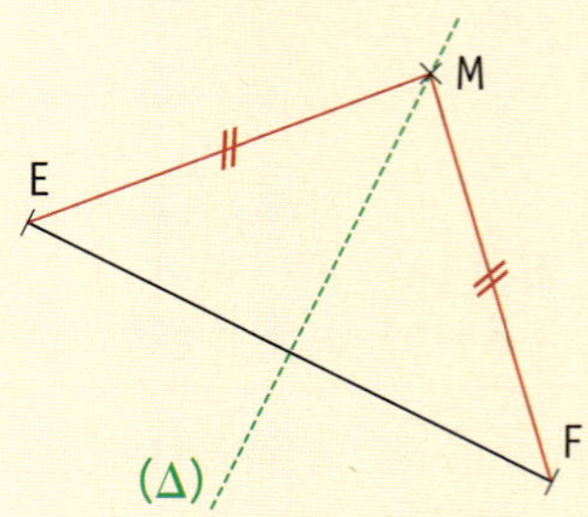

On en déduit que :
le point M est à égale distance des points E et F.

Propriété (admise) **Si** un point est à égale distance des extrémités d'un segment, **alors** ce point appartient à la médiatrice de ce segment.

EXEMPLE :

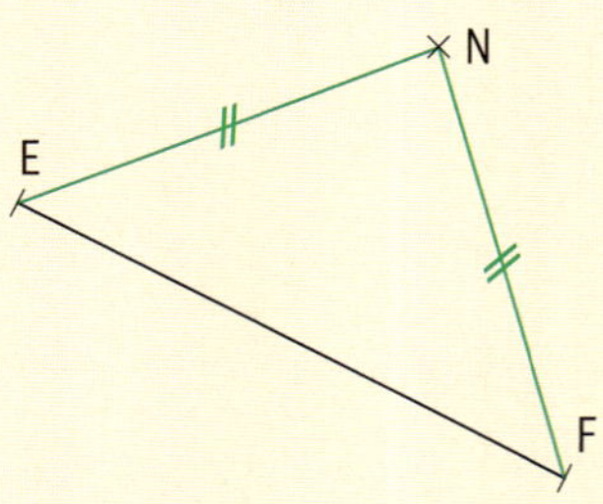

On sait que :
le point N est à égale distance des points E et F.

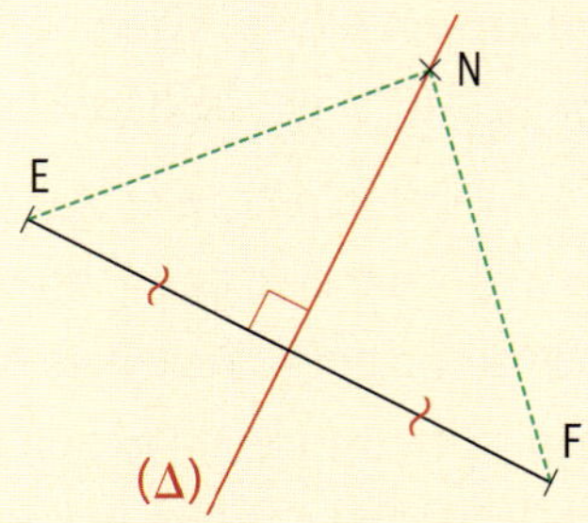

On en déduit que :
le point N appartient à la médiatrice du segment [EF].

Point de repère

Il ne faut pas confondre ces deux dernières propriétés.
On détermine « **ce que l'on sait** » avant de choisir laquelle utiliser.

2 Axe de symétrie d'un angle

Propriété Un **angle** possède un axe de symétrie : la droite qui porte sa bissectrice.

EXEMPLE :

L'angle $\widehat{AOB}$ a pour axe de symétrie la droite (OC) et pour bissectrice, la demi-droite [OC).

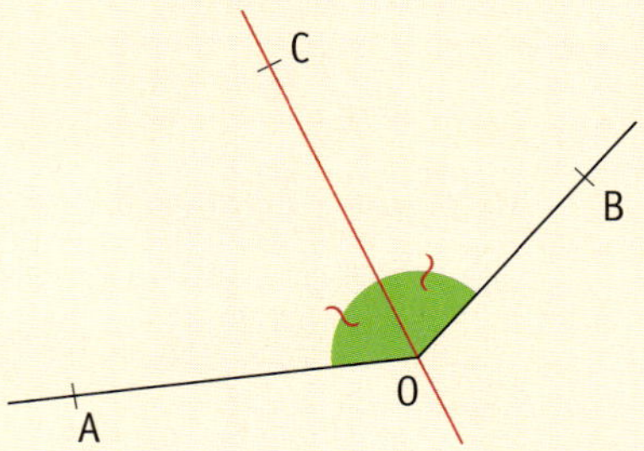

3 Axes de symétrie de triangles

a) Triangle isocèle

Propriété Un **triangle isocèle** possède un axe de symétrie : la médiatrice de sa base.

EXEMPLE :

Le triangle DEF, isocèle en **D**, admet pour axe de symétrie la médiatrice du segment [EF].

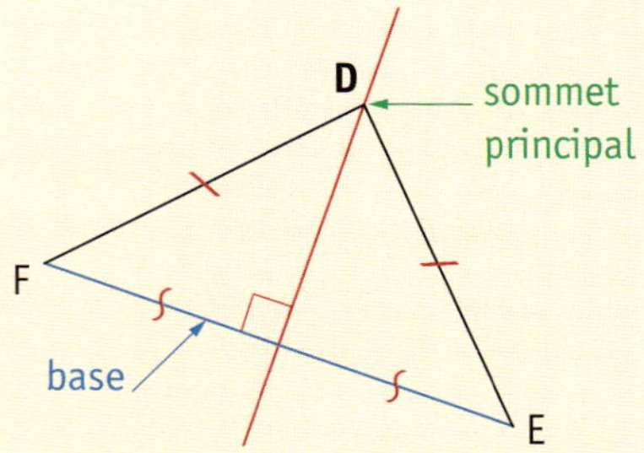

Propriété **Si** un triangle est isocèle, **alors** ses deux angles à la base ont la même mesure.

EXEMPLE :

Le triangle MNP est isocèle en M.

Donc, ses angles à la base ont la même mesure, c'est-à-dire : $\widehat{MNP} = \widehat{MPN}$.

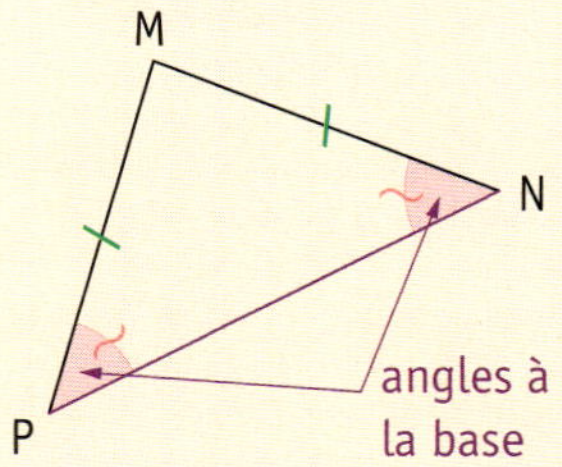

Propriété **Si** un triangle est isocèle, **alors** son axe de symétrie est aussi la bissectrice de son angle au sommet principal.

EXEMPLE :

Le triangle RST est isocèle en S.

La droite (Δ) est l'axe de symétrie de ce triangle.

Donc, on a : $\widehat{TSI} = \widehat{RSI}$.

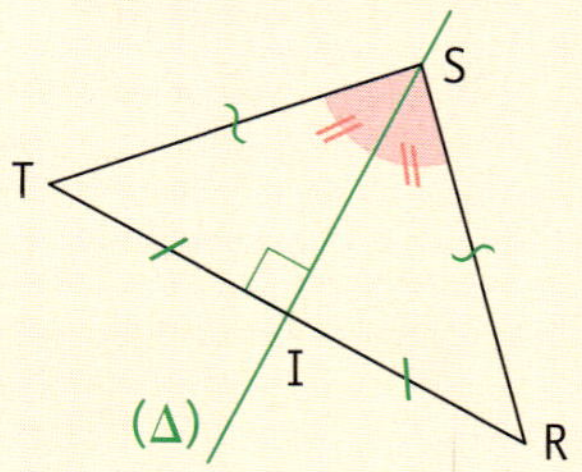

b) Triangle équilatéral

■ **Remarque :** Un triangle équilatéral est un triangle isocèle particulier.

Propriétés • Un **triangle équilatéral** possède trois axes de symétrie : les médiatrices de ses côtés.

• **Si** un triangle est équilatéral, **alors** ses trois angles ont la même mesure.

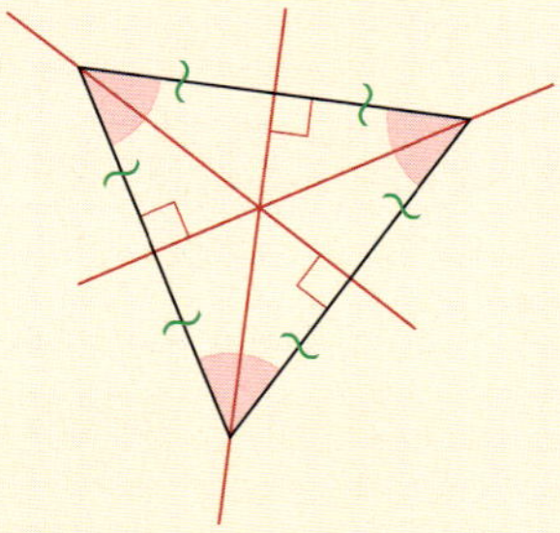

4 Axes de symétrie de quadrilatères

a) Rectangle

Propriété Un **rectangle** possède deux axes de symétrie : les médiatrices de ses côtés.

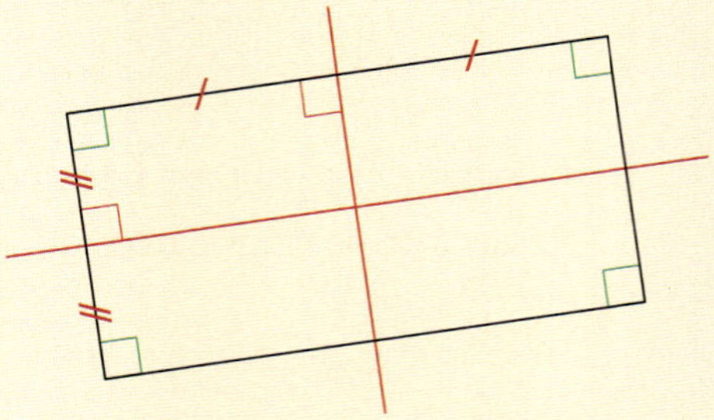

Attention : Les diagonales d'un rectangle ne sont pas en général des axes de symétrie du rectangle.

Propriété **Si** un quadrilatère est un rectangle, **alors** :
- ses côtés opposés ont la même longueur ;
- ses diagonales se coupent en leur milieu ;
- ses diagonales ont la même longueur.

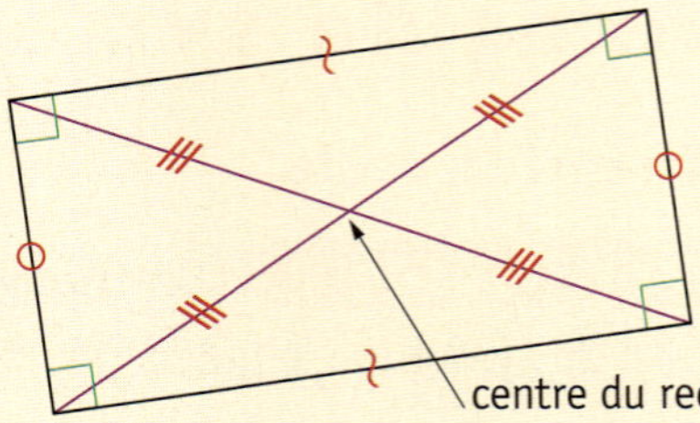

■ **Remarque :** Le point d'intersection des diagonales d'un rectangle s'appelle le **centre** du rectangle.

b) Losange

Propriété Un **losange** possède deux axes de symétrie : les droites qui portent ses diagonales.

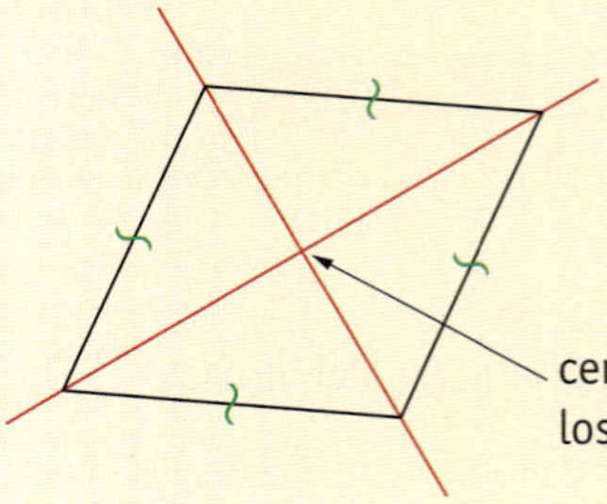

■ **Remarque :** Par abus de langage, on confond une diagonale avec la droite qui la porte. Ainsi, on dit que les axes de symétrie d'un losange sont ses diagonales.

Propriété **Si** un quadrilatère est un losange, **alors** :
- ses diagonales se coupent en leur milieu ;
- ses diagonales sont perpendiculaires ;
- ses angles opposés ont la même mesure.

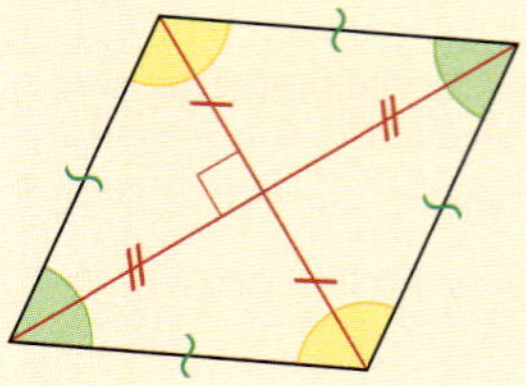

c) Carré

Propriété Un carré possède quatre axes de symétrie : ses diagonales et les médiatrices de ses côtés.

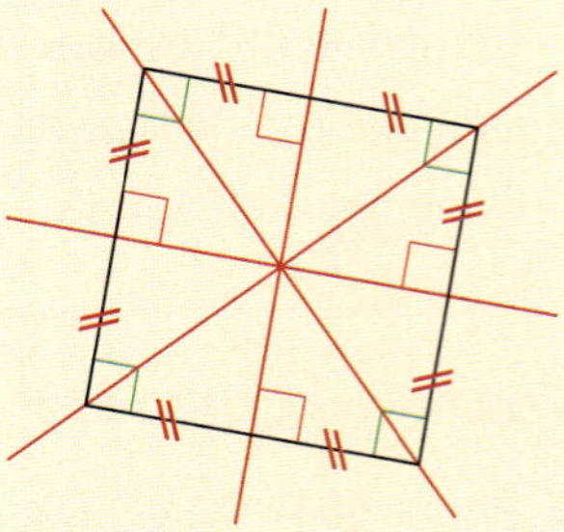

Propriété **Si** un quadrilatère est un carré, **alors** ses diagonales ont la même longueur, se coupent en leur milieu et sont perpendiculaires.

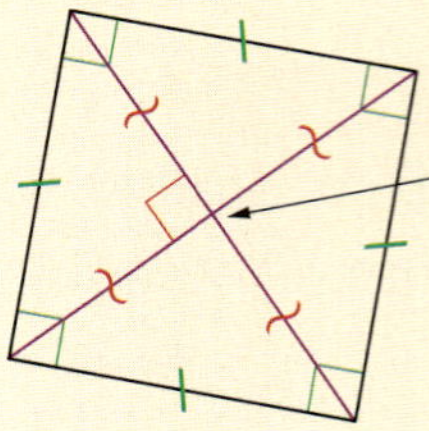

1 J'APPRENDS À… Construire la médiatrice d'un segment

Énoncé : • Construire la médiatrice (Δ) du segment [AB].

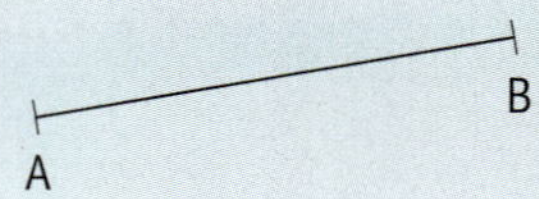

Solution :

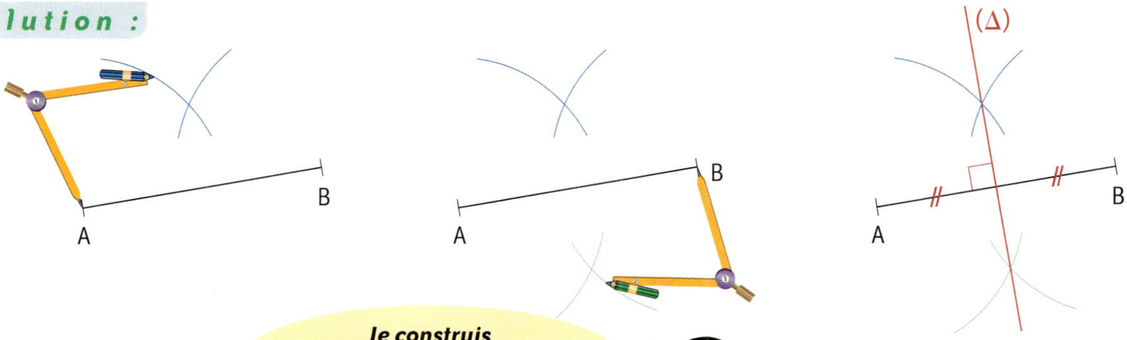

À l'aide du compas, je construis un point à égale distance des points A et B.

Je construis un autre point à égale distance des points A et B.

Je trace la droite (Δ) passant par les deux points construits. Enfin, je code la figure.

Cette construction est justifiée dans l'exercice 70.

> J'APPLIQUE.

1 **1)** Tracer un rectangle VMEA de longueur VM = 7 cm et de largeur VA = 5 cm.
2) Construire la médiatrice du côté [VM].
3) Construire la médiatrice de la diagonale [VE].

2 **1)** Reproduire exactement le triangle suivant :

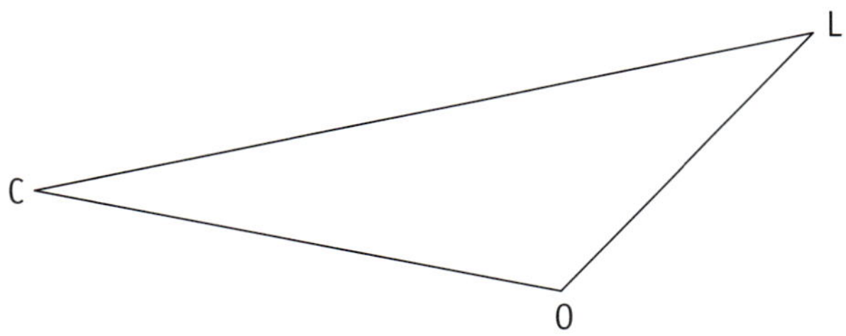

2) Construire la médiatrice du segment [CO] et la tracer en bleu.
3) Construire la médiatrice du segment [OL] et la tracer en rouge.
4) Construire la médiatrice du segment [CL] et la tracer en vert.

3 **1)** Tracer un carré CHAT de côté 7 cm.
Placer le point R tel que : R ∈ [CH] et CR = 4 cm.
2) Construire la médiatrice du segment [RA].
3) Construire la médiatrice du segment [RT].

4 **1) a)** Tracer un segment [DN].
b) Construire la médiatrice du segment [DN].
c) Nommer A le point d'intersection du segment [DN] et de sa médiatrice.
2) Que représente le point A pour le segment [DN] ? Justifier la réponse.

5 **1)** Tracer un quadrilatère quelconque EFGH.
2) a) Construire la médiatrice du côté [EF].
b) Placer le milieu I du côté [EF].
3) Sans mesurer, construire le milieu J de la diagonale [EG].

J'ai construit une médiatrice.

4) Sans mesurer, construire le milieu K du côté [GH].

6 **1)** Tracer un triangle quelconque STB.
2) Construire le point D, milieu du segment [TB].
3) Construire le point E, milieu du segment [TS].
4) En reportant une longueur au compas, contrôler que SB = 2 × DE.

2 J'APPRENDS À… Construire la bissectrice d'un angle

Énoncé : • Construire la bissectrice (Δ) de l'angle $\widehat{AOB}$.

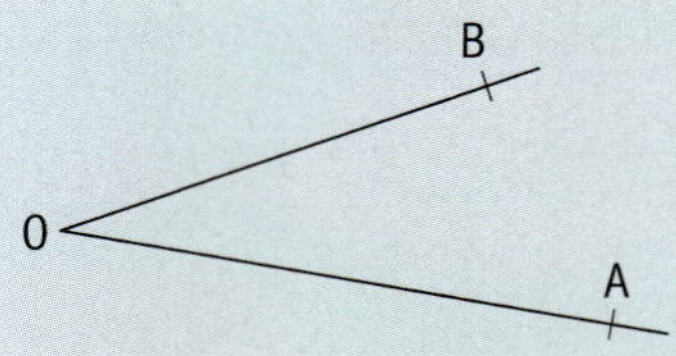

Solution :

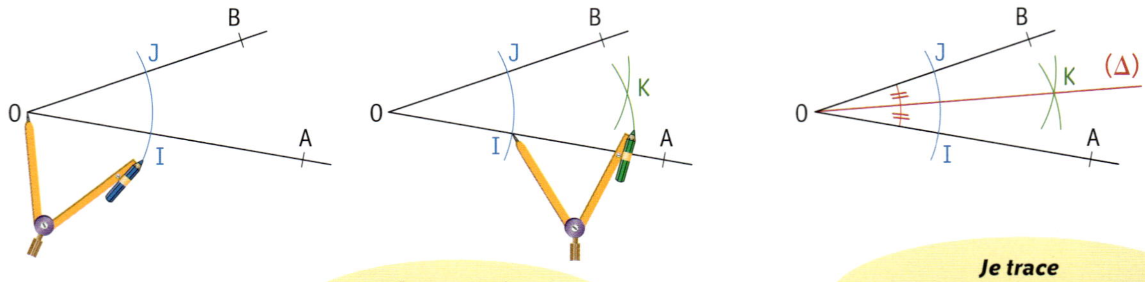

Je trace un arc de cercle de centre O ; il coupe [OA) en I et [OB) en J.

Je construis un point K à égale distance des points I et J.

Je trace la demi-droite [OK). Enfin, je code les angles égaux.

Cette construction est justifiée à l'exercice 71.

> J'APPLIQUE.

7 **1)** Tracer un angle aigu $\widehat{MNP}$.
Construire sa bissectrice.
2) Tracer un angle obtus $\widehat{EFG}$.
Construire sa bissectrice.

8 **1)** Tracer un rectangle FLAT tel que :
FL = 8 cm et LA = 6 cm.
2) Construire la bissectrice de l'angle $\widehat{FTL}$.
3) Construire la bissectrice de l'angle $\widehat{TLA}$.

9 **1)** Reproduire exactement le triangle suivant :

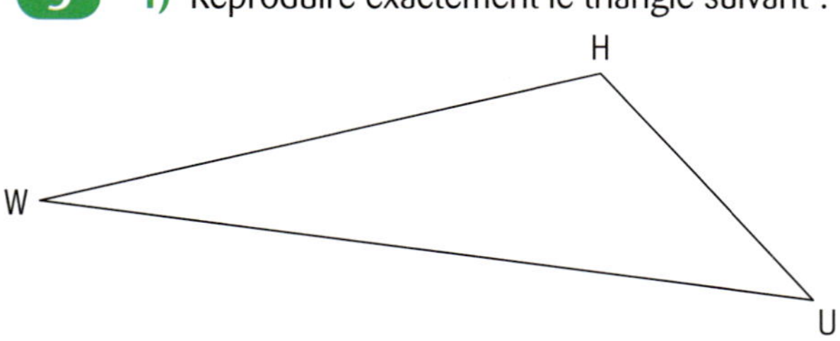

2) Construire en bleu la bissectrice de l'angle $\widehat{HWU}$
3) Construire en rouge la bissectrice de l'angle $\widehat{WHU}$.
4) Construire en vert la bissectrice de l'angle $\widehat{WUH}$.

10 **1)** Construire un losange FACE tel que :
FA = 6 cm et FC = 8 cm.
2) Construire la bissectrice de l'angle $\widehat{FAE}$.
3) Construire la bissectrice de l'angle $\widehat{CEF}$.

11 **1)** Construire un triangle EFG tel que :
EF = 6,5 cm ; $\widehat{GEF}$ = 29° et $\widehat{EFG}$ = 97°.
2) Sans utiliser le rapporteur, construire la bissectrice de l'angle : **a)** $\widehat{GEF}$; **b)** $\widehat{EFG}$.
3) Nommer I le point d'intersection des deux bissectrices tracées.
Sans utiliser le rapporteur, déterminer, en justifiant chaque réponse :
a) la mesure de l'angle $\widehat{GEI}$;
b) la mesure de l'angle $\widehat{IFE}$.

12 **1)** Construire, en utilisant le compas, la bissectrice d'un angle plat.
2) Quelle est la nature des angles ainsi obtenus ?
Justifier la réponse.

3 J'APPRENDS À... Construire un quadrilatère

Énoncé : • Construire un rectangle PARC de centre L tel que : $\widehat{PLC} = 40°$ et CL = 3,5 cm.

Solution :

J'ai fait un dessin à main levée. J'ai codé cette figure en utilisant les propriétés suivantes : « les diagonales d'un rectangle se coupent en leur milieu et sont de même longueur ».

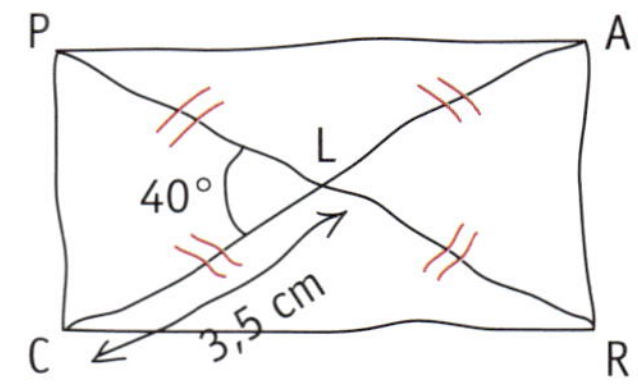

J'ai commencé par construire le triangle PLC isocèle en L.

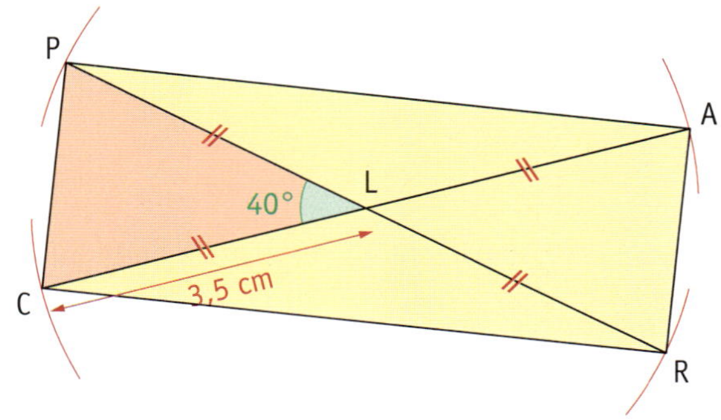

J'APPLIQUE.

13 SC1 Construire un rectangle LENT de centre C tel que : $\widehat{LCE} = 110°$ et CE = 4,5 cm.

14 SC1 Construire un rectangle EFGH de centre O tel que : EG = 10 cm et $\widehat{EOF} = 80°$.

15 SC1 On a dessiné à main levée un losange PRIM de centre A tel que PI = 9 cm et RM = 6 cm.

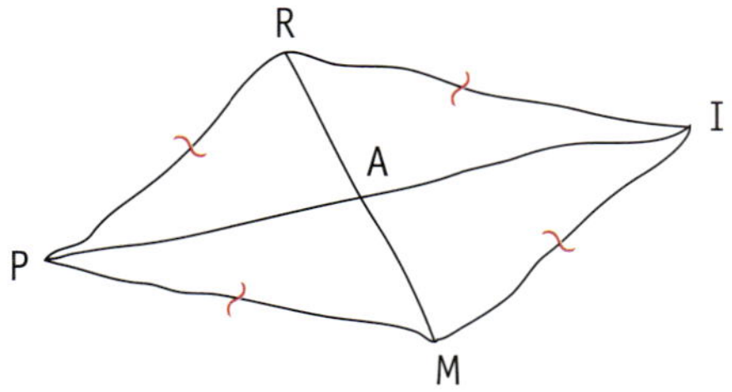

1) a) Que peut-on dire concernant les droites (PI) et (RM) ? Justifier la réponse.

b) En déduire la nature du triangle PAR.

2) a) Que peut-on dire d'autre concernant les segments [PI] et [RM] ? Justifier la réponse.

b) En déduire les longueurs AP et AR.

3) a) Tracer en vraie grandeur le triangle PAR.

b) Construire le losange PRIM.

16 **1)** Dessiner à main levée un losange EFGH de centre O. Coder cette figure.

2) Construire un losange EFGH de centre O tel que : OG = 4,3 cm et OF = 5,6 cm.

17 Construire un losange ABCD tel que :
AC = 8 cm et BD = 7 cm.

18 SC1 On a dessiné à main levée un carré VLAN de centre F tel que FA = 4,2 cm.

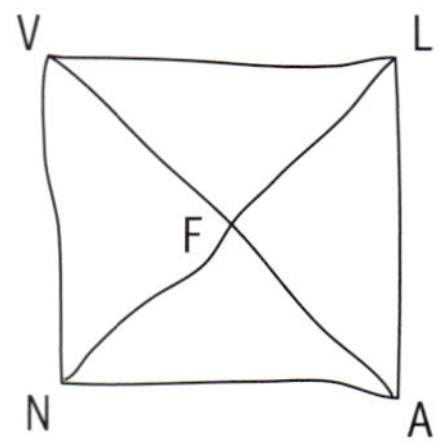

1) a) Écrire les propriétés que possèdent les diagonales d'un carré.

b) En déduire la nature du triangle FAN.

2) a) Tracer en vraie grandeur le triangle FAN.

b) Construire le carré VLAN.

19 Construire un carré DOUX de centre E tel que EX = 5,3 cm.

20 Construire un carré BFSP tel que BS = 9,2 cm.

21 Répondre aux questions suivantes sans utiliser d'instruments de géométrie.
Chaque question admet une seule réponse.

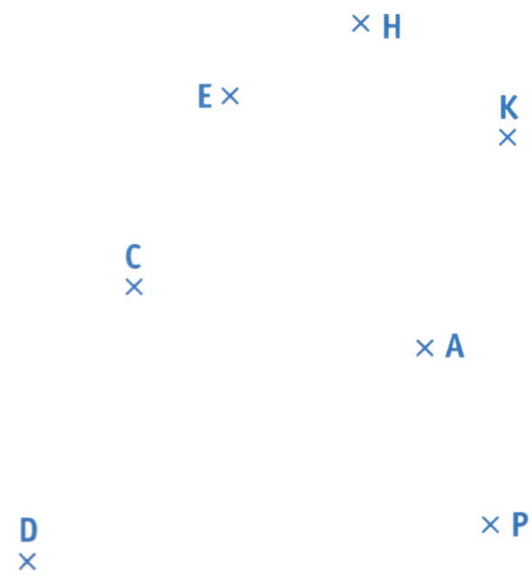

1) Quel point appartient à la médiatrice du segment [DP] ?
2) Quel point est à égale distance des points D et A ?
3) Quel point est équidistant des points C et A ?
4) Le point H est-il plus proche du point E que du point K ?

22

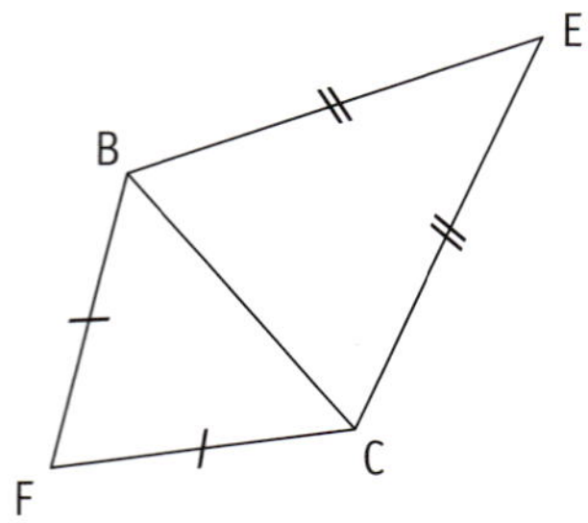

1) Justifier que le point E appartient à la médiatrice du segment [BC].
2) Justifier que la droite (EF) est la médiatrice du segment [BC].
3) À quoi correspond le point d'intersection de la droite (EF) et du segment [BC] ?
Justifier la réponse.

23

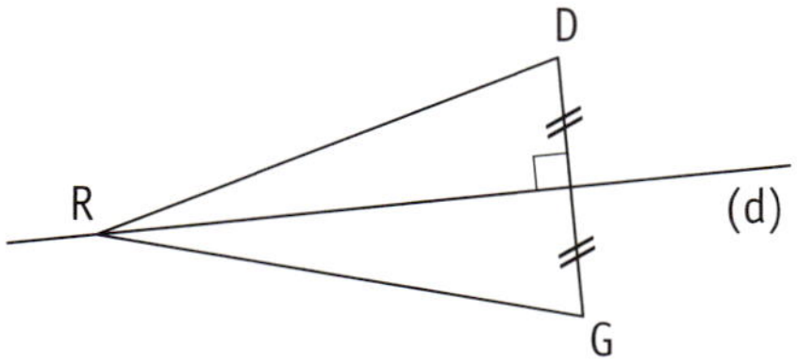

1) Que représente la droite (d) pour le segment [DG] ?
Justifier la réponse.
2) Justifier que le triangle RDG est isocèle en R.

24

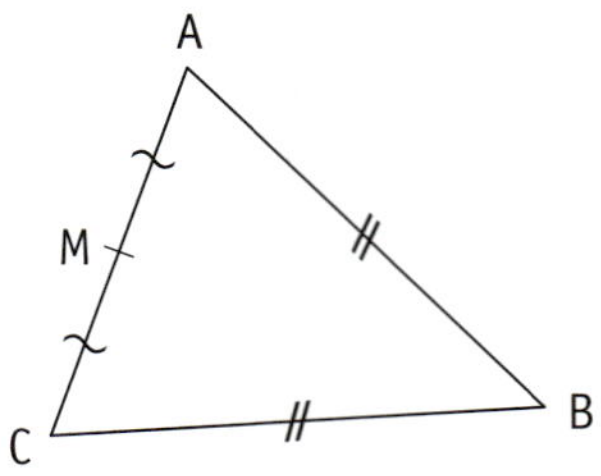

1) a) Quelle est la nature du triangle ABC ?
Justifier la réponse.
b) Citer la base de ce triangle.
c) Citer l'angle qui a la même mesure que l'angle $\widehat{ACB}$.
Justifier la réponse.
2) a) Quel est le sommet principal de ce triangle ?
b) Quelle est la bissectrice de l'angle $\widehat{CBA}$?
Justifier la réponse.

25 Voici trois propriétés des diagonales d'un quadrilatère :

P_1 : Ses diagonales sont perpendiculaires.

P_2 : Ses diagonales se coupent en leur milieu.

P_3 : Ses diagonales ont la même longueur.

Lesquelles de ces propriétés concernent un :
a) rectangle ? **b)** losange ? **c)** carré ?

26 On considère le quadrilatère ci-contre pour lequel AC = 6,4 cm.

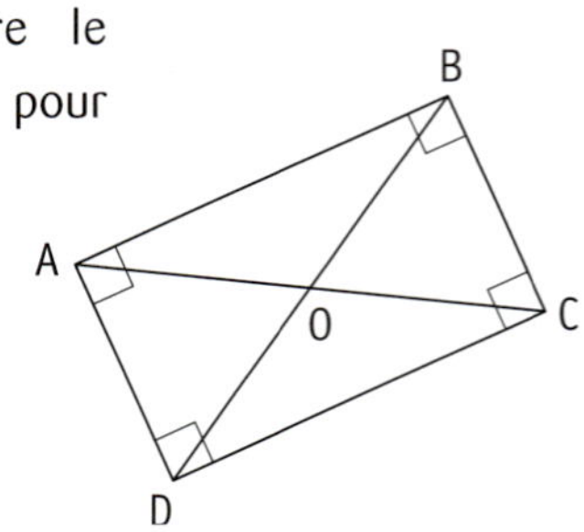

1) Quelle est la nature de ce quadrilatère ?
Justifier la réponse.
2) Déterminer, en justifiant, la longueur OA.
3) En déduire, en justifiant, la longueur OD.

27 Préciser le nombre d'axes de symétrie que semble avoir chacune des figures suivantes :

a)
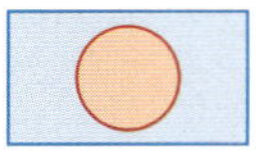

b)
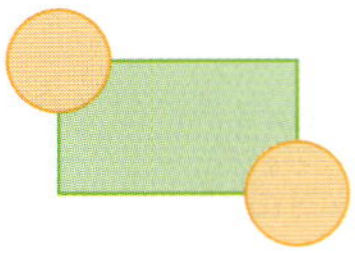

c)
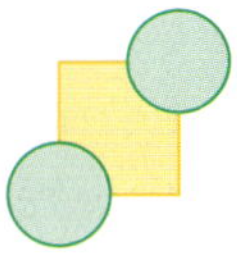

Propriétés de la médiatrice

28 On a tracé à main levée un quadrilatère FUZP pour lequel ZP = FP et ZU = FU.

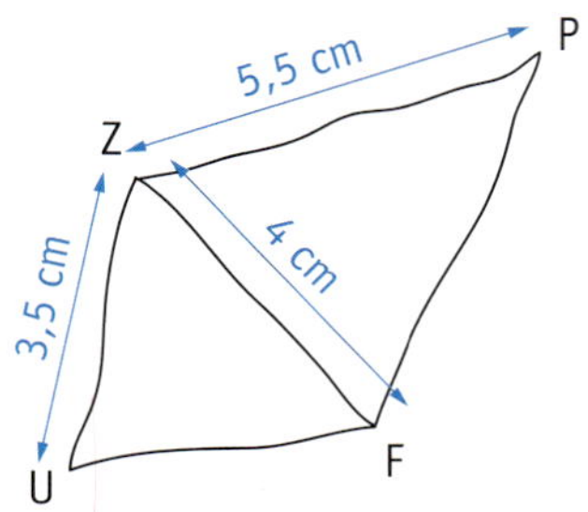

1) Construire le quadrilatère FUZP.

2) Tracer la médiatrice (d) du segment [ZF].

3) Expliquer pourquoi les points P et U appartiennent à la droite (d).

29

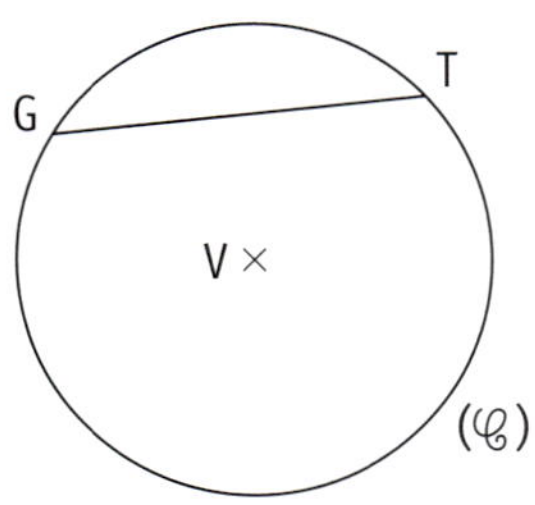

Les points G et T appartiennent au cercle (𝒞) de centre V.

1) Que représente le segment [GT] pour le cercle (𝒞) ?

2) Justifier que le point V appartient à la médiatrice du segment [GT].

30 **1)** Tracer un cercle (𝒞) de centre O.

Placer deux points A et B sur ce cercle.

Tracer la médiatrice (Δ) du segment [AB].

Nommer M et N les points d'intersection de la droite (Δ) et du cercle (𝒞).

2) Justifier que les triangles AMB et ANB sont isocèles.

Médiatrice – Bissectrice

31 **1)** Construire un triangle COP tel que :

CO = 8 cm ; OP = 7 cm et PC = 6,5 cm.

2) Construire la bissectrice de l'angle $\widehat{COP}$ et la médiatrice du segment [PC].

32 **1)** Construire un rectangle DAVE tel que : DA = 9 cm et DE = 7,5 cm.

2) Construire la médiatrice du segment [DV] et la bissectrice de l'angle $\widehat{EDV}$.

Triangles particuliers

33 SC1 **1)** Tracer un segment [MN], puis construire sa médiatrice (d).

2) a) Sans instruments de géométrie, placer un point O pour que le triangle MON soit isocèle en O. Justifier.

b) Écrire les angles du triangle MON qui ont la même mesure. Justifier la réponse.

3) a) En traçant un seul arc de cercle, construire un point P pour que le triangle MNP soit équilatéral.

b) Écrire les angles du triangle MNP qui ont la même mesure. Justifier la réponse.

34 IJK est un triangle isocèle en J tel que :

IK = 6,5 cm et $\widehat{IKJ}$ = 55°.

1) Quelle est la mesure de l'angle $\widehat{JIK}$?

Justifier la réponse.

2) Construire le triangle IJK.

35 CMP est un triangle isocèle en P tel que :

CM = 9 cm et $\widehat{CMP}$ = 25°.

1) Quelle est la mesure de l'angle $\widehat{MCP}$?

Justifier la réponse.

2) Construire le triangle CMP.

36 Construire un triangle GAX isocèle en G tel que :

AX = 3,5 cm et $\widehat{XAG}$ = 75°.

37 **1)** Tracer une droite (Δ).

Placer un point A appartenant à la droite (Δ).

Placer un point B tel que :

- le point B n'appartient pas à la droite (Δ) ;
- les droites (AB) et (Δ) ne sont pas perpendiculaires.

2) a) Construire le point C tel que la droite (Δ) soit un axe de symétrie du triangle ABC.

b) Écrire les angles du triangle ABC qui ont la même mesure.

3) a) Construire le point D appartenant à la droite (Δ) tel que le triangle ABD soit isocèle en D.

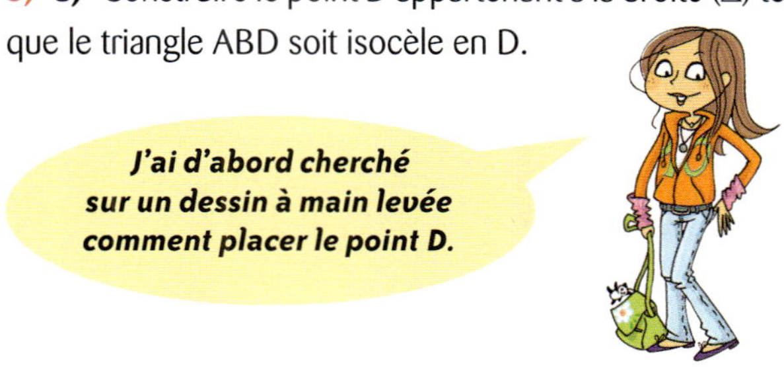

b) Écrire les angles du triangle ABD qui ont la même mesure.

> Je m'entraîne

Axes de symétrie d'une figure

38 1) **a)** Tracer un rectangle ABCD.
b) Construire son symétrique par rapport à l'une de ses diagonales.
2) **a)** Tracer un autre rectangle.
b) Tracer en rouge ses axes de symétrie.

39 1) **a)** Tracer un losange EFGH.
b) Construire la médiatrice d'un de ses côtés.
c) Construire le symétrique du losange EFGH par rapport à la médiatrice tracée.
2) **a)** Tracer un autre losange.
b) Tracer en rouge ses axes de symétrie.

40 1) Tracer un carré.
2) Tracer en rouge ses axes de symétrie.

41 Préciser le nombre d'axes de symétrie de chacun des drapeaux suivants :

a) Botswana ;
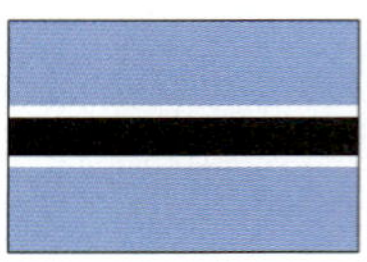
b) Congo ;

c) Kenya ;

d) Mali ;

e) Ouganda ;

f) Tunisie.

42 On considère les trois tableaux suivants :

a)

b)
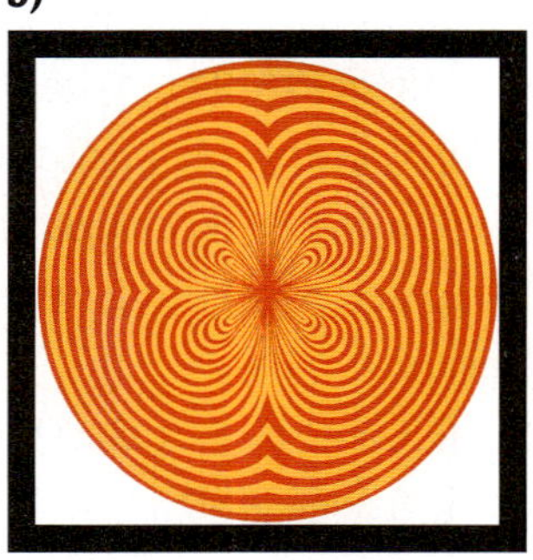
c)

1) Quel tableau admet seulement deux axes de symétrie : un horizontal et un vertical ?
2) Lequel admet quatre axes de symétrie ?
3) Quels sont les axes de symétrie du dernier tableau ?

Quadrilatères particuliers

43 SC1 1) Tracer un triangle RAM rectangle en A.
Sans mesurer, construire le milieu I de son hypoténuse.
2) En utilisant uniquement une règle non graduée et un compas, construire le rectangle RAME.

44 SC1 1) **a)** Tracer un triangle BOR isocèle en O.
b) Construire la médiatrice de sa base.
2) En utilisant uniquement une règle non graduée et un compas, construire le losange BORD.

45 1) Construire un losange JADE tel que :
JA = 7 cm et JD = 8 cm.
Nommer O son centre.
2) **a)** Quelle est la nature du triangle JOE ?
Justifier la réponse.
b) Construire le point L tel que JOEL soit un rectangle.

SC2 **Pour les exercices 46 à 48,** on peut réaliser la figure sur une feuille non quadrillée ou utiliser un logiciel de géométrie.

46 **Rectangle de diagonale donnée**
1) **a)** Tracer un segment [AC].
b) Construire le milieu O du segment [AC].
c) Tracer le cercle ($\mathscr{C}$) de centre O et passant par le point A.
d) Placer un point B sur ce cercle.
e) Tracer la droite (BO) et nommer D son autre point d'intersection avec le cercle ($\mathscr{C}$).
2) Tracer le rectangle ABCD.

47 **Losange de diagonale donnée**
1) **a)** Tracer un segment [SU].
b) Construire la médiatrice du segment [SU].
c) Placer un point T appartenant à cette médiatrice.
d) Construire le symétrique V du point T par rapport à la droite (SU).
2) Tracer le losange STUV.

48 **Carré de diagonale donnée**
1) **a)** Tracer un segment [GI].
b) Construire la médiatrice du segment [GI].
c) Tracer le cercle de diamètre [GI].
2) Placer les points H et J tels que le quadrilatère GHIJ soit un carré.

Je fais le point

J'ai appris à...

- Utiliser les propriétés de la médiatrice d'un segment.
- Construire la médiatrice d'un segment et la bissectrice d'un angle.
- Utiliser des propriétés du triangle isocèle.
- Utiliser des propriétés des rectangles, des losanges, des carrés.

Attention : Il peut y avoir plusieurs réponses exactes pour chaque énoncé ! Les trouver toutes.

Pour les exercices 49 à 58, on utilise la figure ci-contre.

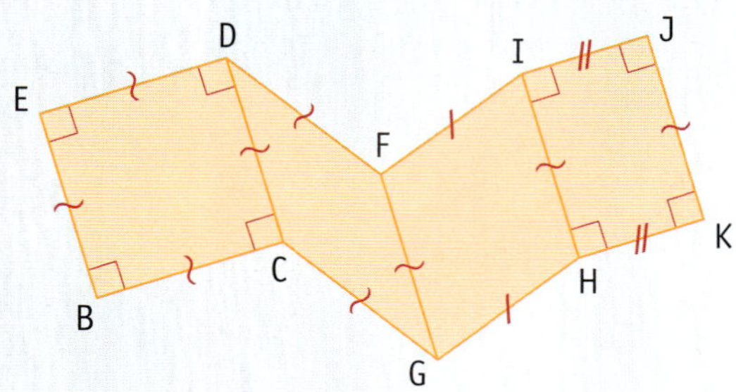

	A	B	C	Si échec, revoir :
49 Le point F appartient à la médiatrice du segment :	[GI]	[DG]	[CG]	p. 202
50 Le point D appartient à la bissectrice de l'angle :	$\widehat{CGF}$	$\widehat{DFG}$	$\widehat{EBC}$	p. 203 p. 204
51 La figure suivante possède exactement deux axes de symétrie :	BCDE	CDFG	HIJK	p. 204
52 La figure suivante possède exactement quatre axes de symétrie :	BCDE	CDFG	HIJK	p. 204
53 Pour la figure suivante, les diagonales sont des axes de symétrie :	BCDE	CDFG	HIJK	p. 204
54 La figure suivante a ses diagonales de la même longueur :	BCDE	CDFG	HIJK	p. 204
55 La figure suivante a ses diagonales perpendiculaires :	BCDE	CDFG	HIJK	p. 204
56 Les angles suivants ont la même mesure :	$\widehat{DCF}$ et $\widehat{DFC}$	$\widehat{JIK}$ et $\widehat{IKJ}$	$\widehat{BEC}$ et $\widehat{BCE}$	p. 203
57 Les angles suivants ont la même mesure :	$\widehat{KIJ}$ et $\widehat{KIH}$	$\widehat{CDF}$ et $\widehat{CGF}$	$\widehat{BEC}$ et $\widehat{CED}$	p. 203 p. 204
58 Le quadrilatère FGHI possède :	4 axes de symétrie	2 axes de symétrie	aucun axe de symétrie	p. 203 p. 204

> **Corrigés et exercices de soutien : voir**

> J'approfondis

59 1) **a)** Tracer un segment [AB].
b) Où sont situés les points à égale distance des points A et B ?
c) Construire et colorier en rouge tous ces points.
2) **a)** Choisir deux points M et N de part et d'autre de la ligne coloriée en rouge.
b) Pour chacun des points M et N, préciser s'il est plus proche du point A ou du point B.
3) **a)** Colorier en vert les points plus proches du point A que du point B.
b) Colorier en jaune les points plus proches du point B que du point A.

60 **EPS**

Deux joueuses de pétanque veulent trouver, sans mesurer, laquelle des boules foncée ou claire est la plus proche du cochonnet vert.
Nadia imagine la médiatrice du segment d'extrémités les centres des boules.
1) Comment Nadia répond-elle ainsi au problème ?
2) Répondre à ce problème en utilisant la méthode de Nadia, puis vérifier en mesurant.

61 1) Tracer une droite (d) et placer un point E n'appartenant pas à cette droite.
2) Construire deux points F et G tels que le triangle EFG soit équilatéral et qu'un axe de symétrie de ce triangle soit la droite (d).

62

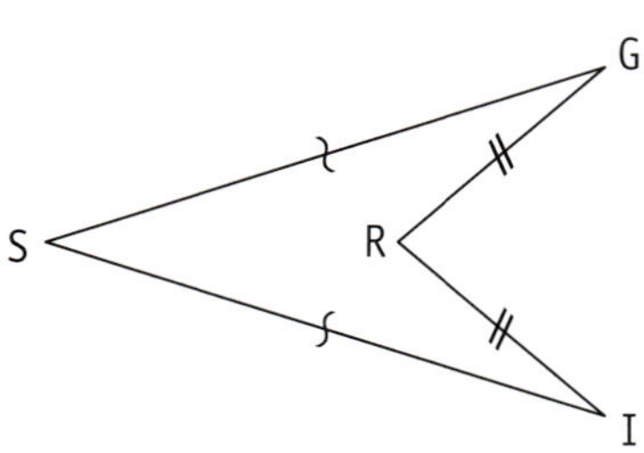

• Justifier que les droites (SR) et (GI) sont perpendiculaires.

63 1) Reproduire en plus grand le cadre ci-dessous ainsi que le segment [DK].

2) Construire, sans rien tracer à l'extérieur du cadre, la médiatrice du segment [KD].

64 1) Tracer une droite (d) et un point A n'appartenant pas à la droite (d).
2) Construire des points M, I, S tels que le quadrilatère AMIS soit un losange ayant la droite (d) pour axe de symétrie.

65 1) Tracer une droite (d) et un point J n'appartenant pas à la droite (d).
2) Construire des points O, I, E tels que le quadrilatère JOIE soit un rectangle ayant la droite (d) pour axe de symétrie.

66 1) Tracer une droite (d) et un point O n'appartenant pas à la droite (d).
2) Construire tous les carrés ayant la droite (d) pour axe de symétrie et pour sommet le point O.

67 **Arts plastiques**
1) **a)** Tracer la figure ci-dessous, le grand carré ayant pour côté 8 cm.
b) Colorier la figure, en utilisant 3 couleurs, pour que le tableau obtenu ait exactement 4 axes de symétrie.

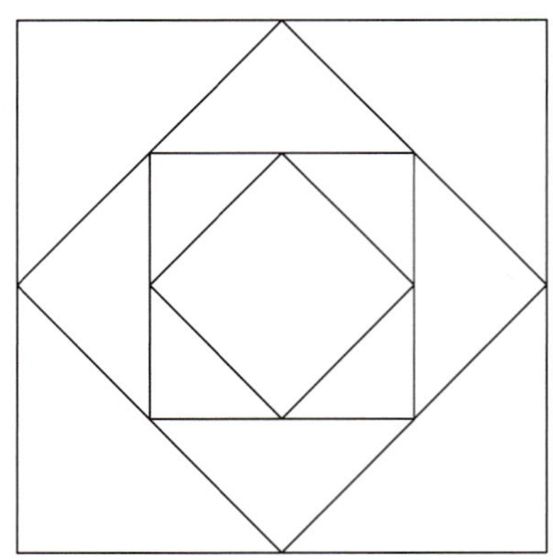

2) **a)** Tracer à nouveau cette figure.
b) La colorier, en utilisant 3 couleurs, pour que le tableau obtenu ait seulement 2 axes de symétrie.

68 Tracer un triangle HIP rectangle en P et qui possède un axe de symétrie.

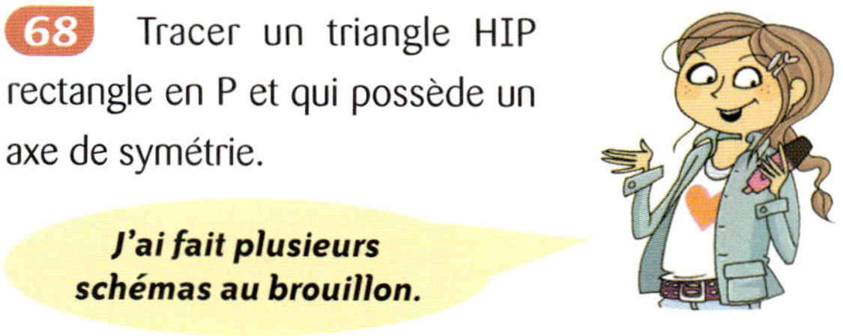

69 **1)** Construire un carré ABCD de centre O tel que BD = 8 cm.

2) Quelle est la nature du triangle AOB ?
Justifier la réponse.

3) Construire le point E tel que AOBE soit un rectangle.

4) Yasmina affirme que le quadrilatère AOBE est un carré. A-t-elle raison ? Justifier la réponse.

70 **Justification de la construction de la médiatrice d'un segment**

1) a) Tracer un segment [AB].
En utilisant un compas, construire un point C à égale distance des points A et B.

b) Justifier que le point C appartient à la médiatrice du segment [AB].

2) a) Construire un point D, distinct de C, à égale distance des points A et B.

b) Que représente la droite (CD) pour le segment [AB] ?
Justifier la réponse.

71 **Justification de la construction de la bissectrice d'un angle**

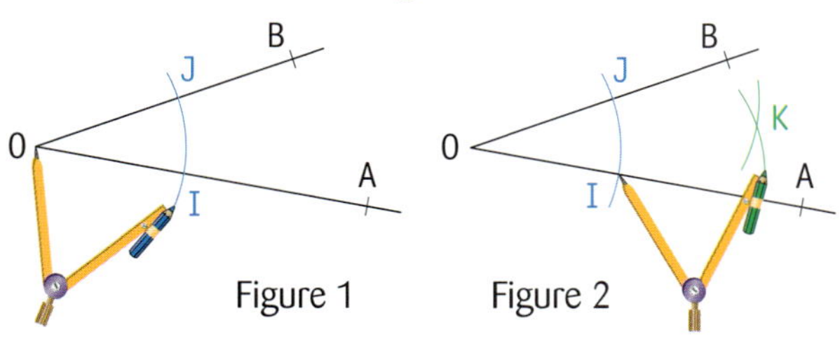

Figure 1 Figure 2

1) Justifier que le point O appartient à la médiatrice du segment [IJ].

2) D'après la figure 2, on a IK = JK.
Justifier que le point K appartient à la médiatrice du segment [IJ].

3) Déduire des questions précédentes que la droite (OK) est un axe de symétrie du triangle OIJ.

4) a) Justifier que les angles $\widehat{KOB}$ et $\widehat{KOA}$ ont la même mesure.

b) Que représente la demi-droite [OK) pour l'angle $\widehat{AOB}$? Justifier la réponse.

72 **Construction d'une droite perpendiculaire**

1) Tracer une droite (d) et placer un point A qui n'appartient pas à la droite (d).

2) a) Construire, en utilisant le compas, deux points B et C appartenant à la droite (d) et à égale distance du point A.

b) Construire un point D distinct du point A et à égale distance des points B et C.

3) a) Justifier que les points A et D appartiennent à la médiatrice du segment [BC].

b) Justifier que la droite (AD) est perpendiculaire à la droite (d).

4) *Application :* Tracer un triangle EFG et construire à la règle et au compas la droite passant par le point E et perpendiculaire à la droite (FG).

73 **Construction du symétrique d'un point par rapport à une droite**

1) a) Tracer une droite (d) et placer un point M n'appartenant pas à cette droite.

b) En utilisant un compas, construire deux points distincts A et B appartenant à la droite (d) et tels que AM = BM.

c) Construire un point N, distinct du point M, tel que AN = BN = AM.

2) a) Quelle est la nature du quadrilatère MANB ?

b) Justifier que le point N est le symétrique du point M par rapport à la droite (d).

3) *Application :* Tracer un triangle IJK et construire à la règle et au compas le symétrique du point J par rapport à la droite (IK).

74 **Construction du symétrique d'un point par rapport à une droite**

1) a) Tracer une droite (Δ) et placer deux points E et F appartenant à cette droite.
Placer un point P n'appartenant pas à la droite (Δ).

b) Tracer le cercle de centre E passant par le point P.
Tracer le cercle de centre F passant par le point P.
Ces deux cercles se coupent au point P et en un point R.

2) a) Justifier que la droite (Δ) est la médiatrice du segment [PR].

b) Que peut-on en déduire concernant les points P et R ?

3) *Application :* Tracer un rectangle RUSE et construire à la règle et au compas les symétriques des points R et S par rapport à la diagonale (UE).

DEVOIRS À LA MAISON

DEVOIR A

75 1) **a)** Poser un papier-calque sur la carte du Golfe du Morbihan ci-contre.

b) Construire la médiatrice du segment dont les extrémités sont les villes Kerfontaine et Locmariaquer.

c) Construire la bissectrice de l'angle formé par les villes Arzon, Saint-Armel et Bénalo.
Le sommet de cet angle est Saint-Armel.

2) Un trésor est situé à l'intersection de cette médiatrice et de cette bissectrice.
Où est caché ce trésor ?

DEVOIR B

76 1) Sur une feuille non quadrillée, construire un carré PING tel que PN = 10 cm.

2) **a)** À l'extérieur du carré, construire le triangle équilatéral GOP.

b) Construire la médiatrice (Δ) du segment [GP].
Elle coupe le segment [GP] au point R.

c) Construire le point U, milieu du segment [RO].

3) Répondre aux questions suivantes et justifier chaque réponse.

a) Le point R est-il le milieu du segment [GP] ?

b) Le point O appartient-il à la droite (Δ) ?

c) Quelle est la nature du triangle GUP ?

d) Quel angle a la même mesure que l'angle $\widehat{UGR}$?

JE CHERCHE...

77 Trois employés, travaillant dans un bureau paysager, demandent à leur directrice d'acheter une fontaine à eau.

1) Reproduire sur papier-calque le schéma ci-dessous.

● Employé

2) La directrice décide d'installer la fontaine à eau à égale distance des trois employés.
À quel endroit du bureau va-t-elle l'installer ?

78 Deux pontons peuvent accueillir les bateaux provenant des îles A et B. Ils sont situés le long d'une côte rectiligne.

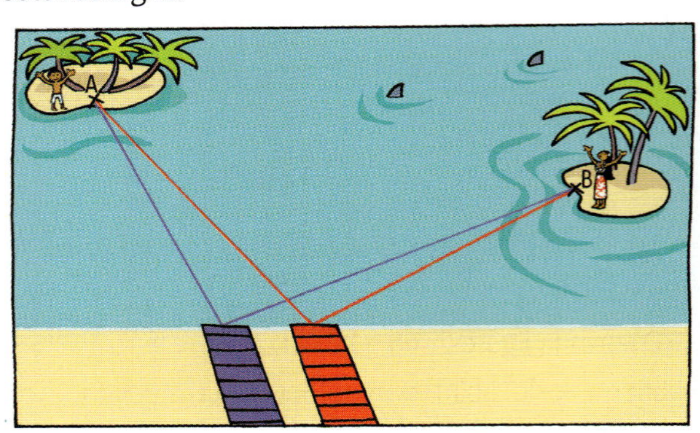

1) Est-il plus court d'aller de l'île A à l'île B en passant par le ponton violet ou par le ponton rouge ?

2) **a)** Reproduire ce schéma sur papier-calque.

b) Où placer un nouveau ponton pour que le chemin reliant l'île A et l'île B en passant par ce ponton soit le plus court possible.

> J'utilise un logiciel

On utilise le logiciel de géométrie *GeoGebra*.

Préparation de la feuille de dessin (voir page 179)

Ne pas afficher les « **Axes** ».

Fermer la « **Fenêtre algèbre** ».

Modifier le « **Style** » des « **points** ».

Choisir l'option « **Étiquetage** » de « **Tous les nouveaux objets** ».

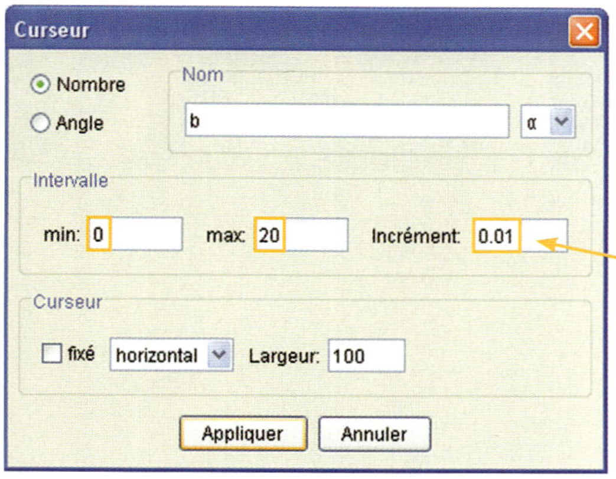

79 **1)** Placer deux points A et B. Tracer le segment [AB].

2) On veut créer un nombre **b** compris entre 0 et 20.

Pour cela :

- Cliquer sur la neuvième série d'icônes.
- Sélectionner « **Curseur** ».
- Cliquer sur la feuille de dessin.
- Modifier, dans la fenêtre « **Curseur** », les nombres entourés en orange afin d'obtenir la capture d'écran ci-contre.
- Cliquer sur « **Appliquer** ».

3) a) On veut créer le cercle de centre A et de rayon le nombre **b**.

Pour cela :

- Cliquer sur la sixième série d'icônes, puis sélectionner « **Cercle (centre-rayon)** ».
- Cliquer sur le point A.
- Dans la fenêtre qui apparaît, entrer **b** pour rayon.
- Cliquer sur « **Appliquer** ».

b) Créer le cercle de centre B et de rayon le nombre **b**.

4) a) On veut modifier la valeur du nombre **b**. Pour cela :

- Cliquer sur la première série d'icônes.
- Sélectionner « **Déplacer** ».
- Aller sur la croix du curseur.
- Appuyer sur le clic gauche de la souris et laisser appuyé.
- Bouger la souris pour modifier la valeur du nombre **b**.

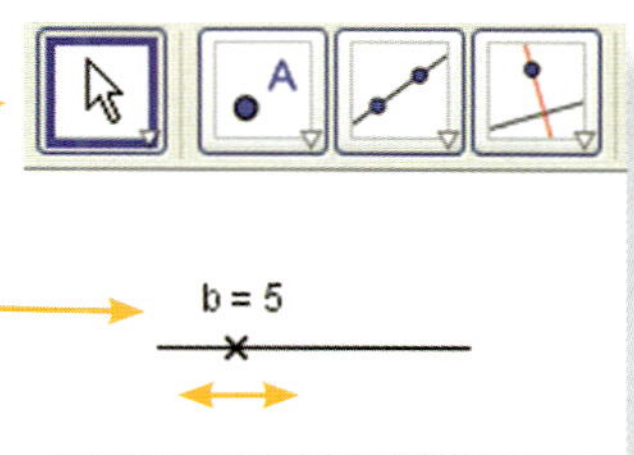

b) Choisir une valeur du nombre **b** pour laquelle les deux cercles tracés se coupent en deux points.
Créer alors ces deux points d'intersection nommés C et D.

c) Que dire de chacun des points C et D par rapport aux points A et B ?

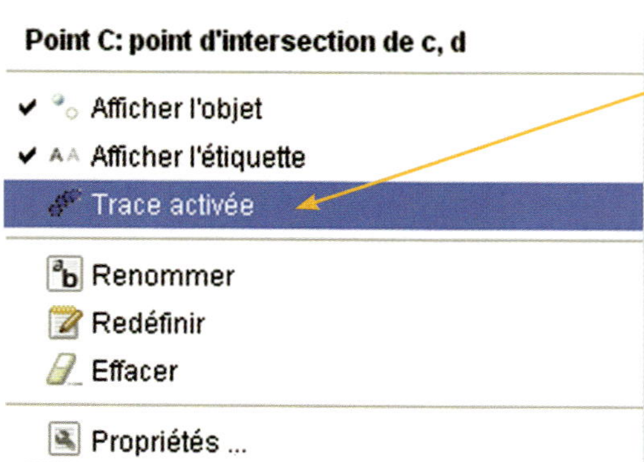

5) a) Pointer le point C et appuyer sur le clic droit de la souris.
Dans la fenêtre qui apparaît, sélectionner « **Trace activée** ».

b) Faire de même avec le point D.

6) a) Utiliser à nouveau le curseur pour modifier la valeur du nombre **b**.

Apparaissent alors à l'écran les traces des points C et D.

b) Quel est l'ensemble de points ainsi visualisé ?

c) Expliquer pourquoi.

> Découverte

La symétrie dans la vie

La **symétrie axiale** est fréquente dans la nature.
Certaines fleurs, certains animaux, possèdent un ou plusieurs axes de symétrie.

80 Préciser le nombre d'axes de symétrie que semble avoir :
a) la fleur ; **b)** le papillon ; **c)** l'étoile de mer.

Beaucoup d'objets ou de bâtiments créés par l'homme possèdent un ou plusieurs axes de symétrie.

81 Trouver sur internet une photographie :
a) d'un objet possédant un seul axe de symétrie ;
b) d'un objet possédant plusieurs axes de symétrie ;
c) de la façade d'un bâtiment possédant un axe de symétrie.

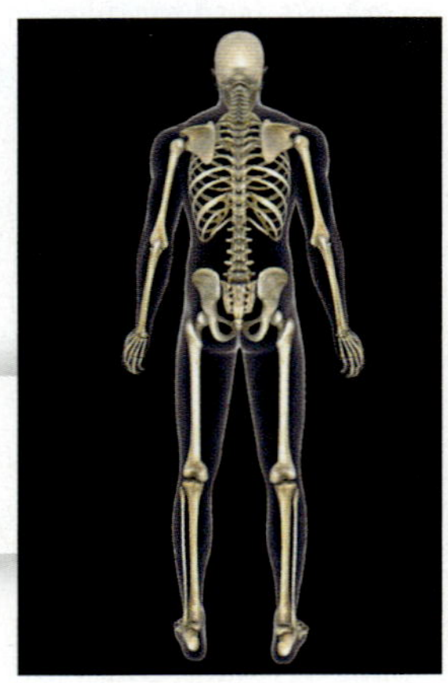

Le corps humain semble posséder un axe de symétrie.
Les visages semblent posséder un axe de symétrie, mais en général ce n'est pas le cas.

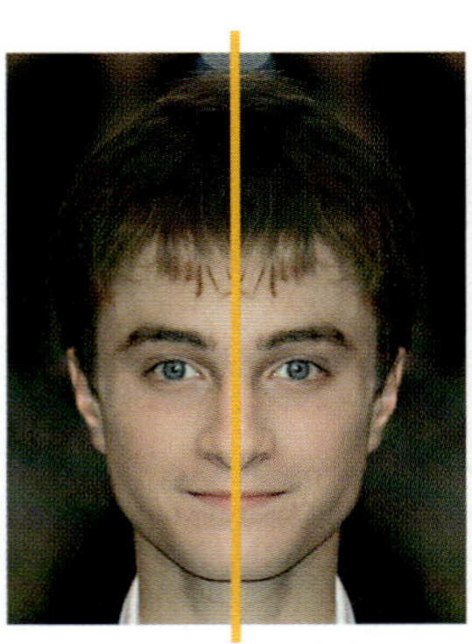
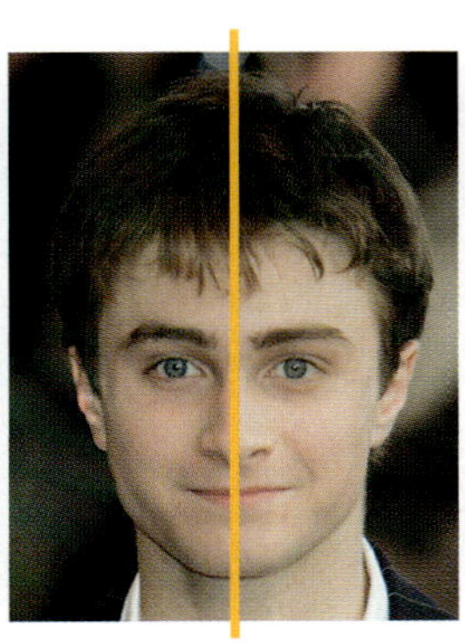
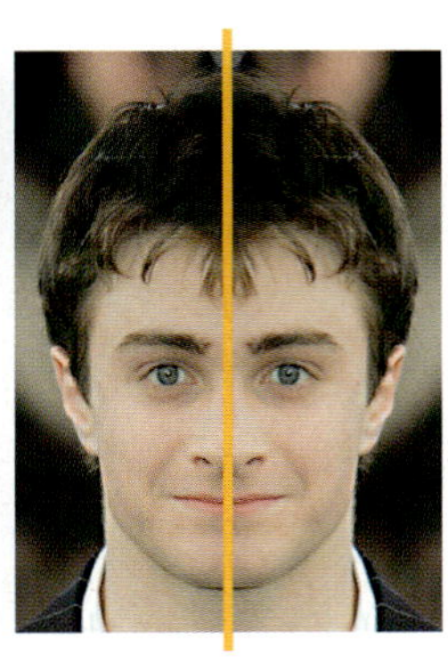

82 Des trois images ci-contre, une seule correspond à une photographie de l'acteur britannique Daniel Radcliffe.
1) Laquelle est cette photographie ?
2) Expliquer à quoi correspond chacune des deux autres images.

Chapitre 13 Parallélépipède rectangle

REVOIR

- > le parallélépipède rectangle ;
- > les patrons d'un pavé droit.

DÉCOUVRIR

- > la construction d'un patron de pavé droit ;
- > la représentation en perspective cavalière ;
- > la vision dans l'espace à partir d'une perspective cavalière.

SOCLE COMMUN

SC1 Fabriquer un parallélépipède rectangle à partir d'un de ses patrons.

SC2 Reconnaître un parallélépipède rectangle à partir d'un de ses patrons ou d'une perspective cavalière.

J'ai vu le Water Cube lors des jeux Olympiques de Pékin.

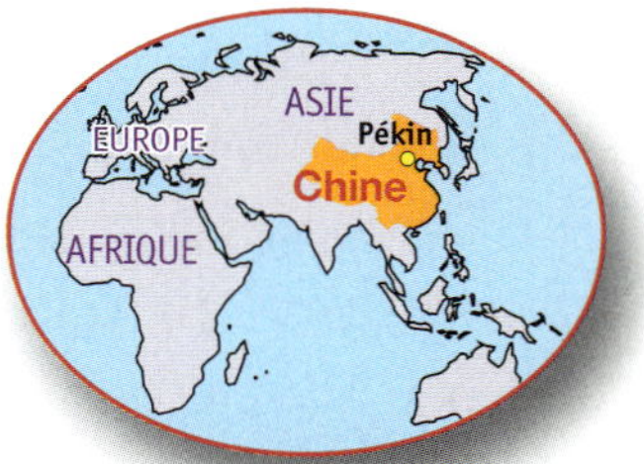

Le Centre national de natation de Pékin appelé aussi *Water Cube* est un complexe sportif aquatique situé dans le parc olympique, non loin du Stade national.
Dans le cadre des jeux Olympiques d'été de 2008, certaines épreuves de natation s'y déroulaient.

- Ce *Cube d'eau* a-t-il la forme d'un cube ? Expliquer la réponse.

1 Je reconnais un parallélépipède rectangle JE REVOIS

1) On a représenté ci-contre un **parallélépipède rectangle** ou **pavé droit**.

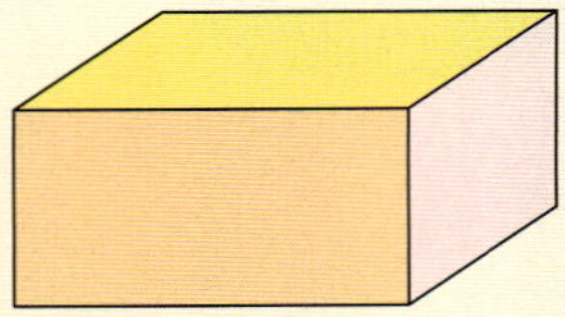

Combien un parallélépipède rectangle possède-t-il :

a) de faces ? **b)** de sommets ? **c)** d'arêtes ?

2) Quelle est la forme de chacune de ses faces dans la réalité ?

3) Parmi les objets ci-dessous, retrouver ceux qui rappellent la forme :

a) d'un parallélépipède rectangle ; **b)** d'un cube.

4) Préciser la forme que rappelle chaque objet de la première ligne.

5) Citer d'autres objets ayant la forme d'un parallélépipède rectangle.

2 Je reconnais des patrons de pavé droit

1) Prendre une petite boîte en carton (voir figure 1) qui s'ouvre de deux côtés et qui a la forme d'un parallélépipède rectangle.

2) Découper les languettes.

Découper suivant une seule arête (voir figure 2). Puis ouvrir et mettre le carton bien à plat.

On obtient un **patron** de cette boîte.

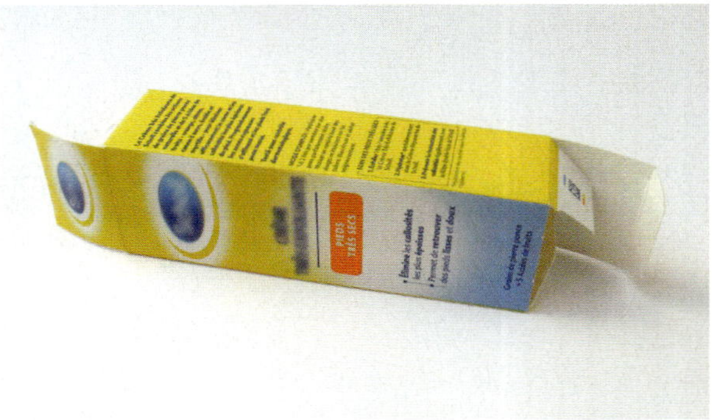

▲ Figure 1

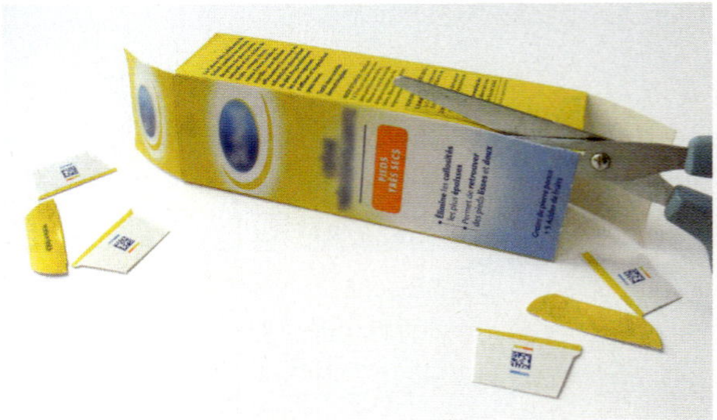

▲ Figure 2

3) Colorier de la même couleur les rectangles de mêmes dimensions.

4) Découper une face du patron en carton et la repositionner (avec du scotch) à un autre endroit pour obtenir un deuxième patron de forme différente.

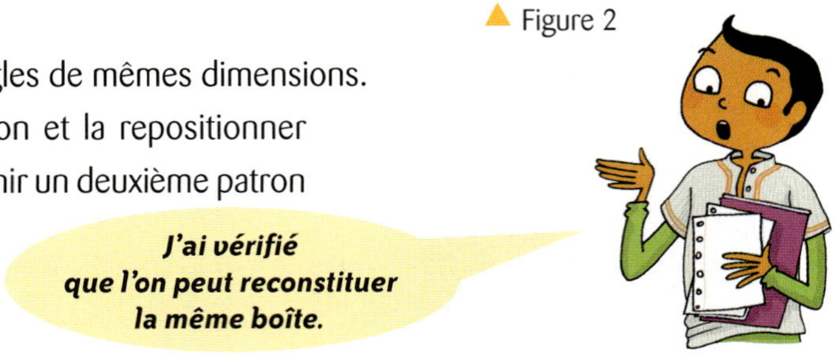

3 Je comprends une perspective cavalière

A Utilisation d'un logiciel de géométrie

Dans cette activité, on utilise le logiciel *Géoplan Géospace*.

1) On veut afficher un pavé droit. Pour cela, cliquer sur « **Fichier** », puis « **Ouvrir une figure de l'espace** ». Aller dans les dossiers « **Exemples** », puis « **Espace** ». Dans « **Bases Espace** », ouvrir « **PAVE** ».

2) On veut obtenir différentes vues du pavé droit. Pour cela : appuyer sur le bouton droit de la souris, le curseur se transforme en une main. Laisser le bouton droit enfoncé et bouger la souris.

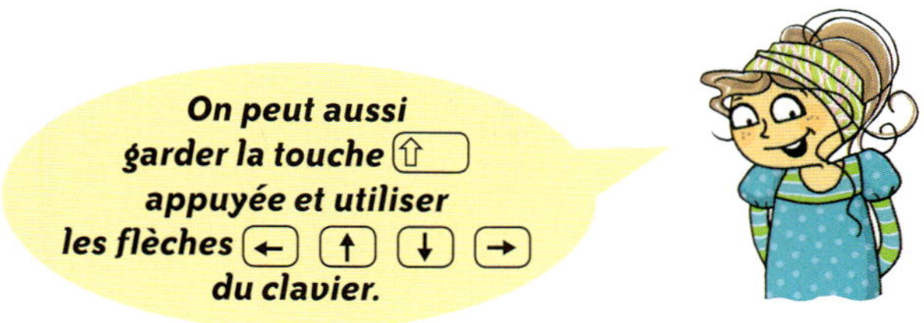

3) Faire tourner ce pavé droit et répondre aux questions ci-contre.

a) La face ABFE est-elle un rectangle ?
b) La face BCGF est-elle un rectangle ?
c) Les longueurs AB et DC sont-elles égales ?
d) Les longueurs BC et EH sont-elles égales ?
e) Les longueurs BF et FG sont-elles égales ?
f) L'angle $\widehat{EAB}$ est-il droit ?
g) L'angle $\widehat{DAB}$ est-il droit ?
h) Les droites (AE) et (BF) sont-elles parallèles ?
i) Les droites (BF) et (CG) sont-elles parallèles ?
j) Les droites (BC) et (AD) sont-elles parallèles ?

B Lecture d'une perspective cavalière

On a représenté ci-contre un nouveau pavé droit ABCDEFGH en perspective cavalière.
Observer cette représentation en perspective cavalière et répondre aux questions **a)** à **j)** ci-dessus.

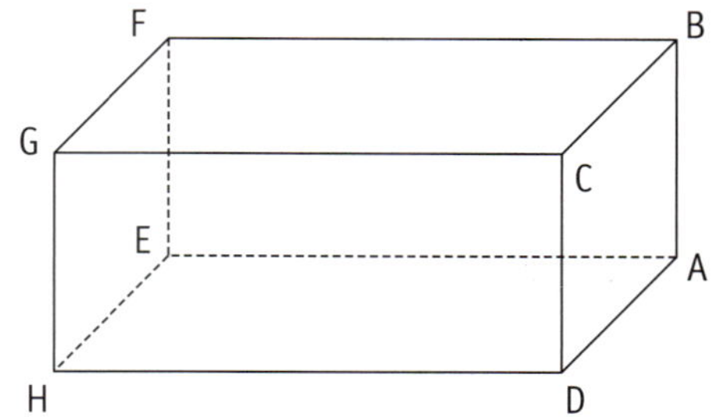

4 Je vois dans l'espace

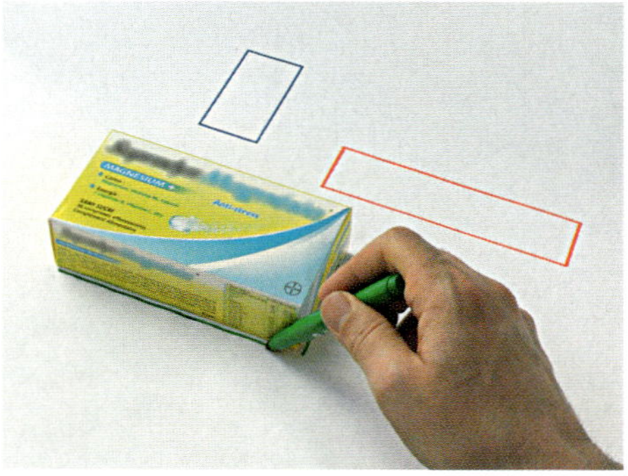

1) a) Sur une feuille de papier blanc, poser, sur l'une de ses faces, une petite boîte ayant la forme d'un parallélépipède rectangle. Dessiner soigneusement le contour de cette boîte avec un crayon.
b) Dessiner ensuite chacune des autres faces de la boîte en la posant à chaque fois à un endroit différent.
c) Quelles figures géométriques obtient-on ?

2) a) Colorier les figures obtenues en choisissant la même couleur pour deux figures superposables.
b) Coder les segments de même longueur.
c) Découper chacune de ces figures.
d) Coller chaque figure sur la face de la boîte qui lui correspond.

3) a) Que peut-on dire de deux faces de même couleur ?
b) Que peut-on dire de deux faces de couleurs différentes ?
c) Que peut-on dire de deux arêtes de même longueur ?
d) Que peut-on dire de deux arêtes issues d'un même sommet ?

1 Parallélépipède rectangle

a) Description

Définition

Un **parallélépipède rectangle** ou **pavé droit** est un solide dont les six faces sont des rectangles.

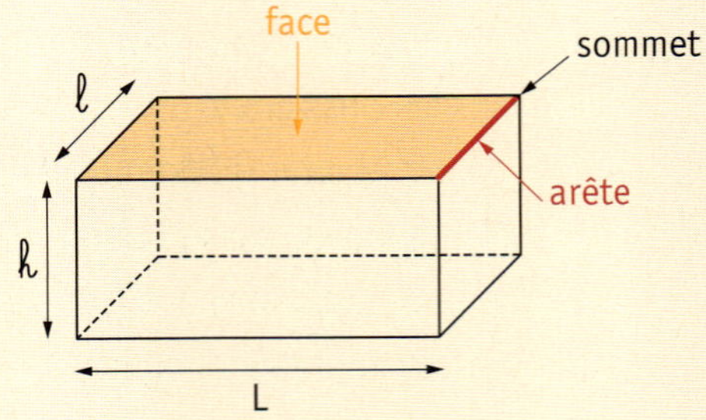

■ **Remarques :**

- Un parallélépipède rectangle possède 8 sommets, 12 arêtes et 6 faces.
- Un pavé droit est défini par trois dimensions : sa longueur L, sa largeur ℓ et sa hauteur h.

Définition

Un **cube** est un solide dont les six faces sont des carrés.

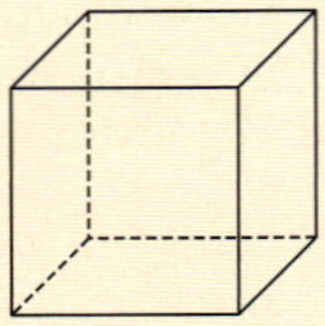

■ **Remarques :**

- Un cube est un parallélépipède rectangle particulier.
- Les 12 arêtes d'un cube ont la même longueur.

b) Patron

Définition

Un **patron** d'un solide est un dessin en un seul morceau qui permet, après découpage et pliage, de construire ce solide. Sur un patron, chaque face est dessinée en vraie grandeur.

■ **Remarque :** Il y a plusieurs patrons possibles pour un même pavé droit.

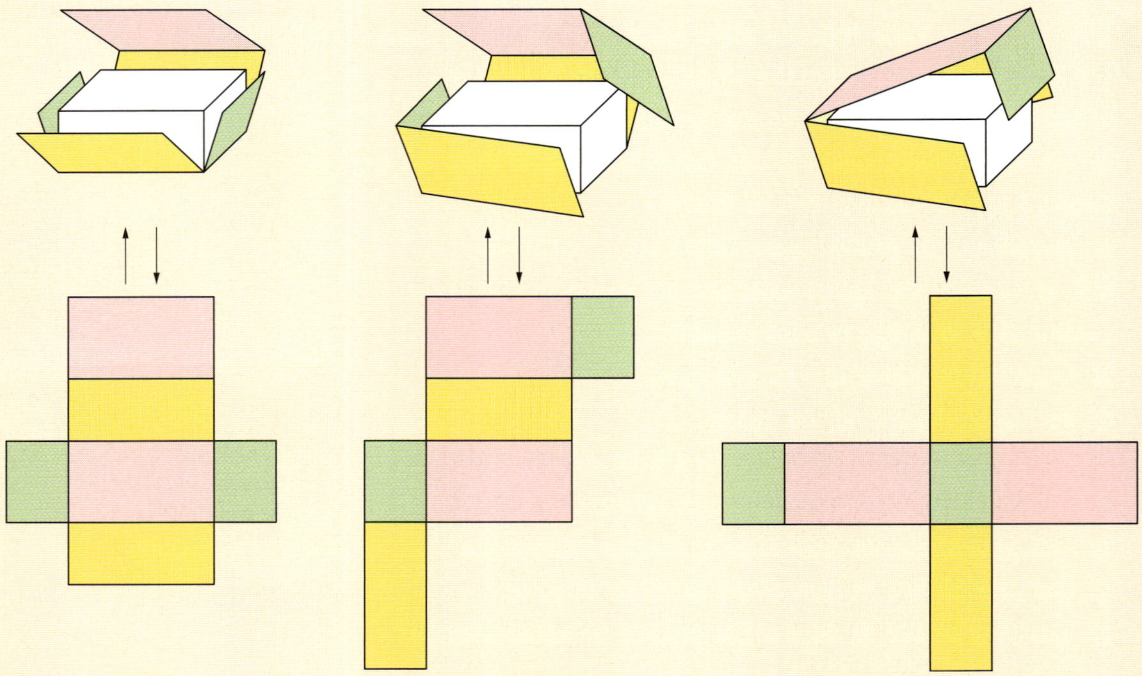

2 Perspective cavalière

a) Description

Vocabulaire La **perspective cavalière** est une technique de dessin utilisée pour représenter sur une surface plane, des solides.

Règles Dans une représentation d'un solide en perspective cavalière :
- deux arêtes parallèles et de même longueur sont représentées par deux segments parallèles et de même longueur ;
- les arêtes cachées sont représentées en pointillés.

EXEMPLE :

Le cube ci-contre est représenté en perspective cavalière.

On a par exemple :
- (AE) // (CG) et AE = CG ;
- l'arête [FG] n'est pas visible, elle est représentée en pointillés.

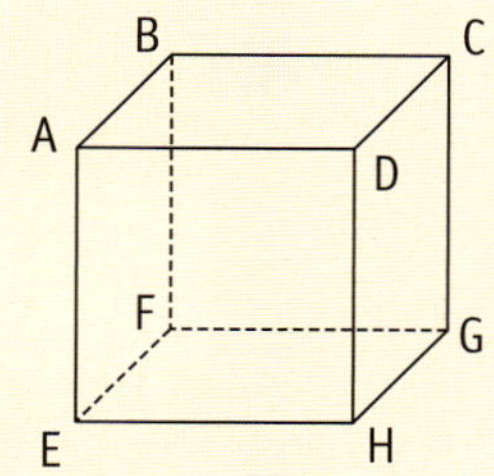

Remarques :
- La face du dessus ABCD du cube est un carré. Sur le dessin, cette face est déformée.
- L'angle $\widehat{BAD}$ sur le solide est droit. Sur le dessin, cet angle est déformé.

b) Cas du parallélépipède rectangle

On considère une représentation en perspective cavalière d'un parallélépipède rectangle.

• Les faces avant et arrière sont représentées par deux rectangles superposables.			
• Deux faces opposées sont parallèles. 	• Deux faces non opposées sont perpendiculaires. 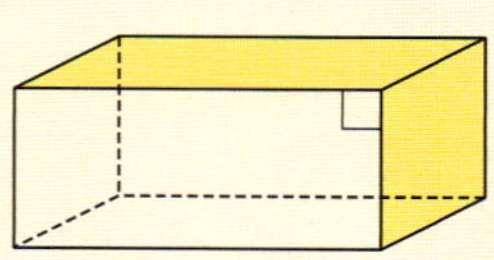	• Deux arêtes parallèles ont la même longueur. 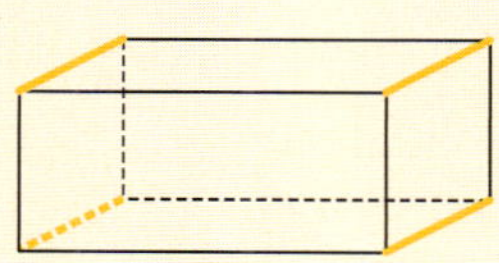	• Deux arêtes issues d'un même sommet sont perpendiculaires. 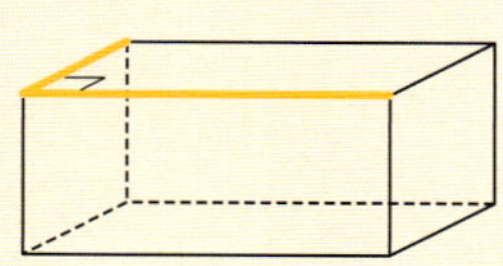

EXEMPLE :

Le parallélépipède rectangle ABCDEFGH est représenté en perspective cavalière.
- La face avant ABCD et la face arrière EFGH sont deux rectangles superposables.
- Les faces ABFE et DCGH sont opposées, elles sont donc parallèles.
- Les faces ABCD et ADHE ne sont pas opposées, elles sont donc perpendiculaires.
- Les arêtes [AD] et [FG] sont parallèles et de même longueur.
- Les arêtes [FG] et [FB] sont perpendiculaires.

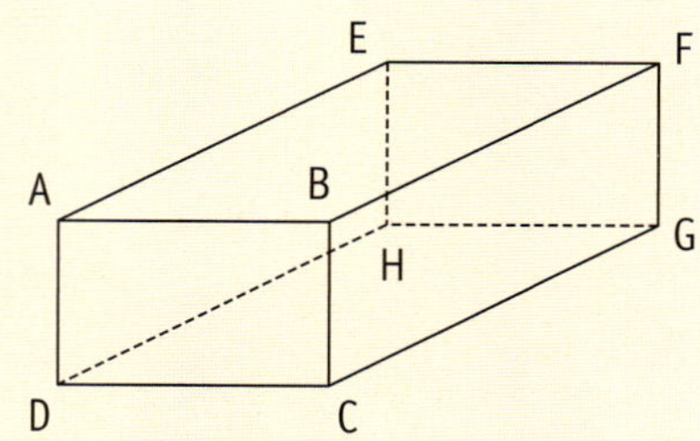

> Savoir-faire

1 J'APPRENDS À... Dessiner un patron d'un pavé droit

Énoncé : • Dessiner un patron du parallélépipède rectangle représenté ci-contre en perspective cavalière.

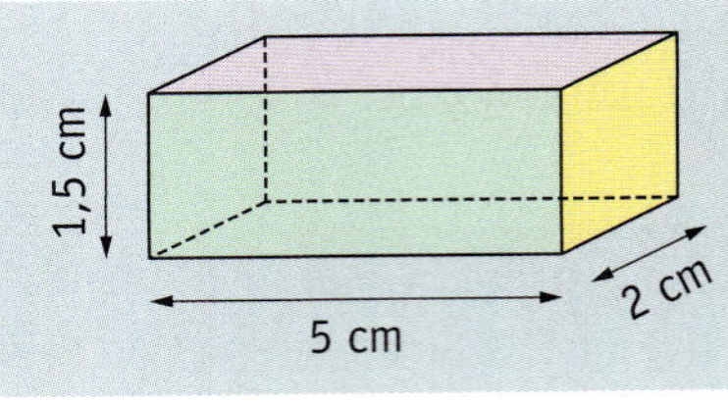

Solution :

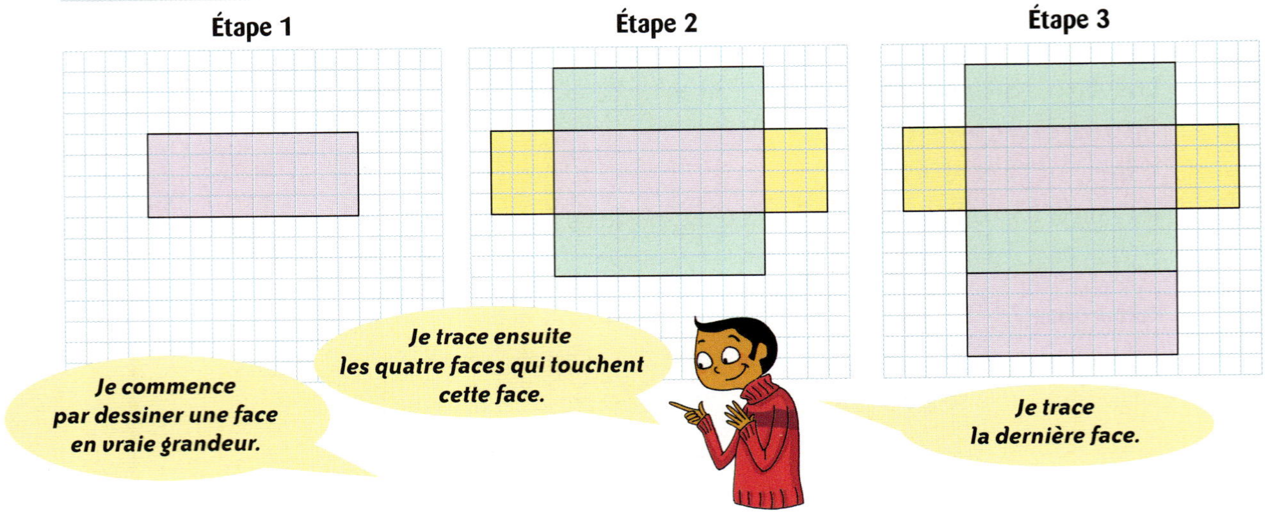

> J'APPLIQUE.

1 Dessiner un patron de ce pavé droit.

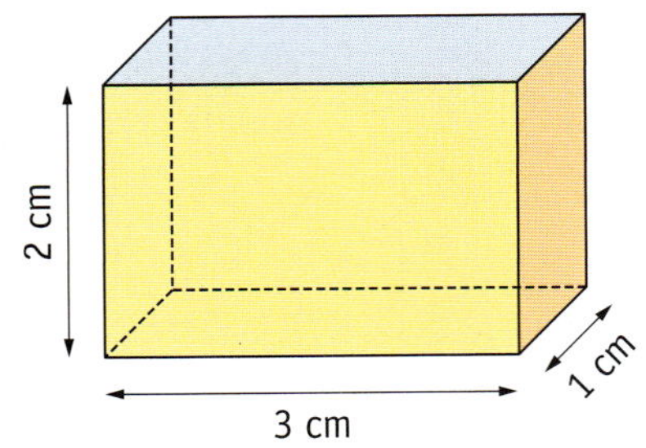

2 Dessiner un patron de ce cube.

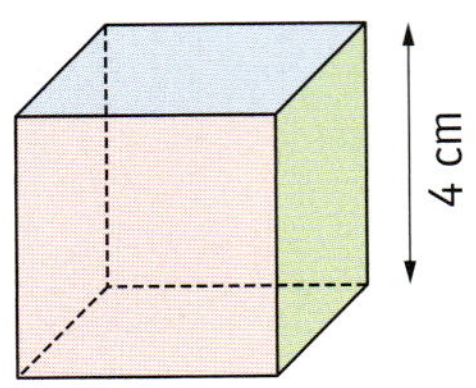

3 Construire un patron d'un pavé droit de 4,5 cm de longueur, de 3 cm de largeur et de 1,5 cm de hauteur.

4 Construire un patron d'un pavé droit de 5,5 cm de longueur, de 2,5 cm de hauteur et de 1,5 cm de largeur.

Pour les exercices 5 et 6, reproduire la figure et la compléter pour obtenir un patron d'un parallélépipède rectangle.

5

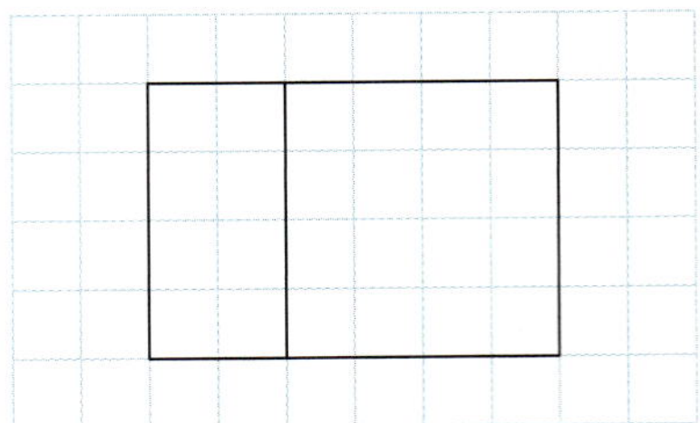

6

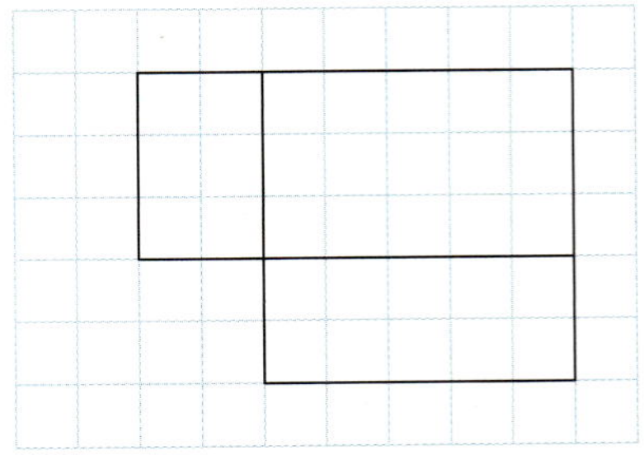

7 SC2 Pour chaque solide représenté, préciser s'il s'agit d'un pavé droit, sinon indiquer sa nature lorsque cela est possible.

a)
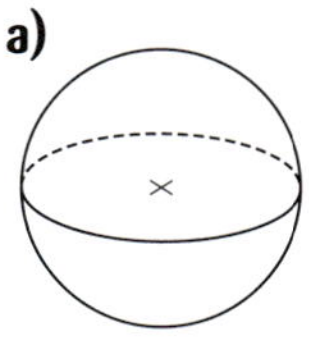
b)
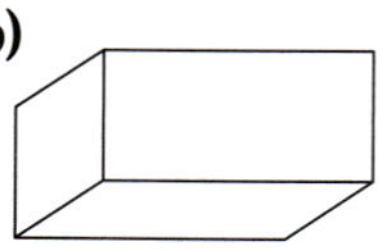
c)
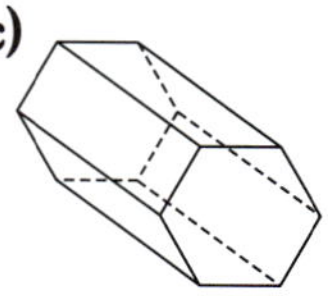
d)
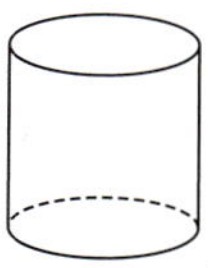
e)
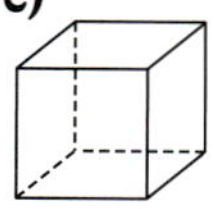
f)
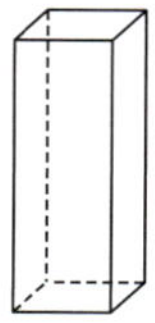
g)
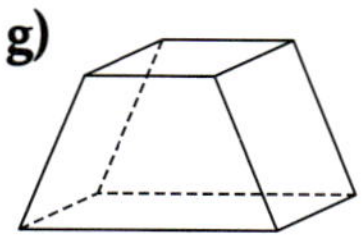
h)
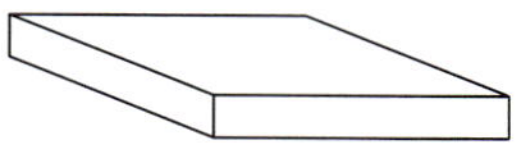

8 SC2 Parmi ces figures, lesquelles ne sont pas des patrons de pavé droit ? Justifier chaque réponse.

a)
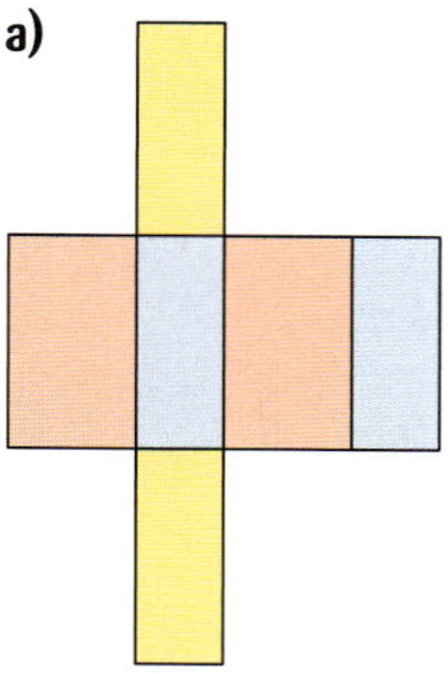
b)
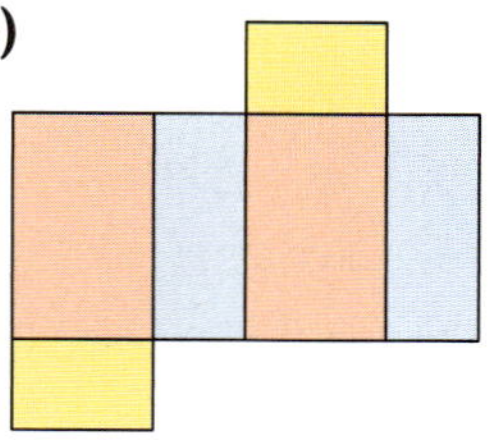
c)
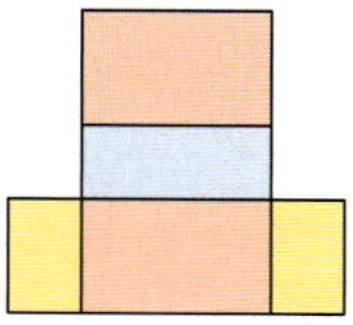
d)
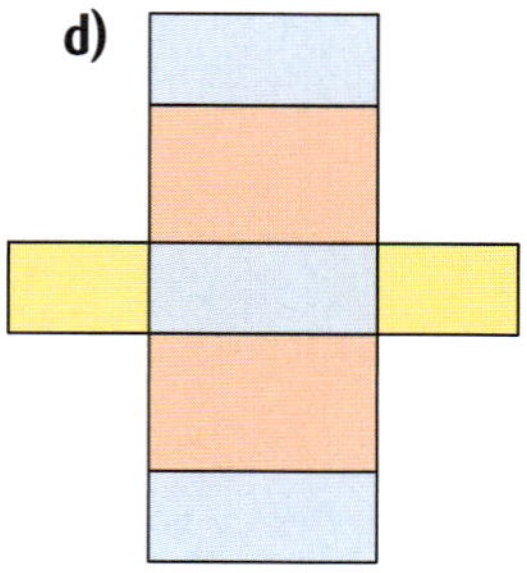
e)
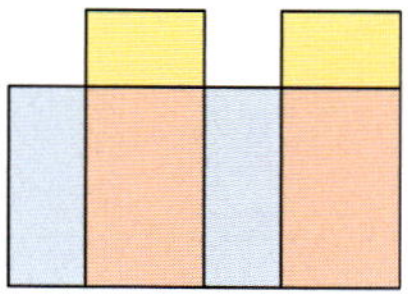
f)
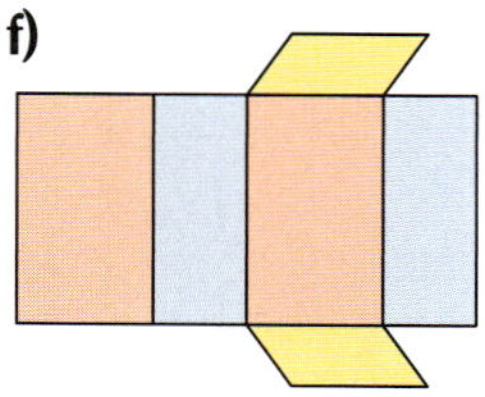
g)
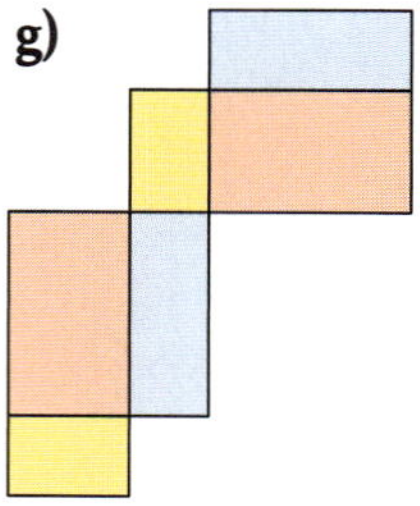

9 Quatre élèves ont voulu représenter en perspective cavalière un parallélépipède rectangle.

1) Lequel de ces élèves a correctement représenté le parallélépipède rectangle ?

2) Pour chacun des trois autres, expliquer son erreur.

a)
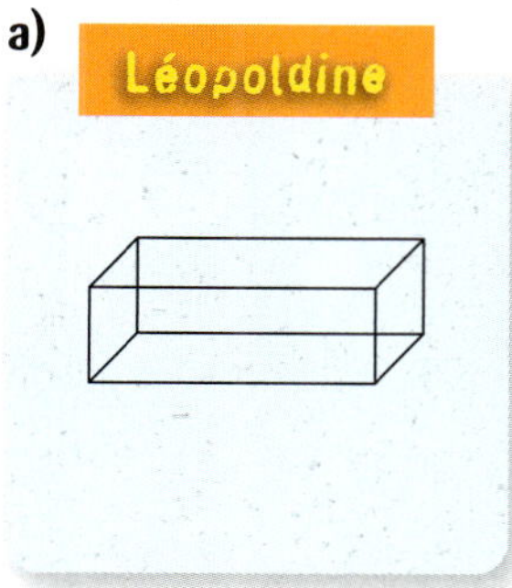

b)
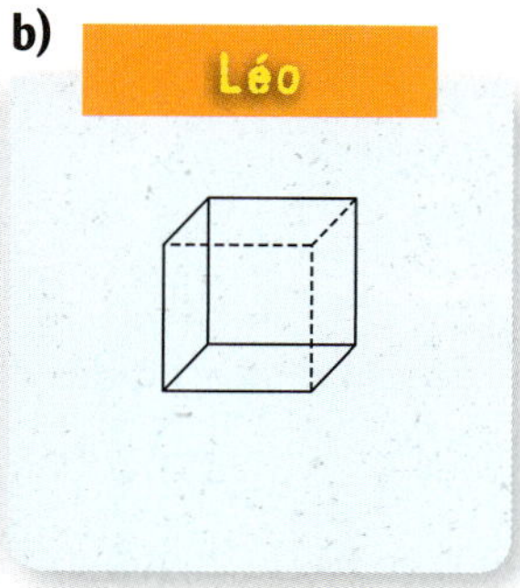

c)
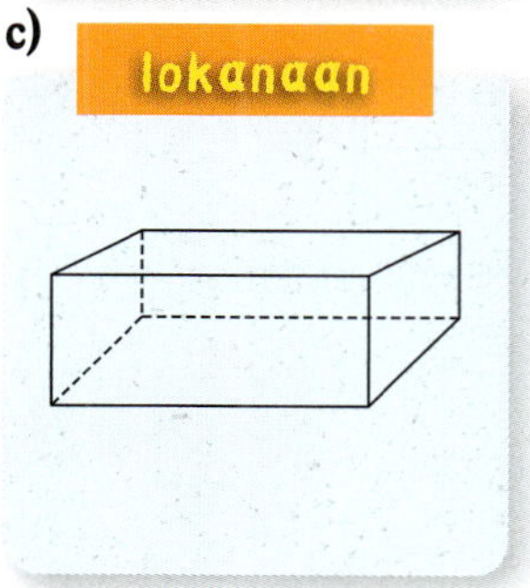

d)
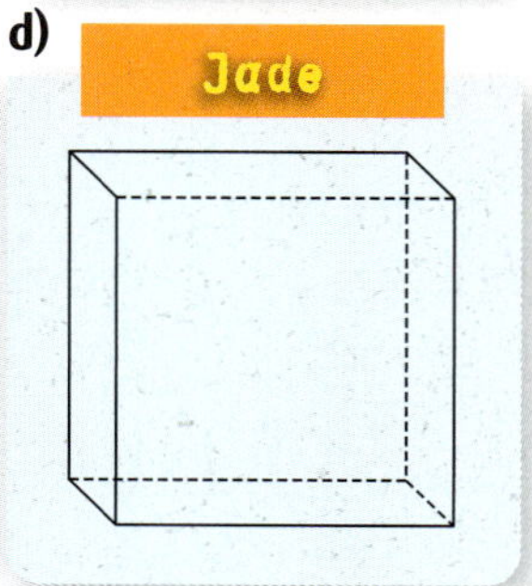

10 On considère le pavé droit ci-dessous.

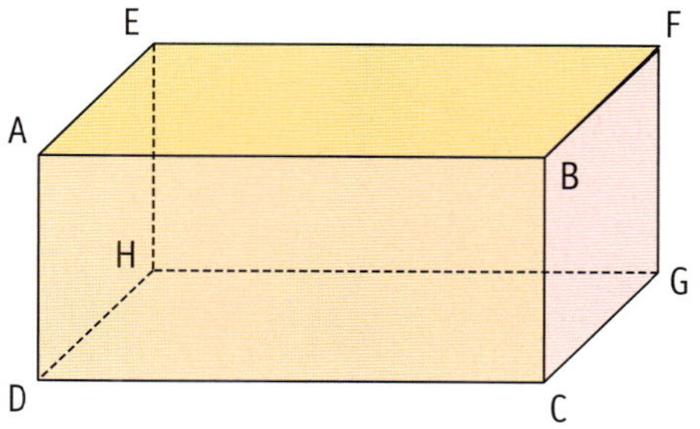

1) Quelle est la face opposée à la face :
a) ABCD ? **b)** DCGH ? **c)** BCGF ?

2) Citer une face parallèle à la face :
a) ABFE ; **b)** BFGC ; **c)** EFGH.

3) Citer une face perpendiculaire à la face :
a) ABFE ; **b)** AEHD ; **c)** ABCD.

4) Citer une droite parallèle à la droite :
a) (DC) ; **b)** (BF) ; **c)** (EH).

5) Citer une droite perpendiculaire à la droite :
a) (DC) ; **b)** (BF) ; **c)** (EH).

6) Citer toutes les arêtes ayant la même longueur que l'arête :
a) [AB] ; **b)** [EH] ; **c)** [CG].

> Je m'entraîne

Reconnaître et décrire des solides

11 SC2

• Associer à chacun des objets l'un des quatre solides suivants :

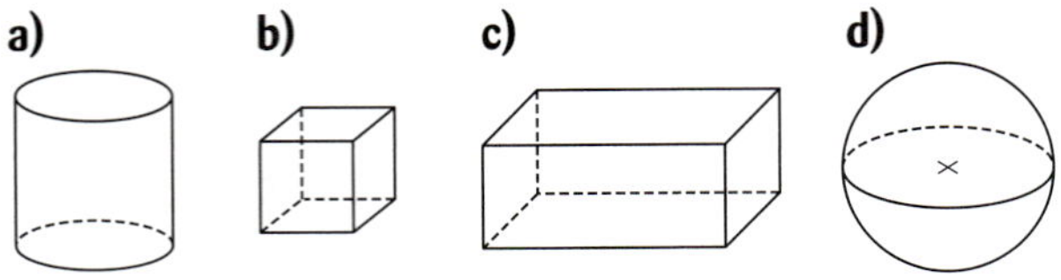

12 On considère les solides suivants :

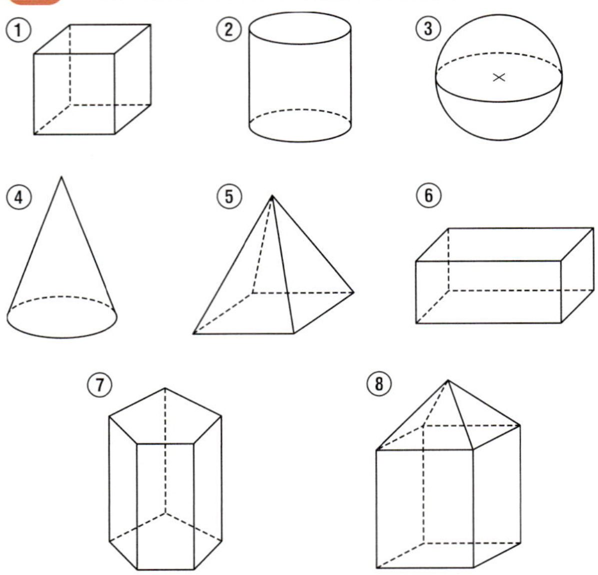

1) Recopier et compléter le tableau.

Solide	Nombre de faces	Nombre de sommets	Nombre d'arêtes
①	…	…	…
②	…	…	…
③	…	…	…
④	…	…	…
⑤	…	…	…
⑥	…	…	…
⑦	…	…	…
⑧	…	…	…

2) Parmi ces solides, préciser lesquels sont des pavés droits.

Reconnaître et décrire des pavés droits

13 Recopier et compléter les phrases en utilisant chacune des étiquettes suivantes :

cube — pavé droit — arêtes — faces — sommets

a) « Un parallélépipède rectangle possède 6 ..., 12 ... et 8 ... . »

b) « Toutes les faces d'un ... sont des carrés. »

c) « Toutes les faces d'un ... sont des rectangles. »

d) « Toutes les ... d'un cube sont de la même longueur. »

Pour les exercices 14 à 16, on considère le pavé droit ci-dessous.

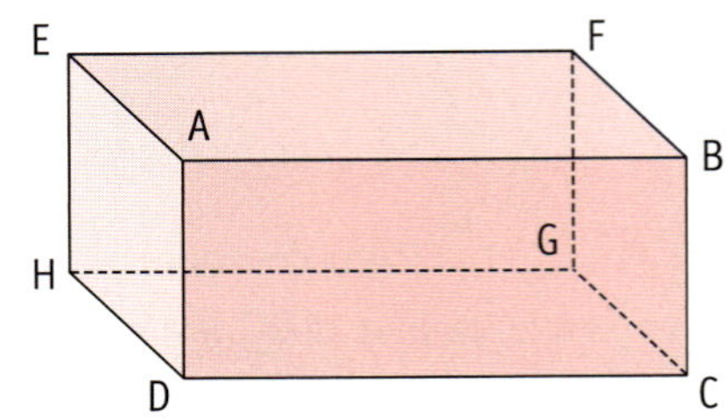

14 **1)** Citer toutes ses faces.

2) Citer deux faces opposées.

3) Citer deux faces non opposées.

15 **1)** Citer tous ses sommets.

2) Citer deux sommets d'une même face.

3) Citer deux sommets de deux faces différentes.

16 **1)** Citer deux arêtes appartenant à la même face.

2) Citer deux arêtes appartenant à deux faces différentes.

3) Citer deux arêtes de même longueur.

4) Citer deux arêtes de longueurs différentes.

17 On considère le pavé droit ci-dessous.

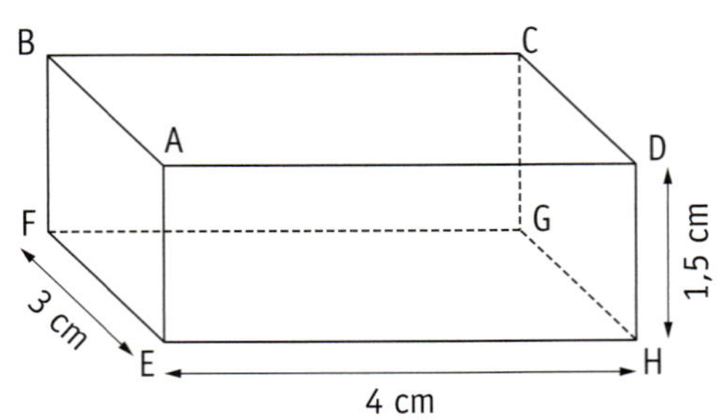

Donner le nom de toutes les arêtes :

a) de 4 cm de longueur ; **b)** de 1,5 cm de longueur ; **c)** de 3 cm de longueur.

Patrons

18 **SC2** Parmi ces figures, lesquelles ne sont pas des patrons de cube ? Justifier chaque réponse.

a) 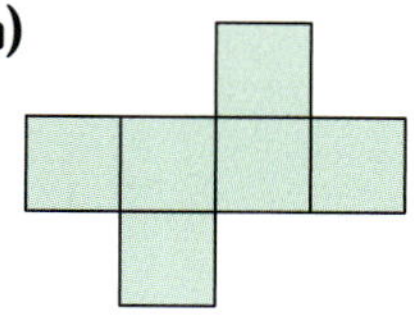

b) 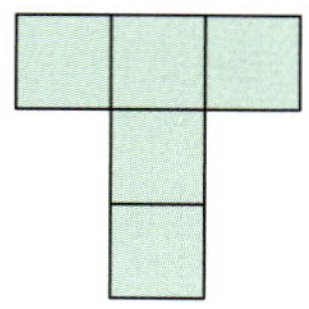

c) 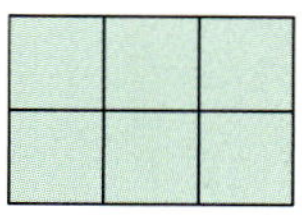

d) 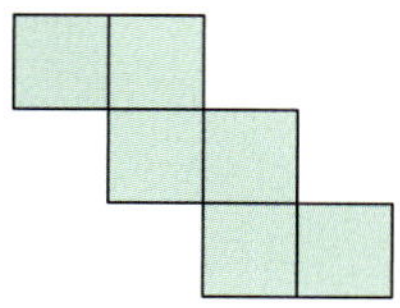

e) 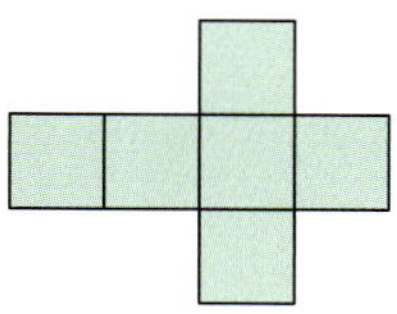

f) 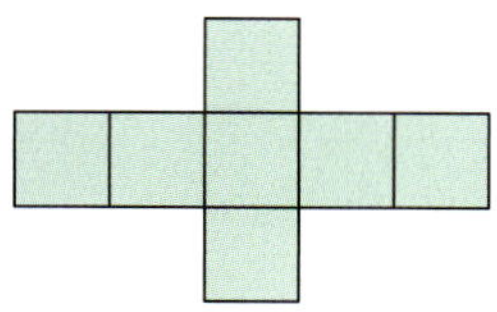

19 **SC2** Parmi ces figures, lesquelles ne sont pas des patrons de pavé droit ? Justifier chaque réponse.

a) 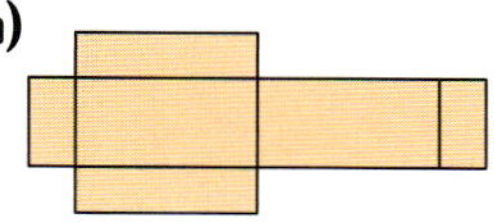

b) 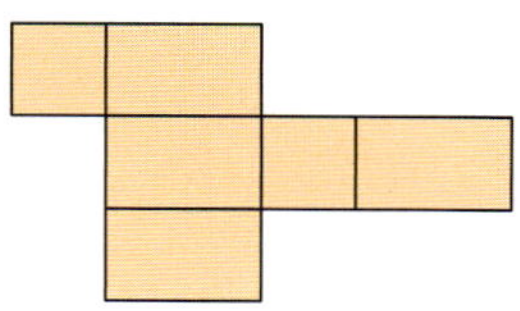

c) 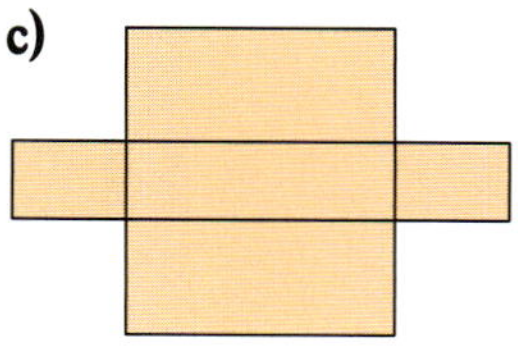

d) 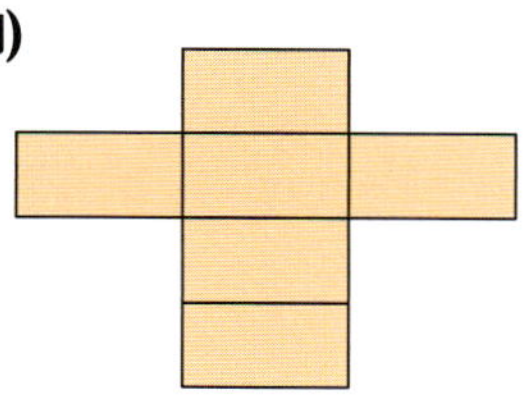

e) 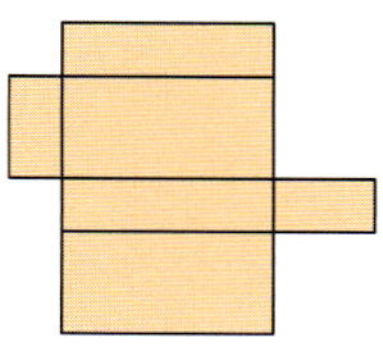

f) 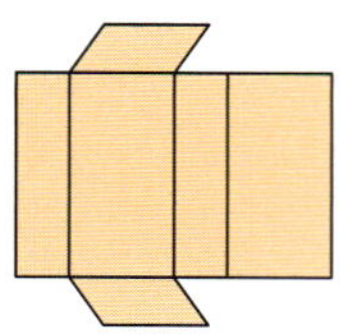

20 **1)** Réproduire le patron du pavé droit ci-contre.

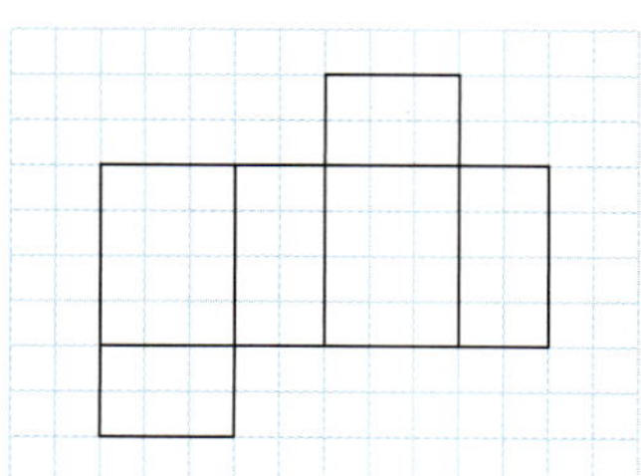

2) Coder toutes les longueurs égales.
Combien y a-t-il de codes différents ? Pourquoi ?

3) Colorier de la même couleur les faces opposées.
Combien y a-t-il de couleurs différentes ? Pourquoi ?

21 **a)** 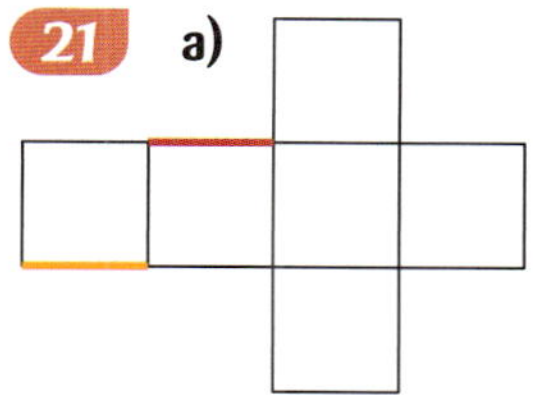

b) 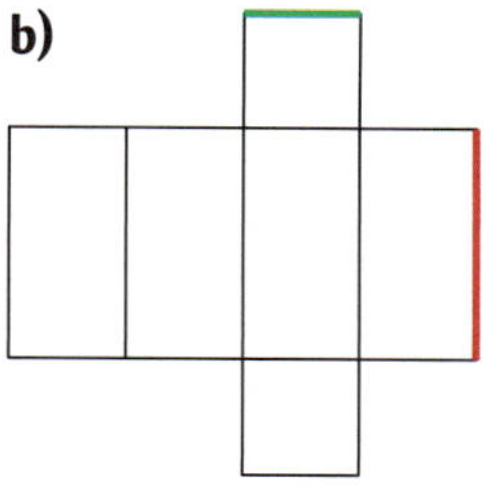

1) Reproduire chaque patron dessiné.

2) Pour chaque segment colorié, repasser de la même couleur le segment correspondant à la même arête.

3) Colorier de la même couleur les faces opposées.

22 **SC1** Reproduire en vraie grandeur chaque patron dessiné et fabriquer le cube correspondant.

a) 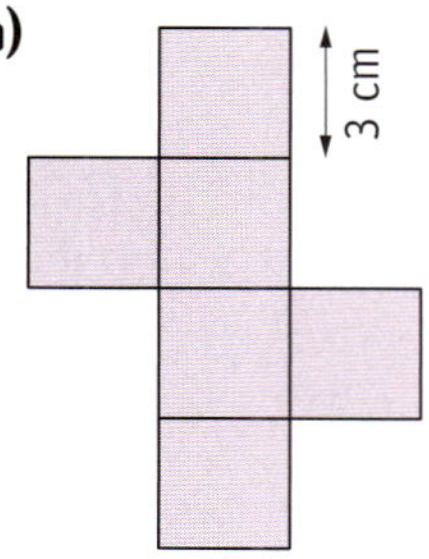

b) 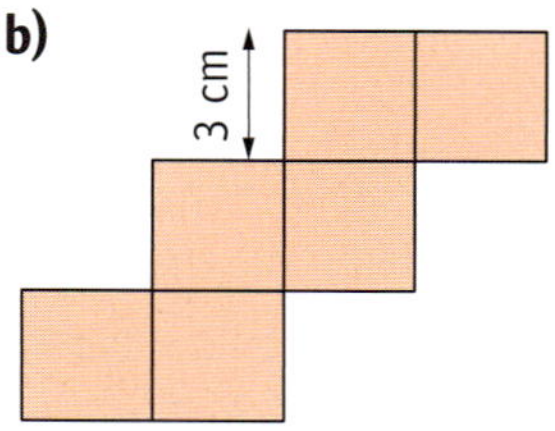

SC1 **Pour les exercices 23 et 24,** reproduire en vraie grandeur le patron dessiné et fabriquer le parallélépipède rectangle correspondant.

23 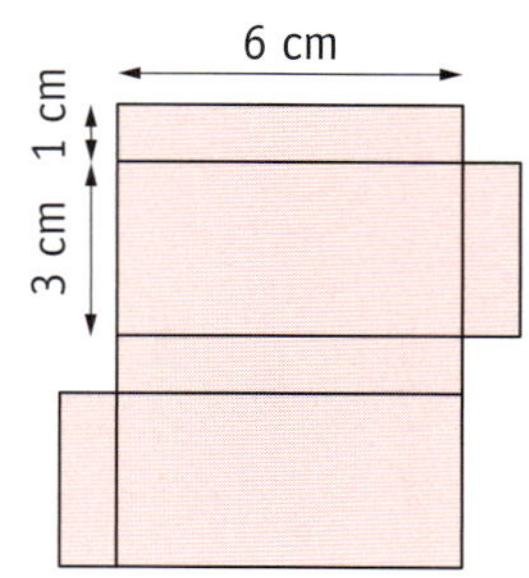

24 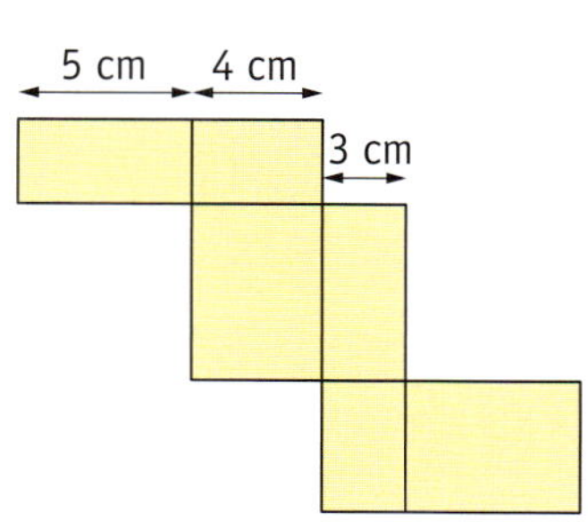

25 Fabriquer un cube d'arête 4 cm.

26 Fabriquer un parallélépipède rectangle de longueur 6 cm, de largeur 4 cm et de hauteur 2 cm.

> Je m'entraine

Représentation en perspective cavalière

Pour les exercices 27 et 28, on considère les quatre pavés droits ci-dessous sur lesquels trois faces ont été coloriées.

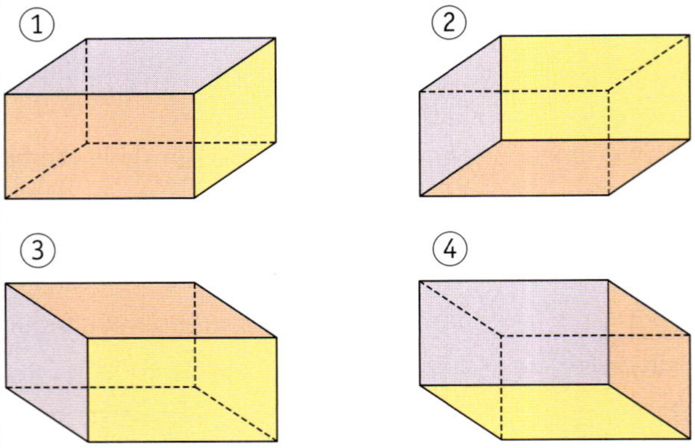

27 Pour chaque parallélépipède rectangle, recopier et compléter les phrases ci-dessous avec certains mots de la liste suivante : avant – arrière – gauche – droite – du dessus – du dessous.

a) « La face rouge est la face **...** . »
b) « La face bleue est la face **...** . »
c) « La face jaune est la face **...** . »

28 Deux faces opposées sont de la même couleur. Pour chaque pavé droit, préciser la couleur de la face :
a) arrière ; **b)** de gauche ; **c)** du dessous.

29 On considère ces deux pavés droits :

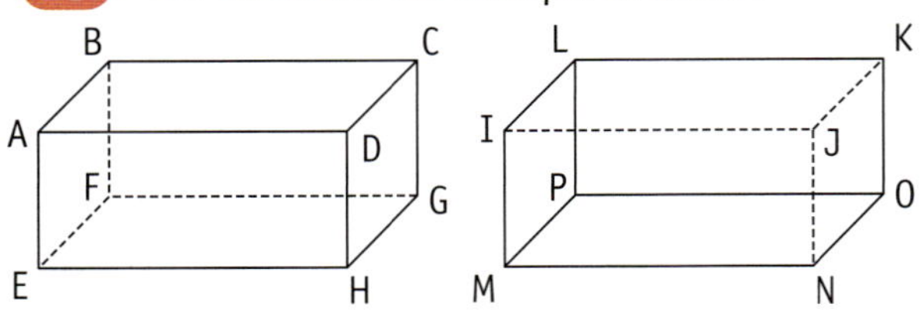

- Pour chaque pavé droit, préciser les arêtes cachées et les faces cachées.

30 ABCDEFGH représente un pavé droit.

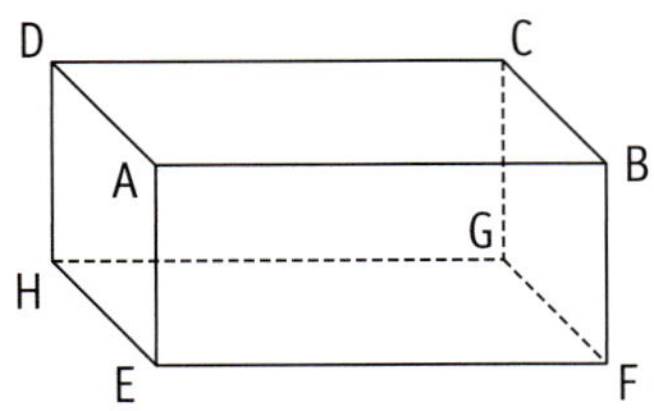

1) Quelle est la face opposée à la face BCGF ?
2) Citer les arêtes de même longueur que l'arête [AD].
3) Citer les arêtes parallèles à l'arête [AB].
4) Citer les arêtes perpendiculaires à l'arête [DH].

31 ABCDEFGH représente un parallélépipède rectangle.
Dans la réalité, sur ce solide :

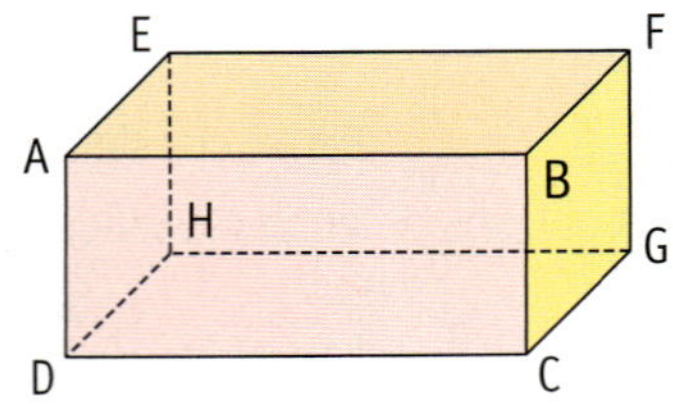

a) Quelle est la nature de la face ABCD ?
b) Que peut-on dire des arêtes [AB] et [AD] ?
c) Que peut-on dire des arêtes [AB] et [DC] ?
d) Quelle est la nature de la face ABFE ?
e) Que peut-on dire des arêtes [AB] et [AE] ?
f) Que peut-on dire des arêtes [AB] et [EF] ?
g) Les arêtes [BC] et [CG] sont-elles perpendiculaires ? Justifier la réponse.
h) Les arêtes [BC] et [CG] sont-elles de même longueur ? Justifier la réponse.

Pour les exercices 32 à 34, reproduire la figure sur papier quadrillé, puis la compléter pour qu'elle soit la représentation en perspective cavalière d'un parallélépipède rectangle.

32

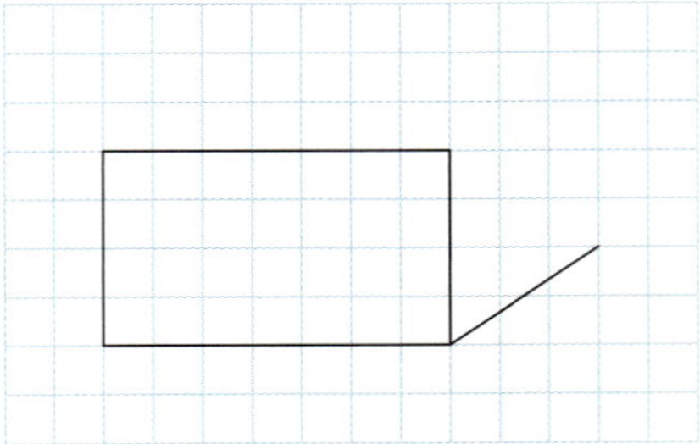

33

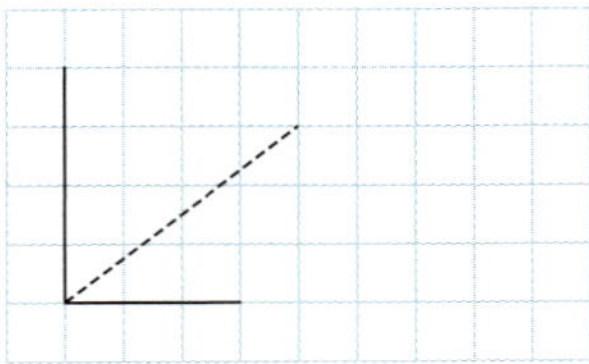

34 **a)**

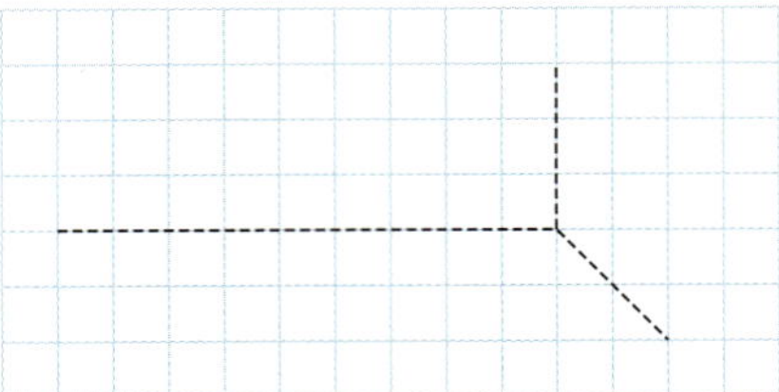

b)

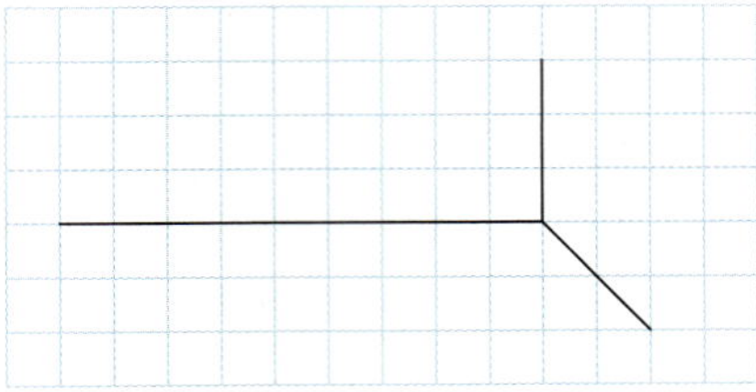

> Je fais le point

J'ai appris à…

- Reconnaître, décrire un parallélépipède rectangle.
- Dessiner un patron d'un parallélépipède rectangle.
- Interpréter une représentation en perspective cavalière d'un parallélépipède rectangle.

Attention : Il peut y avoir plusieurs réponses exactes pour chaque énoncé ! Les trouver toutes.

	A	B	C	Si échec, revoir :
35 Un objet qui rappelle un parallélépipède rectangle est :	un dé à jouer	une boîte de sucre	un pot de confiture	p. 220
36 Un parallélépipède rectangle possède :	8 sommets	8 arêtes	8 faces	p. 220
37 Un solide dont les 6 faces sont des carrés est :	un pavé droit	un cube	un carré	p. 220
38 Pour tout pavé droit, toutes les faces sont :	de mêmes dimensions	des carrés	des rectangles	p. 220
39 Deux faces opposées d'un parallélépipède rectangle sont :	de mêmes dimensions	parallèles	perpendiculaires	p. 221
40 Pour tout pavé droit, deux arêtes issues d'un même sommet sont :	de même longueur	parallèles	perpendiculaires	p. 221
41 Une représentation en perspective cavalière d'un pavé droit est :	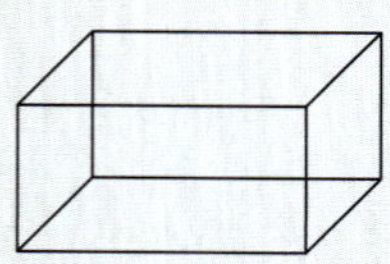	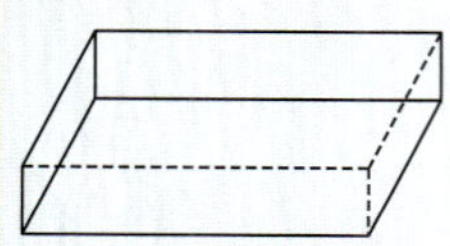	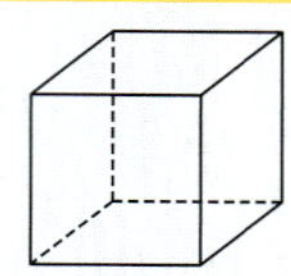	p. 221
42 En perspective cavalière, les arêtes en pointillés sont :	cachées	visibles	à découper	p. 221
43 Sur une représentation en perspective cavalière d'un pavé droit, on représente par un rectangle :	toutes les faces	la face avant uniquement	la face avant et la face arrière uniquement	p. 221
44 Un patron de pavé droit est :			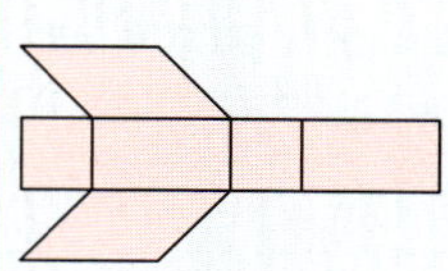	p. 220 p. 222

> Corrigés et exercices de soutien : voir

> J'approfondis

45 On forme le pavé droit suivant avec deux cubes d'arête 3 cm :

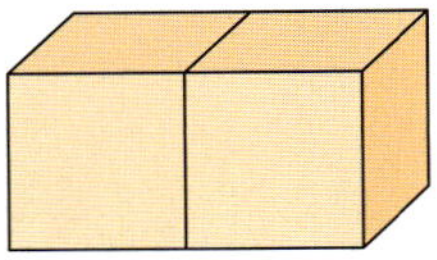

1) a) Combien de faces possède chaque cube ?
b) Quelle est la nature de ces faces ?
2) a) Combien de faces possède ce pavé droit ?
b) Combien de ses faces sont des carrés ?
3) Dessiner un patron de ce pavé droit.

46 On forme le pavé droit suivant avec quatre cubes d'arête 2 cm :

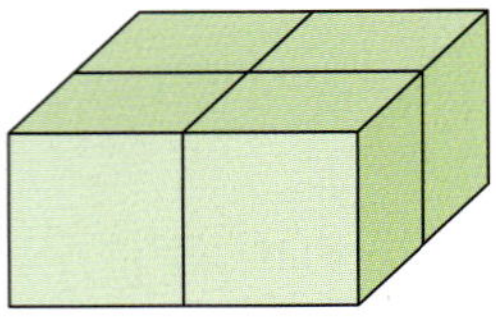

1) Décrire ce pavé droit, c'est-à-dire préciser le nombre de faces, de sommets et d'arêtes.
2) Donner les dimensions de ce pavé droit.
3) Construire un patron de ce pavé droit.

47 On coupe **tous** les « coins » d'un cube.

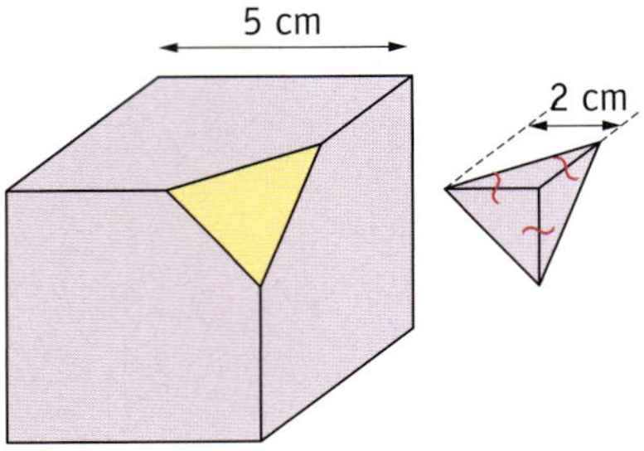

1) Dessiner en vraie grandeur une des faces du solide obtenu.

J'ai tracé un polygone à huit côtés.

2) Combien le solide obtenu possède-t-il :
a) de sommets ? **b)** de faces ? **c)** d'arêtes ?

48 **1)** Reproduire le patron dessiné.

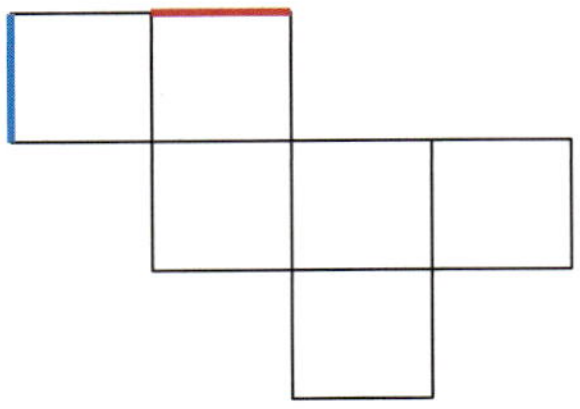

2) Pour chaque segment colorié, repasser de la même couleur le segment correspondant à la même arête.

49 **1)** Reproduire et compléter la figure pour obtenir un patron d'un parallélépipède rectangle.

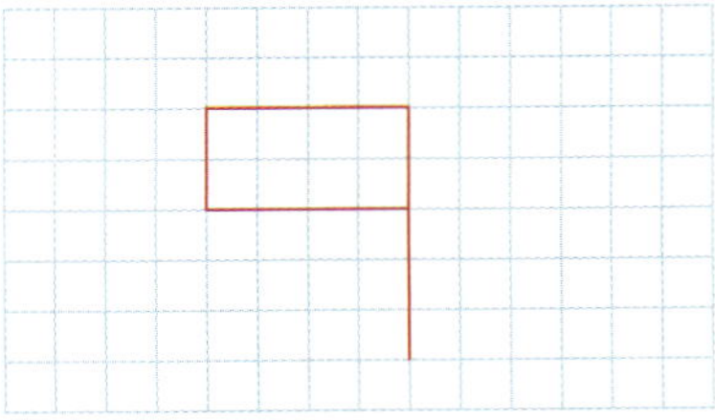

2) Construire un autre patron de ce pavé droit.

50 **1)** Reproduire et compléter la figure pour obtenir un patron d'un parallélépipède rectangle.

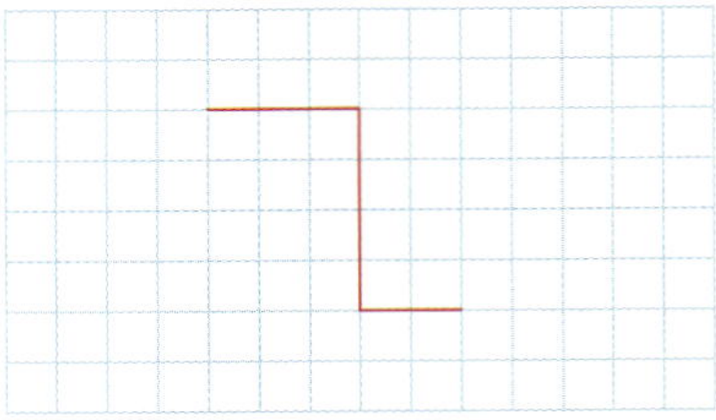

2) Construire un autre patron de ce pavé droit.

51 Reproduire et compléter la figure pour obtenir une représentation en perspective cavalière d'un cube.

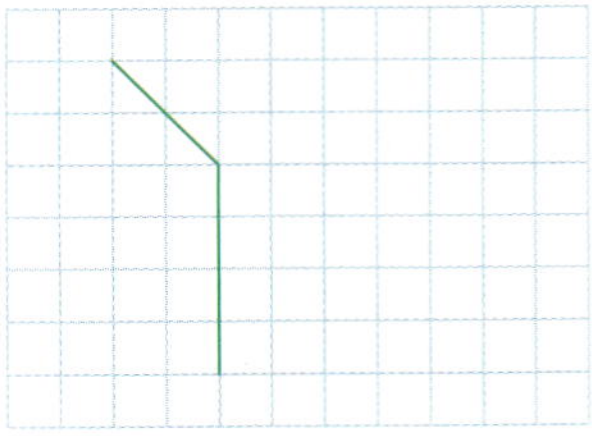

52 Reproduire et compléter la figure pour obtenir une représentation en perspective cavalière d'un parallélépipède rectangle.

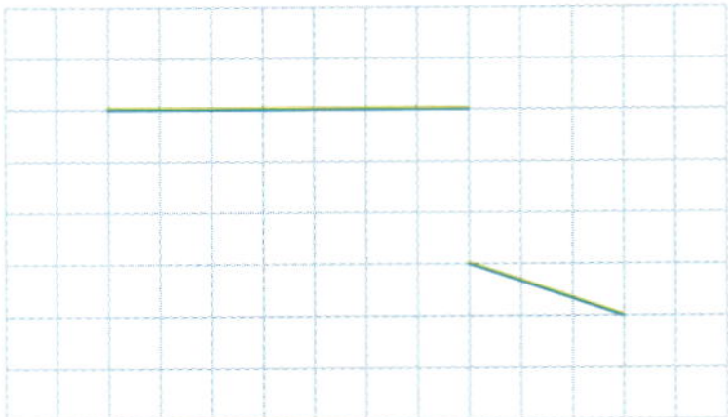

53 Représenter en perspective cavalière un cube de 4 cm d'arête.

54 **1)** Représenter en perspective cavalière un pavé droit de longueur 5 cm, de largeur 2 cm et de hauteur 3 cm.
2) Choisir une autre face avant et représenter à nouveau en perspective cavalière ce pavé droit.

55 Voici un solide constitué de cubes identiques :

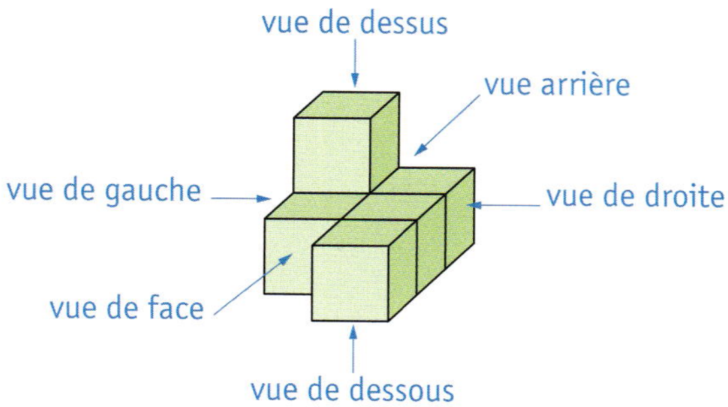

• Pour chacune des six figures ci-dessous, préciser à quelle vue elle correspond.

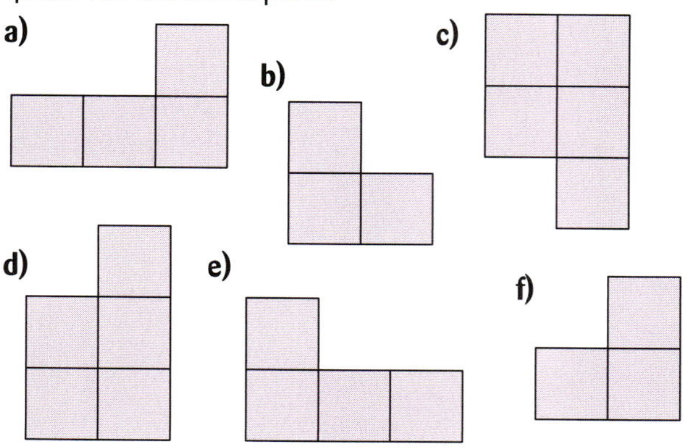

56 Pour cet exercice, se munir d'un dé à jouer classique.

1) a) En observant le dé, calculer la somme des points de deux faces opposées.

b) Recommencer avec deux autres faces opposées.

c) Enfin, recommencer avec les deux dernières faces opposées. Que remarque-t-on ?

2) Recopier et compléter les deux patrons de dé à jouer suivants :

a)

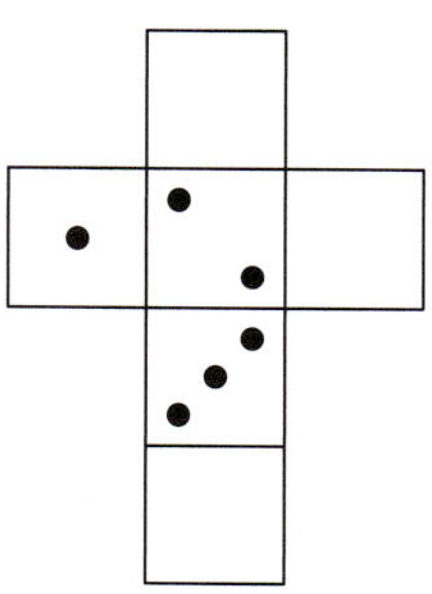

b)

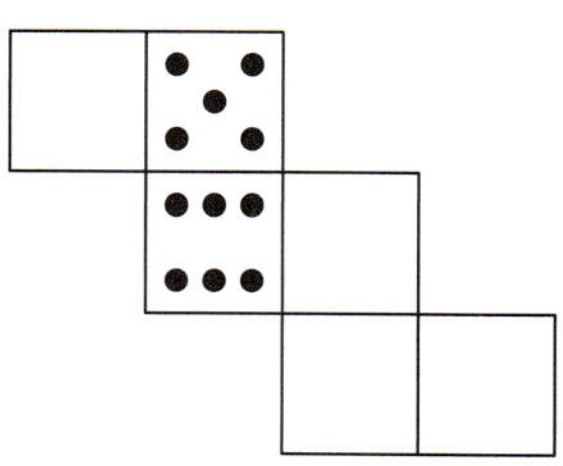

57 Voici deux vues différentes d'un même cube sur lequel sont inscrites les lettres du prénom MAREVA :

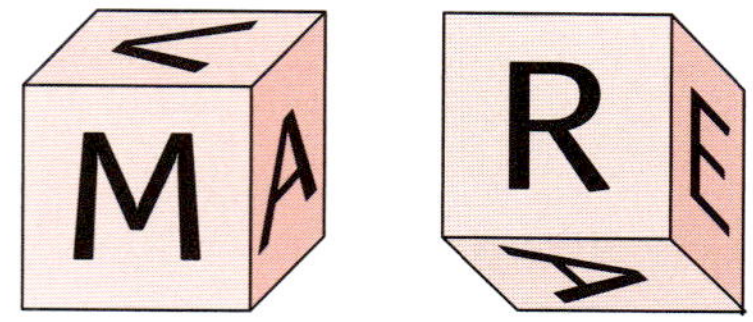

• Recopier et compléter les trois patrons de ce cube commencés ci-dessous.

Il y a deux lettres A dans MAREVA.

a)

J'ai construit le cube pour vérifier.

b)

c)

58 On désire mettre une ficelle autour d'un paquet ayant pour longueur 50 cm, pour largeur 35 cm et pour hauteur 20 cm.

Voici trois façons différentes de mettre la ficelle :

①

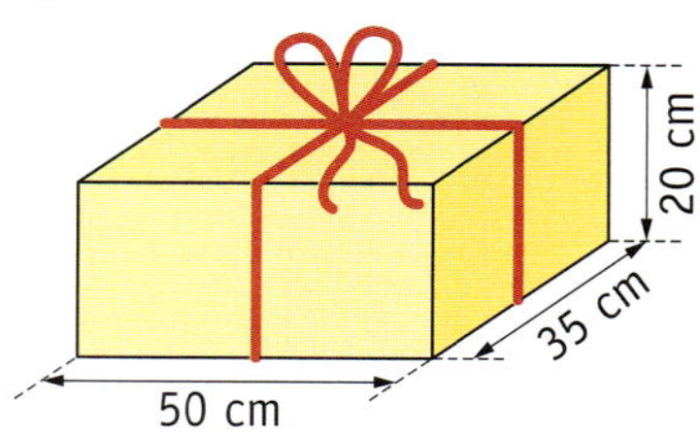

②

③

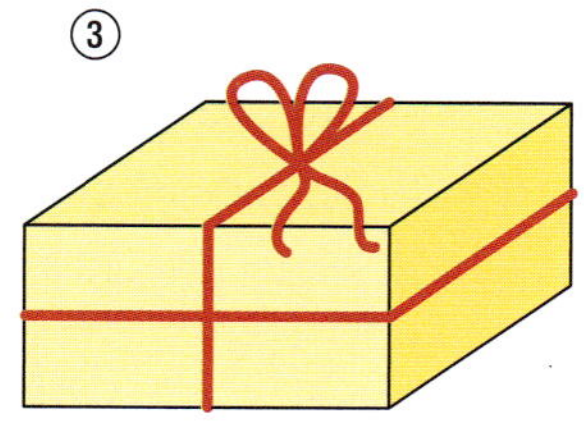

• Sachant qu'il faut 20 cm pour faire le nœud, quelle façon permet d'utiliser le moins de ficelle ?
Justifier la réponse.

DEVOIRS À LA MAISON

DEVOIR A

59 ABCDEFGH représente un pavé droit.

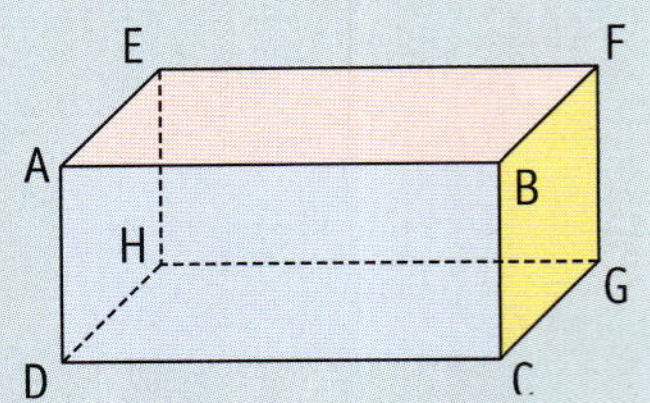

1) Citer deux arêtes issues :
a) du point A ; **b)** du point E.

2) Citer deux arêtes parallèles à :
a) l'arête [DC] ; **b)** l'arête [EH].

3) Citer deux arêtes de même longueur que :
a) l'arête [FG] ; **b)** l'arête [AE].

60 **1)** Recopier et compléter la figure ci-dessous pour obtenir un patron d'un pavé droit.

2) Construire un autre patron de ce pavé droit.

DEVOIR B

61 La mairie du Havre est composée de plusieurs bâtiments ayant la forme de pavés droits. La tour, de 72 m de hauteur, est posée sur un plan carré de 19 m de côté.

• Construire la tour de la mairie du Havre en représentant 10 mètres sur le terrain par 1 cm.

62 **1)** Recopier et compléter la figure ci-dessous pour obtenir la représentation en perspective cavalière d'un pavé droit.

2) Colorier en rouge la face avant, en bleu la face du dessus et en vert la face de gauche.

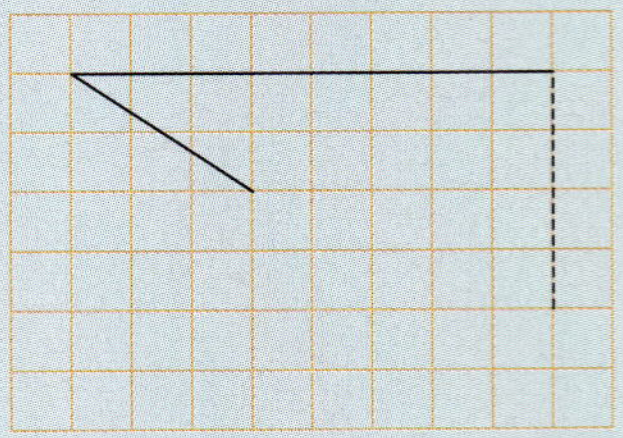

JE CHERCHE...

63 On considère le patron suivant d'un cube.

• Reproduire chaque cube en perspective cavalière et compléter les faces manquantes.
S'il y a plusieurs possibilités, les trouver toutes.

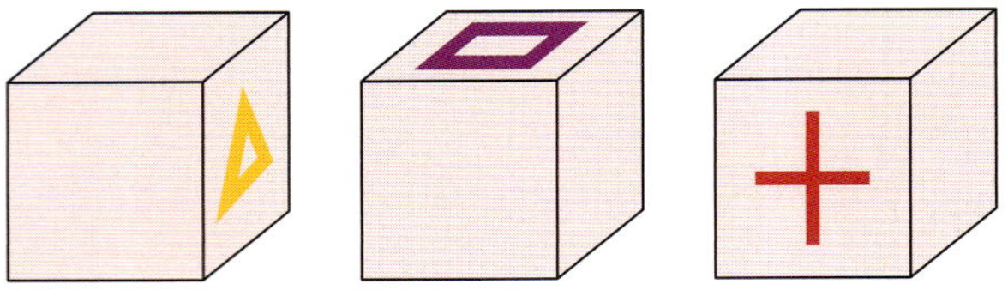

64 Dans une pièce cubique, deux araignées se trouvent dans le coin A.
Elles repèrent, sur le sol de la pièce, une mouche située au centre M du plancher.

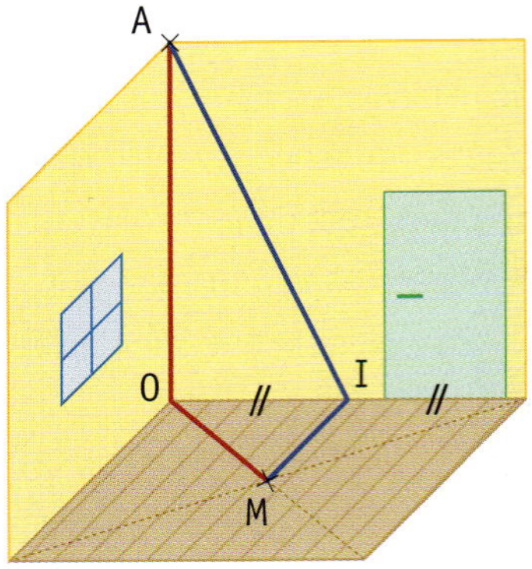

1) Les deux araignées partent au même moment et vont à la même vitesse. L'une emprunte le chemin rouge, l'autre le chemin bleu.
Laquelle arrivera en premier ? Justifier la réponse.

2) Il existe des chemins encore plus courts. Trouver le chemin le plus court.

> J'utilise un logiciel

On utilise le logiciel de géométrie *Geoplan Geospace*.

65 **1)** On veut afficher un pavé droit. Pour cela :
Cliquer sur « **Fichier** », « **Ouvrir un figure de l'espace** », « **Exemples** », « **Espace** », « **BasesEspace** » et « **PAVE** ».
Quel solide apparaît à l'écran ?

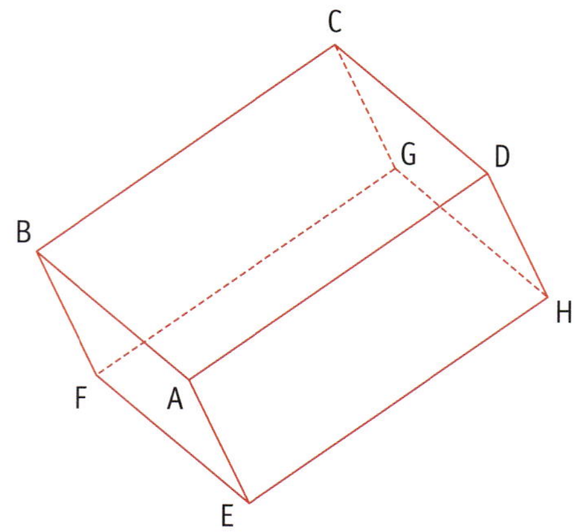

2) On veut faire tourner le pavé droit. Pour cela :
- Appuyer sur le bouton droit de la souris, le curseur se transforme en une main.
- Garder le bouton droit de la souris enfoncé et la bouger.
- Faire tourner l'objet pour que la face AEHD soit la face de devant.

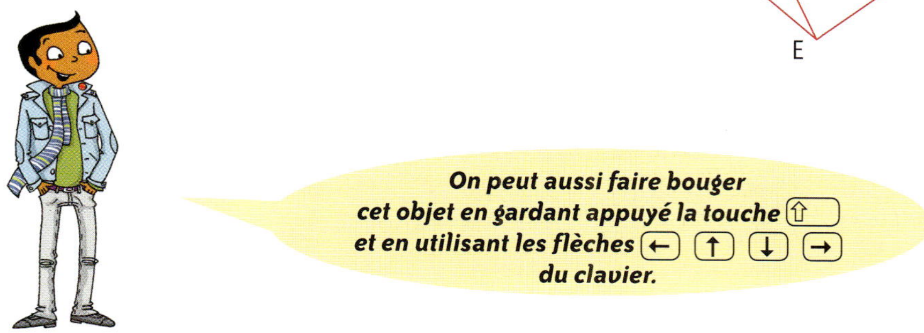

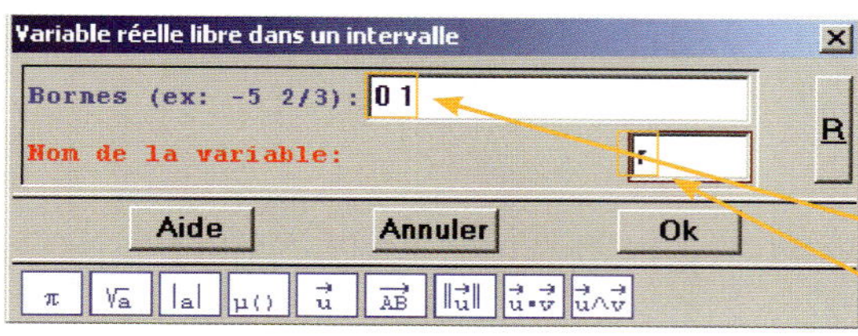

3) On veut afficher un patron de ce pavé droit. Pour cela :
a) • Cliquer sur « **Créer** », « **Numérique** », puis sur « **Variable réelle libre dans un intervalle** ».
- Entrer **0 1** (laisser un espace entre **0** et **1**).
- Nommer la variable **r**.
- Cliquer sur « **OK** ».

b) • Cliquer sur « **Créer** », « **Solide** », « **Patron d'un polyèdre** ».
- Taper **P** pour le nom du polyèdre.
- Taper **r** pour le coefficient d'ouverture.
- Nommer le patron **Pa**.
- Cliquer sur « **OK** ».

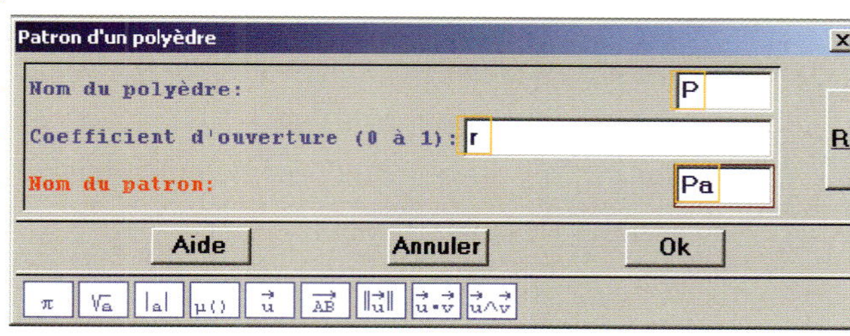

c) Déplier et replier le patron en utilisant les flèches ↑ ↓ du clavier.

4) **a)** On veut afficher la valeur du nombre **r**. Pour cela :
- Cliquer sur « **Créer** », « **Affichage** », « **Variable numérique déjà définie** ».
- Taper **r** et choisir deux décimales.
- Cliquer sur « **OK** ».

b) Qu'observe-t-on à l'écran lorsque $r = 0$? $r = 1$?

66 **1)** On veut afficher un objet. Pour cela :
Cliquer sur « **Fichier** », « **Ouvrir un figure de l'espace** », « **Exemples** », « **Espace** », « **Observe** » et « **ELEMVUES** ».
2) On obtient la figure ci-contre.
Par quels solides semble être constitué cet objet ?

3) **a)** Faire tourner l'objet.
b) Par quels solides est constitué cet objet ?

> Découverte

Fausses représentations du cube

Le **cube de Necker** est une illusion d'optique publiée pour la première fois en 1832 par le suisse Louis Albert Necker.
Toutes les arêtes de ce cube sont dessinées en trait continu.
De ce fait, quand deux lignes se croisent, on ne sait pas laquelle est devant et laquelle est derrière. Ceci rend le dessin ambigu ; il peut être interprété de deux manières différentes.

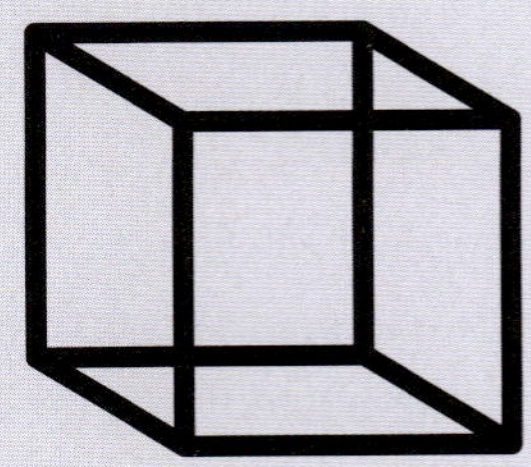

67 **1)** On considère que la face avant est représentée par le carré rouge.

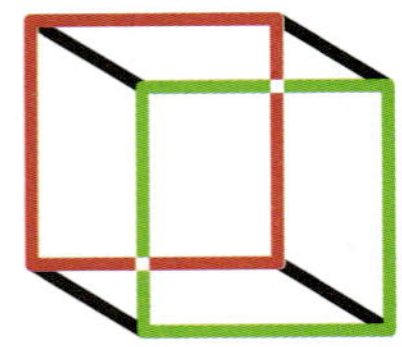

a) Reproduire le cube ci-contre.
b) Colorier en rouge la face avant.
c) Quelles sont alors les deux autres faces visibles ? Les colorier à l'aide de deux autres couleurs.
2) Reprendre la question **1)** en considérant que la face avant est représentée par le carré vert.
On obtient ainsi les deux cubes que l'on peut « voir » à partir du cube de Necker.
3) Dans une perspective cavalière, qu'est-ce qui permet de lever l'ambiguïté ?

Un cube dont les arêtes se croisent de manière incohérente est appelé **cube impossible**.

68 Repérer sur le cube ci-contre la partie incohérente.

Victor Vasarely est un artiste hongrois (1906-1997) qui instaura l'art abstrait géométrique appelé Opt Art.
Cet art utilise des représentations en perspective cavalière créant ainsi des illusions d'optique

▲ Victor Vasarely, affiche originale Museum of Art, Carnegie Institute.

69 **1)** Reproduire le dessin ci-dessous.

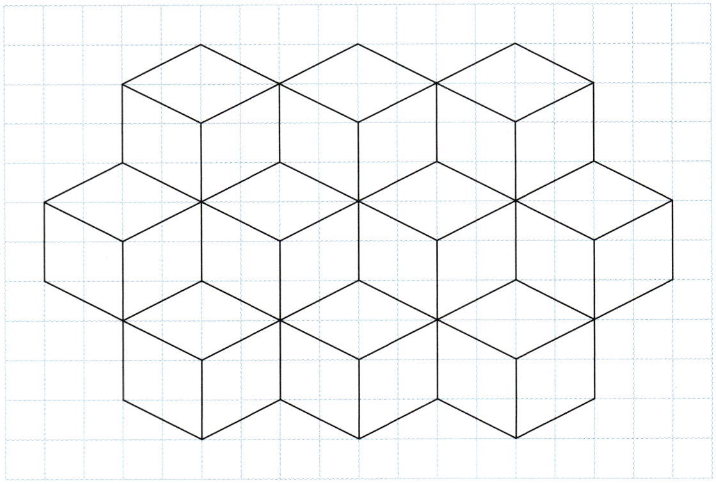

2) En utilisant trois couleurs différentes, colorier le dessin pour faire apparaître des cubes en perspective.

Chapitre 14
Angles

REVOIR
- la comparaison des angles sans les mesurer ;
- la notion d'angle droit, aigu, obtus, plat.

DÉCOUVRIR
- la notation d'un angle ;
- la mesure en degré d'un angle ;
- la construction d'un angle de mesure donnée.

SOCLE COMMUN

Aucune compétence n'est exigible au socle commun.

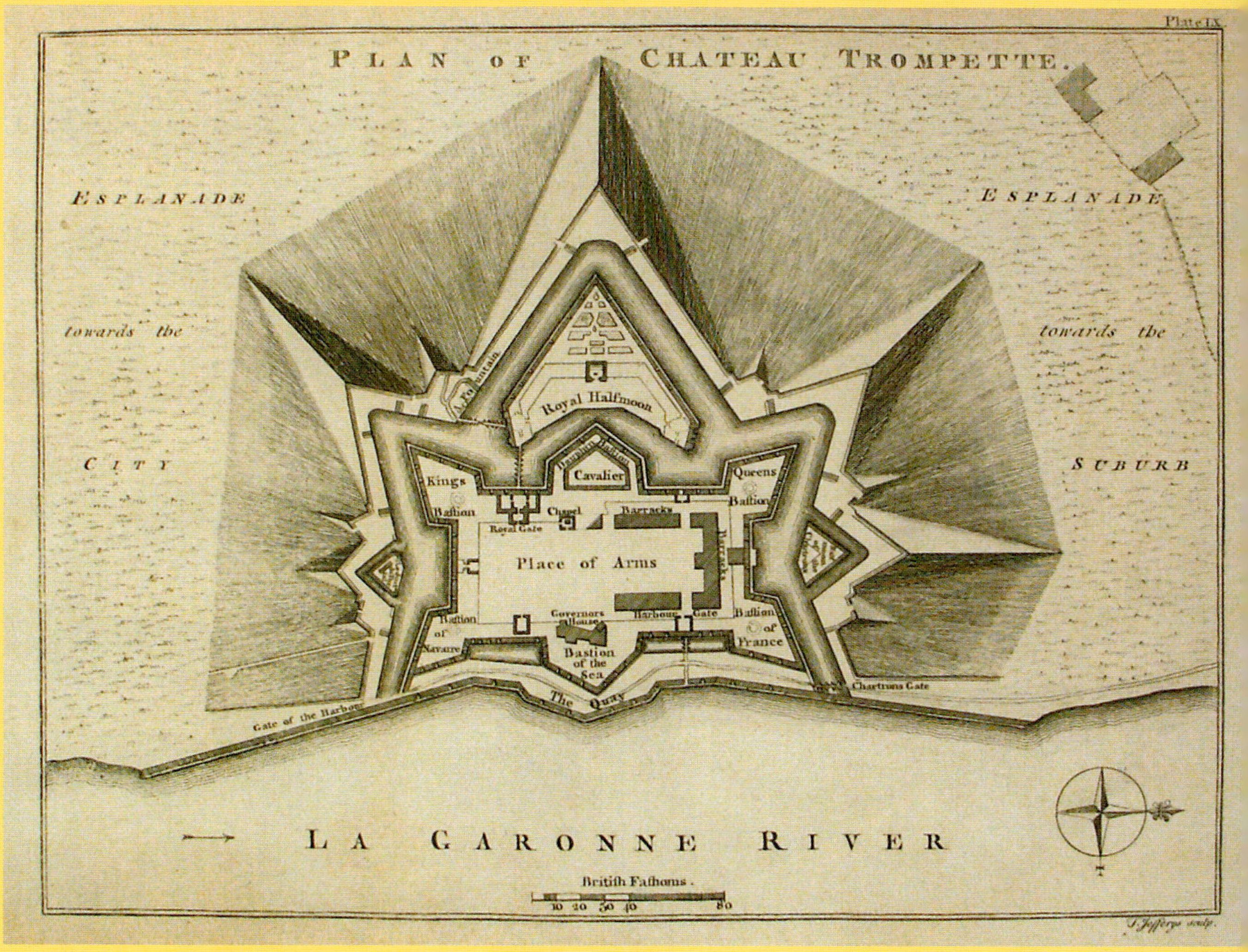

Archives départementales de la Gironde – 2Fi 3634.

La place des Quinconces, située à Bordeaux, occupe l'ancien emplacement du château Trompette.

Le château *Trompette* fut remanié par S. Vauban (1633-1707), connu pour avoir exercé plusieurs métiers : ingénieur, architecte, urbaniste... En raison du développement de la ville de Bordeaux, le château fut détruit en 1818.

Poser un papier-calque sur ce plan.

1) Repérer, puis tracer deux angles aigus. Les colorier en rouge.

2) Repérer, puis tracer deux angles obtus. Les colorier en bleu.

3) Repérer, puis tracer un angle droit. Le colorier en vert.

1 Je nomme un angle

1) **a)** Construire un triangle ABC tel que : AB = 5 cm, BC = 8 cm et AC = 6 cm.

b) Placer les points M et N tels que : M ∈ [AB] et AM = 2 cm, N ∈ [AC] et CN = 2 cm.

c) Placer le point I, intersection des droites (BN) et (CM).

2) Dans le triangle MIB, colorier en rouge l'angle de sommet I. Cet angle de sommet I se note $\widehat{MIB}$.

3) **a)** Dans le triangle IBC, colorier en vert l'angle de sommet I.

b) Comment note-t-on cet angle ?

4) **a)** Dans le triangle ABC, colorier en bleu l'angle $\widehat{BAC}$.

b) Que dire de l'angle $\widehat{MAN}$?

c) Donner deux autres notations de l'angle bleu.

5) Recopier et compléter la phrase suivante : « Un angle est noté avec trois **...** . La lettre qui est entre les deux autres désigne le **...** de l'angle. Un angle admet plusieurs **...** . »

2 Je compare des angles

JE REVOIS

Voici des photographies de maisons françaises :

a

b

c

d

e

f

1) Poser un papier-calque sur ces six photographies.
Pour chacune d'elles, tracer l'angle formé par les pans du toit.

2) **a)** Découper le papier-calque afin de pouvoir comparer ces angles.

b) Ranger ces angles du plus petit au plus grand.

J'ai superposé les morceaux de papier-calque.

3) Quels sont les angles aigus ? les angles obtus ? les angles droits ? les angles plats ?

J'ai utilisé une équerre.

3 Je mesure un angle

A Construction d'un rapporteur

1) **a)** Sur une feuille de papier-calque, tracer un segment [AB] de longueur 16 cm.
Tracer ensuite un demi-cercle de diamètre [AB].
Noter O le centre de ce demi-cercle.
b) Quelle est la nature de l'angle $\widehat{AOB}$?
Au collège, l'unité de mesure d'angle est le degré.
Un angle plat mesure **180 degrés**. On note **180°**.

2) **a)** Découper le demi-disque en papier-calque, puis le plier en deux parties qui se superposent (voir figure 1).
b) Plier à nouveau la portion de disque obtenue en deux parties qui se superposent (voir figure 2).
Recommencer encore une fois cette opération.

3) **a)** Déplier le papier-calque. Repasser en noir les sept plis.
Que peut-on dire des huit angles ainsi obtenus ?
b) Justifier que la mesure de chacun de ces huit angles est égale à 22,5°.

4) En prenant exemple sur la figure 3, graduer complètement le demi-disque découpé précédemment.
On a construit ainsi un **rapporteur**.

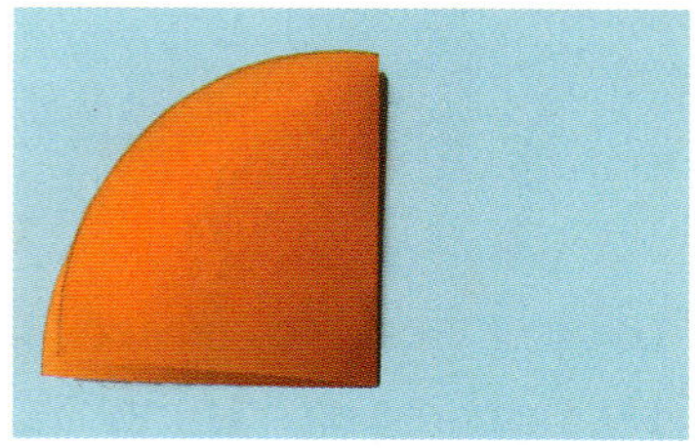
Figure 1

Figure 2

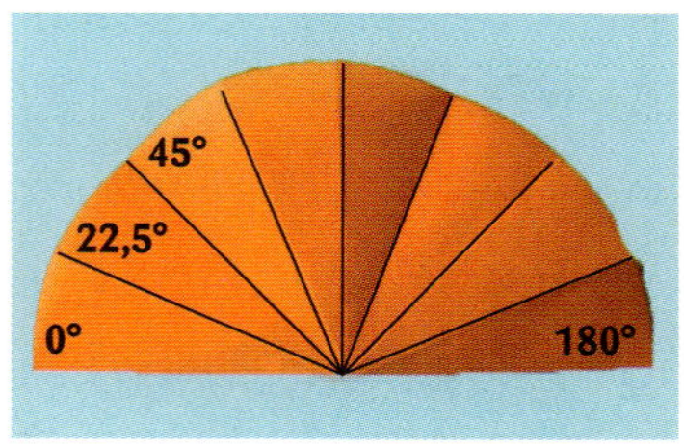

Figure 3

B Mesure d'un angle

À l'aide du rapporteur fabriqué dans la partie **A**, mesurer l'angle :
a) $\widehat{MIN}$; **b)** $\widehat{MEH}$; **c)** $\widehat{EMI}$; **d)** $\widehat{EHC}$.

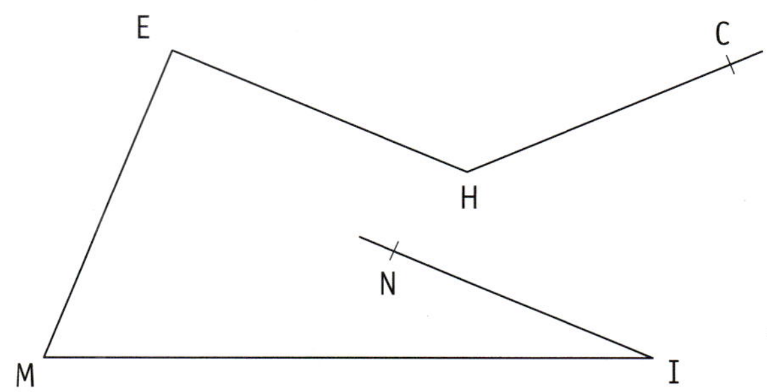

4 Je découvre la bissectrice d'un angle

1) À l'aide d'un rapporteur acheté dans le commerce, mesurer l'angle :
a) $\widehat{AOB}$; **b)** $\widehat{AOM}$; **c)** $\widehat{MOB}$.

2) **a)** Que peut-on dire des mesures des angles $\widehat{AOM}$ et $\widehat{MOB}$?
b) Que peut-on dire des mesures des angles $\widehat{AOM}$ et $\widehat{AOB}$?

3) La demi-droite [OM) est appelée la **bissectrice** de l'angle $\widehat{AOB}$.
Recopier et compléter la phrase suivante :
« La bissectrice d'un angle partage cet angle en deux angles de **...** . »

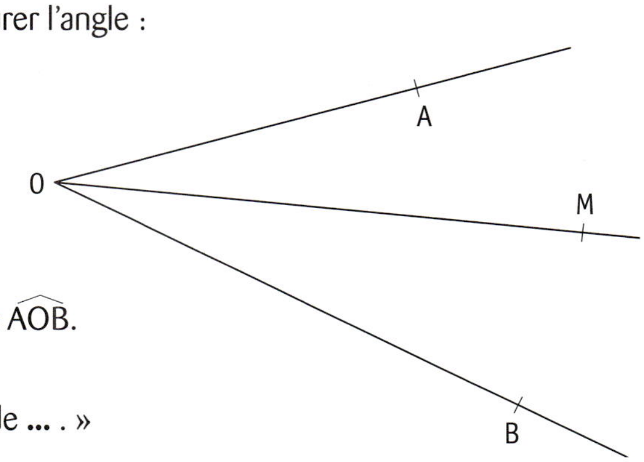

1 Notion d'angle

Définition Un **angle** est une portion de plan qui est délimitée par deux demi-droites de même origine.

Vocabulaire • L'origine de ces deux demi-droites est le **sommet** de l'angle.
• Ces deux demi-droites sont les **côtés** de l'angle.

EXEMPLE :
- Le point **O** est le sommet de l'angle bleu.
- Les demi-droites [**O**A) et [**O**B) sont les côtés de l'angle bleu.

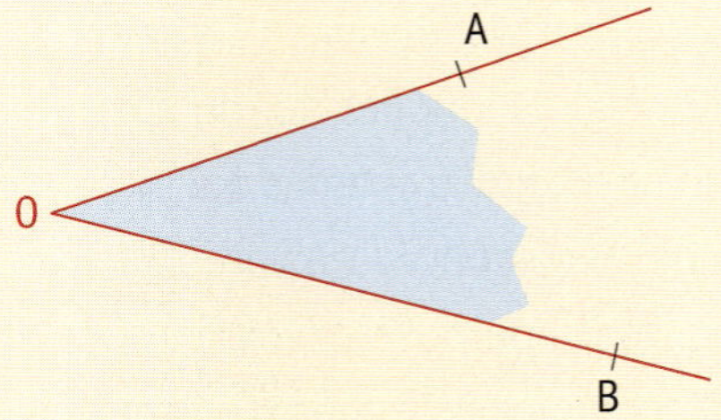

Notation : Un angle se note à l'aide de trois lettres.
La lettre entre les deux autres est celle qui désigne le sommet de l'angle.

EXEMPLE :
L'angle vert se note $\widehat{CID}$; $\widehat{EIF}$; $\widehat{CIF}$; $\widehat{DIC}$; $\widehat{DIE}$; $\widehat{FIC}$; $\widehat{FIE}$...
Dans toutes ces notations, la lettre I désigne le sommet de l'angle.

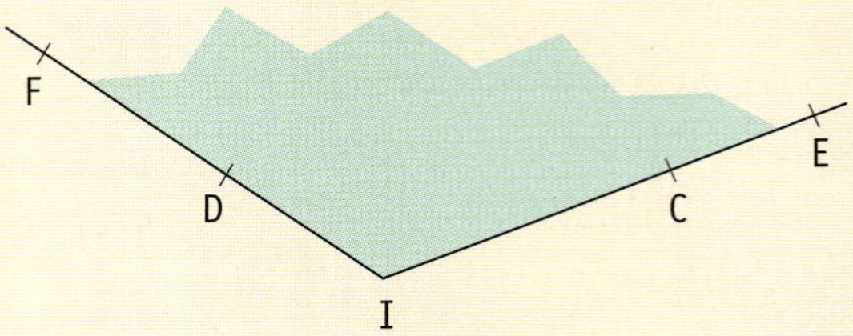

2 Mesure d'un angle

a) Unité : le degré

Au collège, l'unité de mesure d'angle est le **degré**.

Définition Un angle plat peut être partagé en 180 parties égales.
Un **degré** (noté 1°) est la mesure de chacune de ces parties.

Notation : Lorsque la mesure d'un angle $\widehat{AOB}$ est égale à 40°, on note : $\widehat{AOB} = 40°$.

Remarques :
- Un angle plat mesure 180°.
- Pour mesurer un angle, on utilise un **rapporteur**.
- La plupart des rapporteurs sont gradués dans les deux sens.

EXEMPLE :
La mesure de l'angle jaune est environ égale à **30°**.

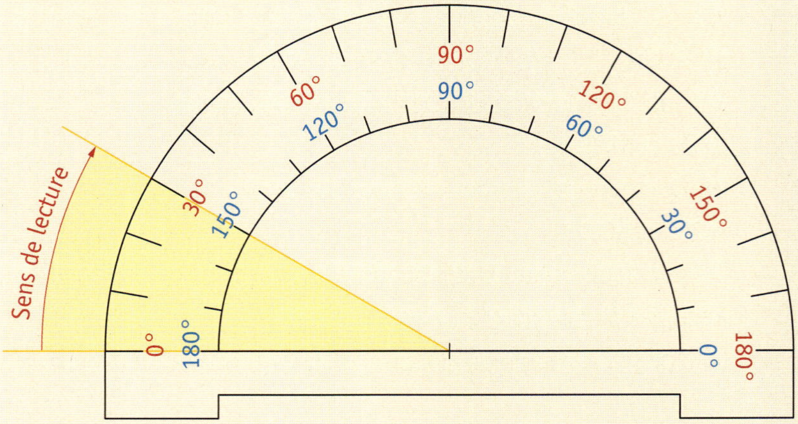

b) Angles particuliers

		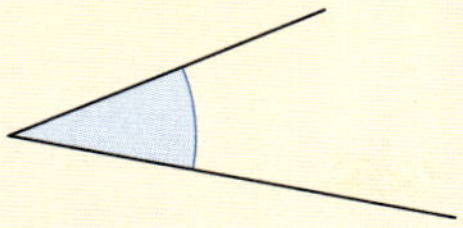	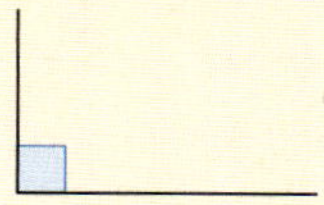	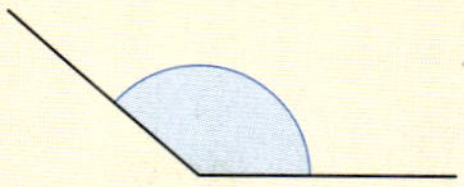	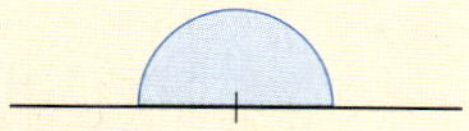
Angle	**nul**	**aigu**	**droit**	**obtus**	**plat**
Mesure	égale à **0°**	comprise entre **0°** et **90°**	égale à **90°**	comprise entre **90°** et **180°**	égale à **180°**

■ **EXEMPLE :**

L'angle $\widehat{AOB}$ est un angle **obtus**.
Sa mesure est comprise entre **90°** et **180°**.
La mesure de l'angle $\widehat{AOB}$ est environ égale à **120°**.
On note : $\widehat{AOB} \approx 120°$.

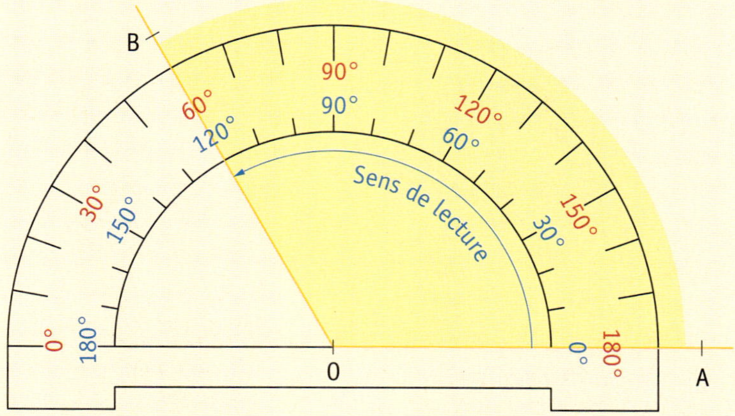

3 Bissectrice d'un angle

Définition Deux **angles adjacents** sont deux angles qui :
- ont le même sommet ;
- ont un côté commun ;
- sont situés de part et d'autre de ce côté commun.

■ **EXEMPLE :**

L'angle $\widehat{MOR}$ et l'angle $\widehat{ROS}$:
- ont le même sommet : le point O ;
- ont un côté commun : la demi-droite [OR) ;
- sont situés de part et d'autre de ce côté commun.

Donc, les angles $\widehat{MOR}$ et $\widehat{ROS}$ sont adjacents.

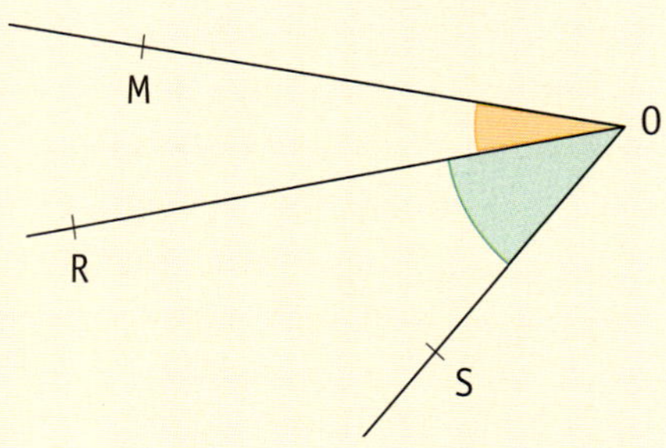

Définition La **bissectrice** d'un angle est la demi-droite qui partage cet angle en deux angles adjacents de même mesure.

■ **EXEMPLE :**

Les angles $\widehat{GAL}$ et $\widehat{LAK}$ sont adjacents.
Ils sont codés de la même façon, ce qui signifie qu'ils ont la même mesure.
Donc, la demi-droite **[AL)** est la bissectrice de l'angle $\widehat{GAK}$.

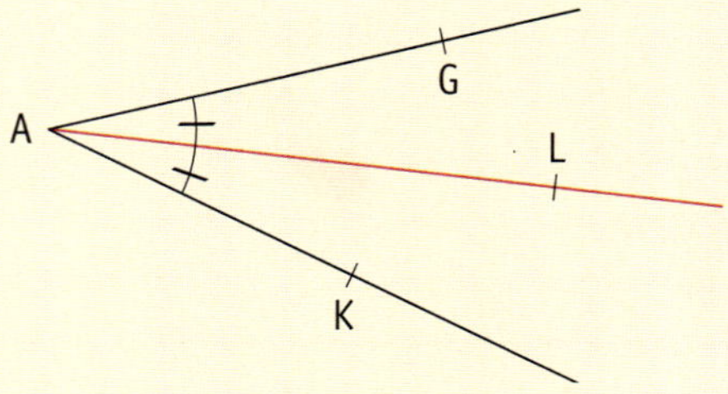

> Savoir-faire

1 J'APPRENDS À… Mesurer un angle

Énoncé : • Mesurer l'angle $\widehat{AOB}$.

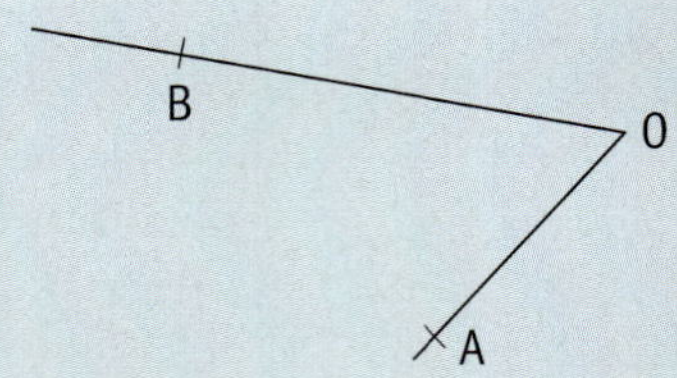

Solution :

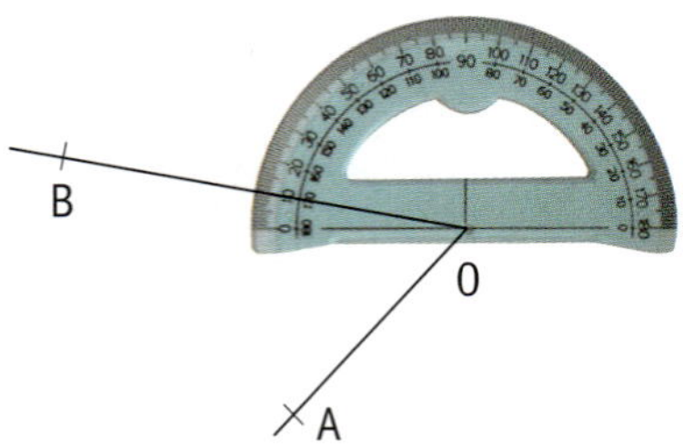

Je place le centre du rapporteur sur le sommet O.

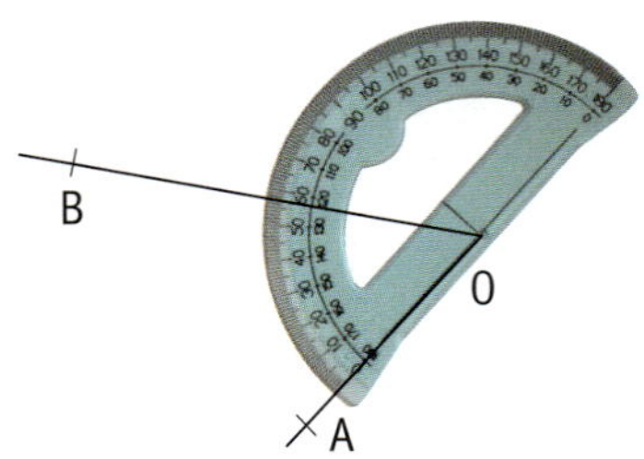

Je fais coïncider le zéro d'une graduation avec un côté de l'angle.

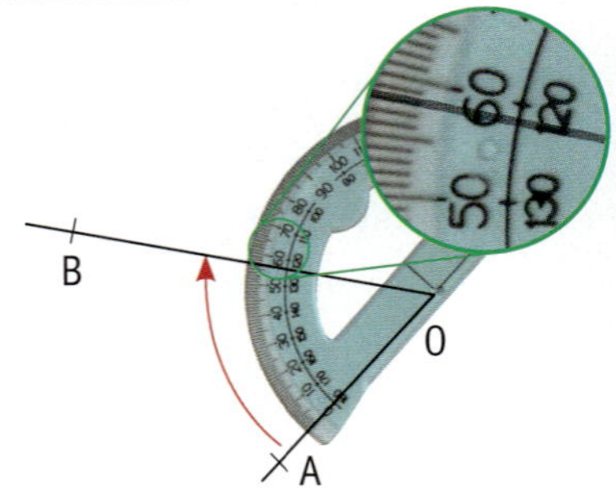

Je suis la graduation à partir de ce zéro jusqu'au second côté de l'angle.

La mesure de l'angle $\widehat{AOB}$ est environ égale à 58° : $\widehat{AOB} \approx 58°$.

> J'APPLIQUE.

1 Mesurer les angles $\widehat{AID}$ et $\widehat{JOU}$.

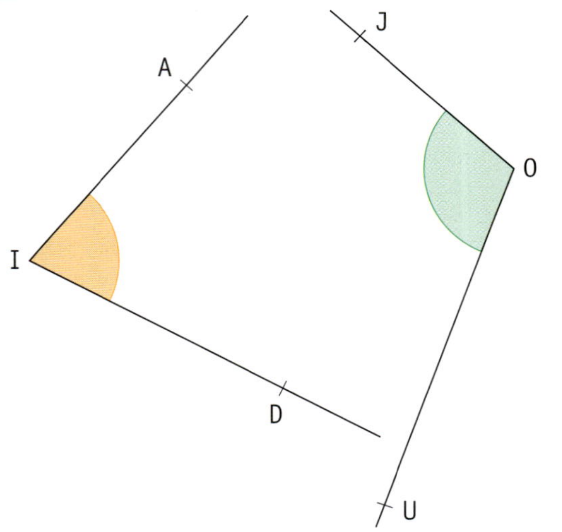

2 Mesurer chacun des angles colorés.

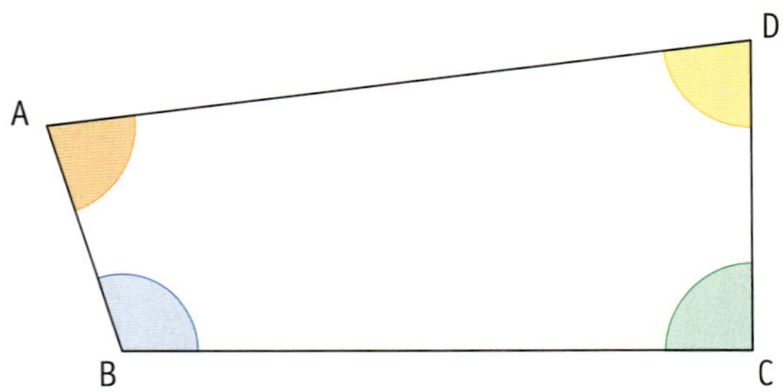

Pour les exercices 3 et 4 :

a) nommer chaque angle marqué ;

b) préciser si cet angle est aigu ou obtus ;

c) le mesurer.

3

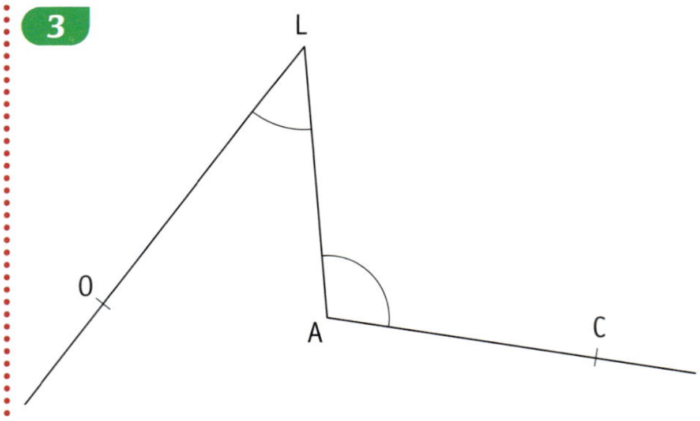

4

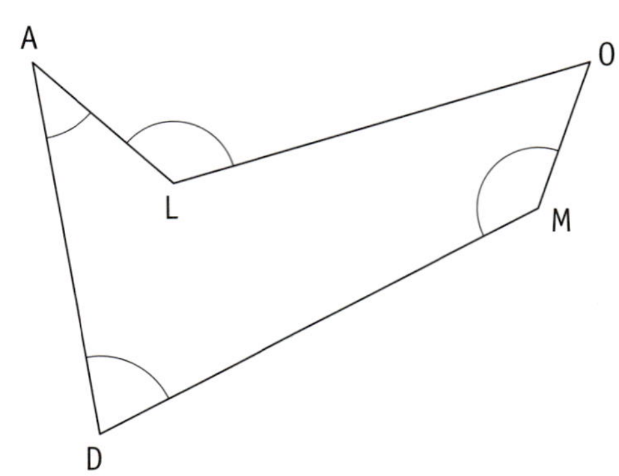

2 J'APPRENDS À... Tracer un angle de mesure donnée

Énoncé : • Tracer une demi-droite [AB), puis tracer un angle $\widehat{BAC}$ de mesure 63°.

Solution :

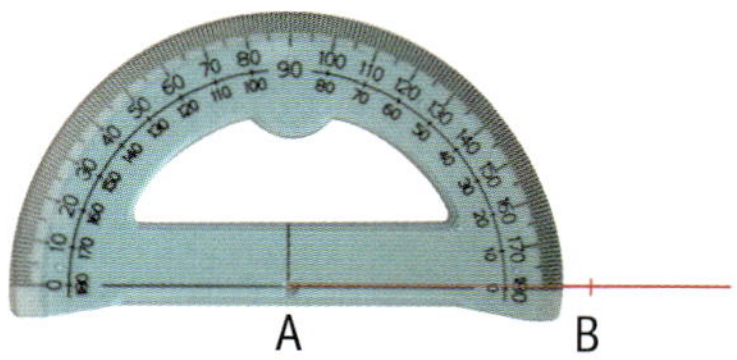

Étape 1

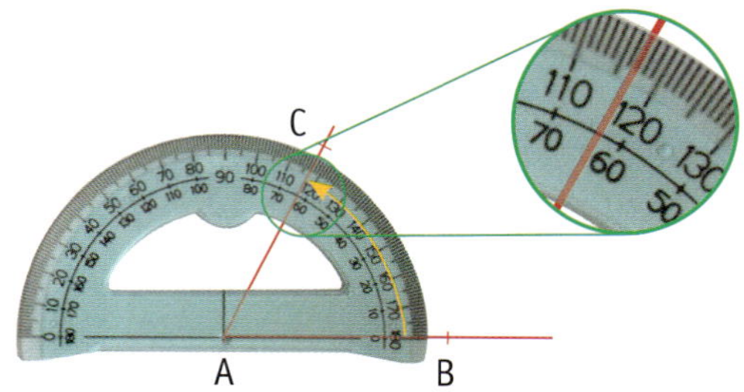

Étape 2

J'ai placé le centre du rapporteur sur le point A et une graduation 0° sur la demi-droite [AB).

J'ai repéré 63° sur la graduation choisie : la graduation intérieure.

J'APPLIQUE.

5 **1)** Tracer un angle $\widehat{ABC}$ tel que :

$\widehat{ABC} = 35°$.

2) Tracer un angle $\widehat{GIS}$ tel que $\widehat{GIS} = 123°$.

6 **1)** Tracer un angle $\widehat{BAC}$ de mesure 57°.

2) Sur le même dessin, tracer un angle $\widehat{EAC}$ de mesure 103°.

7 **1)** Tracer un angle $\widehat{ROC}$ qui mesure 134°.

2) Sur le même dessin, tracer un angle $\widehat{DOC}$ qui mesure 46°.

8 Reproduire en vraie grandeur chaque triangle.

a)

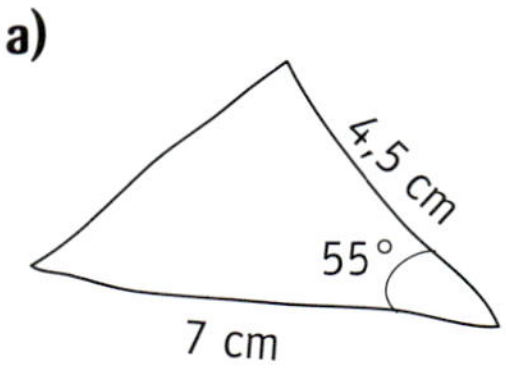

b)

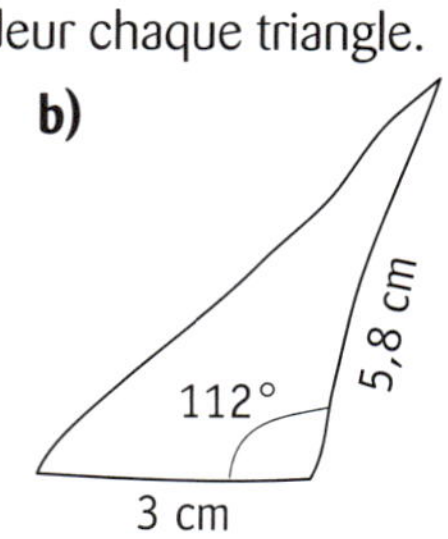

9 Reproduire en vraie grandeur chaque triangle.

a)

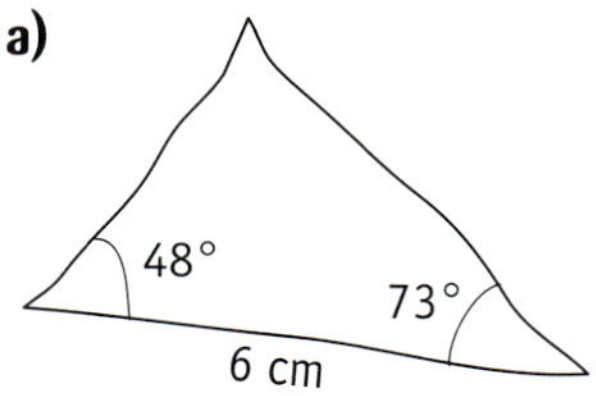

b)

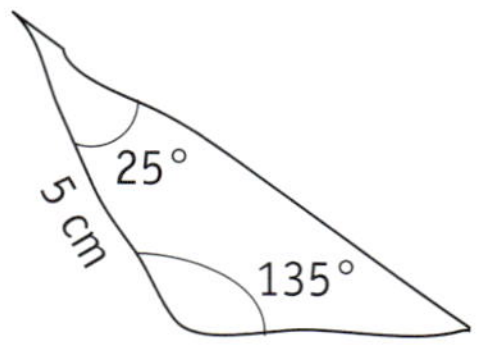

10 Reproduire en vraie grandeur la figure ci-dessous.

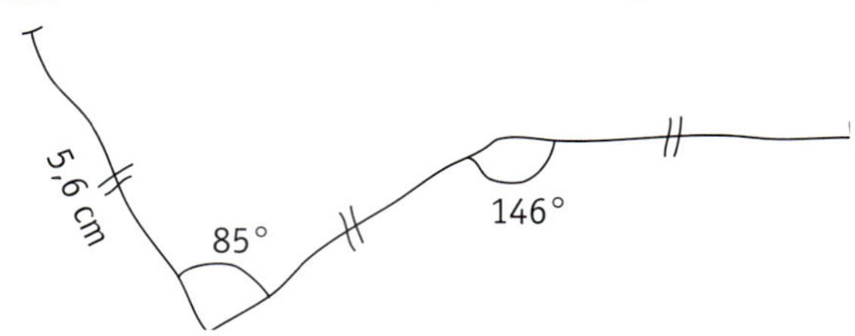

11 Tracer un triangle TIC tel que :

TI = 5,3 cm, $\widehat{TIC} = 60°$ et IC = 4 cm.

J'ai marqué ces renseignements sur une figure à main levée.

12 Tracer un triangle PON tel que :

PO = 4,6 cm, $\widehat{PON} = 105°$ et ON = 7 cm.

13 Tracer un triangle PAM tel que :

PA = 4,8 cm, $\widehat{PAM} = 35°$ et $\widehat{APM} = 100°$.

14 Tracer un triangle LON rectangle en L tel que :

LO = 7,2 cm et $\widehat{LON} = 53°$.

15 Tracer un triangle DER isocèle en E tel que :

DE = 9,8 cm et $\widehat{DER} = 85°$.

> À l'oral

16 Pour chaque angle coloré, préciser son sommet et ses côtés, puis le nommer.

a)

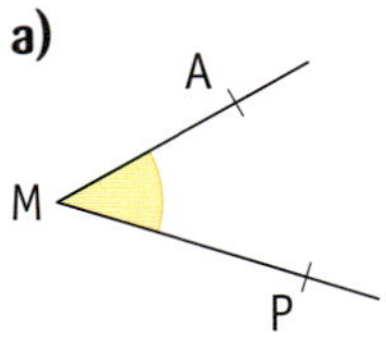

b)

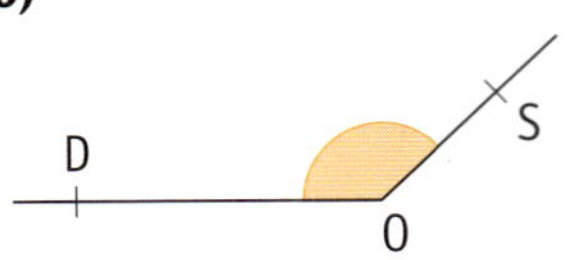

c)

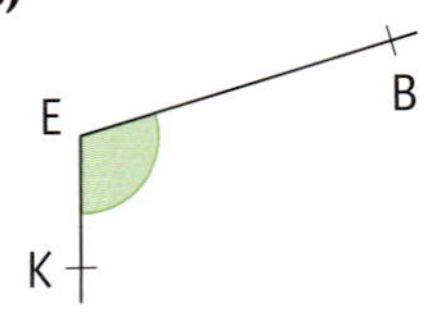

d)

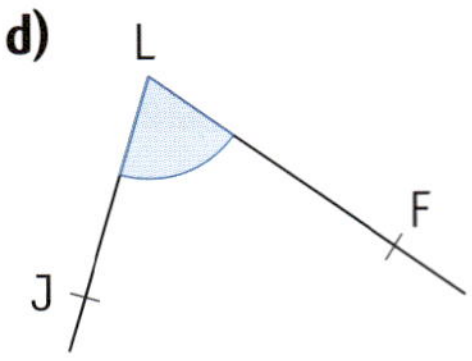

17 Pour chaque angle coloré, le nommer et préciser s'il est aigu ou obtus.

a)

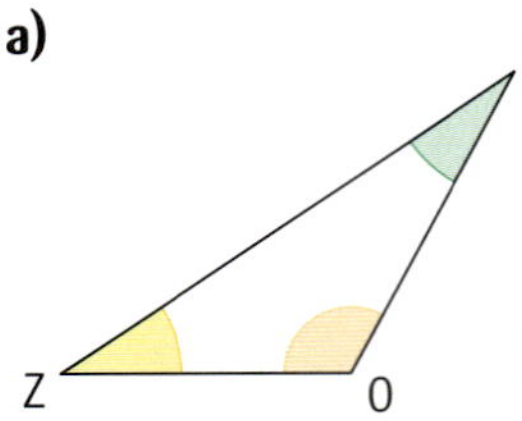

b)

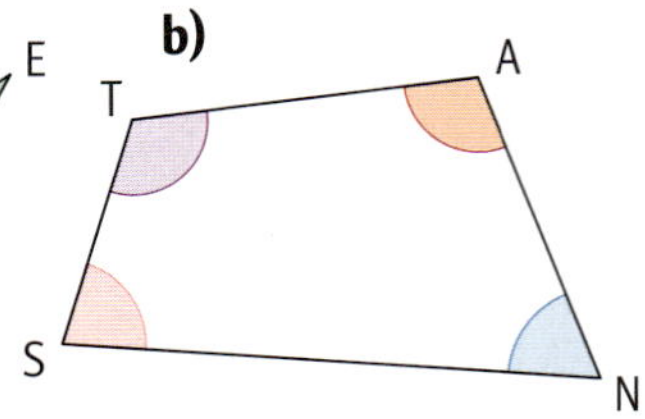

18 Pour chaque angle coloré, donner plusieurs façons de le nommer.

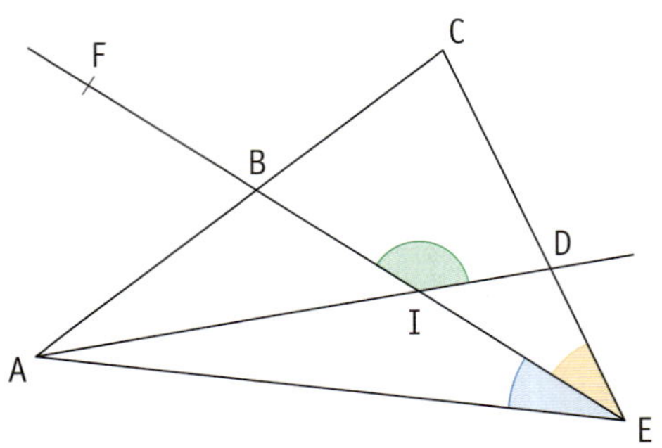

19 En utilisant la photographie ci-dessous, déterminer la mesure :

a) de l'angle tracé en vert ;

b) de l'angle tracé en jaune.

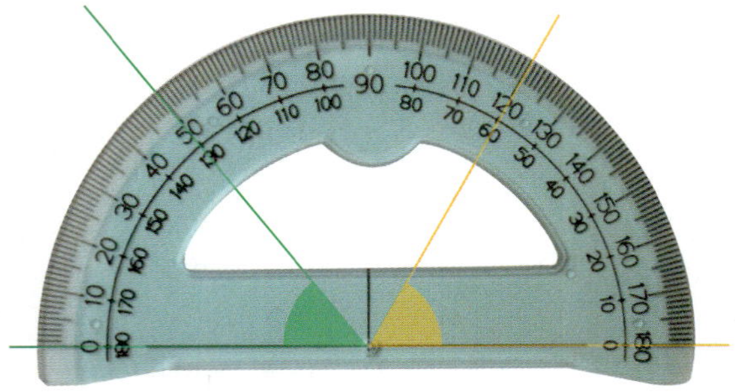

20 En utilisant la photographie ci-dessous, déterminer la mesure :

a) de l'angle tracé en vert ;

b) de l'angle tracé en jaune.

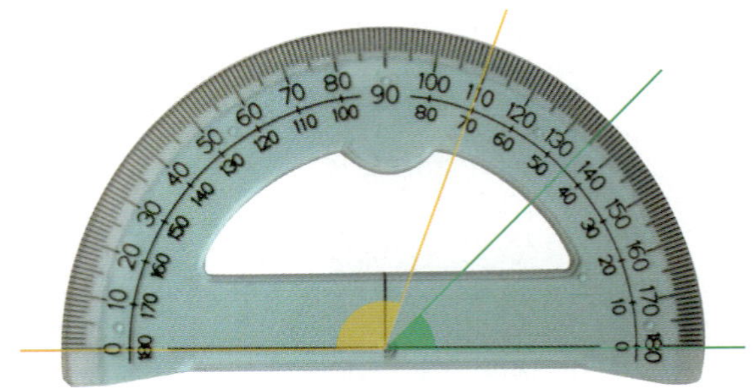

21 Dans chaque cas, on a mesuré un angle. Déterminer la mesure de cet angle.

a) L'angle est aigu.

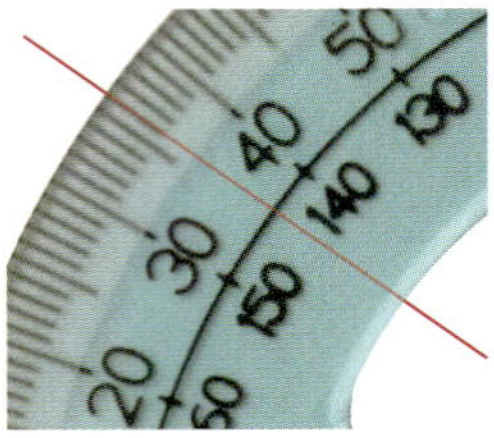

b) L'angle est obtus.

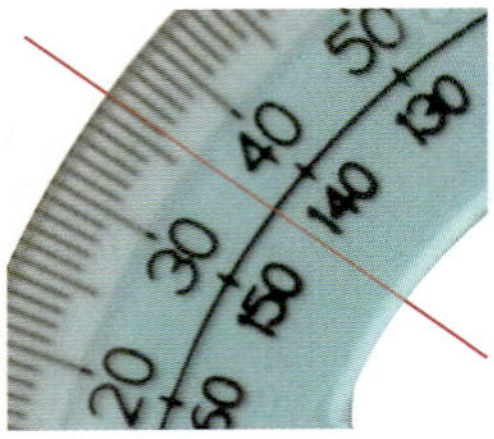

c) L'angle est obtus.

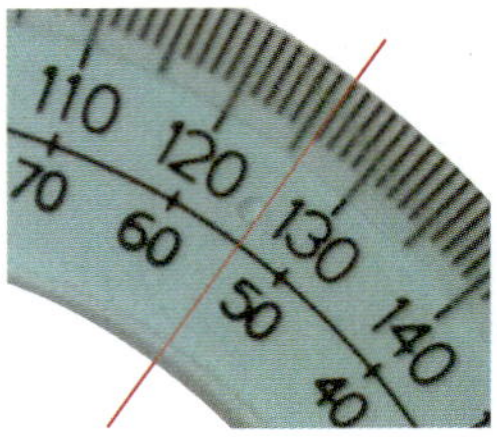

d) L'angle est aigu.

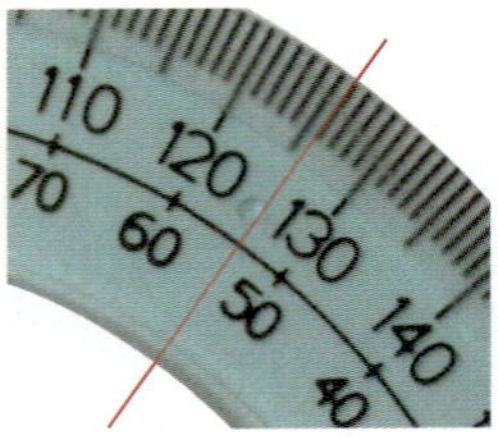

e) L'angle est aigu.

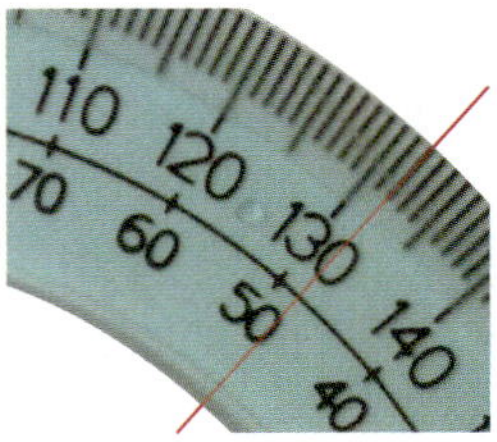

f) L'angle est obtus.

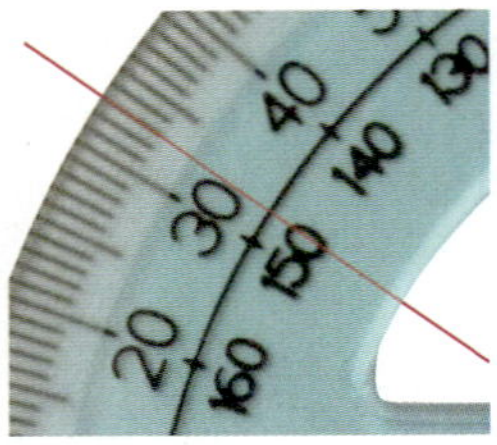

g) L'angle est obtus.

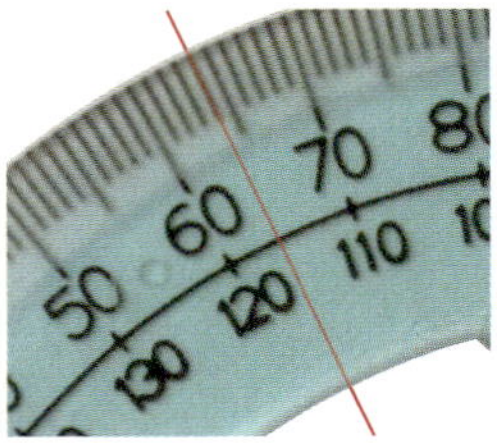

h) L'angle est aigu.

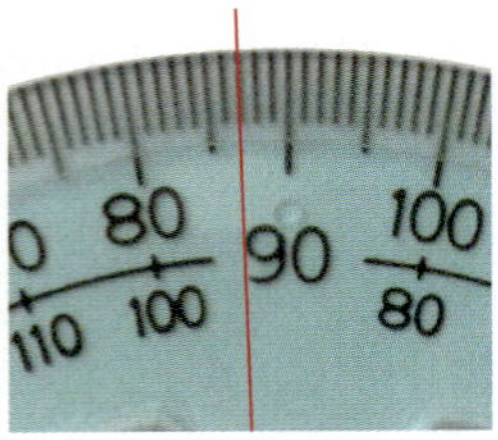

22 En utilisant la photographie ci-dessous, déterminer la mesure de l'angle :

a) $\widehat{EOD}$; **b)** $\widehat{EOB}$; **c)** $\widehat{AOB}$; **d)** $\widehat{AOD}$;
e) $\widehat{EOC}$; **f)** $\widehat{AOC}$; **g)** $\widehat{EOA}$; **h)** $\widehat{COA}$;
i) $\widehat{BOE}$.

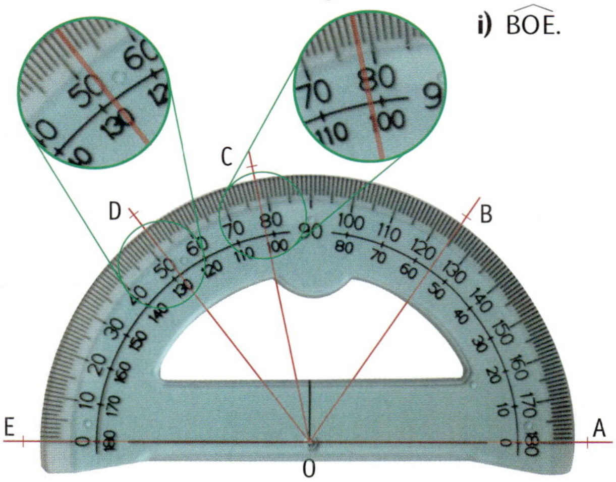

23 Mesurer à l'aide d'un rapporteur chacun des angles des triangles ci-dessous.

a)

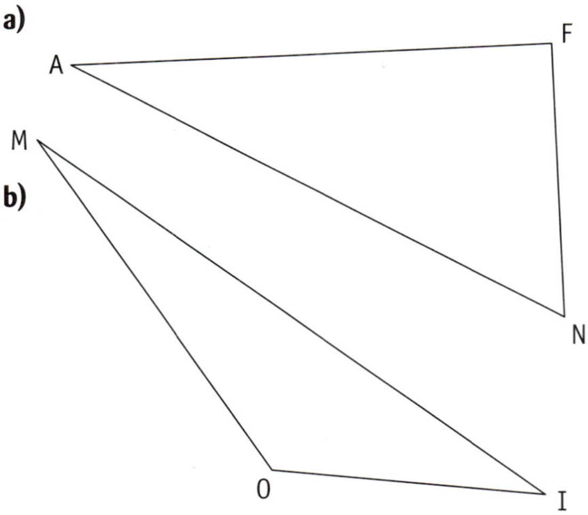

c)

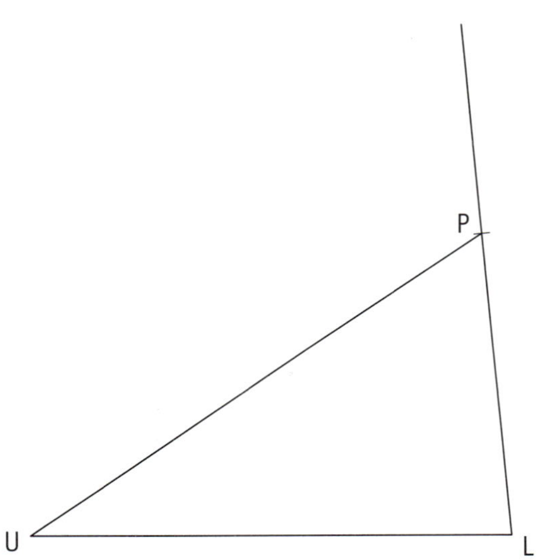

24 Calculer, puis préciser si la mesure obtenue correspond à un angle aigu, obtus ou plat.

a) 46° + 47° ; **b)** 37° + 24°
c) 150° − 65° ; **d)** 180° − 91°.

25 Dans chaque cas, préciser si la demi-droite [OA) est la bissectrice de l'angle $\widehat{BOC}$.
Justifier chaque réponse.

a)

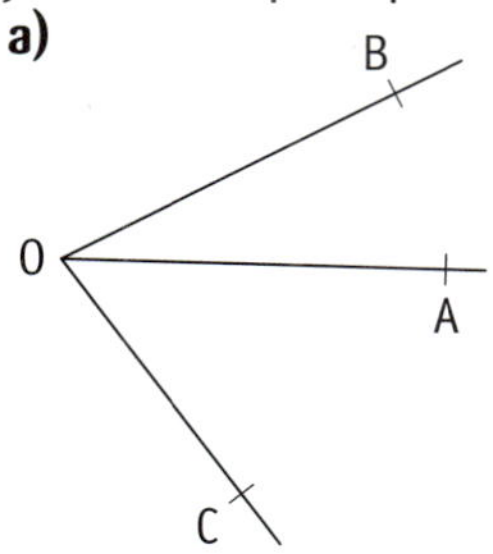

b)

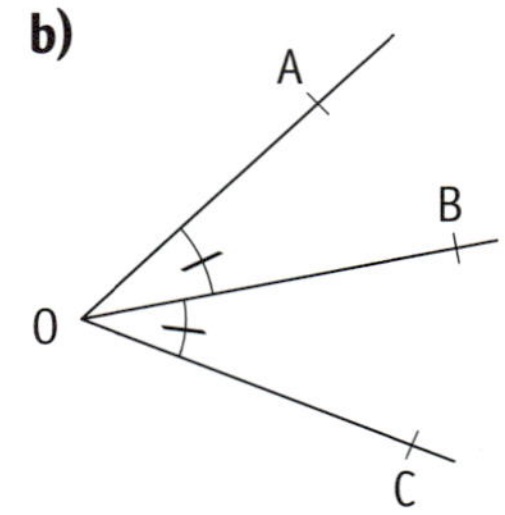

c)

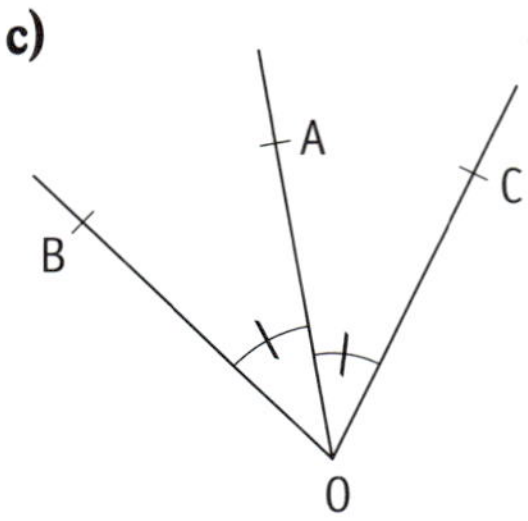

d)

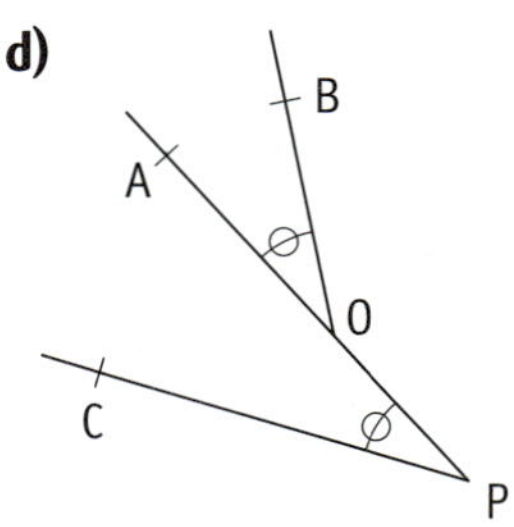

Pour les exercices 26 à 28, la demi-droite [IE) est la bissectrice de l'angle $\widehat{AIL}$.

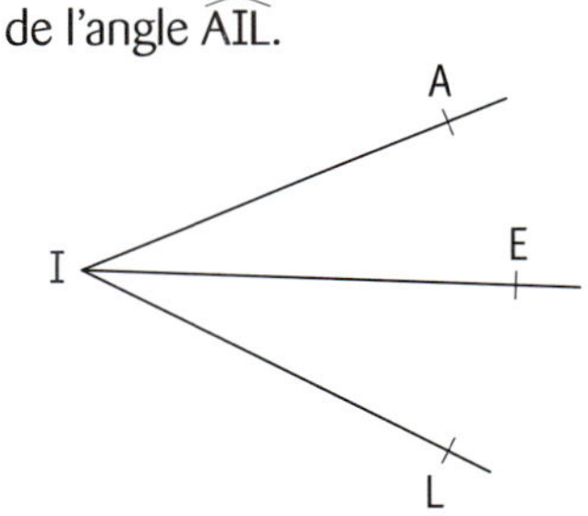

26 Dans chaque cas, déterminer la mesure de l'angle $\widehat{AIL}$.

a) $\widehat{AIE} = 24°$; **b)** $\widehat{EIA} = 71°$;
c) $\widehat{EIL} = 35°$; **d)** $\widehat{LIE} = 67°$.

27 Dans chaque cas, déterminer la mesure de l'angle $\widehat{AIE}$.

a) $\widehat{EIL} = 75°$; **b)** $\widehat{LIE} = 98°$;
c) $\widehat{AIL} = 82°$; **d)** $\widehat{LIA} = 48°$.

28 Dans chaque cas, déterminer la mesure de l'angle $\widehat{LIE}$.

a) $\widehat{AIL} = 85°$; **b)** $\widehat{AIL} = 112°$;
c) $\widehat{LIA} = 65°$; **d)** $\widehat{LIA} = 143°$.

> Je m'entraîne

Utiliser les notations, le vocabulaire

29

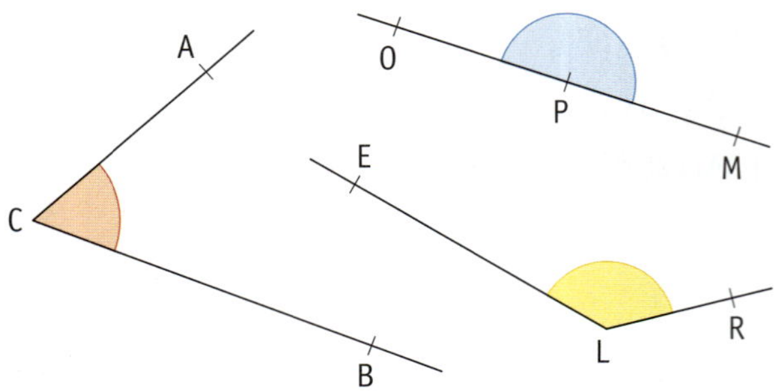

Recopier et compléter le tableau suivant :

Angle	rose	jaune	bleu
Sommet			
Côtés	... et ...		

30 Classer ces angles dans le tableau ci-dessous.

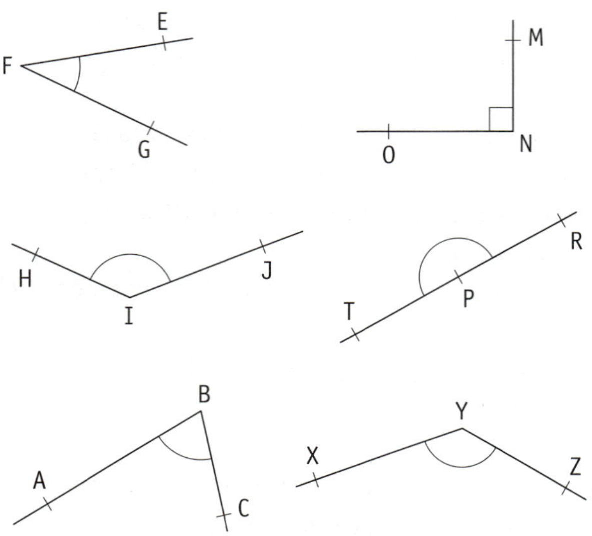

Angle	aigu	droit	obtus	plat
Noms				

31 **1) a)** Construire un rectangle ABCD tel que : AB = 7 cm et BC = 4 cm.

b) Placer le point O, point d'intersection des diagonales du rectangle.

2) Marquer en rouge l'angle $\widehat{BAO}$. Préciser sa nature (aigu, droit...).

3) Marquer en vert l'angle $\widehat{DOC}$. Quelle est sa nature ?

4) Marquer en bleu l'angle $\widehat{ABC}$. Quelle est sa nature ?

5) Marquer en noir l'angle $\widehat{AOC}$. Quelle est sa nature ?

6) Marquer en jaune l'angle $\widehat{CAO}$. Quelle est sa nature ?

Utiliser la mesure d'un angle

32 Utiliser un papier-calque pour ranger ces angles du plus petit au plus grand.

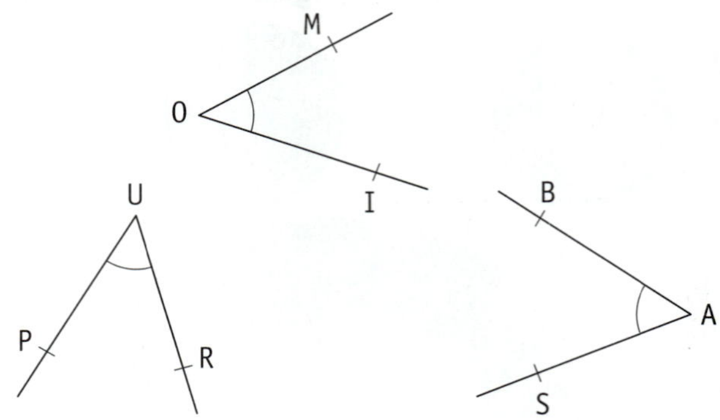

33 Les mesures des angles sont données dans le tableau ci-dessous. Recopier et compléter ce tableau sans utiliser le rapporteur.

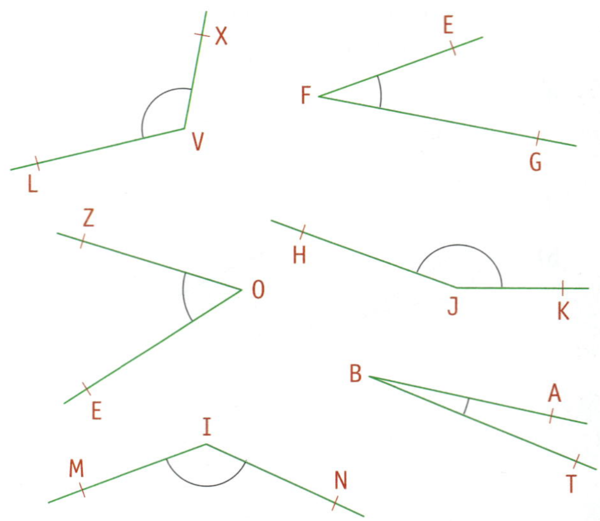

Nom de l'angle						
Mesure (en °)	10	31	50	114	135	160

34 Citer les angles qui ont la même mesure.

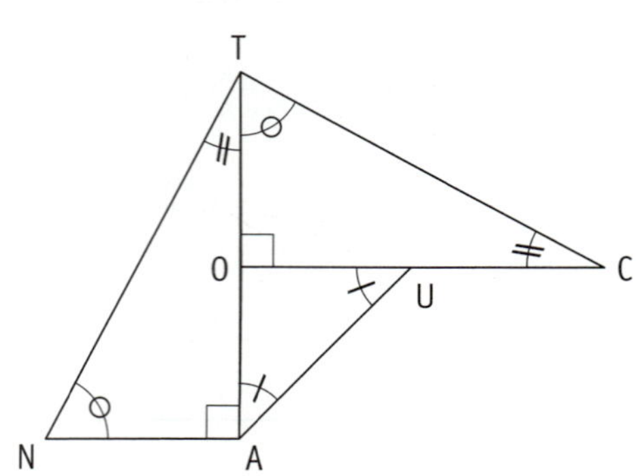

Mesurer des angles

35 Mesurer chacun des angles marqués.

a)

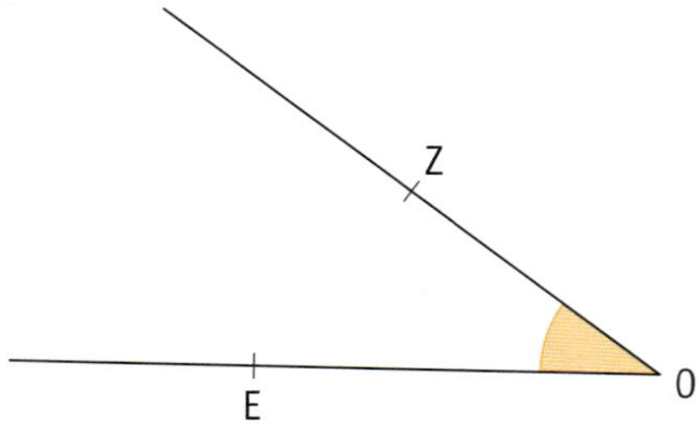

b)

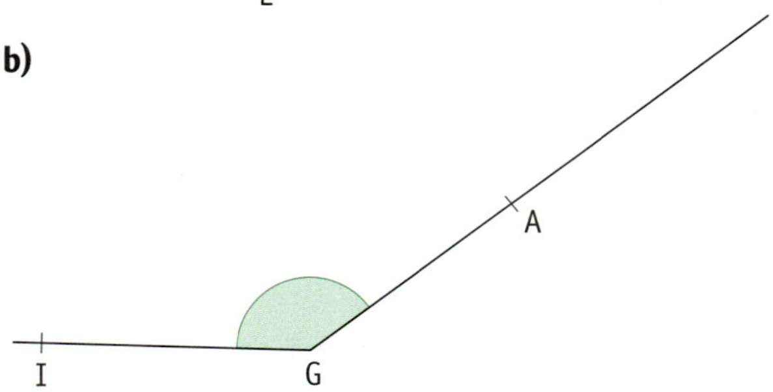

c)

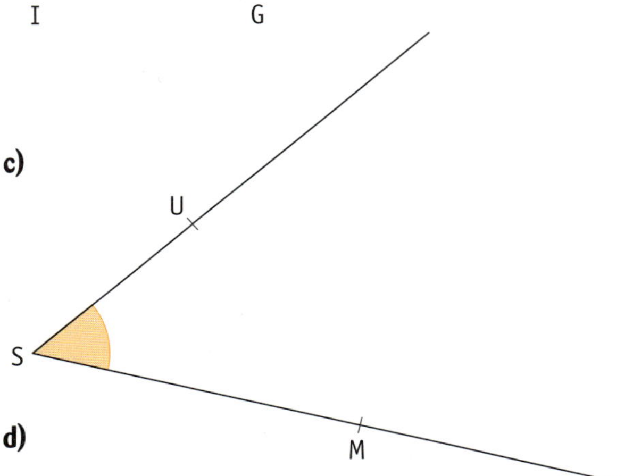

d)

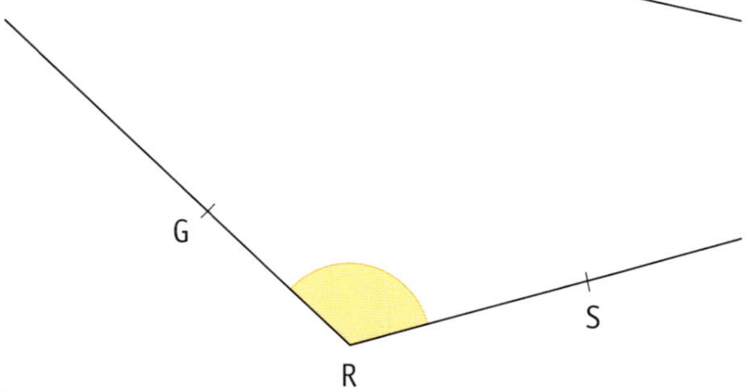

e)

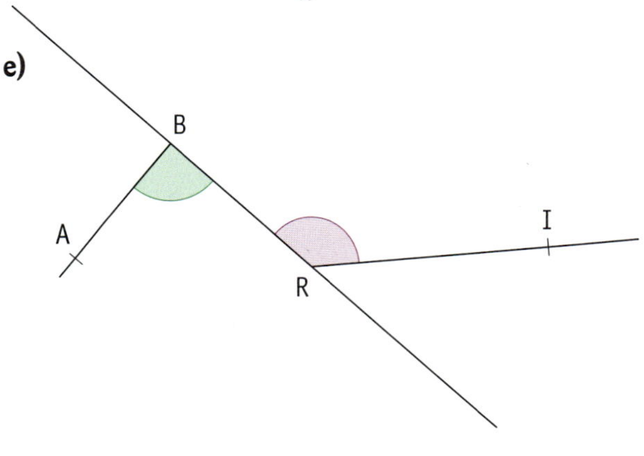

36 **1)** Reproduire sur papier-calque le quadrilatère VELO.

2) Mesurer chacun de ses angles.

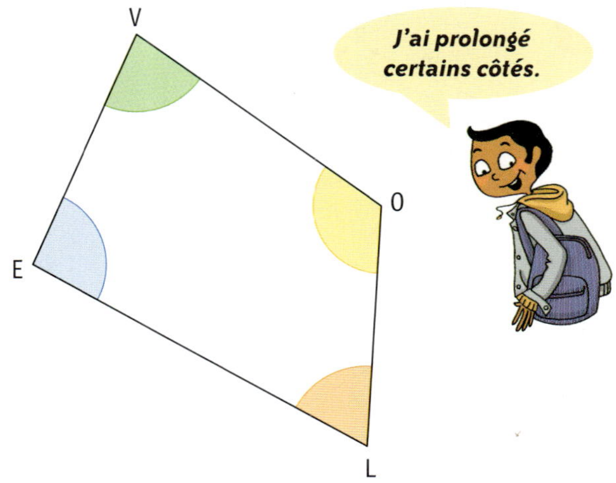

37 **1)** Construire un triangle GHI tel que :
GH = 8 cm, HI = 10 cm et GI = 12 cm.

2) Mesurer chaque angle du triangle GHI.

38 **1)** Construire un triangle RON tel que :
RO = 4 cm, RN = 3,5 cm et ON = 2,5 cm.

2) Mesurer chaque angle du triangle RON.

39 **1)** Construire un triangle ISO isocèle en I tel que : IS = 5 cm et SO = 7,1 cm.

2) Mesurer chaque angle du triangle ISO.
Que remarque-t-on ?

40 **1)** Construire un triangle ABE équilatéral.

2) Mesurer chaque angle du triangle ABE.
Que remarque-t-on ?

41 **1)** Construire un carré BCDE.

2) Mesurer chacun des angles $\widehat{BEC}$, $\widehat{CED}$, $\widehat{EBD}$ et $\widehat{CBD}$.
Que remarque-t-on ?

42 **1)** **a)** Tracer un segment [TA] de longueur 8 cm et placer son milieu I.

b) Tracer la droite (d) perpendiculaire à la droite (TA) passant par le point I.

c) Placer deux points distincts C et R sur la droite (d) à 5 cm du point I.

2) **a)** Tracer le quadrilatère TRAC.

b) Mesurer chacun de ses angles.

> Je m'entraîne

Tracer un angle de mesure donnée

Dans les exercices 43 à 45, construire en vraie grandeur le polygone.

43

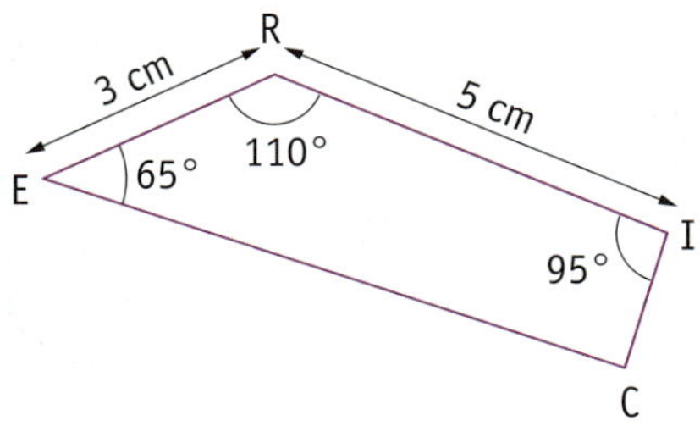

44

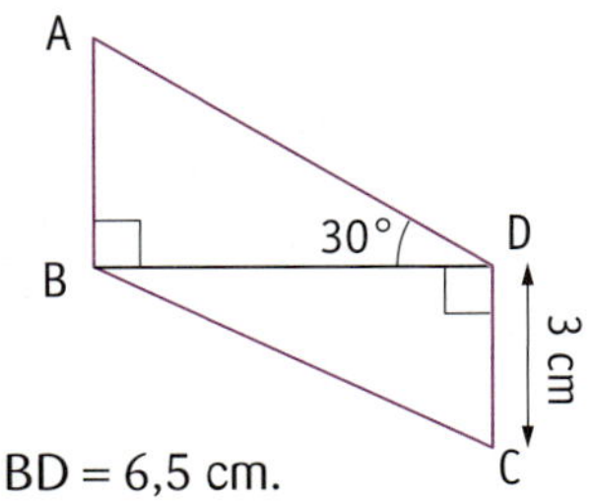

On a de plus BD = 6,5 cm.

45

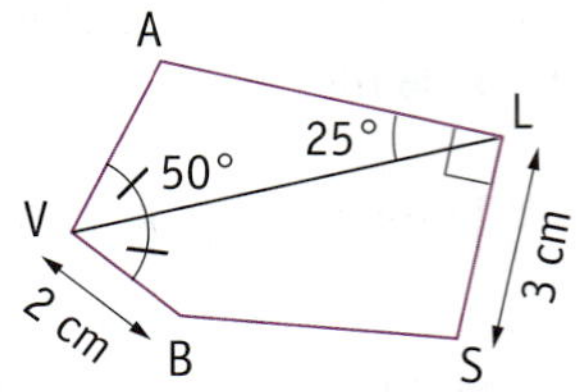

On a de plus VL = 6,4 cm.

46 Construire en vraie grandeur le rectangle OCRE.

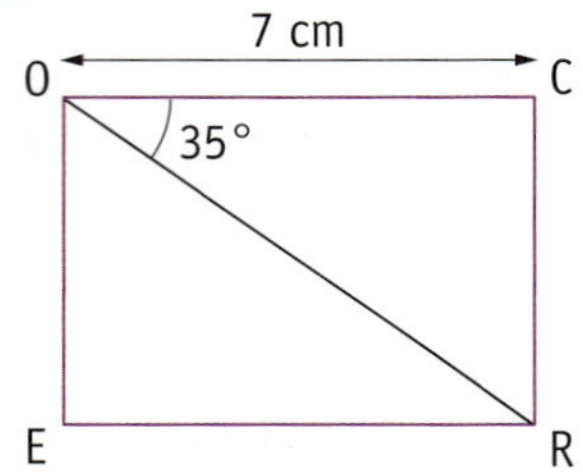

47 Construire un rectangle BLEU tel que :

$\widehat{BUL} = 50°$ et BU = 2,5 cm.

48 Construire en vraie grandeur le losange LOSA.

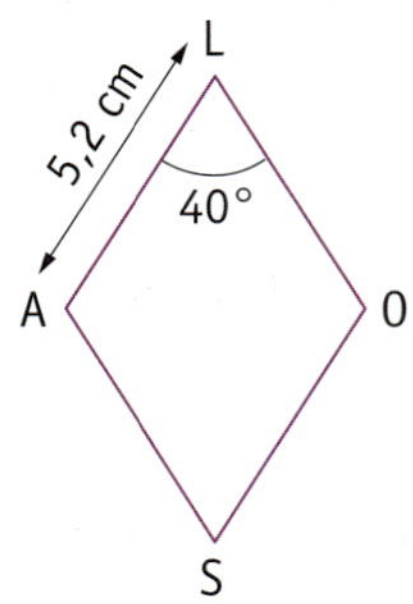

49 Construire un losange ROCK tel que :

RO = 5,2 cm et $\widehat{ROC} = 95°$.

50 Reproduire en vraie grandeur le losange ROSE.

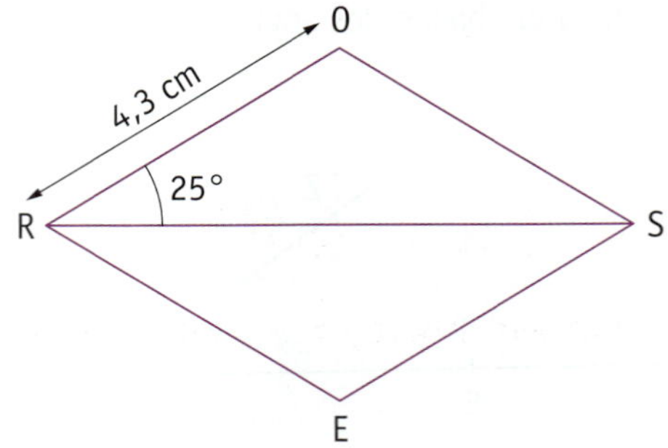

51 Construire un losange RAVI tel que :

$\widehat{RAI} = 67°$ et RA = 6 cm.

Tracer la bissectrice d'un angle

52 **1) a)** Tracer un angle droit.
b) Tracer un angle plat.
2) Pour chacun des angles, tracer la bissectrice.

53 **1)** Tracer un angle $\widehat{OAB}$ de mesure 130°.
2) Tracer la demi-droite [AC), bissectrice de l'angle $\widehat{OAB}$.

54 **1)** Construire un triangle GOL tel que :
GO = 7 cm, OL = 9 cm et GL = 8 cm.
2) Tracer la bissectrice de l'angle $\widehat{GOL}$.
3) Tracer la bissectrice de l'angle $\widehat{GLO}$.

55 **1)** Tracer un angle $\widehat{HIJ}$ de mesure 50°.
2) Tracer la demi-droite [IL) tel que la demi-droite [IJ) soit la bissectrice de l'angle $\widehat{HIL}$.

56 Sur papier ou sur ordinateur :
a) tracer un triangle RST ;
b) tracer la bissectrice de l'angle $\widehat{RST}$ et la bissectrice de l'angle $\widehat{SRT}$.
Ces deux bissectrices se coupent au point I ;
c) mesurer les angles $\widehat{STI}$ et $\widehat{ITR}$.
Que remarque-t-on ?

57 **1) a)** Construire un triangle ABC tel que :
AB = 7 cm, AC = 7,5 cm et BC = 10 cm.
b) Placer le point I, milieu du segment [BC].
2) a) Mesurer les angles $\widehat{IAC}$ et $\widehat{IAB}$.
b) La demi-droite [AI) est-elle la bissectrice de l'angle $\widehat{BAC}$?
3) Tracer la bissectrice de l'angle $\widehat{BAC}$.

> Je fais le point

J'ai appris à...

- Définir et nommer un angle.
- Mesurer un angle donné.
- Tracer un angle de mesure donnée.
- Reconnaître et tracer la bissectrice d'un angle.

Attention : Il peut y avoir plusieurs réponses exactes pour chaque énoncé ! Les trouver toutes.

Pour les exercices 58 à 67, on utilise les figures ci-dessous.

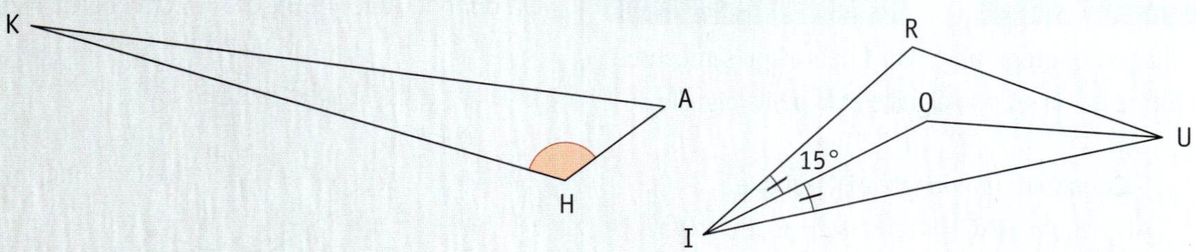

	A	B	C	Si échec, revoir :
58 Le point H est :	un sommet de l'angle rouge	le sommet de l'angle rouge	le centre de l'angle rouge	p. 234
59 Un côté de l'angle rouge est :	la demi-droite [KH)	la demi-droite [HK)	la demi-droite [HA)	p. 234
60 L'angle rouge se nomme :	$\widehat{KHA}$	$\widehat{AHK}$	$\widehat{HKA}$	p. 234
61 Un angle aigu est :	$\widehat{AKH}$	$\widehat{KAH}$	$\widehat{AHK}$	p. 235
62 L'angle rouge mesure environ :	133°	53°	127°	p. 236
63 L'angle $\widehat{RUI}$ mesure environ :	32°	148°	28°	p. 236
64 L'angle $\widehat{UIO}$ mesure :	environ 15°	exactement 15°	la moitié de la mesure de l'angle $\widehat{RIU}$	p. 234
65 La demi-droite [IO) est :	la bissectrice de l'angle $\widehat{UIR}$	un côté de l'angle $\widehat{UIO}$	la bissectrice de l'angle $\widehat{RIO}$	p. 235
66 La demi-droite [UO) est :	la bissectrice de l'angle $\widehat{RUI}$	un côté de l'angle $\widehat{RUI}$	un côté de l'angle $\widehat{RUO}$	p. 235
67 La demi-droite [RO) est la bissectrice de l'angle $\widehat{URI}$. On a :	$\widehat{IRU} = 2 \times \widehat{IRO}$	$\widehat{IRO} = \widehat{ORU}$	$\widehat{IRO} = \widehat{IRU}$	p. 235

> **Corrigés et exercices de soutien : voir** PHARE 6e

68 On a photographié à deux moments différents l'horloge *Big Ben* (Londres).

a) 

b) 

• Sur chaque photographie, lire l'heure, puis mesurer l'angle formé par la grande aiguille et la petite aiguille.

69 **1)** Construire un triangle ABC tel que :

AB = 8 cm, $\widehat{BAC}$ = 48° et AC = 6 cm.

2) Mesurer les angles $\widehat{ACB}$ et $\widehat{ABC}$.

3) Calculer la somme des mesures des angles du triangle ABC.

70 **1)** Construire un rectangle EDFG tel que :

ED = 7 cm et EG = 3,8 cm.

2) La demi-droite [EF) est-elle la bissectrice de l'angle $\widehat{DEG}$?

Justifier après avoir mesuré.

71 **1) a)** Tracer un triangle EDF tel que :

ED = 8 cm, EF = 6 cm et DF = 9 cm.

b) Placer les points M, N et O sur le segment [ED] tels que : EM = MN = NO = OD = 2 cm.

2) a) Mesurer les angles $\widehat{EFM}$, $\widehat{MFN}$, $\widehat{NFO}$ et $\widehat{OFD}$.

b) Ces angles ont-ils la même mesure ?

72 **1) a)** Construire un rectangle EFGH tel que :

EF = 7 cm et EH = 5 cm.

b) Placer le point L, milieu du segment [EF].

c) Tracer les droites (EG) et (HL) ; elles se coupent au point I.

2) Justifier que $\widehat{FEH} = \widehat{EHG}$.

3) Mesurer les angles $\widehat{EIL}$ et $\widehat{LIG}$.

A-t-on la preuve que $\widehat{EIL} = \widehat{LIG}$?

73 Construire en vraie grandeur la figure ci-dessous.

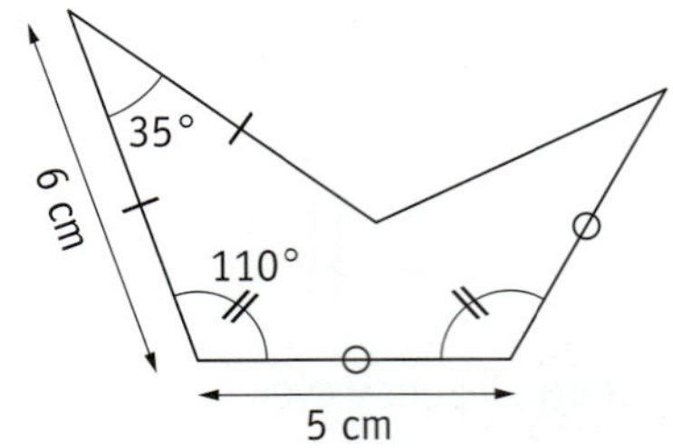

74 Construire en vraie grandeur la figure ci-dessous.

On donne : $\widehat{AOC}$ = 65°, OA = 4 cm et $\widehat{NCI}$ = 20°.

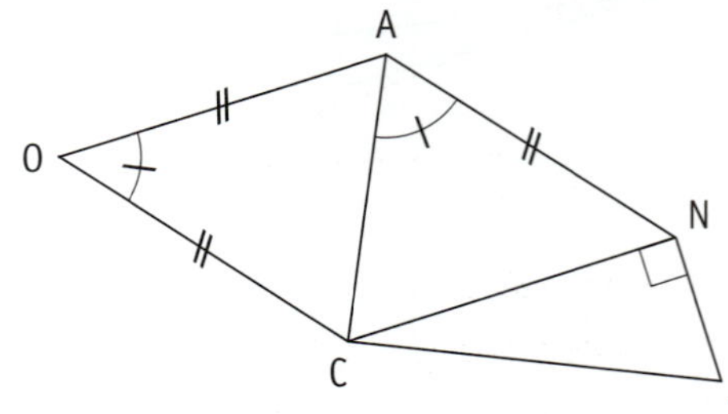

75 Sur la figure ci-dessous, le point B est le milieu du segment [AC].

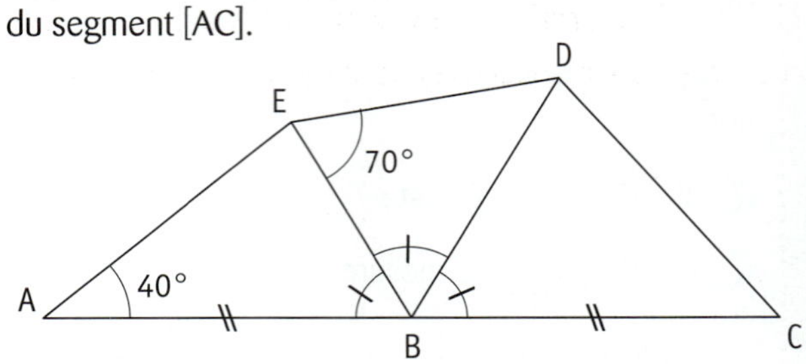

1) Calculer la mesure de l'angle $\widehat{ABE}$.

2) Reproduire la figure en prenant AC = 10 cm.

76 **1)** Construire en vraie grandeur la figure suivante pour laquelle :

AB = 9 cm, $\widehat{BAC}$ = 20° et $\widehat{ABC}$ = 65°.

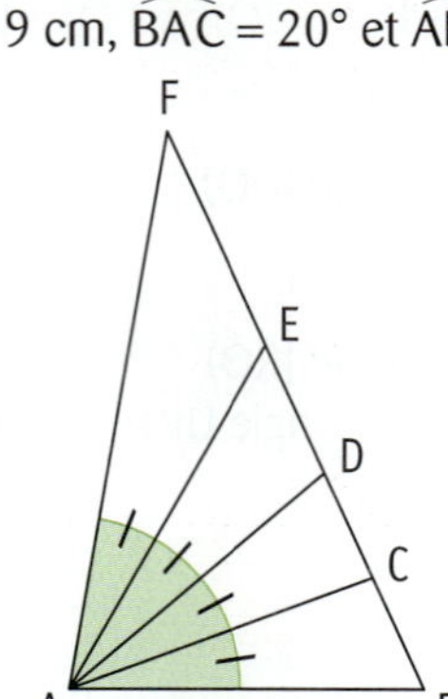

2) Mesurer, puis ranger par ordre croissant les longueurs BC, CD, DE et EF.

77

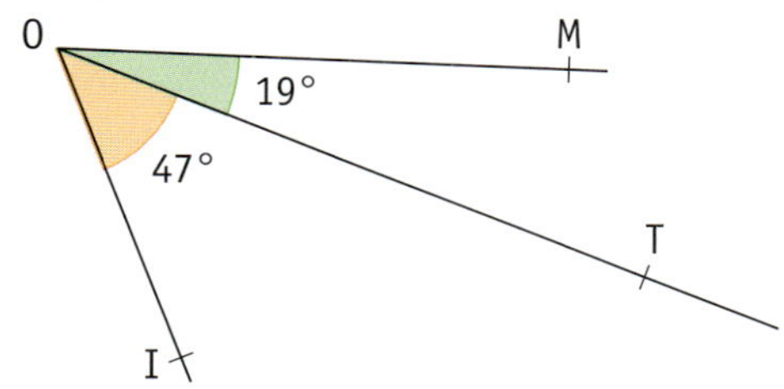

1) Calculer la somme de 19° et de 47°.

2) Mesurer l'angle $\widehat{MOI}$.

Que remarque-t-on ?

Pour les exercices 78 et 79, on utilise cette figure :

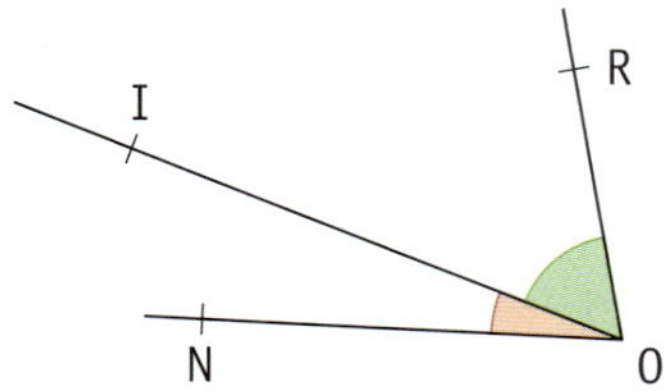

78 On donne : $\widehat{ROI} = 56°$ et $\widehat{ION} = 27°$.
Calculer la mesure de l'angle $\widehat{RON}$.

79 On donne : $\widehat{RON} = 74°$ et $\widehat{ION} = 18°$.
Calculer la mesure de l'angle $\widehat{ROI}$.

80 **1)** Reproduire en vraie grandeur la figure ci-dessous pour laquelle les points A, O et S sont alignés.

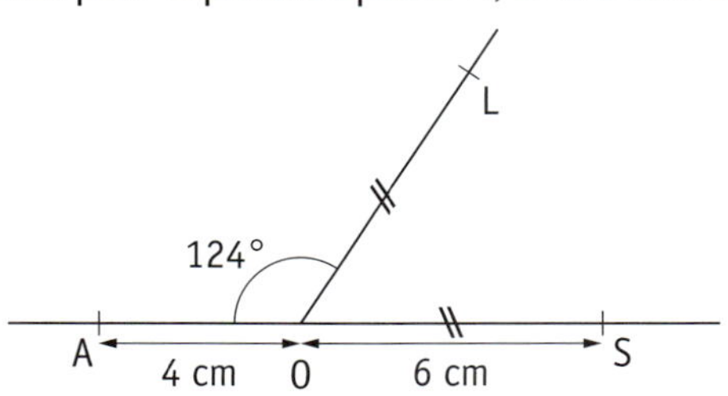

2) Tracer la bissectrice [OM) de l'angle $\widehat{AOL}$.

3) a) Calculer la mesure de l'angle $\widehat{SOL}$.

b) Tracer la bissectrice [ON) de l'angle $\widehat{LOS}$.

c) En déduire la mesure de l'angle $\widehat{NOL}$.

4) Démontrer que l'angle $\widehat{MON}$ est droit.

81

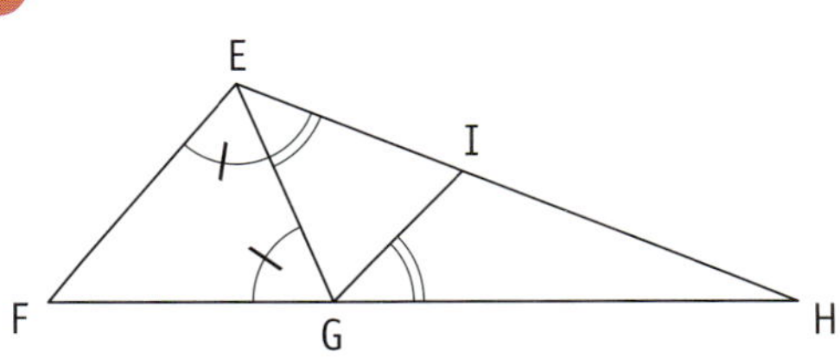

On donne :

- $\widehat{FEG} = 80°$ et $\widehat{GEH} = 50°$;
- la demi-droite [GI) est la bissectrice de l'angle $\widehat{EGH}$.
- Démontrer que les points F, G et H sont alignés.

82 La « Route du rhum » est une course à la voile en solitaire. Les participants partent de Saint-Malo et arrivent en Guadeloupe.

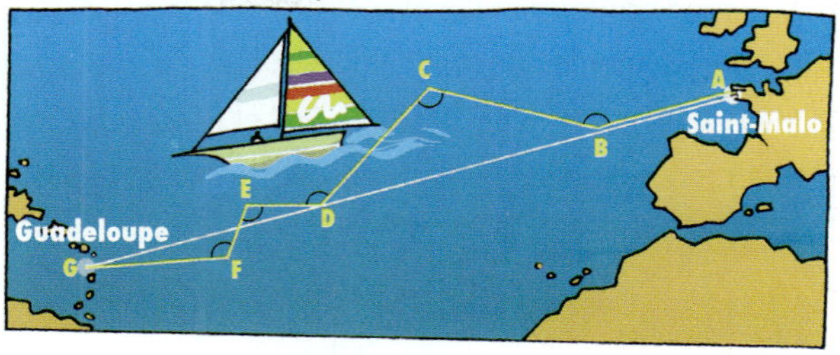

En 1998, Laurent Bourgnon a effectué cette traversée de l'Atlantique en 12 jours et un peu plus de 8 heures. On a représenté en jaune le trajet de son voilier.

1) Mesurer chaque angle marqué.

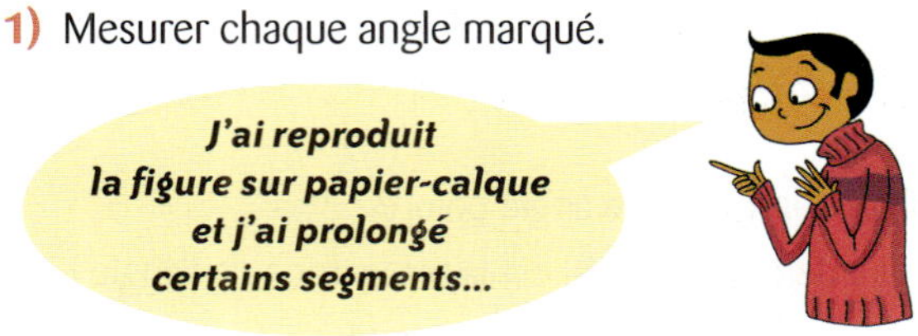

2) Tracer ce trajet en multipliant la longueur de chaque segment par 3 et en conservant la mesure de chaque angle.

83 Le théodolite est un instrument qui mesure les angles.

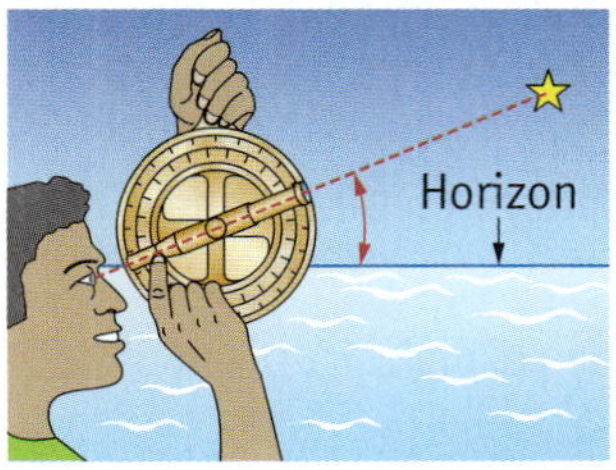

Yaoumba a utilisé un théodolite pour estimer la hauteur du clocher de l'église de son village.

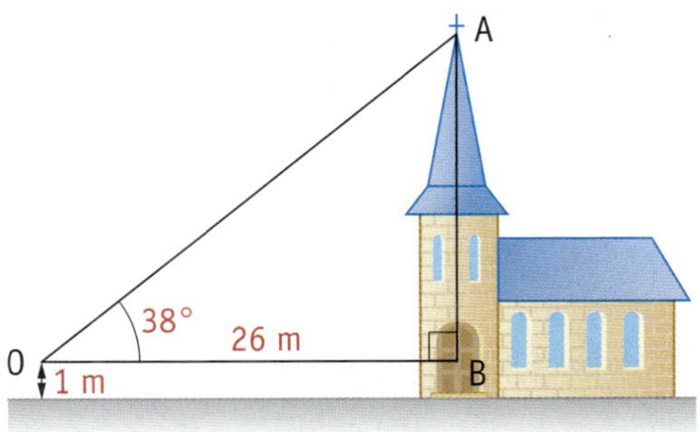

1) Tracer le triangle AOB pour lequel 1 centimètre représente 2 mètres.

2) Mesurer sur le dessin la longueur AB.

3) Estimer la hauteur réelle de cette église.

DEVOIRS À LA MAISON

DEVOIR A

84 Une plongée sous-marine a lieu dans la baie de Porquerolles.

1) Poser un papier-calque sur cette carte.
Noter le Cap Rousset (R) et le Cap des Mèdes (M).

2) Déterminer les points P et Q tels que :
$\widehat{MRP} = 56°$, $\widehat{RMP} = 36°$, $\widehat{MRQ} = 56°$ et $\widehat{RMQ} = 36°$.

3) L'un des points P ou Q représente le site de plongée, le tracer en rouge.

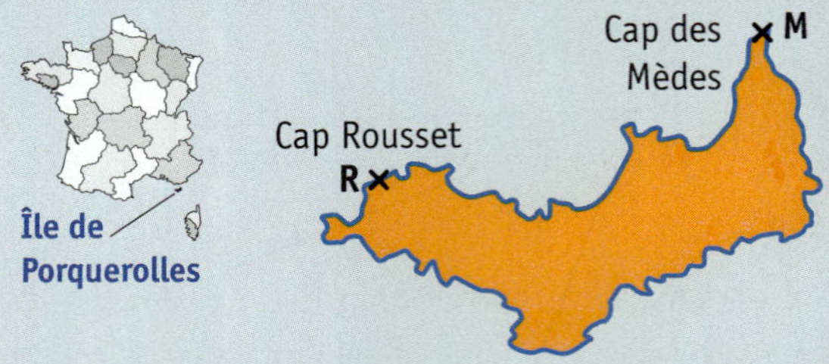

DEVOIR B

85

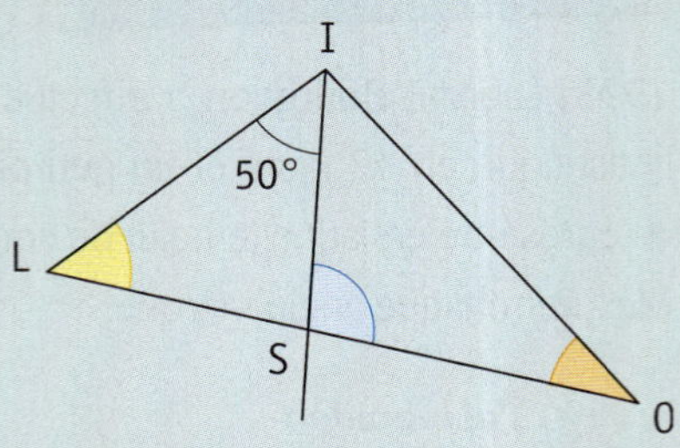

1) Mesurer chaque angle coloré.

2) La demi-droite [IS) est la bissectrice de l'angle $\widehat{LIO}$.
Déterminer la mesure de l'angle $\widehat{LIO}$.
Justifier la réponse.

86 **1)** Construire un triangle ABC tel que :
AB = 4 cm ; $\widehat{BAC} = 92°$ et $\widehat{ABC} = 58°$.

2) Construire les points E et F à l'extérieur du triangle ABC tels que le quadrilatère AEFB soit un carré.

3) a) Calculer la mesure de l'angle $\widehat{FBC}$.

b) Tracer la bissectrice de l'angle $\widehat{FBC}$.

4) Les points E, A et C sont-ils alignés ?
Justifier la réponse.

5) La demi-droite [CF) est-elle la bissectrice de l'angle $\widehat{ACB}$? Justifier après avoir mesuré.

JE CHERCHE...

Les sous-multiples du degré : les minutes d'angle et les secondes d'angle

- Un degré se partage en 60 minutes d'angle (noté 60'). On a : **1° = 60'**.
- Une minute d'angle se partage en 60 secondes d'angle (noté 60''). On a : **1' = 60''**.

87 Convertir en secondes d'angle 1°, puis 63°35'20''.

88 Sur la figure ci-contre, la demi-droite [OB) est la bissectrice de l'angle $\widehat{MON}$.
La demi-droite [OA) est la bissectrice de l'angle $\widehat{MOB}$.
La demi-droite [OC) est la bissectrice de l'angle $\widehat{BON}$.

- Sachant que la mesure de l'angle $\widehat{MON}$ est égale à 41°, calculer la mesure de l'angle $\widehat{NOC}$ en degrés et minutes.

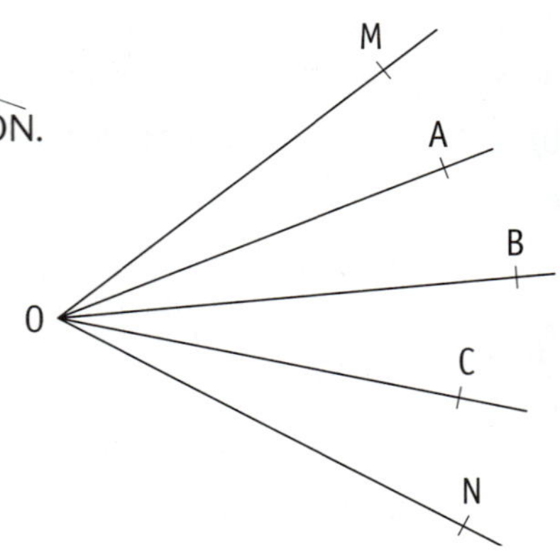

89 ***Extrait du Rallye de Mathématiques, Aquitaine***

Dans un vieux manuel de mathématiques, Justin a lu la définition suivante :

> « On dit qu'un triangle GAE dans lequel $\widehat{GAE} > \widehat{GEA}$ est pseudo-rectangle en G lorsqu'on a : $\widehat{GAE} - \widehat{GEA} = 90°$. »

1) Construire un triangle GAE pseudo-rectangle en G.

2) Construire un triangle GAE pseudo-rectangle en G et tel que $\widehat{GAE} + \widehat{GEA} = 140°$.

On utilise le logiciel de géométrie *Cabri-Géomètre*.

9e icône

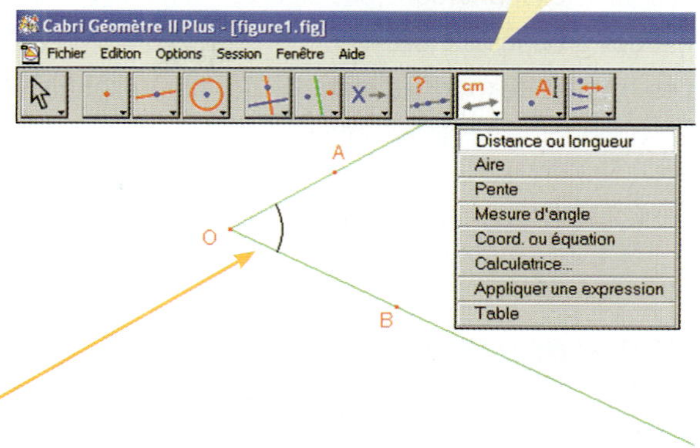

90 **1)** Placer trois points. Les nommer O, A et B.

2) Tracer la demi-droite [OA), puis la demi-droite [OB).

3) On veut marquer l'angle $\widehat{AOB}$.
Pour cela, dans la liste de la dixième icône, choisir « **Marquer un angle** », puis cliquer sur les points A, O et B.

4) On veut mesurer l'angle $\widehat{AOB}$.
Pour cela, dans la liste de la neuvième icône, choisir « **Mesure d'angle** », puis cliquer sur la marque de l'angle.

5) Déplacer le point B afin d'obtenir un angle $\widehat{AOB}$ d'environ 90°.

91 **1)** Placer trois points. Les nommer F, I et N.

2) Tracer la demi-droite [IF), puis la demi-droite [IN).

3) On veut tracer la bissectrice de l'angle $\widehat{FIN}$.
Pour cela, dans la liste de la cinquième icône, choisir « **Bissectrice** », puis cliquer dans l'ordre sur les points F, I et N.

4) Placer un point A sur la bissectrice de l'angle $\widehat{FIN}$.

J'ai cherché dans la 2e icône.

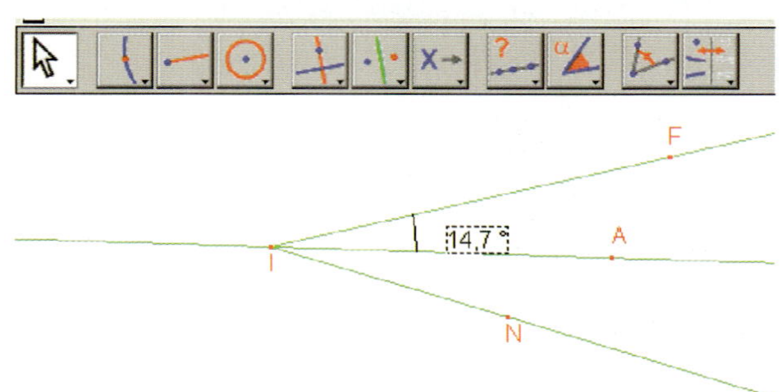

5) a) Marquer, puis mesurer l'angle $\widehat{FIA}$.
b) Marquer, puis mesurer l'angle $\widehat{AIN}$.
Déplacer les points F, I et N.
c) Que remarque-t-on ? Expliquer pourquoi.

92 **1)** Placer deux points. Les nommer A et B.

2) Tracer le segment [AB] et placer le milieu de ce segment. Le nommer I.

J'ai cherché dans la 5e icône.

3) Tracer le cercle de centre I qui passe par le point A.

4) Placer un point sur ce cercle, le nommer M.

5) Tracer les demi-droites [MA) et [MB).

6) Marquer l'angle $\widehat{AMB}$.
Que remarque-t-on ?

7) Mesurer l'angle $\widehat{AMB}$.
Déplacer le point M sur le cercle. La remarque faite à la question **6)** reste-t-elle vraie ?

8) Recopier et compléter la phrase suivante :
« Si un triangle a ses trois **...** sur un cercle et que l'un de ses côtés est un **...** de ce cercle, alors il semble que ce triangle est **...** . »

> Découverte

Les constellations

Les constellations sont des figures imaginaires formées par des groupes d'étoiles.
Les noms des constellations de l'hémisphère nord proviennent de la Grèce antique.

Les constellations de Cassiopée, de Céphée et de la petite ourse. ▶

93 La constellation de Céphée

1) a) Rechercher au CDI qui était Céphée.

b) Dans quel hémisphère se situe cette constellation ?

2) Sur une feuille blanche, reproduire en vraie grandeur le dessin ci-contre qui représente la constellation de Céphée.

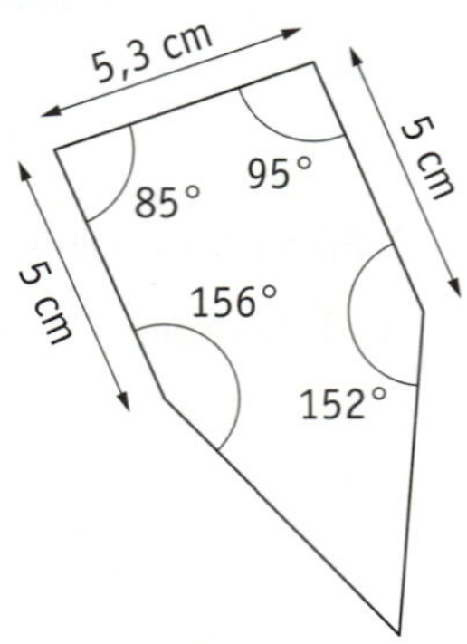

94 La constellation de la petite ourse

1) Dans quel hémisphère se situe cette constellation ?

2) Sur une feuille blanche, reproduire en vraie grandeur le dessin ci-dessous qui représente la constellation de la petite ourse.

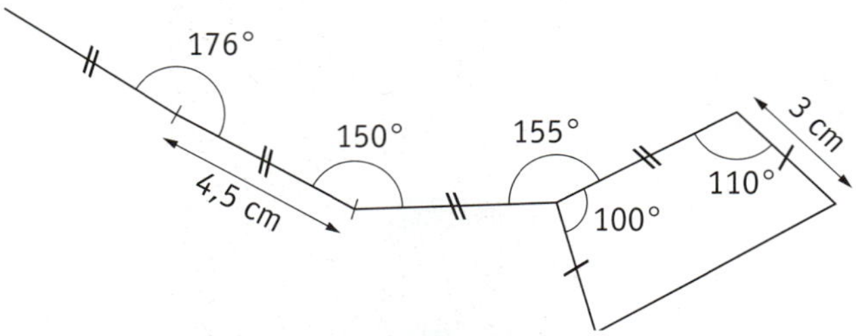

95 La constellation de Cassiopée

1) Mesurer les longueurs et les angles de la figure tracée en rouge sur la représentation ci-contre.

2) Reproduire cette figure de la constellation de Cassiopée en multipliant la longueur de chaque segment par 2 et en conservant la mesure de chaque angle.

Chapitre 15

Longueurs, masses, durées

REVOIR

> les unités de longueur, de masse, de durée ;
> le périmètre d'un polygone ;
> la longueur d'un cercle ;
> l'utilisation de formules.

DÉCOUVRIR

> le nombre π.

SOCLE COMMUN

SC1 Effectuer pour les longueurs et les masses des changements d'unités de mesure.

SC2 Comparer des périmètres.

SC3 Calculer des périmètres de polygones, des longueurs de cercles.

SC4 Calculer des durées, des horaires.

© Valinco / Sipa.

La Tour Eiffel est un symbole de la ville de Paris.

En 2008, la France a présidé l'Union Européenne. À cette occasion, la Tour Eiffel a été éclairée en bleu.
Cet éclairage symbolisait le drapeau européen.
La Tour Eiffel a été construite pour l'exposition universelle de 1889 ; elle mesurait alors 3 hectomètres. Depuis, on a installé des antennes de communication à son sommet.
En 2008, elle avait 116 antennes et mesurait 32,5 dam.

- Quelle était, en 2008, la hauteur de sa plus haute antenne de communication ?

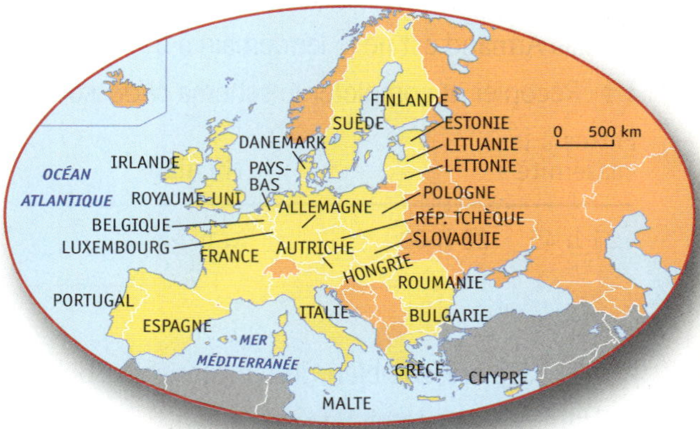

Activités

1 J'étudie des unités de mesure

JE REVOIS

1) Le mot « kilomètre » se décompose en deux parties.
Le préfixe « **kilo** » signifie « **multiplie par 1 000** ». La racine « **mètre** » désigne l'**unité** utilisée : le mètre.
Frédéric a écrit sur son cahier :

Le mot « kilomètre » signifie « 1000 fois 1 mètre ».
Ainsi, 1 km = 1000 m.

Décomposer comme Frédéric chacun des mots suivants :
a) « kilogramme » ; **b)** « hectomètre » ; **c)** « hectogramme » ; **d)** « décamètre » ; **e)** « décagramme ».

2) Le mot « **millimètre** » signifie « **1 mètre divisé par 1 000** ». Ainsi, **1 mm** = **0,001 m**.
Décomposer de la même manière chacun des mots suivants :
a) « milligramme » ; **b)** « centimètre » ; **c)** « centigramme » ; **d)** « décimètre » ; **e)** « décigramme ».

2 J'étudie les unités de durée

JE REVOIS

1) La mesure du temps de réaction d'un athlète au départ d'une course est de 235 millisecondes.
Que signifie le mot « milliseconde » ? Convertir une milliseconde en seconde.

2) Un chronomètre électronique permet d'enregistrer les performances au centième de seconde près.
En 2008, aux jeux Olympiques de Pékin, le Jamaïcain Usain Bolt a battu le record du monde du 100 m en 9.69 secondes.

Recopier et compléter : « 9,69 s = 9 s + 0 ... s = 9 s + $\frac{69}{...}$ s.
Ainsi, 9,69 s signifie ... secondes et ... centièmes de secondes. »

3) En 2008, aux jeux Olympiques de Pékin, la Roumaine Constantina Tomescu a gagné le marathon en moins de 2 heures 30 min.
Jeanne dit que 2 h 30 min, c'est 2,3 h. Nelson dit que 2 h 30 min, c'est 2,5 h.
Qui a raison ? Justifier la réponse.

3 Je calcule une durée

JE REVOIS

Une future maman est entrée à 21 h 45 à la maternité pour accoucher.
Son fils Armand est né le lendemain à 6 h 35.

1) Recopier et compléter le schéma ci-dessous.

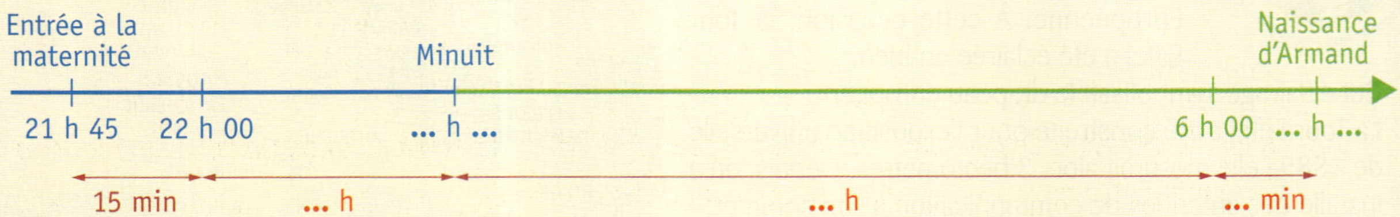

2) En déduire combien de temps s'est écoulé entre la naissance d'Armand et l'entrée à la maternité de sa maman.

4 Je calcule le périmètre d'un polygone

On a quadrillé une feuille de papier avec des losanges de côté u.
On prend comme unité de longueur, la longueur u.

1) Quel est le périmètre du losange coloré en vert ?

2) a) Quel est le périmètre du polygone coloré en orange ?

b) Donner la longueur de chacun des huit côtés de ce polygone.
Faire la somme de ces longueurs.
Que remarque-t-on ?

3) Placer un papier-calque sur le quadrillage ci-contre.
Tracer un polygone n'ayant pas huit côtés et ayant le même périmètre que le polygone orange.

5 Je précise la longueur d'un cercle

Cette activité utilise le logiciel *Cabri-Géomètre*.

1) Aller dans « **Option** », « **Préférences** », « **Précision d'affichage et d'unités** », « **Longueur** ».
Choisir « **4** », puis cliquer sur « **OK** ».

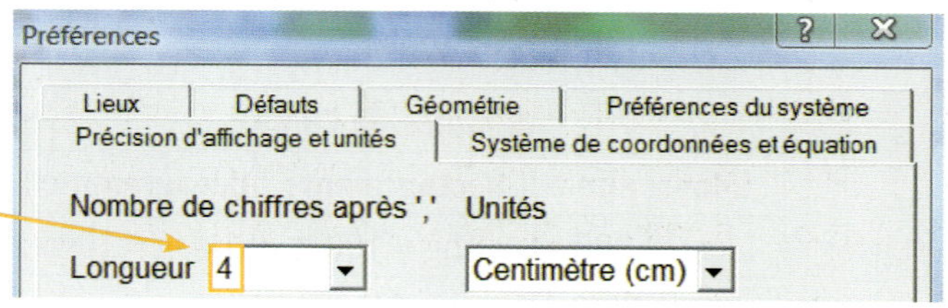

2) a) Placer deux points. Les nommer A et B.
Tracer le segment [AB].

b) Placer le milieu du segment [AB]. Le nommer O.

3) a) Cliquer sur la quatrième icône.
Tracer le cercle de centre O passant par le point A.

b) Justifier que ce cercle passe par le point B et que le segment [AB] est un diamètre.

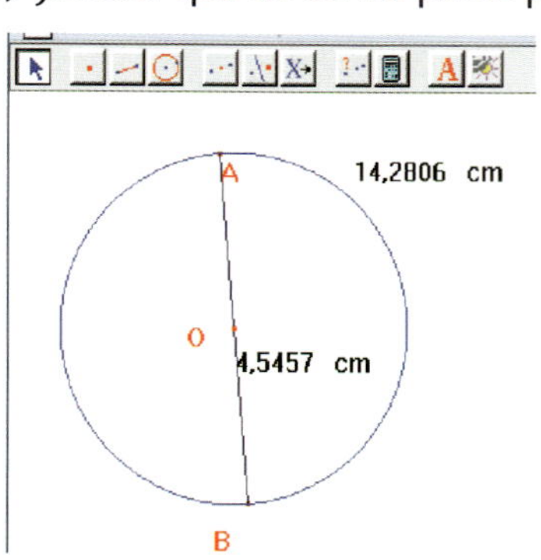

4) a) Cliquer sur la neuvième icône, choisir « **distance et longueur** » et cliquer sur le segment [AB].

b) Mesurer la longueur du cercle en cliquant sur le cercle.

5) a) À l'aide d'une calculatrice, calculer le quotient de la longueur du cercle par son diamètre.
Donner une valeur approchée au dix-millième de ce quotient.

b) Modifier le diamètre du cercle en déplaçant le point A. Calculer le nouveau quotient de la longueur du cercle par son diamètre. Comparer ce quotient au quotient obtenu au **5) a)**.

6) Des quatre formules ci-dessous, quelle est celle qui permet de calculer la longueur $\mathcal{P}$ d'un cercle de diamètre d ?

a) $\mathcal{P} = 3{,}14 \times d$; **b)** $\mathcal{P} = 3{,}141\,5 \times d$; **c)** $\mathcal{P} = 3{,}141\,6 \times d$; **d)** $\mathcal{P} = \pi \times d$.

1 Mesure de grandeurs

a) Longueur

Définition

La mesure d'un segment s'appelle sa **longueur**.
L'unité légale de longueur est le **mètre** (m).

■ **Autres unités de longueur :**

Multiples de l'unité			Unité	Sous-multiples de l'unité		
kilomètre	**hectomètre**	**décamètre**	**mètre**	**décimètre**	**centimètre**	**millimètre**
1 km = 1 000 m	1 hm = 100 m	1 dam = 10 m	**1 m**	1 dm = 0,1 m	1 cm = 0,01 m	1 mm = 0,001 m

b) Masse

Définition

La mesure d'une quantité de matière s'appelle sa **masse**.
L'unité légale de masse est le **kilogramme** (kg).
On utilise aussi le **gramme** (g). On a : 1 kg = 1 000 g.

■ **Autres unités de masse :**

Multiples de l'unité			Unité	Sous-multiples de l'unité		
kilogramme	**hectogramme**	**décagramme**	**gramme**	**décigramme**	**centigramme**	**milligramme**
1 kg = 1 000 g	1 hg = 100 g	1 dag = 10 g	**1 g**	1 dg = 0,1 g	1 cg = 0,01 g	1 mg = 0,001 g

■ **Remarques** :

- Les multiples du kilogramme sont le **quintal** (q) et la **tonne** (t).

On a : 1 q = 100 kg et 1 t = 1 000 kg.

- La dizaine de kilogramme n'a pas de nom particulier.

c) Durée

Définition

La mesure du temps entre deux instants s'appelle sa **durée**.
L'unité légale de durée est la **seconde** (s).

■ **EXEMPLE :**

L'entracte d'un spectacle commence à 21 h 50 et finit à 22 h 15. Donc l'entracte dure 25 min.
21 h 50 et 22 h 15 sont deux instants.
25 min est une durée.

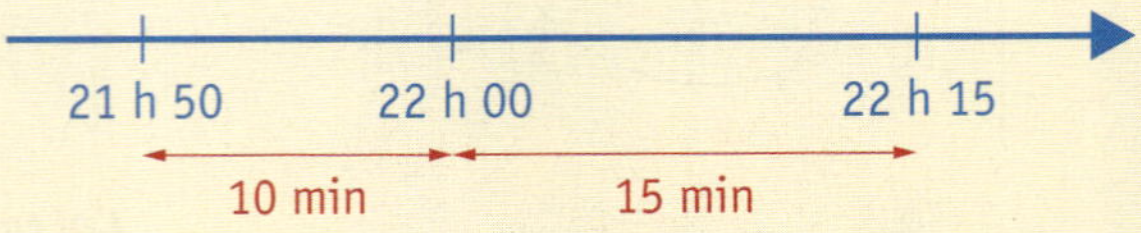

■ **Autres unités de durées :**

Multiples de l'unité			Unité	Sous-multiples de l'unité		
jour	**heure**	**minute**	**seconde**	**dixième de seconde**	**centième de seconde**	**millième de seconde**
1 j = 24 h	1 h = 60 min	1 min = 60 s	**1 s**	0,1 s	0,01 s	0,001 s

2 Périmètre

a) Cas général

Définition La longueur du contour d'une figure s'appelle son **périmètre**.

EXEMPLE :
Le périmètre de la figure rouge est 16 unités de longueur.

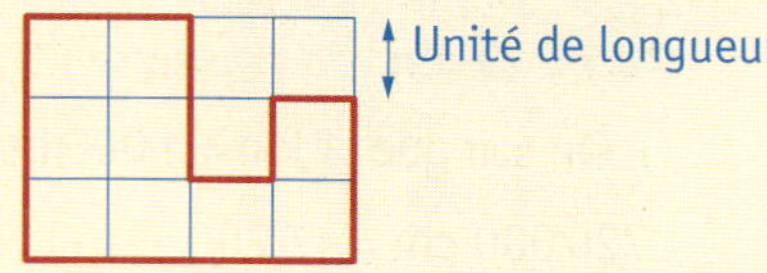

b) Polygone

Propriété Le périmètre d'un polygone est égal à la somme des longueurs de ses côtés.

Remarque : Pour calculer un périmètre, les longueurs doivent être exprimées dans la même unité.

EXEMPLE :
AB + BC + AC = **30 mm** + **2 cm** + **2,5 cm**
AB + BC + AC = **3 cm + 2 cm + 2,5 cm** = 7,5 cm.
Le périmètre du triangle ABC est 7,5 cm.

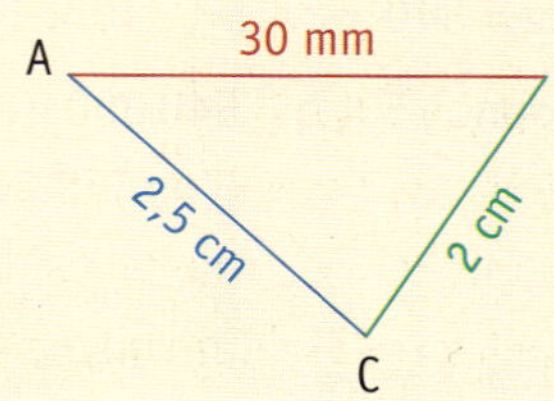

	Rectangle	Losange	Carré
Figure	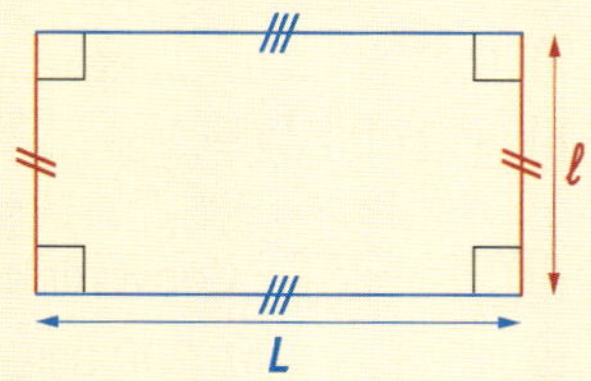	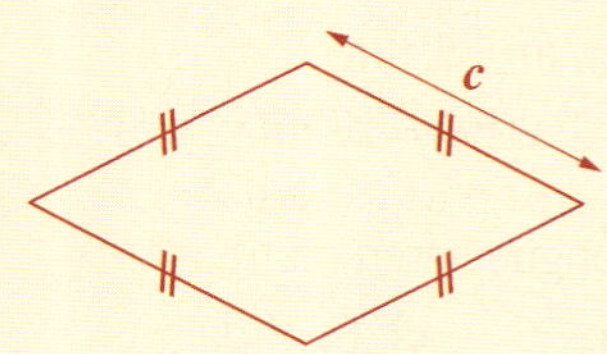	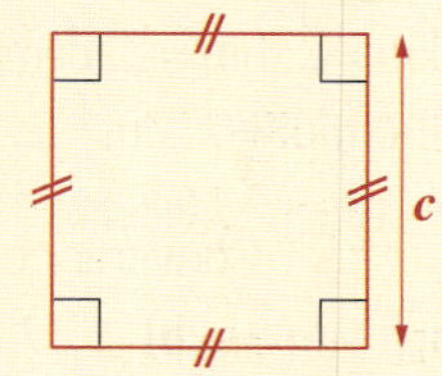
Périmètre	$\mathcal{P} = L + \ell + L + \ell$ $\mathcal{P} = L \times 2 + \ell \times 2$ $\mathcal{P} = (L + \ell) \times 2$	$\mathcal{P} = c + c + c + c$ $\mathcal{P} = c \times 4$	

EXEMPLE : Périmètre d'un rectangle de longueur 3,5 cm et de largeur 1,5 cm :
$\mathcal{P} = (L + \ell) \times 2 = (\mathbf{3{,}5\ cm} + \mathbf{1{,}5\ cm}) \times 2 = 5\ \text{cm} \times 2 = 10\ \text{cm}$.
Le périmètre de ce rectangle est donc 10 cm.

c) Cercle

π est la lettre de l'alphabet grec qui correspond au **p** de l'alphabet latin. π se prononce « pi ».
En mathématiques, π désigne un nombre particulier qui permet de calculer la longueur d'un cercle.

Propriété La **longueur $\mathcal{P}$ d'un cercle** de diamètre D est : $\mathcal{P} = \pi \times \mathbf{D}$.
La longueur $\mathcal{P}$ d'un cercle de rayon R est : $\mathcal{P} = \pi \times \mathbf{2} \times \mathbf{R}$.

EXEMPLE : La valeur exacte en mètre de la longueur du cercle ci-dessous est : $\mathcal{P} = \pi \times D = \pi \times \mathbf{3}$.

Remarque : π n'est pas un nombre décimal.
Une valeur approchée de π est par exemple : $\pi \approx 3{,}141\,592\,653\,589$.

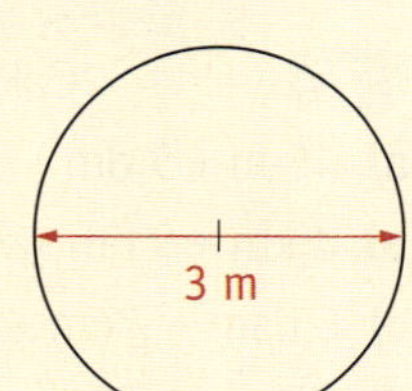

EXEMPLE : Une valeur approchée de la longueur du cercle ci-contre est :

$$\mathcal{P} \approx 9{,}424\,5\ \text{m}$$

> Savoir-faire

1 J'APPRENDS À… Effectuer des changements d'unités de mesure

Énoncé : **1)** Convertir 4 720 000 cm en km. **2)** Convertir 5,4 q en g.

Solution :

1) On sait que 1 km = 1 000 m et que 1 m = 100 cm.

4 720 000 cm = 47 200 × 100 cm = 47 200 × 1 m = 47 200 m

47 200 m = 47,2 × 1 000 m = 47,2 × 1 km = 47,2 km

On a donc : 4 720 000 cm = 47,2 km.

Pour convertir des cm en km, je convertis d'abord en m.

2) a) On sait que **1 q = 100 kg** et que **1 kg = 1 000 g**.

5,4 q = 5,4 × **1 q** = 5,4 × **100 kg** = 540 kg

540 kg = 540 × **1 kg** = 540 × **1 000 g** = 540 000 g

On a donc : 5,4 q = 540 000 g.

On peut aussi utiliser un tableau de conversion.

t	q	dizaine de kg	kg	hg	dag	g
	5	4	0	0	0	0

> J'APPLIQUE.

1 SC1 Recopier et compléter.
a) 0,5 km = ... hm = ... dam = ... m = ... dm ;
b) 63 500 mm = ... dm = ... m = ... hm = ... km.

2 SC1 Convertir ces longueurs en mètre.
a) 3 km ; **b)** 1,37 hm ; **c)** 0,54 dam ;
d) 820 dm ; **e)** 9,61 mm ; **f)** 528 cm.

3 SC1 Convertir ces longueurs en kilomètre.
a) 500 m ; **b)** 12 dam ; **c)** 3,9 dm ; **d)** 0,07 hm.

4 SC1 Recopier et compléter.
a) 7,2 m = ... cm ; **b)** 31,8 km = ... m ;
c) 9 dm = ... mm ; **d)** 652 dm = ... m ;
e) 29,8 m = ... km ; **f)** 3 cm = ... km.

5 SC1 Comparer les grandeurs suivantes :
a) 39,2 m et 630 dm ; **b)** 42 mm et 0,42 dm ;
c) 305 m et 2,99 hm ; **d)** 0,718 km et 702 dam.

6 SC1 Ranger ces longueurs dans l'ordre croissant.
1,5 km | 1 561 m | 151 dam | 16 hm | 15 101 dm

7 SC1 Calculer les longueurs suivantes :
a) 45 m + 9 dm + 7 cm ;
b) 4 km + 9 hm + 3 m ;
c) 5 dam + 7 cm ;
d) 25 dm + 92 cm + 65 mm.

8 SC1 Recopier et compléter.
a) 0,07 t = ... q = ... kg = ... dag = ... g ;
b) 492 000 dg = ... g = ... kg = ... q = ... t.

9 SC1 Convertir ces masses en kilogramme.
a) 45 t ; **b)** 200 dag ; **c)** 3,5 q ; **d)** 12,5 g ;
e) 44,4 mg ; **f)** 520 cg ; **g)** 265,3 hg ; **h)** 6 dg.

10 SC1 Convertir ces masses en gramme.
a) 34 kg ; **b)** 987 dag ; **c)** 5 mg ;
d) 17,8 dg ; **e)** 3,56 t ; **f)** 0,501 q.

11 SC1 Recopier et compléter.
a) 7 t = ... kg ; **b)** 6,54 q = ... kg ;
c) 16,5 q = ... t ; **d)** 8,85 kg = ... g ;
e) 24 g = ... kg ; **f)** 0,9 kg = ... dag.

12 SC1 Comparer les grandeurs suivantes :
a) 2,1 kg et 2 090 g ; **b)** 53,4 g et 6 300 mg ;
c) 8,03 t et 804 kg ; **d)** 95,8 cg et 0,009 9 hg.

13 SC1 Ranger ces masses dans l'ordre décroissant :
0,82 t | 822 kg | 8,3 q | 820 500 g | 8 230 hg

14 SC1 Calculer les masses suivantes :
a) 9 kg + 392 g ; **b)** 4 t + 5 q + 7 kg ;
c) 2 kg + 8 g +6 cg ; **d)** 5 g + 61 cg + 853 mg.

2 J'APPRENDS À… Calculer le périmètre d'une figure

Énoncé : Narcisse veut encadrer deux miroirs pour la chambre de ses enfants.

1) Calculer le périmètre du miroir ayant la forme d'un quadrilatère.

2) Le second miroir a la forme d'un demi-disque.

Déterminer une valeur approchée au centième du périmètre de ce miroir.

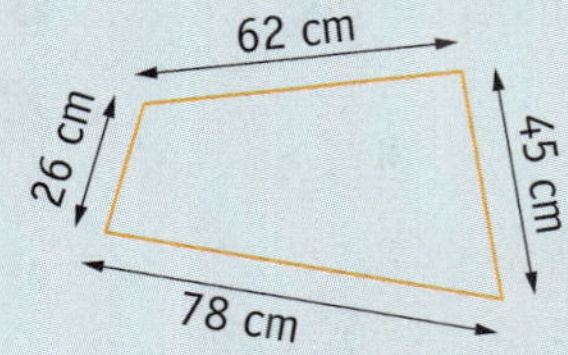

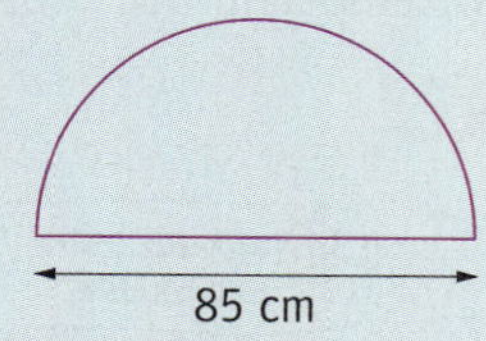

Solution :

1) Le premier miroir est un quadrilatère. Son périmètre $\mathcal{P}_1$ est la somme des longueurs de ses côtés :

$$\mathcal{P}_1 = 26 \text{ cm} + 62 \text{ cm} + 45 \text{ cm} + 78 \text{ cm} = 211 \text{ cm}$$

Le périmètre du premier miroir est donc 211 cm.

2) Le contour du demi-disque se compose d'un demi-cercle et d'un diamètre.

- Longueur $\mathcal{P}$ du demi-cercle en cm :

$$\mathcal{P} = (\pi \times D) : 2 = (\pi \times 85) : 2$$

En utilisant la touche π de la calculatrice, on obtient : $\mathcal{P} \approx 133{,}52$ cm.

- Longueur $\mathcal{P}_2$ du demi-disque en cm :

$$\mathcal{P}_2 \approx 133{,}52 + 85 \approx 218{,}52 \text{ cm}$$

Le périmètre du second miroir est environ 218,52 cm.

Attention : $\pi \neq 3{,}14$.
On obtiendrait $\mathcal{P} \approx 133{,}45$ cm.

J'APPLIQUE.

SC3 **Pour les exercices 15 à 17**, calculer le périmètre de chaque figure.

15 **a)**

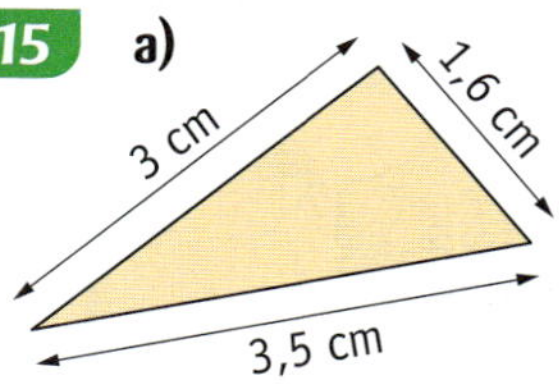

b)

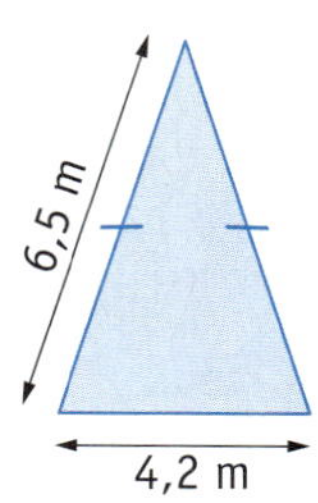

16 **a)**

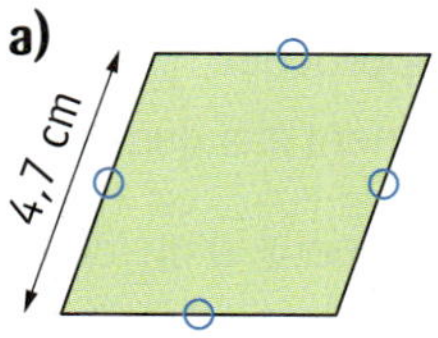

b)

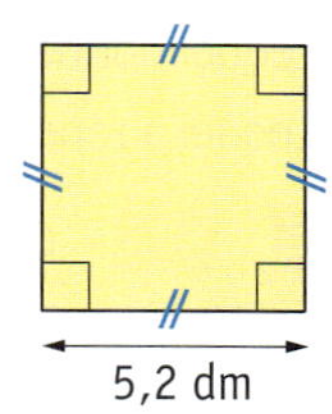

17 **a)**

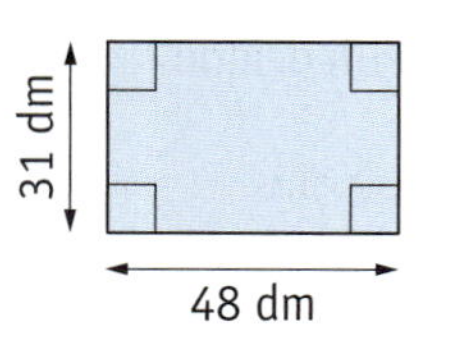

b)

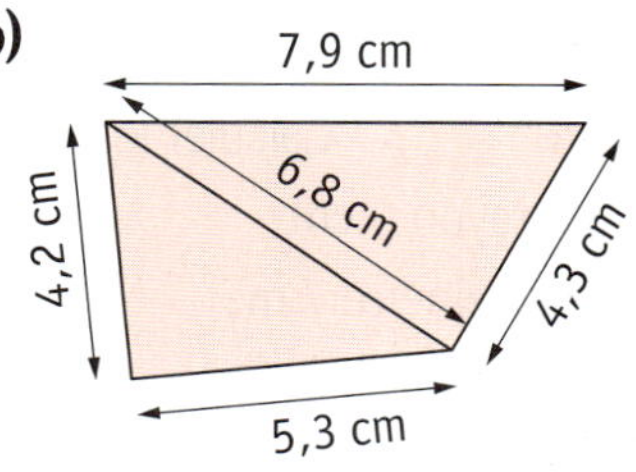

18 **SC3** Calculer une valeur approchée au dixième de la longueur d'un cercle :

a) de diamètre 9,1 cm ; **b)** de rayon 6,2 dm.

SC3 **Pour les exercices 19 et 20**, reproduire chaque figure, puis calculer une valeur approchée au centième de son périmètre.

19 **a)** Demi-disque

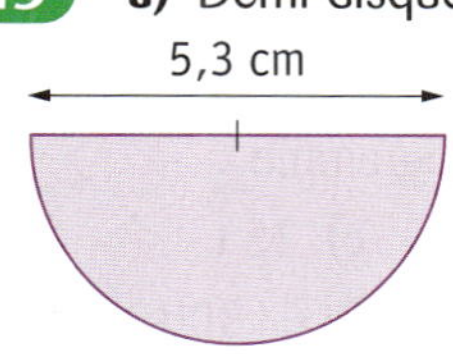

b) Quart de disque

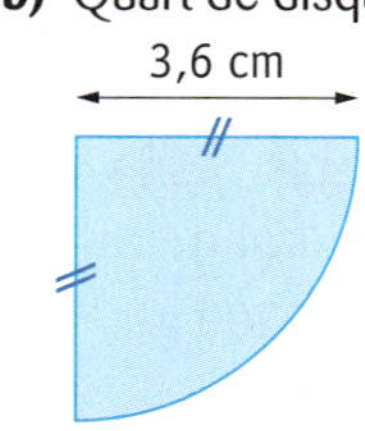

20 Porche d'entrée d'une résidence formé d'un demi-disque et d'un rectangle.

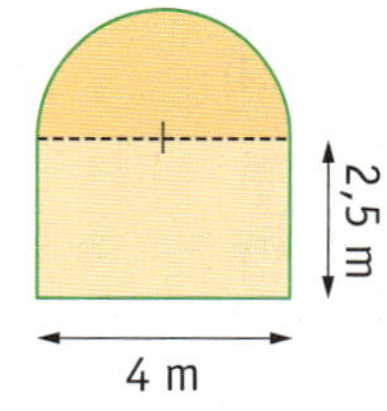

21 Pour chacune des grandeurs suivantes, citer un appareil qui permet de la mesurer :
a) longueur ; **b)** masse ; **c)** durée ;
d) température ; **e)** pression atmosphérique.

22

Compléter les phrases suivantes en choisissant l'unité la plus plausible :
« À sa naissance Margot mesurait 43 … . Sa masse était 3,5 … . Elle dormait 20 … par … et mangeait toutes les 2 … . Son père Fred est très sportif. Il est âgé de 39 …, mesure 1,84 … et sa masse est 79 … . Fred court le 100 … en 13 … et le marathon en 3 … 46 … . La longueur du parcours d'un marathon est 42,195 … . »

23 SC1 Convertir en mètre.
a) 23 450 mm ; **b)** 380 cm ; **c)** 6,5 dm ;
d) 500 000 mm ; **e)** 32 hm ; **f)** 850 dam.

24 SC1 Convertir en kilomètre.
a) 380 m ; **b)** 6 000 dam ; **c)** 6 441,5 hm ;
d) 500 000 mm ; **e)** 6 km 5 hm 3 m 5 cm.

25 Trouver un ordre de grandeur de la longueur de chacun des objets suivants :
a) un grain de riz ; **b)** une chaussure ; **c)** un stylo ;
d) une baleine ; **e)** une voiture ; **f)** une carotte.

26 SC1 Convertir en gramme.
a) 3,9 kg ; **b)** 9,2 hg ; **c)** 3 100 mg ;
d) 0,023 dag ; **e)** 0,125 kg ; **f)** 25 cg.

27 SC1 Convertir en kilogramme.
a) 124 q ; **b)** 0,6 t ; **c)** 35 t ;
d) 5 200 g ; **e)** 0,162 q ; **f)** 64 000 000 mg.

28 SC4 Convertir en seconde.
a) une minute ; **b)** 2 min ; **c)** 6 min ;
d) 1 h ; **e)** 2h ; **f)** 1,5 h.

29 SC4 Convertir en minute.
a) 1 h ; **b)** 5 h ; **c)** 1 h 10 min ;
d) 120 s ; **e)** 360 s ; **f)** 30 s.

30 SC4 Convertir en heure.
a) 1 jour ; **b)** 2 jours ; **c)** 1,5 jour ;
d) 60 min ; **e)** 300 min ; **f)** 30 min ;
g) 15 min ; **h)** 45 min ; **i)** 90 min.

31 SC3 Calculer le périmètre de chacune des figures suivantes :

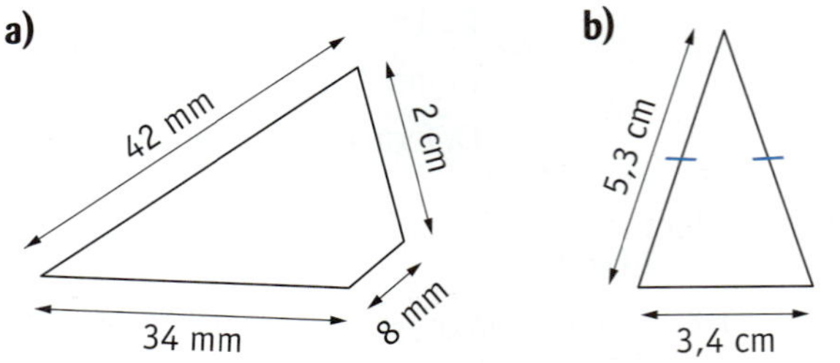

32 SC3 Dans chaque cas, calculer le périmètre après avoir précisé la formule utilisée.
a) Carré de côté 2,5 m.
b) Rectangle de longueur 7 cm et de largeur 3,5 cm.
c) Triangle équilatéral de côté 4,2 cm.
d) Losange de côté 7 m.

33 SC3 **1)** Quelle est la valeur exacte de π ?
2) Donner une valeur approchée de π.
3) Donner une valeur approchée de $(2 \times \pi) + 9$.

34 SC3 Deux élèves calculent la longueur en mètre d'un cercle de diamètre 10 m.

1) a) Lequel donne une valeur exacte ?
b) Lequel donne une valeur approchée ?
2) Lequel a répondu correctement à la question ?

35 SC3 Calculer la longueur d'un cercle de rayon 10 m.
On donnera une valeur exacte du résultat, puis une valeur approchée au dixième.

36 SC3 Calculer le périmètre d'un disque :
a) de rayon 6 cm ;
b) de diamètre 7 m ;
c) de rayon 9 mm.

Longueur

37 Trouver un ordre de grandeur de :

a) la taille d'un joueur professionnel de basket-ball ;
b) la taille d'un jockey professionnel ;
c) la longueur d'un lit ;
d) la hauteur sous plafond d'une chambre.

38 Rechercher chacune des longueurs suivantes :

a) la distance Paris-New York ;
b) la distance Terre-Lune ;
c) la circonférence de la Terre à l'équateur.

39 SC1 En janvier 2009, Pierre mesurait 1,37 m. Il a grandi de 12 cm pendant l'année.

- Combien mesure-t-il en décembre 2009 ?

40 Un chêne pédonculé mesure 20 m à 20 ans. Il grandit de 2 dm par an entre 20 et 140 ans.

- Quel est la hauteur de ce chêne à 140 ans ?

Masse

41 SC1 Recopier ce texte en convertissant chaque mesure pour obtenir une unité mieux adaptée.
« Daravy pèse 0,575 q et mesure 0,0164 hm. Elle a acheté 0,000 3 t de jambon et 128 000 cg d'oranges. Sa voiture a une masse de 114 000 dag, une longueur de 384 cm et une largeur de 1 673 mm. »

42 Au marché, Moni a acheté 3,360 kg de pommes de terre, 1 850 g de carottes, 2 kg 800 de pamplemousses, 1 kg de pommes, 250 g de beurre, 650 g de poisson et 9 œufs de 60 g chacun.

- Quelle masse va-t-il porter dans son cabas ?

43 SC1 **1)** En 1981, la structure métallique de la Tour Eiffel a été allégée de 13 400 quintaux.
Convertir cette masse en kilogramme, puis en tonne.
2) La Tour est repeinte tous les 7 ans par 25 peintres. Chaque peintre utilise 240 kg de peinture. Calculer, en t, la masse de peinture utilisée pour recouvrir la tour.

44 SVT

1) Un paysan récolte 7 400 kg de maïs par hectare. Combien de tonnes de maïs récolte-t-il avec un champ de 8 hectares ?
2) Il constate que s'il arrose trois fois plus, il récolte 9 000 kg par hectare. Combien de tonnes de maïs récolte-t-il en plus pour son champ ?

Durée

45 SC4 Trouver un ordre de grandeur de la durée :

a) d'une nuit de sommeil ; **b)** d'un battement de cœur ;
c) d'une chanson ; **d)** d'un film long métrage ;
e) d'un spot publicitaire ; **f)** d'un cours de Maths ;
g) d'un brossage de dents ; **h)** d'un battement de cils.

46 SC4 Trouver un ordre de grandeur de la durée d'un trajet de 10 km :

a) à pied ; **b)** à vélo ; **c)** en voiture.

47 SC4 La première saison de la série préférée de Mumu tient sur deux DVD de 145 minutes chacun.

- Quelle est en heure et minute, la durée de cette saison ?

48 SC4 Mehdi met à cuire une tarte aux pommes à 15 h 47. La durée de la cuisson est 45 minutes.

- À quelle heure la tarte sera-t-elle cuite ?

49 SC4 Agnès se rend en avion à Casablanca. Son avion décolle à 16 h 25. Le vol dure 1 h 55 min.

- À quelle heure atterrira-t-il à Casablanca ?

50 SC4 L'avion de Marina décolle à 15 h 13 pour Nice. L'enregistrement des bagages se termine 40 minutes avant le décollage.

- Quelle est l'heure limite d'enregistrement ?

51 SC4 Chang veut servir à 20 h 45 un agneau en croûte nécessitant 1 h 55 min de cuisson.

- À quelle heure doit-il le mettre au four ?

52 SC4 Lors d'un week-end à la montagne, des amis décident de se lever à 9 h pour aller skier. Les enfants se sont endormis à 21 h 15, Anna à 23 h 30, Tobb et Karim à 1 h 45 du matin.

- Combien de temps chacun d'eux a-t-il dormi ?

53 SC4 Lucas est un futur champion. En Sixième, il a mis 1 min 14 s 86'' pour un 100 m de nage libre. Le record du monde en 2008 est 44 s 90''.

- À combien Lucas est-il de ce record du monde ?

Comparer des périmètres

54 SC2 **1)** Pour chacune des figures, reporter son périmètre au compas sur une demi-droite.

2) Comparer ensuite les périmètres de ces trois figures.

a)

b)

c)

55 SC2 À l'aide d'un raisonnement, comparer les périmètres de ces deux figures.

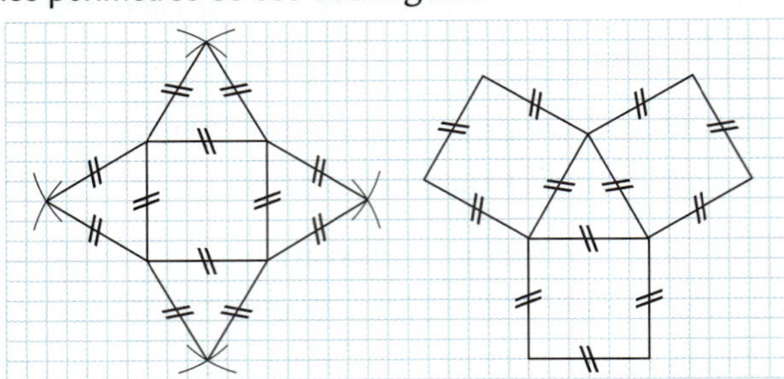

SC2 **Pour les exercices 56 et 57**, les figures ne sont pas en vraie grandeur. Calculer, puis comparer les périmètres des figures.

56

a)

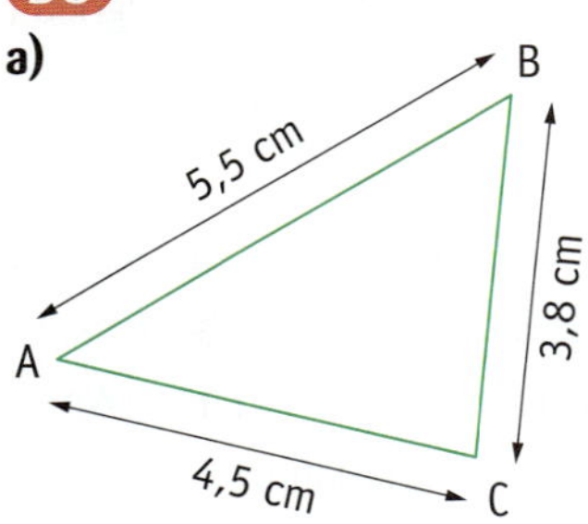

b)

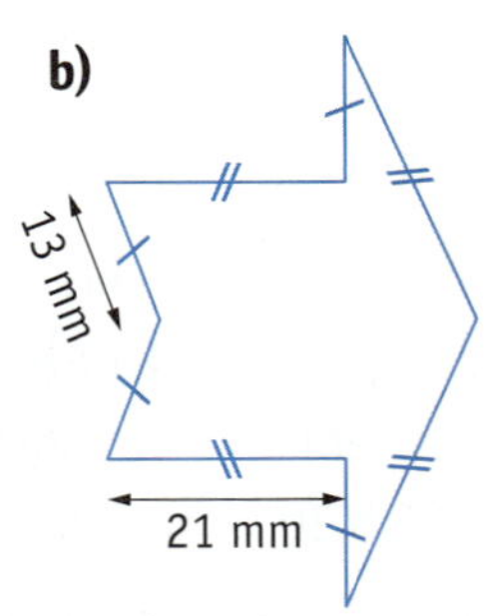

57 **a)**

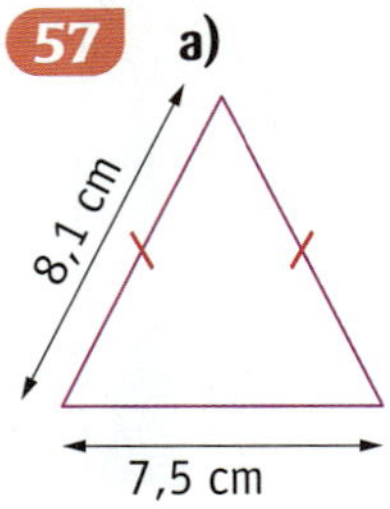

b)

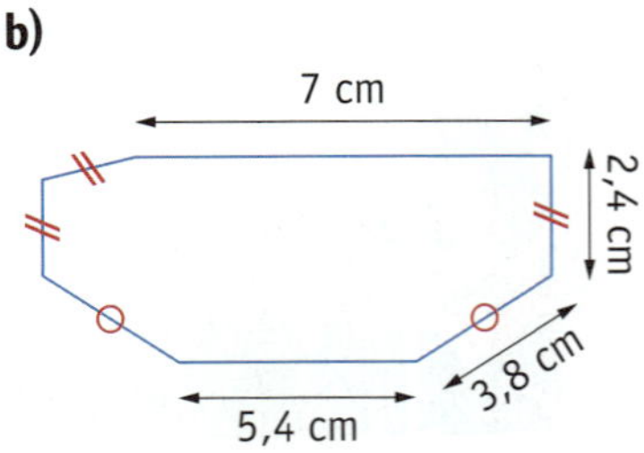

58 Calculer les périmètres **a)** et **b)**, puis les comparer.

a) Un carré de côté 2,5 cm.

b) Un triangle équilatéral de côté 3,5 cm.

59 SC2 Comparer les périmètres d'un carré de côté 3,75 m et d'un rectangle de longueur 4,79 m et de largeur 2,68 m.

60 SC2 ABC est un triangle isocèle tel que :

AB = 5,2 cm et BC = 6,5 cm.

1) Le triangle ABC est isocèle en A.
Calculer son périmètre.

2) Si le triangle était isocèle en C, aurait-il le même périmètre ? Justifier la réponse.

Longueur du cercle

61 SC3 **1)** Calculer la longueur d'un cercle de diamètre 35 mm.

2) Donner une valeur approchée de cette longueur au dixième.

62 SC3 Calculer la longueur d'un cercle de rayon 14 cm, puis donner une valeur approchée de cette longueur au mm près.

63 SC2 Comparer les périmètres d'un carré de côté 3,9 cm et d'un disque de rayon 2,47 cm.

SC3 **Pour les exercices 64 à 67**, dans chaque cas, calculer une valeur approchée par excès au centimètre près du périmètre.

64 **a)** Demi-disque de diamètre 6,8 cm.

b) Demi-disque de rayon 32 cm.

> ***J'ai fait un schéma à main levée pour m'aider.***

65 **a)** Quart de disque de diamètre 40 cm.

b) Quart de disque de rayon 24 cm.

66 **a)**

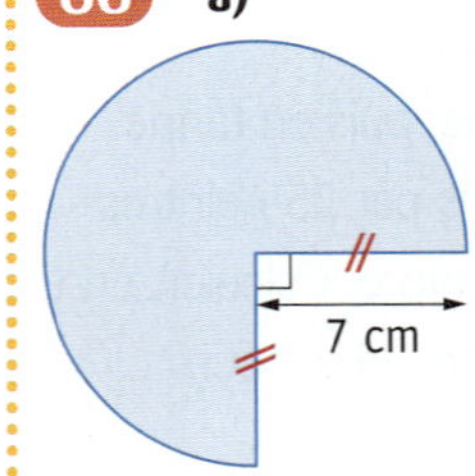

b)

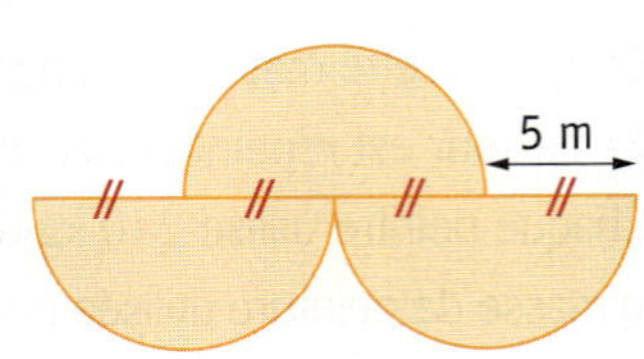

67

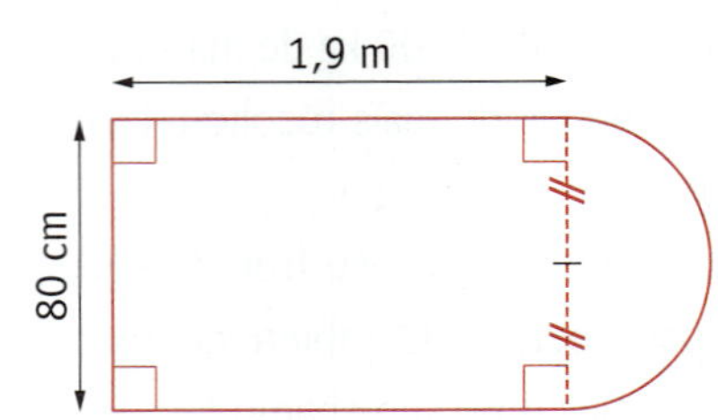

> Je fais le point

J'ai appris à...

- Effectuer des changements d'unités.
- Calculer des longueurs, des masses, des durées.
- Calculer le périmètre d'une figure.
- Calculer la longueur d'un cercle.

Attention : Il peut y avoir plusieurs réponses exactes pour chaque énoncé ! Les trouver toutes.

	A	B	C	D	Si échec, revoir :
68 « 17 km » est une :	longueur	mesure	durée	masse	p. 252
69 30 m sont égaux à :	3 dam	3 dm	0,3 km	3 000 mm	p. 252
70 « 1,5 kg » est une :	longueur	mesure	durée	masse	p. 252
71 3,2 kg + 532 g =	3,732 kg	535,2 g	3 732 g	32,532 kg	p. 252
72 La récréation dure 15 min et se termine à 9 h 55.	9 h 55 est une durée.	9 h 55 est un instant.	15 min est un instant.	15 min est une durée.	p. 252
73 2 h 30 min =	2,3 h	3 h – 0,5 h	150 min	2,5 h	p. 252
74 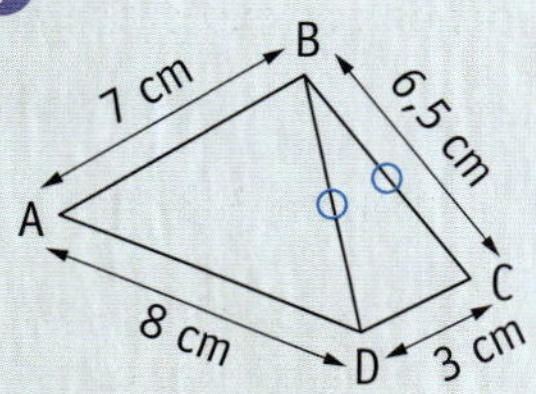	Le périmètre du triangle ABD est 21,5 cm.	Le périmètre du triangle BDC est 16.	Le périmètre du polygone ABCD est 18 cm.	Le périmètre du quadrilatère ABCD est 24,5 cm.	p. 253
75 Le périmètre, en cm, d'un rectangle de longueur 6 cm et de largeur 4 cm est :	24	$2 \times 6 + 2 \times 4$	$2 \times (6 + 4)$	$6 + 4 + 6 + 4$	p. 253
76 La longueur d'un cercle de rayon 2,5 cm est exactement en cm :	$\pi \times 2{,}5$	15,7	$3{,}14 \times 2 \times 2{,}5$	$\pi \times 5$	p. 253
77 Une valeur approchée au millième de la longueur d'un cercle de diamètre 7 cm est :	21,991 cm	22 cm	21,98 cm	21,992	p. 253

> Corrigés et exercices de soutien : voir PHARE 6e

78 **SVT**

Une augmentation de la taille et de la masse d'un végétal est le signe d'une production de matière végétale. On a fait germer des lentilles, puis on a relevé des mesures.

Âge de la plante (en jours)	8	10	12	16	18
Taille (en cm)	2,5	3,5	5,3	6,4	7,1
Masse (en g)	0,004	0,005	0,006	0,008	0,01

1) Quelles sont les trois grandeurs étudiées ?

2) Quelle est la taille en millimètre d'une plante âgée de 10 jours ?

3) Quelle est la masse en milligramme d'une plante âgée de 8 jours ?

4) Quels renseignements a-t-on sur une plante âgée de 16 jours ?

79 Noémie travaille une fois par semaine dans un cinéma pour payer ses études. Les séances s'enchaînent sans interruption ; la première commence à 14 h et la dernière à 23 h.

Chaque séance dure 2 h 15 min.

1) Déterminer l'heure de début de chaque séance. En déduire le nombre de séances.

2) Elle doit arriver 35 minutes avant le début de la première séance et repartir à la fin de la troisième séance.

a) À quelle heure commence-t-elle son travail ?

b) À quelle heure le termine-t-elle ?

c) Combien d'heures travaille-t-elle dans la journée ?

80

La planète Saturne possède plusieurs anneaux constitués d'innombrables particules ayant chacune une trajectoire circulaire appelée *orbite*.

Le plus large des deux anneaux visibles à l'aide de jumelles depuis la Terre, a pour rayon interne 92 000 km et pour rayon externe 117 780 km.

- Pour chacun de ces rayons, calculer la longueur de l'orbite correspondante au km près.

Pour les exercices 81 à 83, Anne pose des baies vitrées. Le maçon a fait dans le mur une ouverture rectangulaire (en rouge sur le schéma).

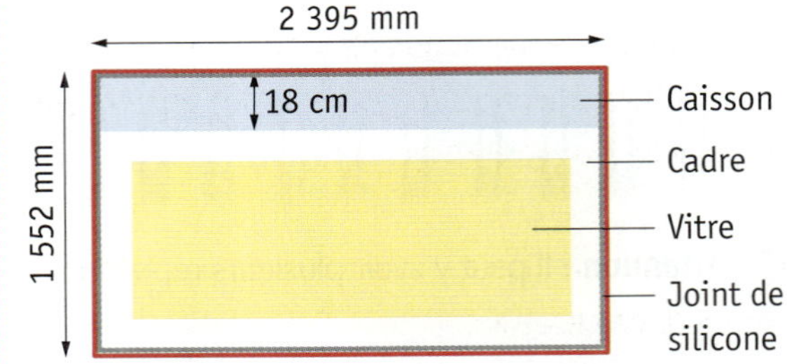

81 Anne doit mettre un joint de silicone sur le pourtour de l'ouverture.

- Quelle est la longueur de ce joint ?

82 Le rectangle bleu représente le caisson contenant le volet roulant.

- Quel est le périmètre de ce caisson ?

83 La baie est constituée d'une vitre rectangulaire entourée d'un cadre en aluminium de largeur 12,5 cm.

1) Quelles sont les dimensions de la vitre ?

2) Quel est son périmètre ?

Pour les exercices 84 et 85, on considère les figures suivantes :

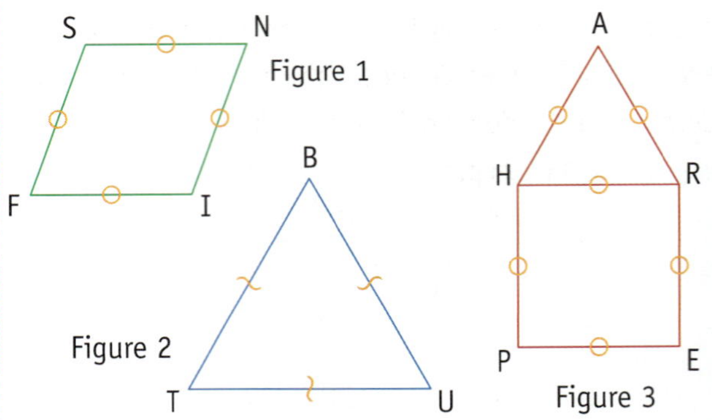

84 Comparer les périmètres :

a) des figures 1 et 2 en utilisant le compas ;

b) des figures 1 et 3 en utilisant un raisonnement ;

c) des figures 2 et 3 avec BU = 3 cm et HA = 2 cm.

85

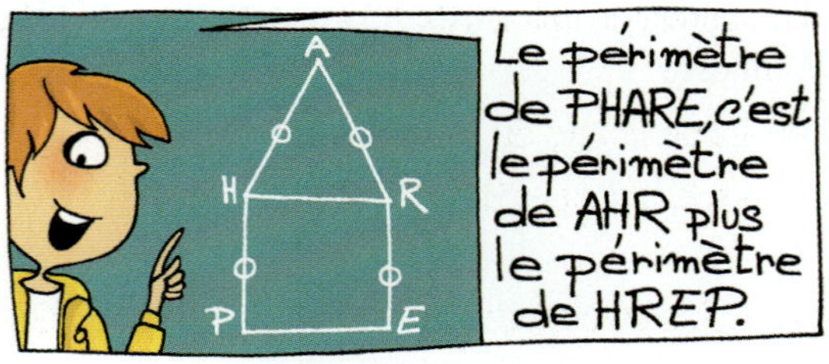

Cet élève a-t-il tort ? Justifier la réponse.

86 Une vente aux enchères sur Internet se termine le mardi 12 avril à 16 h 15.

1) Valérie trouve cette annonce lundi 11 avril à 18 h 41. Combien lui reste-t-il de temps pour enchérir ?

2) Elle veut faire une enchère 90 secondes avant l'heure limite. À quelle heure doit-elle enchérir ?

87 À minuit, le carrosse de Cendrillon se transformera en citrouille.

Combien reste-t-il de temps jusqu'à minuit quand il est :

a) 8 h 52 ?

b) 16 h 3 min 6 s ?

c) 23 h 59 min 59 s 59 centièmes ?

88 La durée de rotation de la Terre sur elle-même est de 23,935 heures.

1) a) Combien de secondes faut-il ajouter à cette durée pour obtenir la durée légale d'un jour, c'est-à-dire 24 heures ?

b) Exprimer ce résultat en minutes et secondes.

2) Pourquoi certaines années sont-elles bissextiles ?

Pour les exercices 89 à 92, on considère la figure ci-dessous. Les points I, A et B sont alignés ainsi que les points I, H et G. Pour chacune des longueurs demandées, on donnera la valeur exacte, puis une valeur approchée au mm près.

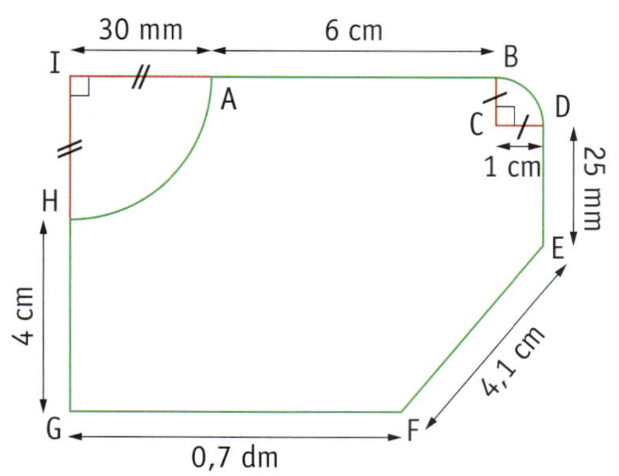

89 Calculer le périmètre du quart de disque IAH.

90 Le périmètre du triangle GHF est 189 mm. En déduire la longueur HF.

91 Calculer le périmètre du polygone IBCDEFG.

92 Calculer le périmètre de la figure verte.

93 Les roues du vélo de Michelle ont un diamètre de 700 mm. Le diamètre des roues du vélo de Barack est de 65 cm.

1) Calculer, au centimètre près, la distance que parcourt Michelle à chaque tour de roue.

2) Calculer, au centimètre près, la distance que parcourt Barack à chaque tour de roue.

3) Au bout de 1 000 tours de roue, quelle sera, au mètre près, la différence entre les distances parcourues par chacun d'eux ?

94 **Arts plastiques**

Ce dessin est le symbole du yin et du yang.

1) Rechercher la signification de ces mots.

2) Reproduire cette figure de façon à ce que le grand disque ait un diamètre de 14 cm.

3) Comparer les longueurs du contour extérieur de la figure rouge, de la figure bleue et du disque qu'elles forment. Justifier la réponse.

95 Les résultats seront des valeurs approchées au centimètres près.

1) Le rayon de la Terre à l'équateur est de 6 380 km. Imaginons que l'on entoure l'équateur avec une corde et que l'on forme ainsi un cercle.

Calculer la longueur de ce cercle.

2) Imaginons que l'on entoure l'équateur avec une corde située à un mètre du sol.

Quelle est la longueur de ce nouveau cercle ?

3) De combien de mètres la corde a-t-elle augmenté entre les questions **1)** et **2)** ?

4) Reprendre les questions **1)**, **2)** et **3)** avec à la place de la Terre une orange de rayon 5 cm.

Que remarque-t-on ?

DEVOIRS À LA MAISON

DEVOIR A

96 L'Airbus A380 est le plus gros avion civil volant à ce jour. Cet avion européen est assemblé à Toulouse (Haute-Garonne).

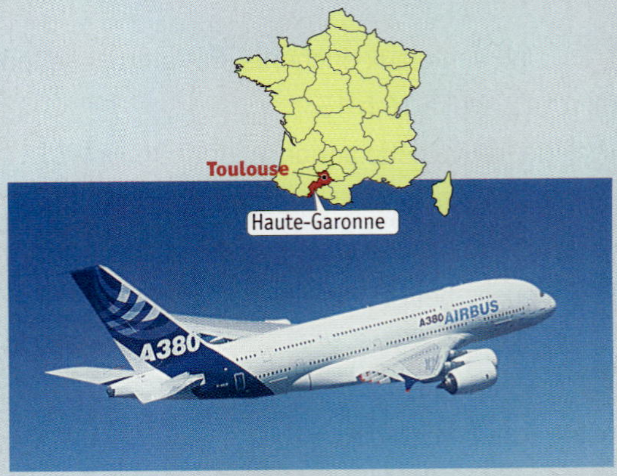

1) Son premier vol a été effectué le 27 avril 2005.
Il a décollé à 10 h 29 et a volé durant 3 h 51min.

a) À quelle heure a-t-il atterri ?

b) Combien de minutes a duré ce premier vol ?

2) Cet avion a été conçu pour tenir dans un carré de 80 m de côté.
Quel est le périmètre de ce carré ?

3) Les 20 roues de son train d'atterrissage principal ont un diamètre de 120 cm chacune.
Donner une valeur approchée au millième du périmètre (en mètre) d'une roue.

DEVOIR B

97 **Flocons de neige de Von Koch**

1) Construire un triangle équilatéral de côté 9 cm.

2) • Partager chacun des côtés de ce triangle en trois parties égales.
• Remplacer chaque tiers central par deux segments de longueur égale à ce tiers (voir figure 1).

3) Reproduire la figure 1, puis continuer le processus en partageant en trois parties égales chacun des côtés de ce polygone (voir figure 2).

4) Calculer le périmètre de chacune des deux figures obtenues.

▲ Figure 1

▲ Figure 2

JE CHERCHE...

98 Voici un message trouvé sur Internet.

> Bonjour,
> Nous sommes le dimanche 23 novembre 2008.
> Il est : 2 h 44 min et 59 s.
> C'est le 328e jour de l'année.
> Et il reste 38 j 21 h 15 min et 0 s jusqu'à la fin de celle-ci.

1) Vérifier les trois dernières lignes de ce message.

L'année 2008 est bissextile.

2) Recopier et compléter le message ci-dessous en suivant le modèle du blog.

> Bonjour,
> Nous sommes le mercredi 1er septembre 2008.
> Il est : 7 h 28 min et 15 s. ... .

99 Juliette fait des « pyramides » avec des gommettes carrées bleues identiques en les empilant comme ci-dessous.

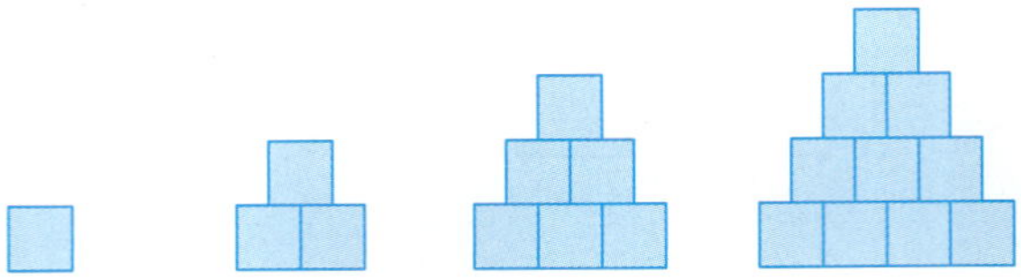
1re figure 2e figure 3e figure 4e figure

L'unité de longueur est la longueur du côté d'une gommette.

• Prévoir le périmètre de :

a) la cinquième figure ;

b) la dixième figure ;

c) la centième figure.

> J'utilise la calculatrice

Les calculatrices utilisées au collège affichent la valeur exacte du nombres π.
Elles affichent aussi une valeur décimale approchée du nombre π comportant 9 décimales.

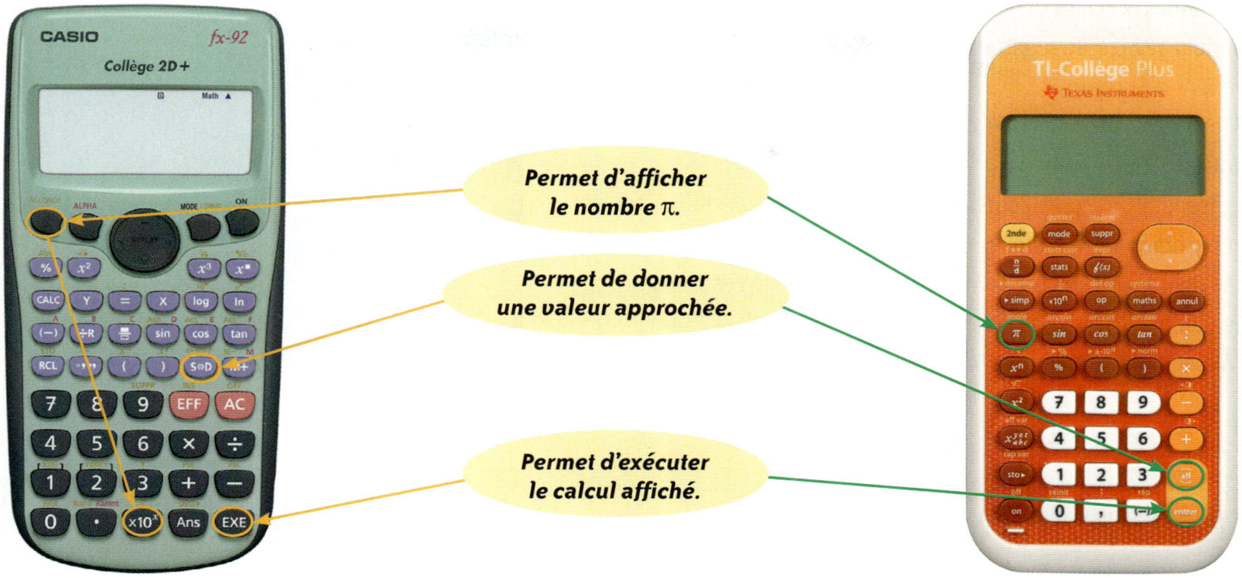

Casio Collège 2D +	TI-Collège
EXEMPLE : **Donner une valeur approchée au millième de la longueur $\mathscr{P}$ d'un cercle de diamètre 8 cm.**	
• Sélectionner le format « Math » (voir à la page 286). La longueur d'un cercle de diamètre 8 cm est $\pi \times 8$ cm. • Taper la séquence suivante : [SECONDE] [×10ˣ (π)] [×] [8] [EXE] • On obtient à l'écran : π×8 8π	La longueur d'un cercle de diamètre 8 cm est $\pi \times 8$ cm. • Taper la séquence suivante : [π] [×] [8] [entrer] • On obtient à l'écran : π×8 8π
La calculatrice affiche 8π au lieu de $\pi \times 8$. 8π cm est la valeur exacte de $\mathscr{P}$. • Taper ensuite : [S⇔D]. On obtient : π×8 25,13274123	La calculatrice affiche 8π au lieu de $\pi \times 8$. 8π cm est la valeur exacte de $\mathscr{P}$. • Taper ensuite : [aff]. On obtient : π×8 8π 8π ▸ 25,13274123
Donc, une valeur approchée du périmètre $\mathscr{P}$ au millième est 25,133 cm.	Donc, une valeur approchée du périmètre $\mathscr{P}$ au millième est 25,133 cm.

100 Calculer une valeur approchée au millième du périmètre :

a) d'un disque de diamètre 9 m ;
b) d'un disque de diamètre 5,7 cm ;
c) d'un disque de rayon 9 m ;
d) d'un disque de rayon 3,4 cm.

101 Calculer une valeur approchée au millimètre près du périmètre :

a) d'un disque de diamètre 6 m ;
b) d'un disque de diamètre 52,9 cm.
c) d'un disque de rayon 17,2 dm ;
d) d'un disque de rayon 36,5 m ;
e) d'un demi-disque de diamètre 53 km ;
f) d'un demi-disque de rayon 6,7 m.

> Découverte

La statue de la Liberté

La statue de la Liberté est située à l'entrée du port de New York depuis 1886. Elle regarde vers l'Est et accueille les immigrants venant d'Europe.
Elle a été offerte par la France aux États-Unis en signe d'amitié entre les deux peuples.
Cette statue représente une femme drapée d'une toge et brandissant un flambeau de la main droite.
On peut voir à ses pieds les chaînes brisées de l'esclavage.
Le sculpteur français Frédéric-Auguste Bartholdi (1834-1904) consacra vingt ans de sa vie à cette œuvre.

Hauteur (du talon au sommet du flambeau) : 4,65 dam.	
Taille de la main : 5 m.	Taille de l'index : 244 cm.
Hauteur de la tête : 44 dm.	Largeur de la tête : 305 cm.
Largeur d'un œil : 76 cm.	Longueur du nez : 1,48 m.
Taille totale de la structure (socle compris) : 92,99 m.	

102 Le tableau ci-contre regroupe quelques dimensions de la statue de la Liberté.

1) Calculer la hauteur du socle de cette statue.

2) Ranger par ordre croissant de leur longueur :
la largeur de la tête, la hauteur de la tête, la largeur d'un œil, la longueur du nez, la taille de la main, la taille de l'index.

103 La statue de la Liberté tient dans sa main gauche une tablette rectangulaire symbolisant la loi.

1) Sur cette tablette est inscrit en chiffres romains le jour de l'indépendance des États-Unis.
Quelle est la date de l'« Independance Day » ?

2) La longueur de la tablette rectangulaire est 7,19 m et sa largeur est 414 cm.
Quel est le périmètre de cette tablette ?

104 La structure interne de la statue de la Liberté est métallique.
Elle est l'œuvre de l'ingénieur français Gustave Eiffel (1832-1923).

1) Citer une autre œuvre de cet ingénieur français ?

2) Sa masse est 225 tonnes.
Elle est formée d'acier et de cuivre.
La masse de cuivre est 31 000 kg.
Quelle est la masse d'acier ?

Chapitre 16

Aires et volumes

REVOIR
- > la différence entre aire et périmètre ;
- > l'aire d'un rectangle, d'un triangle rectangle, d'un triangle dont une hauteur est tracée ;
- > la formule du volume d'un pavé droit.

DÉCOUVRIR
- > l'aire d'un disque ;
- > le volume d'un parallélépipède rectangle par dénombrement.

SOCLE COMMUN

- **SC1** Utiliser un pavage.
- **SC2** Calculer l'aire d'un rectangle, d'un triangle rectangle, d'un disque.
- **SC3** Déterminer le volume d'un parallélépipède rectangle à l'aide d'un dénombrement.
- **SC4** Convertir des unités d'aire.
- **SC5** Connaître les unités de volume, les unités de contenance.

J'ai visité l'Institut du monde arabe à Paris.

Ce monument est dédié au monde arabe.
La façade sud est constituée de carrés en métal appelés *moucharabiehs*.
Les diaphragmes qui les composent s'ouvrent et se ferment à chaque changement d'heure.

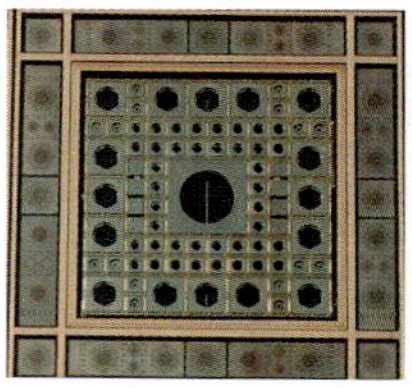

▲ *Moucharabieh ouvert*

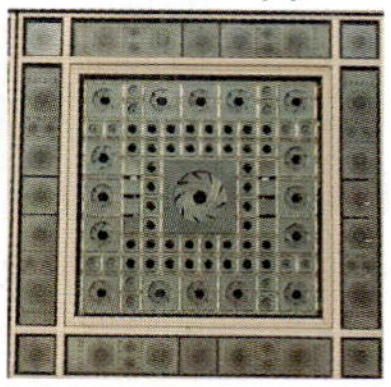

▲ *Moucharabieh fermé*

1) Combien de *moucharabiehs* composent cette façade ?

2) On choisit pour unité d'aire un moucharabieh.
Quelle est l'aire de la façade métallisée ?

> Activités

1 Je différencie périmètre et aire **JE REVOIS**

1) Reproduire la figure verte et la figure violette sur une feuille quadrillée.

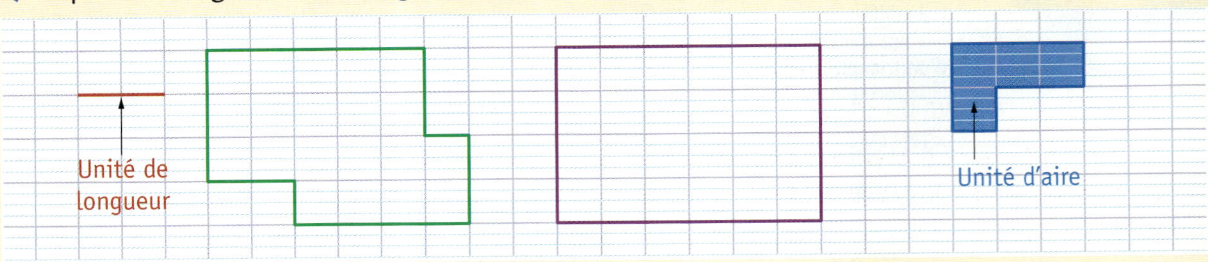

2) On choisit pour unité de longueur le segment rouge ci-dessus.

a) Quel est le périmètre de la figure verte ?

b) Quel est le périmètre de la figure violette ?

c) Comparer les périmètres des deux figures.

3) On choisit pour unité d'aire la figure bleue.

a) Paver la figure verte à l'aide de cette unité d'aire.

b) En déduire l'aire de la figure verte.

c) Déterminer l'aire de la figure violette.

d) Comparer les aires des deux figures.

J'ai dessiné des figures bleues les unes à côté des autres dans la figure verte.

4) La figure ayant la plus grande aire a-t-elle le plus grand périmètre ?

2 Je convertis des aires **JE REVOIS**

1) a) Sur une feuille à petits carreaux, tracer en rouge un carré de 1 dm de côté.

b) Quelle est l'aire en décimètre carré (dm²) de ce carré rouge ?

2) On choisit pour unité d'aire un carré de 1 cm de côté.

a) Paver le carré rouge à l'aide de cette unité d'aire.

b) En déduire l'aire en centimètre carré (cm²) du carré rouge.

c) Recopier et compléter : « 1 dm² = **...** cm² ».

1 cm² est l'aire d'un carré de 1 cm de côté.

3) a) Combien de carrés de 1 dm de côté sont nécessaires pour paver un carré de 1 m de côté ?

b) Recopier et compléter : « 1 m² = **...** dm² ».

4) Recopier et compléter : « 1 cm² = **...** mm² ; 1 hm² = **...** dam² ; 1 km² = **...** hm² ».

3 Je calcule l'aire d'un rectangle **JE REVOIS**

1) Sur une feuille à petits carreaux, tracer un rectangle de 6 cm de longueur et de 4,5 cm de largeur.

2) Combien ce rectangle contient-il de carrés d'aire 1 cm² ?

En déduire l'aire de ce rectangle en cm².

3) a) Quelle formule permet de calculer l'aire d'un rectangle ?

b) Appliquer cette formule et vérifier que l'on retrouve le résultat de la question **2)**.

4 Je calcule l'aire d'un triangle

A Expérimentation

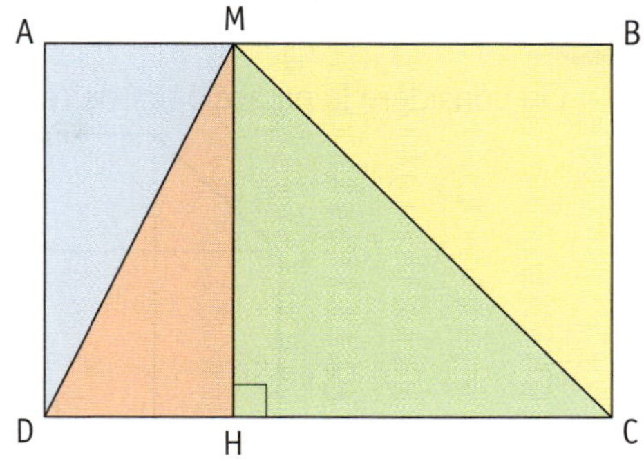

1) a) Sur une feuille de papier, tracer un rectangle ABCD tel que : AB = 12 cm et AD = 8 cm.

b) Placer un point M sur le segment [AB] et tracer le triangle DMC.

c) Tracer la hauteur du triangle DMC passant par le point M. Elle coupe le segment [DC] au point H.

La longueur MH est aussi appelée **hauteur** relative au côté [DC] dans le triangle DMC.

2) a) Colorier de quatre couleurs différentes les quatre triangles rectangles ainsi obtenus.

b) Découper le rectangle ABCD. Découper suivant le segment [MD], puis suivant le segment [MC].

3) En utilisant ce puzzle, justifier que l'aire du triangle DMC est égale à la moitié de l'aire du rectangle ABCD.

B Formule

1) a) Démontrer que : (AB) // (DC).

b) En déduire que : (MH) ⊥ (AB).

c) Que peut-on dire du quadrilatère AMHD ?

d) En déduire que : AD = MH.

2) a) Que permet de calculer MH × DC ?

b) En déduire l'aire du triangle DMC.

5 Je découvre la formule donnant l'aire d'un disque

A Expérimentation

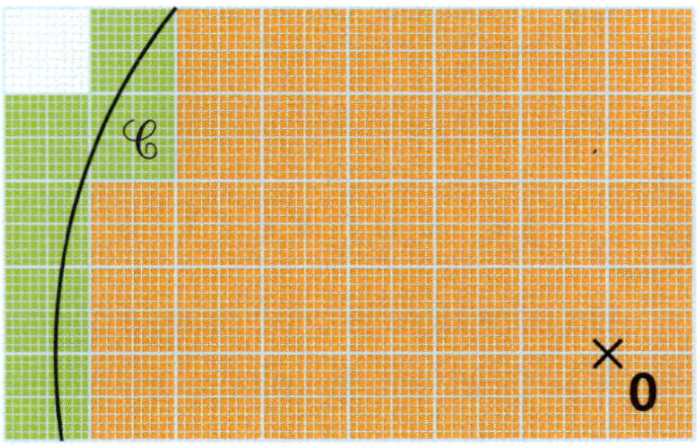

1) Sur une feuille de papier millimétré, placer un point O à un nœud du quadrillage.

Tracer le cercle (𝒞) de centre O et de rayon 6,5 cm.

2) a) Colorier en orange les carrés de 1 cm² d'aire, qui sont entièrement situés à l'intérieur du cercle.

b) Combien de ces carrés sont coloriés en orange ?

c) En déduire l'aire de la surface orange.

3) a) Colorier en vert les carrés de 1 cm² qui sont coupés par le cercle.

b) Combien de ces carrés sont coloriés en vert ?

c) En déduire l'aire de la surface coloriée (verte et orange).

4) Un **disque** est la surface située à l'intérieur d'un cercle.

Recopier et compléter :

« L'aire $\mathscr{A}$ du disque délimité par le cercle (𝒞) est comprise entre **...** cm² et **...** cm².

Un encadrement de l'aire $\mathscr{A}$ est : **...** < $\mathscr{A}$ < **...** . »

B Formule

La formule permettant de calculer l'**aire $\mathscr{A}$ d'un disque** de rayon R est : $\mathscr{A} = \pi \times R \times R$

1) En utilisant cette formule, calculer l'aire d'un disque de rayon 6,5 cm.

2) Ce résultat est-il en accord avec l'encadrement trouvé lors de l'expérimentation ?

6 Je détermine le volume d'un pavé droit

JE REVOIS

On considère le parallélépipède rectangle ci-dessous.

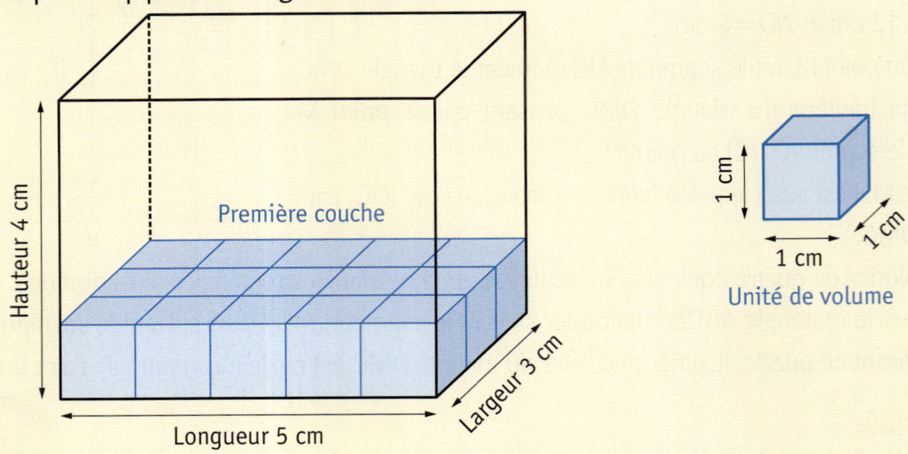

A Dénombrement

1) Combien de cubes de 1 cm d'arête contient la première couche ?

2) **a)** Combien de couches ce pavé droit peut-il contenir ?

b) Combien de cubes de 1 cm d'arête ce pavé droit peut-il contenir ?

3) Le **volume** d'un solide est la mesure de son intérieur.

L'unité de volume choisie est un cube de 1 cm d'arête. On note cette unité 1 cm^3.

Quel est le volume en cm^3 de ce pavé droit ?

B Formule

1) Quelle formule permet de calculer le volume d'un pavé droit ?

2) Appliquer cette formule et vérifier que l'on retrouve le résultat de la partie **A**.

7 Je convertis des unités de volume

JE REVOIS

On considère le cube orange ci-contre de 1 dm d'arête.

1) Quel est le volume en décimètre cube (dm^3) du cube orange ?

2) **a)** Combien de cubes bleus de 1 cm d'arête peut-on placer sur la première couche ?

Combien de couches le cube orange peut-il contenir ?

Calculer le nombre de cubes de 1 cm d'arête que peut contenir le cube orange.

b) En déduire le volume en centimètre cube (cm^3) du cube orange.

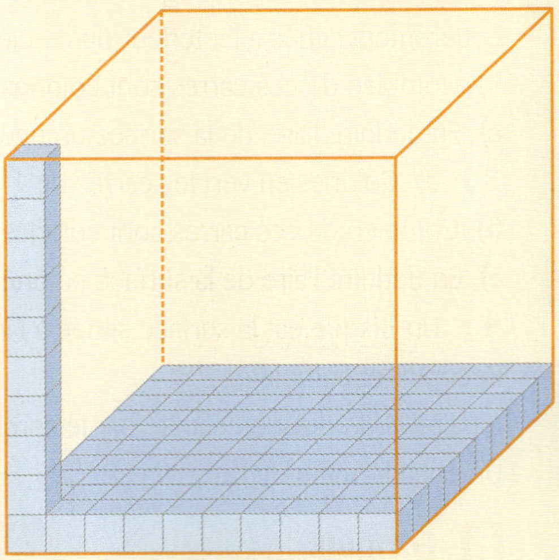

▲ *Ce dessin n'est pas en vraie grandeur.*

3) Recopier et compléter : « 1 dm^3 = ... cm^3 ».

4) **a)** Combien de cubes de 1 dm de côté sont nécessaires pour remplir un cube de 1 m de côté ?

b) Recopier et compléter : « 1 m^3 = ... dm^3 ».

5) Recopier et compléter : « 1 cm^3 = ... mm^3 ; 1 hm^3 = ... dam^3 ; 1 km^3 = ... hm^3 ».

1 Aire d'une figure

a) Mesure d'une surface

Définitions
- La **surface** d'une figure plane est la partie située à l'intérieur de la figure.
- L'**aire** d'une figure est la mesure de sa surface.

EXEMPLE : On considère la figure orange suivante :

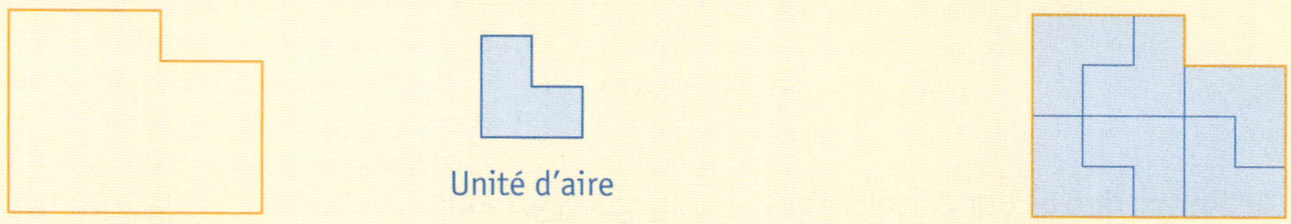

La surface de la figure orange contient exactement 6 figures bleues.
L'aire de cette figure est 6 unités d'aire.

Remarque : Il ne faut pas confondre l'aire d'une figure (mesure de sa surface) et son périmètre (mesure de son contour).

b) Unités d'aire

Remarque : L'aire est une grandeur ; il ne faut pas oublier de préciser l'unité d'aire.

Définition L'unité légale d'aire est le **mètre carré** (m^2).
1 m^2 est l'aire d'un carré de 1 mètre de côté.

Autres unités d'aire :

Multiples de l'unité			Unité	Sous-multiples de l'unité		
km^2	hm^2	dam^2	m^2	dm^2	cm^2	mm^2

$1\ m^2 = 100\ dm^2 = 10\,000\ cm^2 = 1\,000\,000\ mm^2$

$1\ m^2 = 0{,}01\ dam^2 = 0{,}0001\ hm^2 = 0{,}000001\ km^2$

EXEMPLE :
$3{,}25\ m^2 = 3{,}25 \times \mathbf{1\ m^2} = 3{,}25 \times \mathbf{10\,000\ cm^2} = 32\,500\ cm^2$

Point de repère

Une figure qui a la plus grande aire n'a pas toujours le plus grand périmètre.

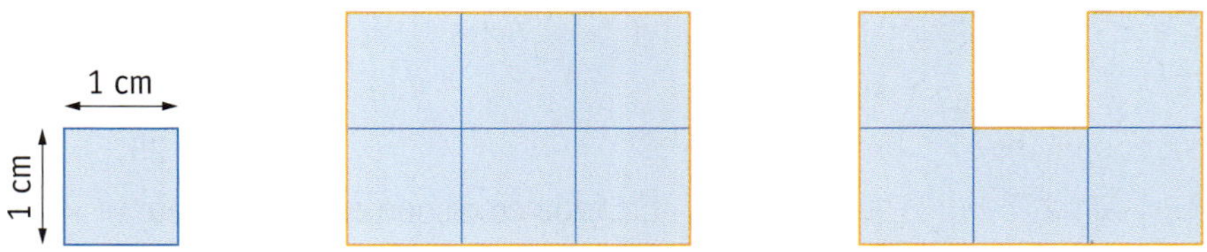

Aire : 6 cm^2
Périmètre : 10 cm

Aire : 5 cm^2
Périmètre : 12 cm

2 Aire de figures usuelles

	Rectangle	Carré
Figure	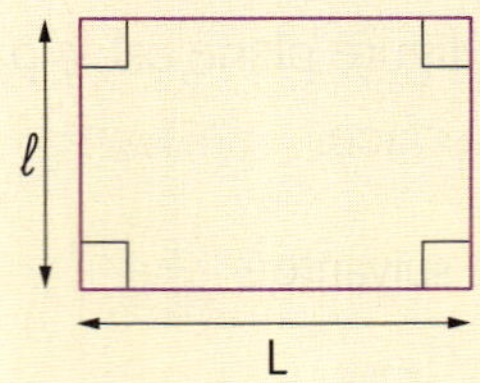	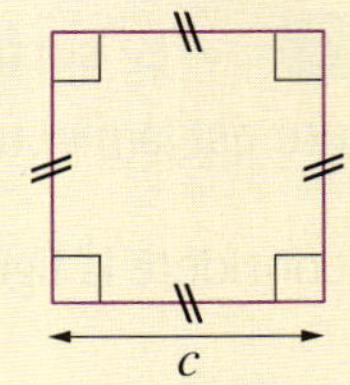
Aire	$L \times \ell$	$c \times c$

■ **Remarque :** Pour calculer l'aire d'une figure, les longueurs doivent être exprimées dans la même unité.

EXEMPLES :

- **Rectangle** de longueur 7 cm et de largeur 4,5 cm :

$\mathcal{A} = L \times \ell$

$\mathcal{A} = 7 \times 4{,}5$

$\mathcal{A} = 31{,}5$

L'aire de ce rectangle est 31,5 cm².

- **Carré** de côté 32 mm :

$\mathcal{A} = c \times c$

$\mathcal{A} = 32 \times 32$

$\mathcal{A} = 1\,024$

L'aire de ce carré est 1 024 mm².

	Triangle rectangle	Triangle
Figure	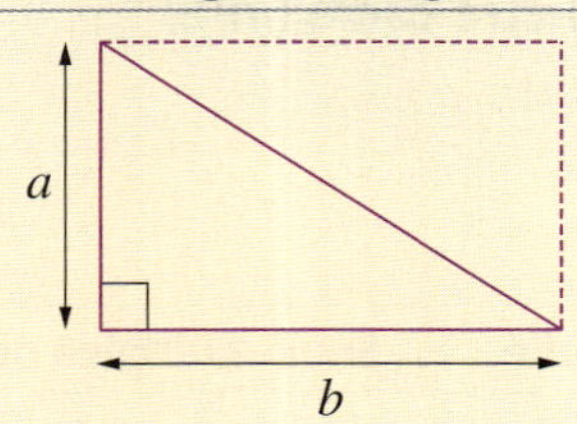	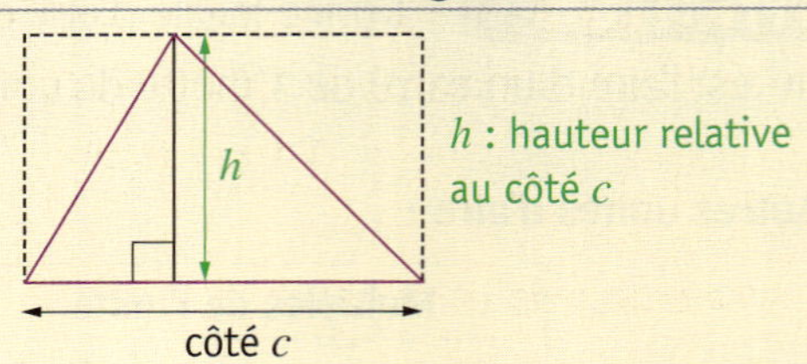
Aire	$(a \times b) : 2$	$(c \times h) : 2$

EXEMPLES :

- **Triangle rectangle** dont les côtés de l'angle droit ont pour longueurs 5 cm et 4 cm :

$\mathcal{A} = (a \times b) : 2$

$\mathcal{A} = (5 \times 4) : 2$

$\mathcal{A} = 10$

L'aire de ce triangle rectangle est 10 cm².

- **Triangle** dont la longueur d'un côté est 5 m et la hauteur relative à ce côté est 3,5 m :

$\mathcal{A} = (c \times h) : 2$

$\mathcal{A} = (5 \times 3{,}5) : 2$

$\mathcal{A} = 8{,}75$

L'aire de ce triangle est 8,75 m².

	Disque
Figure	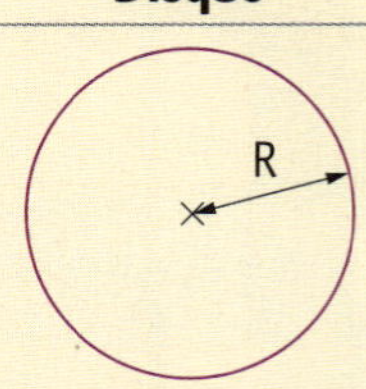
Aire	$\pi \times R \times R$

EXEMPLE : **Disque** de rayon 5 cm :

$\mathcal{A} = \pi \times R \times R$

$\mathcal{A} = \pi \times 5 \times 5$

$\mathcal{A} = \pi \times 25$

L'aire de ce disque est exactement $(\pi \times 25)$ cm².

En utilisant la touche π de la calculatrice, on a : $\mathcal{A} \approx 78{,}5$.

L'aire de ce disque est environ égale à 78,5 cm².

3 Volume d'un solide

a) Définition

Définition Le **volume** d'un solide est la mesure de son intérieur.

■ **EXEMPLE :**

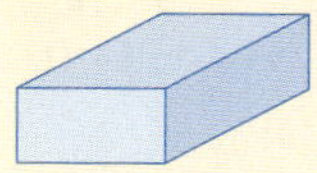

Unité de volume

Le solide orange contient exactement 6 solides bleus.
Le volume de ce solide est 6 unités de volume.

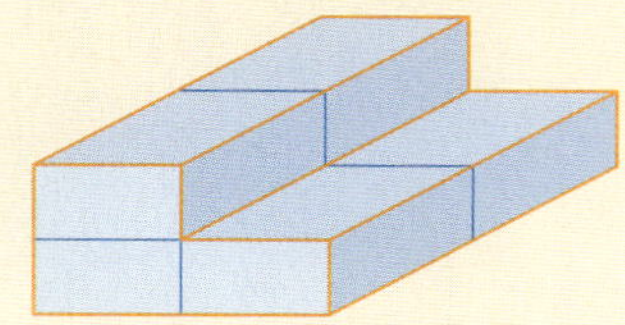

b) Unités de volume

■ **Remarque :** Le volume est une grandeur ; il ne faut pas oublier de préciser l'unité de volume.

Définition L'unité légale de volume est le **mètre cube** (m^3).
1 m^3 est le volume d'un cube de 1 mètre d'arête.

■ **Autres unités de volume :**

Unité	Sous-multiples de l'unité		
m^3	dm^3	cm^3	mm^3

$1\ m^3 = 1\,000\ dm^3 = 1\,000\,000\ cm^3 = 1\,000\,000\,000\ mm^3$

c) Unités de contenance

Définition L'unité légale de contenance est le **litre** (L).
1 L est la contenance d'un cube de 1 décimètre d'arête :

1 L = 1 dm^3

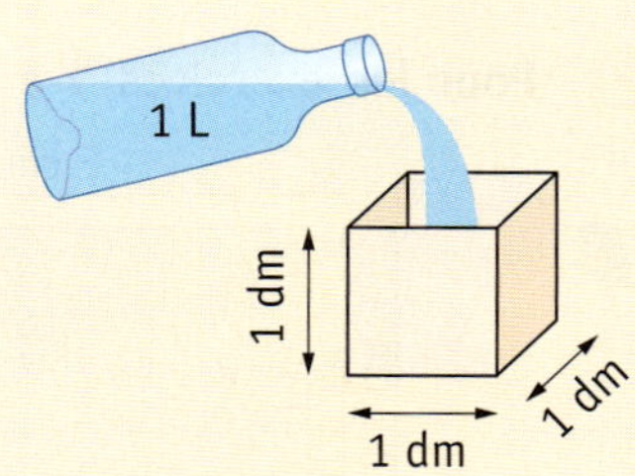

■ **Autres unités de contenance :**

Multiples de l'unité		Unité	Sous-multiples de l'unité		
hL	daL	L	dL	cL	mL

1 L = 10 dL = 100 cL = 1 000 mL
1 L = 0,1 daL = 0,01 hL

d) Volume d'un parallélépipède rectangle

	Parallélépipède rectangle
Figure	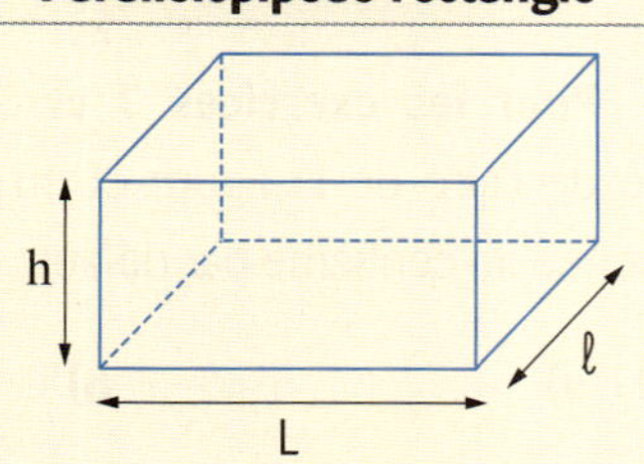
Volume	$L \times \ell \times h$

■ **EXEMPLE :**

Pavé droit de longueur 5 cm, de largeur 2 cm et de hauteur 3 cm :

$\mathcal{V} = L \times \ell \times h$

$\mathcal{V} = 5 \times 2 \times 3$

$\mathcal{V} = 30$

Le volume de ce pavé droit est de 30 cm^3.

Point de repère

- Pour les unités d'aire, « on compte de 100 en 100 ».
- Pour les unités de volume, « on compte de 1 000 en 1 000 ».
- Pour les unités de contenance, « on compte de 10 en 10 ».

> Savoir-faire

1 J'APPRENDS À... Calculer l'aire d'une figure

Énoncé :

1) Calculer la valeur exacte de l'aire d'un disque de rayon 2,5 cm.

2) En déduire une valeur approchée au centième par défaut.

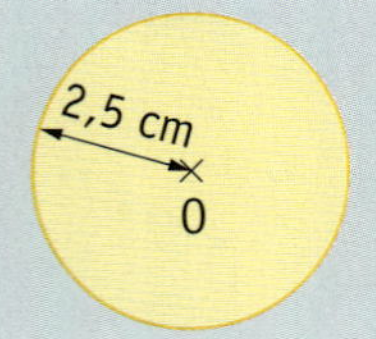

Solution :

1) $\mathcal{A} = \pi \times R \times R$

$\mathcal{A} = \pi \times 2{,}5 \times 2{,}5$

$\mathcal{A} = \pi \times 6{,}25$

L'aire d'un disque de rayon 2,5 cm est $(\pi \times 6{,}25)$ cm².

2) $\mathcal{A} = \pi \times 6{,}25$

$\mathcal{A} \approx 19{,}63$

L'aire d'un disque de rayon 2,5 cm est environ égale à 19,63 cm².

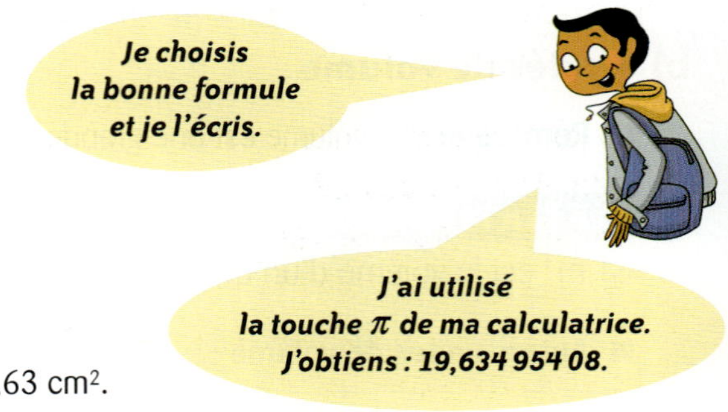

> J'APPLIQUE.

SC2 **Pour les exercices 1 à 6,** calculer l'aire de la figure.

1

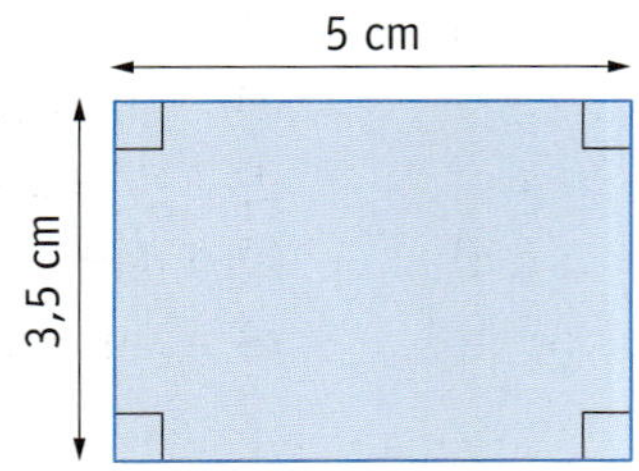

2

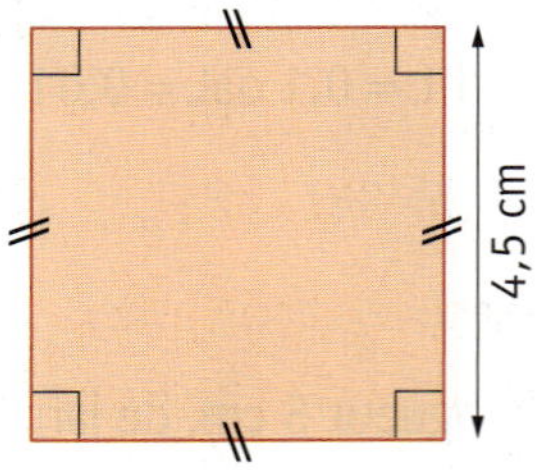

3

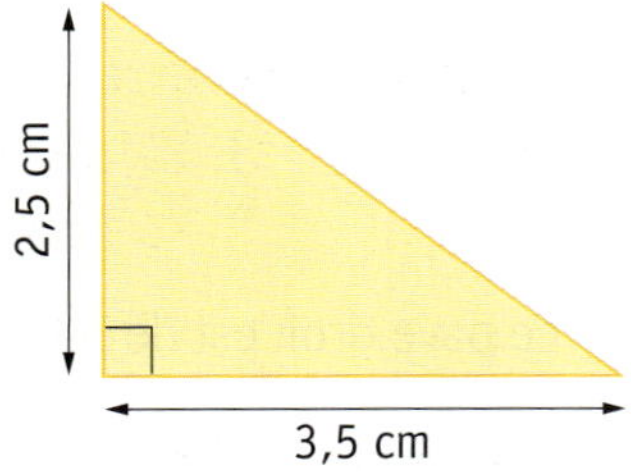

4

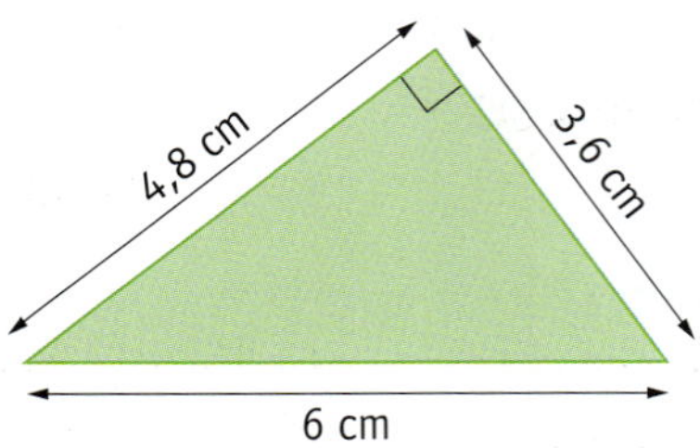

5

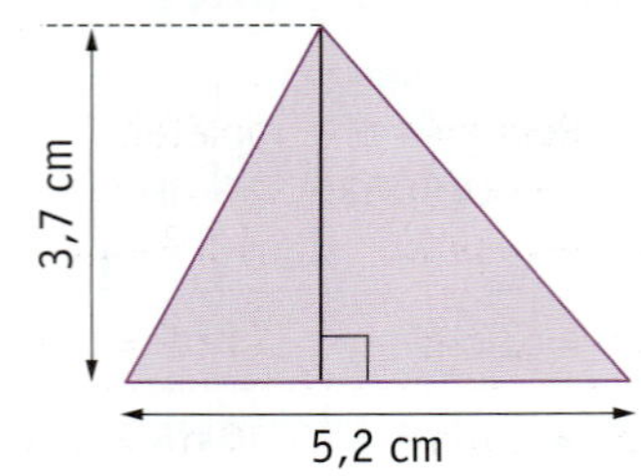

6

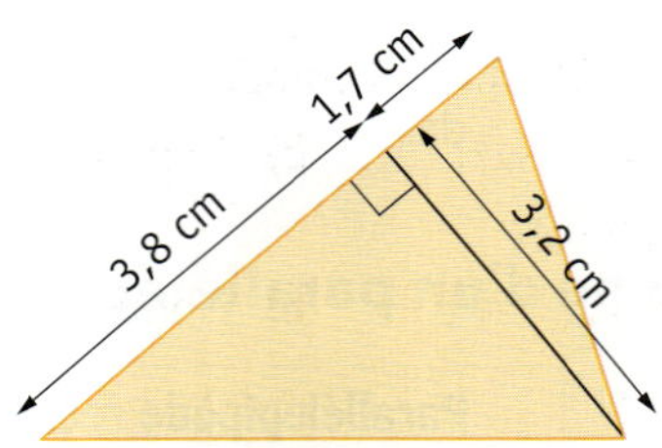

SC2 **Pour les exercices 7 et 8,** calculer la valeur exacte de l'aire de la figure et en déduire une valeur approchée au centième par défaut.

7 **a)**

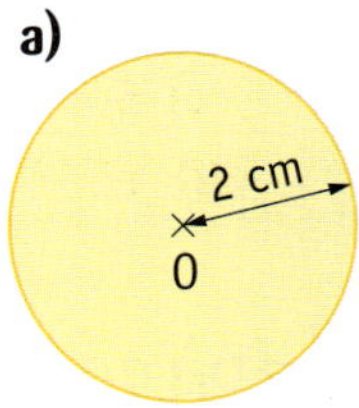

b)

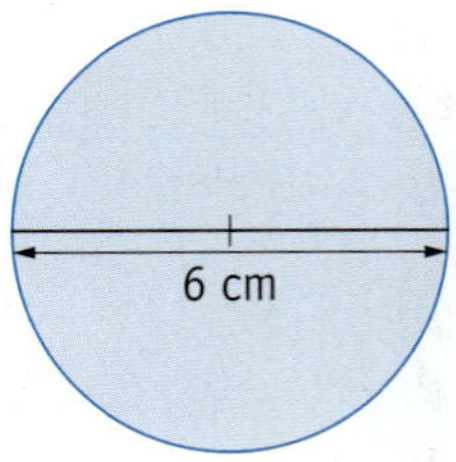

8

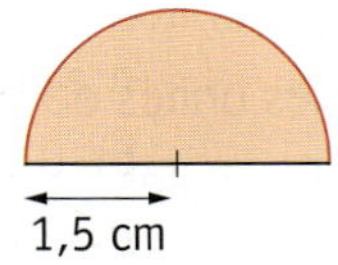

2 J'APPRENDS À… Effectuer des changements d'unités

Énoncé : 1) Convertir 0,345 dm² en centimètres carrés.
2) a) Convertir 1,25 dam³ en m³.
b) Convertir 50 cL en litres, puis en cm³.

Solution :

1) $0{,}345 \text{ dm}^2 = 0{,}345 \times \mathbf{1 \text{ dm}^2} = 0{,}345 \times \mathbf{100 \text{ cm}^2}$

$0{,}345 \text{ dm}^2 = 34{,}5 \text{ cm}^2$

Je peux aussi utiliser un tableau.

m²		dm²		cm²		mm²	
			0,	3	4,	5	

2) a) $1{,}25 \text{ dam}^3 = 1{,}25 \times \mathbf{1 \text{ dam}^3} = 1{,}25 \times \mathbf{1\,000 \text{ m}^3}$

$1{,}25 \text{ dam}^3 = 1\,250 \text{ m}^3$

b) $50 \text{ cL} = 50 \times \mathbf{1 \text{ cL}} = 50 \times \mathbf{0{,}01 \text{ L}}$

$50 \text{ cL} = 0{,}5 \text{ L}$

$50 \text{ cL} = 0{,}5 \text{ L} = 0{,}5 \times \mathbf{1 \text{ L}} = 0{,}5 \times \mathbf{1 \text{ dm}^3} = 0{,}5 \times \mathbf{1\,000 \text{ cm}^3} = 500 \text{ cm}^3$

$50 \text{ cL} = 500 \text{ cm}^3$

Je sais que : 1 L = 1 dm³.

J'APPLIQUE

Unités d'aire

9 SC4 Recopier et compléter.

1 m² = … dm²	1 m² = … dam²
1 m² = … cm²	1 m² = … hm²
1 m² = … mm²	1 m² = … km²

10 SC4 Recopier et compléter.

1) a) 1 dm² = … cm² ; b) 1 cm² = … mm² ;
c) 1 dm² = … mm².
2) a) 1dam² = … hm² ; b) 1 hm² = … km² ;
c) 1 dam² = … km².

11 SC4 Recopier et compléter.

a) 45 m² = … dam² = … hm² = … km² ;
b) 12 500 dm² = … dam² = … cm² = … m².

12 SC4 Convertir en m².

a) 125 dam² ; b) 23 dm² ; c) 50 cm² ;
d) 0,16 km² ; e) 9 hm² ; f) 1 367 mm².

13 SC4 Convertir en cm².

a) 0,61 dm² ; b) 0,009 m² ; c) 18 mm² ;
d) 0,03 dam² ; e) 7 m² ; f) 32 000 mm².

14 SC4 Recopier et compléter.

a) 0,02 m² = 200 … ; b) 0,031 dam² = 3,1 … ;
c) 4 cm² = 0,04 … ; d) 23 hm² = 230 000 … .

Unités de volume

15 SC5 Recopier et compléter.

1) a) 1 m³ = … dm³ ; b) 1 dm³ = … cm³ ;
c) 1 cm³ = … mm³ ; d) 1 m³ = … cm³.
2) a) 1 cm³ = … dm³ ; b) 1 dm³ = … m³ ;
c) 1 mm³ = … cm³ ; d) 1 cm³ = … m³.

16 SC5 Convertir en m³.

a) 158 dm³ ; b) 1 236 cm³ ; c) 1 568 mm³.

17 SC5 Convertir en dm³.

a) 6,5 m³ ; b) 387 cm³ ; c) 20 000 mm³.

18 SC5 Recopier et compléter.

a) 3 dm³ = 0,003 … ; b) 65 cm³ = 0,065 … ;
c) 0,008 m³ = 8 000 … ; d) 71,4 dm³ = 0,0714 … .

19 SC5 Recopier et compléter.

a) 15 dm³ = … cm³ ; b) 321 cm³ = … dm³ ;
c) 12 500 cm³ = … m³ ; d) 0,85 cm³ = … mm³.

Unités de contenance

20 SC5 1) Convertir en litres.

a) 23 dL ; b) 50 cL ; c) 60 hL.
2) Convertir en centilitres.
a) 8 L ; b) 400 mL ; c) 0,5 dL.

21 SC5 Recopier et compléter.

a) 25 L = … dm³ ; b) 750 cm³ = … L ;
c) 12 dm³ = … cL ; d) 0,42 hL = … m³.

22 SC1 Déterminer l'aire de la figure bleue en prenant pour unité d'aire :

a) le triangle rouge ;

b) le rectangle orange.

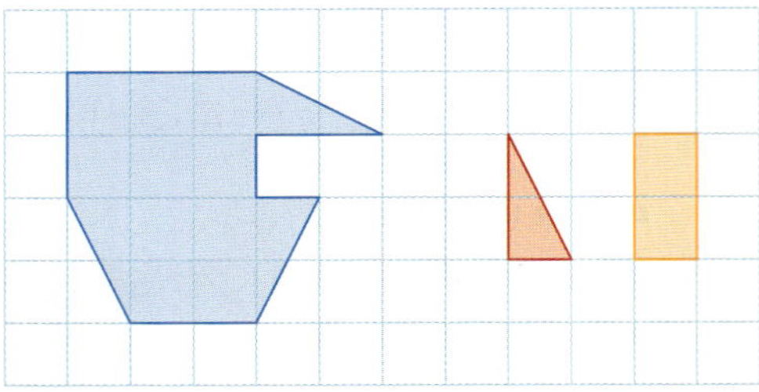

23 SC1 **1)** Déterminer le périmètre de la figure orange, puis celui de la figure verte en prenant comme unité de longueur le segment rouge.

2) Déterminer l'aire de chaque figure en prenant comme unité d'aire la figure bleue.

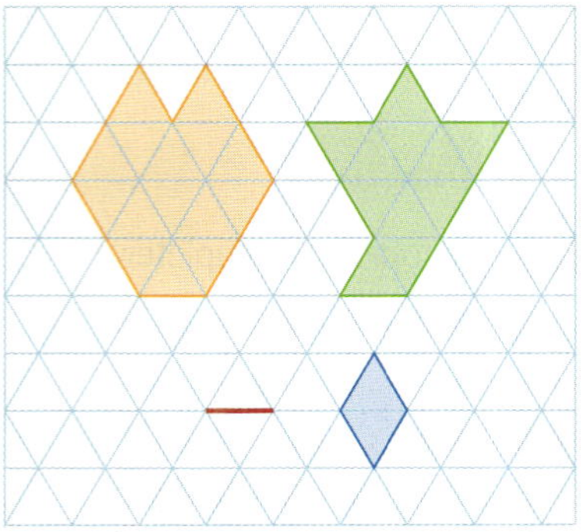

24 SC2 Calculer l'aire de chaque figure.

a)

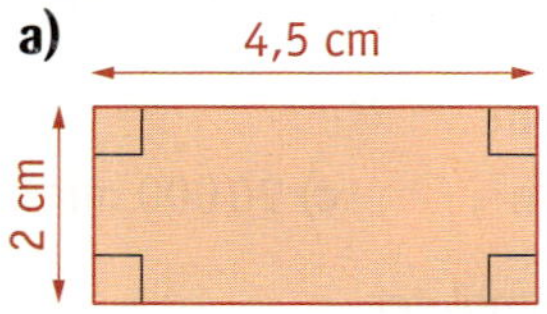

b)

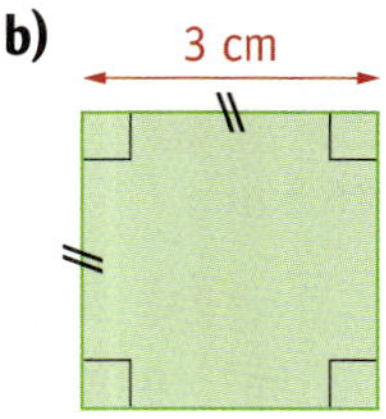

c)

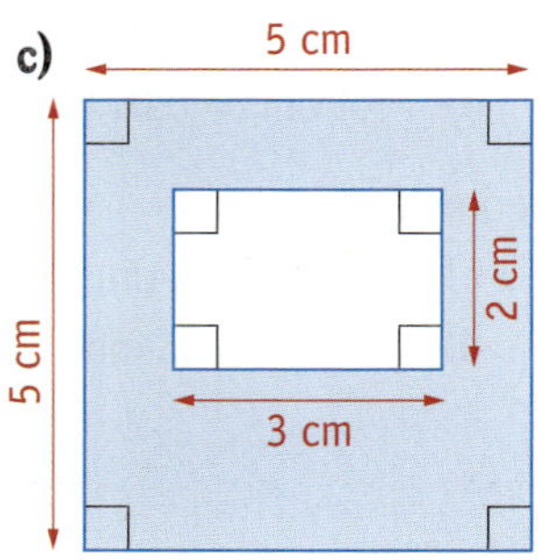

d)

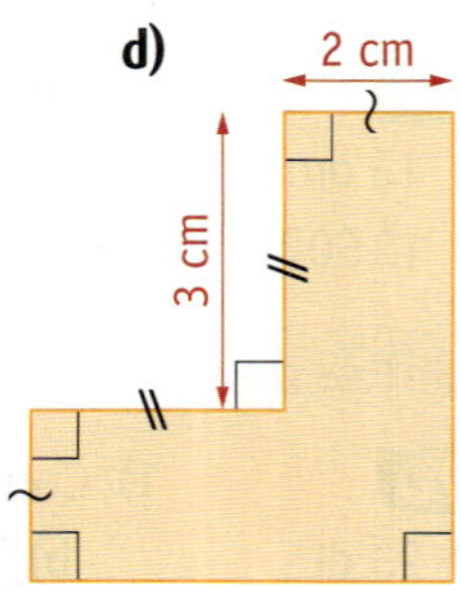

e)

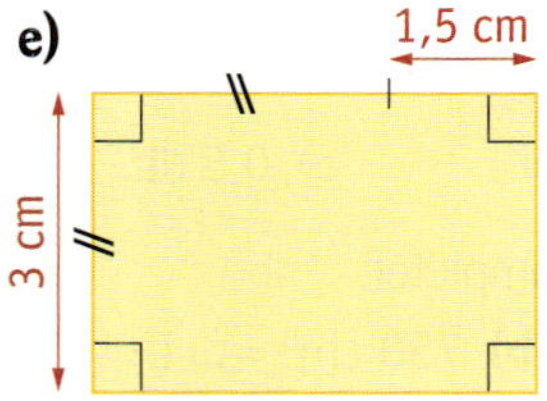

25 SC2 Calculer l'aire de chaque triangle.

a)

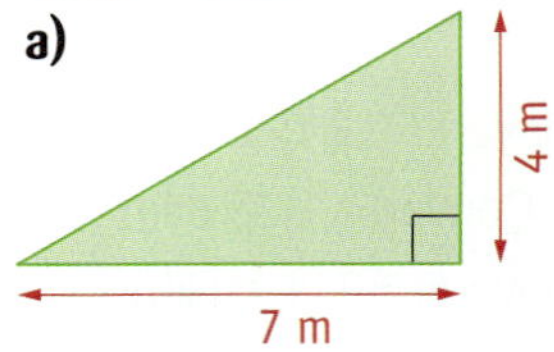

b)

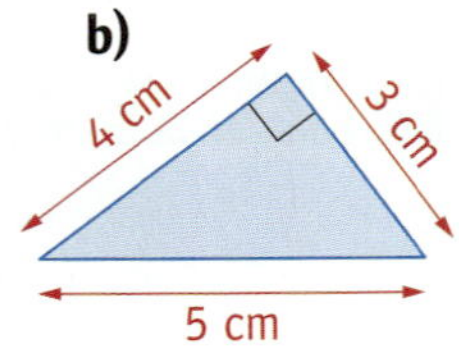

c)

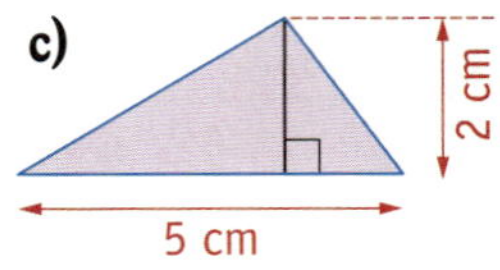

d)

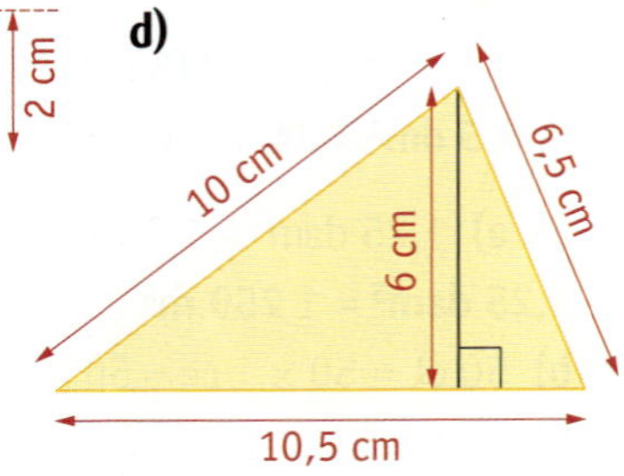

26 SC2 Pour chaque disque ou demi-disque, retrouver l'expression permettant de calculer son aire en cm².

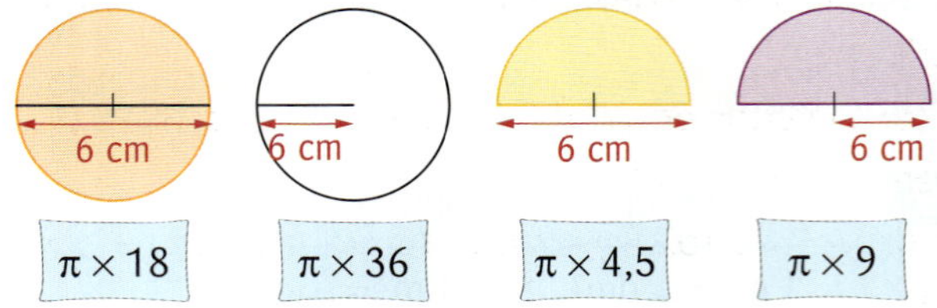

27 Calculer le volume de chaque pavé droit.

a)

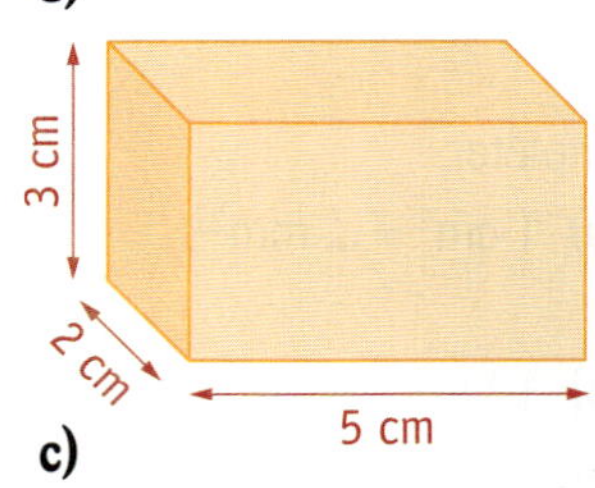

b)

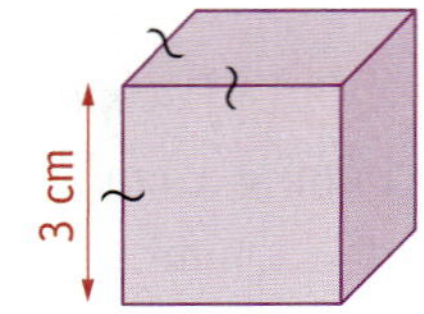

c)

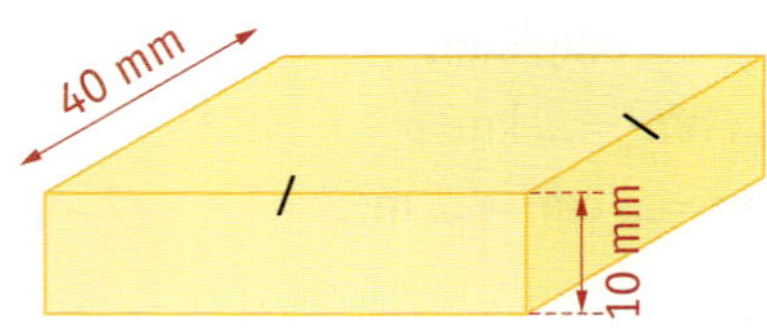

d)

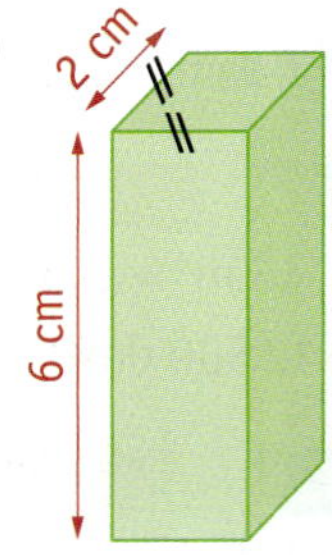

28 Calculer le volume de ce solide composé de pavés droits.

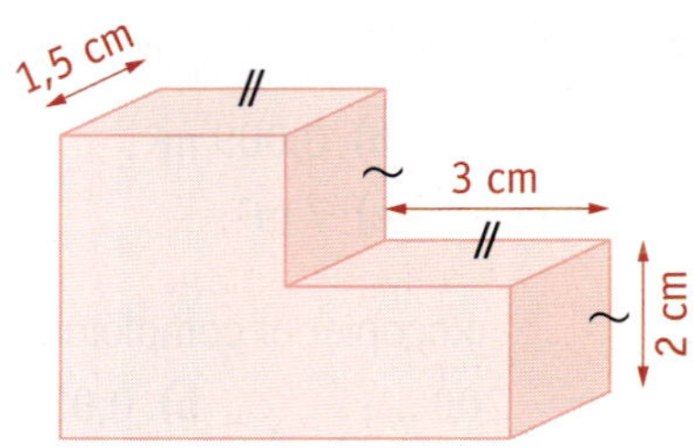

Déterminer l'aire d'une figure

29 SC2

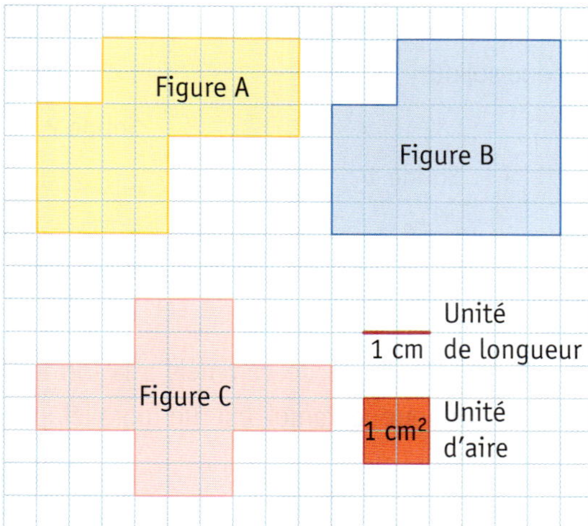

1) **a)** Déterminer le périmètre, en centimètres, de chaque figure.

b) Ranger ces trois figures dans l'ordre croissant de leur périmètre.

2) **a)** Déterminer l'aire, en centimètres carrés, de chaque figure.

b) Ranger ces trois figures dans l'ordre croissant de leur aire.

30 Comparer les aires de ces deux figures.

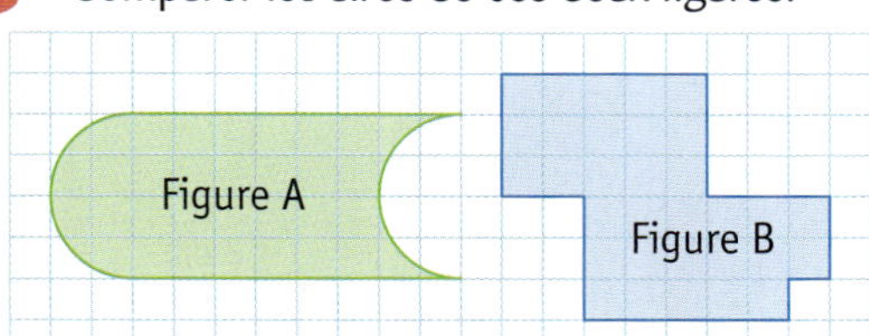

Calculer l'aire d'un rectangle

31 **1)** Calculer l'aire d'un rectangle de longueur 6,2 cm et de largeur 2,5 cm.

2) Calculer l'aire d'un carré de 5,3 cm de côté.

32 **1)** Construire un rectangle ABCD tel que :

AB = 54 mm et AD = 38 mm.

2) Calculer l'aire, en cm², du rectangle ABCD.

33 Calculer l'aire d'un rectangle de dimensions 32 mm et 8,1 cm.

34 **1)** Calculer l'aire de ce domino constitué de deux carrés de côté 2 cm.

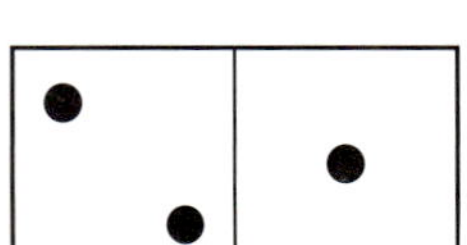

2) Calculer le périmètre de ce domino.

Calculer l'aire d'un triangle rectangle

35 **1)** Construire un triangle FER rectangle en F tel que : FE = 5 cm et FR = 3,2 cm.

2) Calculer l'aire de ce triangle.

36 **1)** Calculer le périmètre du triangle PIC.

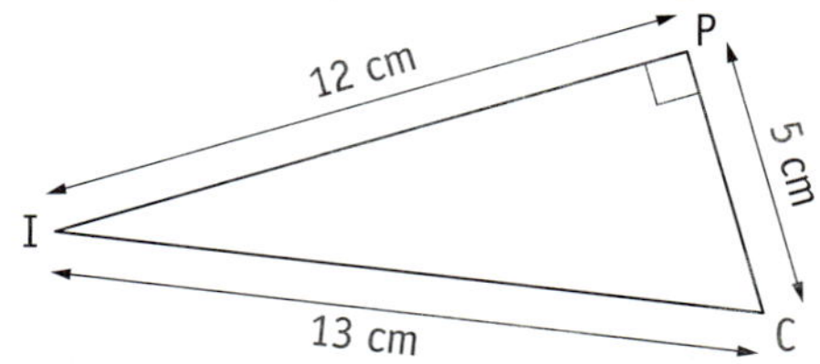

2) Calculer l'aire de ce triangle.

37 **1)** Construire un triangle OIS rectangle et isocèle en O tel que OS = 6 cm.

2) En mesurant, donner une valeur approchée du périmètre du triangle OIS.

3) Calculer l'aire du triangle OIS.

Calculer l'aire d'un triangle

38 Calculer l'aire de ce triangle.

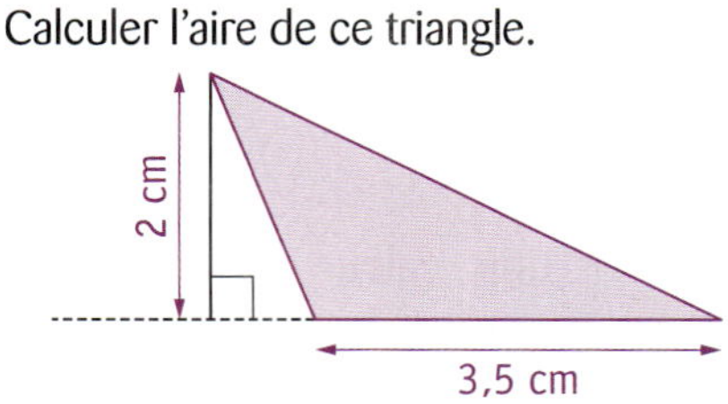

39 **1)** Calculer le périmère du triangle TRI.

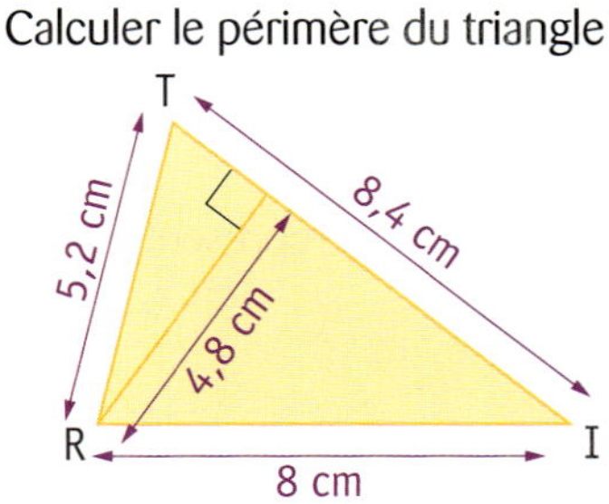

2) Calculer l'aire de ce triangle.

40 Calculer l'aire du triangle ABC de deux façons différentes.

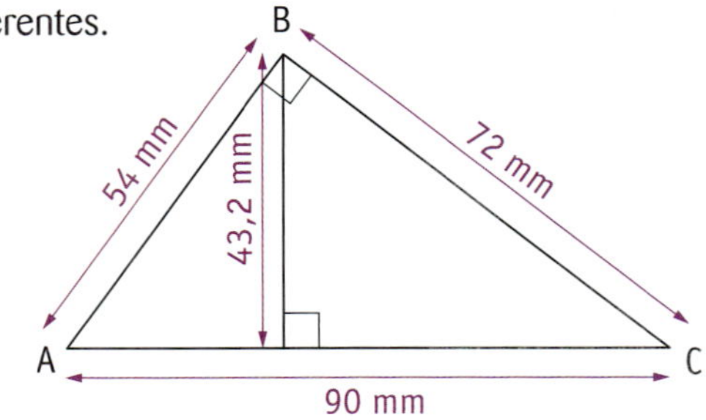

> Je m'entraine

Calculer l'aire d'un disque

41 On considère un disque de rayon 4 cm.

1) Calculer la valeur exacte du périmètre de ce disque et en déduire une valeur approchée au dixième par défaut.

2) Calculer la valeur exacte de l'aire de ce disque et en déduire une valeur approchée au centième par défaut.

42 **1)** Tracer un segment [AB] de 5 cm de longueur, puis un demi-disque de diamètre [AB].

2) Déterminer la valeur exacte, puis une valeur approchée au dixième par défaut :

a) du périmètre du demi-disque ;

b) de l'aire du demi-disque.

Calculer l'aire d'une figure

43 Calculer l'aire de chaque figure.

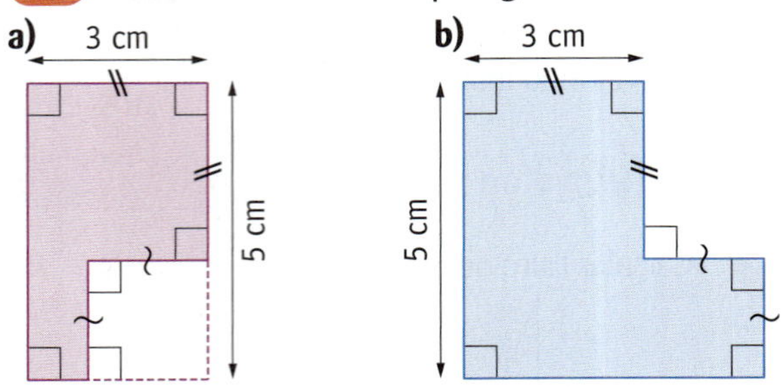

44 Calculer une valeur approchée de l'aire de la figure jaune.

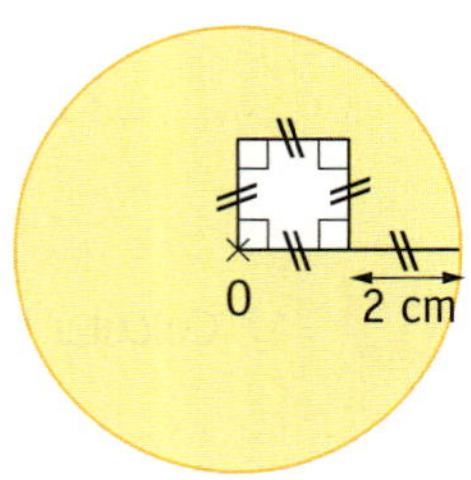

45 Une table ovale est représentée vue de dessus.

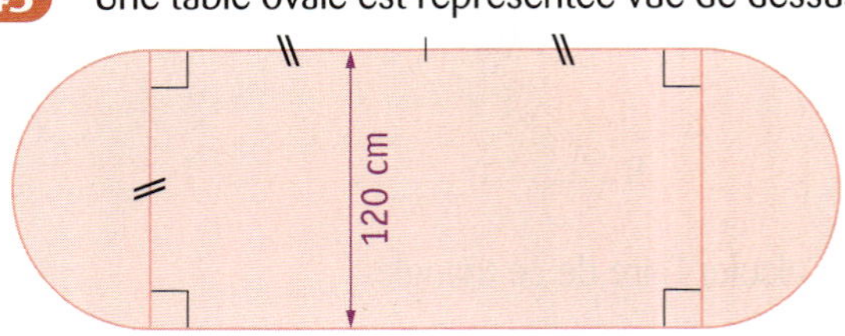

• Calculer, en m², une valeur approchée de l'aire de cette table.

46 Calculer une valeur approchée de l'aire de cette figure.

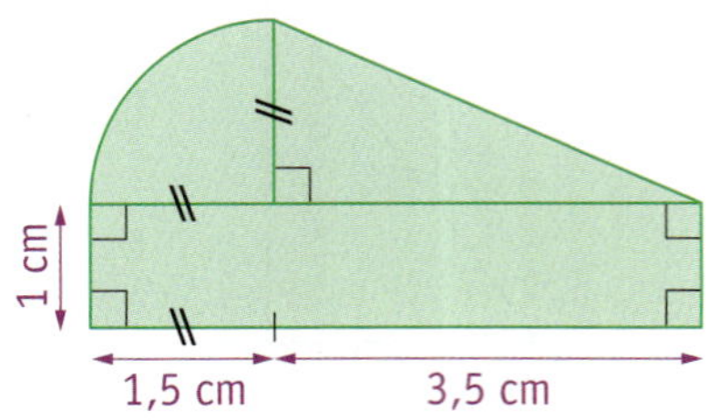

Déterminer le volume d'un solide

47 En prenant comme unité de volume le cube violet ci-contre, déterminer le volume de chaque solide.

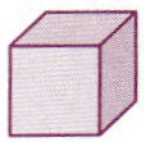

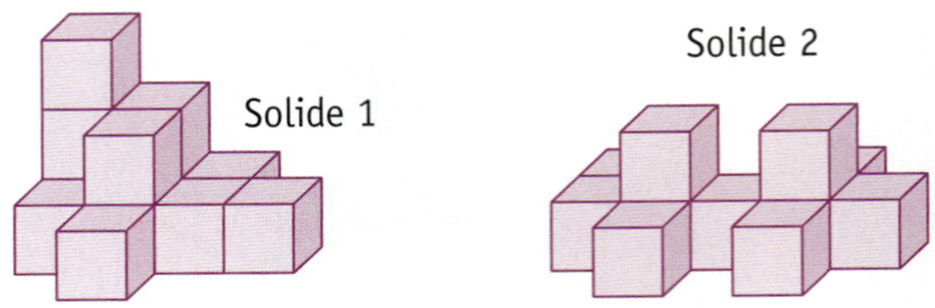

48 SC3 Une boîte de caramels a la forme d'un pavé droit. Chaque caramel est un parallélépipède rectangle.

1) Sachant que cette boîte contient 3 couches, déterminer le nombre de caramels dans la boîte.

2) En prenant comme unité de volume un caramel, en déduire le volume de cette boîte.

Calculer le volume d'un pavé droit

49 Calculer le volume de ce pavé droit.

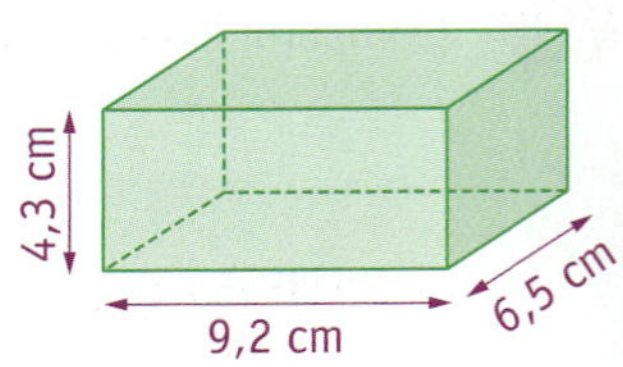

50 Une entreprise de déménagement possède plusieurs types de cartons ayant la forme de pavés droits.

Type de cartons	Dimensions (en cm)		
Standard	L = 55	ℓ = 35	h = 30
Livre	L = 35	ℓ = 27,5	h = 30
Penderie	L = 50	ℓ = 50	h = 130
Vaisselle	L = 45	ℓ = 56,5	h = 45

1) Calculer le volume de chaque type de cartons.

2) Ranger ces cartons dans l'ordre croissant de leur volume.

51 Calculer le volume de ce solide composé de pavés droits.

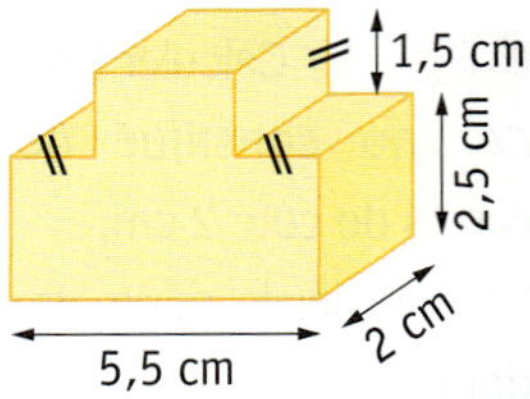

J'ai appris à...

- Déterminer l'aire d'une figure en utilisant un pavage.
- Calculer l'aire d'un rectangle, d'un triangle rectangle, d'un triangle dont une hauteur est tracée, d'un disque.
- Calculer le volume d'un parallélépipède rectangle.
- Effectuer des changements d'unités.

Attention : Il peut y avoir plusieurs réponses exactes pour chaque énoncé ! Les trouver toutes.

Pour les exercices 52 à 56, on utilise les figures suivantes :

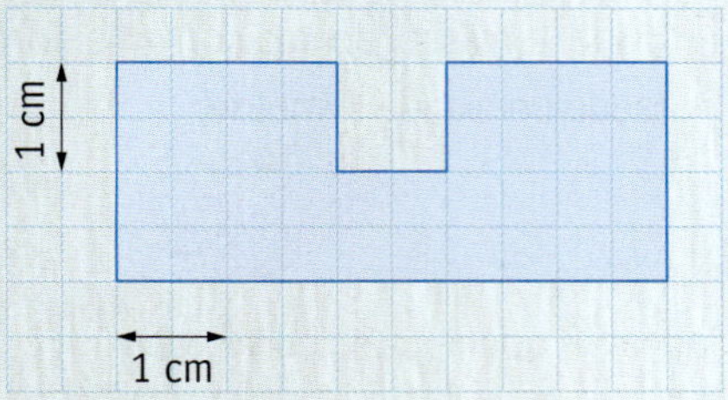

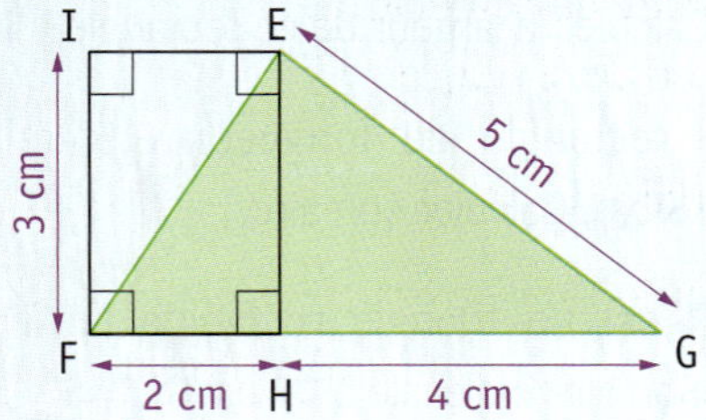

	A	B	C	D	Si échec, revoir :
52 Le périmètre de la figure bleue est :	32 cm	16 cm	9 cm^2	16 cm^2	p. 271
53 L'aire de la figure bleue est :	9 cm	16 cm	9 cm^2	36 cm^2	p. 271
54 L'aire, en cm^2, du rectangle EIFH est :	$(2 + 3) \times 2$	$(2 \times 3) : 2$	$2 \times 3 \times 2$	2×3	p. 272
55 L'aire, en cm^2, du triangle rectangle EHG est :	6	7,5	10	12	p. 272
56 L'aire du triangle EFG est :	$(2 + 4) \times 3$	$(6 \times 3) : 2$	$3 + 6$	$(5 \times 3) : 2$	p. 272
57 L'aire, en cm^2, d'un disque de 6 cm de diamètre est :	$\pi \times 9$	$\pi \times 6 \times 6$	$\pi \times 3 \times 2$	$\pi \times 3 \times 3$	p. 272
58 0,0687 m^2 est égal à :	6,87 dm^2	6,87 cm^2	687 cm^2	68,7 mm^2	p. 272 p. 275
59 Le volume, en cm^3, d'un pavé droit de 5 cm de longueur, de 3 cm de largeur et de 4 cm de hauteur est :	$(5 \times 3) : 4$	$(5 + 3) \times 4$	$5 \times 3 \times 4$	$5 + 3 + 4$	p. 273
60 8,5 dm^3 sont égaux à :	0,085 m^3	0,0085 m^3	85 m^3	8 500 m^3	p. 272 p. 275
61 5 dL sont égaux à :	0,5 L	5 dm^3	50 L	500 cm^3	p. 272 p. 275

> **Corrigés et exercices de soutien : voir**

62 Exprimer chaque aire dans une unité plus adaptée.

	Aire
Une table	25 000 cm²
Une façade de bâtiment	0,00758 hm²
Un timbre	0,032 dm²
Un champ	2 000 000 dm²
Le département de la Vendée	67 200 000 dam²

63 **1)** Construire un carré d'aire 25 cm².
2) Calculer son périmètre.

64 L'aire d'un rectangle de 7 cm de longueur est 36,4 cm². Calculer la largeur de ce rectangle.

65 Un rectangle de longueur 6,5 cm a pour périmètre 18 cm. Calculer son aire.

66 TIR est un triangle rectangle en T tel que TI = 6 cm. Son aire est égale à 15 cm².
Calculer la longueur TR.

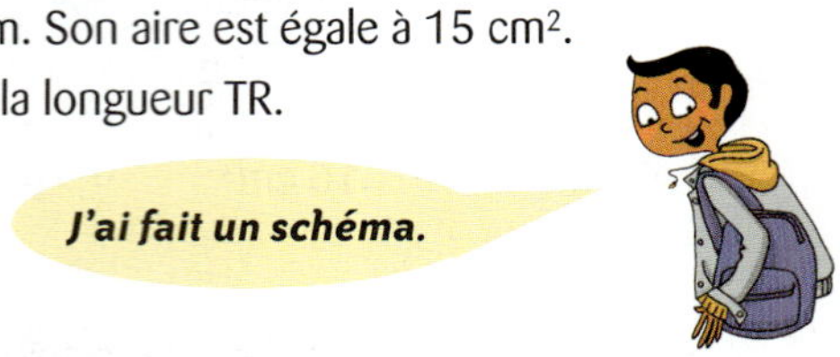

67 Dans le triangle ABC, [AH] est la hauteur relative au côté [BC].

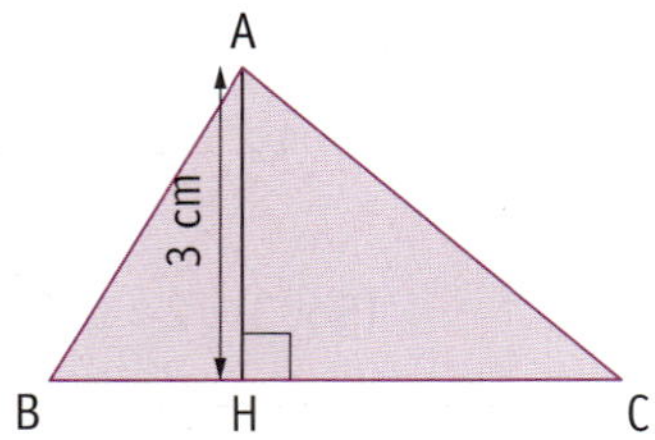

• Sachant que l'aire de ce triangle est 9 cm², calculer la longueur du côté [BC].

68 **1)** Construire un carré MNPR de centre O tel que MP = 6 cm.
2) **a)** Démontrer que le triangle MNO est rectangle en O.
b) En déduire l'aire du carré MNPR.
Justifier la réponse.

69 Calculer une valeur approchée au dixième par défaut de l'aire de cette couronne orange.

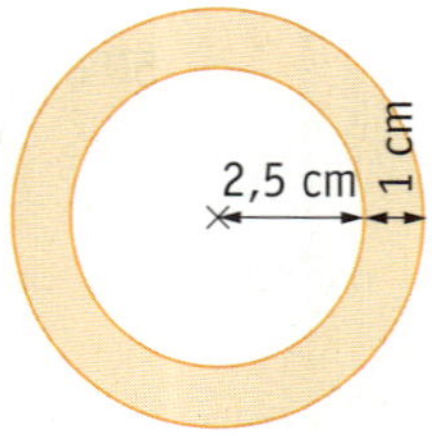

70 **Géographie**

Le drapeau du Japon est un rectangle de longueur 90 cm et de largeur 60 cm.
Le disque rouge a pour diamètre 35 cm.

• Calculer une valeur approchée à l'unité de l'aire de la surface blanche de ce drapeau.

71 Une terrasse de maison a la forme suivante. Elle possède un axe de symétrie.

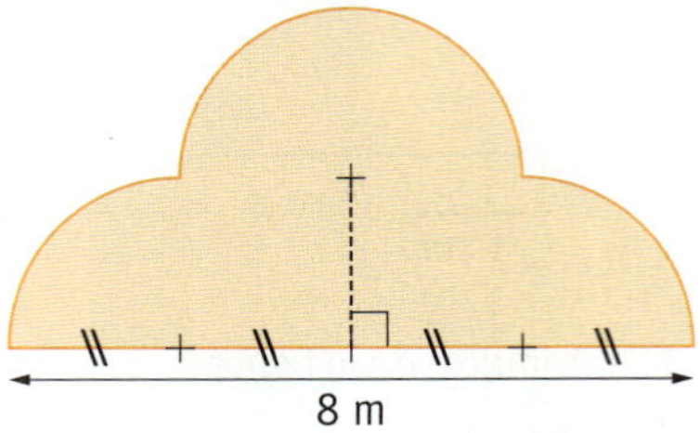

• Déterminer une valeur approchée à l'unité de l'aire de cette terrasse.

72 Jean-François veut couvrir sa piscine d'une bâche. Celle-ci doit dépasser de 30 cm de chaque côté.

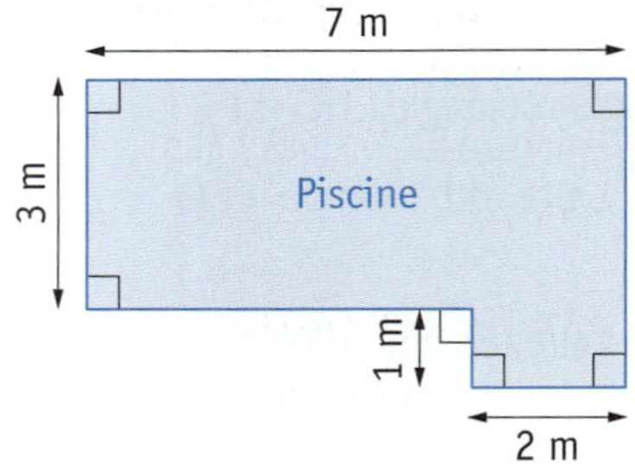

• Calculer l'aire de la bâche.

73 Karim veut remplacer la bâche abîmée de sa remorque.

La partie de la remorque qu'il veut protéger a la forme d'un pavé droit de longueur 3,20 m, de largeur 2 m et de hauteur 2,10 m.
• Calculer l'aire de la bâche qu'il doit acheter.

74 Pierre veut repeindre sa chambre.

Celle-ci a la forme d'un parallélépipède rectangle de longueur 4,50 m, de largeur 3,70 m et de hauteur 2,60 m. La pièce comprend une porte de dimensions 2,10 m × 1 m et une fenêtre de dimensions 1,5 m × 1 m.

1) Sachant qu'il veut repeindre les murs et le plafond, calculer l'aire de la surface à peindre.

2) Avec 1 L de peinture, on peut peindre 7 m^2.
Pierre veut passer deux couches de peinture.
Combien de litres de peinture va-t-il acheter ?

75 Amina possède une parcelle de terrain ayant la forme suivante :

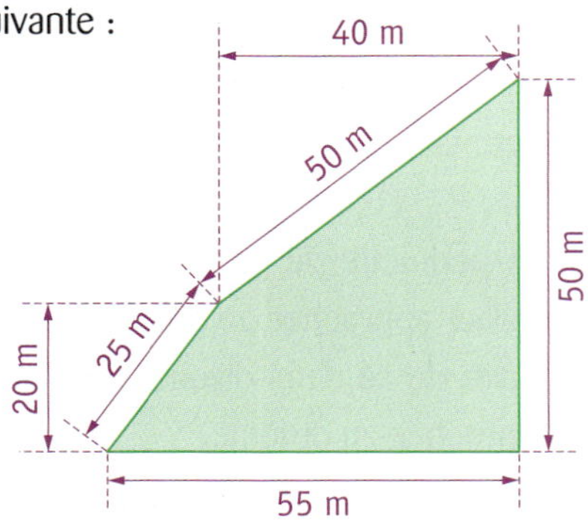

1) Pour clôturer cette parcelle, elle décide de poser deux rangées de fil de fer.
Combien de mètres de fil de fer va-t-elle poser ?

2) Amina décide de semer du gazon. On lui conseille de semer 30 g de gazon au m^2.
Quelle masse de gazon va-t-elle semer ?
Justifier la réponse.

76 Exprimer chaque volume dans une unité plus adaptée.

	Volume
Une goutte d'eau	0,001 L
Une bouteille	0,075 daL
Une barrique	22 500 cL
Une cuve	100 000 dL

77 Un bassin a la forme d'un parallélépipède rectangle.

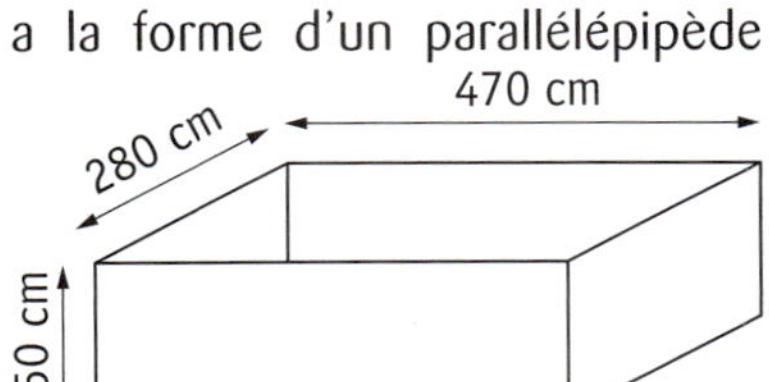

1) Calculer le volume, en m^3, de ce bassin.

2) En déduire la contenance en litres de ce bassin lorsqu'il est plein à ras bord.

78 Une valise extensible à roulettes a la forme d'un pavé droit de longueur 34 cm et de hauteur 52 cm.
Sa profondeur est de 19 cm, mais elle possède un soufflet permettant de l'augmenter de 5 cm.

1) Calculer le volume de cette valise lorsque :

a) le soufflet est replié ; **b)** le soufflet est ouvert.

2) En déduire le volume gagné en litres lorsque le soufflet est ouvert.

79 Calculer le volume de ce solide composé de pavés droits.

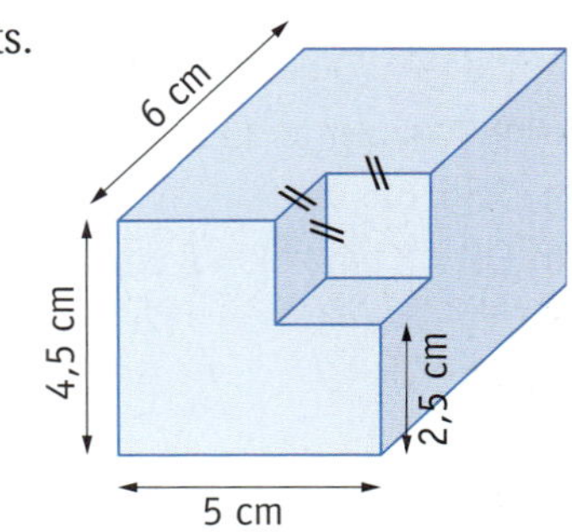

80 Calculer le volume total de cette piscine.

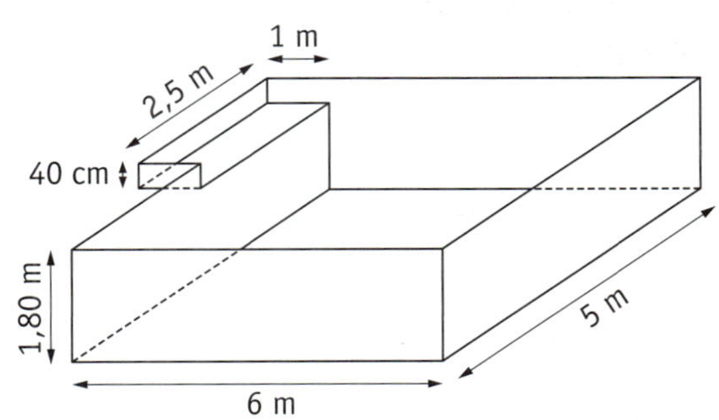

81 **SVT**

Le maïs est une plante exigeante en eau : il faut 450 L d'eau pour produire 1 kg de grains de maïs.
Lorsqu'un agriculteur cultive du maïs sur un hectare, il récolte en moyenne 105 quintaux de grains.

- Combien faut-il de mètres cubes d'eau pour cultiver un champ de maïs de 5 ha ? Justifier la réponse.

DEVOIRS À LA MAISON

DEVOIR A

82 Le département de l'Yonne est découpé en trois arrondissements :

- Auxerre d'une superficie de 351 500 hm^2 ;
- Avallon d'une superficie de 2 209 000 000 m^2.
- Sens d'une superficie de 17 040 000 dam^2.

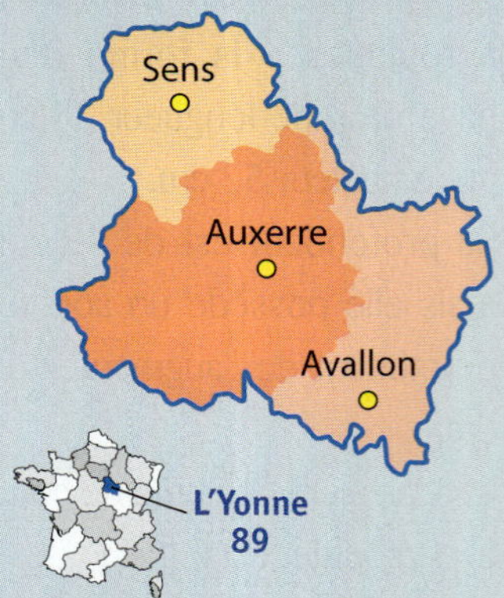

- Ranger ces arrondissements dans l'ordre croissant de leur superficie. Justifier la réponse.

83 L'aéroport Paris-Orly possède plusieurs pistes de forme rectangulaire. Par exemple :

Pistes	Dimensions
Piste 1	24 hm × 6 dam
Piste 2	3 320 m × 45 m
Piste 3	3,65 km × 0,45 hm

- Calculer l'aire de chacune de ces pistes.

84 MUR est un triangle rectangle en R tel que :
UR = 4,8 cm, MU = 8 cm et MR = 6,4 cm.

- Calculer le périmètre, puis l'aire de ce triangle.

DEVOIR B

85 On donne :
AD = 10 cm ; AS = 6,5 cm ;
ES = 2,5 cm ; DE = 8 cm ; AE = 6 cm.

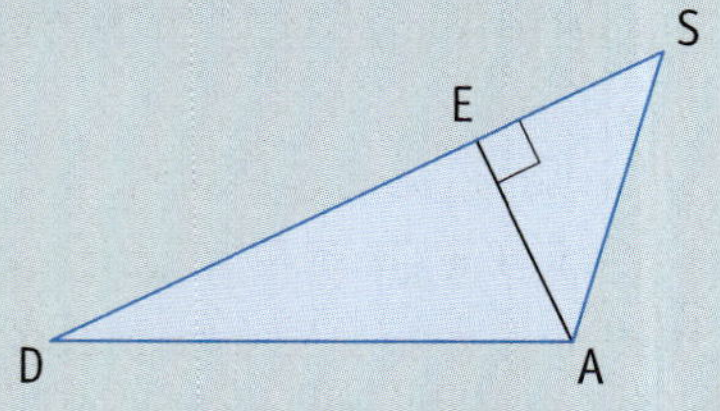

1) Calculer le périmètre du triangle ADS.
2) Calculer l'aire du triangle ADS.

86 On considère un demi-disque de rayon 3,4 cm.
1) Calculer le périmètre de ce demi-disque, puis en donner une valeur approchée au dixième.
2) Calculer l'aire de ce demi-disque, puis en donner une valeur approchée au dixième.

87 Calculer le volume du solide ci-contre composé de deux pavés droits.

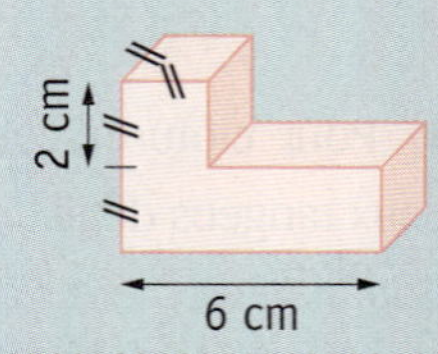

JE CHERCHE...

88 Le triangle ABC est rectangle en A avec :
AB = 10 cm, AC = 7,5 cm et BC = 12,5 cm.
[AH] est la hauteur relative au côté [BC].

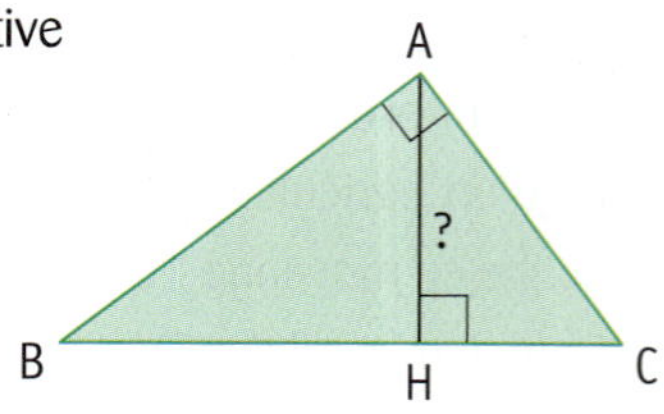

- Calculer la longueur AH.

89 Calculer une valeur approchée de l'aire de la figure rose.

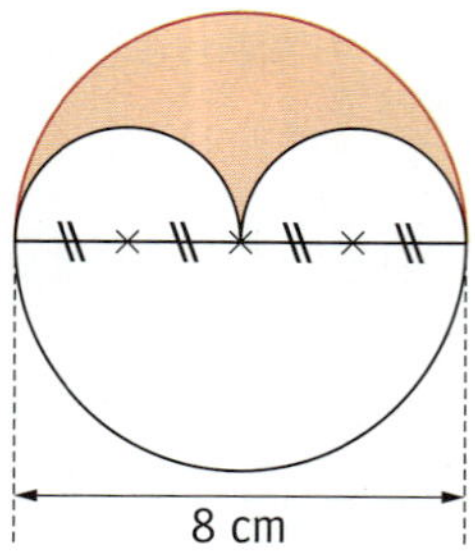

90 Le point I est le milieu du segment [ER].
Le point K appartient au segment [ER].
Dans le triangle FIR, le segment [FK] est la hauteur relative au côté [IR].

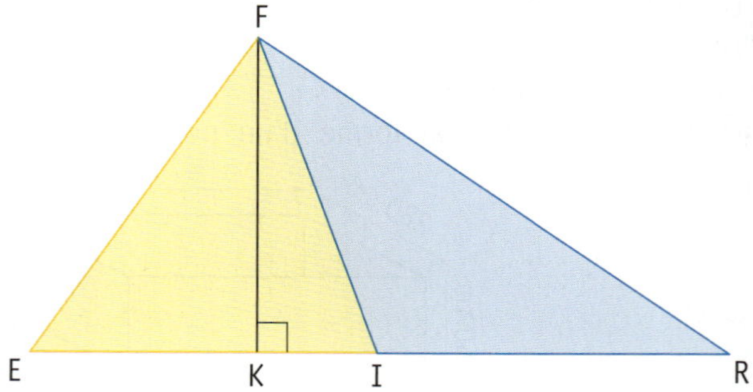

- Démontrer que les triangles FEI et FIR ont la même aire.

B2i

On utilise le tableur *Excel*.

91 La figure ci-contre est composée d'un disque de rayon R et d'un carré dont les diagonales sont des diamètres du disque.
On souhaite déterminer l'aire de la figure rouge.

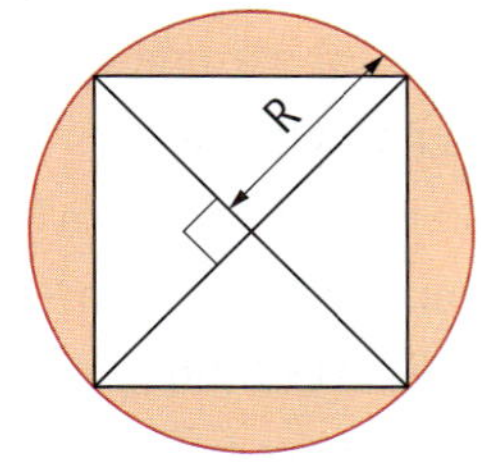

Sur le cédérom élève, ouvrir le fichier « 16 – Aire ».

Microsoft Excel - 16-Aire

B6 | f_x =PI()*A6*A6

	A	B	C	Ai
1	Valeur de R	Aire du disque	Aire du carré	Ai
2	0	0	0	
3	0,1	0,031415927	0,02	
4	0,2	0,125663706	0,08	
5	0,3	0,282743339	0,18	
6	0,4	0,502654825	0,32	
7	0,5			
8	0,6			
9	0,7			
10	0,8			
11	0,9			
12	1			
13	1,1			
14	1,2			
15	1,3			

A) Aire du disque

La colonne « A » du tableau donne une liste de valeurs du rayon R.
La colonne « B » donne une valeur approchée de l'aire du disque en fonction de son rayon R.

1) Sur le tableau, lire l'aire d'un disque de rayon :
a) 0,1 ; **b)** 0,3.

2) Cliquer sur la cellule « B6 ».
Quelle formule est écrite dans la zone formule ?
Que permet-elle de calculer ?

3) a) Pour remplir la colonne « B », placer le curseur de la souris sur le coin inférieur droit de la cellule « B6 ». Le curseur se transforme en une croix noire ✚.
b) Maintenir le bouton gauche de la souris enfoncé et tirer vers le bas jusqu'à la cellule « B42 ». Relâcher le clic gauche de la souris.
La formule située dans la cellule « B6 » a été étendue à la colonne « B ».

B) Aire du carré

La colonne « C » donne l'aire du carré en fonction de la demi-diagonale R.

1) Étendre la formule située dans la cellule « C6 » à la colonne « C ».

2) Quelle est l'aire du carré lorsque R = 2,5 cm ?

C) Aire de la figure rouge

1) Comment calculer l'aire de la figure rouge à partir de l'aire du disque et l'aire du carré ?

2) On doit entrer dans la cellule « D2 » une formule permettant de calculer l'aire de la figure rouge.
Pour cela, dans la cellule « D2 » :
- Taper « = » pour indiquer que l'on va entrer une formule.
- Cliquer sur la cellule « B2 ».
- Taper « – ».
- Cliquer sur la cellule « C2 ».
- Valider en tapant sur « Entrer ».

JOUR ✗ ✓ f_x =B2-C2

	A	B	C	D
1	Valeur de R	Aire du disque	Aire du carré	Aire de la figure orange
2	0	0	0	=B2-C2
3	0,1	0,031415927	0,02	
4	0,2	0,125663706	0,08	
5	0,3	0,282743339	0,18	

La formule apparaît dans la cellule et dans la zone formule.

3) Étendre la formule au reste de la colonne « D ».

4) a) Lire l'aire de la figure rouge lorsque le rayon est égal à 3,7 cm.
b) Est-ce une valeur exacte ?

5) Pour quelle valeur de R, la figure rouge a-t-elle une aire environ égale à 9 cm^2 ?

> Découverte

D'autres unités de mesure

L'**are** (**a**) est une unité de mesure de **superficie** utilisée notamment en agriculture.
Un are correspond à l'aire d'un carré de 10 m de côté.
Donc : **1a = 100 m²**.
Il existe des multiples et sous-multiples de cette unité.
Le **centiare** (**ca**) : 1 ca = 0,01 a.
L'**hectare** (**ha**) : 1 ha = 100 a.

92 **1) a)** Convertir un centiare en m².
b) Convertir un hectare en m², puis en hm².
2) Un champ rectangulaire a pour dimensions 750 m et 500 m. Déterminer l'aire en hectare de ce champ.

Le **stère** (**st**) est une unité de **volume** utilisée pour le commerce du bois.
Un stère correspond au volume d'un cube d'un mètre d'arête rempli de bois.
Donc : **1 st = 1 m³**.
Cette unité est couramment employée par les forestiers et les industriels.

93 **1)** Thaïs entrepose son bois de chauffage.
Elle empile des bûches et obtient ainsi un pavé droit de longueur 3 m, de largeur 2,5 m et de hauteur 2 m.
Combien de stères de bois a-t-elle rangés ?
2) Sachant qu'elle paye 300 € les 5 stères, quel prix a-t-elle payé ?

La **bouteille** de champagne a une **contenance** de 75 cL.
Les négociants champenois ont créé au XIXe siècle une série de bouteilles de différentes contenances.

Nom	Contenance
Le quart	18,75 cL
La demi	37,5 cL
La *bouteille*	75 cL
Le magnum	2 *bouteilles*
Le jéroboam	3 L

Nom	Contenance
Le réhoboam	6 *bouteilles*
Le mathusalem	8 *bouteilles*
Le salmanazar	9 L
Le balthazar	12 L
Le nabuchodonosor	15 L

94 **1)** Expliquer la contenance d'un quart.
2) Déterminer la contenance en litres :
a) d'un magnum ; **b)** d'un réhoboam ; **c)** d'un mathusalem.
3) Combien de *bouteilles* faut-il pour remplir :
a) un jéroboam ? **b)** un salmanazar ? **c)** un balthazar ?
4) Combien de magnums faut-il pour remplir un nabuchodonosor ?

Je fais le point

Corrigés et exercices de soutien des chapitres 2 à 16 : voir cédérom

Vérifie si tes réponses sont justes et si tu as trouvé toutes les bonnes réponses. Si ce n'est pas le cas, il est important que tu comprennes les erreurs que tu as commises. ***Pour réviser, des exercices en plus. Courage !***

Chapitre 1 Les nombres décimaux .... p. 23

	A	B	C	D	Si échec, revoir :	Si besoin d'aide :
69	Bravo !	Bravo !	Faux, les lettres sont A, B, ... Z.	Faux, le plus petit nombre est 0.	p. 16	1
70	Faux, « cent » est suivi d'un autre nombre.	Faux, il manque un trait d'union.	Bravo !	Faux, « vingt » n'est pas suivi d'un nombre.	p. 16	2
71	Faux, cette décomposition correspond à $\frac{847}{100}$.	Bravo !	Faux, un trait de fraction n'est pas une virgule.	Bravo !	p. 16	3
72	Bravo !	Faux, $\frac{3}{10} = 0{,}3$.	Bravo !	Faux, $5 \times 10 = 50$.	p. 17	4
73	Faux, $320{,}17 \neq 32{,}17$.	Faux, il faut tenir compte de la virgule.	Faux, 17 se situe après la virgule.	Bravo !	p. 17	5 6
74	Faux, $73{,}09 \neq 73{,}9$.	Faux, une partie décimale est inférieure à 1.	Bravo !	Faux, c'est sa partie entière.	p. 17	5 6
75	Faux, il est supérieur à 10.	Bravo !	Bravo !	Bravo !	p. 16 p. 17	7
76	Bravo !	Faux, on ne peut enlever que les « 0 » inutiles.	Faux, $740 \neq 74$.	Faux, $0{,}08 \neq 0{,}8$.	p. 17	8
77	Faux, le chiffre des dixièmes est 5.	Bravo !	Faux, le chiffre des centaines est 3.	Bravo !	p. 17	9
78	Faux, c'est le chiffre des dizaines.	Faux, c'est le chiffre des dixièmes.	Faux, le nombre de dizaines est un nombre entier.	Bravo !	p. 17	10

1 1) Quel est le plus petit nombre entier ?
2) Citer tous les chiffres.
3) Que dire d'un nombre entier inférieur à 10 ?

2 Écrire en toutes lettres chacun des nombres suivants :
a) 680 ; **b)** 700 ; **c)** 92.

3 Trouver l'intrus dans la liste suivante :

$\frac{568}{100}$ | $5 + \frac{68}{100}$ | $\frac{5}{10} + \frac{68}{100}$ | $5 + \frac{6}{10} + \frac{8}{100}$

4 Déterminer l'écriture décimale du nombre suivant : $(7 \times 100) + 8 + \frac{2}{10} + \frac{9}{100}$.

5 Déterminer la partie entière et la partie décimale de 570,82.

6 Déterminer la partie entière et la partie décimale de 8,07.

7 On considère les nombres suivants :
5,2 | 7 | 0,8 | 22
1) Lesquels sont des nombres entiers ?
2) Lesquels sont des nombres décimaux ?

8 Trouver l'intrus dans la liste suivante :
50,070 | 050,07 | 0050,7 | 50,07

9 On considère les nombres suivants :
51,15 | 74,74 | 621,621 | 90,9
- Lesquels de ces nombres ont pour chiffre des dizaines le même que celui des dixièmes ?

10 Déterminer le nombre de dizaines de chacun des nombres suivants :
a) 32,8 ; **b)** 850 ; **c)** 542 ; **d)** 847,73.

La calculatrice CASIO

Pour allumer la calculatrice : On appuie sur la touche ON.

Pour éteindre la calculatrice : Il faut pouvoir accéder aux fonctions notées en orange.

On appuie donc sur la touche SECONDE puis sur la touche AC (OFF).

Pour choisir le format d'affichage :

Cette calculatrice propose deux formats : **Mth IO** ou **Line IO**.

- En mode **Mth IO**, la calculatrice écrit les calculs tels qu'on les écrit en mathématiques.

On appuie sur la touche SECONDE puis sur la touche MODE CONFIG.

L'image suivante s'affiche à l'écran :

```
1:MthIO 2:LineIO
3:Deg   4:Rad
5:Gra   6:Fix
7:Sci   8:Norm
```

, puis on choisit 1.

- En mode **Line IO**, la calculatrice écrit les calculs en ligne.

Dans ce cas, on tape la séquence suivante : SECONDE MODE CONFIG, puis on choisit 2.

Pour choisir le format d'affichage des fractions :

Pour la notation habituelle, on tape la séquence suivante : SECONDE MODE CONFIG ▼

L'image suivante s'affiche à l'écran :

```
1:ab/c  2:d/c
3:STAT  4:◀CONT▶
```

, puis on choisit 2.

> La calculatrice TI-Collège

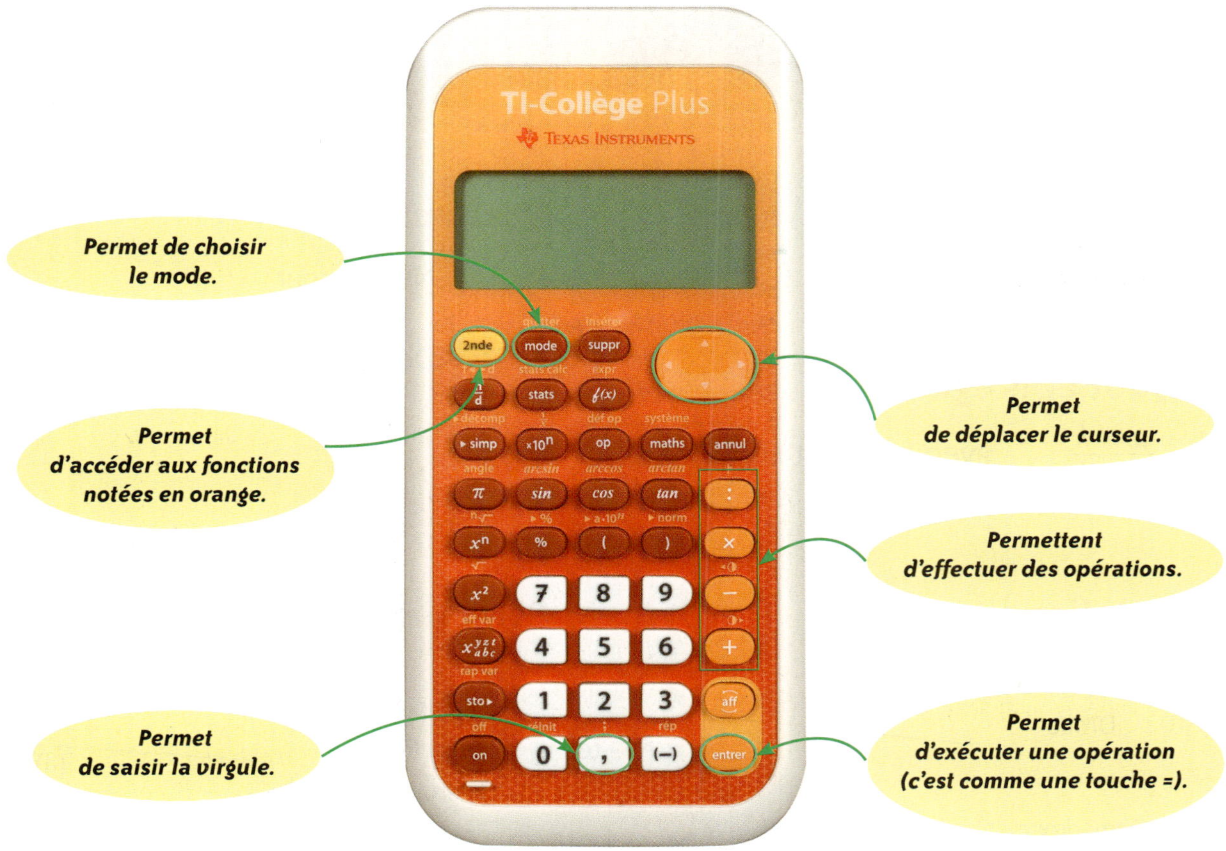

Pour allumer la calculatrice : On appuie sur la bouton **on** (off).

Pour éteindre la calculatrice : Il faut pouvoir accéder aux fonctions notées en orange.

On appuie donc sur la touche **2nde** puis sur la touche **on** (off).

Pour choisir le format d'affichage (5e ligne du menu mode) :

Cette calculatrice propose deux formats : **AFFNATUREL** ou **AFFLIGNE**.

- En mode **AFFNATUREL**, la calculatrice écrit les calculs tels qu'on les écrit en mathématiques.

On appuie sur la touche **mode** (quitter),

L'image suivante s'affiche à l'écran :  .

À l'aide du curseur, sélectionne **AFFNATUREL** sur la 5e ligne.

On appuie ensuite sur la touche **entrer**.

- En mode **AFFLIGNE**, la calculatrice écrit les calculs en ligne.

Dans ce cas, on sélectionne **AFFLIGNE** à l'aide du curseur. On appuie ensuite sur la touche **entrer**.

- Pour sortir de la fenêtre de choix des modes, on tape la séquence suivante : **2nde** **mode** (quitter).

Pour simplifier des fractions (4e ligne du menu mode) :

Pour travailler avec les fractions en classe de Sixième, on utilise les modes **SIMPMAN** et **SIMPAUTO**.

- en **SIMPMAN**, la calculatrice ne simplifie pas les fractions ;
- en **SIMPAUTO**, la calculatrice simplifie les fractions.

> J'ai appris en Sixième

Quotient de a par *b*

$\frac{a}{b} = a : b$ avec $b \neq 0$

Quotients égaux

$\frac{a}{b} = \frac{a \times k}{b \times k}$ avec $b \neq 0$ et $k \neq 0$

Vocabulaire

$\frac{a}{b}$ ← Numérateur ; ← Dénominateur

avec $b \neq 0$

Notations

(AB)	Droite	
[AB)	Demi-droite	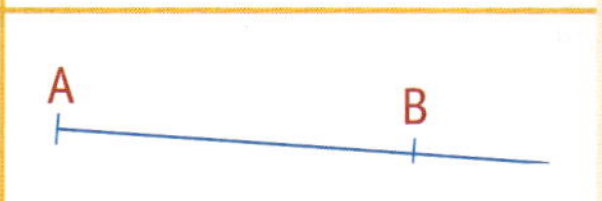
[AB]	Segment	
AB	Longueur	AB = 5 cm
$\widehat{ABC}$	Angle	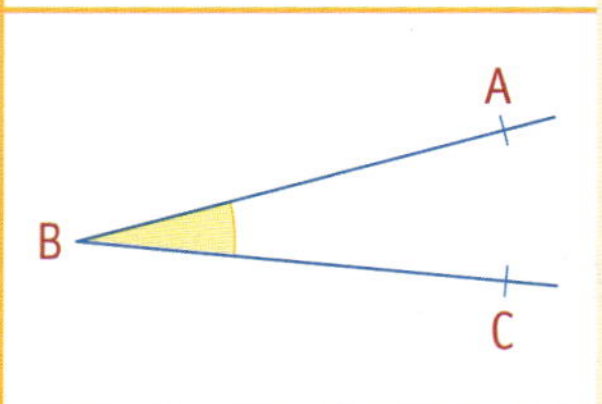

Symboles

A ∈ (d)	Le point A **appartient à** la droite (d).	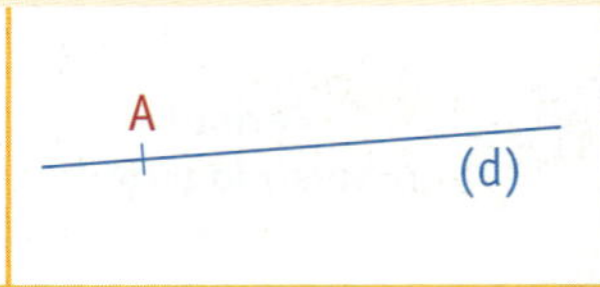
A ∉ (d)	Le point A **n'appartient pas à** la droite (d).	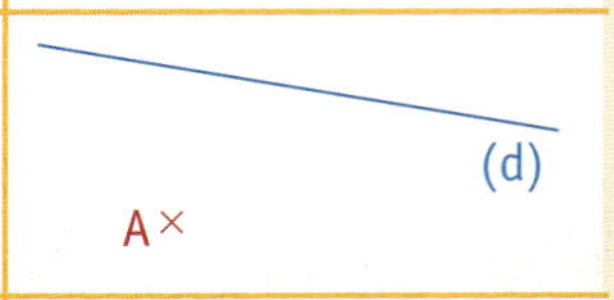
(d) ⊥ (d')	La droite (d) **est perpendiculaire à** la droite (d').	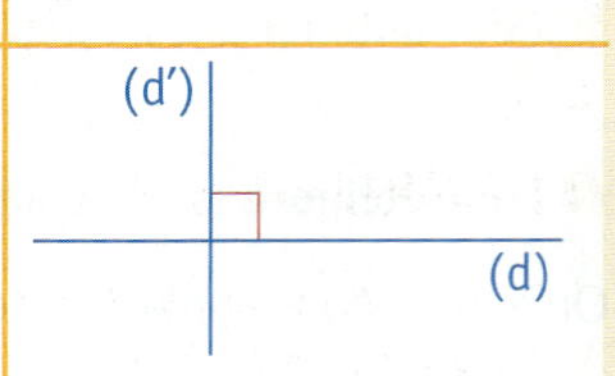
(d) // (d')	La droite (d) **est parallèle à** la droite (d').	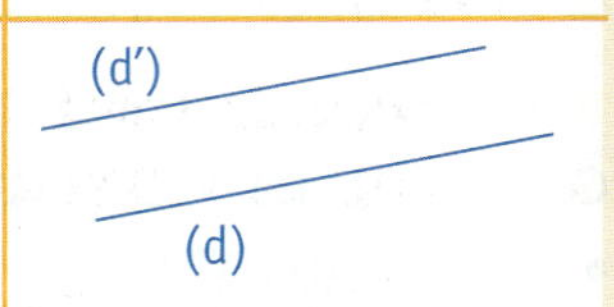

Médiatrice d'un segment

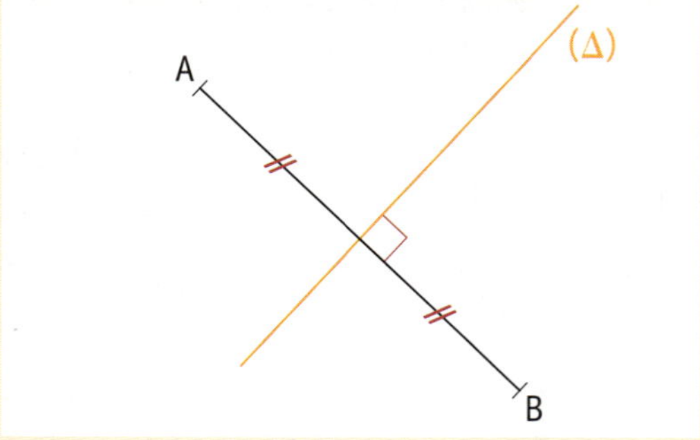

La droite (Δ) est la médiatrice du segment [AB].

Bissectrice d'un angle

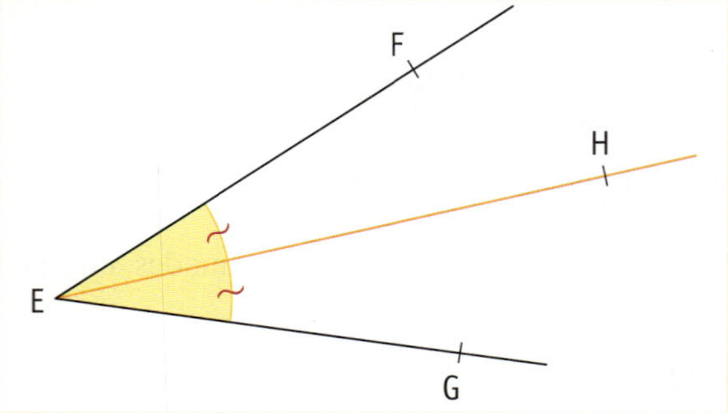

La demi-droite [EH) est la bissectrice de l'angle $\widehat{FEG}$.

Achevé d'imprimer en Italie par Europrinting - Dépôt légal : 06 / 2011 - Edition 06 - Collection 59 - 12/5585/0

Unités de longueur

L'unité légale de longueur est le **mètre** (m).

1 km = 1 000 m ; 1 cm = 0,01 m.

Unités de masse

L'unité légale de masse est le **kilogramme** (kg).

1 kg = 1 000 g ; 1 tonne = 1 000 kg.

Unités de temps

L'unité légale de temps est la **seconde** (s).

1 min = 60 s ; 1 h = 60 min = 3 600 s.

Unités d'aire

L'unité légale d'aire est le **mètre carré** (m^2).

$1\ km^2 = 1\ 000\ 000\ m^2$; $1\ dm^2 = 0{,}01\ m^2$.

Périmètres de figures usuelles

Triangle	Carré	Rectangle	Disque
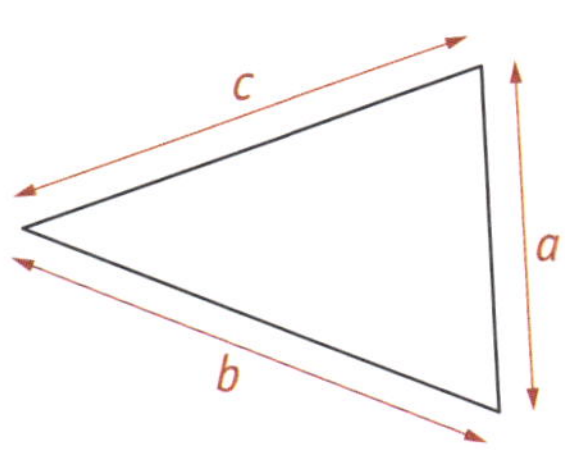	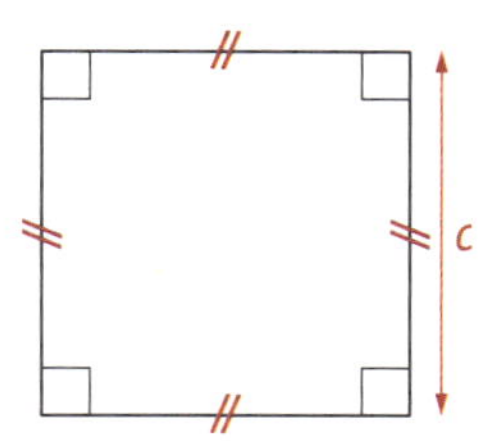	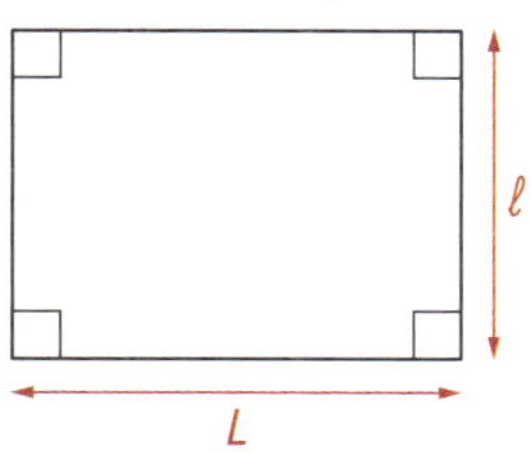	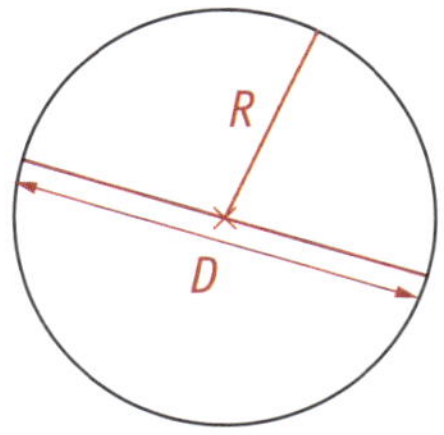
$\mathcal{P} = a + b + c$	$\mathcal{P} = 4 \times c$	$\mathcal{P} = 2 \times (L + \ell)$ $\mathcal{P} = 2 \times L + 2 \times \ell$	$\mathcal{P} = \pi \times D$ $\mathcal{P} = 2 \times \pi \times R$

Aires de figures usuelles

Carré	Rectangle	Triangle rectangle	Triangle	Disque
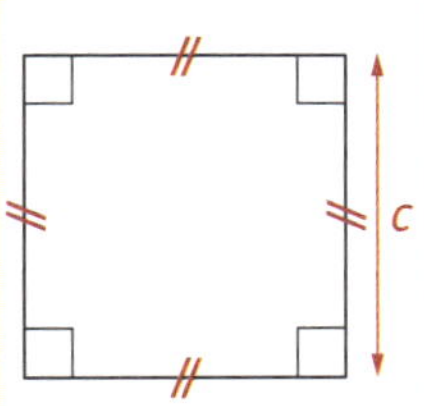	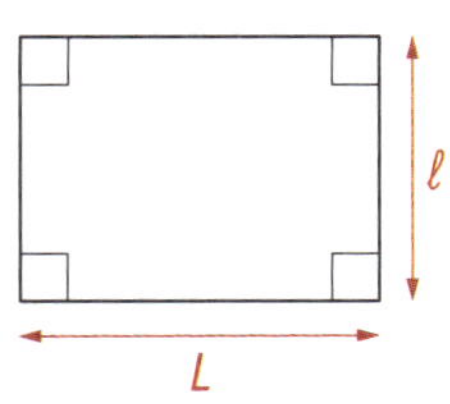	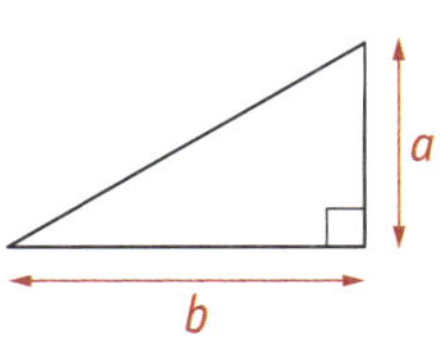	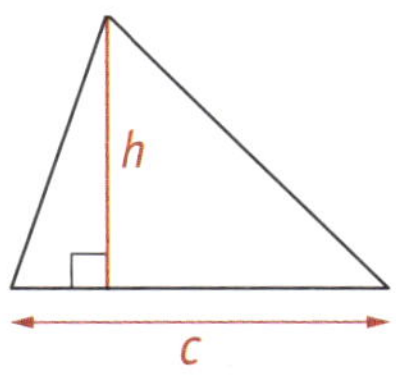	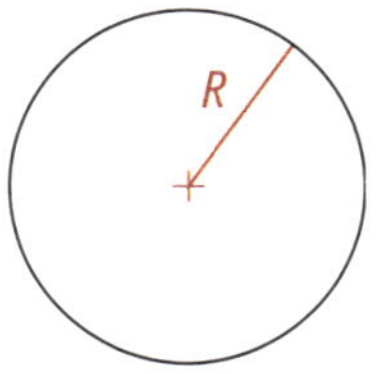
$\mathcal{A} = c \times c$	$\mathcal{A} = L \times \ell$	$\mathcal{A} = (a \times b) : 2$	$\mathcal{A} = (c \times h) : 2$	$\mathcal{A} = \pi \times R \times R$

Volume d'un pavé droit

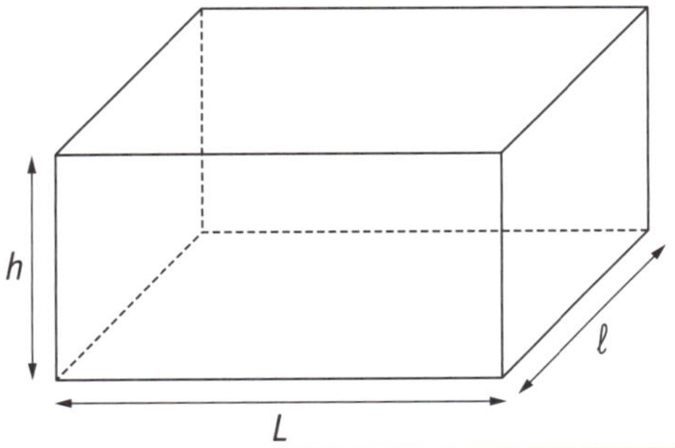

$\mathcal{V} = L \times \ell \times h$

Unités de volume

L'unité légale de volume est le **mètre cube** (m^3).

$1\ m^3 = 1\ 000\ dm^3 = 1\ 000\ 000\ cm^3$

Unités de contenance

L'unité légale de contenance est le **litre** (L).

$1\ L = 1\ dm^3$; $1\ mL = 1\ cm^3$.

> Index